**LWANDE WESONGA:
A GENEALOGY**
ELIZABETH MASIGA KAKEMBO

First published in the UK by Lwande Books, 2023

Copyright © 2021 by Elizabeth Masiga Kakembo

This book is copyright under the Berne convention.

No reproduction without permission.

All rights reserved.

The right of Elizabeth Masiga Kakembo to be identified as The author of this work has been asserted by her in accordance with sections 77 and 78 of the Copyright, Designs and Patents Act, 1988.

Lwande Books
(UK)

The author and publisher have made all reasonable efforts to contact copyright holders for permission, and apologize for any omissions of errors in the form of credits given. Corrections may be made to future printings.

A CIP catalogue record for this book is available from
The British Library
The AU Library
The African Museum

ISBN 978-0-9955998-2-6 Hb

Cover and branding design by THREAD
Internal page-layout by UK Book Publishing

Printed by Ingram Spark (UK) Group
Milton Keynes

Lwande Books UK are committed to sourcing paper made from wood grown in sustainable forests and from recycled paper.

LWANDE WESONGA: A GENEALOGY

Elizabeth Masiga Kakembo

LWANDE BOOKS
Bedford (UK)

CONTENTS

DEDICATION	1
FOREWARD	2
ACKNOWLEDGEMENT	3
FIRST PREFACE	7

PART ONE

INTRODUCTION	10
BACKGROUND: WITH EXTRA NEW MATERIAL	12
ACKNOWLEDGEMENT	15
THE JOURNEY OF KINTU AND SAMIA	16
Map of Kings Valley Region	17
MATERIALS USED BY ABATABONA CLAN	18
SELF EXALTING PHRASES USED BY OHWELAYA HWA ABATABONA	19
THE DESCENDANTS OF SAMIA	20
THE WIVES OF LWANDE WESONGA	26
SPECIAL ADDITION BY JUSTICE JAMES M. OGOOLA:	30
EXODUS TO EXILE AND WARS	33
THE WARS THAT FORCED MIGRATION TO BUNYALA AND BUSONGA.	37

PART TWO

A GUIDE HOW TO READ PART TWO	42

CHAPTER ONE   **44**

    A. NGWENO LUNUNI: HIS SONS

        1. WAMIRA

        2. OGOOLA

        3. WAIDA

        4. SOMBI

        5. BANGA

6. HAMIRIPO
  7. OLWENYI NYEMBI

CHAPTER TWO   **161**
  B. NGWENO HADU MAHOLA: HIS SONS
  1. BWOBO
  2. MULYAHA
  3. LWANDE II
  4. OJWANGI
  5. MASABA
  6. MUTIKA
  7. NGWENO SISERA

CHAPTER THREE   **223**
  C. LWANDE MULYAMBOKA: HIS SONS
  1. WANGAHO RAFWAKI
  2. ODEMI

CHAPTER FOUR   **237**
  D. KAGENDA (AMALAKULE): HIS SONS
  OMALA SON OF KAGENDA: HIS SONS
   1. Lwande II
   2. Makoha Osogo
   3. Onyobo

  WANGA OFUMBUHA SON OF KAGENDA: HIS SONS
   1. Ogaara (1)
   2. Obbiero,Sichimi (1)
   3. Syawola,Ogaara (2)
   4. Sichimi (2)
   5. Emuli
   6. Muhachi

  NGUNDIRA SON OF KAGENDA: HIS SONS
    BUKEKO SON OF NGUNDIRA: HIS SON
     1. Omijja

DIKIDI SON OF NGUNDIRA: HIS SONS

1. Namwiwa
2. Agaaro
3. Lusimbo

KUBENGI SON OF NGUNDIRA: HIS SONS

1. Gasundi
2. Owori (A)
3. Mbakulo Obondo (Nabyama)
4. Owori (B)
5. Nambwaka
6. Kagenda II
7. Mafulu
8. Hadondi

MBOYO SON OF NGUNDIRA: HIS SONS

1. Nambedu
2. Obbino
3. Onyango
4. Sikwekwe
5. Obbande
6. Masinde Akadda

CHAPTER FIVE   520

    DISANI MBAKULO II   520
    EDWARD OGUTTI   521
    OUMA PAUL NAMATTE   522
    ENOSI MACHIO OGAMBO   522
    WILSON OKWENJE   523
        WILSON OKWENJE DIAGRAM   524
    DR. PETER OBANDA DIAGRAM   525
    DR PETER W. OBANDA SECOND DIAGRAM   525
    DAUDI BWIRE ABWOKA   526
    Map of Afrika Myrene McFee

CHAPTER SIX   528

    APPENDIX   528

DEDICATION

First, I dedicate this book to Abner Ekudu M.A of Buyore[1]. My beloved parents Yeremia Masiga Wa Mbakulo and my mother Miriamu Nakooli Ojanjo, Canon Nimrod Lwagula Masiga, and his wife Canon Deborah Auma Masiga.

Finally, to my sophisticated African Hero, special beloved friend Suleiman Ssenyonga Kakembo. My wonderful children Tendo, Sanyu, and my beloved grandchildren Bona and Jago.

Elizabeth R. Kakembo née Masiga.

January 2022

---

1   A place in Western Kenya.

FOREWARD

I absolutely admire and respect Abner Ekudu. His work on ABATABONA is masterful and enlightening. By researching and documenting the lineage and legacy of Omutabona Lwande Wesonga and his descendants, as a branch of Abatabona, Ekudu accomplished a unique task. It is unparalleled in the annuals of the Samia Bugwe community. Even in a broader context I am not aware of a similar undertaking among the Luhya ethnic group, of whom Abasamia are a part. It is an achievement the importance of which cannot be overstated. Let me say, in passing, that Ekudu's story about the relationship between Samia and Kintu and their journey together from Misiri (Egypt) has become a Samia folklore. Perhaps not so among the Baganda. However, one day someone should research and expand on the nature of their relationship, as well as their territorial/human conquests on their way south.

Wilson Okwenje

Canada

16 May 2016

ACKNOWLEDGEMENT

Among many who deserve special acknowledgement, are the following:

The late Barnabas Abwoka Kubengi - son of Semeyi Ngundira of Lunyo, Samia, Uganda. Despite being unwell at the time, he still did all in his power to furnish and avail all the information he had. This demonstrates his interest in the subject and purpose of this book. Barnabas understood our future and our children's profound need for our genealogy. He then put in every effort to accomplish his own individual part in searching, relating, re-piecing together, and relating the history of a part of our ancestry. I am exceedingly grateful.

Disani Mbakulo – I have written in more details about Disani elsewhere in this book concerning his great contribution to this book.

The late Edward Oguti – I have written a more detailed tribute about him elsewhere in this book concerning his contribution to this work. Oguti left few lines that he wanted to be included in this book. Those lines can be found on back page of this book.

Dr. George Bwire Oundo - son of Gideon Gasundi Oundo. Dr Oundo of Busia but originally from Butenge, Samia, Uganda. He sent several names of his siblings and immediate family members. Thank you so much.

Dr. Peter W. Obanda - son of late Chango Machio w'Obanda of Kyambogo in Buganda and Lumino, Samia, Uganda. Thank you for the contribution by sending a raft of names of our relatives and the graphs.

Dr. James M.C. Wafula - Son of late Yafesi Musungu of Abajabi clan. James contributed greatly to the editing of this book. He did all this in truly short space of time that availed to him; and all during his own heavy schedule. James readily agreed to execute the assignment of reading and editing through the manuscript to its end. Many, many thanks for the splendid work performed.

Edith Nabwire Natabona - daughter of late Chango Machio w'Obanda. Edith lives and work in the United Kingdom. Thank you for adding a multiplicity of names to the list of our clan members.

Enosi Ogambo - son of late Daudi Ngundira of Bulondani, Samia, Uganda. Enosi's great support is written in more detail elsewhere in this book. Enosi thank you so much for your positive disposition and foresighted vision.

Paul Namatte Omuyaku[2] - son of late Nyikola Egesa Wo[3]Ololo from Butenge, Samia, Uganda. Paul readily and expeditiously collected the names of our clan brethren from Bukeko branch. His foresight was quite evident. Paul, thank you very much.

Faisi Norah Makoha Natabona - daughter of late Yeremia Masiga wa Mbakulo of Butenge, Samia, Uganda. Faisi emailed me names of our relatives whom I had overtime forgotten. Thank you very much.

Florence Ogoola – of Fairfax, Virginia, USA, daughter of former Mayor of the City of Jinja in Uganda: the late Benjamin Onyango Wandera. Florence is married to Justice James Munange Ogoola, a nephew of the Abatabona clan (who is Principal Judge Emeritus of Uganda). Florence ensured that all the names of our grandchildren from her family were included. To her, I send many, many thanks and appreciation. It must be pointed out that Florence travelled from USA to the UK. Among other people she visited, she made sure to come and visit us. While, with us, she learnt that I was writing about our genealogy, she quickly wanted to ensure that all her children's 'names were included. I was very impressed with her quick action and vision. I greatly appreciate what Florence did. We are lucky to have Florence as a close relative of Abatabona[4]. Again, thank you very much.

Geoffrey Ogambo – of Leeds, the UK, son of Enosi Ogambo. Without Geoffrey's open heart and helping hand, this book would not have seen the light of day. He, it

---

2 Omuyaku – means elaborate person due to particularly important clan he belongs to.
3 Wo - means son of Ololo.
4 Abatabona – meaning the whole clan.

was who hand-carried to me the manuscript materials (hitherto entrusted to his father, Enosi). These were the materials that Abner Ekudu had initiated towards the research and preparation for the writing of this book. Equally too, I have written in details in this book about Geffrey Ogambo.

Canon Justice James Ogoola – son of "Natabona" (a daughter of the Abatabona). Heartfelt thanks to the Principal Judge Emeritus for sharing with us his deep wisdom and profound knowledge in the preparation of this book; and for the formidable task of translating this tome from its original mother tongue: Lusamia, into English. Again, he added more needed information about the Batabona of Lwande Wesonga. I am deeply indebted to Canon Justice James Ogoola.

Stephen Oundo – son of Archelaus (Alex) Oundo of Nairobi, Kenya. Steven endeavoured with all his passion, emailed me the names of his siblings. It proved exceedingly difficult to get names from paternal uncle and close family members. For this, I am deeply indebted to Stephen.

Thomson Mangeni Odoki – son of late Yafesi Musungu of the Abajabi clan. Thomson helped the first attempt of translation from Lusamia into English. For this, I extend to him very deep thanks.

Wilson Okwenje (former Cabinet Minister in the Government of Uganda) – son of "Erina Natabona" (a daughter of the Abatabona). His father was Simeon Wafubwa. Wilson is currently resident in Canada. He was determined to search for and engage highly skilled professionals to preserve the old manuscripts of Abner Ekudu. Furthermore, Wilson extensively and diligently reviewed the manuscripts prior to my presenting them for publication into this comprehensive genealogy of Lwande Wesonga. My deep heartfelt thanks to Wilson.

Ruth Osinya Natabona - daughter of Charles Oundo of Butenge, Samia, Uganda. Ruth contributed greatly to availing me some of the names of our relatives from her side that are contained in this book. Ruth, thank you very much.

Stephen Oundo - son of Charles Oundo of Butenge, Samia, Uganda. Deep thank you for listing many names of our relatives that are contained in this book.

The late Benjamin (Benya) Odwori – son of Bendicto Oguttu of Butenge, Samia, Uganda. Benya is currently stricken with illness (reduced to a wheelchair) which badly interrupted his contribution to the task at hand. For your invaluable contribution hitherto rendered to this task, I extend to you Benya, very warm thanks, and wish you quick and complete recovery. Unfortunately, Benya passed away in 2022. May he rest in peace.

Outstandingly, my gratitude goes to the lifetime best friend and colleague **Suleiman Ssenyonga Kakembo** and our beloved children: Tendo, Sanyu; together with our precious grandchildren: Bona and Jago. All of them assisted me profoundly. Ssenyonga would readily and gladly search for helpful books on "Bantu People, both Ugandans and the Ancient Egyptians". A reading of these books helped me enormously to assess the veracity of Abner Ekudu's manuscript asserting and claiming our Egyptian ancestry. Besides, Ssenyonga would graciously attend to all my other daily chores, to enable me find time for this work. Ssenyonga will remain special to Lwande Wesonga generations for doing so much for them. Unfortunately, Suleiman Ssenyonga passed away in 2019. May he rest in peace.

My children encouraged me to write with their promise to read all I write, every time they get time to do so. Equally too, my grandchildren challenged me to write all touching my life and ancestry, promising they would read it all.

In this way, my entire immediate family supported me, challenged, and encouraged me (in the most profound ways) to shoulder on with the work. I am extremely lucky to have them as my immediate family.

I extend to you all, from the very bottom of my heart, thank you very much.

SPECIAL ACKNOWLEDGEMENT: The Lu Samia edition that forms the basis of this English Edition, would not have been made without the help of **Mrs. Myrene McFee**. American born, with no single word of Lu Samia language in her vocabulary – only long experience in bookmaking and publishing, a keen eye for detail, and a determination to do good work for the Lwande Wesonga generations and for me as her friend. On behalf of all Lwande Wesonga generations, I thank Myrene for her contribution to this work.

FIRST PREFACE

I am Beti Natabona later known as Elizabeth Ruki Kakembo née Masiga, a daughter of late Yeremia Masiga a son of Mbakulo Obondo Nabyama and Miriamu Ojanjo Nakooli of Butenge, Samia, Uganda. When I was growing up, Butenge was administered under the sub-county of Lumino, in the County of Samia Bugwe.

However, I completed my early education in Ugandan. It was followed by undertaking training course in General Nursing. First at Jinja Nurses Training School, then moved to (by then the prestigious) Mulago Hospital a part of well-known Makerere University, for work and completion of training in General Nursing where I qualified as Uganda Registered Nurse (U.R.N). In addition, I was given a scholarship to go abroad and specialise in Children's Nursing at the world-famous Children's Hospital, Great Ormond Street, London WC1. Then I did Midwifery course at Central Middlesex Hospital, Park Royal, NW10 for part I and Part II at Queen Elizabeth II, Welwyn Garden City, Hertfordshire and qualified as a Midwife. I continued training in nursing by specialising in Casualty and Outpatient Department in Eyes at the Prestigious Moorefield Eye Hospital, City Road. London EC1. In addition, I continued with general education in the UK at "The College of Higher Education, Hatch End, Harrow. Middlesex"; that enabled me to undergo the academic programs. First at the Open University and gained a Bachelor of Science (BSc). Secondly, I undertook another academic program at the University of Central Birmingham and gained a Master of Science degree (MSc) being one of the only two who graduated out of twenty-nine postgraduate students who were undertaking that program.

After working for a while in publishing, it was necessary for me to take a Postgraduate program in publishing at Oxford Brooks University, Oxford. My interest and hobbies have ranged and changed over the years, from taking private flying lessons in the mid-1980s to completing a Diploma in the Appreciation of Antiques in 2015. But my best qualification was being a *Domestic Engineer*: I loved having the opportunity to look after my own children. Whilst living very comfortably in Stanmore, Harrow,

Middlesex, I would pick up my children from their schools, followed by taking afternoon tea at home. We would then go to play in the garden until about supper time. This is another long, exciting story that I will reserve for my own autobiography. I am grateful for having met the late Suleiman Ssenyonga Kakembo who enabled me to be a lady of leisure.

However, my paid working period was a mixture of working in different countries. As a Midwife I worked in various places in the UK, for several years. As a Domestic Engineer for over fifteen years. As a Nursing Sister at Mulago Hospital, Kampala Uganda, and in a Public School, The Victuallers (Private) Ascot, GB, and as a General Nursing Supervisor, supervising a referral hospital called King Fahad Hospital, Gizan, plus forty small hospitals in Saud Arabia, for three and half years. On my return to the UK, Suleiman, Ssenyonga Kakembo and I continued publishing books till he passed away on the early morning of Tuesday 5th February 2019, leaving me to continue with the work he had started.

Prior to my retirement, I pondered the integrity and durability of the information regarding the genealogy of my own clan. I realized the risks of succeeding generations quickly forgetting their origin and lineage that clarifies their identity, a very important part of human beings. Fortunately, an enlightened and foresighted member of the clan: Abneri Ekudu Mata, had already carried out research in that subject, from the elders of his time. And now, I too have done my bit: carried out what research I could, to help extend the frontiers of knowledge about *Lwande Wesonga: Genealogy*.

It will require other members of the Clan to add to the effort. I tried extremely hard to involve some more clans' people to avail themselves of the necessary names of the Clan members without significant success. Many failed to put together a list of the names of their family members. Accordingly, there is still much additional work to accomplish enriching the contents of this book. I too appeal to all those who can do so to proceed with the work of compiling data and subsequent editions of our great Family of Lwande Wesonga. A house is not constructed in one day. My hope is that among you, the readers of this book, will be some who are able to undertake a greater work than both Ekudu and I have done. Publishing, this present book is but a mere First Edition of English Edition. Abner Ekudu left a large pool of researched materials. That is why he stated that:

FIRST PREFACE

"This is a wide/broad field for communal cultivation. In it, all are free to join the common effort, to cultivate your own portion of the field [according to your own ability]".

I have published this First Edition of the book with International Standard Book Number (ISBN) 978-0-9955998-0-2 (Hb) and ISBN 978-0-9955998-1-9 (Pb). I passionately appeal to all other members of our Clan to rise to the occasion of writing and publishing an even more comprehensive work and correct the information both Ekudu and I might have missed. As an example, they could publish a Family Tree of this House of Lwande Wesonga.

Additionally, the enormous growth and numbers that have occurred over time in the House of Lwande Wesonga, do call for ample time and effort to undertake the work.

As I end, I wish to remind future generations of *Abatabona*, that our *totem* is the revered animal: *Embongo* (the *Impala Deer*), together with the reverent bird: *Ahadyeedye* (*Sparrow*) and that it is **only** *the child of the wife* who, officially married with ceremony who is allowed to inherit the wealth of the parents as instructed by Lwande Wesonga. Finally, all the *Natabona* (s) are referred to as *Masenge* by the children of their brothers and first cousins and thereafter. For instance, my father's brothers' *grandchildren* would refer to me as *'Masenge'* so as their children and thereafter. My brother's children would also refer to me as *Masenge*. No child who is not *Omutabona* or *Natabona* must be brought up within the Batabona *clan*. Oral instructions left by our ancestors.

Elizabeth Ruki Kakembo née Masiga

August 2023

PART ONE: INTRODUCTION

By Abner Ekudu MA

I have great pleasure in compiling this book. It is gratifying to read and comprehend the ancestry of NGWENO MULEMA, son of **TEBINO.**

Ngweno Mulema was the fourth child of Tebino. His mother was Nanyinya. Ngweno was a twin, with ODONGO. Ngweno Mulema was the younger twin, called OPIO. Ngweno was born disabled (*omulema*) and could only be carried from place to place by his family members. His brothers were: Ginyenda (Omanyi[5]), Aburi (Omuburi[6]), twin brother Odongo (Omudongo[7]) and Onyango (Omukuhu[8]).

Ngweno Mulema or Opio had only one child called LWANDE MULUNGO. Lwande Mulungo had two wives, namely Nabaholo and Nabongo. Nabaholo's[9] children' lineage is called *Abatabona*[10] *ba Lwande*[11]. Meanwhile Nabongo[12] produced the lineage of *Lwande Wesonga*. Lwande Wesonga had the following children: In his wife Nabooli, he had one son called Ngweno Lununi. In his wife Namudu, Lwande Wesonga had a son called Ngweno Hadu/Mahola and in his last wife Nehama, Lwande Wesonga had a son called Kagenda (Amalakule[13]). In researching and documenting, only the lineage of Lwande Wesonga was researched. So, this work should be titled the *GENEALOGY*

---

5 Name of the clan.
6 Ibid.,
7 Ibid.,
8 Ibid.,
9 Ibid.,
10 A clan name.
11 Balwande means that this branch of Abatabona were known as Lwande's people. "ba" mean belongs to
12 Clan name of the wife.
13 Amalakule means it was foretold or predicted the future or a future of his birth.

PART ONE: INTRODUCTION

OF LWANDE WESONGA. If it is called *Ngweno Mulema* it will be considered as for all BATABONA Clan, including Aba[14] Lwande as from the lineage of Lwande Mulungo.

Our ancestors the" Patriarchs": (great, great, grandfather's, fathers) would meet at the family fireplace called (*Esyoosyo*) with their children, and grandchildren for storytelling: about our Clan's military exploits, sports, proverbs, marriages, and funeral processes, in short about our customs and traditions. I realized that this is not the case today and that the education system cannot provide such information. In the absence of storytelling by elders who, in any case, are not with us anymore, instead children will be able to read this book.

Many names of the young generation and their wives are not included in this book so future generations are encouraged to continuously add more names to complete the lineage. Remember that the person who starts cannot accurately record everything as mistakes can be made in the process, some names could be in the wrong order, so those who comes afterwards should correct those mistakes. For any mistakes, I apologies as this is just a beginning. The next editions should contain corrections, but it was necessary to start documenting our genealogy.

Abner Ekudu M.A

Buyore Village, 1995

---

14 Meaning belongs to Lwande.

BACKGROUND: WITH EXTRA NEW MATERIAL

By Abner Ekudu MA and Justice James M. Ogoola

I have researched and made typed copies of the researched material which I distributed in varied clusters within our great and wide clan with the primary purpose and cardinal hope that every generation of our Patriarch: Tebino, will readily learn what we thirst to know about our origin, our ancestry, our genesis and continue to expand on it.

From ancient times, our Ancestors would meet and sit around a family bonfire suitably lit around the open compound (*olwanyi*), for the evening's after-dinner chat. There would be an Elder to lead the conversation concerning the history, the origins, and the succeeding development of the Clan.

Alternatively, they would also meet at the different, but equally popular, venue: inside the family stable (*esidwooli*), as they partook of their strictly private (*invitation-only*) evening drink of the native brew (*ohungwa amalwa kesibudi*). It was always at such meetings that the Elders and the Youth of the Clan would congregate to listen intently to the expert narratives of their Clan. Ordinarily, the content of the family narratives would address the following topics.

1. The military exploits of their Clan's war-faring against their enemies, each exploit, complete with its outstanding warriors.
2. The ancient sports events, and the rules governing the different games: such as Wrestling (*Amaleengo*) and the Clan's outstanding wrestler champions (*Abalwani b'efuma*), Tennis (*Endolo*), Dueling (*Amalwachi*), and ……… (*Amataratara*).
3. Samia lyre (*Obuhana*) and its famous performers: players with their instrumentalists (A*boobbi*, kata *ababbeni b'obuhana ab'efuma*), and

outstanding Dancers (*Abahini bamanyihaane*). Such musical exploits and festivals would have been performed by our forebears mostly during the evening congregations at the family bonfire … with attendees from the neighboring *Engongo*[15].

4. The entitlement and rights of the various clans and sub-clans in their successive generations, to their patrimony of the Clan, namely: each person's and sub-clan's rightful share (by inheritance), to the various choice portions of a slain domestic animal (goat, sheep, cattle, and any other animal); or portions of a wild animal felled by the Clan hunters. The portions and limbs of such animals (comprehensively referred to as *amakumba*: literally the "bones" of each limb), were shared out among the Clan members strictly in accordance with the generational seniority of each cluster of every "house" and "branch" of the Clan. Each such cluster represented a particular house of the descendants of a particular ancestor determined in accordance with the sons (but not daughters) of the different wives of that ancestor. As a result, the whole Clan of *Abatabona* is clustered in the following" Houses":

House	Mother's Clan name	Son's Cluster
01	Nanyanga	Lwande
02	Nahone	Ogoola
03	Namude II (*Esibeyo*)	Hamiripo/Olwenyi
04	Namang'ale	Waida
05	Namakangala	Lwande
06	Nehere	Sombi
07	Nasonga	………
08	Namiripo	Awori Nahooli
09	Neroba	Lwande Magongolo
10	Nahayo	Hakwe, Wamira-Mboko
11	Nasonga II (*Esibeyo*)	Basoga

---

15 A place always bordered with either rivers, valleys or tributaries on both sides and gradual raise to a flat surface.

LWANDE WESONGA: A GENEALOGY

1. Namudu = Ngweno Mahola
   Lwande Muliamboka
2. Nehema = Kagenda – (Ababakwa)
   Lwande

See Appendix Page 2

All the Abatabona were one Clan: But the "Branches" into which they became clustered, arose from the different birth clans of their Sons' respective mothers.

The different Houses of Abatabona are of ancient vintage: comparable to the Biblical ancestral Houses and sub-clans … such as those of the Twelve children of the Patriarch Jacob "Israel", as recorded in the Holy Book of Revelation: Chapter 7, verses 5-8. See also the 42 Jewish generations recorded in the Holy Gospel of Matthew: Chapter 1, verses 1-17.

In present times, the older order is no more: The Youth no longer attend the Elders' Family "conversations". There are neither stables nor family bonfires, nor are there many (nor indeed any) Elders of the 1900s, let alone those of the 1800s. Even the very few of that generation who may still be alive are far too frail for the task. Others from the newer generations know precious little (or utterly nothing) of the ancient World such as its age-long customs and traditions.

In today's (modern) World, the evenings for the Youth are a reserved space for intensive study and reading of books, and pairing into surfing the latest digital technology, as well as giving singular scholarly attention to the daily school, college homework. It is for this reason that I, too, wish for these same Youth to study our genealogy from a written record. Let the documented record speak to them the people of our Clan: our genealogy and our inheritance entitlements to the traditional portions of the ritual meat (to which the Clan members have a right and a privilege of inheritance by ancient tradition).

The different ritual Clan meat entitlements arise from animals slaughtered for celebration of social occasions (*enyama y'ebiyumo*), hunters' prize (*ey'ohuyiima*), *(ey'omwino)*, funeral rituals, ancestral sacrifices to the spirits of the departed ancestors (*ey'emisaambwa*), and as part of bride wealth (*ey'omuhaana*). Without a doubt, these were the principals and most important ceremonies giving rise to the communal sharing of the Clan's ritual meat.

ACKNOWLEDGEMENT

By Abner Ekudu MA

I extend a big thank you to the following gentlemen who supported my research into this work of the genealogy of our Patriarch: Ngweno Mulema.

1. Eriya Ochieno Ngweno: He knew everything about every" branch" that descends from Ngweno Mulema, the Patriarch.
2. Samuel Egondi Omulo: He had the advantage of knowing all about the branch of Mboyo of Bulondani.
3. Yekoyada Ngundira Ochieno: Who gave an account of everything about the branch of Mbakulo.
4. Yowasi Nyabbola: availed information about the branch of Lwande II Muliaha.
5. Ekaka Embalwa: availed information about: Hakwe, Wamira, and Mboko branch.
6. Morris Ogani Odooli and Erisa Odienge Orodi: Availed everything about the branch of Wanga Ofumbuha.
7. Partrick Bala Balongo: availed all information about the branch of Namiripo, and Paulo Ngweno
8. Zablon Wambete Oguna: availed all about the branch of Nyembi.
9. George Ouma Sombi: availed everything about the branch of Sombi.
10. Yolamu Masaba: availed information about the branch of Awori.
11. Alfred Omala Olijo: availed everything about the branch of Omala.
12. Erasito Obwora Makoha: availed all information about the branch of Ngweno Sisera.

(Read Revelation, Chapter 7, Verse 5 -8)

See Appendix Page 3

THE JOURNEY OF KINTU AND SAMIA

Buganda's fabled Patriarch: **Kintu** and **Samia**'s Patriarch: **Samia** [16]came from Misiri (KVR)[17] Egypt. They travelled together southwards to the land of Sudan keeping close to eastern part of Sudan. They passed through Sudan and arrived North-Eastern part of Uganda. When they arrived at Mount Masaba now called Mount Elgon, they picked banana suckers, and continued with the journey southwards to Buganda. Kintu was with his wife Nambi and Samia's wife was Nanjala. When they reached Buganda on the shores of a river, they rested and planted the banana suckers. To the present day, the river is still called MUSAMIA[18]. It was named by Nanjala, wife of Samia. It would appear she named the river after her husband Samia. This small river is extremely near Lake Victoria at Entebbe, Uganda.

From that place, Samia embarked upon a canoe voyage across Lake Siita-Makoli (named Lake *Victoria* by England's colonial authorities in the late 1800s). Samia rowed Eastwards towards Esimolo (present-day Kisumu) in the land of the Luos of present-day Western Kenya. There, in the land of Esimolo, Samia docked his canoe or raft at the landing site called Sakwe. He then moved inland and established a settlement, his home at a place called Esiribo (now called ***Siriba***) in the land of Abanyole b'Angayi (present-day ***Bunyore***).

---

16 Samia is an Egyptian name for both genders. When Samia settled in Uganda and married local girls, the in-laws referred to his place as Samia's place and his children as children of Samia and eventually it became a tribe. The name Samia is found in Aramaic language and eventually the Arabs adopted it, now it is also found in India. In **Aramaic** it means **High, exalted**. Aramaic is the language Jesus Christ spoke.

17 "KVR" was a place in ancient Egypt sometimes known as Misiri.

18 MUSAMIA is made from the name Samia. In that part of Africa when referring to some people prefix "Mu" is added to the name and that is what happened when Samia arrived in Uganda and where he settled. They named his place Samia, from "Owa Samia". Himself was called Samia. Then his line was referred to as Aba Samia.

THE JOURNEY OF KINTU AND SAMIA

A PART OF EGYPT (MISIRI) SHOWING KINGS VALLEY REGION [KVR] THE RECTANGULAR AREA

From the: Researchgate 2022.

According to Abner Ekudu's research of 1995 noted that:
Samia came from "Egypt (Misiri) in KVR".

©ermk/2022

NB: Akuru father of Samia never followed his son to dwell in Uganda or Western Kenya. He remained in KVR with his relatives till the end of his life.

MATERIALS USED BY ABATABONA CLAN

The Clan of Abatabona had a certain cluster of "fundamental" names that deeply signified a great deal of the Clan's ancestral insignia and beginnings. Chief among these names were the following:

a. **Olunyi or Omutuba** (*Bark cloth*) - signifies the traditional bark cloth, which was the dressing material of the early Samias (**Abasamia**)
b. **Obwaato** (*Canoe*) - signifies the water vessel that Samia used to cross the formidable Lake Siita-Makoli (second largest Lake on Planet Earth currently known as Lake Victoria) in search of a place to settle.
c. **Engeso** (*Sickle*) - signifies the tool, ordinarily used to harvest crops (*ohukesa*), but which was used to seal water vessels/leakages in the body of the canoe.
d. **Esyuma** (*Beaded necklace*) - signifies the necklace of beads worn by the ancients as a mark of light-hearted confidence and bravado in the Clan's prowess and showing off their mettle to would-be enemies and competitors.

SELF EXALTING PHRASES USED BY ABATABONA (*OHWELAYA HWA ABATABONA*

There were several officially recognized Clan Praises and Banter (*ohwelaya*) for the Abatabona. These were proclaimed by zestful members of the Clan (*abamawundu*). They would be expressed with hype and style, all with good natured banter and bravado, at public celebrations of social or official occasions. The most beloved and most popular ones of such praises, include the following:

a. ***Oruubo: siyoka sy'Alali*** - portraying a Clan of merry or noise makers, descended from the chief merry (and noise) maker: Alali.
b. ***Makada moomu: kafuniraanga olukeendo*** - portraying the weightlessness of dry reeds: which though substantively weightless; yet, ironically, feel heavy or give the feeling of inordinate heaviness or weight when they are carried over a long journey.
c. ***Oruubo: nyumba mbi*** - portraying the nastiness of a marriage gone sour, in a discordant home.
d. ***The matrilineal descendants of Tebino son of Samia, their children*** - use the honorific title ***Wunya Samia*** (*ohwelaya*).

Efumo lya maala - portraying praises heaped on the "harshness" of a super sharpened spear of offence. The message being: stand warned, this Abatabona Clan is as sharp as a spear; and as harsh and bitter, as the poisonous cactus thorn (*amakaha*).

Natabona Kondolo e syuma syenono: Natakondole omusacha akondola embako. Meaning that the Natabona's are royal and that when they marry, men always love them very much and if not married they become good farmers.

THE DESCENDANTS OF SAMIA

1. Samia begat Lwande; Lwande begat Tebino. Tebino begat the following:

Jinyenda (*aka "Omanyi"*). Jinyenda's second name: *Omanyi*, literally means the "all-knowing", or "he who knows it all", came about in this way:

There was a chief called Owinyi, who lived at a place called Esikona. The chief gave his cow a generous dose of an alcoholic drink. The cow got drank. The chief summoned to his court people of all clans. On his way to the chief's court, Jinyenda met an old woman. The old woman asked Jinyenda if he knew the reason for which the chief had summoned everybody. To that, Jinyenda pleaded ignorance. The woman demanded payment of a gift of …... (….) for her to reveal the answer to Jinyenda. He agreed to the terms of the deal, and the ancient one told him thus:

"If the chief asks about his cow, let all the others answer first. You keep quiet, and wait to answer last, and say that: 'The cow is drank from alcohol'".

Chief Owinyi asked all the people present: one clan at a time, as to what befell his cow? None knew the answer. Only Jinyenda responded correctly:

"The cow drank alcohol!" At that, all the people assembled, said in unison:

"You, Jinyenda are the All-knowing (Omanyi): who knew that the cow is drank from alcohol".

From that day to today, Jinyenda of the clan of Abatabona became **Omanyi**, to find a new clan called: ***Abamanyi*** (a brand-new shoot sprang from the Abatabona of ***Boro***).

2. Aburi - Tebino's second child: It was perceived that Ngweno Mulema would be the successor to the throne of Tebino. The specter of a younger child succeeding to the chieftaincy greatly annoyed Aburi, the elder child. Aburi started to devise ways and means to kill Ngweno Mulema to get the succession himself. At that time, Aburi lived at a place called Mudembi "aka *Esidimba*". When Aburi heard that Ngweno Mulema, the disabled brother was being carried at a place now called **Hakati,** present-day Administrative Headquarters of Bunyala, in Kenya, Aburi hid himself at a convenient corner in an ambush.

However, someone saw Aburi preparing to kill Ngweno Mulema, the person, went to inform Ngweno Mulema about Aburi's plan to kill him. Ngweno Mulema responded by saying that:

> *"I have no ill feelings or grudge against my brother Aburi. If Aburi plans such, he will surely be utterly disowned by the people of our clan. Let me proceed on my journey.*

Thereupon, Ngweno Mulema armed himself with a bow and arrows, and asked his security escorts to proceed afoot. When they approached Aburi's hiding place, from which Aburi planned to affect the assassination, Aburi sprang forward, ready to thrust his spear at his brother Ngweno Mulema. However, the spear missed its target. Instead, when Ngweno Mulema released his taught arrow, he let out a self-praise, thus:

"Got you: right on target! I son of Amolo!!"

Gravely wounded, Aburi quickly ran home, and counselled all his children:

> *"When Aburi reached his home, he told his children never to have enmity, never swear or vow enmity against the descendants of Ngweno Mulema with any of the descendants of Ngweno Mulema, because I, (Aburi) was the one first at fault".*

And from that day to today, the descendants of Aburi never ever take a vow of enmity against the descendants of Ngweno Mulema. However, when Amolo, the descendants of Ngweno Mulema succeed in hunting down an animal in the wild, they always shout or sing aloud their own self-praise: *"Got you! I, son of Amolo!!"*. They do this in reverent remembrance of the self-praise that their forebear: Ngweno Mulema, uttered at that poignant moment when he shot, and gravely wounded, treacherous Aburi with an arrow.

3. Ngweno Mulema - son of Tebino: Ngweno Mulema's mother was Nanyinya by clan. She gave birth to twins, namely: Opio and Odongo. Being the elder of the twins, Ngweno Mulema's another name was "Opio" It was from Ngweno Mulema that the Clan of Abatabona sprouted. One time a child swallowed his younger paternal uncle's precious bead. The uncle, in rage, insisted on getting back his bead. The baby's parents begged and pleaded:

"Please, be patient until the child passes the stool. The bead, too, the stone will be recovered from the stool".

The mean uncle would have none of that. He refused to listen to his elder brother's plea! He was so insistent on getting back his bead, that the elder brother had no option but to kill his own baby. With crude surgery, the father opened the lifeless body of his child, retrieved the bead, and handed it back to the insistent younger brother! Wailing with the dead body of the child in his arms, the elder brother told his younger brother:

"Have you seen! Your bead – here you are. This is the bead that has caused my child's death!"

From that dramatic moment, the brothers irreconcilably parted ways: the younger brother journeyed away to Boro, the land of the Luo (*Abajaluo*), while the elder brother stayed behind. It is from this elder brother's grief and lamentation: **"LOOK!"** (*Otabona ...*), that the name of the Clan **Abatabona** is derived. From the word **"Otabona"** (**LOOK!**), the name **Abatabona** was coined.

4. Odongo wa Tebino - fourth son of Tebino. It is from this Odongo (the younger twin of Opio) aka Ngweno Mulema, that the **Abadongo** clan springs. Odongo's mother was Nanyinya. It took Abadongo an exceptionally long time indeed to allow their children to marry any members of the Abatabona (from whom they derived their own origin of birth). The first male Omudongo to affect such inter-marriage with a Natabona (a daughter of the Abatabona), was Rubeni Onyero Agula. This was as recent as the 1900s. It had never occurred at all ever since the days of the Patriarch: Odongo.

However, when a clan (such as the Abatabona and the Abadongo) expands beyond the original "house", inter-marriages between the different clusters of those houses begin to take place.

5. Onyango wa Tebino - Onyango was the fifth and last son of Tebino. He metamorphosed into the new clan of **Abakuhu.** That clan name was given to him on account of his cow. He used to tether *(ohuhuungira)* that cow in the fields quite frequently. From the vernacular rendering of that verb: "to tether" *(ohuhuungira)*, people started calling Onyango the name of "Omukuhu".

Notwithstanding all these, all the five houses that sprang from Tebino, namely:

Onyango wa Tebino, Ngweno Mulema wa Tebino, Odongo wa Tebino. Jinyenda wa Tebino, and Aburi wa Tebino are, *strict sensu,* **Abatabona**, on account of their being direct descendants of Tebino, a son of Lwande of Samia the very first Patriarch of the Clan: also known as **Aba-Boro** (literally: **Boro, aplace where they dwelled for some time**)

Ngweno Mulema's mother was Nanyinya. He begat an only son, called Lwande Mulungo. Lwande Mulungo begat Lwande Wesonga, whose mother was Nabongo.

NOTE: The origin of the name "Wesonga" is quite interesting. It denotes the fact or phenomenon of a child (especially a son) sharing the same name as the father's name. The verb "***ohusonga***" (from which the noun **Wesonga** derives), means to "add to", to "supplement", "to get a second or additional portion of (especially) food or meat." Therefore, when a child is given the same name as the father's (or rarely, mother's) name, then the child is said to "share", so to speak, a second portion of the same common name.

In the case of Lwande Mulungo (the father) and Lwande Wesonga (the son), the two share the first name: Lwande. To distinguish between the two **Lwande**, the second one (the son) has the supplementary qualifier: **Wesonga** added to his first name Lwande. **Wesonga**, is the equivalent of the appellation **Junior**, which is affixed to a son whose names are identical to the father's own names.

See Appendix Page 4

ODONGO SON OF TEBINO

The origin of the *Abadongo* Clan is from Odongo. The mother was NANYINYA and was born a twin to Ngweno Mulema. It took the Abadongo long before they could marry Natabonas (females of Abatabona clan). The first to marry Natabona was Reuben Onyero Agula. When a clan gets too big, intermarriages may happen, but our fathers and forefathers did not continue with this practice.

The real underlying reason for forbidding marriages between Abatabona and Abadongo, was the concern about incestuous liasons between close blood relatives. In this regard, the prohibition of such marriages among the Abasamia, was comparable to the Biblical laws of the Israelites. In the Holy Book of Leviticus, such liasons were not only outlawed, but the reason and the basis for their prohibition was expressly provided.

Leviticus Chapter 18, verses 6 and 7 prescribe the prohibition....thus:

"6. None of you shall approach any one of his close relatives to uncover nakedness.......

7. You shall not uncover the nakedness of your father, mother, sister, daughter,.. daughter-in-law....

The reason for that prohibition, is given in verse 3...thus:"

"3. You shall not do as they do in the land of Egypt...where you lived."

For the Basamia, this scripture is a profound eye opener. First, Samia and his people, just like the Israelites of the pre-Exodus times, did live in the Egypt at KVR, whose unbecoming marriage practices are described in this scripture.

It is quite possible, therefore, that upon Samia's own "exodus" from Egypt, some of these Egyptian practices permeated into the new society of Samia; and required effective prohibition...the Clan having discovered and realized the moral and health risks of incestuous marriages.

ONYANGO SON OF TEBINO

Onyango (*Omukuhu*) was the last born of Tebino. He was named *Omukuhu* because he frequently had a cow with him everywhere, he went, and he would tie it down for grazing and for this he was nick named "*OMUKUHU*" otherwise they were known as "ABABORO".

NGWENO MULEMA SON OF TEBINO

Ngweno Mulema's mother was NANYINYA. Ngweno Mulema had only one child called Lwande Mulungo. Lwande Mulungo was the father of Lwande Wesonga. The mother of Lwande Wesonga was called NABONGO.

THE WIVES OF LWANDE WESONGA WERE:

1. Namudde Hateke,
2. Naholi,
3. Namiripo,
4. Namuddu.

All four wives were barren or bore him no children. Perturbed, Lwande Wesonga sought help from traditional soothsayers' men and women called (*abalakusi*), also known as: "the wise ones" (*abakesi*). The wise ones assured Lwande Wesonga of this prediction:" *You will meet or find an itinerant or wandering maid (one of no fixed abode). She it is who will start a lineage for you*".

Despite that prediction, Lwande Wesonga waited a long time without success. But, once upon a time, his servants went out in the fields to graze the family flock herd. There, in the wide-open fields, they came across a wandering woman.

The wandering woman put a request to the servants:

"*Would you be kind enough to adopt me?*".

The servants went back to Lwande Wesonga and related the woman's request to him.

They said:

"*There is a certain woman we met (on the way, in the fields), who requested we "adopt her", to offer her refuge or livelihood as a refugee!*"

With that, Lwande Wesonga remembered the wise ones' prediction.

He instantly sent his shepherds back to the fields to invite the wandering woman into the homestead. When the woman arrived in the homestead, she found Lwande Wesonga having a drink of the traditional brew (*Amalwa*). She sat at the traditionally lowly granary area of the homestead. They offered her some of the brew in the traditional gouard (*Esikwaada:* with short-handle, kata *Oluwo:* with long-handle. After the drink, they served her a meal (*Obusuma*) which she ate. The woman sat at the granary until dark, then Lwande Wesonga sent his servants to clean the stable sufficiently well for the "guest" (*Omukeni*) to sleep in overnight.

The next morning, Lwande Wesonga summoned together his four wives: Namudde

Hateke, Naholi, Namiripo, and Namuddu the junior wife. To the junior wife: Namundu, Lwande Wesonga allotted the duty of cooking and preparing the special bridal meal (*Oludaabo*) for the lady guest. To this, Namuddu replied thus:

> "How will I, out of the lousy bitter herbal soup (**okuunyu kululu**) that is my daily staple, prepare a decent meal fit for the Chief's bride?!"

Lwande Wesonga responded to his junior wife thus:

> "She shall be eating from my own portions (Embaki)."

It is from Namuddu's rhetorical and sarcastic remark of the lousy "bitter herbal soup (*okuunyu kululu*)", that the descendants of Namuddu came to be called:

ABAHALULU.

Nonetheless, these descendants are still Abatabona Clan, called by that name *Abahalulu.* Similarly, from the response that Lwande Wesonga gave concerning Namuddu's grumbling, namely:

> *"She shall be eating from my own portions (Embaki)"*, was derived from the name.

Ababaakwa, which was given to the descendants of the "adopted" wandering woman, whose clan name was **Nehama**. The term **embaki** used here, was shorthand for dressing an animal's carcass after slaughter (*Ohubaaka esolo, as example enyama: embaakwa*).

When Nehama the adopted woman conceived a baby, all the other four wives mocked in unison Lwande Wesonga's sojourns to the soothsayers *(ohukeenda mu balakusi)* in search of a child. Hence, when Nehama's baby boy was born, he was given the name: **Kagenda Amalakusi.**

From the time of the birth of Kagenda, all the hitherto barren wives of Lwande

Wesonga, started conceiving and bearing children: Naholi, bore Ngweno Lununi.

Namuddu, bore Ngw'eno Mahola and Lwande Omuliamboka. Only Namude Hateke failed to have a child with Lwande Wesonga.

Upon the death of Lwande Wesonga, some proposed Kagenda born of Nehama to become the heir to his father, to inherit the chieftaincy and throne. They proposed this based on Kagenda born of Nehama and the eldest son in the immediate family of Lwande Wesonga. However, Namudde Hateke opposed the idea, on the grounds that Kagenda's mother: Nehama lacked the requisite qualifications for a queen mother. Her marriage to Lwande Wesonga, did not attain to the legitimacy of the full rituals of an official marriage, in as much as Nehama was a **Nasikooko** (had been married elsewhere, before marrying Lwande Wesonga). Nehama's second marriage, thus lacked the requisite bridal or nuptial ululations (*Olukalakasa*), to qualify her for the reverent status of a queen mother; let alone to qualify her son to ascend to the lofty stool of the Chief!

Namudde Hateke's choice for heir to the throne was Ngweno Lununi, the younger son of Lwande Wesonga. In this quest, Namudde Hateke took matters into her own zesty hands. She took upon herself the onerous and dangerous task of hiding the Clan's royal regalia. When Kagenda inquired of Namudde Hateke as to the whereabouts of the royal regalia, she told him that they had all been eaten up and destroyed by termites. Meantime, at that very time, Ngweno Lununi had gone visiting his maternal uncles at a place called Ebanda. Namudde Hateke instantly sent for Ngweno Lununi, requesting that he returns home immediately, and accompanied by his maternal uncles. On the appointed day, at the appointed time, Namudde Hateke took the royal signet (*Esayi y'Obwami*), placed it in a basket, and went outside the royal court to await the arrival of Ngweno Lununi. As soon as Ngweno Lununi arrived, Namudde Hateke took the royal signet, and placed it upon Ngweno Lununi … who then entered the royal court of his late father in full festive fashion; accompanied with air-renting ululations. That constituted the rite or the ritual of sitting the heir on the father's chieftaincy stool ... a ritual that effectively and definitively denied Kagenda the stool he had so longed to sit on!

In the age-long traditional practice of 'wife-inheritance' (*Ohukerama*), Ngweno Lununi took into marriage his father's widow: Namudde Hateke. But she remained childless. Upon visiting her home of birth - origin in her new status as queen, Namudde Hateke's own people called *Abade* by clan, realized they had no nephews from their own daughter: the queen! Without a nephew in Namudde Hateke's royal compound, the *Abade* concluded they would have no lasting influence at all at the royal court. They, therefore, arranged for another (**Namude**) bride: from among their other daughters *Ba Namude*, to marry Ngweno Lununi and become Namudde Hateke's "junior" co-wife from the same clan (E*sibeyo*).

SPECIAL ADDITION BY:

By Justice James M. Ogoola

Widow-inheritance was a well-accepted, well-entrenched practice in the culture of all other Samia clans at that time.

Similarly, marriage to a close relative of one's wife, especially sister, cousin, niece, or similar close relative to the wife, was equally well-accepted, and routinely practiced by all Samia clans.

In a marriage involving a new co-wife of the same clan as the clan of the earlier wife (the "senior wife"), the *co-wife* was always referred to as *"Esibeyo"* denoting a second member of the same clan. For, in truth, this "co-wife" shared another and deeper same-clan relationship with the "senior" wife …. hence the name: *Esibeyo*.

More profoundly, the subtle and deeper meaning of this arrangement was for the *Esibeyo;* invariably much younger than the senior wife and to **assist** the senior wife perform her marital responsibilities to the full hilt … in particular, to bear children for her childless fellow clanswoman such as Namude Hateke. In this role, the junior wife was referred to as *Hasubeeni* (i.e., a young she-goat): denoting the ***youth*** and ***vigour*** of the 'youngsters' among goats.

If the senior wife had her own children, the arrangement served as an insurance that a fellow clanswoman: the junior wife (*Esibeyo),* would take good care of those children as her own kindred upon the death of their biological mother, the senior wife.

All the above marriage arrangements are very much comparable to the similar marriage arrangements by which the early Jewish Patriarchs: Abraham, Isaac, Jacob and, much later, King Solomon took 'junior' wives *(concubines or mistresses)* to assist their official 'senior' wives and, if need be, to bear children for the senior wives. In this regard …

- Abraham 'married' Hagar Sarai's Egyptian *'mistress'*, to bear children for the barren Sarai: Genesis 16: 1-3.
- Abraham's son Isaac was "comforted" by his wife: Rebekah who was also his "mother's kin" after his mother's death: Genesis 24: 67.
- Jacob married Bilhah, Rachel's *servant* to have children for childless Rachel: Genesis 30: 1-8.

In the above case of Namudde Hateke, her co-wife the second Namudde), gave birth to two boys:

1. Hamiripo; and
2. Olwenyi (aka *Nyembi*).

These two were later named **Abatabona Basembe** - on account of they moved from Ruambwa to a place called **e Busembe**. But **Abaduma and Abadde are** called *Abasembe ba Lununi*. These are the descendants of these two namely, Hamiripo and Olwenyi as the: **Abadde** clan, because their mother was from *Abadde* clan. This acted as identification of people using their mother's clan. In actual sense they are **Abatanona Badde**.

Kagenda was passionately opposed to his younger brother's ascendancy to the throne ... a fact that denied him his 'rightful' inheritance!

He started a bitter and lasting feud against Ngweno Lununi. This led to a division of their late father's flock between him and Ngweno Lununi, whereupon the two separated permanently.

The true and real reason for the denial of Kagenda's inheritance and re-marriage of his father's wives and succession to the stool, hence throne, was the fact of Kagenda's mother having been a **nasikooko**: means, second marriage to Kagenda's father Lwande Wesonga. It was a marriage lacking the fundamental and critical rite of ululation! Ancient Clan customs and tradition of the Abatabona equated a woman's second marriage, to a 'second-rate', 'recycled' union, in as much as such marriage lacked the full rites of a first-rate, 'fresh' marriage. A 'second-rate' marriage did not attract any ululations (*Olukalakasa*) from anybody.

Ululation was a critical matrimonial element. It constituted the symbolic, but significant ritual, that sealed the public's acknowledgement of the legitimacy of a regular, fresh marriage. Accordingly, Kagenda's ascendancy to the throne was effectively hindered or barred, by the demands and stipulations of tradition, on account of his mother's 'second-rate' marriage to Kagenda's father: Lwande Wesonga.

The hindrance or bar to succession applied notwithstanding Kagenda's having been the eldest male in the succession line. In the ancient, reverent, unwritten law of the Clan, ascendancy to the throne was open only to the son whose mother's marriage to the reigning Chief, was sealed by the full rite of ululation (*omuhasi w'olukalakasa*). Such a wife was very much comparable to today's church-wedded wife (*omuhasi we empeta or we engila*), whose **ring** confers the seal of matrimonial propriety and legitimacy. That rule was enforced even where the marriage in question resulted in a younger son ascending to the throne. Such a (younger) son had status to perform all the family's rites and rituals, and observances ... including succession to his father's stool. To compound matters, however, in Kagenda's case, even his own father: Lwande Wesonga had, in his unwritten will, expressed his choice of Ngweno Lununi as his successor. With that Kagenda's ill fate was irredeemably sealed!

See Appendix Page 5

See Appendix Page 6

EXODUS TO EXILE AND WARS

By Abuner Ekudu MA and Justice James M. Ogoola

REFUGE IN BUNYALA AND BUSONGA

To avoid war, the Clan of Abatabona sought exile in Bunyala and Busonga the kindred lands in the South-West of present-day Kenya. There were Three major wars involving the Baganda (*Abaganda*); the Kikuyu (*Abaseebe*) and the Iteso (*Abamia*).

THE WAR OF THE BAGANDA.

In the reign of the Samia Chief Ekaka, the *Baganda* invaded the *Abasamia*. Ekaka's people (subjects) sought and ran to seek safety and refuge in two places: the neighboring lands of the *Luos* and the *Luyias area* called *e Bunyala,* and in *Busonga*. The Ruler of *Abanyala* at that time was Chief **Ngira** and his father **Oyolo**, plus **Kundu**.

ODUNGA OMUHAYO saw Ekaka with his subjects during that time of invasion. Odunga requested Ekaka to go his place and live in his territory of Buhayo. The invitation was occasioned by the presence in Ekaka's army of a very brave, distinguished, and fierce warrior referred to as *Omululu*: the mighty **Ojune Mwaara**. Odunga's invitation of Ekaka, therefore, was on the promise that Ekaka would make an alliance with Odunga's army, to fight off Odunga's enemies. Subsequently, Ekaka and his army left their *Bunyala* and *Busonga* refuge; but by this time, their number was not large at all. They did not retrieve all their flocks from *Bunyala*. It was only from the people of *Busonga* that Ekaka's subjects took brides for marriage.

Upon Ekaka's arrival in Buhayo, Chief Odunga was simply ecstatic to see Ekaka and his army. He warmly welcomed Ekaka. Odunga's subjects or army started to take wives from Ekaka's subjects, since they were "very beautiful to behold". Ekaka's subjects being refugees in Buhayo, could not protest much to these dubious "marriages". Instead, these refugees worked the fields and herded their animals extremely diligently, with no help at all from any of Chief Odunga's subjects.

Young men went to Odunga with the proposal that if Odunga were to take his flocks of oxen to Ekaka's homeland/land of origin, he would prosper extremely well, for that land was so teeming with oxen, that it was known as **Emadoola Ngombe (Lunyo, Butenge, Bulekeyi)** … signifying that cows/oxen were so plentiful in that land, that one could freely pick any number of animals from the fields : as many as one wished, simply at one's own choice commensurate with one's own effort.

There upon, the young men milked their cows and presented Chief Odunga with two large wooden gourds (*eyaati*) of milk. In this way, the Abatabona in exile sought to please Odunga, and to ingratiate themselves with him …. perchance to get or persuade Odunga to release them to their own homeland: **Emadoola Ngombe,** which is the present-day **Lunyo, Butenge and Bulekeyi.** They told Odunga that if you Odunga take your herd to **Lunyo, Butenge and Bulekeyi**, you will be economically extremely comfortable.

Indeed, Odunga let go of Ekaka's subjects. He released them back to their own land. Odunga himself came along too, and settled at *Mukina*, where he lived with Samia's super-warrior: **Ojune Mwaara**. Thus, at *Mukina*, the super-warrior assured Odunga of security, safety and protection against his enemies and adversaries. Odunga continued to live at *Mukina* with his own wives, and the wives of the warriors or solders of his army of fellow *Abahayo*. These latter wives had been forcefully arrogated to Odunga's army of *Abahayo*. No one could accost these army warriors. However, the *Abasamia* did put up a sustained effort of quiet opposition and covert protest. Gradually, the *Abasamia* became so bitter, they made express complaints to Odunga. They did not know that these women had been forcefully taken as wives while they were still refugees in *Buhayo*. All they knew was that Odunga was the one who wielded authority over the longstanding conflict.

Odunga rose to war with the *Abasamia*, to force the *Samia* women to return to their marriage with the *Abahayo*. To affect this, Odunga asked **Ojune Mwaara,** Samia's champion warrior, to invade his own people: the *Abasamia*. Tactfully, **Ojune** feigned a sudden illness before Chief Odunga, and advised Odunga to deploy other warriors this time around. Odunga effected the invasion against *Abasamia*. He attacked the area of Mahoma to seize the wives of the *Abatabona*. The husbands of these wives totally refused to budge, saying:

"It is absolutely impossible to abduct our wives by force!"

With that plain but vociferous proclamation, war was effectively declared. Overwhelmed, Odunga left home in great distress. Hurriedly, Odunga rushed to inform the *Samia* Chief Ekaka, and the chief clan warrior: **Ojune**. Ekaka's response to Odunga was this:

"I have stopped the Basamia; but they have refused to return to their land of Samia. They have remained in Buhayo"

At that, Odunga returned to his own territory of origin: *Buhayo*. He swore an oath (*ohwechuba/esulubbi*): never again to have Ojune the warrior decline to join him in a military expedition or invasion (*Amakoha*) ... in as much as it was **Ojune** who had caused Odunga *"to kill my own subjects"*.

Thereupon, Odunga returned to his own homeland: Buhayo, sworn to have **Ojune** killed. In this regard, Odunga dispatched one: Odido of the ***Abanyanga*** **clan**, with these strict instructions:

"You are the one who is the expert at nightwalking (ohukenda esiro). I want you to go kill or assassinate Ojune the warrior, for me. I'll reward you with a gift of a wife".

At that, *Odido* came at night while *Ojune* was asleep. With his team of coconspirators, *Odido* arrived at the great gate (*esiruwa*) of *Ojune's* fortress home (*olukoba*). The assassination Team was then accompanied by some servant collaborators (whom they met there). Together, they felled a huge and very tall tree, which they placed across the moat or vault of the fortress as a make-shift bridge. That bridge was, thereupon, used to help *Odido*, and his band of fellow travelers in treason, to cross the inner courtyard of the fortress. Each one of the conspirators sneaked in to cover all the houses in *Ojune's* fortress homestead. This was done with much caution and diligence to ascertain with precision the exact house in which the great warrior was sleeping that night.

Meantime, inside the fortress, while *Ojune* slept, his child urinated on his bedding. Angrily, *Ojune* lashed at *"this wife, whose child has wetted my beddings!"* At that, the sly enemies hiding in the dark outside the house determined *Ojune's* exact whereabouts. Serene inside his fortress, the Mighty Warrior: **Ojune Mwaara** knew absolutely nothing and had absolutely no clue about the impending danger that was lurking in the air waiting to explode. When *Ojune* got back into the house, and sleep gradually overtook him, the assassins stealthily and gently pulled aside the portable, old-fashioned door to the house. Instantly, they broke their spear; and with a lethal thrust, pierced deep into **Ojune's** genitals, before quickly exiting and fleeing across their large pole "bridge" that they had themselves placed atop the fortress moat or vault.

Once safe outside the fortress, the assassins hid themselves secure, in the surrounding thickets and bushes. Upon ascertaining **Ojune's** death from the ensuing commotion inside the fortress, the assassins took off, to go report the exciting news to Chief Odunga. The Chief was ecstatic at hearing the news report. He promptly fulfilled his promise of giving a gift of a wife to *Odido Habisinya*, the arch assassin.

See Appendix Page 7

Page 154.

THE WARS THAT FORCED MIGRATION TO BUNYALA AND BUSONGA.

However, the above is what Abner Ekudu found out when he was searching for information, but **Cannon (Justice) James Munange Ogoola** searched for more information of what was the cause and how it ended. Below are his findings:

THE WAR OF THE ABAGANDA.

The neighboring warrior clans of Abahone and Abapedi, allied themselves together to invade the Abasamia. Abahone and Abapedi appear to have been fierce, warlike people, given to raiding, plundering, and looting from wherever and whomever they found booty. Abapedi and Abaduma used to call themselves **Abasigulu**, people from Sigulu Islands. They were not Abasamia. On the other hand, Abanyanga, Abahulo, Abakangala, Abangale and other clans referred to themselves as **Abahehe**.

More importantly, *Abasamia Liilo* appear to have been:

- Ababuri.
- Abadongo,
- Abakuhu
- Abamanyi,
- Abatabona,

CHILDREN OF SAMIA:

By Abner Ekudu and Justice James M. Ogoola.

Samia begat Lali. Lali begat Orubosioka the father of Lwande Muliamboka, the father of Tebino. It was Tebino who had five children, thus led to greater lineage.

However, Abahone and Abapedi, appear to have had an eye on the abundant flocks of oxen of the Abasamia … including the plentiful herds scattered all over **Emadoola Ng'ombe,** present Lunyo, Butenge, Bulekeyi. The Abahone-Abapedi alliance plotted a massive and decisive attack against the Abasamia.To achieve their vast objective, they sought help from the Baganda garrison or armies stationed in Busoga. At that time, Busoga was a vassal 'state' under the kingdom of Buganda.

The Three allied armies then attacked the Abatabona or Abasamia. Their major aim was to plunder, loot, and abduct the flocks and wives (*amayiicho n'abahasi*) of the Abatabona, as war booty.

It was a formidable force, with a frightful mission, that was ranged against *Abasamia*.

However, the *Abasamia* had two superior advantages on their side. They had one particularly brave and fearless warrior, called **Syotero** of the … clan. Second, the Abasamia relied on the simple Sling (*esimulo*), as their preferred weapon of offence against the spear of the *Abaganda*.

Ranged thus, on the plains of Samialand, the epic war drama was ready to explode. The big, sharp spear of the *Abaganda* was an awesome weapon of war. Its shortcoming though, was that it needed to be used in short-range, person-to-person combat. Conversely, the sling was a weapon of attack which, if used efficiently, effectively, and ingeniously, could stop the enemy dead in their tracks, long before reaching the Defenders' trenches/line of defense.

It was with such a lethal sling, that Syotero, the Commander of the Samia army, armed himself. With a straight, well-aimed, all-powerful shot of his sling, Syotero instantly put the enemy Commander of the Baganda army, out of action. And, like all famous sling shot of Biblical David (who silenced Goliath, the Giant of Gath with one sling shot), Syotero did exactly the same thing. With the Commander of their army felled by the slingshot, the rest of the Baganda army took to flight in terror and trepidation. Just as the ancient Israelites of long, long ago, sang praises magnifying young David's heroic feat, so did the Abasamia, in their time, compose songs of praise to their darling war hero: Syotero … to commemorate and immortalize the incredible prowess and awesome victory wrougt by the illustrious 'son' of the Basamia: Syotero. One endearing song of such praise was:

"Syotero: oweta Omuganda, afwana atye?"

… that song signifies:

"Of what complexion (i.e., matter and mettle) is this Syotero, who slaughtered the Commander."

And to the vanquished treacherous duo, of the duplicitous Abapedi and Abahone, the victorious Abasamia sang songs of contempt … chief among them being the following proverb:

"Abo, betaanya omufumo kulibalia"… meaning that the sharp spear which they themselves moulded, turned against them in the end" [like a boomerang]!

Syotero's slingshot was truly a gigantic military feat, that effectively ended this particular war of the Abaganda against the Abasamia.

THE WAR OF THE ABASEEBE.

The term "Abaseebe", usually refers to the 'Kikuyu' community.

However, in the present context, the reference is to the communities that lived in the Rift Valley of present-day Western Kenya, which in the early colonial times of East Africa, formed an integral part of Eastern Uganda, stretching all the way to Naivasha.

The people in the Rift Valley territory, included the Turkana, Kalenjin, Masai, and the Nandis. All these are cattle-keeping cultural cousins. Their primary interest in invading the predominantly farmer communities of the Abasamia was to capture and loot cattle. This they did on numerous occasions, with immense, lethal resistance from the Abasamia. The attackers never took any lasting foothold in Samia's land.

Paradoxically, the Abanyala-ba-Ndombi, a community more culturally and linguistically related to the *Basamia,* seems to have also joined the fray. They and their immediate neighbours: the Ababukusu of Bungoma-Mumias, lived next to the Nandis. They seem to have allied themselves with the Nandis in a common enmity of the Abasamia. A section of the **Abanyala-ba-Ndombi** eventually moved westwards, to occupy present-day **Bugwe**: the area to the north of the **Abasamia**. They have become **Abagwe**. At the heyday of the British Colonial rule of Uganda, the Chief of the Bagwe was Ogema. He used to contend that the term Bugwe or Bagwe was derived from the word Bukwe meaning East: denoting the direction of their origin, namely, the 'East'. An alternative theory is that the name "Bagwe" is a derivation of the noun *Abakwa*: namely, *sojouners,* seeking a new life in a new land.

Here, again, the wars and the enmity of the communities from the Rift Valley, has ushered into our corner of Uganda, the larger Community of Abasamia.

WAR WITH THE ITESO

Originally, the Iteso Enemy came from up North, over generations of migrations of their people ... from present-day Soroti, Kumi, into Bugisu, Tororo, Malaba, and Busia. From there, they would mount raids into the lands of the Abasamia: along the shores of the great Lake Sitamakoli[19].

The Teso enemy came to Samia in search of two objectives: one, Land to occupy and settle; and second, cattle raiding (and, invariably, with cattle raiding, came the abducting of women for wives).

A series of vicious battles between the Iteso and the Abasamia were fought over time. Eventually, the Iteso were defeated and routed ... driven north to the land of the Abagwe[20]. It is in Bugwe[21], the vanquished Iteso finally settled in the Maero and Buteba

---

19 It is Lake Victoria
20 Abagwe are people located north of Samia.
21 A place where Bagwe dwell.

corridor: along the present-day Busia-to-Tororo highway, which marks the boundary between Uganda and Kenya.

Curiously, a tiny remnant of the Iteso combatants remained in Samia at Butangasi[22] Mairo - Munane[23]. The remnant is still settled at the Trading Centre of Mairo Munane [24]to the present day: with descendants of one or two families still around. The Patriarchs of these families were Omoni and Omaidi. Their later descendants born in the 1940s and 1950s, include people like Paulo Omongin, Angura, and Emokot.

---

22   Name of the place in Samia.
23   Butangasi is situated at nine miles from Lake Victoria towards Busia.
24   Ibid.,

PART TWO

This Part contains an extensive and comprehensive record of the Descendants of Lwande Wesonga, as they increased in number. The record is compiled in generalized sequence, giving the diverse 'houses', branches and wives, grandchildren, nephews, nieces with their wives and husbands respectively if known and Natabonas with their siblings, of the House of Lwande Wesonga. It traces individually from the present to Lwande Wesonga.

A GUIDE HOW TO READ PART TWO

There are two columns, left and right. Left hand side the name in the capital indicates the wife of a person's names in **capital letters in green** with children immediately below their father's names in small letters. The wife's names indicate the **clan**, only very few non-clan names added. It must be pointed out that Samia settled in a strange country with no other relatives to encourage his original customs and traditions. So, the women or the game changers he married, and their families changed Samia's generations for good. The names the women gave to the children were mainly based their customs and traditions. Some of them acquired "Luo" names not because Samia was a Luo but because the women had connection to the "Luo" tribe in Kenya. In addition, during colonial period with the missionaries teaching Christianity, Samia people adopted the religious names too. However, the **small page numbers in italic** - on the right-hand side means the original page where you can find the researched material Abner Ekudu collected that are in Appendix. All girls are indicated with their children in the right-hand side column, the grandchildren with their mothers are inserted in the right side-column. Any other materials or information are included in the right-hand column. The idea was to try and match the original Abner Ekudu's setting to make it easier to find the original information.

Furthermore, as Abner Ekudu was gathering information, he mentioned that when our relations in Kenya wanted to return to their original place or home, they were asked the name of their original place. They responded by saying that their original place or home was called, "Madoola Ngombe". Indeed, when I was growing up, we would go to visit Kenyan relatives and they would always ask us about "Madoola Ngombe".

Initially, we asked the elders about the name "Madoola Ngombe". We were told that the present place called Lunyo, Butenge, Bulekeyi and Buhunya are the place they would call "Madoola Ngombe". This was because Kubengi had a large herd of cattle, where other clan's people would take some of the cows away without anyone noticing that they were missing. Readers may wish to do more research about the origins of the names Maddola Ngombe. However, Kubengi son of Ngundira son of Kagenda son of Lwande Wesonga had several homes, of which Butenge was in the form of a "Fortress" and still exists today while other homes were at various locations where he had land.

CHAPTER ONE

LWANDE WESONGA

THIS PART IS THE BEGINNING OF THE GENEALOGY

See appendix 8

NAFUNYA **NAMAKANGALA**	**BWIRE NAANGAGA** SON OF **WANDERA** Did not have any children. If they did have children, it was not Possible to know.
NAKIROYA **NAKOOLI**	**SIONGONGO** SON OF **EMBAYA** Nekesa Natabona. It was not possible to get the information about her Siongongo son of Siongongo
NASICHONGI	**SIONGONGO** SON OF **SIONGONGO** *Yakerama* the wife of Abner Mayende Sombi and the had a son Who passed away and a daughter (Natabona) but it was not Possible to get her names.

NGWENO LUNUNI SON OF LWANDE WESONGA.

NAHAYO	Hakwe Wamira Mboko
	MBOKO SON OF **NGWENO LUNUNI** SON OF **LWANDE WESONGA.**

CHAPTER ONE

WAMIRA SON OF NGWENO LUNUNI SON OF LWANDE WESONGA.

HAKWE SON OF NGWENO LUNUNI SON OF LWANDE WESONGA.

NAKWANGA Ngweno Odibya
In a special ceremony he married a widow of his relative Abner
NASUBO Ouma Fuhi
Ngweno Odibya Hakwe

NGWENO ODIBYA SON OF HAKWE SON OF NGWENO LUNUNI SON OF LWANDE WESONGA.

OUMA FUHI SON OF HAKWE SON OF NGWENO LUNUNI SON OF LWANDE WESONGA.

NASONGA Ngweno Okiya
NAMUDDE Were Odaari

NGWENO OKIYA SON OF OUMA FUHI SON OF HAKWE SON OF NGWENO LUNUNI SON OF LWANDE WESONGA.

Information concerning them was not traced

WERE ODAARI SON OF OUMA FUHI SON OF HAKWE SON OF NGWENO LUNUNI SON OF LWANDE WESONGA.

Information was not available.

OMWIHA SON OF WERE ODAARI SON OF OUMA FUHI SON OF HAKWE SON OF NGWENO LUNUNI SON OF LWANDE WESONGA.

Information was not available.

See Appendix Page 9

LWANDE WESONGA: A GENEALOGY

WAMIRA SON OF NGWENO LUNUNI

                        OMANYO AUCHA SON OF OBINDA OTAMBULA SON OF WAMIRA

                        WAMIRA SON OF NGWENO LUNUNI SON OF LWANDE WESONGA.

NAMULEMBO   Obinda Otambula

                        OBINDA OTAAMBULA SON OF WAMIRA SON OF NGWENO LUNUNI SON OF LWANDE WESONGA.

                        He said, "NEVER DISCLOSE MY NAME AND WHAT YOU KNOW ABOUT ME AT ALL". That is the origin and the meaning of his name "OTAMBULA".

BWIBO   Omanyo Aucha
NAMULUMBA   Ekaka

                        OMANYO AUCHA SON OF OBINDA OTAMBULA SON OF WAMIRA SON OF NGWENO LUNUNI SON OF LWANDE WESONGA.

NALUKADA   Ochieno Mugola
                  Ngweno Rabwori

                        OCHIENO MUGOLA SON OF OMANYO AUCHA SON OF OBINDA OTAMBULA SON OF WAMIRA SON OF NGWENO LUNUNI SON OF LWANDE WESONGA.

NASUBO   Omanyo Mbogo
                  Ogaando
NAMAKANGALA Ogoola

                        OMANYO MBOGO SON OF OCHIENO MUGOLA SON OF OMANYO AUCHA SON OF OBINDA OTAMBULA SON OF WAMIRA SON OF NGWENO LUNUNI SON OF LWANDE WESONGA.

CHAPTER ONE

OGAANDO SON OF OMANYO MBOGO SON OF **OCHIENO MUGOLA** SON OF **OMANYO AUCHA** SON OF **OBINDA OTAMBULA** SON OF **WAMIRA** SON OF **NGWENO LUNUNI** SON OF **LWANDE WESONGA**.

OGOOLA SON OF OMANYO MBOGO SON OF **OCHIENO MUGOLA** SON OF **OMANYO AUCHA** SON OF **OBINDA OTAMBULA** SON OF **WAMIRA** SON OF **NGWENO LUNUNI** SON OF **LWANDE WESONGA**.

See Appendix Page 10

WIVES OF NGWENO LUNUNI WITH HIS CHILDREN.

NANYANGA	Lwande II
NAHONE	Ogoola
NAMUDE	(Esibeyo) Namiripo
	Olwenyi Nyembi
NAMANGALE	Waida
	Mudubwa
	Ngweno Kanga
NAMAKANGALA	Lwande Omolo
NEHERE	Sombi
NASONGA	Naade
	Ngweno Mudamalo
NAMIRIPO	Awori Nahooli
NEROBA	Lwande Magongolo
NAHAYO	Hakwe, Wamira, Mboko

OMANYO MBOGO SON OF **OCHIENO MUGOOLA** SON OF **OMANYO AUCHA** SON OF **OBINDA OTAAMBULA** SON OF **WAMIRA** SON OF **NGWENO LUNUNI** SON OF **LWANDE WESONGA**.

NALIALI	Philip Opio
NAMUYEE	Shem Ouma
NABIRONGA	Richard Ongamo

LWANDE WESONGA: A GENEALOGY

NAMIRIPO Musumba
NANYANGA Musungu
Sindano

PHILLIP OPIO SON OF OMANYO MBOGO SON OF OCHIENO MUGOOLA SO OF OMANYO AUCHA SON OF OBINDA OTAAMBULA SON OF WAMIRA SON OF NGWENO LUNUNI SON OF LWANDE WESONGA.

Omanyo Mbogo

OMANYO MBOGO SON O PHILLIP OPIO SON OF OMANYO MBOGO SON OF OCHIENO MUGOOLA SON OF OMANYO AUCHA SON OF OBINDA OTAAMBULA SON OF WAMIRA SON OF NGWENO LUNUNI SON OF LWANDE WESONGA.

SHEM OUMA SON OF OMANYO MBOGO SON OF OCHIENO MUGOOLA SON OF OMANYO AUCHA SON OF OBINDA OTAAMBULA SON OF WAMIRA SON OF NGWENO LUNUNI SON OF LWANDE WESONGA.

RICHARD ONGAMO SON OF OMANYO MBOGO SON OF OCHIENO MUGOOLA SON OF OMANYO AUCHA SON OF OBINDA OTAAMBULA SON OF WAMIRA SON OF NGWENO LUNUNI SON OF LWANDE WESONGA.

MUSUNGU SON OF OMANYO MBOGO SON OF OCHIENO MUGOOLA SON OF OMANYO AUCHA SON OF OBINDA OTAMBULA SON OF WAMIRA SON OF NGWENO LUNUNI SON OF LWANDE WESONGA.

SINDANO SON OF OMANYO MBOGO SON OF OCHIENO MUGOOLA SON OF OMANYO AUCHA SON OF OBINDA OTAAMBULA SON OF WAMIRA SON OF NGWENO LUNUNI SON OF LWANDE WESONGA.

OMANYO OGAANDO SON OF OCHIENO MUGOOLA SON

CHAPTER ONE

OF OMANYO AUCHA SON OF OBINDA OTAMBULA SON OF WAMIRA SON OF NGWENO LUNUNI SON OF LWANDE WESONGA.

NAHAALA	Omanyo son of Ochieno
NAMAINDI	Ochieno son of Ochieno
	Omanyo son of Omanyo Ogaando

NGWENO RABWORI SON OF OBINDA OTAAMBULA

NGWENO RABWORI SON OF OBINDA OTAAMBULA SON OF WAMIRA SON OF NGWENO LUNUNI SON OF LWANDE WESONGA.

NAMENYA	**Otyola Odaaro**

OTYOLA ODAARO SON OF NGWENO RABWORI SON OF OBINDA OTAAMBULA SON OF WAMIRA SON OF NGWENO LUNUNI SON OF LWANDE WESONGA.

OTYOLA ODAARO SON OF NGWENO RWABWORI SON OF OBINDA OTAMBULA SON OF WAMIRA SON OF NGWENO LUNUNI SON OF LWANDE WESONGA.

NAMAINDI	Lwemba
	Obinda
NAMAINDI II	Yowana Walala
	Abudasio Hatende
NALALA	Antonio Guloba
NAJABI I	Magero and Ezekiel Opio
NAJABI II	Gasipabo Walala
	Morris Onganga
	Benard Barasa
NAKUHU	Edward Ekaka
NAWOONGA	Francis Ekaka (Oganga)
	Agaitano Ouma
	Joseph Juma

49

LWANDE WESONGA: A GENEALOGY

| **NADIANGA** | Obinda Munyausi |
| **NAMONI** | Romano Ouma |

LWEMBA SON OF **OTYOLA ODAARO** SON OF **NGWENO RWABWORI** SON OF **OBINDA OTAAMBULA** SON OF **WAMIRA** SON OF **NGWENO LUNUNI** SON OF **LWANDE WESONGA**.

No details of children were available.

OBINDA SON OF **OTYOLA ODAARO** SON OF **NGWENO RWABWORI** SON OF **OBINDA OTAAMBULA** SON OF **WAMIRA** SON OF **NGWENO LUNUNI** SON OF **LWANDE WESONGA**.

NAKUHU	Onyango
	Wanyama
NAMWAGISA	Okiya

ONYANGO SON OF OBINDA SON OF **OTYOLA ODAARO** SON OF **NGWENO RWABWORI** SON OF **OBINDA OTAAMBULA** SON OF **WAMIRA** SON OF **NGWENO LUNUNI** SON OF **LWANDE WESONGA**.

WANYAMA SON OF OBINDA SON OF **OTYOLA ODAARO** SON OF **NGWENO RWABWORI** SON OF **OBINDA OTAAMBULA** SON OF **WAMIRA** SON OF **NGWENO LUNUNI** SON OF **LWANDE WESONGA**.

OKIYA SON OF OBINDA SON OF **OTYOLA ODAARO** SON OF **NGWENO RWABWORI** SON OF **OBINDA OTAAMBULA** SON OF **WAMIRA** SON OF **NGWENO LUNUNI** SON OF **LWANDE WESONGA**.

See Appendix Page 11

YOWANA WALALA SON OF **OTYOLA ODAARO** SON OF **NGWENO RWABWORI** SON OF **OBINDA OTAMBULA** SON OF **WAMIRA** SON OF **NGWENO LUNUNI** SON OF **LWANDE WESONGA**.

CHAPTER ONE

NABAHOLO	Otyola
	Ngweno
	Namaindi
	Were
	Nalwenge
NAMUKUBA	Wangira
NAMUDDE	Okuku
	Nahwanga

OTYOLA SON OF YOWANA WALWALA SON **OTYOLA ODAARO** SON OF **NGWENO RWABWORI** SON OF **OBINDA OTAAMBULA** SON OF **WAMIRA** SON OF **NGWENO LUNUNI** SON OF **LWANDE WESONGA**.

NGWENO SON OF YOWANA WALALA SON OF **OTYOLA ODAARO** SON OF **NGWENO RWABWORI** SON OF **OBINDA OTAAMBULA** SON OF **WAMIRA** SON OF **NGWENO LUNUNI** SON OF **LWANDE WESONGA**.

NAMAINDI SON OF YOWANA WALWALA SON OF **OTYOLA ODAARO** SON OF **NGWENO RWABWORI** SON OF **OBINDA OTAAMBULA** SON OF **WAMIRA** SON OF **NGWENO LUNUNI** SON OF **LWANDE WESONGA**.

WERE SON OF YOWANA WALWALA SON OF **OTYOLA ODAARO** SON OF **NGWENO RWABWORI** SON OF **OBINDA OTAAMBULA** SON OF **WAMIRA** SON OF **NGWENO LUNUNI** SON OF **LWANDE WESONGA**.

NALWENGE SON OF YOWANA WALWALA SON OF **OTYOLA ODAARO** SON OF **NGWENO RWABWORI** SON OF **OBINDA OTAAMBULA** SON OF **WAMIRA** SON OF **NGWENO LUNUNI** SON OF **LWANDE WESONGA**.

WANGIRA SON OF YOWANA WALWALA SON OF **OTYOLA ODAARO** SON OF **NGWENO RWABWORI** SON OF **OBINDA OTAAMBULA** SON OF **WAMIRA** SON OF **NGWENO LUNUNI** SON OF **LWANDE WESONGA**.

LWANDE WESONGA: A GENEALOGY

OKUKU SON OF YOWANA WALWALA SON OF **OTYOLA ODAARO** SON OF **NGWENO RWABWORI** SON OF **OBINDA OTAAMBULA** SON OF **WAMIRA** SON OF **NGWENO LUNUNI** SON OF **LWANDE WESONGA.**

NAHWANGA SON OF YOWANA WALWALA SON OF **OTYOLA ODAARO** SON OF **NGWENO RWABWORI** SON OF **OBINDA OTAAMBULA** SON OF **WAMIRA** SON OF **NGWENO LUNUNI** SON OF **LWANDE WESONGA.**

ABUDASIO HATENDE SON OF **OTYOLA ODAARO** SON OF **NGWENO RWABWORI** SON OF **OBINDA OTAAMBULA** SON OF **WAMIRA** SON OF **NGWENO LUNUNI** SON OF **LWANDE WESONGA.**

NAPOWA	Charles Otyola
	Okuku
NAHULO	Wanyama

CHARLES OTYOLA SON OF ABUDASIO HATENDE SON OF **OTYOLA ODAARO** SON OF **NGWENO RWABWORI** SON OF **OBINDA OTAAMBULA** SON OF **WAMIRA** SON OF **NGWENO LUNUNI** SON OF **LWANDE WESONGA.**

NANYIMARO	? It was difficult to get the names of Charles Otyola's children.
NAMUNAPA	? Same.

OKUKU SON OF ABUDASIO HATENDE SON OF **OTYOLA ODAARO** SON OF **NGWENO RWABWORI** SON OF **OBINDA OTAAMBULA** SON OF **WAMIRA** SON OF **NGWENO LUNUNI** SON OF **LWANDE WESONGA.**

WANYAMA SON OF ABUDASIO HATENDE SON OF **OTYOLA ODAARO** SON OF **NGWENO RWABWORI** SON OF **OBINDA OTAAMBULA** SON OF **WAMIRA** SON OF **NGWENO LUNUNI** SON OF **LWANDE WESONGA.**

CHAPTER ONE

ANTONIO GULOBA SON OF **OTYOLA ODAARO** SON OF **NGWENO RWABWORI** SON OF **OBINDA OTAAMBULA** SON OF **WAMIRA** SON OF **NGWENO LUNUNI** SON OF **LWANDE WESONGA**.

NAMULUNDU		Mangeni
			Oguttu
			John

MANGENI SON OF ANTANIO GULOBA SON OF **OTYOLA ODAARO** SON OF **NGWENO RWABWORI** SON OF **OBINDA OTAAMBULA** SON OF **WAMIRA** SON OF **NGWENO LUNUNI** SON OF **LWANDE WESONGA**.

OGUTTU SON OF ANTANIO GULOBA SON OF **OTYOLA ODAARO** SON OF **NGWENO RWABWORI** SON OF **OBINDA OTAAMBULA** SON OF **WAMIRA** SON OF **NGWENO LUNUNI** SON OF **LWANDE WESONGA**.

JOHN SON OF ANTANIO GULOBA SON OF **OTYOLA ODAARO** SON OF **NGWENO RWABWORI** SON OF **OBINDA OTAAMBULA** SON OF **WAMIRA** SON OF **NGWENO LUNUNI** SON OF **LWANDE WESONGA**.

NAHABI		Details about him could not be traced.

MAGERO OTYOLA SON OF **OTYOLA ODAARO** SON OF **NGWENO RWABWORI** SON OF **OBINDA OTAAMBULA** SON OF **WAMIRA** SON OF **NGWENO LUNUNI** SON OF **LWANDE WESONGA**.

NAKATIKO		Otyola Makoha
			Okinyo Joseph Wandera

OTOYLA MAKOHA SON OF MAGERO OTYOLA SON OF **OTYOLA ODAARO** SON OF **NGWENO RWABWORI** SON OF **OBINDA OTAAMBULA** SON OF **WAMIRA** SON OF **NGWENO LUNUNI** SON OF **LWANDE WESONGA**.

LWANDE WESONGA: A GENEALOGY

NAMULUMBA
NABULINDO   Otyola

OTYOLA SON OF OTOYLA MAKOHA SON OF MAGERO OTYOLA SON OF **OTYOLA ODAARO** SON OF NGWENO RWABWORI SON OF OBINDA OTAAMBULA SON OF WAMIRA SON NGWENO LUNUNI SON OF LWANDE WESONGA.

EZEKIEL OPIO SON OF **OTYOLA ODAARO** SON OF NGWENO RWABWORI SON OF OBINDA OTAAMBULA SON OF WAMIRA SON OF NGWENO LUNUNI SON LWANDE WESONGA.

NAMAKANGALA   Ochieno

OCHIENO SON OF EZEKIEL OPIO SON OF **OTYOLA ODAARO** NGWENO RWABWORI SON OF OBINDA OTAAMBULA SON OF WAMIRA SON OF NGWENO LUNUNI SON LWANDE WESONGA.

GASPARO WALALA SON OF **OTYOLA ODAARO** SON OF NGWENO RWABWORI SON OF OBINDA OTAAMBULA SON OF WAMIRA SON OF NGWENO LUNUNI SON OF LWANDE WESONGA.

NAHUME   Ouma
                        Christopher Otyola
                        Taabu
                        Were
                        Okochi
                        Obinda
                        Jaja

OUMA GASPARO WALALA SON OF **OTYOLA ODAARO** SON OF NGWENO RWABWORI SON OF OBINDA OTAAMBULA SON OF WAMIRA SON OF NGWENO LUNUNI SON OF LWANDE WESONGA.

CHRISTOPHER OTYOLA SON OF GASPARO WALALA SON OF

CHAPTER ONE

OTYOLA ODAARO SON OF **NGWENO RWABWORI** SON OF **OBINDA OTAAMBULA** SON OF **WAMIRA** SON OF **NGWENO LUNUNI** SON OF **LWANDE WESONGA.**

TAABU SON OF GASPARO WALWALA SON OF **OTYOLA ODAARO** SON OF **NGWENO RWABWORI** SON OF **OBINDA OTAAMBULA** SON OF **WAMIRA** SON OF **NGWENO LUNUNI** SON OF **LWANDE WESONGA.**

OGOOLA SON OF NGWENO LUNUNI

MBULU SON OF **OGOOLA**

SAMUEL MANGENI SON OF **ERIA OCHIENO** SON OF **NGWENO SIGIRIA** SON OF **MBULU** SON OF **OGOOLA** SON OF **NGWENO LUNUNI** SON OF **LWANDE WESONGA.**

NASIRWA   No children were mentioned.

WYCLIFFE WAFULA SON OF **ERIA OCHIENO** SON OF **NGWENO SIGIRIA** SON OF **MBULU** SON OF **OGOOLA** SON OF **NGWENO LUNUNI** SON OF **LWANDE WESONGA.**

NAMUNYEKERA   Ogoola

OGOOLA SON OF WHCLIFE WAFULA SON OF **ERIA OCHIENO** SON OF **NGWENO SIGIRIA** SON OF **MBULU** SON OF **OGOOLA** SON OF **NGWENO LUNUNI** SON OF **LWANDE WESONGA.**

WANDERA SON OF **ERIA OCHIENO** SON OF **NGWENO SIGIRIA** SON OF **MBULU** SON OF **OGOOLA** SON OF **NGWENO LUNUNI** SON OF **LWANDE WESONGA.**

NADONGO   Ngweno

NGWENO SON OF WANDERA SON OF **ERIA OCHIENO** SON

LWANDE WESONGA: A GENEALOGY

NGWENO SIGIRIA SON OF MBULU SON OF OGOOLA SON OF NGWENO LUNUNI SON OF LWANDE WESONGA.

RICHARD EGESA SON OF ERIA OCHIENO SON OF NGWENO SIGIRIA SON OF MBULU SON OF OGOOLA SON OF NGWENO LUNUNI SON OF LWANDE WESONGA.

?   Daudi
Mugeni

DAUDI SON OF RICHARD EGESSA SON OF ERIA OCHIENO SON OF NGWENO SIGIRIA SON OF MBULU SON OF OGOOLA SON OF NGWENO LUNUNI SON OF LWANDE WESONGA.

MUGENI SON OF RICHARD EGESSA SON OF ERIA OCHIENO SON OF NGWENO SIGIRIA SON OF MBULU SON OF OGOOLA SON OF NGWENO LUNUNI SON OF LWANDE WESONGA.

ONYANGO SON OF ZABULONI WANYAMA SON OF ERIA OCHIENO SON OF NGWENO SIGIRIA SON OF MBULU SON OF OGOOLA SON OF NGWENO LUNUNI SON OF LWANDE WESONGA.

There was no information about both the wife and the children.

BAGUMA SON OF ZEBULON WANYAMA SON OF ERIA OCHIENO SON OF NGWENO SIGIRIA SON OF MBULU SON OF OGOOLA SON OF NGWENO LUNUNI SON OF LWANDE WESONGA.

NAMUMANYI   No information about children were available.

WAFULA SON OF ERIA OCHIENO SON OF NGWENO SIGIRIA SON OF MBULU SON OF OGOOLA SON OF NGWENO LUNUNI SON OF LWANDE WESONGA.

See Appendix Page 23

CHAPTER ONE

BWIRE SON OF ERIA OCHIENO SON OF NGWENO SIGIRIA SON OF MBULU SON OF OGOOLA SON OF NGWENO LUNUNI SON OF LWANDE WESONGA.

DAUDI NGWENO SON OF ERIA OCHIENO SON OF NGWENO SIGIRIA SON OF MBULU SON OF OGOOLA SON OF NGWENO LUNUNI SON OF LWANDE WESONGA.

NALALA

Sitanga II
Ngweno
Zakalia

SITANGA II SON OF DAUDI NGWENO SON OF ERIA OCHIENO SON OF NGWENO SIGIRIA SON OF MBULU SON OF OGOOLA SON OF NGWENO LUNUNI SON OF LWANDE WESONGA.

NGWENO SON OF DAUDI NGWENO SON OF ERIA OCHIENO SON OF NGWENO SIGIRIA SON OF MBULU SON OF OGOOLA SON OF NGWENO LUNUNI SON OF LWANDE WESONGA.

ZAKALIA SON OF DAUDI NGWENO SON OF ERIA OCHIENO SON OF NGWENO SIGIRIA SON OF MBULU SON OF OGOOLA SON OF NGWENO LUNUNI SON OF LWANDE WESONGA.

FREDRICK WANDERA SON OF ERIA OCHIENO SON OF NGWENO SIGIRIA SON OF MBULU SON OF OGOOLA SON OF NGWENO LUNUNI SON OF LWANDE WESONGA.

NADONGO

Ngweno

NGWENO SON OF FREDRICK WANDERA SON OF ERIA OCHIENO SON OF NGWENO SIGIRIA SON OF MBULU SON OF OGOOLA SON OF NGWENO LUNUNI SON OF LWANDE WESONGA.

No information was available about the wife and children.

SIMINYU SON OF ERIA OCHIENO SON OF NGWENO SIGIRIA SON

LWANDE WESONGA: A GENEALOGY

OF **MBULU** SON OF **OGOOLA** SON OF **NGWENO LUNUNI** SON OF **LWANDE WESONGA**.

No information was available about his children or wife.

AGGREY OKUMU SON OF **ERIA OCHIENO** SON OF **NGWENO SIGIRIA** SON OF **MBULU** SON OF **OGOOLA** SON OF **NGWENO LUNUNI** SON OF **LWANDE WESONGA**.

?	Ngweno

NGWENO SON OF AGGREY OKUMU SON OF **ERIA OCHIENO** SON OF **NGWENO SIGIRIA** SON OF **MBULU** SON OF **OGOOLA** SON OF **NGWENO LUNUNI** SON OF **LWANDE WESONGA**.

PAUL SITANGA SON OF **ERIA OCHIENO** SON OF **NGWENO SIGIRIA** SON OF **MBULU** SON OF **OGOOLA** SON OF **NGWENO LUNUNI** SON OF **LWANDE WESONGA**.

OGOOLA SON OF **NGWENO LUNUNI** SON OF **LWANDE WESONGA**.

Mbulu

NABBIANGU

MBULU SON OF **OGOOLA** SON OF **NGWENO LUNUNI** SON OF **LWANDE WESONGA**.

Sitanga

SITANGA SON OF **MBULU** SON OF **OGOOLA** SON OF **NGWENO LUNUNI** SON OF **LWANDE WESONGA**.

NABONWE	Sitanga Obwaso
NABUKAKI	Yosia Wafula
NASIEMA	Yosamu Egesa
	Yolamu Okumu

CHAPTER ONE

NACHAKI	Wanyama
NAMUPODI	Osinya
NAMUFUTA	Onyango

SITANGA OBWASO SON OF SITANGA SON OF MBULU SON OF OGOOLA SON OF NGWENO LUNUNI SON OF LWANDE WESONGA.

ONYANGO SON OF SITANGA SON OF MBULU SON OF OGOOLA SON OF NGWENO LUNUNI SON OF LWANDE WESONGA.

WANYAMA SON OF SITANGA SON OF MBULU SON OF OGOOLA SON OF NGWENO LUNUNI SON OF LWANDE WESONGA.

YOSIYA WAFULA SON OF SITANGA SON OF MBULU SON OF OGOOLA SON OF NGWENO LUNUNI SON OF LWANDE WESONGA.

NAMALA	Charles Mugeni
	G. William Ojiambo
NAMBOKO	Peter Julius
NAMUMAYI	Michael Wandera
	Stephen Muhongo
	Wilber Bwire
	Daudi Ouma
	Bernard Businge
	Simon Sanya
NACHONGA	Mugende Sitanga
NAMUSIHO	Mbulu

CHARLES MUGENI SON OF YOSIYA WAFULA SON OF SITANGA SON OF MBULU SON OF OGOOLA SON OF NGWENO LUNUNI SON OF LWANDE WESONGA.

G. WILLIAM OJIAMBO SON OF YOSIYA WAFULA SON OF SITANGA SON OF MBULU SON OF OGOOLA SON OF NGWENO LUNUNI SON OF LWANDE WESONGA.

LWANDE WESONGA: A GENEALOGY

PETER JULIUS SON OF YOSIYA WAFULA SON OF SITANGA SON OF MBULU SON OF OGOOLA SON OF NGWENO LUNUNI SON OF LWANDE WESONGA.

MICHAEL WANDERA SON OF CHARLES WAFULA SON OF YOSIYA WAFULA SON OF SITANGA SON OF MBULU SON OF OGOOLA SON OF NGWENO LUNUNI SON OF LWANDE WESONGA.

NAKUHU   Geoffrey Sunday

GEOFFREY SUNDAY SON OF MIHAEL WANDERA SON OF CHARLES WAFULA SON OF YOSIYA WAFULA SON OF SITANGA SON OF MBULU SON OF OGOOLA SON OF NGWENO LUNUNI SON OF LWANDE WESONGA.

STEPHEN MUHONGO SON OF YOSIYA WAFULA SON OF SITANGA SON OF MBULU SON OF OGOOLA SON OF NGWENO LUNUNI SON OF LWANDE WESONGA.

WILBER BWIRE SON OF YOSIYA WAFULA SON OF SITANGA SON OF MBULU SON OF OGOOLA SON OF NGWENO LUNUNI SON OF LWANDE WESONGA.

DAUDI OUMA SON OF YOSIYA WAFULA SON OF SITANGA SON OF MBULU SON OF OGOOLA SON OF NGWENO LUNUNI SON OF LWANDE WESONGA.

BERNARD BUSINGE SON OF YOSIYA WAFULA SON OF SITANGA SON OF MBULU SON OF OGOOLA SON OF NGWENO LUNUNI SON OF LWANDE WESONGA.

SIMON SANYA SON OF YOSIYA WAFULA SON OF SITANGA SON OF MBULU SON OF OGOOLA SON OF NGWENO LUNUNI SON OF LWANDE WESONGA.

MUGENDE SITANGA SON OF YOSIYA WAFULA SON OF SITANGA SON OF MBULU SON OF OGOOLA SON OF NGWENO LUNUNI

CHAPTER ONE

SON OF LWANDE WESONGA.

MBULU SON OF YOSIYA WAFULA SON OF SITANGA SON OF MBULU SON OF OGOOLA SON OF NGWENO LUNUNI SON OF LWANDE WESONGA.

YOSAMU EGESA SON OF SITANGA SON OF MBULU SON OF OGOOLA SON OF NGWENO LUNUNI SON OF LWANDE WESONGA.

NACHAKI	Samuel Wanyama
	Aggrey Ojiambo
	James Oundo
	George Mangeni
NAMULAKA	Opio
NAMUTENDE	Odongo
NAMUNYEKERA	Opio
	Mangeni

SAMUEL WANYAMA SON OF YOSAMU EGESA SON OF SITANGA SON OF MBULU SON OF OGOOLA SON OF NGWENO LUNUNI SON OF LWANDE WESONGA.

See Appendix Page 24

AGGREY OJIAMBO SON OF YOSAMU EGESA SON OF SITANGA SON OF MBULU SON OF OGOOLA SON OF NGWENO LUNUNI SON OF LWANDE WESONGA.

Daudi Nantongo

DAUDI NANTONGO SON OF AGGREY OJIAMBO SON OF YOSAMU EGESA SON OF SITANGA SON OF MBULU SON OF OGOOLA SON OF NGWENO LUNUNI SON OF LWANDE WESONGA.

JAMES OUNDO SON OF YOSAMU EGESA SON OF SITANGA SON OF MBULU SON OF OGOOLA SON OF NGWENO LUNUNI SON OF LWANDE WESONGA.

LWANDE WESONGA: A GENEALOGY

NAMUTENDE   Rogers (died)

GEORGE MANGENI SON OF YOSAMU EGESA SON OF SITANGA SON OF MBULU SON OF OGOOLA SON OF NGWENO LUNUNI SON OF LWANDE WESONGA.

NACHAKI   Taabu
Richard Wandera

TAABU SON OF GEORGE MANGENI SON OF YOSAMU EGESA SON OF SITANGA SON OF MBULU SON OF OGOOLA SON OF NGWENO LUNUNI SON OF LWANDE WESONGA.

RICHARD WANDERA SON OF GEORGE MANGENI SON OF YOSAMU EGESA SON OF SITANGA SON OF MBULU SON OF OGOOLA SON OF NGWENO LUNUNI SON OF LWANDE WESONGA.

OPIO SON OF YOSAMU EGESA SON OF SITANGA SON OF MBULU SON OF OGOOLA SON OF NGWENO LUNUNI SON OF LWANDE WESONGA.

ODONGO SON OF YOSAMU EGESA SON OF SITANGA SON OF MBULU SON OF OGOOLA SON OF NGWENO LUNUNI SON OF LWANDE WESONGA.

MANGENI SON OF YOSAMU EGESA SON OF SITANGA SON OF MBULU SON OF OGOOLA SON OF NGWENO LUNUNI SON OF LWANDE WESONGA.

YOLAMU OKUMU SON OF SITANGA SON OF MBULU SON OF OGOOLA SON OF NGWENO LUNUNI SON OF LWANDE WESONGA.

NAKOOLI   Bwire
Mangeni
Wafula

CHAPTER ONE

BWIRE SON OF YOLAMU OKUMU SON OF SITANGA SON OF MBULU SON OF OGOOLA SON OF NGWENO LUNUNI SON OF LWANDE WESONGA.

MANGENI SON OF YOLAMU OKUMU SON OF SITANGA SON OF MBULU SON OF OGOOLA SON OF NGWENO LUNUNI SON OF LWANDE WESONGA.

WAFULA SON OF YOLAMU OKUMU SON OF SITANGA SON OF MBULU SON OF OGOOLA SON OF NGWENO LUNUNI SON OF LWANDE WESONGA.

OSINYA SON OF SITANGA SON OF MBULU SON OF OGOOLA SON OF NGWENO LUNUNI SON OF LWANDE WESONGA.

NALALA OF MUKISA (Further connection was not available)
MBULU HENRY (Further connection was not available)

WAIDA SON OF NGWENO LUNUNI

MUDUBWA SON OF WAIDA

NGWENO LUNUNI SON OF LWANDE WESONGA.

NAMANGALE   Waida

WAIDA SON OF NGWENO LUNUNI SON OF LWANDE WESONGA.

Mudubwa
Ngweno Kanga
Osinya

MUDUBWA SON OF WAIDA SON OF NGWENO LUNUNI SON OF LWANDE WESONGA.

Osinya

LWANDE WESONGA: A GENEALOGY

    Peter Lwande
    Eriya Achiengi

OSINYA SON OF **WAIDA** SON OF **NGWENO LUNUNI** SON OF **LWANDE WESONGA.**

ERIYA ACHIENGI SON OF **MUDUBWA** SON OF **WAIDA** SON OF **NGWENO LUNUNI** SON OF **LWANDE WESONGA.**

PETER LWANDE SON OF **MUDUBWA** SON OF **WAIDA** SON OF **NGWENO LUNUNI** SON OF **LWANDE WESONGA.**

<u>**NGWENO KONGA** SON OF **WAIDA I**</u>

NGWENO KONGA SON OF **WAIDA I** SON OF **NGWENO LUNUNI** SON OF **LWANDE WESONGA.**

NASUBO
    Mbuya
    Waida II

MBUYA SON OF **NGWENO KANGA** SON OF **WAIDA I** SON OF **NGWENO LUNUNI** SON OF **LWANDE WESONGA.**

    Waida III
    Odimo

WAIDA III SON OF **MBUYA** SON OF **NGWENO KANGA** SON OF **WAIDA I** SON OF **NGWENO LUNUNI** SON OF **LWANDE WESONGA.**

ODIMO SON OF **MBUYA** SON OF **NGWENO KANGA** SON OF **WAIDA I** SON OF **NGWENO LUNUNI** SON OF **LWANDE WESONGA.**

WAIDA II SON OF **NGWENO KANGA** SON OF **WAIDA I** SON OF **NGWENO LUNUNI** SON OF **LWANDE WESONGA.**

CHAPTER ONE

NAPUNYI　　　　Israel Wafula
　　　　　　　　　Daniel Achieno
　　　　　　　　　Peter Mbuya

　　　　　　　　　ISRAEL WAFULA SON OF WAIDA II SON OF NGWENO KANGA SON OF WAIDA I SON OF NGWENO LUNUNI SON OF LWANDE WESONGA.

NALALA　　　　Julius Machio
NAMULUNDU　　Egessa
NAMUSOGA

See Appendix Page 25

　　　　　　　　　JULIUS MACHIO SON OF ISRAEL WAFULA SON OF WAIDA II SON OF NGWENO KANGA SON OF WAIDA I SON OF NGWENO LUNUNI SON OF LWANDE WESONGA.

　　　　　　　　　EGESSA SON OF ISRAEL WAFULA SON OF WAIDA II SON OF NGWENO KANGA SON OF WAIDA I SON OF NGWENO LUNUNI SON OF LWANDE WESONGA.

　　　　　　　　　DANIEL ACHIENO SON OF WAIDA II SON OF NGWENO KANGA SON OF WAIDA I SON OF NGWENO LUNUNI SON OF LWANDE WESONGA.

NAMAINDI　　　Charles Hamala

　　　　　　　　　CHARLES HAMALA SON OF DANIEL ACHIENO SON OF WAIDA II SON OF NGWENO KANGA SON OF WAIDA I SON OF NGWENO LUNUNI SON OF LWANDE WESONGA.

　　　　　　　　　PETER MBUYA SON OF WAIDA II SON OF NGWENO KANGA SON OF WAIDA I SON OF NGWENO LUNUNI SON OF LWANDE WESONGA.

　　　　　　　　　JONATHAN OUCHO SON OF MBUYA SON OF WAIDA II SON OF

LWANDE WESONGA: A GENEALOGY

	NGWENO KANGA SON OF WAIDA I SON OF NGWENO LUNUNI SON OF LWANDE WESONGA.
NAKUHU	Nasubo
	NASUBO SON OF JONATHAN OUCHO SON OF MBUYA SON OF WAIDA II SON OF NGWENO KANGA SON OF WAIDA I SON OF NGWENO LUNUNI SON OF LWANDE WESONGA.
	DAUDI OKUKU SON OF MBUYA SON OF WAIDA II SON OF NGWENO KANGA SON OF WAIDA I SON OF NGWENO LUNUNI SON OF LWANDE WESONGA.
NAMANYI	Wanyama
	Waida III
NALIALI	No information was available about the children.
	WANYAMA SON OF DAUDI OKUKU SON OF MBUYA SON OF WAIDA II SON OF NGWENO KANGA SON OF WAIDA I SON OF NGWENO LUNUNI SON OF LWANDE WESONGA.
	WAIDA III SON OF DAUDI OKUKU SON OF MBUYA SON OF WAIDA II SON OF NGWENO KANGA SON OF WAIDA I SON OF NGWENO LUNUNI SON OF LWANDE WESONGA.
	ODIMO SON OF MBUYA SON OF NGWENO KANGA SON OF WAIDA I SON OF NGWENO LUNUNI SON OF LWANDE WESONGA.
	Livingston Oucho
	LIVINGSTON OUCHO SON OF ODIMO I SON OF MBUYA SON OF NGWENO KANGA SON OF WAIDA I SON OF NGWENO LUNUNI SON OF LWANDE WESONGA.
NAMUTENDE	Wycliffe Mbuya (Onyango)
	Oguttu

CHAPTER ONE

WYCLIFFE MBUYA SON OF LIVINGSTON OUCHO SON OF **ODIMO I** SON OF **MBUYA** SON OF **NGWENO KANGA** SON OF **WAIDA I** SON OF **NGWENO LUNUNI** SON OF **LWANDE WESONGA**.

NABONWE	------
NADIGO	Moses Odimo II
	Waida II
	Daudi Wafula
NABONGO	-------

OGUTTU SON OF LIVINGSTON OUCHO SON OF **ODIMO I** SON OF **MBUYA** SON OF **NGWENO KANGA** SON OF **WAIDA I** SON OF **NGWENO LUNUNI** SON OF **LWANDE WESONGA**.

NAMANYI	------

WAIDA II SON OF **NGWENO KANGA** SON OF **WAIDA I** SON OF **NGWENO LUNUNI** SON OF **LWANDE WESONGA**.

NAHAYO	Ibulaimu Bwire
	Erisa Ndiira
NAMASIRO	Yoweri Wandera
	Dani Mujugga

IBULAIMU BWIRE SON OF **WAIDA II** SON OF **NGWENO KANGA** SON OF **WAIDA I** SON OF **NGWENO LUNUNI** SON OF **LWANDE WESONGA**.

NAMULEMESI	
NAMAYINDI	Magero
NAMUDDE	Wafula
	Oguttu

MAGERO SON OF **IBULAIMU BWIRE** SON **WAIDA II** SON OF **NGWENO KANGA** SON OF **WAIDA I** SON OF **NGWENO LUNUNI** SON OF **LWANDE WESONGA**.

LWANDE WESONGA: A GENEALOGY

NAMULEMESI	Mangeni
NAMUKOBE	----

WAFULA SON OF **IBULAIMU BWIRE** SON OF **WAIDA II** SON OF **NGWENO KANGA** SON OF **WAIDA I** SON OF **NGWENO LUNUNI** SON OF **LWANDE WESONGA.**

NABOOLI	Mbuya II

See Appendix Page 26

OGUTTU SON OF **IBULAIMU BWIRE** SON OF **WAIDA II** SON OF **NGWENO KANGA** SON OF **WAIDA I** SON OF **NGWENO LUNUNI** SON OF **LWANDE WESONGA.**

NABUKAKI	Okumu

OKUMU SON OF OGUTTU SON OF **IBULAIMU BWIRE** SON OF **WAIDA II** SON OF **NGWENO KANGA** SON OF **WAIDA I** SON OF **NGWENO LUNUNI** SON OF **LWANDE WESONGA.**

ERISA NDIIRA SON OF **WAIDA II** SON OF **NGWENO KANGA** SON OF **WAIDA I** SON OF **NGWENO LUNUNI** SON OF **LWANDE WESONGA.**

NAMAYINDI	Ali Wandera
	Ojiambo Ndiira II
NAJABI	Wanyama Ndiira II

ALI WANDERA SON OF **ERISA NDIIRA** SON OF **WAIDA II** SON OF **NGWENO KANGA** SON OF **WAIDA I** SON OF **NGWENO LUNUNI** SON OF **LWANDE WESONGA.**

OJIAMBO NDIIRA II SON OF **ERISA NDIIRA** SON OF **WAIDA II** SON OF **NGWENO KANGA** SON OF **WAIDA I** SON OF **NGWENO LUNUNI** SON OF **LWANDE WESONGA.**

CHAPTER ONE

WANYAMA NDIIRA II SON OF **ERISA NDIIRA** SON OF **WAIDA II** SON OF **NGWENO KANGA** SON OF **WAIDA I** SON OF **NGWENO LUNUNI** SON OF **LWANDE WESONGA.**

YOWERI WANDERA SON OF **WAIDA II** SON OF **NGWENO KANGA** SON OF **WAIDA I** SON OF **NGWENO LUNUNI** SON OF **LWANDE WESONGA.**

NALIALI	Jackson Ouma
	John Oguttu
NALIALI	Albert Ojiambo
	Barasa
NAMANYI	Justin Wafula

JACKSON OUMA SON OF **YOWERI WANDERA** SON OF **WAIDA II** SON OF **NGWENO KANGA** SON OF **WAIDA I** SON OF **NGWENO LUNUNI** SON OF **LWANDE WESONGA.**

ADETI	Bwire
	Mareki
	Moses
NAMAHANJA	Ouma

See Appendix Page 26

JOHN OGUTTU SON OF **YOWERI WANDERA** SON OF **WAIDA II** SON OF **NGWENO KANGA** SON OF **WAIDA I** SON OF **NGWENO LUNUNI** SON OF **LWANDE WESONGA.**

NAMASESE	Monday

ALBERT OJIAMBO SON OF **YOWERI WANDERA** SON OF **WAIDA II** SON OF **NGWENO KANGA** SON OF **WAIDA I** SON OF **NGWENO LUNUNI** SON OF **LWANDE WESONGA.**

NAHULO	Wandera

LWANDE WESONGA: A GENEALOGY

BARASA SON OF YOWERI WANDERA SON OF WAIDA II SON OF NGWENO KANGA SON OF WAIDA I SON OF NGWENO LUNUNI SON OF LWANDE WESONGA.

NAMULUNDU Bwire

JUSTIN WAFULA SON OF YOWERI WANDERA SON OF WAIDA II SON OF NGWENO KANGA SON OF WAIDA I SON OF NGWENO LUNUNI SON OF LWANDE WESONGA.

NAMIRIPO Barasa
Justo

OSINYA SON OF MUDUBWA SON OF WAIDA I SON OF NGWENO LUNUNI SON OF LWANDE WESONGA.

NASICHONGI Peter Lwande
Eriya Achiengi

PETER LWANDE SON OF OSINYA SON OF MUDUBWA SON OF WAIDA I SON OF NGWENO LUNUNI SON OF LWANDE WESONGA.

NAHOOLI William Ojiambo
Wasike
Wandera
Barasa

NAMWANGA Ochieno

WILLIAM OJIAMBO SON OF PETER LWANDE SON OF OSINYA SON OF MUDUBWA SON OF WAIDA I SON OF NGWENO LUNUNI SON OF LWANDE WESONGA.

NAJABI Mangeni
Bwire
Wafula
Okumu

CHAPTER ONE

NACHIMO	Bwire Simon
	Amos Egessa
	Siminyu
	Mahobbe

See Appendix Page 27

MANGENI SON OF WILLIAM OJIAMBO SON OF **PETER LWANDE** SON OF **OSINYA** SON OF **MUDUBWA** SON OF **WAIDA I** SON OF **NGWENO LUNUNI** SON OF **LWANDE WESONGA.**

NALIALI	Oundo

BWIRE SON OF WILLIAM OJIAMBO SON OF **PETER LWANDE** SON OF **OSINYA** SON OF **MUDUBWA** SON OF **WAIDA I** SON OF **NGWENO LUNUNI** SON OF **LWANDE WESONGA.**

NAMAKANGALA	No more information was available.

WAFULA SON OF WILLIAM OJIAMBO SON OF **PETER LWANDE** SON OF **OSINYA** SON OF **MUDUBWA** SON OF **WAIDA I** SON OF **NGWENO LUNUNI** SON OF **LWANDE WESONGA.**

NAMANYI	No more information was available.

WASIKE SON OF **PETER LWANDE** SON OF **OSINYA** SON OF **MUDUBWA** SON OF **WAIDA I** SON OF **NGWENO LUNUNI** SON OF **LWANDE WESONGA.**

NALIALI	Friday
	Charles

WANDERA SON OF **PETER LWANDE** SON OF **OSINYA** SON OF **MUDUBWA** SON OF **WAIDA I** SON OF **NGWENO LUNUNI** SON OF **LWANDE WESONGA.**

NAMUSOGA	Geoffrey Wanyama

LWANDE WESONGA: A GENEALOGY

                        Jimmy

                        OCHIENO SON OF **PETER LWANDE** SON OF **OSINYA** SON OF **MUDUBWA** SON OF **WAIDA I** SON OF **NGWENO LUNUNI** SON OF **LWANDE WESONGA.**

NEHOBA   No more information was available.

                        ERIA ACHIENGI SON OF OSINYA SON OF MUDUBWA SON OF **WAIDA I** SON OF **NGWENO LUNUNI** SON OF **LWANDE WESONGA.**

NALALA   Ofwiri
                        Mudubwa
NAMULUNDU   Pop Opio

                        OFWIRI SON OF **ERIA ACHIENGI** SON OF **OSINYA** SON OF **MUDUBWA** SON OF **WAIDA I** SON OF **NGWENO LUNUNI** SON **LWANDE WESONGA.**

                        MUDUBWA SON OF **ERIA ACHIENGI** SON OF **OSINYA** SON OF **MUDUBWA** SON OF **WAIDA I** SON OF **NGWENO LUNUNI** SON OF **LWANDE WESONGA.**

                        POP OPIO SON OF **ERIA ACHIENGI** SON OF **OSINYA** SON OF **MUDUBWA** SON OF **WAIDA I** SON OF **NGWENO LUNUNI** SON OF **LWANDE WESONGA.**

NASICHONGI   No more information was available.

                        MUKKA SON OF **NGWENO KANGA** SON OF **WAIDA I** SON OF **NGWENO LUNUNI** SON OF **LWANDE WESONGA.**

                        WAIDA II SON OF **MBUYA** SON OF **NGWENO KANGA** SON OF **WAIDA I** SON OF **NGWENO LUNUNI** SON OF **LWANDE WESONGA.**

NAMUDUMA   Samuel Musigo

CHAPTER ONE

SAMUEL MUSIGO SON OF WAIDA II SON OF MBUYA SON OF NGWENO KANGA SON OF WAIDA I SON OF NGWENO LUNUNI SON OF LWANDE WESONGA.

NASICHONGI   Absolom Ojiambo
                 Firimon Okello
NAMUDAI   Tito Waida
                 John Wanyama
                 Aggrey Oundo

ABSOLOM OJIAMBO SON OF SAMUEL MUSIGO SON OF WAIDA II SON OF MBUYA SON OF NGWENO KANGA SON OF WAIDA I SON OF NGWENO LUNUNI SON OF LWANDE WESONGA.

FIRIMON OKELLO SON OF SAMUEL MUSIGO SON OF WAIDA II SON OF MBUYA SON OF NGWENO KANGA SON OF WAIDA I SON OF NGWENO LUNUNI SON OF LWANDE WESONGA.

JOHN WANYAMA SON OF SAMUEL MUSIGO SON OF WAIDA II SON OF MBUYA SON OF NGWENO KANGA SON OF WAIDA I SON OF NGWENO LUNUNI SON OF LWANDE WESONGA.

AGGREY OUNDO SON OF SAMUEL MUSIGO SON OF WAIDA II SON OF MBUYA SON OF NGWENO KANGA SON OF WAIDA I SON OF NGWENO LUNUNI SON OF LWANDE WESONGA.

TITO WAIDA SON OF SAMUEL MUSIGO SON OF WAIDA II SON OF MBUYA SON OF NGWENO KANGA SON OF WAIDA I SON OF NGWENO LUNUNI SON OF LWANDE WESONGA.

ADETI   Nimrod Mbuya
             Amulam Waida
             Paul Wafula
             Aggrey Oundo
             Daudi Were

See Appendix Page 28

LWANDE WESONGA: A GENEALOGY

NIMROD MBUYA SON OF TITO WAIDA SON OF AMUEL MUSIGO SON OF **WAIDA II** SON OF MBUYA SON OF NGWENO KANGA SON OF WAIDA I SON OF NGWENO LUNUNI SON OF LWANDE WESONGA.

PAUL WAFULA SON OF TITO WAIDA SON OF AMUEL MUSIGO SON OF **WAIDA II** SON OF MBUYA SON OF NGWENO KANGA SON OF WAIDA I SON OF NGWENO LUNUNI SON OF LWANDE WESONGA.

AMULAMU WAIDA SON OF TITO WAIDA SON OF AMUEL MUSIGO SON OF **WAIDA II** SON OF MBUYA SON OF NGWENO KANGA SON OF WAIDA I SON OF NGWENO LUNUNI SON OF LWANDE WESONGA.

AGGREY OUNDO SON OF TITO WAIDA SON OF AMUEL MUSIGO SON OF **WAIDA II** SON OF MBUYA SON OF NGWENO KANGA SON OF WAIDA I SON OF NGWENO LUNUNI SON OF LWANDE WESONGA.

PAUL WAFULA SON OF TITO WAIDA SON OF AMUEL MUSIGO SON OF **WAIDA II** SON OF MBUYA SON OF NGWENO KANGA SON OF WAIDA I SON OF NGWENO LUNUNI SON OF LWANDE WESONGA.

DAUDI WERE SON OF TITO WAIDA SON OF AMUEL MUSIGO SON OF **WAIDA II** SON OF MBUYA SON OF NGWENO KANGA SON OF WAIDA I SON OF NGWENO LUNUNI SON OF LWANDE WESONGA.

NGWENO LUNUNI SON OF LWANDE WESONGA.

SOMBI SON OF NGWENO LUNUNI

NAHERE   Sombi

CHAPTER ONE

                        SOMBI SON OF NGWENO LUNUNI SON OF LWANDE WESONGA.

NAMULEMBO	Obaala

                        OBAALA SON OF SOMBI

                        OBAALA SON OF SOMBI SON OF NGWENO LUNUNI SON OF LWANDE WESONGA.

NALUKADA	Jinga
NASIMALWA	Obwora
	Ngweno
NAHAYO	Lwande

                        OBWORA SON OF OBAALA SON OF SOMBI SON OF NGWENO LUNUNI SON OF LWANDE WESONGA.

                        NGWENO SON OF OBAALA SON OF SOMBI SON OF NGWENO LUNUNI SON OF LWANDE WESONGA.

                        LWANDE SON OF OBAALA SON OF SOMBI SON OF NGWENO LUNUNI SON OF LWANDE WESONGA.

                        JINGA SON OF OBAALA SON OF SOMBI SON OF NGWENO LUNUNI SON OF LWANDE WESONGA.

NAKOOLI	Ojiambo Okinda
NAMANGALE	Kuchihi

                        OJIAMBO KINDA SON OF JINGA SON OF OBAALA SON OF SOMBI SON OF NGWENO LUNUNI SON OF LWANDE WESONGA.

NAMULUNDU	Livingstone Wanyama
	Olwoochi Ojiambo
	Ojwangi

                        LIVINGSTONE WANYAMA SON OF OJIAMBO OKINDA SON

LWANDE WESONGA: A GENEALOGY

	OF JINGA SON OF OBAALA SON OF SOMBI SON OF NGWENO LUNUNI SON OF LWANDE WESONGA.
NAHONE	Livingstone Bwire Lubega Jinga Ouma
	KUCHIHI JINGA SON OF JINGA SON OF OBAALA SON OF SOMBI SON OF NGWENO LUNUNI SON OF LWANDE WESONGA.
NAKWERI NACHAKI	Onyango Were Wafula Jinga
	OLWOCHI OJIAMBO SON OF OJIAMBO KINDA SON OF JINGA SON OF OBAALA SON OF SOMBI SON OF NGWENO LUNUNI SON OF LWANDE WESONGA.
NABULINDO	Godfrey Bwire Geoffrey Okumu
	OJWANGI OJIAMBO SON OF OJIAMBO KINDA SON OF JINGA SON OF OBAALA SON OF SOMBI SON OF NGWENO LUNUNI SON OF LWANDE WESONGA.
NALALA	
	OBWORA OBAALA SON OF OBAALA SON OF SOMBI SON OF NGWENO LUNUNI SON OF LWANDE WESONGA.
NAJABI	Halogo Obwora
	HALOGO OBWORA SON OF OBWORA OBAALA SON OF OBAALA SON OF SOMBI SON OF NGWENO LUNUNI SON OF LWANDE WESONGA.
NAFWOFWOYO NAMULEMBO	Firipo Obaala Musa Magaga

CHAPTER ONE

	Jackson Musumba
NABONWE	Were Chabugwe
NAKOOLI	Zabuloni Himbiri
	Yoweri Halogo II

FIRIPO OBAALA SON OF **OBAALA** SON OF **SOMBI** SON OF **NGWENO LUNUNI** SON OF **LWANDE WESONGA.**

NAHONE	Yosia Ojiambo
	Nuwa Masirubu
	Daniel Okello
	Bulasio Obaala
NAHONE II	Juma
	Ojiambo
	Wafula
	Barasa
	Ouma

HALOGO OBWORA SON OF OBAALA

YOSIA OJIAMBO SON OF **FIRIP.O OBAALA** SON OF **HALOGO OBWORA** SON OF **OBAALA** SON OF **SOMBI** SON OF **NGWENO LUNUNI** SON OF **LWANDE WESONGA.**

NAMUBASIRA	Jimbi
	Lwande
NAHULO	Wafula
	Pamba
	Ouma

See Appendix Page 29

NUWA MASIRUBU SON OF **FIRIPO OBAALA** SON OF **HALOGO OBWORA** SON OF **OBAALA** SON OF **SOMBI** SON OF **NGWENO LUNUNI** SON OF **LWANDE WESONGA.**

NAMUFUTA	Wanyama

LWANDE WESONGA: A GENEALOGY

                      Bwire
                      Mayende

DANIEL OKELLO SON OF **FIRIPO OBAALA** SON OF **HALOGO OBWORA** SON OF **OBAALA** SON OF **SOMBI** SON OF **NGWENO LUNUNI** SON OF **LWANDE WESONGA.**

?	Paska
?	Ojiambo
?	Bogere

BULASIO OBAALA SON OF **FIRIPO OBAALA** SON OF **HALOGO OBWORA** SON OF **OBAALA** SON OF **SOMBI** SON OF **NGWENO LUNUNI** SON OF **LWANDE WESONGA.**

NAKWATI   Wandera
                      Amigo
                      Nahone

MUSA MAGAGA SON OF **HALOGO OBWORA** SON OF **OBWORA OBAALA** SON OF **OBAALA** SON OF **SOMBI** SON OF **NGWENO LUNUNI** SON OF **LWANDE WESONGA.**

NAPUNYI   Wanyama
                      Ouma
NASERA   Nasimalwa
                      Majoni

WANYAMA SON OF MUSA MAGAGA SON OF **HALOGO OBWORA** SON OF **OBWORA OBAALA** SON OF **OBAALA** SON OF **SOMBI** SON OF **NGWENO LUNUNI** SON OF **LWANDE WESONGA.**

NANDEKIA   No information about her was available.

OUMA SON OF MUSA MAGAGA SON OF **HALOGO OBWORA** SON OF **OBWORA OBAALA** SON OF **OBAALA** SON OF **SOMBI** SON OF **NGWENO LUNUNI** SON OF **LWANDE WESONGA.**

CHAPTER ONE

NABWALA	Musa Magaga
NAMAKANGALA	Musa Magaga

NASIMALWA SON OF MUSA MAGAGA SON OF **HALOGO OBWORA** SON OF **OBWORA OBAALA** SON OF **OBAALA** SON OF **SOMBI** SON OF **NGWENO LUNUNI** SON OF **LWANDE WESONGA.**

NAMAKANGALA   No information was available.

MAJONI SON OF MUSA MAGAGA SON OF **HALOGO OBWORA** SON OF **OBWORA OBAALA** SON OF **OBAALA** SON OF **SOMBI** SON OF **NGWENO LUNUNI** SON OF **LWANDE WESONGA.**

NABWIBO	Musa Stephen
NABURI	Musa Magaga

See Appendix Page 30

JACKSON MUSUMBA SON OF **HALOGO OBWORA** SON OF **OBWORA OBAALA** SON OF **OBAALA** SON OF **SOMBI** SON OF **NGWENO LUNUNI** SON OF **LWANDE WESONGA.**

NEBERE	Livingstone Halogo
	Obwora
	Mugeni
	Obaala
	Makoha (Sibaki)
NAMBANJA	Egesa

LIVINGSTONE HALOGO SON OF MUSUMBA SON OF **HALOGO OBWORA** SON OF **OBWORA OBAALA** SON OF **OBAALA** SON OF **SOMBI** SON OF **NGWENO LUNUNI** SON OF **LWANDE WESONGA.**

ADETI   No information about children was available.

OBWORA SON OF JACKSON MUSUMBA SON OF **HALOGO OBWORA** SON OF **OBWORA OBAALA** SON OF **OBAALA** SON OF

LWANDE WESONGA: A GENEALOGY

        SOMBI SON OF NGWENO LUNUNI SON OF LWANDE WESONGA.

NAMBANJA   Charles Bwire
Stephen Oundo
Francis Mangeni
Kennedy Sunday

MANGENI SON OF JACKSON MUSUMBA SON OF HALOGO OBWORA SON OF OBWORA OBAALA SON OF OBAALA SON OF SOMBI SON OF NGWENO LUNUNI SON OF LWANDE WESONGA.

NAMULUNDU   Jackson Musumba
NAMUTES   Easter Kulaba
NAKOMOLO   Ojiambo
Ouma

OBAALA SON OF JACKSON MUSUMBA SON OF HALOGO OBWORA SON OF OBWORA OBAALA SON OF OBAALA SON OF SOMBI SON OF NGWENO LUNUNI SON OF LWANDE WESONGA.

NANYIBOMBI   Ojiambo
Musa Ojiambo
Egessa
NABOOLI   Bwire

MAKOHA SON OF JACKSON MUSUMBA SON OF HALOGO OBWORA SON OF OBWORA OBAALA SON OF OBAALA SON OF SOMBI SON OF NGWENO LUNUNI SON OF LWANDE WESONGA.

NAMIRIPO   No information about the children were available.

EGESSA SON OF JACKSON MUSUMBA SON OF HALOGO OBWORA SON OF OBWORA OBAALA SON OF OBAALA SON OF SOMBI SON OF NGWENO LUNUNI SON OF LWANDE WESONGA.

NABOOLI   Manuel Musumba
Moses (Musa)

CHAPTER ONE

WERE CHABUGWE SON OF **HALOGO OBWORA** SON OF **OBWORA OBAALA** SON OF **OBAALA** SON OF **SOMBI** SON OF **NGWENO LUNUNI** SON OF **LWANDE WESONGA.**

NAMUFUTA	Ojiambo
NAMANYAMA	Ojiambo
	Obwora
	Wafula

ZEBULONI HIMBIRI SON OF **HALOGO OBWORA** SON OF **OBWORA OBAALA** SON OF **OBAALA** SON OF **SOMBI** SON OF **NGWENO LUNUNI** SON OF **LWANDE WESONGA.**

NANYIBOMI	Samuel Juma Halogo
	Najabi
	Wangira
	Barasa
NAHONE	Musa Magaga
	Obaala

See Appendix Page 31

NAMULUNDU	Egessa
	Sidialo
	Ojiambo
	Oyonjo

SAMUEL JUMA HIMBIRI SON OF ZEBULONI HIMBIRI SON OF **HALOGO OBWORA** SON OF **OBWORA OBAALA** SON OF **OBAALA** SON OF **SOMBI** SON OF **NGWENO LUNUNI** SON OF **LWANDE WESONGA.**

NAMENYA	James Sumba
	Wilson Mangeni
	Humphreys Sunday
	Wafula Juma

LWANDE WESONGA: A GENEALOGY

JAMES SUMBA SON OF SAMUEL JUMA HIMBIRI SON OF ZEBULONI HIMBIRI SON OF **HALOGO OBWORA** SON OF SON OF **OBWORA OBAALA** SON OF **OBAALA** SON OF **SOMBI** SON OF **NGWENO LUNUNI** SON OF **LWANDE WESONGA.**

WILSON MANGENI SON OF SAMUEL JUMA HIMBIRI SON OF ZEBULONI HIMBIRI SON OF **HALOGO OBWORA** SON OF SON OF **OBWORA OBAALA** SON OF **OBAALA** SON OF **SOMBI** SON OF **NGWENO LUNUNI** SON OF **LWANDE WESONGA.**

HUMPHREYS SUNDAY SON OF SAMUEL JUMA HIMBIRI SON OF ZEBULONI HIMBIRI SON OF **HALOGO OBWORA** SON OF **OBWORA OBAALA** SON OF **OBAALA** SON OF **SOMBI** SON OF **NGWENO LUNUNI** SON OF **LWANDE WESONGA.**

WAFULA JUMA SON OF SAMUEL JUMA HIMBIRI SON OF ZEBULONI HIMBIRI SON OF **HALOGO OBWORA** SON OF **OBWORA OBAALA** SON OF **OBAALA** SON OF **SOMBI** SON OF **NGWENO LUNUNI** SON OF **LWANDE WESONGA.**

NAJABI HIMBIRI SON OF ZEBULONI HIMBIRI SON OF **HALOGO OBWORA** SON OF **OBWORA OBAALA** SON OF **OBAALA** SON OF **SOMBI** SON OF **NGWENO LUNUNI** SON OF **LWANDE WESONGA.**

NAHONE	Bwire Najabi
	Wanyama
	Charles Najabi

BWIRE NAJABI SON OF NAJABI HIMBIRI SON OF ZEBULONI HIMBIRI SON OF **HALOGO OBWORA** SON OF **OBWORA OBAALA** SON OF **OBAALA** SON OF **SOMBI** SON OF **NGWENO LUNUNI** SON OF **LWANDE WESONGA.**

WANYAMA SON OF NAJABI HIMBIRI SON OF ZEBULONI HIMBIRI SON OF **HALOGO OBWORA** SON OF **OBWORA OBAALA** SON OF **OBAALA** SON OF **SOMBI** SON OF **NGWENO LUNUNI** SON OF **LWANDE WESONGA.**

CHAPTER ONE

CHARLES NAJABI SON OF NAJABI HIMBIRI SON OF ZEBULONI HIMBIRI SON OF HALOGO OBWORA SON OF OBWORA OBAALA SON OF OBAALA SON OF SOMBI SON OF NGWENO LUNUNI SON OF LWANDE WESONGA.

YOWERI HALOGO II SON OF HALOGO OBWORA SON OF OBWORA OBAALA SON OF OBAALA SON OF SOMBI SON OF NGWENO LUNUNI SON OF LWANDE WESONGA.

NAMWANDIRA Oguttu
Wafula
Sunday
Nakoli
Were

OGUTTU SON OF YOWERI HALOGO II SON OF HALOGO OBWORA SON OF OBWORA OBAALA SON OF OBAALA SON OF SOMBI SON OF NGWENO LUNUNI SON OF LWANDE WESONGA.

WAFULA SON OF YOWERI HALOGO II SON OF HALOGO OBWORA SON OF OBWORA OBAALA SON OF OBAALA SON OF SOMBI SON OF NGWENO LUNUNI SON OF LWANDE WESONGA.

SUNDAY SON OF YOWERI HALOGO II SON OF HALOGO OBWORA SON OF OBWORA OBAALA SON OF OBAALA SON OF SOMBI SON OF NGWENO LUNUNI SON OF LWANDE WESONGA.

NAKOLI SON OF YOWERI HALOGO II SON OF HALOGO OBWORA SON OF OBWORA OBAALA SON OF OBAALA SON OF SOMBI SON OF NGWENO LUNUNI SON OF LWANDE WESONGA.

WERE SON OF YOWERI HALOGO II SON OF HALOGO OBWORA SON OF OBWORA OBAALA SON OF OBAALA SON OF SOMBI SON OF NGWENO LUNUNI SON OF LWANDE WESONGA.

HALOGO OBWORA SON OF OBAALA

LWANDE WESONGA: A GENEALOGY

LWANDE OBAALA SON OF YOSIA OJIAMBO SON OF FIRIPO OBAALA SON OF HALOGO OBWORA SON OF OBAALA SON OF SOMBI SON OF NGWENO LUNUNI SON OF LWANDE WESONGA.

NAMAINDI	Samuel Sombi II
NAJABI	Jacob Omondi
HAMIRIPO	Daniel Donga
NACHAKI	Salimu Wandera

SAMUEL SOMBI II SON OF LWANDE OBAALA SON OF YOSIA OJIAMBO SON OF FIRIPO OBAALA SON OF HALOGO OBWORA SON OF OBAALA SON OF SOMBI SON OF NGWENO LUNUNI SON OF LWANDE WESONGA.

NABONWE	Abner Mayende
	George Ouma
NAMUDDE	Zedekia Wandera
	Wilson Mangeni
	Tito Sombi (Onyango)
NAKOOLI	Andereya Ndege
	John Rabongo

ZEDEKIA WANDERA SON OF SAMUEL SOMBI II SON OF LWANDE OBBALA SON OF YOSIA OJIAMBO SON OF FIRIPO OBAALA SON OF HALOGO OBWORA SON OF OBAALA SON OF SOMBI SON OF NGWENO LUNUNI SON OF LWANDE WESONGA.

WILSON MANGENI SON OF SAMUEL SOMBI II SON OF LWANDE OBBALA SON OF YOSIA OJIAMBO SON OF FIRIPO OBAALA SON OF HALOGO OBWORA SON OF OBAALA SON OF SOMBI SON OF NGWENO LUNUNI SON OF LWANDE WESONGA.

ANDEREYA NDEGE SON OF SAMUEL SOMBI II SON OF LWANDE OBBALA SON OF YOSIA OJIAMBO SON OF FIRIPO OBAALA SON OF HALOGO OBWORA SON OF OBAALA SON OF SOMBI SON OF NGWENO LUNUNI SON OF LWANDE WESONGA.

CHAPTER ONE

JOHN RABONGO SON OF SAMUEL SOMBI II SON OF LWANDE OBBALA SON OF YOSIA OJIAMBO SON OF FIRIPO OBAALA SON OF HALOGO OBWORA SON OF OBAALA SON OF SOMBI SON OF NGWENO LUNUNI SON OF LWANDE WESONGA.

LWANDE OBAALA SON OF YOSIA OJIAMBO SON OF FIRIPO OBAALA SON OF HALOGO OBWORA SON OF OBAALA SON OF SOMBI SON OF NGWENO LUNUNI SON OF LWANDE WESONGA.

NASICHONGI   No information was available

GEORGE OUMA SON OF SAMUEL SOMBI II SON OF LWANDE OBAALA SON OF YOSIA OJIAMBO SON OF FIRIPO OBAALA SON OF HALOGO OBWORA SON OF OBAALA SON OF SOMBI SON OF NGWENO LUNUNI SON OF LWANDE WESONGA.

NAMULINDA
Bwire (Obaala)
Onyango (Sombi)
Ojiambo
Mangeni
Wandera
Okumu

See Appendix Page 32

NAMULANGIRA
Lwande Wilberforce
Robert Sombi

BWIRE (OBAALA) SON OF GEORGE OUMA SON OF SAMUEL SOMBI II SON OF LWANDE OBAALA SON OF YOSIA OJIAMBO SON OF FIRIPO OBAALA SON OF HALOGO OBWORA SON OF OBAALA SON OF SOMBI SON OF NGWENO LUNUNI SON OF LWANDE WESONGA.

ONYANGO (SOMBI) SON OF GEORGE OUMA SON OF SAMUEL SOMBI II SON OF LWANDE OBAALA SON OF YOSIA OJIAMBO SON OF FIRIPO OBAALA SON OF HALOGO OBWORA SON OF OBAALA

LWANDE WESONGA: A GENEALOGY

SON OF SOMBI SON OF NGWENO LUNUNI SON OF LWANDE WESONGA.

OJIAMBO SON OF GEORGE OUMA SON OF SAMUEL SOMBI II SON OF LWANDE OBAALA SON OF YOSIA OJIAMBO SON OF FIRIPO OBAALA SON OF HALOGO OBWORA SON OF OBAALA SON OF SOMBI SON OF NGWENO LUNUNI SON OF LWANDE WESONGA.

MANGENI SON OF GEORGE OUMA SON OF SAMUEL SOMBI II SON OF LWANDE OBAALA SON OF YOSIA OJIAMBO SON OF FIRIPO OBAALA SON OF HALOGO OBWORA SON OF OBAALA SON OF SOMBI SON OF NGWENO LUNUNI SON OF LWANDE WESONGA.

WANDERA SON OF GEORGE OUMA SON OF SAMUEL SOMBI II SON OF LWANDE OBAALA SON OF YOSIA OJIAMBO SON OF FIRIPO OBAALA SON OF HALOGO OBWORA SON OF OBAALA SON OF SOMBI SON OF NGWENO LUNUNI SON OF LWANDE WESONGA.

OKUMU SON OF GEORGE OUMA SON OF SAMUEL SOMBI II SON OF LWANDE OBAALA SON OF YOSIA OJIAMBO SON OF FIRIPO OBAALA SON OF HALOGO OBWORA SON OF OBAALA SON OF SOMBI SON OF NGWENO LUNUNI SON OF LWANDE WESONGA.

LWANDE WILBERFORCE SON OF GEORGE OUMA SON OF SAMUEL SOMBI II SON OF LWANDE OBAALA SON OF YOSIA OJIAMBO SON OF FIRIPO OBAALA SON OF HALOGO OBWORA SON OF OBAALA SON OF SOMBI SON OF NGWENO LUNUNI SON OF LWANDE WESONGA.

ROBERT SOMBI SON OF GEORGE OUMA SON OF SAMUEL SOMBI II SON OF LWANDE OBAALA SON OF YOSIA OJIAMBO SON OF FIRIPO OBAALA SON OF HALOGO OBWORA SON OF OBAALA SON OF SOMBI SON OF NGWENO LUNUNI SON OF LWANDE WESONGA.

CHAPTER ONE

ZEDEKIYA WANDERA SON OF SAMUEL SOMBI II SON OF LWANDE OBAALA SON OF YOSIA OJIAMBO SON OF FIRIPO OBAALA SON OF HALOGO OBWORA SON OF OBAALA SON OF SOMBI SON OF NGWENO LUNUNI SON OF LWANDE WESONGA.

NAMBANJA	Aggrey Obaala (Sombi)
NAMULUNDU	Patrick Lwande
	Fred Sombi
	Jackson Lwande
	Aggrey Obaala
NAMUKEMO	Wilson Lwande
NADIDI	Bernard Wafula
NAMURARAKA	Samuel Sombi
	Wilber Ngweno Muloma
	David Makoha
NAMULUNDU II	Godfrey Wandera
	Bon Wandera
	Moses Bwire

FRED SOMBI SON OF ZEDEKIYA WANDERA SON OF SAMUEL SOMBI II SON OF LWANDE OBAALA SON OF YOSIA OJIAMBO SON OF FIRIPO OBAALA SON OF HALOGO OBWORA SON OF OBAALA SON OF SOMBI SON OF NGWENO LUNUNI SON OF LWANDE WESONGA.

JACKSON LWANDE SON OF ZEDEKIYA WANDERA SON OF SAMUEL SOMBI II SON OF LWANDE OBAALA SON OF YOSIA OJIAMBO SON OF FIRIPO OBAALA SON OF HALOGO OBWORA SON OF OBAALA SON OF SOMBI SON OF NGWENO LUNUNI SON OF LWANDE WESONGA.

AGGREY OBAALA SON OF ZEDEKIYA WANDERA SON OF SAMUEL SOMBI II SON OF LWANDE OBAALA SON OF YOSIA OJIAMBO SON OF FIRIPO OBAALA SON OF HALOGO OBWORA SON OF OBAALA SON OF SOMBI SON OF NGWENO LUNUNI SON OF LWANDE WESONGA.

LWANDE WESONGA: A GENEALOGY

WILSON LWANDE SON OF ZEDEKIYA WANDERA SON OF SAMUEL SOMBI II SON OF LWANDE OBAALA SON OF YOSIA OJIAMBO SON OF FIRIPO OBAALA SON OF HALOGO OBWORA SON OF OBAALA SON OF SOMBI SON OF NGWENO LUNUNI SON OF LWANDE WESONGA.

BERNARD WAFULA SON OF ZEDEKIYA WANDERA SON OF SAMUEL SOMBI II SON OF LWANDE OBAALA SON OF YOSIA OJIAMBO SON OF FIRIPO OBAALA SON OF HALOGO OBWORA SON OF OBAALA SON OF SOMBI SON OF NGWENO LUNUNI SON OF LWANDE WESONGA.

SAMUEL SOMBI SON OF ZEDEKIYA WANDERA SON OF SAMUEL SOMBI II SON OF LWANDE OBAALA SON OF YOSIA OJIAMBO SON OF FIRIPO OBAALA SON OF HALOGO OBWORA SON OF OBAALA SON OF SOMBI SON OF NGWENO LUNUNI SON OF LWANDE WESONGA.

WILBER NGWENO MULOMA SON OF ZEDEKIYA WANDERA SON OF SAMUEL SOMBI II SON OF LWANDE OBAALA SON OF YOSIA OJIAMBO SON OF FIRIPO OBAALA SON OF HALOGO OBWORA SON OF OBAALA SON OF SOMBI SON OF NGWENO LUNUNI SON OF LWANDE WESONGA.

DAVID MAKOHA SON OF ZEDEKIYA WANDERA SON OF SAMUEL SOMBI II SON OF LWANDE OBAALA SON OF YOSIA OJIAMBO SON OF FIRIPO OBAALA SON OF HALOGO OBWORA SON OF OBAALA SON OF SOMBI SON OF NGWENO LUNUNI SON OF LWANDE WESONGA.

GODFREY WANDERA SON OF ZEDEKIYA WANDERA SON OF SAMUEL SOMBI II SON OF LWANDE OBAALA SON OF YOSIA OJIAMBO SON OF FIRIPO OBAALA SON OF HALOGO OBWORA SON OF OBAALA SON OF SOMBI SON OF NGWENO LUNUNI SON OF LWANDE WESONGA.

BON WANDERA SON OF ZEDEKIYA WANDERA SON OF SAMUEL

CHAPTER ONE

SOMBI II SON OF LWANDE OBAALA SON OF YOSIA OJIAMBO SON OF **FIRIPO OBAALA** SON OF **HALOGO OBWORA** SON OF **OBAALA** SON OF **SOMBI** SON OF **NGWENO LUNUNI** SON OF **LWANDE WESONGA.**

MOSES BWIRE SON OF ZEDEKIYA WANDERA SON OF SAMUEL SOMBI II SON OF LWANDE OBAALA SON OF YOSIA OJIAMBO SON OF **FIRIPO OBAALA** SON OF **HALOGO OBWORA** SON OF **OBAALA** SON OF **SOMBI** SON OF **NGWENO LUNUNI** SON OF **LWANDE WESONGA.**

AGGREY OBAALA (SOMBI) SON OF ZEDEKIYA WANDERA SON OF SAMUEL SOMBI II SON OF LWANDE OBAALA SON OF YOSIA OJIAMBO SON OF **FIRIPO OBAALA** SON OF **HALOGO OBWORA** SON OF **OBAALA** SON OF **SOMBI** SON OF **NGWENO LUNUNI** SON OF **LWANDE WESONGA.**

NAMUKEMO   No information about the children.

RABONGO JAMES BWIRE SON OF ZEDEKIYA WANDERA SON OF SAMUEL SOMBI II SON OF LWANDE OBAALA SON OF YOSIA OJIAMBO SON OF **FIRIPO OBAALA** SON OF **HALOGO OBWORA** SON OF **OBAALA** SON OF **SOMBI** SON OF **NGWENO LUNUNI** SON OF **LWANDE WESONGA.**

NAKAROKO   Henry Nambanja
NAMUKOBE   No information was available about her children.

HENRY NAMBANJA SON OF RABONGO JAMES BWIRE SON OF ZEDEKIYA WANDERA SON OF SAMUEL SOMBI II SON OF LWANDE OBAALA SON OF YOSIA OJIAMBO SON OF **FIRIPO OBAALA** SON OF **HALOGO OBWORA** SON OF **OBAALA** SON OF **SOMBI** SON OF **NGWENO LUNUNI** SON OF **LWANDE WESONGA.**

PATRICK LWANDE SON OF ZEDEKIYA WANDERA SON OF SAMUEL SOMBI II SON OF LWANDE OBAALA SON OF YOSIA OJIAMBO SON OF **FIRIPO OBAALA** SON OF **HALOGO OBWORA** SON OF **OBAALA**

LWANDE WESONGA: A GENEALOGY

	SON OF **SOMBI** SON OF **NGWENO LUNUNI** SON OF **LWANDE WESONGA**.
NAMUDAIRWA	Samuel Sombi
	SAMUEL SOMBI PATRICK LWANDE SON OF ZEDEKIYA WANDERA SON OF SAMUEL SOMBI II SON OF LWANDE OBAALA SON OF YOSIA OJIAMBO SON OF **FIRIPO OBAALA** SON OF **HALOGO OBWORA** SON OF **OBAALA** SON OF **SOMBI** SON OF **NGWENO LUNUNI** SON OF **LWANDE WESONGA**.
	WILSON MANGENI SON OF YOSIYA OJIAMBO SON OF **FIRIPO OBAALA** SON OF **HALOGO OBWORA** SON OF **OBAALA** SON OF **SOMBI** SON OF **NGWENO LUNUNI** SON OF **LWANDE WESONGA**.
NAMULUNDU I	Henry Onyango
	Godfrey Bwire
	Samuel Sombi
NAMULUNDU II	Livingstone Ouma
	Robert Lwande
	Walter Master Bwire
	Benjamin Omenya
NAMUFUTA	Wycliffe Namudde
	Backley Obaala Ojiambo
	SAMUEL SOMBI SON OF WILSON MANGENI SON OF YOSIYA OJIAMBO SON OF **FIRIPO OBAALA** SON OF **HALOGO OBWORA** SON OF **OBAALA** SON OF **SOMBI** SON OF **NGWENO LUNUNI** SON OF **LWANDE WESONGA**.
	ROBERT LWANDE SON OF WILSON MANGENI SON OF YOSIYA OJIAMBO SON OF **FIRIPO OBAALA** SON OF **HALOGO OBWORA** SON OF **OBAALA** SON OF **SOMBI** SON OF **NGWENO LUNUNI** SON OF **LWANDE WESONGA**.
	LIVINGSTONE OUMA SON OF WILSON MANGENI SON OF YOSIYA OJIAMBO SON OF **FIRIPO OBAALA** SON OF **HALOGO OBWORA**

CHAPTER ONE

SON OF **OBAALA** SON OF **SOMBI** SON OF **NGWENO LUNUNI** SON OF **LWANDE WESONGA**.

WALTER MASTER BWIRE SON OF WILSON MANGENI SON OF YOSIYA OJIAMBO SON OF **FIRIPO OBAALA** SON OF **HALOGO OBWORA** SON OF **OBAALA** SON OF **SOMBI** SON OF **NGWENO LUNUNI** SON OF **LWANDE WESONGA**.

BENJAMIN OMENYA SON OF WILSON MANGENI SON OF YOSIYA OJIAMBO SON OF **FIRIPO OBAALA** SON OF **HALOGO OBWORA** SON OF **OBAALA** SON OF **SOMBI** SON OF **NGWENO LUNUNI** SON OF **LWANDE WESONGA**.

WYCLIFFE NAMUDDE SON OF WILSON MANGENI SON OF YOSIYA OJIAMBO SON OF **FIRIPO OBAALA** SON OF **HALOGO OBWORA** SON OF **OBAALA** SON OF **SOMBI** SON OF **NGWENO LUNUNI** SON OF **LWANDE WESONGA**.

BACKLEY OBAALA OJIAMBO SON OF WILSON MANGENI SON OF YOSIYA OJIAMBO SON OF **FIRIPO OBAALA** SON OF **HALOGO OBWORA** SON OF **OBAALA** SON OF **SOMBI** SON OF **NGWENO LUNUNI** SON OF **LWANDE WESONGA**.

HENERY ONYANGO SON OF WILSON MANGENI SON OF YOSIYA OJIAMBO SON OF **FIRIPO OBAALA** SON OF **HALOGO OBWORA** SON OF **OBAALA** SON OF **SOMBI** SON OF **NGWENO LUNUNI** SON OF **LWANDE WESONGA**.

| **NADRUBA** | Leonard Wafula |

LEONARD WAFULA SON OF HENRY ONYANGO SON OF WILSON MANGENI SON OF YOSIYA OJIAMBO SON OF **FIRIPO OBAALA** SON OF **HALOGO OBWORA** SON OF **OBAALA** SON OF **SOMBI** SON **NGWENO LUNUNI** SON OF **LWANDE WESONGA**.

GEOFFREY BWIRE SON OF WILSON MANGENI SON OF
NANDEKIYA YOSIYA OJIAMBO SON OF **FIRIPO OBAALA** SON

LWANDE WESONGA: A GENEALOGY

OF HALOGO OBWORA SON OF OBAALA SON OF SOMBI SON OF NGWENO LUNUNI SON OF LWANDE WESONGA.

See Appendix Page 33

SAMUEL SOMBI SON OF TITO (SOMBI) ONYANGO SON OF SOMBI II SON OF LWANDE OBAALA SON OF YOSIA OJIAMBO SON OF FIRIPO OBAALA SON OF HALOGO OBWORA SON OF OBAALA SON OF SOMBI SON OF NGWENO LUNUNI SON OF LWANDE WESONGA.

CARMASKY KUBINDI SON OF TITO (SOMBI) ONYANGO SON OF SOMBI II SON OF LWANDE OBAALA SON OF YOSIA OJIAMBO SON OF FIRIPO OBAALA SON OF HALOGO OBWORA SON OF OBAALA SON OF SOMBI SON OF NGWENO LUNUNI SON OF LWANDE WESONGA.

ZEDEKIA HADUDU SON OF TITO (SOMBI) ONYANGO SON OF SOMBI II SON OF LWANDE OBAALA SON OF YOSIA OJIAMBO SON OF FIRIPO OBAALA SON OF HALOGO OBWORA SON OF OBAALA SON OF SOMBI SON OF NGWENO LUNUNI SON OF LWANDE WESONGA.

STANLEY SOMBI SON OF TITO (SOMBI) ONYANGO SON OF SOMBI II SON OF LWANDE OBAALA SON OF YOSIA OJIAMBO SON OF FIRIPO OBAALA SON OF HALOGO OBWORA SON OF OBAALA SON OF SOMBI SON OF NGWENO LUNUNI SON OF LWANDE WESONGA.

ANDEREYA NDEGE SON OF SOMBI II SON OF LWANDE OBAALA SON OF YOSIA OJIAMBO SON OF FIRIPO OBAALA SON OF HALOGO OBWORA SON OF OBAALA SON OF SOMBI SON OF NGWENO LUNUNI SON OF LWANDE WESONGA.

NAKWERI   Dakari Obaala
Were
Ojiambo

CHAPTER ONE

NAJABI Samwiri
Andere Egessa
Sombi
Abner Stephen

DAKARI OBAALA SON OF ANDEREYA NDEGE SON OF SOMBI II SON OF LWANDE OBAALA SON OF YOSIA OJIAMBO SON OF FIRIPO OBAALA SON OF HALOGO OBWORA SON OF OBAALA SON OF SOMBI SON OF NGWENO LUNUNI SON OF LWANDE WESONGA.

WERE SON OF ANDEREYA NDEGE SON OF SOMBI II SON OF LWANDE OBAALA SON OF YOSIA OJIAMBO SON OF FIRIPO OBAALA SON OF HALOGO OBWORA SON OF OBAALA SON OF SOMBI SON OF NGWENO LUNUNI SON OF LWANDE WESONGA.

OJIAMBO SON OF ANDEREYA NDEGE SON OF SOMBI II SON OF LWANDE OBAALA SON OF YOSIA OJIAMBO SON OF FIRIPO OBAALA SON OF HALOGO OBWORA SON OF OBAALA SON OF SOMBI SON OF NGWENO LUNUNI SON OF LWANDE WESONGA.

SAMWIRI SOMBI SON OF ANDEREYA NDEGE SON OF SOMBI II SON OF LWANDE OBAALA SON OF YOSIA OJIAMBO SON OF FIRIPO OBAALA SON OF HALOGO OBWORA SON OF OBAALA SON OF SOMBI SON OF NGWENO LUNUNI SON OF LWANDE WESONGA.

ANDERE EGESSA SON OF ANDEREYA NDEGE SON OF SOMBI II SON OF LWANDE OBAALA SON OF YOSIA OJIAMBO SON OF FIRIPO OBAALA SON OF HALOGO OBWORA SON OF OBAALA SON OF SOMBI SON OF NGWENO LUNUNI SON OF LWANDE WESONGA.

ABNER STEPHEN SON OF ANDEREYA NDEGE SON OF SOMBI II SON OF LWANDE OBAALA SON OF YOSIA OJIAMBO SON OF FIRIPO OBAALA SON OF HALOGO OBWORA SON OF OBAALA SON OF SOMBI SON OF NGWENO LUNUNI SON OF LWANDE WESONGA.

LWANDE WESONGA: A GENEALOGY

JOHN RABONGO SON OF SOMBI II SON OF LWANDE OBAALA SON OF YOSIA OJIAMBO SON OF FIRIPO OBAALA SON OF HALOGO OBWORA SON OF OBAALA SON OF SOMBI SON OF NGWENO LUNUNI SON OF LWANDE WESONGA.

DANIEL DONGA SON OF LWANDE OBAALA SON OF YOSIA OJIAMBO SON OF FIRIPO OBAALA SON OF HALOGO OBWORA SON OF OBAALA SON OF SOMBI SON OF NGWENO LUNUNI SON OF LWANDE WESONGA.

SALIMU WANDERA SON OF LWANDE OBAALA SON OF YOSIA OJIAMBO SON OF FIRIPO OBAALA SON OF HALOGO OBWORA SON OF OBAALA SON OF SOMBI SON OF NGWENO LUNUNI SON OF LWANDE WESONGA.

JACOBO OMONDI SON OF LWANDE OBAALA SON OF YOSIA OJIAMBO SON OF FIRIPO OBAALA SON OF HALOGO OBWORA SON OF OBAALA SON OF SOMBI SON OF NGWENO LUNUNI SON OF LWANDE WESONGA.

NAMULEMBO	Yokana Lwande
	Samuel Wandera
	Jackson Ngweno
NABAHOLO	Edward Sombi
NASONGA I	Isaac Oduba
NASONGA II	Joram Musumba

YOKANA LWANDE SON OF JACOB OMONDI SON OF LWANDE OBAALA SON OF YOSIA OJIAMBO SON OF FIRIPO OBAALA SON OF HALOGO OBWORA SON OF OBAALA SON OF SOMBI SON OF NGWENO LUNUNI SON OF LWANDE WESONGA.

NAMENYA	Alex Onyango

ALEX ONYANGO SON OF YOKANA LWANDE SON OF JACOB OMONDI SON OF LWANDE OBAALA SON OF YOSIA OJIAMBO SON OF FIRIPO OBAALA SON OF HALOGO OBWORA SON OF OBAALA

CHAPTER ONE

SON OF **SOMBI** SON OF **NGWENO LUNUNI** SON OF **LWANDE WESONGA.**

NABONGO Information was not available.

Patrick Bwire

NAJABI Shadrack Barasa

Geoffrey Omondi

Bernard Ouma

PATRICK BWIRE SON OF ALEX ONYANGO SON OF YOKANA LWANDE SON OF JACOBO OMONDI SON OF LWANDE OBAALA SON OF YOSIA OJIAMBO SON OF **FIRIPO OBAALA** SON OF **HALOGO OBWORA** SON OF **OBAALA** SON OF **SOMBI** SON OF **NGWENO LUNUNI** SON OF **LWANDE WESONGA.**

SHADRACK BARASA SON OF ALEX ONYANGO SON OF YOKANA LWANDE SON OF JACOBO OMONDI SON OF LWANDE OBAALA SON OF YOSIA OJIAMBO SON OF **FIRIPO OBAALA** SON OF **HALOGO OBWORA** SON OF **OBAALA** SON OF **SOMBI** SON OF **NGWENO LUNUNI** SON OF **LWANDE WESONGA.**

GEOFFREY OMONDI SON OF ALEX ONYANGO SON OF YOKANA LWANDE SON OF JACOBO OMONDI SON OF LWANDE OBAALA SON OF YOSIA OJIAMBO SON OF **FIRIPO OBAALA** SON OF **HALOGO OBWORA** SON OF **OBAALA** SON OF **SOMBI** SON OF **NGWENO LUNUNI** SON OF **LWANDE WESONGA.**

BERNARD OUMA SON OF ALEX ONYANGO SON OF YOKANA LWANDE SON OF JACOBO OMONDI SON OF LWANDE OBAALA SON OF YOSIA OJIAMBO SON OF **FIRIPO OBAALA** SON OF **HALOGO OBWORA** SON OF **OBAALA** SON OF **SOMBI** SON OF **NGWENO LUNUNI** SON OF **LWANDE WESONGA.**

EDWARD SOMBI SON OF JACOB OMONDI SON OF LWANDE OBAALA SON OF YOSIA OJIAMBO SON OF **FIRIPO OBAALA** SON OF **HALOGO OBWORA** SON OF **OBAALA** SON OF **SOMBI** SON OF **NGWENO LUNUNI** SON OF **LWANDE WESONGA.**

LWANDE WESONGA: A GENEALOGY

JORAMU MUSUMBA SON OF JACOB OMONDI SON OF LWANDE OBAALA SON OF YOSIA OJIAMBO SON OF **FIRIPO OBAALA** SON OF **HALOGO OBWORA** SON OF **OBAALA** SON OF **SOMBI** SON OF **NGWENO LUNUNI** SON OF **LWANDE WESONGA**.

JACKSON NGWENO SON OF JACOB OMONDI SON OF LWANDE OBAALA SON OF YOSIA OJIAMBO SON OF **FIRIPO OBAALA** SON OF **HALOGO OBWORA** SON OF **OBAALA** SON OF **SOMBI** SON OF **NGWENO LUNUNI** SON OF **LWANDE WESONGA**.

MUTORO

Ojiambo
Bwire
Fred
Omondi

OJIAMBO SON OF JACKSON NGWENO SON OF JACOB OMONDI SON OF LWANDE OBAALA SON OF YOSIA OJIAMBO SON OF **FIRIPO OBAALA** SON OF **HALOGO OBWORA** SON OF **OBAALA** SON OF **SOMBI** SON OF **NGWENO LUNUNI** SON OF **LWANDE WESONGA**.

BWIRE SON OF JACKSON NGWENO SON OF JACOB OMONDI SON OF LWANDE OBAALA SON OF YOSIA OJIAMBO SON OF **FIRIPO OBAALA** SON OF **HALOGO OBWORA** SON OF **OBAALA** SON OF **SOMBI** SON OF **NGWENO LUNUNI** SON OF **LWANDE WESONGA**.

FRED SON OF JACKSON NGWENO SON OF JACOB OMONDI SON OF LWANDE OBAALA SON OF YOSIA OJIAMBO SON OF **FIRIPO OBAALA** SON OF **HALOGO OBWORA** SON OF **OBAALA** SON OF **SOMBI** SON OF **NGWENO LUNUNI** SON OF **LWANDE WESONGA**.

OMONDI SON OF JACKSON NGWENO SON OF JACOB OMONDI SON OF LWANDE OBAALA SON OF YOSIA OJIAMBO SON OF **FIRIPO OBAALA** SON OF **HALOGO OBWORA** SON OF **OBAALA** SON OF **SOMBI** SON OF **NGWENO LUNUNI** SON OF **LWANDE WESONGA**.

CHAPTER ONE

EDWARD SOMBI SON OF JACOB OMONDI SON OF LWANDE OBAALA SON OF YOSIA OJIAMBO SON OF **FIRIPO OBAALA** SON OF **HALOGO OBWORA** SON OF **OBAALA** SON OF **SOMBI** SON OF **NGWENO LUNUNI** SON OF **LWANDE WESONGA.**

NAMWAYA   Tom Okello
               Tambiti

NAMULUNDU Ouma

OUMA SON OF EDWARD SOMBI SON OF JACOBO OMONDI SON OF LWANDE OBAALA SON OF YOSIA OJIAMBO SON OF **FIRIPO OBAALA** SON OF **HALOGO OBWORA** SON OF **OBAALA** SON OF **SOMBI** SON OF **NGWENO LUNUNI** SON OF **LWANDE WESONGA.**

See Appendix Page 34

TOM OKELLO SON OF EDWARD SOMBI SON OF JACOBO OMONDI SON OF LWANDE OBAALA SON OF YOSIA OJIABO SON OF **FIRIPO OBAALA** SON OF **HALOGO OBWORA** SON OF **OBAALA** SON OF **SOMBI** SON OF **NGWENO LUNUNI** SON OF **LWANDE WESONGA.**

ADETI   Information about children were not available.

TAMBITI EDWARD SON OF EDWARD SOMBI SON OF JACOBO OMONDI SON OF LWANDE OBAALA SON OF YOSIA OJIAMBO SON OF **FIRIPO OBAALA** SON OF **HALOGO OBWORA** SON OF **OBAALA** SON OF **SOMBI** SON OF **NGWENO LUNUNI** SON OF **LWANDE WESONGA.**

NALALA   Information about her children were not available.

MUGANDA   Maadi

MAADI TAMBITI EDWARD SON OF EDWARD SOMBI SON OF JACOBO OMONDI SON OF LWANDE OBAALA SON OF YOSIA OJIAMBO SON OF **FIRIPO OBAALA** SON OF **HALOGO OBWORA**

SON OF OBAALA SON OF SOMBI SON OF NGWENO LUNUNI SON OF LWANDE WESONGA.

ISAAC ODUBA SON OF JACOBO OMONDI SON OF LWANDE OBAALA SON OF YOSIA OJIABO SON OF FIRIPO OBAALA SON OF HALOGO OBWORA SON OF OBAALA SON OF SOMBI SON OF NGWENO LUNUNI SON OF LWANDE WESONGA.

NAMUBUPI
Lwande
Najabi
Sombi

LWANDE SON OF ISAAC ODUBA SON OF JACOBO OMONDI SON OF LWANDE OBAALA SON OF YOSIA OJIAMBO SON OF FIRIPO OBAALA SON OF HALOGO OBWORA SON OF OBAALA SON OF SOMBI SON OF NGWENO LUNUNI SON OF LWANDE WESONGA.

NABURI
Information was not available about the children.

NAJABI SON OF ISAAC ODUBA SON OF JACOBO OMONDI SON OF LWANDE OBAALA SON OF YOSIA OJIAMBO SON OF FIRIPO OBAALA SON OF HALOGO OBWORA SON OF OBAALA SON OF SOMBI SON OF NGWENO LUNUNI SON OF LWANDE WESONGA.

NASONGA
Banga

BANGA SON OF NAJABI SON OF ISAAC ODUBA SON OF JACOBO OMONDI SON OF LWANDE OBAALA SON OF YOSIA OJIAMBO SON OF FIRIPO OBAALA SON OF HALOGO OBWORA SON OF OBAALA SON OF SOMBI SON OF NGWENO LUNUNI SON OF LWANDE WESONGA.

SOMBI SON OF ISAAC ODUBA SON OF JACOBO OMONDI SON OF LWANDE OBAALA SON OF YOSIA OJIAMBO SON OF FIRIPO OBAALA SON OF HALOGO OBWORA SON OF OBAALA SON OF SOMBI SON OF NGWENO LUNUNI SON OF LWANDE WESONGA.

CHAPTER ONE

BANGA SON OF NGWENO LUNUNI

                    NGWENO LUNUNI SON OF LWANDE WESONGA.

NASONGA II   Banga

                    BANGA SON OF NGWENO LUNUNI SON OF LWANDE WESONGA.

NAMAINDI   Ombole
                    Embaaya
                    Ngweno Dambakana
                    Odooli

ODWAKO   No information about her children were
                    not available.

                    ODOOLI SON OF BANGA SON OF NGWENO LUNUNI SON OF LWANDE WESONGA.

                    NGWENO DAMBAKANA SON OF BANGA SON OF NGWENO LUNUNI SON OF LWANDE WESONGA.

                    OMBOLE SON OF BANGA SON OF NGWENO LUNUNI SON OF LWANDE WESONGA.

                    Information about the wife and the children were available.

                    EMBAAYA SON OF BANGA SON OF NGWENO LUNUNI SON OF LWANDE WESONGA.

NAKWAKU   Mbasiro
                    Mulehe
                    Siongongo

                    SIONGONGO SON OF EMBAAYA SON OF BANGA SON OF NGWENO LUNUNI SON OF LWANDE WESONGA.

LWANDE WESONGA: A GENEALOGY

        MBASIRO SON OF EMBAAYA SON OF BANGA SON OF NGWENO LUNUNI SON OF LWANDE WESONGA.

        EMBAAYA SON OF BANGA

        MULEHE SON OF EMBAAYA SON OF BANGA SON OF NGWENO LUNUNI SON OF LWANDE WESONGA.

NALIALI

Akumu Natabona
Nerima Natabona
Guloba Natabona
Natabona
Muchanji Naggaga
Wandera Banana

AKUMU NATABONA DAUGHTER OF MULEHE SON OF EMBAAYA SON OF BANGA SON OF NGWENO LUNUNI SON OF LWANDE WESONGA.

NERIMA NATABONA DAUGHTER OF MULEHE SON OF EMBAAYA SON OF BANGA SON OF NGWENO LUNUNI SON OF LWANDE WESONGA.

GULOBA NATABONA DAUGHTER OF MULEHE SON OF EMBAAYA SON OF BANGA SON OF NGWENO LUNUNI SON OF LWANDE WESONGA.

NATABONA DAUGHTER OF MULEHE SON OF EMBAAYA SON OF BANGA SON OF NGWENO LUNUNI SON OF LWANDE WESONGA.

MUCHANJI NAGGAGA SON OF MULEHE SON OF EMBAAYA SON OF BANGA SON OF NGWENO LUNUNI SON OF LWANDE WESONGA.

WANDERA BANANA SON OF MULEHE SON OF EMBAAYA SON OF BANGA SON OF NGWENO LUNUNI SON OF LWANDE WESONGA.

NALALA

Stephen Mangeni

CHAPTER ONE

Bwire Naangaga

STEPHEN MANGENI SON OF **WANDERA BANANA** SON OF **MULEHE** SON OF **EMBAAYA** SON OF **BANGA** SON OF **NGWENO LUNUNI** SON OF **LWANDE WESONGA.**

BWIRE NAANGAGA SON OF **WANDERA BANANA** SON OF **MULEHE** SON OF **EMBAAYA** SON OF **BANGA** SON OF **NGWENO LUNUNI** SON OF **LWANDE WESONGA.**

STEPHEN MANGENI SON OF **WANDERA BANANA** SON OF **MULEHE** SON OF **EMBAAYA** SON OF **BANGA** SON OF **NGWENO LUNUNI** SON OF **LWANDE WESONGA.**

NAMUTENDE   Nangaga
Bwire
Masiga

NANGAGA SON OF STEPHEN MANGENI SON OF **WANDERA BANANA** SON OF **MULEHE** SON OF **EMBAAYA** SON OF **BANGA** SON OF **NGWENO LUNUNI** SON OF **LWANDE WESONGA.**

BWIRE SON OF STEPHEN MANGENI SON OF **WANDERA BANANA** SON OF **MULEHE** SON OF **EMBAAYA** SON OF **BANGA** SON OF **NGWENO LUNUNI** SON OF **LWANDE WESONGA.**

MASIGA SON OF STEPHEN MANGENI SON OF **WANDERA BANANA** SON OF **MULEHE** SON OF **EMBAAYA** SON OF **BANGA** SON OF **NGWENO LUNUNI** SON OF **LWANDE WESONGA.**

See Appendix Page 35

HAMIRIPO SON OF **NGWENO LUNUNI**

HAMIRIPO SON OF **NGWENO LUNUNI** SON OF **LWANDE WESONGA.**

LWANDE WESONGA: A GENEALOGY

NAMANGALE Lwande II
Namudde
Musebule
Ngweno Donga

NAMUDDE SON OF HAMIRIPO SON OF NGWENO LUNUNI SON OF LWANDE WESONGA.

MUSEBULE SON OF HAMIRIPO SON OF NGWENO LUNUNI SON OF LWANDE WESONGA.

NGWENO DONGA SON OF HAMIRIPO SON OF NGWENO LUNUNI SON OF LWANDE WESONGA.

LWANDE II SON OF HAMIRIPO

LWANDE II SON OF HAMIRIPO SON OF NGWENO LUNUNI SON OF LWANDE WESONGA.

? Opio
Agwanda

AGWANDA SON OF LWANDE II SON OF HAMIRIPO SON OF NGWENO LUNUNI SON OF LWANDE WESONGA.

OPIO SON OF LWANDE II SON OF HAMIRIPO SON OF NGWENO LUNUNI SON OF LWANDE WESONGA.

NABONGO Sembo Madara

SEMBO MADARA SON OF OPIO SON OF LWANDE II SON OF HAMIRIPO SON OF NGWENO LUNUNI SON OF LWANDE WESONGA.

NAMUDUMA Yowana Okuku
Dismasi Tanga
Baturumayo Nabongo

CHAPTER ONE

YOWANA OKUKU SON OF **SEMBO MADARA** SON OF OPIO SON OF LWANDE II SON OF HAMIRIPO SON OF NGWENO LUNUNI SON OF LWANDE WESONGA.

NAMAKANGALA I
NAMKANGALA II   Jacob Okumu
NADUKAKI   Odwori

ODWORI SON OF YOWANA OKUKU SON OF **SEMBO MADARA** SON OF OPIO SON OF LWANDE II SON OF HAMIRIPO SON OF NGWENO LUNUNI SON OF LWANDE WESONGA.

JACOB O OKUMU SON OF YOWANA OKUKU SON OF **SEMBO MADARA** SON OF OPIO SON OF LWANDE II SON OF HAMIRIPO SON OF NGWENO LUNUNI SON OF LWANDE WESONGA.

NANYIBURA   Sam – Masuko
Robert Dely
Lita Tanga

SAM – MASUKO SON OF JACOBO OKUMU SON OF YOWANA OKUKU SON OF **SEMBO MADARA** SON OF OPIO SON OF LWANDE II SON OF HAMIRIPO SON OF NGWENO LUNUNI SON OF LWANDE WESONGA.

ROBERT DELY SON OF JACOBO OKUMU SON OF YOWANA OKUKU SON OF **SEMBO MADARA** SON OF OPIO SON OF LWANDE II SON OF HAMIRIPO SON OF NGWENO LUNUNI SON OF LWANDE WESONGA.

LITA TANGA SON OF JACOBO OKUMU SON OF YOWANA OKUKU SON OF **SEMBO MADARA** SON OF OPIO SON OF LWANDE II SON OF HAMIRIPO SON OF NGWENO LUNUNI SON OF LWANDE WESONGA.

DISMASI TANGA SON OF **SEMBO MADARA** SON OF OPIO SON OF LWANDE II SON OF HAMIRIPO SON OF NGWENO LUNUNI SON

OF **LWANDE WESONGA.**

NAMULUMBA SON OF **SEMBO MADARA** SON OF **OPIO** SON OF **LWANDE II** SON OF **HAMIRIPO** SON OF **NGWENO LUNUNI** SON OF **LWANDE WESONGA.**

BATULUMAYO NABONGO SON OF **SEMBO MADARA** SON OF **OPIO** SON OF **LWANDE II** SON OF **HAMIRIPO** SON OF **NGWENO LUNUNI** SON OF **LWANDE WESONGA.**

NACHONGA	Oguttu
	Joseph (Namude)
NALWENGE	Onyango
	Monday

OGUTTU SON OF BATULUMAYO NABONGO SON OF **SEMBO MADARA** SON OF **OPIO** SON OF **LWANDE II** SON OF **HAMIRIPO** SON OF **NGWENO LUNUNI** SON OF **LWANDE WESONGA.**

JOSEPH (NAMUDE) SON OF BATULUMAYO NABONGO SON OF **SEMBO MADARA** SON OF **OPIO** SON OF **LWANDE II** SON OF **HAMIRIPO** SON OF **NGWENO LUNUNI** SON OF **LWANDE WESONGA.**

ONYANGO SON OF BATULUMAYO NABONGO SON OF **SEMBO MADARA** SON OF **OPIO** SON OF **LWANDE II** SON OF **HAMIRIPO** SON OF **NGWENO LUNUNI** SON OF **LWANDE WESONGA.**

MONDAY SON OF BATULUMAYO NABONGO SON OF **SEMBO MADARA** SON OF **OPIO** SON OF **LWANDE II** SON OF **HAMIRIPO** SON OF **NGWENO LUNUNI** SON OF **LWANDE WESONGA.**

NAMUDDE SON OF **HAMIRIPO**

NAMUDDE SON OF **HAMIRIPO** SON OF **NGWENO LUNUNI** SON OF **LWANDE WESONGA.**

CHAPTER ONE

NABONGO Sikala Agula

SIKALA AGULA SON OF **NAMUDDE** SON OF **HAMIRIPO** SON OF **NGWENO LUNUNI** SON OF **LWANDE WESONGA.**

NALIALI Odongo Sihawa
Were
NAMULUNDU Sikala Oyoda

SIKALA OYODA SON OF **SIKALA AGULA** SON OF **NAMUDE** SON OF **HAMIRIPO** SON OF **NGWENO LUNUNI** SON OF **LWANDE WESONGA.**

Inyasi Were

WERE SON OF **SIKALA AGULA** SON OF **NAMUDDE** SON OF **HAMIRIPO** SON OF **NGWENO LUNUNI** SON OF **LWANDE WESONGA.**

ODONGO SIHAWA SON OF **SIKALA AGULA** SON OF **NAMUDDE** SON OF **HAMIRIPO** SON OF **NGWENO LUNUNI** SON OF **LWANDE WESONGA.**

NANYANGA Wycliffe Namudde

See Appendix Page 36

Opada
NAJABI David Ouma

WYCLIFF NAMUDDE SON OF **ODONGO SIHAWA** SON OF **SIKALA AGULA** SON OF **NAMUDDE** SON OF **HAMIRIPO** SON OF **NGWENO LUNUNI** SON OF **LWANDE WESONGA.**

OPADA SON OF **ODONGO SIHAWA** SON OF SIKALA AGULA SON OF **NAMUDDE** SON OF **HAMIRIPO** SON OF **NGWENO LUNUNI** SON OF **LWANDE WESONGA.**

LWANDE WESONGA: A GENEALOGY

DAVID OUMA SON OF ODONGO SIHAWA SON OF SIKALA AGULA SON OF NAMUDDE SON OF HAMIRIPO SON OF NGWENO LUNUNI SON OF LWANDE WESONGA.

INYASI WERE SON OF SIKALA OYODA SON OF SIKALA AGULA SON OF NAMUDE SON OF HAMIRIPO SON OF NGWENO LUNUNI SON OF LWANDE WESONGA.

NAMUSIHO   Atanasi Sikala

ATANASI SIKALA SON OF INYASI WERE SON OF SIKALA OYODA SON OF SIKALA AGULA SON OF NAMUDE SON OF HAMIRIPO SON OF NGWENO LUNUNI SON OF LWANDE WESONGA.

NASUBO   Wandera
Ojiambo
Makoha Nyasi
Nyasanga
Bwire
Nyasi

OJIAMBO SON OF ATANASI SIKALA SON OF INYASI WERE SON OF SIKALA OYODA SON OF SIKALA AGULA SON OF NAMUDE SON OF HAMIRIPO SON OF NGWENO LUNUNI SON OF LWANDE WESONGA.

MAKOHA NYASI SON OF ATANASI SIKALA SON OF INYASI WERE SON OF SIKALA OYODA SON OF SIKALA AGULA SON OF NAMUDE SON OF HAMIRIPO SON OF NGWENO LUNUNI SON OF LWANDE WESONGA.

NYASANGA SON OF ATANASI SIKALA SON OF INYASI WERE SON OF SIKALA OYODA SON OF SIKALA AGULA SON OF NAMUDE SON OF HAMIRIPO SON OF NGWENO LUNUNI OFSON LWANDE WESONGA.

BWIRE SON OF ATANASI SIKALA SON OF INYASI WERE SON OF SIKALA OYODA SON OF SIKALA AGULA SON OF NAMUDE SON OF HAMIRIPO SON OF NGWENO LUNUNI SON OF LWANDE WESONGA.

CHAPTER ONE

NYASI SON OF ATANASI SIKALA SON OF INYASI WERE SON OF **SIKALA OYODA** SON OF **SIKALA AGULA** SON OF **NAMUDE** SON OF **HAMIRIPO** SON OF **NGWENO LUNUNI** SON OF **LWANDE WESONGA.**

WANDERA SON OF ATANASI SIKALA SON OF INYASI WERE SON OF **SIKALA OYODA** SON OF **SIKALA AGULA** SON OF **NAMUDDE** SON OF **HAMIRIPO** SON OF **NGWENO LUNUNI** SON OF **LWANDE WESONGA.**

NAMWALIRA	Fredrick Bwire
	Atanasi Ojiambo
NASIHUNE	Tanasi Makoha
NAHULO	

FREDRICK BWIRE SON OF WANDERA SON OF ATANASI SIKALA SON OF INYASI WERE SON OF **SIKALA OYODO** SON OF **SIKALA AGULA** SON OF **NAMUDDE** SON OF **HAMIRIPO** SON OF **NGWENO LUNUNI** SON OF **LWANDE WESONGA.**

ATANASI OJIAMBO SON OF WANDERA SON OF ATANASI SIKALA SON OF INYASI WERE SON OF **SIKALA OYODO** SON OF **SIKALA AGULA** SON OF **NAMUDDE** SON OF **HAMIRIPO** SON OF **NGWENO LUNUNI** SON OF **LWANDE WESONGA.**

TANASI MAKOHA SON OF WANDERA SON OF ATANASI SIKALA SON OF INYASI WERE SON OF **SIKAL**A **OYODO** SON OF **SIKALA AGULA** SON OF **NAMUDDE** SON OF **HAMIRIPO** SON OF **NGWENO LUNUNI** SON OF **LWANDE WESONGA.**

WERE SON OF **SIKALA AGULA** SON OF **NAMUDDE** SON OF **HAMIRIPO** SON OF **NGWENO LUNUNI** SON OF **LWANDE WESONGA.**

NAMULUNDU	Otengo
	Were yakerama[25] Namulundu who gave birth to Otengo.

---

25 Were married Namulundu a relative's wife after the relative's death in a special ceremony according to the customs and traditions.

LWANDE WESONGA: A GENEALOGY

                      OTENGO SON OF WERE SON OF SIKALA AGULA SON OF NAMUDDE SON OF HAMIRIPO SON OF NGWENO LUNUNI SON OF LWANDE WESONGA.

NANYINEKI   Wilbirondo Okumu

                      WILBIRONDO OKUMU SON OF OTENGO SON OF WERE SON OF SIKALA AGULA SON OF NAMUDDE SON OF HAMIRIPO SON OF NGWENO LUNUNI SON OF LWANDE WESONGA.

NAJABI   Onyango
                      Wafula (Yafwa)
                      Ojiambo
                      Wandera
                      Barasa

NAMUTAMBA Wanyama
                      Sanya
                      Mugeni
                      Barasa

                      WAFULA SON OF WILBIRONDO OKUMU SON OF OTENGO SON OF WERE SON OF SIKALA AGULA SON OF NAMUDDE SON OF HAMIRIPO SON OF NGWENO LUNUNI SON OF LWANDE WESONGA.

                      WANDERA SON OF WILBIRONDO OKUMU SON OF OTENGO SON OF WERE SON OF SIKALA AGULA SON OF NAMUDDE SON OF HAMIRIPO SON OF NGWENO LUNUNI SON OF LWANDE WESONGA.

                      BARASA SON OF WILBIRONDO OKUMU SON OF OTENGO SON OF WERE SON OF SIKALA AGULA SON OF NAMUDDE SON OF HAMIRIPO SON OF NGWENO LUNUNI SON OF LWANDE WESONGA.

                      WANYAMA SON OF WILBIRONDO OKUMU SON OF OTENGO SON OF WERE SON OF SIKALA AGULA SON OF NAMUDDE SON

CHAPTER ONE

OF HAMIRIPO SON OF NGWENO LUNUNI SON OF LWANDE WESONGA.

SANYA SON OF WILBIRONDO OKUMU SON OF OTENGO SON OF WERE SON OF SIKALA AGULA SON OF NAMUDDE SON OF HAMIRIPO SON OF NGWENO LUNUNI SON OF LWANDE WESONGA.

MUGENI SON OF WILBIRONDO OKUMU SON OF OTENGO SON OF WERE SON OF SIKALA AGULA SON OF NAMUDDE SON OF HAMIRIPO SON OF NGWENO LUNUNI SON OF LWANDE WESONGA.

BARASA SON OF WILBIRONDO OKUMU SON OF OTENGO SON OF WERE SON OF SIKALA AGULA SON OF NAMUDDE SON OF HAMIRIPO SON OF NGWENO LUNUNI SON OF LWANDE WESONGA.

ONYANGO SON OF WILBIRONDO OKUMU SON OF OTENGO SON OF WERE SON OF SIKALA AGULA SON OF NAMUDDE SON OF HAMIRIPO SON OF NGWENO LUNUNI SON OF LWANDE WESONGA.

NAMUDEPI   Wandera

WANDERA SON OF ONYANGO SON OF WILBIRONDO OKUMU SON OF OTENGO SON OF WERE SON OF SIKALA AGULA SON OF NAMUDDE SON OF HAMIRIPO SON OF NGWENO LUNUNI SON OF LWANDE WESONGA.

OJIAMBO SON OF WILBIRONDO OKUMU SON OF OTENGO SON OF WERE SON OF SIKALA AGULA SON OF NAMUDDE SON OF HAMIRIPO SON OF NGWENO LUNUNI SON OF LWANDE WESONGA.

NAMUDDE   Bernard Mugeni
                         Dennis Oguttu

LWANDE WESONGA: A GENEALOGY

NAMUMALI
Godfrey Bwire
Barasa Wilbirondo Okumu

BERNARD MUGENI SON OF OJIAMBO SON OF WILBIRONDO OKUMU SON OF OTENGO SON OF **WERE** SON OF **SIKALA AGULA** SON OF **NAMUDDE** SON OF **HAMIRIPO** SON OF **NGWENO LUNUNI** SON OF **LWANDE WESONGA.**

DENNIS OGUTTU SON OF OJIAMBO SON OF WILBIRONDO OKUMU SON OF OTENGO SON OF **WERE** SON OF **SIKALA AGULA** SON OF **NAMUDDE** SON OF **HAMIRIPO** SON OF **NGWENO LUNUNI** SON OF **LWANDE WESONGA.**

GODFREY BWIRE SON OF OJIAMBO SON OF WILBIRONDO OKUMU SON OF OTENGO SON OF **WERE** SON OF **SIKALA AGULA** SON OF **NAMUDDE** SON OF **HAMIRIPO** SON OF **NGWENO LUNUNI** SON OF **LWANDE WESONGA.**

See Appendix Page 37

ONGOLI SON OF **ODONGO SIHAWA** SON OF **SIKALA AGULA** SON OF **NAMUDDE** SON OF **HAMIRIPO** SON OF **NGWENO LUNUNI** SON OF **LWANDE WESONGA.**

NAHERE
Wanyama
Odongo
Odwori
Okochi

ODWORI SON OF ONGOLI SON OF **ODONGO SIHAWA** SON OF **SIKALA AGULA** SON OF **NAMUDDE** SON OF **HAMIRIPO** SON OF **NGWENO LUNUNI** SON OF **LWANDE WESONGA.**

OKOCHI SON OF ONGOLI SON OF **ODONGO SIHAWA** SON OF **SIKALA AGULA** SON OF **NAMUDDE** SON OF **HAMIRIPO** SON OF **NGWENO LUNUNI** SON OF **LWANDE WESONGA.**

CHAPTER ONE

WANYAMA SON OF ONGOLI SON OF **ODONGO SIHAWA** SON OF **SIKALA AGULA** SON OF **NAMUDDE** SON OF **HAMIRIPO** SON OF **NGWENO LUNUNI** SON OF **LWANDE WESONGA**.

NAHABI   Barasa
               Ouma
               Bwire

BARASA SON OF WANYAMA SON OF ONGOLI SON OF **ODONGO SIHAWA** SON OF **SIKALA AGULA** SON OF **NAMUDDE** SON OF **HAMIRIPO** SON OF **NGWENO LUNUNI** SON OF **LWANDE WESONGA**.

OUMA SON OF WANYAMA SON OF ONGOLI SON OF **ODONGO SIHAWA** SON OF **SIKALA AGULA** SON OF **NAMUDDE** SON OF **HAMIRIPO** SON OF **NGWENO LUNUNI** SON OF **LWANDE WESONGA**.

BWIRE SON OF WANYAMA SON OF ONGOLI SON OF **ODONGO SIHAWA** SON OF **SIKALA AGULA** SON OF **NAMUDDE** SON OF **HAMIRIPO** SON OF **NGWENO LUNUNI** SON OF **LWANDE WESONGA**.

ODONGO SON ONGOLI SON OF **ODONGO SIHAWA** SON OF **SIKALA AGULA** SON OF **NAMUDDE** SON OF **HAMIRIPO** SON OF **NGWENO LUNUNI** SON OF **LWANDE WESONGA**.

NAHONE   Okumu
               Ojiambo
               Gusino Mangeni (Passed away)
NAMAINDI   Egessa
               Orida Bubolu
NAHOBA   Bukalu
               Sibiya
               Lumboti

OKUMU SON OF ODONGO SON OF ONGOLI SON OF **ODONGO**

LWANDE WESONGA: A GENEALOGY

SIHAWA SON OF **SIKALA AGULA** SON OF **NAMUDDE** SON OF **HAMIRIPO** SON OF **NGWENO LUNUNI** SON OF **LWANDE WESONGA.**

OJIAMBO SON OF ONGOLI SON OF **ODONGO SIHAWA** SON OF **SIKALA AGULA** SON OF **NAMUDDE** SON OF **HAMIRIPO** SON OF **NGWENO LUNUNI** SON OF **LWANDE WESONGA.**

GUSINO MANGENI SON OF ONGOLI SON OF **ODONGO SIHAWA** SON OF **SIKALA AGULA** SON OF **NAMUDDE** SON OF **HAMIRIPO** SON OF **NGWENO LUNUNI** SON OF **LWANDE WESONGA.**

EGESSA SON OF ONGOLI SON OF **ODONGO SIHAWA** SON OF **SIKALA AGULA** SON OF **NAMUDDE** SON OF **HAMIRIPO** SON OF **NGWENO LUNUNI** SON OF **LWANDE WESONGA.**

ORIDA BUBOLU SON OF ONGOLI SON OF ODONGO SIHAWA SON OF **SIKALA AGULA** SON OF **NAMUDDE** SON OF **HAMIRIPO** SON OF **NGWENO LUNUNI** SON OF **LWANDE WESONGA.**

BUKALU SON OF ONGOLI SON OF **ODONGO SIHAWA** SON OF **SIKALA AGULA** SON OF **NAMUDDE** SON OF **HAMIRIPO** SON OF **NGWENO LUNUNI** SON OF **LWANDE WESONGA.**

SIBIYA SON OF ONGOLI SON OF **ODONGO SIHAWA** SON OF **SIKALA AGULA** SON OF **NAMUDDE** SON OF **HAMIRIPO** SON OF **NGWENO LUNUNI** SON OF **LWANDE WESONGA.**

LUMBOTI SON OF ONGOLI SON OF **ODONGO SIHAWA** SON OF **SIKALA AGULA** SON OF **NAMUDDE** SON OF **HAMIRIPO** SON OF **NGWENO LUNUNI** SON OF **LWANDE WESONGA.**

ODWORI ONGOLI SON OF NANGWANGA (Not clear about who the father of NANGWANGA was).

Appendix page 37

CHAPTER ONE

OKOCHI SON OF ONGOLI SON OF ODONGO SIHAWA SON OF SIKALA AGULA SON OF NAMUDDE SON OF HAMIRIPO SON OF NGWENO LUNUNI SON OF LWANDE WESONGA.

WERE SON OF SIKALA (ADISI) SON OF WERE SON OF SIKALA AGULA SON OF NAMUDDE SON OF HAMIRIPO SON OF NGWENO LUNUNI SON OF LWANDE WESONGA.

SIKALA OYODA SON OF SIKALA AGULA SON OF NAMUDDE SON OF HAMIRIPO SON OF NGWENO LUNUNI SON OF LWANDE WESONGA.

SIKALA ADISI SON OF WERE SON OF SIKALA AGULA SON OF NAMUDDE SON OF HAMIRIPO SON OF NGWENO LUNUNI SON OF LWANDE WESONGA.

NAMUDIBA SON OF ATIKO SIKALA (ADISI) SON OF WERE SON OF SIKALA AGULA SON OF NAMUDDE SON OF HAMIRIPO SON OF NGWENO LUNUNI SON OF LWANDE WESONGA.

ATIKO SIKALA (ADISI) SON OF WERE SON OF SIKALA AGULA SON OF NAMUDDE SON OF HAMIRIPO SON OF NGWENO LUNUNI SON OF LWANDE WESONGA.

NACHAKI	Oguttu
	Mangeni
	Wandera
	Juma
NAHONE	Opada (Okumu)
	David Ouma
	Wanyama
	Barasa Oundo
	Oguttu Atiko
NAHAMENGE	Bwire
	Ouma
	Opio
	Mangeni

LWANDE WESONGA: A GENEALOGY

NABAHOLO   Richard Ojiambo
                     Charles
                     James Wandera
NABAHOLO II   Lazalo
                     Okhasa
                     Isaac Barasa

OGUTTU SON OF ATIKO SIKALA (ADISI) SON OF WERE SON OF SIKALA AGULA SON OF NAMUDDE SON OF HAMIRIPO SON OF NGWENO LUNUNI SON OF LWANDE WESONGA.

MANGENI SON OF ATIKO SIKALA (ADISI) SON OF WERE SON OF SIKALA AGULA SON OF NAMUDDE SON OF HAMIRIPO SON OF NGWENO LUNUNI SON OF LWANDE WESONGA.

JUMA SON OF ATIKO SIKALA (ADISI) SON OF WERE SON OF SIKALA AGULA SON OF NAMUDDE SON OF HAMIRIPO SON OF NGWENO LUNUNI SON OF LWANDE WESONGA.

WANDERA SON OF ATIKO SIKALA (ADISI) SON OF WERE SON OF SIKALA AGULA SON OF NAMUDDE SON OF HAMIRIPO SON OF NGWENO LUNUNI SON OF LWANDE WESONGA.

OPADA (OKUMU) SON OF ATIKO SIKALA (ADISI) SON OF WERE SON OF SIKALA AGULA SON OF NAMUDDE SON OF HAMIRIPO SON OF NGWENO LUNUNI SON OF LWANDE WESONGA.

DAVID OUMA SON OF ATIKO SIKALA (ADISI) SON OF WERE SON OF SIKALA AGULA SON OF NAMUDDE SON OF HAMIRIPO SON OF NGWENO LUNUNI SON OF LWANDE WESONGA.

WANYAMA SON OF ATIKO SIKALA (ADISI) SON OF WERE SON OF SIKALA AGULA SON OF NAMUDDE SON OF HAMIRIPO SON OF NGWENO LUNUNI SON OF LWANDE WESONGA.

BARASA OUNDO SON OF ATIKO SIKALA (ADISI) SON OF WERE SON OF SIKALA AGULA SON OF NAMUDDE SON OF HAMIRIPO

CHAPTER ONE

SON OF NGWENO LUNUNI SON OF LWANDE WESONGA.

OGUTTU ATIKO SON OF ATIKO SIKALA (ADISI) SON OF WERE SON OF SIKALA AGULA SON OF NAMUDDE SON OF HAMIRIPO SON OF NGWENO LUNUNI SON OF LWANDE WESONGA.

BWIRE SON OF ATIKO SIKALA (ADISI) SON OF WERE SON OF SIKALA AGULA SON OF NAMUDDE SON OF HAMIRIPO SON OF NGWENO LUNUNI SON OF LWANDE WESONGA.

OUMA SON OF ATIKO SIKALA (ADISI) SON OF WERE SON OF SIKALA AGULA SON OF NAMUDDE SON OF HAMIRIPO SON OF NGWENO LUNUNI SON OF LWANDE WESONGA.

OPIO SON OF ATIKO SIKALA (ADISI) SON OF WERE SON OF SIKALA AGULA SON OF NAMUDDE SON OF HAMIRIPO SON OF NGWENO LUNUNI SON OF LWANDE WESONGA.

MANGENI SON OF ATIKO SIKALA (ADISI) SON OF WERE SON OF SIKALA AGULA SON OF NAMUDDE SON OF HAMIRIPO SON OF NGWENO LUNUNI SON OF LWANDE WESONGA.

RICHARD OJIAMBO SON OF ATIKO SIKALA (ADISI) SON OF WERE SON OF SIKALA AGULA SON OF NAMUDDE SON OF HAMIRIPO SON OF NGWENO LUNUNI SON OF LWANDE WESONGA.

CHARLES SON OF ATIKO SIKALA (ADISI) SON OF WERE SON OF SIKALA AGULA SON OF NAMUDDE SON OF HAMIRIPO SON OF NGWENO LUNUNI SON OF LWANDE WESONGA.

JAMES WANDERA SON OF ATIKO SIKALA (ADISI) SON OF WERE SON OF SIKALA AGULA SON OF NAMUDDE SON OF HAMIRIPO SON OF NGWENO LUNUNI SON OF LWANDE WESONGA.

LAZALO SON OF ATIKO SIKALA (ADISI) SON OF WERE SON OF SIKALA AGULA SON OF NAMUDDE SON OF HAMIRIPO SON OF NGWENO LUNUNI SON OF LWANDE WESONGA.

OKHASA SON OF ATIKO SIKALA (ADISI) SON OF WERE SON OF SIKALA AGULA SON OF NAMUDDE SON OF HAMIRIPO SON OF NGWENO LUNUNI SON OF LWANDE WESONGA.

ISAAC BARASA SON OF ATIKO SIKALA (ADISI) SON OF WERE SON OF SIKALA AGULA SON OF NAMUDDE SON OF HAMIRIPO SON OF NGWENO LUNUNI SON OF LWANDE WESONGA.

See Appendix Page 38

WANYAMA SON OF OKUMU SON OF ODONGO SON OF ONGOLI SON OF ODONGO SIHAWA SON OF SIKALA AGULA SON OF NAMUDDE SON OF HAMIRIPO SON OF NGWENO LUNUNI SON OF LWANDE WESONGA.

NAPUNYI Charles Ochieno

CHARLES OCHIENO SON OF WANYAMA SON OF OKUMU SON OF ODONGO SON OF ONGOLI SON OF ODONGO SIHAWA SON OF SIKALA AGULA SON OF NAMUDDE SON OF HAMIRIPO SON OF NGWENO LUNUNI SON OF LWANDE WESONGA.

MUSEMBULE SON OF HAMIRIPO

MUSEMBULE SON OF HAMIRIPO SON OF NGWENO LUNUNI SON OF LWANDE WESONGA.

NAMUKOBE Ngweno Nabulayi

NGWENO NABULAYI SON OF MUSEMBULE SON OF HAMIRIPO SON OF NGWENO LUNUNI SON OF LWANDE WESONGA.

NALALA Walungoli
Olunjalu
Onyuni

WALUNGOLI SON OF NGWENO NABULAYI SON OF MUSEMBULE

CHAPTER ONE

SON OF **HAMIRIPO** SON OF **NGWENO LUNUNI** SON OF **LWANDE WESONGA**.

NATIKOKO   Eria Omwene

ERIA OMWENE SON OF **WALUNGOLI** SON OF **NGWENO NABULAYI** SON OF **MUSEMBULE** SON OF **HAMIRIPO** SON OF **NGWENO LUNUNI** SON OF **LWANDE WESONGA**.

NAJABI   Stanley Asumanga

STANELY ASUMANGA SON OF ERIA OMWENE SON OF **WALUNGOLI** SON OF **NGWENO NABULAYI** SON OF **MUSEMBULE** SON OF **HAMIRIPO** SON OF **NGWENO LUNUNI** SON OF **LWANDE WESONGA**.

NAYIYE   Richard Ojiambo
            Yovani Mangeni

YOVANI MANGENI SON OF STANELY ASUMANGA SON OF ERIA OMWENE SON OF **WALUNGOLI** SON OF **NGWENO NABULAYI** SON OF **MUSEMBULE** SON OF **HAMIRIPO** SON OF **NGWENO LUNUNI** SON OF **LWANDE WESONGA**.

RICHARD OJIAMBO SON OF STANELY ASUMANGA SON OF ERIA OMWENE SON OF **WALUNGOLI** SON OF **NGWENO NABULAYI** SON OF **MUSEMBULE** SON OF **HAMIRIPO** SON OF **NGWENO LUNUNI** SON OF **LWANDE WESONGA**.

ONYUNI SON OF **NGWENO NABULAYI** SON OF **MUSEMBULE** SON OF **HAMIRIPO** SON OF **NGWENO LUNUNI** SON OF **LWANDE WESONGA**.

NALALA   Paulo Ngweno
            Seperia Nyegenye (Abbanga)

PAUL NGWENO SON OF **ONYUNI** SON OF **NGWENO NABULAYI**

LWANDE WESONGA: A GENEALOGY

SON OF **MUSEMBULE** SON OF **HAMIRIPO** SON OF **NGWENO LUNUNI** SON OF **LWANDE WESONGA**.

NAHONE	Eriazali Ouma
	James Musumba
NASIENYA	Mangeni
	Wafula
	Wanyama

ERIAZALI OUMA SON OF PAULO NGWENO SON OF **ONYUNI** SON OF **NGWENO NABULAYI** SON OF **MUSEMBULE** SON OF **HAMIRIPO** SON OF **NGWENO LUNUNI** SON OF **LWANDE WESONGA**.

NAMUDUMA	No information about the children were available
NAMULANDA	No more information.

JAMES MUSUMBA SON OF PAULO NGWENO SON OF **ONYUNI** SON OF **NGWENO NABULAYI** SON OF **MUSEMBULE** SON OF **HAMIRIPO** SON OF **NGWENO LUNUNI** SON OF **LWANDE WESONGA**.

NAMULOBA	Wandera
	Jason
	Matinda
NAHULO	Sanya
NASAKAMU	Sanya
	James Musumba

MANGENI SON OF PAULO NGWENO SON OF **ONYUNI** SON OF **NGWENO NABULAYI** SON OF **MUSEMBULE** SON OF **HAMIRIPO** SON OF **NGWENO LUNUNI** SON OF **LWANDE WESONGA**.

NABONWE	Patrick Egessa

PATRICK EGESSA SON OF MANGENI SON OF PAULO NGWENO

CHAPTER ONE

SON OF **ONYUNI** SON OF NGWENO NABULAYI SON OF MUSEMBULE SON OF HAMIRIPO SON OF NGWENO LUNUNI SON OF LWANDE WESONGA.

NANYIRIMI
NASUBO   Vincent Wandera

VINCENT WANDERA SON OF PATRICK EGESSA SON OF MANGENI SON OF PAUL NGWENO SON OF **ONYUNI** SON OF NGWENO NABULAYI SON OF MUSEMBULE SON OF HAMIRIPO SON OF NGWENO LUNUNI SON OF LWANDE WESONGA.

See Appendix Page 39

DISAN WAFULA SON OF PAULO NGWENO SON OF **ONYUNI** SON OF NGWENO NABULAYI SON OF MUSEMBULE SON OF HAMIRIPO SON OF NGWENO LUNUNI SON OF LWANDE WESONGA.

NALIALI   No information was available about the children.

ERINEYO WANYAMA SON OF PAULO NGWENO SON OF **ONYUNI** SON OF NGWENO NABULAYI SON OF MUSEMBULE SON OF HAMIRIPO SON OF NGWENO LUNUNI SON OF LWANDE WESONGA.

NAYIYE   Juma
                    Wafula

SEPERIA NYEGENYE ABBANGA SON OF **ONYUNI** SON OF NGWENO NABULAYI SON OF MUSEMBULE SON OF HAMIRIPO SON OF NGWENO LUNUNI SON OF LWANDE WESONGA.

NAMUHOOKOSI   Wilfred Ochieno
NAMANGALE   Walter Onyango

WALTER ONYANGO SON OF SEPERIA NYEGENYE (ABBANGA) SON

LWANDE WESONGA: A GENEALOGY

OF **ONYUNI** SON OF **NGWENO NABULAYI** SON OF **MUSEMBULE** SON OF **HAMIRIPO** SON OF **NGWENO LUNUNI** SON OF **LWANDE WESONGA**.

WILFRED OCHIENO SON OF SEPERIA NYEGENYE (ABBANGA) SON OF **ONYUNI** SON OF **NGWENO NABULAYI** SON OF **MUSEMBULE** SON OF **HAMIRIPO** SON OF **NGWENO LUNUNI** SON OF **LWANDE WESONGA**.

NASIRWA   Stephen

STEPHEN SON OF WILFRED OCHIENO SON OF SEPERIA NYEGENYE (ABBANGA) SON OF **ONYUNI** SON OF **NGWENO NABULAYI** SON OF **MUSEMBULE** SON OF **HAMIRIPO** SON OF **NGWENO LUNUNI** SON OF **LWANDE WESONGA**.

See Appendix 39

NGWENO DONGA SON OF **HAMIRIPO**

NGWENO DONGA SON OF **HAMIRIPO** SON OF **NGWENO LUNUNI** SON OF **LWANDE WESONGA**.

OJWANGI SON OF **NGWENO DONGA** SON OF **HAMIRIPO** SON OF **NGWENO LUNUNI** SON OF **LWANDE WESONGA**.

ADETI   Balongo
NEHOBA   Onyigi
                     Ojanji
                     Ngweno B.

ONYIGI SON OF **OJWANGI** SON OF **NGWENO DONGA** SON OF **HAMIRIPO** SON OF **NGWENO LUNUNI** SON OF **LWANDE WESONGA**.

OJANJI SON OF **OJWANGI** SON OF **NGWENO DONGA** SON OF **HAMIRIPO** SON OF **NGWENO LUNUNI** SON OF **LWANDE WESONGA**.

CHAPTER ONE

NGWENO B. SON OF OJWANGI SON OF NGWENO DONGA SON OF HAMIRIPO SON OF NGWENO LUNUNI SON OF LWANDE WESONGA.

BALONGO SON OF OJWANGI SON OF NGWENO DONGA SON OF HAMIRIPO SON OF NGWENO LUNUNI SON OF LWANDE WESONGA.

NACHAKI	Wandera Balongo
	Patrick Bbala
	Obbamba Balongo
NAHABI	Firikis Orembo
	Adeti
	Ouma Balongo

ADETI SON OF BALONGO SON OF OJWANGI SON OF NGWENO DONGA SON OF HAMIRIPO SON OF NGWENO LUNUNI SON OF LWANDE WESONGA.

WANDERA BALONGO SON OF BALONGO SON OF OJWANGI SON OF NGWENO DONGA SON OF HAMIRIPO SON OF NGWENO LUNUNI SON OF LWANDE WESONGA.

NABONWE	Makoha Lungasa
NAMWINI	John Bwire
	Mangeni Wandera

MANGENI WANDERA SON OF WANDERA BALONGO SON OF BALONGO SON OF OJWANGI SON OF NGWENO DONGA SON OF HAMIRIPO SON OF NGWENO LUNUNI SON OF LWANDE WESONGA.

JOHN BWIRE SON OF WANDERA BALONGO SON OF BALONGO SON OF OJWANGI SON OF NGWENO DONGA SON OF HAMIRIPO SON OF NGWENO LUNUNI SON OF LWANDE WESONGA.

MAKOHA LUNGASA SON OF WANDERA BALONGO SON OF

LWANDE WESONGA: A GENEALOGY

BALONGO SON OF OJWANGI SON OF NGWENO DONGA SON OF HAMIRIPO SON OF NGWENO LUNUNI SON OF LWANDE WESONGA.

NANYNGA
NAMUDDE   Bwire Wandera

BWIRE WANDERA SON OF MAKOHA LUNGASA SON OF WANDERA BALONGO SON OF BALONGO SON OF OJWANGI SON OF NGWENO DONGA SON OF HAMIRIPO SON OF NGWENO LUNUNI SON OF LWANDE WESONGA.

PATRICK BBALA SON OF BALONGO SON OF OJWANGI SON OF NGWENO DONGA SON OF HAMIRIPO SON OF NGWENO LUNUNI SON OF LWANDE WESONGA.

NABONWE   John Okanya
NAKIROYA   Patrick Pamba
NAMUKOBE   Ouma
                  Godfrey
                  Ojwangi
                  Albert Ojiambo
                  Anthony Wandera

PATRICK PAMBA SON OF PATRICK BBALA BALONGO SON OF BALONGO SON OF OJWANGI SON OF NGWENO DONGA SON OF HAMIRIPO SON OF NGWENO LUNUNI SON OF LWANDE WESONGA.

OUMA SON OF PATRICK BBALA BALONGO SON OF BALONGO SON OF OJWANGI SON OF NGWENO DONGA SON OF HAMIRIPO SON OF NGWENO LUNUNI SON OF LWANDE WESONGA.

GODFREY SON OF PATRICK BBALA BALONGO SON OF BALONGO SON OF OJWANGI SON OF NGWENO DONGA SON OF HAMIRIPO SON OF NGWENO LUNUNI SON OF LWANDE WESONGA.

CHAPTER ONE

OJWANGI SON OF PATRICK BBALA BALONGO SON OF BALONGO SON OF OJWANGI SON OF NGWENO DONGA SON OF HAMIRIPO SON OF NGWENO LUNUNI SON OF LWANDE WESONGA.

ALBERT OJIAMBO SON OF PATRICK BBALA BALONGO SON OF BALONGO SON OF OJWANGI SON OF NGWENO DONGA SON OF HAMIRIPO SON OF NGWENO LUNUNI SON OF LWANDE WESONGA.

ANTHONY WANDERA SON OF PATRICK BBALA BALONGO SON OF BALONGO SON OF OJWANGI SON OF NGWENO DONGA SON OF HAMIRIPO SON OF NGWENO LUNUNI SON OF LWANDE WESONGA.

OBETE SON OF ONYIGI SON OF OJWANGI SON OF NGWENO DONGA SON OF HAMIRIPO SON OF NGWENO LUNUNI SON OF LWANDE WESONGA.

NAMIRIPO	John Wandera
Alex Mangeni

JOHN WANDERA SON OF OBETE SON OF ONYIGI SON OF OJWANGI SON OF NGWENO DONGA SON OF HAMIRIPO SON NGWENO LUNUNI SON OF LWANDE WESONGA.

ALEX MANGENI SON OF OBETE SON OF ONYIGI SON OF OJWANGI SON OF NGWENO DONGA SON OF HAMIRIPO SON NGWENO LUNUNI SON OF LWANDE WESONGA.

MARIKO MAKANDA SON OF YOWANA OJWANGI SON OF OJWANGI SON OF NGWENO DONGA SON OF HAMIRIPO SON OF NGWENO LUNUNI SON OF LWANDE WESONGA.

NABAYO	Barasa (Abuhere)

BARASA ABUHERE SON OF MARIKO MAKANDA SON OF YOWANA OJWANGI SON OF OJWANGI SON OF NGWENO DONGA SON

LWANDE WESONGA: A GENEALOGY

	OF HAMIRIPO SON OF NGWENO LUNUNI SON OF LWANDE WESONGA.
NAKUHU	David Juma
NAMULEMBO	Idi Barasa
	Nyongesa Barasa

WANJALA SON OF ONYIGI SON OF OJWANGI SON OF NGWENO DONGA SON OF HAMIRIPO SON OF NGWENO LUNUNI SON OF LWANDE WESONGA.

NAMANYI	Bodi
	Abangi
	Maloba
	Onyango
NATIKOKO	Ojiambo

OJIAMBO SON OF WANJALA SON OF ONYIGI SON OF OJWANGI SON OF NGWENO DONGA SON OF HAMIRIPO SON OF NGWENO LUNUNI SON OF LWANDE WESONGA.

BODI SON OF WANJALA SON OF ONYIGI SON OF OJWANGI SON OF NGWENO DONGA SON OF HAMIRIPO SON OF NGWENO LUNUNI SON OF LWANDE WESONGA.

NACWERE	Wandera Bodi
	Bwire Bodi

ABANGI SON OF WANJALA SON OF ONYIGI SON OF OJWANGI SON OF NGWENO DONGA SON OF HAMIRIPO SON OF NGWENO LUNUNI SON OF LWANDE WESONGA.

ONYANGO SON OF WANJALA SON OF ONYIGI SON OF OJWANGI SON OF NGWENO DONGA SON OF HAMIRIPO SON OF NGWENO LUNUNI SON OF LWANDE WESONGA.

NEBERE	Masiga

CHAPTER ONE

MASIGA SON OF ONYANGO SON OF WANJALA SON OF ONYIGI SON OF OJWANGI SON OF NGWENO DONGA SON OF HAMIRIPO SON OF NGWENO LUNUNI SON OF LWANDE WESONGA.

OKAARA SON OF ONYIGI SON OF OJWANGI SON OF NGWENO DONGA SON OF HAMIRIPO SON OF NGWENO LUNUNI SON OF LWANDE WESONGA.

NAMUKOBE Okochi
Masiga

MASIGA SON OF OKAARA SON OF ONYIGI SON OF OJWANGI SON OF NGWENO DONGA SON OF HAMIRIPO SON OF NGWENO LUNUNI SON OF LWANDE WESONGA.

OKOCHI SON OF OKAARA SON OF ONYIGI SON OF OJWANGI SON OF NGWENO DONGA SON OF HAMIRIPO SON OF NGWENO LUNUNI SON OF LWANDE WESONGA.

NAMANGALE NADEKE Juma Onyigi

JUMA ONYIGI SON OF OKOCH SON OF OKAARA SON OF ONYIGI SON OF OJWANGI SON OF NGWENO DONGA SON OF HAMIRIPO SON OF NGWENO LUNUNI SON OF LWANDE WESONGA.

See Appendix Page 41

JOHN OKONYA SON OF PATRICK BBALA BALONGO SON OF BALONGO SON OF OJWANGI SON OF NGWENO DONGA SON OF HAMIRIPO SON OF NGWENO LUNUNI SON OF LWANDE WESONGA.

NAMUTALA Barasa (Balongo)
Okumu Okonya
Balongo Okonya

LWANDE WESONGA: A GENEALOGY

	OBBAMBA SON OF WANDERA BALONGO SON OF **BALONGO** SON OF **OJWANGI** SON OF **NGWENO DONGA** SON OF **HAMIRIPO** SON OF **NGWENO LUNUNI** SON OF **LWANDE WESONGA**.
NANGAYO	
	THREE DAUGHTERS BANATABONA DAUGHTERS OFOBBAMBA SON OF WANDERA BALONGO SON OF **BALONGO** SON OF **OJWANGI** SON **NGWENO DONGA** SON OF **HAMIRIPO** SON OF **NGWENO LUNUNI** SON OF **LWANDE WESONGA**.
	FILIKISI OREMBO SON OF **BALONGO** SON OF **OJWANGI** SON OF **NGWENO DONGA** SON OF **HAMIRIPO** SON OF **NGWENO LUNUNI** SON OF **LWANDE WESONGA**.
NAMUJALA	Wangalwa
	WANGALWA SON OF FILIKISI OREMBO SON OF **BALONGO** SON **OJWANGI** SON OF **NGWENO DONGA** SON OF **HAMIRIPO** SON OF **NGWENO LUNUNI** SON OF **LWANDE WESONGA**.
NASONGA NAKOMOLO	Okuku Bubolu Fitaleo Osinya
	BUBOLU SON OF WANGALWA SON OF FILIKISI OREMBO SON OF **BALONGO** SON OF **OJWANGI** SON OF **NGWENO DONGA** SON OF **HAMIRIPO** SON OF **NGWENO LUNUNI** SON OF **LWANDE WESONGA**.
	OKUKU SON OF WANGALWA SON OF FILIKISI OREMBO SON OF **BALONGO** SON OF **OJWANGI** SON **NGWENO DONGA** SON OF **HAMIRIPO** SON OF OF **NGWENO LUNUNI** SON OF **LWANDE WESONGA**.
	FITALEO OSINYA SON OF WANGALWA SON OF FILIKISI OREMBO SON OF **BALONGO** SON OF **OJWANGI** SON OF **NGWENO DONGA**

CHAPTER ONE

SON OF **HAMIRIPO** SON OF **NGWENO LUNUNI** SON OF **LWANDE WESONGA**.

NALALA Masinde
Baati

MASINDE SON OF FITALEO OSINYA SON OF WANGALWA SON OF FILIKISI OREMBO SON OF **BALONGO** SON OF **OJWANGI** SON OF **NGWENO DONGA** SON OF **HAMIRIPO** SON OF **NGWENO LUNUNI** SON OF **LWANDE WESONGA**.

BAATI SON OF FITALEO OSINYA SON OF WANGALWA SON OF FILIKISI OREMBO SON OF **BALONGO** SON OF **OJWANGI** SON OF **NGWENO DONGA** SON OF **HAMIRIPO** SON OF **NGWENO LUNUNI** SON OF **LWANDE WESONGA**.

ASEBE SON OF **BALONGO** SON OF **OJWANGI** SON OF **NGWENO DONGA** SON OF **HAMIRIPO** SON OF **NGWENO LUNUNI** SON OF **LWANDE WESONGA**.

NASUBO Bwire
Okoowa

BWIRE SON OF ASEBE SON OF **BALONGO** SON OF **OJWANGI** SON OF **NGWENO DONGA** SON OF **HAMIRIPO** SON OF **NGWENO LUNUNI** SON OF **LWANDE WESONGA**.

OKOOWA SON OF ASEBE SON OF **BALONGO** SON OF **OJWANGI** SON OF **NGWENO DONGA** SON OF **HAMIRIPO** SON OF **NGWENO LUNUNI** SON OF **LWANDE WESONGA**.

OUMA SON OF **BALONGO** SON OF **OJWANGI** SON OF **NGWENO DONGA** SON OF **HAMIRIPO** SON OF **NGWENO LUNUNI** SON OF **LWANDE WESONGA**.

NAMUTENDE Geoffrey Okochi
Ojiambo

LWANDE WESONGA: A GENEALOGY

NAHABI	Cornel Bwire
	Mangeni
	Gusino
	Bwire

GEOFFREY BWIRE SON OF OUMA SON OF **BALONGO** SON OF **OJWANGI** SON OF **NGWENO DONGA** SON OF **HAMIRIPO** SON OF **NGWENO LUNUNI** SON OF **LWANDE WESONGA.**

NAKERERE	Vincent Sanya
	Thomas Barasa

OJIAMBO SON OF OUMA SON OF **BALONGO** SON OF **OJWANGI** SON OF **NGWENO DONGA** SON OF **HAMIRIPO** SON OF **NGWENO LUNUNI** SON OF **LWANDE WESONGA.**

NAMUKONO	Oguttu

OGUTTU SON OF OJIAMBO SON OF OUMA SON OF **BALONGO** SON OF **OJWANGI** SON OF **NGWENO DONGA** SON OF **HAMIRIPO** SON OF **NGWENO LUNUNI** SON OF SON OF **LWANDE WESONGA.**

ONYIGI SON OF **OJWANGI** SON OF **NGWENO DONGA** SON OF **HAMIRIPO** SON OF **NGWENO LUNUNI** SON OF **LWANDE WESONGA.**

NAHABI	Yowana Ojwangi
	Obete
NACHIMO I	Wanjala (andeme)
NAMUDAIRWA	Okaara
NACHIMO	Juma

YOWANA OJWANGI SON OF **ONYIGI** SON OF **OJWANGI** SON OF **NGWENO DONGA** SON OF **HAMIRIPO** SON OF **NGWENO LUNUNI** SON OF **LWANDE WESONGA.**

NASUBO	Mariko Makanda

CHAPTER ONE

Mbanico Obete

MBANICO OBETE SON OF YOWANA OJWANGI SON OF **ONYIGI** SON OF **OJWANGI** SON OF **NGWENO DONGA** SON OF **HAMIRIPO** SON OF **NGWENO LUNUNI** SON OF **LWANDE WESONGA.**

See Appendix Page 42

MARIKO MAKANDA SON OF YOWANA OJWANGI SON OF **ONYIGI** SON OF **OJWANGI** SON OF **NGWENO DONGA** SON OF **HAMIRIPO** SON OF **NGWENO LUNUNI** SON OF **LWANDE WESONGA.**

| **NABAYO** | Barasa (Abuhere) |

BARASA ABUHERE SON MARIKO MAKANDA SON OF YOWANA OJWANGI SON OF **ONYIGI** SON OF **OJWANGI** SON OF **NGWENO DONGA** SON OF **HAMIRIPO** SON OF **NGWENO LUNUNI** SON OF **LWANDE WESONGA.**

WANJALA SON OF **ONYIGI** SON OF **OJWANGI** SON OF **NGWENO DONGA** SON OF **HAMIRIPO** SON OF **NGWENO LUNUNI** SON OF **LWANDE WESONGA.**

NAMANYI	Boodi
	Abangi
	Maloba
	Onyango
NATIKOKO	Ojiambo

ABANGI SON OF WANJALA SON OF **ONYIGI** SON OF **OJWANGI** SON OF **NGWENO DONGA** SON OF **HAMIRIPO** SON OF **NGWENO LUNUNI** SON OF **LWANDE WESONGA.**

MALOBA SON OF WANJALA SON OF **ONYIGI** SON OF **OJWANGI** SON OF **NGWENO DONGA** SON OF **HAMIRIPO** SON OF **NGWENO LUNUNI** SON OF **LWANDE WESONGA.**

LWANDE WESONGA: A GENEALOGY

ONYANGO SON OF WANJALA SON OF ONYIGI SON OF OJWANGI SON OF NGWENO DONGA SON OF HAMIRIPO SON OF NGWENO LUNUNI SON OF LWANDE WESONGA.

OJIAMBO SON OF WANJALA SON OF ONYIGI SON OF OJWANGI SON OF NGWENO DONGA SON OF HAMIRIPO SON OF NGWENO LUNUNI SON OF LWANDE WESONGA.

BOODI SON OF WANJALA SON OF ONYIGI SON OF OJWANGI SON OF NGWENO DONGA SON OF HAMIRIPO SON OF NGWENO LUNUNI SON OF LWANDE WESONGA.

NAHWESI　　Wandera Boodi
　　　　　　　Bwire Boodi

WANDERA BOODI SON OF BOODI SON OF WANJALA SON OF ONYIGI SON OF OJWANGI SON OF NGWENO DONGA SON OF HAMIRIPO SON OF NGWENO LUNUNI SON OF LWANDE WESONGA.

BWIRE BOODI SON OF BOODI SON OF WANJALA SON OF ONYIGI SON OF OJWANGI SON OF NGWENO DONGA SON OF HAMIRIPO SON OF NGWENO LUNUNI SON OF LWANDE WESONGA.

OKAARA SON OF ONYIGI SON OF OJWANGI SON OF NGWENO DONGA SON OF HAMIRIPO SON OF NGWENO LUNUNI SON OF LWANDE WESONGA.

JUMA ONYIGI SON OF OKAARA SON OF ONYIGI SON OF OJWANGI SON OF NGWENO DONGA SON OF HAMIRIPO SON OF NGWENO LUNUNI SON OF LWANDE WESONGA.

NAMANGALE　　No information was available about the children.

NADEKE　　Same as above.

See Appendix 42

CHAPTER ONE

OLWENYI NYEMBI SON OF NGWENO LUNUNI

OLWENYI NYEMBI SON OF NGWENO LUNUNI SON OF LWANDE WESONGA.

NALIALI	Owori II
	Habocha
NASONGA I	Siduwa
	Owori II
NASONGA II	Siduwa
NALALA	Sidubo

OWORI[26] SON OF OLWENYI NYEMBI SON OF NGWENO LUNUNI SON OF LWANDE WESONGA.

HABOCHA SON OF OLWENYI NYEMBI SON OF NGWENO LUNUNI SON OF LWANDE WESONGA.

Nimrodi Ndogi

NIMROD NDOGI SON OF HABOCHA SON OF OLWENYI NYEMBI SON OF NGWENO LUNUNI SON OF LWANDE WESONGA.

OWORI [27] SON OF OLWENYI NYEMBI SON OF NGWENO LUNUNI SON OF LWANDE WESONGA.

Joel Ariada

JOEL ARIADA SON OF OWORI SON OF OLWENYI NYEMBI SON OF NGWENO LUNUNI SON OF LWANDE WESONGA.

SIDUWA SON OF OLWENYI NYEMBI SON OF NGWENO LUNUNI SON OF LWANDE WESONGA.

---

26 His mother was called Naliali
27 His mother was called Nasonga 1

LWANDE WESONGA: A GENEALOGY

Ojiambo Agaaya

OJIAMBO AGAAYA SON OF **SIDUWA** SON OF **OLWENYI NYEMBI** SON OF **NGWENO LUNUNI** SON OF **LWANDE WESONGA.**

SIDUBO SON OF **OLWENYI NYEMBI** SON OF **NGWENO LUNUNI** SON OF **LWANDE WESONGA.**

Tainor Hakerwe
Abner Ekudu

TAINOR HAKERWE SON OF **SIDUBO** SON OF **OLWENYI NYEMBI** SON OF **NGWENO LUNUNI** SON OF **LWANDE WESONGA.**

ABNER EKUDU SON OF **SIDUBO** SON OF **OLWENYI NYEMBI** SON OF **NGWENO LUNUNI** SON OF **LWANDE WESONGA.**

OLWENYI NYEMBI SON OF **NGWENO LUNUNI** SON OF **LWANDE WESONGA.**

NACHAKI Sunu
Okweyo
NALYALI Habocha

SUNU SON OF **OLWENYI NYEMBI** SON OF **NGWENO LUNUNI** SON OF **LWANDE WESONGA.**

Morris Onyango
Nanel Wanyama

MORRIS ONYANGO SON OF **SUNU** SON OF **OLWENYI NYEMBI** SON OF **NGWENO LUNUNI** SON OF **LWANDE WESONGA.**

NANEL WANYAMA SON OF **SUNU** SON OF **OLWENYI NYEMBI** SON OF **NGWENO LUNUNI** SON OF **LWANDE WESONGA.**

OKWEYO SON OF **OLWENYI NYEMBI** SON OF **NGWENO LUNUNI**

CHAPTER ONE

SON OF LWANDE WESONGA.

Ogana
Wambete

OGANA SON OF OKWEYO SON OF OLWENYI NYEMBI SON OF NGWENO LUNUNI SON OF LWANDE WESONGA.

WAMBETE SON OF OKWEYO SON OF OLWENYI NYEMBI SON OF NGWENO LUNUNI SON OF LWANDE WESONGA.

HABOCHA SON OF OLWENYI NYEMBI SON OF NGWENO LUNUNI SON OF LWANDE WESONGA.

NALALA   Ndongi
Otiende

HABOCHA SON OF OLWENYI NYEMBI

OTIENDE SON OF HABOCHA SON OF OLWENYI NYEMBI SON OF NGWENO LUNUNI SON OF LWANDE WESONGA.

NDONGI SON OF HABOCHA SON OF OLWENYI NYEMBI SON OF NGWENO LUNUNI SON OF LWANDE WESONGA.

NAJABI   Obocho

OBOCHO SON OF NDONGI SON OF HABOCHA SON OF OLWENYI NYEMBI SON OF NGWENO LUNUNI SON OF LWANDE WESONGA.

NAMANGALE   Nimrodi Ndongi

NIMRODI NDONGI SON OF OBOCHO SON OF NDONGI SON OF HABOCHA SON OF OLWENYI NYEMBI SON OF NGWENO LUNUNI SON OF LWANDE WESONGA.

LWANDE WESONGA: A GENEALOGY

NANJOSI   Booker Ndongi
Apollo Ndongi
Joshua Sigindi Ndongi
Patrick Jogoo
Emmanuel Banda

JOSHUA SIGINDI NDONGI SON OF NIMROD NDONGI SON OF OBOCHO SON OF NDONGI SON OF HABOCHA SON OF OLWENYI NYEMBI SON OF NGWENO LUNUNI SON OF LWANDE WESONGA.

PATRICK JOGOO SON OF NIMROD NDONGI SON OF OBOCHO SON OF NDONGI SON OF HABOCHA SON OF OLWENYI NYEMBI SON OF NGWENO LUNUNI SON OF LWANDE WESONGA.

EMMANUEL BANDA SON OF NIMROD NDONGI SON OF OBOCHO SON OF NDONGI SON OF HABOCHA SON OF OLWENYI NYEMBI SON OF NGWENO LUNUNI SON OF LWANDE WESONGA.

BOOKER NDONGI SON OF NIMROD NDONGI SON OF OBOCHO SON OF NDONGI SON OF HABOCHA SON OF OLWENYI NYEMBI SON OF NGWENO LUNUNI SON OF LWANDE WESONGA.

Sigondi
Toti
Ezekiel Odonya

SIGONDI SON OF BOOKER NDONGI SON OF NIMRODI NDONGI SON OF OBOCHO SON OF NDONGI SON OF HABOCHA SON OF OLWENYI NYEMBI SON OF NGWENO LUNUNI SON OF LWANDE WESONGA.

TOTI SON OF BOOKER NDONGI SON OF NIMRODI NDONGI SON OF OBOCHO SON OF NDONGI SON OF HABOCHA SON OF OLWENYI NYEMBI SON OF NGWENO LUNUNI SON OF LWANDE WESONGA.

CHAPTER ONE

EZEKIEL ODONYA SON OF BOOKER NDONGI SON OF NIMROD NDONGI SON OF **OBOCHO** SON OF **NDONGI** SON OF **HABOCHA** SON OF **OLWENYI NYEMBI** SON OF **NGWENO LUNUNI** SON OF **LWANDE WESONGA.**

APOLLO NDONGI SON OF NIMROD NDONGI SON OF **OBOCHO** SON OF **NDONGI** SON OF **HABOCHA** SON OF **OLWENYI NYEMBI** SON OF **NGWENO LUNUNI** SON OF **LWANDE WESONGA.**

NAMENYA Nimrod Ndongi
Were

NIMROD NDONGI SON OF APOLLO NDONGI SON OF NIMROD NDONGI SON OF **OBOCHO** SON OF **NDONGI** SON OF **HABOCHA** SON OF **OLWENYI NYEMBI** SON OF **NGWENO LUNUNI** SON OF **LWANDE WESONGA.**

WERE SON OF APOLLO NDONGI SON OF NIMROD NDONGI SON OF **OBOCHO** SON OF **NDONGI** SON OF **HABOCHA** SON OF **OLWENYI NYEMBI** SON OF **NGWENO LUNUNI** SON OF **LWANDE WESONGA.**

OTIENDE SON OF **HABOCHA** SON OF **OLWENYI NYEMBI** SON OF **NGWENO LUNUNI** SON OF **LWANDE WESONGA.**

NABURI Bakanya
Chabbiri

CHABBIRI SON OF **OTIENDE** SON OF **HABOCHA** SON OF **OLWENYI NYEMBO** SON OF **NGWENO LUNUNI** SON OF **LWANDE WESONGA.**

BAKANYA SON OF **OTIENDE** SON OF **HABOCHA** SON OF **OLWENYI NYEMBO** SON OF **NGWENO LUNUNI** SON OF **LWANDE WESONGA.**

NAWOONGA Hadera

	Habuu

HABUU SON OF **BAKANYA** SON OF **OTIENDE** SON OF **HABOCHA** SON OF **OLWENYI NYEMBO** SON OF **NGWENO LUNUNI** SON OF **LWANDE WESONGA.**

HADERA SON OF **BAKANYA** SON OF **OTIENDE** SON OF **HABOCHA** SON OF **OLWENYI NYEMBI** SON OF **NGWENO LUNUNI** SON OF **LWANDE WESONGA.**

NANYIBOMI	Sigondi (Choroko)

SIGONDI (CHOROKO) SON OF HADERA SON OF **BAKANYA** SON OF **OTIENDE** SON OF **HABOCHA** SON OF **OLWENYI NYEMBI** SON OF **NGWENO LUNUNI** SON OF **LWANDE WESONGA.**

See Appendix Page 44

NASONGA OWORI SON OF **OLWENYI NYEMBI**

NASONGA OWORI SON OF **OLWENYI NYEMBI** SON OF **NGWENO LUNUNI** SON OF **LWANDE WESONGA.**

NAMULUMBA	Opala

OPALA SON OF **NASONGA OWORI** SON OF **OLWENYI NYEMBI** SON OF **NGWENO LUNUNI** SON OF **LWANDE WESONGA.**

NAMANGALE	Wamalwa

WAMALWA SON OF OPALA SON OF **OWORI** SON OF **NASONGA OWORI** SON OF **OLWENYI NYEMBI** SON OF **NGWENO LUNUNI** SON OF **LWANDE WESONGA.**

NABUKAKI	George Musumba
NAHASOHO	Wandera

CHAPTER ONE

OWORI II SON OF **OPALA** SON OF OWORI SON OF NASONGA OWORI SON OF OLWENYI NYEMBI SON OF NGWENO LUNUNI SON OF LWANDE WESONGA.

NABONGO Sibabale
NAKOOLI Joel Ariada Mangoli

SIBABALE SON OF OWORI II SON OF **OPALA** SON OF OWORI SON OF NASONGA OWORI SON OF OLWENYI NYEMBI SON OF NGWENO LUNUNI SON OF LWANDE WESONGA.

NAHULO Odwori

ODWORI SON OF SIBABALE SON OF OWORI II SON OF **OPALA** SON OF OWORI SON OF NASONGA OWORI SON OF OLWENYI NYEMBI SON OF NGWENO LUNUNI SON OF LWANDE WESONGA.

NASONGA

JOEL ARIADA MANGOLI SON OF OWORI II SON OF **OPALA** SON OF OWORI SON OF NASONGA OWORI SON OF OLWENYI NYEMBI SON OF NGWENO LUNUNI SON OF LWANDE WESONGA.

OWORI SON OF OLWENYI NYEMBI

JOEL ARIADA (MANGOLI) SON OF OWORI[28] SON OF OLWENYI NYEMBI SON OF NGWENO LUNUNI SON OF LWANDE WESONGA.

NALALA Jackson Ochieno
Joshua Wandera (Duncan)

JACKSON OCHIENO SON OF JOEL ARIADA (MANGOLI) SON OF

---

28 To differentiate the two Owori, this Owori the mother was called Naliali.

LWANDE WESONGA: A GENEALOGY

	OWORI SON OF OLWENYI NYEMBI SON OF NGWENO LUNUNI SON OF LWANDE WESONGA.
NAMUDDE ADETI	Albert Owori David Ojiambo (Kaka)
	ALBERT OWORI SON OF JACKSON OCHIENO SON OF JOEL ARIADA (MANGOLI) SON OF OWORI SON OF OLWENYI NYEMBI SON OF NGWENO LUNUNI SON OF LWANDE WESONGA.
	DAVID OJIAMBO (Kaka) SON OF JACKSON OCHIENO SON OF JOEL ARIADA (MANGOLI) SON OF OWORI SON OF OLWENYI NYEMBI SON OF NGWENO LUNUNI SON OF LWANDE WESONGA.
	JOSHUA WANDERA (DUNCAN) SON OF JOEL ARIADA (MANGOLI) SON OF OWORI SON OF OLWENYI NYEMBI SON OF NGWENO LUNUNI SON OF LWANDE WESONGA.
NALALA NASONGA II	Olwenyi Nyembi II
	OLWENYI NYEMBI II SON OF JOSHUA WANDERA (DUNCAN) SON OF JOEL ARIADA (MANGOLI) SON OF OWORI SON OF OLWENYI NYEMBI SON OF NGWENO LUNUNI SON OF LWANDE WESONGA.
	Siduwa
	SIDUWA SON OF OLWENYI NYEMBI II SON OF JOSHUA WANDERA (DUNCAN) SON OF JOEL ARIADA (MANGOLI) SON OF OWORI SON OF OLWENYI NYEMBI SON OF NGWENO LUNUNI SON OF LWANDE WESONGA.
NAMUNAPA	Omuhehe

CHAPTER ONE

OMUHEHE SON OF SIDUWA SON OF OLWENYI NYEMBI II SON OF JOSHUA WANDERA (DUNCAN) SON OF JOEL ARIADA (MANGOLI) SON OF OWORI SON OF OLWENYI NYEMBI SON OF NGWENO LUNUNI SON OF LWANDE WESONGA.

NAMAKANGALA	Zefania Agaaya
NAMANGALE	Zadoki Ouma (Ranyosi)

ZEFANIA AGAAYA SON OF OMUHEHE SON OF SIDUWA SON OF OLWENYI NYEMBI II SON OF JOSHUA WANDERA (DUNCAN) SON OF JOEL ARIADA (MANGOLI) SON OF OWORI SON OF OLWENYI NYEMBI SON OF NGWENO LUNUNI SON OF LWANDE WESONGA.

NAMUMA	Cornel Malingu
	Patrick Ojiambo

CORNEL MALINGU SON OF ZEFANIA AGAAYA SON OF OMUHEHE SON OF SIDUWA SON OF OLWENYI NYEMBI II SON OF JOSHUA WANDERA (DUNCAN) SON OF JOEL ARIADA (MANGOLI) SON OF OWORI SON OF OLWENYI NYEMBI SON OF NGWENO LUNUNI SON OF LWANDE WESONGA.

NAMENYA	John Omuhehe
	Egessa Obura

EGESSA OBURA SON OF CORNEL MALINGU SON OF ZEFANIA AGAAYA SON OF OMUHEHE SON OF SIDUWA SON OF OLWENYI NYEMBI II SON OF JOSHUA WANDERA (DUNCAN) SON OF JOEL ARIADA (MANGOLI) SON OF OWORI SON OF OLWENYI NYEMBI SON OF NGWENO LUNUNI SON OF LWANDE WESONGA.

JOHN OMUHEHE SON OF CORNEL MALINGU SON OF ZEFANIA AGAAYA SON OF OMUHEHE SON OF SIDUWA SON OF OLWENYI NYEMBI II SON OF JOSHUA WANDERA (DUNCAN) SON OF JOEL ARIADA (MANGOLI) SON OF OWORI SON OF OLWENYI NYEMBI SON OF NGWENO LUNUNI SON OF LWANDE WESONGA.

LWANDE WESONGA: A GENEALOGY

NAMUKOBE Malingu Abbara
Tajiri Mawaya

MALINGU ABBARA SON OF JOHN OMUHEHE SON OF CORNEL MALINGU SON OF ZEFANIA AGAAYA SON OF OMUHEHE SON OF SIDUWA SON OF OLWENYI NYEMBI II SON OF JOSHUA WANDERA (DUNCAN) SON OF JOEL ARIADA (MANGOLI) SON OF OWORI SON OF OLWENYI NYEMBI SON OF NGWENO LUNUNI SON OF LWANDE WESONGA.

TAJIRI MAWAYA SON OF JOHN OMUHEHE II SON OF CORNEL MALINGU SON OF ZEFANIA AGAAYA SON OF OMUHEHE SON OF SIDUWA SON OF OLWENYI NYEMBI II SON OF JOSHUA WANDERA (DUNCAN) SON OF JOEL ARIADA (MANGOLI) SON OF OWORI SON OF OLWENYI NYEMBI SON OF NGWENO LUNUNI SON OF LWANDE WESONGA.

PATRICK OJIAMBO SON OF ZEFANIA AGAAYA SON OF OMUHEHE SON OF SIDUWA SON OF OLWENYI NYEMBI II SON OF JOSHUA WANDERA (DUNCAN) SON OF JOEL ARIADA (MANGOLI) SON OF OWORI SON OF OLWENYI NYEMBI SON OF NGWENO LUNUNI SON OF LWANDE WESONGA.

NAFWOFWOYO Mafwamba
Agaaya

MAFWAMBA SON OF PATRICK OJIAMBO SON OF PATRICK OJIAMBO SON OF ZEFANIA AGAAYA SON OF OMUHEHE SON OF SIDUWA SON OF OLWENYI NYIMBI II SON OF JOSHUA WANDERA (DUNCAN) SON OF JOEL ARIADA (MANGOLI) SON OF OWORI SON FO OLWENYI NYEMBI SON OF NGWENO LUNUNI SON OF LWANDE WESONGA.

NAJABI

ZADOKI OUMA(RANYOSI) SON OF OMUHEHE SON OF SIDUWA SON OF OLWENYI NYEMBI II SON OF JOSHUA WANDERA

CHAPTER ONE

(DUNCAN) SON OF JOEL ARIADA (MANGOLI) SON OF OWORI SON OF OLWENYI NYEMBI SON OF NGWENO LUNUNI SON OF LWANDE WESONGA.

NALALA Wanyama
Wandera
Wafula

See Appendix Page 45

WANYAMA SON OF ZADOKI OUMA (RANYOSI) SON OF OMUHEHE SON OF SIDUWA SON OF OLWENYI NYEMBI II SON OF JOSHUA WANDERA (DUNCAN) SON OF JOEL ARIADA (MANGOLI) SON OF OWORI SON OF OLWENYI NYEMBI SON OF NGWENO LUNUNI SON OF LWANDE WESONGA.

NALYALI Ndongi

NDONGI SON OF WANYAMA SON OF ZADOKI OUMA (RANYOSI) SON OF OMUHEHE SON OF SIDUWA SON OF OLWENYI NYEMBI II SON OF JOSHUA WANDERA (DUNCAN) SON OF JOEL ARIADA (MANGOLI) SON OF OWORI SON OF OLWENYI NYEMBI SON OF NGWENO LUNUNI SON OF LWANDE WESONGA.

WANDERA SON OF ZADOKI OUMA (RANYOSI) SON OF OMUHEHE SON OF SIDUWA SON OF OLWENYI NYEMBI II SON OF JOSHUA WANDERA (DUNCAN) SON OF JOEL ARIADA (MANGOLI) SON OF OWORI SON OF OLWENYI NYEMBI SON OF NGWENO LUNUNI SON OF LWANDE WESONGA.

NAHONE Robert

ROBERT SON OF WANDERA SON OF ZADOKI OUMA (RANYOSI) SON OF OMUHEHE SON OF SIDUWA SON OF OLWENYI NYEMBI II SON OF JOSHUA WANDERA (DUNCAN) SON OF JOEL ARIADA (MANGOLI) SON OF OWORI SON OF OLWENYI NYEMBI SON OF NGWENO LUNUNI SON OF LWANDE WESONGA.

LWANDE WESONGA: A GENEALOGY

          WAFULA SON OF ZADOKI OUMA (RANYOSI) SON OF OMUHEHE SON OF SIDUWA SON OF OLWENYI NYEMBI II SON OF JOSHUA WANDERA (DUNCAN) SON OF JOEL ARIADA (MANGOLI) SON OF OWORI SON OF OLWENYI NYEMBI SON OF NGWENO LUNUNI SON OF LWANDE WESONGA.

NAMUSONGE   Ndongi

          NDONGI SON OF WAFULA SON OF ZADOKI OUMA (RANYOSI) SON OF OMUHEHE SON OF SIDUWA SON OF OLWENYI NYEMBI II SON OF JOSHUA WANDERA (DUNCAN) SON OF JOEL ARIADA (MANGOLI) SON OF OWORI SON OF OLWENYI NYEMBI SON OF NGWENO LUNUNI SON OF LWANDE WESONGA.

          OLWENYI NYEMBI SON OF NGWENO LUNUNI

          OLWENYI NYEMBI SON OF NGWENO LUNUNI SON OF LWANDE WESONGA.

NACHAKI   Sunu
          Okweyo
          Ondero

          OKWENYO SON OF OLWENYI NYEMBI SON OF NGWENO LUNUNI SON OF LWANDE WESONGA.

          ONDERO SON OF OLWENYI NYEMBI SON OF NGWENO LUNUNI SON OF LWANDE WESONGA.

          SUNU SON OF OLWENYI NYEMBI

          SUNU SON OF OLWENYI NYEMBI SON OF NGWENO LUNUNI SON OF LWANDE WESONGA.

NANYANGA   Nangenge
          Onyango Sigoma
          Obongooya

CHAPTER ONE

ONYANGO SIGOMA SON OF SUNU SON OF OLWENYI NYEMBI SON OF NGWENO LUNUNI SON OF LWANDE WESONGA.

OBONGOOYA SON OF SUNU SON OF OLWENYI NYEMBI SON OF NGWENO LUNUNI SON OF LWANDE WESONGA.

NANGENGE SON OF SUNU SON OF OLWENYI NYEMBI SON OF NGWENO LUNUNI SON OF LWANDE WESONGA.

NASUBO	Hadoke
	Ngweno Dwaara
	Odwooli

HADOKE SON OF NANGENGE SON OF SUNU

HADOKE SON OF NANGENGE SON OF SUNU SON OF OLWENYI NYEMBI SON OF NGWENO LUNUNI SON OF LWANDE WESONGA.

NANYANGA	Nabbaya
	Peter Obwaso
	Enosi Onyango

NAMUHOKOSI	3 Daughters (Banatabona)

PETER OBWASO SON OF HADOKE SON OF NANGENGE SON OF SUNU SON OF OLWENYI NYEMBI SON OF NGWENO LUNUNI SON OF LWANDE WESONGA.

NASIHUNE	Samuel Wanyama
	David Mangeni

SAMUEL WANYAMA SON OF ENOSI ONYANGO SON OF HADOKE SON OF NANGENGE SON OF SUNU SON OF OLWENYI NYEMBI SON OF NGWENO LUNUNI SON OF LWANDE WESONGA.

NAMUGWERE	Allan Wanyama

LWANDE WESONGA: A GENEALOGY

                      Enosi Wanyama

NAMUGANDA   Waiswa Wanyama
                      Kato
                      Nabangi
                      Hadoke

ALLAN WANYAMA SON OF SAMUEL WANYAMA SON OF ENOSI ONYANGO SON OF **HADOKE** SON OF **NANGENGE** SON OF **SUNU** SON OF **OLWENYI NYEMBI** SON OF **NGWENO LUNUNI** SON OF **LWANDE WESONGA.**

ENOSI WANYAMA SON OF SAMUEL WANYAMA SON OF ENOSI ONYANGO SON OF **HADOKE** SON OF **NANGENGE** SON OF **SUNU** SON OF **OLWENYI NYEMBI** SON OF **NGWENO LUNUNI** SON OF **LWANDE WESONGA.**

WAISWA WANYAMA SON OF SAMUEL WANYAMA SON OF ENOSI ONYANGO SON OF **HADOKE** SON OF **NANGENGE** SON OF **SUNU** SON OF **OLWENYI NYEMBI** SON OF **NGWENO LUNUNI** SON OF **LWANDE WESONGA.**

KATO SON OF SAMUEL WANYAMA SON OF ENOSI ONYANGO SON OF **HADOKE** SON OF **NANGENGE** SON OF **SUNU** SON OF **OLWENYI NYEMBI** SON OF **NGWENO LUNUNI** SON OF **LWANDE WESONGA.**

NABANGI SON OF SAMUEL WANYAMA SON OF ENOSI ONYANGO SON OF **HADOKE** SON OF **NANGENGE** SON OF **SUNU** SON OF **OLWENYI NYEMBI** SON OF **NGWENO LUNUNI** SON OF **LWANDE WESONGA.**

HADOKE II SON OF SAMUEL WANYAMA SON OF ENOSI ONYANGO SON OF **HADOKE** SON OF **NANGENGE** SON OF **SUNU** SON OF **OLWENYI NYEMBI** SON OF **NGWENO LUNUNI** SON OF **LWANDE WESONGA.**

CHAPTER ONE

DAVID MANGENI SON OF ENOSI ONYANGO SON OF **HADOKE** SON OF **NANGENGE** SON OF **SUNU** SON OF **OLWENYI NYEMBI** SON OF **NGWENO LUNUNI** SON OF **LWANDE WESONGA.**

| **NASICHONGI** | Enosi Onyango |
| **NASONGA** | George Wangira |

ENOSI ONYANGO SON OF DAVID MANGENI SON OF ENOSI ONYANGO SON OF **HADOKE** SON OF **NANGENGE** SON OF **SUNU** SON OF **OLWENYI NYEMBI** SON OF **NGWENO LUNUNI** SON OF **LWANDE WESONGA.**

GEORGE WANGIRA SON OF DAVID MANGENI SON OF ENOSI ONYANGO SON OF **HADOKE** SON OF **NANGENGE** SON OF **SUNU** SON OF **OLWENYI NYEMBI** SON OF **NGWENO LUNUNI** SON OF **LWANDE WESONGA.**

<u>**NGWENO DWAARA** SON OF **NANGENGE**</u>

NGWENO DWAARA SON OF **NANGENGE** SON OF **SUNU** SON OF **OLWENYI NYEMBI** SON OF **NGWENO LUNUNI** SON OF **LWANDE WESONGA.**

NAKIROYA	Olowo Obbando
	Morris Onyango
	Francis Adenya

FRANCIS ADENYA SON OF **NGWENO DWAARA** SON OF **NANGENGE** SON OF **SUNU** SON OF **OLWENYI NYEMBI** SON OF **NGWENO LUNUNI** SON OF **LWANDE WESONGA.**

OLOWO OBBANDO SON OF **NGWENO DWAARA** SON OF **NANGENGE** SON OF **SUNU** SON OF **OLWENYI NYEMBI** SON OF **NGWENO LUNUNI** SON OF **LWANDE WESONGA.**

| **NAJABI** | Ngweno J. |
| **NABUKA** | Wanyama |

LWANDE WESONGA: A GENEALOGY

WANYAMA SON OF OLOWO OBBANDO SON OF NGWENO DWAARA SON OF NANGENGE SON OF SUNU SON OF OLWENYI NYEMBI SON OF NGWENO LUNUNI SON OF LWANDE WESONGA.

NGWENO J. SON OF OLOWO OBBANDO SON OF NGWENO DWAARA SON OF NANGENGE SON OF SUNU SON OF OLWENYI NYEMBI SON OF NGWENO LUNUNI SON OF LWANDE WESONGA.

NABUKA   Wanyama

WANYAMA SON OF NGWENO J. SON OF OLOWO OBBANDO SON OF NGWENO DWAARA SON OF NANGENGE SON OF SUNU SON OF OLWENYI NYEMBI SON OF NGWENO LUNUNI SON OF LWANDE WESONGA.

MORRIS ONYANGO SON OF NGWENO DWAARA SON OF NANGENGE SON OF SUNU SON OF OLWENYI NYEMBI SON OF NGWENO LUNUNI SON OF LWANDE WESONGA.

See Appendix Page 50

HILLARY BONIFACE NGWENO SON OF MORRIS ONYANGO SON OF NGWENO DWAARA SON OF NANGENE SON OF SUNU SON OF OLWENYI NYEMBI SON OF NGWENO LUNUNI SON OF LWANDE WESONGA.

OMUSUNGU   They had two daughters (TWO NATABONA)

BANATABONA DAUGHTERS OF HILLARY BONIFACE NGWENO SON OF MORRIS ONYANGO SON OF NGWENO DWAARA SON OF NANGENE SON OF SUNU SON OF OLWENYI NYEMBI SON OF NGWENO LUNUNI SON OF LWANDE WESONGA.

ANTHONY ONYANGO SON OF MORRIS ONYANGO SON OF NGWENO DWAARA SON OF NANGENE SON OF SUNU SON OF

CHAPTER ONE

OLWENYI NYEMBI SON OF NGWENO LUNUNI SON OF LWANDE WESONGA.

NAMUDDE Patrick Ngweno
Henry Muluka
Justine Namwanga
Archileus Sidda
Regina Adikinyi Natabona

PATRICK NGWENO SON OF ANTHONY ONYANGO SON OF MORRIS ONYANGO SON OF NGWENO DWAARA SON OF NANGENGE SON OF SUNU SON OF OLWENYI NYEMBI SON OF NGWENO LUNUNI SON OF LWANDE WESONGA.

HENRY MULUKA SON OF ANTHONY ONYANGO SON OF MORRIS ONYANGO SON OF NGWENO DWAARA SON OF NANGENGE SON OF SUNU SON OF OLWENYI NYEMBI SON OF NGWENO LUNUNI SON OF LWANDE WESONGA.

JUSTINE NAMWANGA SON OF ANTHONY ONYANGO SON OF MORRIS ONYANGO SON OF NGWENO DWAARA SON OF NANGENGE SON OF SUNU SON OF OLWENYI NYEMBI SON OF NGWENO LUNUNI SON OF LWANDE WESONGA.

ARCHILEUS SIDDA SON OF ANTHONY ONYANGO SON OF MORRIS ONYANGO SON OF NGWENO DWAARA SON OF NANGENGE SON OF SUNU SON OF OLWENYI NYEMBI SON OF NGWENO LUNUNI SON OF LWANDE WESONGA.

ARCHELEUS (ALEX) OUNDO SON OF MORRIS ONYANGO SON OF NGWENO DWAARA SON OF NANGENGE SON OF SUNU SON OF OLWENYI NYEMBI SON OF NGWENO LUNUNI SON OF LWANDE WESONGA.

NAMUGABO Stephen Oundo
(Munyole) Charles Oundo
Joseph Oundo

LWANDE WESONGA: A GENEALOGY

                    Two Banatabona

OMUGANDA   Morris Oundo
                         Junior Oundo

                    REGINA ADIKINYI NATABONA DAUGHTER OF ANTHONY ONYANGO SON OF MORRIS ONYANGO SON OF NGWENO DWAARA SON OF NANGENGE SON OF SUNU SON OF OLWENYI NYEMBI SON OF NGWENO LUNUNI SON OF LWANDE WESONGA.

                    STEPHEN OUNDO SON OF ARCHELEUS(ALEX) OUNDO SON OF MORRIS ONYANGO SON OF NGWENO DWAARA SON OF NANGENGE SON OF SUNU SON OF OLWENYI NYEMBI SON OF NGWENO LUNUNI SON OF LWANDE WESONGA.

                    CHARLES OUNDO SON OF ARCHELEUS (ALEX) OUNDO SON OF MORRIS ONYANGO SON OF NGWENO DWAARA SON OF NANGENGE SON OF SUNU SON OF OLWENYI NYEMBI SON OF NGWENO LUNUNI SON OF LWANDE WESONGA.

                    JOSEPH OUNDO SON OF ARCHELEUS (ALEX) OUNDO SON OF MORRIS ONYANGO SON OF NGWENO DWAARA SON OF NANGENGE SON OF SUNU SON OF OLWENYI NYEMBI SON OF NGWENO LUNUNI SON OF LWANDE WESONGA.

                    BANATABONA DAUGHTERS OF ARCHELEUS (ALEX) OUNDO SON OF MORRIS ONYANGO SON OF NGWENO DWAARA SON OF NANGENGE SON OF SUNU SON OF OLWENYI NYEMBI SON OF NGWENO LUNUNI SON OF LWANDE WESONGA.

                    MORRIS OUNDO SON OF ARCHELEUS (ALEX) OUNDO SON OF MORRIS ONYANGO SON OF NGWENO DWAARA SON OF NANGENGE SON OF SUNU SON OF OLWENYI NYEMBI SON OF NGWENO LUNUNI SON OF LWANDE WESONGA.

                    JUNIOR OUNDO SON OF ARCHELEUS (ALEX) OUNDO SON

CHAPTER ONE

OF MORRIS ONYANGO SON OF **NGWENO DWAARA** SON OF **NANGENGE** SON OF **SUNU** SON OF **OLWENYI NYEMBI** SON OF **NGWENO LUNUNI** SON OF **LWANDE WESONGA**.

FRANCIS ADENYA SON OF **NGWENO DWAARA** SON OF **NANGENGE** SON OF **SUNU** SON OF **OLWENYI NYEMBI** SON OF **NGWENO LUNUNI** SON OF **LWANDE WESONGA**.

NAMULUMBA	Black Wandera
	Syaalo

SYAALO SON OF FRANCIS ADENYA SON OF **NGWENO DWAARA** SON OF **NANGENGE** SON OF **SUNU** SON OF **OLWENYI NYEMBI** SON OF **NGWENO LUNUNI** SON OF **LWANDE WESONGA**.

BLACK WANDERA SON OF FRANCIS ADENYA SON OF **NGWENO DWAARA** SON OF **NANGENGE** SON OF **SUNU** SON OF **OLWENYI NYEMBI** SON OF **NGWENO LUNUNI** SON OF **LWANDE WESONGA**.

NABULAGAYE	No information about children were available.

ODWOOLI SON OF **NANGENGE**

ODWOOLI SON OF **NANGENGE** SON OF **SUNU** SON OF **OLWENYI NYEMBI** SON OF **NGWENO LUNUNI** SON OF **LWANDE WESONGA**.

NAMANGALE	Stephen Ogono
	Were Odwooli
NAKOOLO	Mikairi Ngweno
	Manuel Wanyama
NASONGA	Sotoka

MIKAIRI NGWENO SON OF **ODWOOLI** SON OF **NANGENGE** SON OF **SUNU** SON OF **OLWENYI NYEMBI** SON OF **NGWENO LUNUNI** SON OF **LWANDE WESONGA**.

LWANDE WESONGA: A GENEALOGY

MANUEL WANYAMA SON OF ODWOOLI SON OF NANGENGE SON OF SUNU SON OF OLWENYI NYEMBI SON OF NGWENO LUNUNI SON OF LWANDE WESONGA.

SOTOKA SON OF ODWOOLI SON OF NANGENGE SON OF SUNU SON OF OLWENYI NYEMBI SON OF NGWENO LUNUNI SON OF LWANDE WESONGA.

STEPHEN OGONO SON OF ODWOOLI SON OF NANGENGE SON OF SUNU SON OF OLWENYI NYEMBI SON OF NGWENO LUNUNI SON OF LWANDE WESONGA.

ADETI   Wilfred Okumu
Mudina
Jackson Ouma
David Wanyama
Clement Kilo

WILFRED OKUMU SON OF STEPHEN OGONO SON OF ODWOOLI SON OF NANGENGE SON OF SUNU SON OF OLWENYI NYEMBI SON OF NGWENO LUNUNI SON OF LWANDE WESONGA.

NAHONE   Wanyama
Ngweno
Richard Barasa Buluma

NASUBO   Samson Wandera
Fred Sanya
Moses Okumu

WANYAMA SON OF WILFRED OKUMU SON OF STEPHEN OGONO SON OF ODWOOLI SON OF NANGENGE SON OF SUNU SON OF OLWENYI NYEMBI SON OF NGWENO LUNUNI SON OF LWANDE WESONGA.

NGWENO SON OF WILFRED OKUMU SON OF STEPHEN OGONO SON OF ODWOOLI SON OF NANGENGE SON OF SUNU SON OF OLWENYI NYEMBI SON OF NGWENO LUNUNI SON OF LWANDE WESONGA.

CHAPTER ONE

RICHARD BARASA BULUMA SON OF WILFRED OKUMU SON OF STEPHEN OGONO SON OF ODWOOLI SON OF NANGENGE SON OF SUNU SON OF OLWENYI NYEMBI SON OF NGWENO LUNUNI SON OF LWANDE WESONGA.

SAMSON WANDERA SON OF WILFRED OKUMU SON OF STEPHEN OGONO SON OF ODWOOLI SON OF NANGENGE SON OF SUNU SON OF OLWENYI NYEMBI SON OF NGWENO LUNUNI SON OF LWANDE WESONGA.

FRED SANYA SON OF WILFRED OKUMU SON OF STEPHEN OGONO SON OF ODWOOLI SON OF NANGENGE SON OF SUNU SON OF OLWENYI NYEMBI SON OF NGWENO LUNUNI SON OF LWANDE WESONGA.

MOSES OKUMU SON OF WILFRED OKUMU SON OF STEPHEN OGONO SON OF ODWOOLI SON OF NANGENGE SON OF SUNU SON OF OLWENYI NYEMBI SON OF NGWENO LUNUNI SON OF LWANDE WESONGA.

MUDINA SON OF STEPHEN OGONO SON OF ODWOOLI SON OF NANGENGE SON OF SUNU SON OF OLWENYI NYEMBI SON OF NGWENO LUNUNI SON OF LWANDE WESONGA.

NABONWE	Sam Wandera
Eriya Bwire

SAM WANDERA SON OF MUDINA SON OF STEPHEN OGONO SON OF ODWOOLI SON OF NANGENGE SON OF SUNU SON OF OLWENYI NYEMBI SON OF NGWENO LUNUNI SON OF LWANDE WESONGA.

ERIYA BWIRE SON OF MUDINA SON OF STEPHEN OGONO SON OF ODWOOLI SON OF NANGENGE SON OF SUNU SON OF OLWENYI NYEMBI SON OF NGWENO LUNUNI SON OF LWANDE WESONGA.

LWANDE WESONGA: A GENEALOGY

OSINYA SON OF STEPHEN OGONO SON OF ODWOOLI SON OF NANGENGE SON OF SUNU SON OF OLWENYI NYEMBI SON OF NGWENO LUNUNI SON OF LWANDE WESONGA.

No information David Ogono
Silas Onyango

DAVID OGONO SON OF OSINYA SON OF STEPHEN OGONO SON OF ODWOOLI SON OF NANGENGE SON OF SUNU SON OF OLWENYI NYEMBI SON OF NGWENO LUNUNI SON OF LWANDE WESONGA.

SILAS ONYANGO SON OF OSINYA SON OF OGONO SON OF ODWOOLI SON OF NANGENGE SON OF SUNU SON OF OLWENYI NYEMBI SON OF NGWENO LUNUNI SON OF LWANDE WESONGA.

See Appendix 51

WERE ODWOOLI SON OF ODWOOLI SON OF NANGENGE SON OF SUNU SON OF OLWENYI NYEMBI SON OF NGWENO LUNUNI SON OF LWANDE WESONGA.

NAMUSIHO Wandera
NASINYA Mzee

WANDERA SON OF WERE ODWOOLI SON OF ODWOOLI SON OF NANGENGE SON OF SUNU SON OF OLWENYI NYEMBI SON OF NGWENO LUNUNI SON OF LWANDE WESONGA.

NGEMI No children were mentioned.

See Appendix Page 51

MZEE SON OF WERE ODWOOLI SON OF ODWOOLI SON OF NANGENGE SON OF SUNU SON OF OLWENYI NYEMBI SON OF NGWENO LUNUNI SON OF LWANDE WESONGA.

CHAPTER ONE

NAMAYERO Maloba Odwooli
Fred Bwire

MALOBA ODWOOLI SON OF MZEE SON OF WERE ODWOOLI SON OF ODWOOLI SON OF NANGENGE SON OF SUNU SON OF OLWENYI NYEMBI SON OF NGWENO LUNUNI SON OF LWANDE WESONGA.

FRED BWIRE SON OF MZEE SON OF WERE ODWOOLI SON OF ODWOOLI SON OF NANGENGE SON OF SUNU SON OF OLWENYI NYEMBI SON OF NGWENO LUNUNI SON OF LWANDE WESONGA.

MANUEL WANYAMA SON OF ODWOOLI SON OF NANGENGE SON OF SUNU SON OF OLWENYI NYEMBI SON OF NGWENO LUNUNI SON OF LWANDE WESONGA.

NASIHUNE When ENOSI ONYANGO died, MANUEL WANYAMA yakerama[29]
Nasihume and

they had the following children:
Wilson Oguttu
Stephen Wafula
William Kwoba
Oundo

WILSON OGUTTU SON OF MANUEL WANYAMA SON OF ODWOOLI SON OF NANGENGE SON OF SUNU SON OF OLWENYI NYEMBI SON OF NGWENO LUNUNI SON OF LWANDE WESONGA.

MUTESO No information about their children were available.

STEPHEN WAFULA SON OF MANUEL WANYAMA SON OF ODWOOLI SON OF NANGENGE SON OF SUNU SON OF OLWENYI NYEMBI SON OF NGWENO LUNUNI SON OF LWANDE WESONGA.

---

29   Married a relative's widow in a special ceremony according to Samia customs and traditions.

LWANDE WESONGA: A GENEALOGY

NALALA Oliver

OLIVER SON OF STEPHEN WAFULA SON OF MANUEL WANYAMA SON OF ODWOOLI SON OF NANGENGE SON OF SUNU SON OF OLWENYI NYEMBI SON OF NGWENO LUNUNI SON OF LWANDE WESONGA.

WILLIAM KWOBA SON OF MANUEL WANYAMA SON OF ODWOOLI SON OF NANGENGE SON OF SUNU SON OF OLWENYI NYEMBI SON OF NGWENO LUNUNI SON OF LWANDE WESONGA.

NAMUSOGA No information about their children were available.

OUNDO SON OF MANUEL WANYAMA SON OF ODWOOLI SON OF NANGENGE SON OF SUNU SON OF OLWENYI NYEMBI SON OF NGWENO LUNUNI SON OF LWANDE WESONGA.

NALALA No information about their children was available.

OKWENYO SON OF OLWENYI NYEMBI

OKWENYO SON OF OLWENYI NYEMBI SON OF NGWENO LUNUNI SON OF LWANDE WESONGA.

NABONGO Oguna
Olowo

OGUNA SON OF OKWENYO SON OF OLWENYI NYEMBI SON OF NGWENO LUNUNI SON OF LWANDE WESONGA.

NALYALI Zablon Wambete
George Asumanga

ZABLON WAMBETE SON OF OGUNA SON OF OKWENYO SON OF OLWENYI NYEMBI SON OF NGWENO LUNUNI SON OF LWANDE WESONGA.

CHAPTER ONE

NANYILALO	Wilson Oguna (Okumu)
	Yokana Egessa
NAMENYA	Four daughters (Two Natabona)

WILSON OGUNA (OKUMU) SON OF **ZABLON WAMBETE** SON OF **OGUNA** SON OF **OKWENYO** SON OF **OLWENYI NYEMBI** SON OF **NGWENO LUNUNI** SON OF **LWANDE WESONGA**.

NABURI	Ongudi
	Wandera
	Maliro
NAMUHOOKOSI	Had one daughter only and was not recorded (NATABONA).

BANATABONA DAUGHTERS OF WILSON OGUNA (OKUMU) SON OF **ZABLON WAMBETE** SON OF **OGUNA** SON OF **OKWENYO** SON OF **OLWENYI NYEMBI** SON OF **NGWENO LUNUNI** SON OF **LWANDE WESONGA**.

ONGUDI SON OF WILSON OGUNA (OKUMU) SON OF **ZABLON WAMBETE** SON OF **OGUNA** SON OF **OKWENYO** SON OF **OLWENYI NYEMBI** SON OF **NGWENO LUNUNI** SON OF **LWANDE WESONGA**.

WANDERA SON OF WILSON OGUNA (OKUMU) SON OF **ZABLON WAMBETE** SON OF **OGUNA** SON OF **OKWENYO** SON OF **OLWENYI NYEMBI** SON OF **NGWENO LUNUNI** SON OF **LWANDE WESONGA**.

MALIRO SON OF WILSON OGUNA (OKUMU) SON OF **ZABLON WAMBETE** SON OF **OGUNA** SON OF **OKWENYO** SON OF **OLWENYI NYEMBI** SON OF **NGWENO LUNUNI** SON OF **LWANDE WESONGA**.

NATABONA DAUGHTER OF WILSON OGUNA (OKUMU) SON OF **ZABLON WAMBETE** SON OF **OGUNA** SON OF **OKWENYO** SON OF **OLWENYI NYEMBI** SON OF **NGWENO LUNUNI** SON OF **LWANDE WESONGA**.

LWANDE WESONGA: A GENEALOGY

YOKANA EGESSA SON OF ZABLON WAMBETE SON OF OGUNA SON OF OKWENYO SON OF OLWENYI NYEMBI SON OF NGWENO LUNUNI SON OF LWANDE WESONGA.

NANYANGA　　Ojiambo Egessa
　　　　　　　　Wandera Egessa

NAMUKOBE　　No information about the children

OJIAMBO EGESSA SON OF YOKANA EGESSA SON OF ZABLON WAMBETE SON OF OGUNA SON OF OKWENYO SON OF OLWENYI NYEMBI SON OF NGWENO LUNUNI SON OF LWANDE WESONGA.

WANDERA EGESSA SON OF YOKANA EGESSA SON OF ZABLON WAMBETE SON OF OGUNA SON OF OKWENYO SON OF OLWENYI NYEMBI SON OF NGWENO LUNUNI SON OF LWANDE WESONGA.

GEORGE ASUMANGA SON OF OGUNA SON OF OKWENYO SON OF OLWENYI NYEMBI SON OF NGWENO LUNUNI SON OF LWANDE WESONGA.

NAJABI　　Onyango

ONYANGO SON OF GEORGE ASUMANGA SON OF OGUNA SON OF OKWENYO SON OF OLWENYI NYEMBI SON OF NGWENO LUNUNI SON OF LWANDE WESONGA.

NAMUTESO　　Moses Wandera

MOSES WANDERA SON OF ONYANGO SON OF GEORGE ASUMANGA SON OF OGUNA SON OF OKWENYO SON OF OLWENYI NYEMBI SON OF NGWENO LUNUNI SON OF LWANDE WESONGA.

NACHINI SON OF OLWENYI NYEMBI

CHAPTER ONE

NACHINI SON OF OLWENYI NYEMBI SON OF NGWENO LUNUNI SON OF LWANDE WESONGA.

NACHAKI Omujjo
NANYANGA Ouma Orieddo
OMIJJO yakerama[30] Nanyanga on the death of Nachini and had: Matayo Matalo

See Appendix 51

OMIJJO SON OF NACHINI SON OF OLWENYI NYEMBI SON OF NGWENO LUNUNI SON OF LWANDE WESONGA.

OUMA ORIEDDO SON OF NACHINI SON OF OLWENYI NYEMBI SON OF NGWENO LUNUNI SON OF LWANDE WESONGA.

NAJABI Bubolu

See Appendix Page 52

BUBOLU SON OF OUMA ORIEDDO SON OF NACHINI SON OF OLWENYI NYEMBI SON OF NGWENO LUNUNI SON OF LWANDE WESONGA.

NANYANGA Nachini II
Hadoke II

HADOKE II SON OF BUBOLU SON OF OUMA ORIEDDO SON OF NACHINI SON OF OLWENYI NYEMBI SON OF NGWENO LUNUNI SON OF LWANDE WESONGA.

NACHINI II SON OF BUBOLU SON OF OUMA ORIEDDO SON OF NACHINI SON OF OLWENYI NYEMBI SON OF NGWENO LUNUNI SON OF LWANDE WESONGA.

---

30 Marrying a widow in a special ceremony according to the Samia customs and tradition.

LWANDE WESONGA: A GENEALOGY

NAMUMACHI   Kenneth Bwire
                      Dev Wafula
                      Milton Barasa
                      Vincent Tibbita
                      Maklin Wandera

KENNETH BWIRE SON OF NACHINI II SON OF BUBOLU SON OF OUMA ORIEDDO SON OF NACHINI SON OF OLWENYI NYEMBI SON OF NGWENO LUNUNI SON OF LWANDE WESONGA.

DEV WAFULA SON OF NACHINI II SON OF BUBOLU SON OF OUMA ORIEDDO SON OF NACHINI SON OF OLWENYI NYEMBI SON OF NGWENO LUNUNI SON OF LWANDE WESONGA.

MILTON BARASA SON OF NACHINI II SON OF BUBOLU SON OF OUMA ORIEDDO SON OF NACHINI SON OF OLWENYI NYEMBI SON OF NGWENO LUNUNI SON OF LWANDE WESONGA.

VINCENT TIBBITA SON OF NACHINI II SON OF BUBOLU SON OF OUMA ORIEDDO SON OF NACHINI SON OF OLWENYI NYEMBI SON OF NGWENO LUNUNI SON OF LWANDE WESONGA.

MAKLIN WANDERA SON OF NACHINI II SON OF BUBOLU SON OF OUMA ORIEDDO SON OF NACHINI SON OF OLWENYI NYEMBI SON OF NGWENO LUNUNI SON OF LWANDE WESONGA.

OMUJJO SON OF NACHINI SON OF OLWENYI NYEMBI SON OF NGWENO LUNUNI SON OF LWANDE WESONGA.

NANYAGA   Matayo Matalo

MATAYO MATALO SON OF OMUJJO SON OF NACHINI SON OF OLWENYI NYEMBI SON OF NGWENO LUNUNI SON OF LWANDE WESONGA.

NAJABI   John Owori
                      Zablon Kitari

CHAPTER ONE

Jackson Onyango

ZABLON KITARI SON OF MATAYO MATALO SON OF OMUJJO SON OF NACHINI SON OF OLWENYI NYEMBI SON OF NGWENO LUNUNI SON OF LWANDE WESONGA.

JOHN OWORI SON OF MATAYO MATALO SON OF OMUJJO SON OF NACHINI SON OF OLWENYI NYEMBI SON OF NGWENO LUNUNI SON OF LWANDE WESONGA.

NAMULEMBO   Patrick Ouma
Walter Magambo
Nelson Bwire
NAMANGALE   Bwire

PATRICK OUMA SON OF JOHN OWORI SON OF MATAYO MATALO SON OF OMUJJO SON OF NACHINI SON OF OLWENYI NYEMBI SON OF NGWENO LUNUNI SON OF LWANDE WESONGA.

WALTER MAGAMBO SON OF JOHN OWORI SON OF MATAYO MATALO SON OF OMUJJO SON OF NACHINI SON OF OLWENYI NYEMBI SON OF NGWENO LUNUNI SON OF LWANDE WESONGA.

NELSON BWIRE SON OF JOHN OWORI SON OF MATAYO MATALO SON OF OMUJJO SON OF NACHINI SON OF OLWENYI NYEMBI SON OF NGWENO LUNUNI SON OF LWANDE WESONGA.

BWIRE SON OF JOHN OWORI SON OF MATAYO MATALO SON OF OMUJJO SON OF NACHINI SON OF OLWENYI NYEMBI SON OF NGWENO LUNUNI SON OF LWANDE WESONGA.

JACKSON ONYANGO SON OF MATAYO MATALO SON OF OMUJJO SON OF NACHINI SON OF OLWENYI NYEMBI SON OF NGWENO LUNUNI SON OF LWANDE WESONGA.

LWANDE WESONGA: A GENEALOGY

NASIMALWA   Geoffrey Onyango
                      Peter Onyango
                      Fred Onyango
                      Wandera

See Appendix Page 53

See Appendix Page 54

GEOFFREY ONYANGO SON OF JACKSON ONYANGO SON OF **MATAYO MATALO** SON OF **OMUJJO** SON OF **NACHINI** SON OF **OLWENYI NYEMBI** SON OF **NGWENO LUNUNI** SON OF **LWANDE WESONGA**.

PETER ONYANGO SON OF JACKSON ONYANGO SON OF **MATAYO MATALO** SON OF **OMUJJO** SON OF **NACHINI** SON OF **OLWENYI NYEMBI** SON OF **NGWENO LUNUNI** SON OF **LWANDE WESONGA**.

FRED ONYANGO SON OF JACKSON ONYANGO SON OF **MATAYO MATALO** SON OF **OMUJJO** SON OF **NACHINI** SON OF **OLWENYI NYEMBI** SON OF **NGWENO LUNUNI** SON OF **LWANDE WESONGA**.

WANDERA SON OF JACKSON ONYANGO SON OF **MATAYO MATALO** SON OF **OMUJJO** SON OF **NACHINI** SON OF **OLWENYI NYEMBI** SON OF **NGWENO LUNUNI** SON OF **LWANDE WESONGA**.

END OF NGWENO LUNUNI

CHAPTER TWO

NGWENO HADU MAHOLA SON OF LWANDE WESONGA.

NGWENO HADU MAHOLA

NAMUTAMBA Namutamba was a cousin of Awori Nahooli, who
Was a son of Namiripo the wife of **Ngweno Lununi.**

The people of BANDA requested Lwande to give them
Solidiers to help fight the war with their army against their
Enemy called ABASIBIKA who were preparing to attack
the clan of ABAHOOLI. As a Result, Lwande Wesonga's
people asked for extra girl for marriage to bear more
children to compensate for any lost during the war.
So, ABAHOOLI gave them a girl called Namutamba.

LWANDE WESONGA. SON OF LWANDE MULUNGO NAMUDU
(NAMUTAMBA WAS THE MOTHER OF NGWENO MAHOLA)

NGWENO MAHOLA SON OF LWANDE WESONGA.

NABONWE	Bwobo
	Mulyaha
NALALA	Lwande II
NAMULWANI	Ojwanga Obinda
NABONWE II	Masaba Ngundira (Osinjo)
NASIBWOCHI	Mutika
	Ngweno
	Sisera

LWANDE WESONGA: A GENEALOGY

BWOBO SON OF NGWENO MAHOLA

	BWOBO SON OF NGWENO MAHOLA SON OF LWANDE WESONGA.
NAMAKANGALA	Ochwinga
	OCHWINGA SON OF BWOBO
	OCHWINGA SON OF BWOBO SON OF NGWENO MAHOLA SON LWANDE WESONGA.
NEHOBA I	Oyula Wandera
NEHOBA II	Nambudye
	Henry Mangeni
	Okwomi
	Mukaga
	OKWOMI SON OF OCHWINGA SON OF BWOBO SON OF NGWENO MAHOLA SON OF LWANDE WESONGA.
	HENRY MANGENI SON OF OCHWINGA SON OF BWOBO SON OF NGWENO MAHOLA SON OF LWANDE WESONGA.
	MUKAGA SON OF OCHWINGA SON OF BWOBO SON OF NGWENO MAHOLA SON OF LWANDE WESONGA.
	OYULA WANDERA SON OF OCHWINGA SON OF BWOBO SON OF NGWENO MAHOLA SON OF LWANDE WESONGA.
NALALA	Olowo
	Thomas Ouma
NANYANGA	Ojiambo
	Odundo
NASERA	Orabi
	OLOWO SON OF OYULA WANDERA SON OF OCHWINGA SON

CHAPTER TWO

OF BWOBO SON OF NGWENO MAHOLA SON OF LWANDE WESONGA.

THOMAS OUMA SON OF OYULA WANDERA SON OF OCHWINGA SON OF BWOBO SON OF NGWENO MAHOLA SON OF LWANDE WESONGA.

OJIAMBO SON OF OYULA WANDERA SON OF OCHWINGA SON OF BWOBO SON OF NGWENO MAHOLA SON OF LWANDE WESONGA.

ODUNDO SON OF OYULA WANDERA SON OF OCHWINGA SON OF BWOBO SON OF NGWENO MAHOLA SON OF LWANDE WESONGA.

ORABI SON OF OYULA WANDERA SON OF OCHWINGA SON OF BWOBO SON OF NGWENO MAHOLA SON OF LWANDE WESONGA.

NAMBUDYE SON OF OCHWINGA SON OF BWOBO SON OF NGWENO MAHOLA SON OF LWANDE WESONGA.

NABONGO NALALA	Ochwinga II
	Nyabbola
	Siganda

OCHWINGA II SON OF NAMBUDYE SON OF OCHWINGA SON OF BWOBO SON OF NGWENO MAHOLA SON OF LWANDE WESONGA.

NYABBOLA SON OF NAMBUDYE SON OF OCHWINGA SON OF BWOBO SON OF NGWENO MAHOLA SON OF LWANDE WESONGA.

OKWOMI SON OF OCHWINGA SON OF BWOBO SON OF NGWENO MAHOLA SON OF LWANDE WESONGA.

LWANDE WESONGA: A GENEALOGY

NALALA   OYULA the brother of OKWOMI, yakerama[31] Nalala and they had a son Called Ojiambo.

OJIAMBO SON OF OYULA WANDERA SON OF OCHWINGA SON OF BWOBO SON OF NGWENO MAHOLA SON OF LWANDE WESONGA.

SIGANDA SON OF NAMBUDYE SON OF OCHWINGA SON OF BWOBO SON OF NGWENO MAHOLA SON OF LWANDE WESONGA.

NANYANGA   Amos Egondi
Yolamu Hasibante

AMOS EGONDI SON OF SIGANDA SON OF NAMBUDYE SON OF OCHWINGA SON OF BWOBO SON OF NGWENO MAHOLA SON OF LWANDE WESONGA.

YOLAMU HASIBANTE SON OF SIGANDA SON OF NAMBUDYE SON OF OCHWINGA SON OF BWOBO SON OF NGWENO MAHOLA SON OF LWANDE WESONGA.

NAHULO   Charles Onyango

CHARLES ONYANGO SON OF YOLAMU HASIBANTE SON OF SIGANDA SON OF NAMBUDYE SON OF OCHWINGA SON OF BWOBO SON OF NGWENO MAHOLA SON OF LWANDE WESONGA.

PASCAL ONYANGO SON OF CHARLES ONYANGO SON OF YOLAMU HASIBANTE SON OF SIGANDA SON OF NAMBUDYE SON OF OCHWINGA SON OF BWOBO SON OF NGWENO MAHOLA SON OF LWANDE WESONGA.

NABUKAKI   Mukaga

---

31   Marrying the widow in a special ceremony according to the customs and tradition of the Samia people.

CHAPTER TWO

Owori
Siganda II

MUKAGA SON OF PASCAL ONYANGO SON OF CHARLES ONYANGO SON OF YOLAMU HASIBANTE SON OF **SIGANDA** SON OF **NAMBUDYE** SON OF **OCHWINGA** SON OF **BWOBO** SON OF **NGWENO MAHOLA** SON OF **LWANDE WESONGA.**

OWORI SON OF PASCAL ONYANGO SON OF CHARLES ONYANGO SON OF YOLAMU HASIBANTE SON OF **SIGANDA** SON OF **NAMBUDYE** SON OF **OCHWINGA** SON OF **BWOBO** SON OF **NGWENO MAHOLA** SON OF **LWANDE WESONGA.**

SIGANDA II SON OF PASCAL ONYANGO SON OF CHARLES ONYANGO SON OF YOLAMU HASIBANTE SON OF **SIGANDA** SON OF **NAMBUDYE** SON OF **OCHWINGA** SON OF **BWOBO** SON OF **NGWENO MAHOLA** SON OF **LWANDE WESONGA.**

MULYAHA SON OF NGWENO MAHOLA

MULYAHA SON OF **NGWENO MAHOLA** SON OF **LWANDE WESONGA.**

NABONGO

Andrew Nyanja
Omolo
Luduba

See Appendix Page 55

OMOLO SON OF **MULYAHA** SON OF **NGWENO MAHOLA** SON OF **LWANDE WESONGA.**

LUDUBA SON OF **MULYAHA** SON OF **NGWENO MAHOLA** SON OF **LWANDE WESONGA.**

ANDREW NYANJA SON OF **MULYAHA** SON OF **NGWENO**

LWANDE WESONGA: A GENEALOGY

MAHOLA SON OF **LWANDE WESONGA.**

NAMULUMBA	Okuku
NASUBO	James Ogoola
NALWENGE	William Odera
	Barnabas Masinde
	Yovani Wafula
	Nathaniel Ouma
NAMAKANGALA	Chillo
	Wanyama
	Wangalwa
	Omala
NASUBO	Mulyaha II
	Lwande III
NAMENYA	Bwire

OKUKU SON OF **ANDREW NYANJA** SON OF **MULYAHA** SON OF **NGWENO MAHOLA** SON OF **LWANDE WESONGA.**

CHILLO SON OF **ANDREW NYANJA** SON OF **MULYAHA** SON OF **NGWENO MAHOLA** SON OF **LWANDE WESONGA.**

WANYAMA SON OF **ANDREW NYANJA** SON OF **MULYAHA** SON OF **NGWENO MAHOLA** SON OF **LWANDE WESONGA.**

WANGALWA SON OF **ANDREW NYANJA** SON OF **MULYAHA** SON OF **NGWENO MAHOLA** SON OF **LWANDE WESONGA.**

OMALA SON OF **ANDREW NYANJA** SON OF **MULYAHA** SON OF **NGWEN MAHOLA** SON OF **LWANDE WESONGA.**

MULYAHA II SON OF **ANDREW NYANJA** SON OF **MULYAHA** SON OF **NGWENO MAHOLA** SON OF **LWANDE WESONGA.**

LWANDE III SON OF **ANDREW NYANJA** SON OF **MULYAHA** SON OF **NGWENO MAHOLA** SON OF **LWANDE WESONGA.**

CHAPTER TWO

BWIRE SON OF **ANDREW NYANJA** SON OF **MULYAHA** SON OF **NGWENO MAHOLA** SON OF **LWANDE WESONGA.**

JAMES OGOOLA SON OF **ANDREW NYANJA** SON OF **MULYAHA** SON OF **NGWENO MAHOLA** SON OF **LWANDE WESONGA.**

NAMULUNDU	Vincent Lugendo
	Wilberbad Sifuna
	Silvester Bwire
	Patrick Gozza
	Okumu
NASIBAYI	Wandera

VINCENT LUGENDO SON OF **JAMES OGOOLA** SON OF **ANDREW NYANJA** SON OF **MULYAHA** SON OF **NGWENO MAHOLA** SON OF **LWANDE WESONGA.**

WILBERBAD SIFUNA SON OF **JAMES OGOOLA** SON OF **ANDREW NYANJA** SON OF **MULYAHA** SON OF **NGWENO MAHOLA** SON OF **LWANDE WESONGA.**

SILVESTER BWIRE SON OF **JAMES OGOOLA** SON OF **ANDREW NYANJA** SON OF **MULYAHA** SON OF **NGWENO MAHOLA** SON OF **LWANDE WESONGA.**

PATRICK GOZZA SON OF **JAMES OGOOLA** SON OF **ANDREW NYANJA** SON OF **MULYAHA** SON OF **NGWENO MAHOLA** SON OF **LWANDE WESONGA.**

OKUMU SON OF **JAMES OGOOLA** SON OF **ANDREW NYANJA** SON OF **MULYAHA** SON OF **NGWENO MAHOLA** SON OF **LWANDE WESONGA.**

WANDERA SON OF **JAMES OGOOLA** SON OF **ANDREW NYANJA** SON OF **MULYAHA** SON OF **NGWENO MAHOLA** SON OF **LWANDE WESONGA.**

LWANDE WESONGA: A GENEALOGY

WILLIAM ODERA SON OF ANDREW NYANJA

WILLIAM ODERA SON OF ANDREW NYANJA SON OF MULYAHA SON OF NGWENO MAHOLA SON OF LWANDE WESONGA.

NAMULOBA   Moses Ouma
Daudi Wanyama
Solomon Mangeni

MOSES OUMA SON OF WILLIAM ODERA SON OF ANDREW NYANJA SON OF MULYAHA SON OF NGWENO MAHOLA SON OF LWANDE WESONGA.

DAUDI WANYAMA SON OF WILLIAM ODERA SON OF ANDREW NYANJA SON OF MULYAHA SON OF NGWENO MAHOLA SON OF LWANDE WESONGA.

SOLOMON MANGENI SON OF WILLIAM ODERA SON OF ANDREW NYANJA SON OF MULYAHA SON OF NGWENO MAHOLA SON OF LWANDE WESONGA.

BARNABAS MASINDE SON OF ANDREW NYANJA SON OF MULYAHA SON OF NGWENO MAHOLA SON OF LWANDE WESONGA.

NAHAABI   Wandera

WANDERA SON OF BARNABAS MASINDE SON OF ANDREW NYANJA SON OF MULYAHA SON OF NGWENO MAHOLA SON LWANDE WESONGA.

YOVANI WAFULA SON OF ANDREW NYANJA SON OF MULYAHA SON OF NGWENO MAHOLA SON OF LWANDE WESONGA.

NANGOHO   Joseph Bwire
NASINYAMA   Henry Ojiambo

JOSEPH BWIRE SON OF YOVANI WAFULA SON OF ANDREW

CHAPTER TWO

NYANJA SON OF MULYAHA SON OF NGWENO MAHOLA SON OF LWANDE WESONGA.

HENRY OJIAMBO SON OF YOVANI WAFULA SON OF ANDREW NYANJA SON OF MULYAHA SON OF NGWENO MAHOLA SON OF LWANDE WESONGA.

NATHANAEL OUMA SON OF ANDREW NYANJA SON OF MULYAHA SON OF NGWENO MAHOLA SON OF LWANDE WESONGA.

MUTANZANIA

George Opio
Charles Odongo
James Okello
Stephen Hamala

GEORGE OPIO SON OF NATHANAEL OUMA SON OF ANDREW NYANJA SON OF MULYAHA SON OF NGWENO MAHOLA SON OF LWANDE WESONGA.

CHARLES ODONGO SON OF NATHANAEL OUMA SON OF ANDREW NYANJA SON OF MULYAHA SON OF NGWENO MAHOLA SON OF LWANDE WESONGA.

JAMES OKELLO SON OF NATHANAEL OUMA SON OF ANDREW NYANJA SON OF MULYAHA SON OF NGWENO MAHOLA SON OF LWANDE WESONGA.

STEPHEN HAMALA SON OF NATHANAEL OUMA SON OF ANDREW NYANJA SON OF MULYAHA SON OF NGWENO MAHOLA SON OF LWANDE WESONGA.

OMOLO SON OF MULYAHA SON OF NGWENO MAHOLA SON OF LWANDE WESONGA.

Erieza Lwande

ERIEZA LWANDE SON OF OMOLO SON OF MULYAHA SON OF

LWANDE WESONGA: A GENEALOGY

                    NGWENO MAHOLA SON OF LWANDE WESONGA.

NAMUTALA   Edward Wasike
Albert Siminyu
Paulo Nyegenye

EDWARD WASIKE SON OF ERIEZA LWANDE SON OF OMOLO SON OF MULYAHA SON OF NGWENO MAHOLA SON OF LWANDE WESONGA.

ALBERT SIMINYU SON OF ERIEZA LWANDE SON OF OMOLO SON OF MULYAHA SON OF NGWENO MAHOLA SON OF LWANDE WESONGA.

PAULO NYEGENYE SON OF ERIEZA LWANDE SON OF OMOLO SON OF MULYAHA SON OF NGWENO MAHOLA SON OF LWANDE WESONGA.

OSOBO SON OF? OMOLO SON OF MULYAHA SON OF NGWENO MAHOLA SON OF LWANDE WESONGA.

NANYIBOMI   Bwire

BWIRE SON OF OSOBO SON OF OMOLO SON OF MULYAHA SON OF NGWENO MAHOLA SON OF LWANDE WESONGA.

See Appendix Page 56

CHILLO SON OF ANDREW NYANJA SON OF MULYAHA SON OF NGWENO MAHOLA SON OF LWANDE WESONGA.

Wanyama
Wangalwa

WANYAMA SON OF CHILLO SON OF ANDREW NYANJA SON OF MULYAHA SON OF NGWENO MAHOLA SON OF LWANDE WESONGA.

CHAPTER TWO

WANGALWA SON OF CHILLO SON OF ANDREW NYANJA SON OF MULYAHA OF SON OF NGWENO MAHOLA SON OF LWANDE WESONGA.

NADONGO Nyanja II

NYANJA II SON OF WANGALWA SON OF CHILLO SON OF ANDREW NYANJA SON OF MULYAHA SON OF NGWENO MAHOLA SON OF LWANDE WESONGA.

OMALA SON OF ANDREW NYANJA SON OF MULYAHA SON OF NGWENO MAHOLA SON OF LWANDE WESONGA.

NANGOHO
Oguttu
Namulu
Masiga

OGUTTU SON OF OMALA SON OF ANDREW NYANJA SON OF MULYAHA SON OF NGWENO MAHOLA SON OF LWANDE WESONGA.

NAMULU SON OF OMALA SON OF ANDREW NYANJA SON OF MULYAHA SON OF NGWENO MAHOLA SON OF LWANDE WESONGA.

MASIGA SON OF OMALA SON OF ANDREW NYANJA SON OF MULYAHA SON OF NGWENO MAHOLA SON OF LWANDE WESONGA.

MULYAHA SON OF NGWENO MAHOLA SON OF LWANDE WESONGA.

VINCENT LUGENDO SON OF JAMES OGOOLA SON OF ANDREW NYANJA SON OF MULYAHA SON OF NGWENO MAHOLA SON OF LWANDE WESONGA.

MUGANDA No information was available about the children.

LWANDE WESONGA: A GENEALOGY

NALALA

LWANDE II SON OF NGWENO MAHOLA

LWANDE II SON OF NGWENO MAHOLA SON OF LWANDE WESONGA.

LWANDE MULYAHA SON OF LWANDE II SON OF NGWENO MAHOLA SON OF LWANDE WESONGA.

Dangi

DANGI SON OF LWANDE MULYAHA

DANGI SON OF LWANDE MULYAHA SON OF LWANDE II SON OF NGWENO MAHOLA SON OF LWANDE WESONGA.

NASUBO   Lwande III

LWANDE III SON OF DANGI SON OF LWANDE MULYAHA SON OF LWANDE II SON OF NGWENO MAHOLA SON OF LWANDE WESONGA.

NAKOOLI   Yowasi Buluma
Erukana Wandera
Yolamu Mabbachi
Dan Bwire

DAN BWIRE SON OF LWANDE III SON OF DANGI SON OF LWANDE MULYAHA SON OF LWANDE II SON OF NGWENO MAHOLA SON OF LWANDE WESONGA.

YOWASI BULUMA SON OF LWANDE III SON OF DANGI SON OF LWANDE MULYAHA SON OF LWANDE II SON OF NGWENO MAHOLA SON OF LWANDE WESONGA.

CHAPTER TWO

NALIALI Living Wanyama
Gideon Bwire
Dickson Magero

LIVING WANYAMA SON OF YOWASI BULUMA SON OF LWANDE III SON OF DANGI SON OF LWANDE MULYAHA SON OF LWANDE II SON OF NGWENO MAHOLA SON OF LWANDE WESONGA.

GIDEON BWIRE SON OF YOWASI BULUMA SON OF LWANDE III SON OF DANGI SON OF LWANDE MULYAHA SON OF LWANDE II SON OF NGWENO MAHOLA SON OF LWANDE WESONGA.

DICKSON MAGERO SON OF YOWASI BULUMA SON OF LWANDE III SON OF DANGI SON OF LWANDE MULYAHA SON OF LWANDE II SON OF NGWENO MAHOLA SON OF LWANDE WESONGA.

ERUKANA WANDERA SON OF LWANDE III SON OF DANGI SON OF LWANDE MULYAHA SON OF LWANDE II SON OF NGWENO MAHOLA SON OF LWANDE WESONGA.

NAMULUNDU Oundo

OUNDO SON OF ERUKANA WANDERA SON OF LWANDE III SON OF DANGI SON OF LWANDE MULYAHA SON OF LWANDE II SON OF NGWENO MAHOLA SON OF LWANDE WESONGA.

YOLAMU MABBACHI SON OF LWANDE III SON OF DANGI SON OF LWANDE MULYAHA SON OF LWANDE II SON OF NGWENO MAHOLA SON OF LWANDE WESONGA.

NANYANGA Richard Egessa
Aggrey Lwande
William Wandera
Henry Namalwa

RICHARD EGESSA SON OF YOLAMU MABBACHI SON OF LWANDE III SON OF DANGI SON OF LWANDE MULYAHA SON OF LWANDE

LWANDE WESONGA: A GENEALOGY

II SON OF NGWENO MAHOLA SON OF LWANDE WESONGA.

WILLIAM WANDERA SON OF YOLAMU MABBACHI SON OF LWANDE III SON OF DANGI SON OF LWANDE MULYAHA SON OF LWANDE II SON OF NGWENO MAHOLA SON OF LWANDE WESONGA.

HENRY NAMALWA SON OF YOLAMU MABBACHI SON OF LWANDE III SON OF DANGI SON OF LWANDE MULYAHA SON OF LWANDE II SON OF NGWENO MAHOLA SON OF LWANDE WESONGA.

MULYAHA SON OF LWANDE II SON OF NGWENO MAHOLA SON OF LWANDE WESONGA.

NALYALI

Francis Ojiambo
Lawrence Wanyama

AGGREY LWANDE SON OF YOLAMU MABBACHI SON OF LWANDE III SON OF DANGI SON OF LWANDE MULYAHA SON OF LWANDE II SON OF NGWENO MAHOLA SON OF LWANDE WESONGA.

NABAHO

Nafwa
Egessa
Nabuyiya
Maritino Otyola
Eriezali Guloba

NAFWA SON OF AGGREY LWANDE SON OF YOLAMU MABBACHI SON OF LWANDE III SON OF DANGI SON OF LWANDE MULYAHA SON OF LWANDE II SON OF NGWENO MAHOLA SON OF LWANDE WESONGA.

NABUYIYA SON OF AGGREY LWANDE SON OF YOLAMU MABBACHI SON OF LWANDE III SON OF DANGI SON OF LWANDE MULYAHA SON OF LWANDE II SON OF NGWENO MAHOLA SON OF LWANDE WESONGA.

CHAPTER TWO

MARITINO OTYOLA SON OF AGGREY LWANDE SON OF YOLAMU MABBACHI SON OF **LWANDE III** SON OF DANGI SON OF LWANDE MULYAHA SON OF LWANDE II SON OF NGWENO MAHOLA SON OF LWANDE WESONGA.

ERIEZALI GULOBA SON OF AGGREY LWANDE SON OF YOLAMMU ABBACHI SON OF **LWANDE III** SON OF DANGI SON OF LWANDE MULYAHA SON OF LWANDE II SON OF NGWENO MAHOLA SON OF LWANDE WESONGA.

See Appendix Page 57

EGESSA SON OF AGGREY LWANDE SON OF YOLAMU MABBACHI SON OF **LWANDE III** SON OF DANGI SON OF LWANDE MULYAHA SON OF LWANDE II SON OF NGWENO MAHOLA SON OF LWANDE WESONGA.

NAMUKOBE	Egessa II

EGESSA II SON OF EGESSA SON OF AGGREY LWANDE SON OF YOLAMU MABBACHI SON OF **LWANDE III** SON OF DANGI SON OF LWANDE MULYAHA SON OF LWANDE II SON OF NGWENO MAHOLA SON OF LWANDE WESONGA.

DANGI SON OF LWANDE MULYAHA SON OF LWANDE II SON SON OF NGWENO MAHOLA SON OF LWANDE WESONGA.

NAMAKANGALA	Dangi II

DANGI II SON OF DANGI SON OF LWANDE MULYAHA SON OF LWANDE II SON OF NGWENO MAHOLA SON OF LWANDE WESONGA.

JEREMIAH NGWENO SON OF? - No information was available

NAMAINDI	Absolom Masinde
	Peter Egessa

LWANDE WESONGA: A GENEALOGY

	ALONI ADIKA SON OF - No information.
NAMUKUBA	Bwire
	NGWENO MAHOLLA SON OF **LWANDE WESONGA**.
NAMULWANI	Ojwangi

OJWANGI SON OF NGWENO MAHOLA

	OJWANGI SON OF **NGWENO MAHOLA** SON OF **LWANDE WESONGA**.
NABAHO	Wandera
	WANDERA SON OF **OJWANGI** SON OF **NGWEN MAHOLA** SON OF **LWANDE WESONGA**.
NAMANGALE	Achoole
	Ogaando Penda
	Ongango
	ACHOOLE SON OF **WANDERA** SON OF **OJWANGI** SON OF **NGWENO MAHOLA** SON OF **LWANDE WESONGA**.
	OGAANDO SON OF **WANDERA** SON OF **OJWANGI** SON OF **NGWENO MAHOLA** SON OF **LWANDE WESONGA**.
	PENDA SON OF **WANDERA** SON OF OJWANGI SON OF **NGWENO MAHOLA** SON OF **LWANDE WESONGA**.
	ONGANGO SON OF **WANDERA** SON OF **OJWANGI** SON OF **NGWENO MAHOLA** SON OF **LWANDE WESONGA**.
	Dangali

CHAPTER TWO

                    DANGALI SON OF ONGANGO SON OF WANDERA SON OF OJWANGI SON OF NGWENO MAHOLA SON OF LWANDE WESONGA.

                    OMWICHANGO SON OF OJWANGI SON OF NGWENO MAHOLA SON OF LWANDE WESONGA.

NEHOBA   Boloki

                    BOLOKI SON OF OMWICHANGO SON OF OJWANGI SON OF NGWENO MAHOLA SON OF LWANDE WESONGA.

NAFWOFWOYO   Okambo
                    Makaada
                    Serwano Obanda
NAMUKUBA   Pantaleo Boloki II

                    OKAMBO SON OF BOLOKI SON OF OMWICHANGO SON OF OJWANGI SON OF NGWENO MAHOLA SON OF LWANDE WESONGA.

                    PANTALEO BOLOKI II SON OF BOLOKI SON OF OMWICHANGO SON OF OJWANGI SON OF NGWENO MAHOLA SON OF LWANDE WESONGA.

                    MAKAADA SON OF BOLOKI SON OF OMWICHANGO SON OF OJWANGI SON OF NGWENO MAHOLA SON OF LWANDE WESONGA.

NAPUNYI   Manuel Ojwangi II

                    MANUEL OJWANGI II SON OF MAKAADA SON OF BOLOKI SON OF OMWICHANGO SON OF OJWANGI SON OF NGWENO MAHOLA SON OF LWANDE WESONGA.

NAKUHU   Muluka
NAMAKANGALA I Ojwangi Boloki II

LWANDE WESONGA: A GENEALOGY

NAMAKANGALA II	Obanda
	Makaada
NAMADI	Gabriel Onyango

MULUKA SON OF MANUEL OJWANGI II SON OF MAKAADA SON OF BOLOKI SON OF OMWICHANGO SON OF OJWANGI SON OF NGWENO MAHOLA SON OF LWANDE WESONGA.

OJWANGI BOLOKI II SON OF MANUEL OJWANGI II SON OF MAKAADA SON OF BOLOKI SON OF OMWICHANGO SON OF OJWANGI SON OF NGWENO MAHOLA SON OF LWANDE WESONGA.

OBANDA SON OF MANUEL OJWANGI II SON OF MAKAADA SON OF BOLOKI SON OF OMWICHANGO SON OF OJWANGI SON OF NGWENO MAHOLA SON OF LWANDE WESONGA.

MAKAADA SON OF MANUEL OJWANGI II SON OF MAKAADA SON OF BOLOKI SON OF OMWICHANGO SON OF OJWANGI SON OF NGWENO MAHOLA SON OF LWANDE WESONGA.

GABRIEL ONYANGO SON OF MANUEL OJWANGI II SON OF MAKAADA SON OF BOLOKI SON OF OMWICHANGO SON OF OJWANGI SON OF NGWENO MAHOLA SON OF LWANDE WESONGA.

SERWANO OBANDA SON OF BOLOKI SON OF OMWICHANGO SON OF OJWANGI SON OF NGWENO MAHOLA SON OF LWANDE WESONGA.

NAMUSIHO	Benjamin Machio (Chango Machio W'Obanda)
NABONGO	Akisoferi Maloba
	Ojiambo
	Makoha

See Appendix Page 58

CHAPTER TWO

NAMUDDE   Onyango
Egessa

ONYANGO SON OF SERWANO OBANDA SON OF BOLOKI SON OF OMWICHANGO SON OF OJWANGI SON OF NGWENO MAHOLA SON OF LWANDE WESONGA.

EGESSA SON OF SERWANO OBANDA SON OF BOLOKI SON OF OMWICHANGO SON OF OJWANGI SON OF NGWENO MAHOLA SON OF LWANDE WESONGA.

BENJAMIN MACHIO (CHANGO MACHIO) SON OF SERWANO OBANDA SON OF BOLOKI SON OF OMWICHANGO SON OF OJWANGI SON OF NGWENO MAHOLA SON OF LWANDE WESONGA.

NANGANDA   Andrew Chango (Omwichango)
Clan - Abakanda
Peter Obanda (Dr.)
Armstrong Wejuli
Boloki II
Ngweno
Susan Nafula Nabwire Natabona
Addis Nekesa Natabona
Ada Nabwire Natabona
Hope Nasubo Natabona
Edith Nabwire Natabona
Catherine Ajiambo Natabona

ANDREW CHANGO (OMWICHANGO) SON OF BENJAMIN MACHIO (CHANGO MACHIO) SON OF SERWANO OBANDA SON OF BOLOKI SON OF OMWICHANGO SON OF OJWANGI SON OF NGWENO MAHOLA SON OF LWANDE WESONGA.

PETER OBANDA (DR.) SON OF BENJAMIN MACHIO (CHANGO MACHIO) SON OF SERWANO OBANDA SON OF BOLOKI SON OF OMWICHANGO SON OF OJWANGI SON OF NGWENO MAHOLA

SON OF **LWANDE WESONGA.**

ARMSTRONG WEJULI SON OF BENJAMIN MACHIO (CHANGO MACHIO) SON OF **SERWANO OBANDA** SON OF **BOLOKI** SON OF **OMWICHANGO** SON OF **OJWANGI** SON OF **NGWENO MAHOLA** SON OF **LWANDE WESONGA.**

BOLOKI II SON OF BENJAMIN MACHIO (CHANGO MACHIO) SON OF **SERWANO OBANDA** SON OF **BOLOKI** SON OF **OMWICHANGO** SON OF **OJWANGI** SON OF **NGWENO MAHOLA** SON OF **LWANDE WESONGA.**

NGWENO SON OF BENJAMIN MACHIO (CHANGO MACHIO) SON OF **SERWANO OBANDA** SON OF **BOLOKI** SON OF **OMWICHANGO** SON OF **OJWANGI** SON OF **NGWENO MAHOLA** SON OF **LWANDE WESONGA.**

SUSAN NAFULA NABWIRE NATABONA DAUGHTER OF BENJAMIN MACHIO (CHANGO MACHIO) SON OF **SERWANO OBANDA** SON OF **BOLOKI** SON OF **OMWICHANGO** SON OF **OJWANGI** SON OF **NGWENO MAHOLA** SON OF **LWANDE WESONGA.**

ADDIS NEKESA NATABONA DAUGHTER OF BENJAMIN MACHIO (CHANGO MACHIO) SON OF **SERWANO OBANDA** SON OF **BOLOKI** SON OF **OMWICHANGO** SON OF **OJWANGI** SON OF **NGWENO MAHOLA** SON OF **LWANDE WESONGA.**

ADA NABWIRE NATABONA DAUGHTER OF BENJAMIN MACHIO (CHANGO MACHIO) SON OF **SERWANO OBANDA** SON OF **BOLOKI** SON OF **OMWICHANGO** SON OF **OJWANGI** SON OF **NGWENO MAHOLA** SON OF **LWANDE WESONGA.**

HOPE NASỤBO NATABONA DAUGHTER OF BENJAMIN MACHIO (CHANGO MACHIO) SON OF **SERWANO OBANDA** SON OF **BOLOKI** SON OF **OMWICHANGO** SON OF **OJWANGI** SON OF **NGWENO MAHOLA** SON OF **LWANDE WESONGA.**

CHAPTER TWO

EDITH NABWIRE NATABONA DAUGHTER OF BENJAMIN MACHIO (CHANGO MACHIO) SON OF **SERWANO OBANDA** SON OF **BOLOKI** SON OF **OMWICHANGO** SON OF **OJWANGI** SON OF **NGWENO MAHOLA** SON OF **LWANDE WESONGA.**

CATHERINE AJIAMBO NATABONA DAUGHTER OF BENJAMIN MACHIO (CHANGO MACHIO) SON OF **SERWANO OBANDA** SON OF **BOLOKI** SON OF **OMWICHANGO** SON OF **OJWANGI** SON OF **NGWENO MAHOLA** SON OF **LWANDE WESONGA.**

AKISOFERI MALOBA SON OF **SERWANO OBANDA** SON OF **BOLOKI** SON OF **OMWICHANGO** SON OF **OJWANGI** SON OF **NGWENO MAHOLA** SON OF **LWANDE WESONGA.**

NANJOSI NADECHO	Obanda II

OBANDA II SON OF AKISOFERI MALOBA SON OF **SERWANO OBANDA** SON OF **BOLOKI** SON OF **OMWICHANGO** SON OF **OJWANGI** SON OF **NGWENO MAHOLA** SON OF **LWANDE WESONGA.**

OJIAMBO SON OF **SERWANO OBANDA** SON OF **BOLOKI** SON OF **OMWICHANGO** SON OF **OJWANGI** SON OF **NGWENO MAHOLA** SON OF **LWANDE WESONGA.**

NAMANGALE	Amuria
	William Ojiambo
	Mugume
	Obanda II

AMURIA SON OF OJIAMBO SON OF **SERWANO OBANDA** SON OF **BOLOKI** SON OF **OMWICHANGO** SON OF **OJWANGI** SON OF **NGWENO MAHOLA** SON OF **LWANDE WESONGA.**

WILLIAM OJIAMBO SON OF OJIAMBO SON OF **SERWANO OBANDA** SON OF **BOLOKI** SON OF **OMWICHANGO** SON OF

LWANDE WESONGA: A GENEALOGY

OJWANGI SON OF NGWENO MAHOLA SON OF LWANDE WESONGA.

MUGUME SON OF OJIAMBO SON OF SERWANO OBANDA SON OF BOLOKI SON OF OMWICHANGO SON OF OJWANGI SON OF NGWENO MAHOLA SON OF LWANDE WESONGA.

OBANDA II SON OF OJIAMBO SON OF SERWANO OBANDA SON OF BOLOKI SON OF OMWICHANGO SON OF OJWANGI SON OF NGWENO MAHOLA SON OF LWANDE WESONGA.

MAKOHA SON OF SERWANO OBANDA SON OF BOLOKI SON OF OMWICHANGO SON OF OJWANGI SON OF NGWENO MAHOLA SON OF LWANDE WESONGA.

| ? | Omwichango II |
| ? | Obanda II |

OMWICHANGO II SON OF MAKOHA SON OF SERWANO OBANDA SON OF BOLOKI SON OF OMWICHANGO SON OF OJWANGI SON OF NGWENO MAHOLA SON OF LWANDE WESONGA.

OBANDA II SON OF MAKOHA SON OF SERWANO OBANDA SON OF BOLOKI SON OF OMWICHANGO SON OF OJWANGI SON OF NGWENO MAHOLA SON OF LWANDE WESONGA.

See Appendix Page 59

BATALEO BOLOKI II SON OF BOLOKI SON OF OMWICHANGO SON OF OJWANGI SON OF NGWENO MAHOLA SON OF LWANDE WESONGA.

NASUBO I	Malingu
	Bwire
NAPUNYI	Opondo
	Mugeni
NASUBO II	Mangeni

CHAPTER TWO

Obanda

MALINGU SON OF PANTALEO BOLOKI II SON OF BOLOKI SON OF OMWICHANGO SON OF OJWANGI SON OF NGWENO MAHOLA SON OF LWANDE WESONGA.

NAKURUKU Boloki III

BOLOKI III SON OF MALINGU SON OF PANTALEO BOLOKI II SON OF BOLOKI SON OF OMWICHANGO SON OF OJWANGI SON OF NGWENO MAHOLA SON OF LWANDE WESONGA.

OPONDO SON OF PANTALEO BOLOKI II SON OF BOLOKI SON OF OMWICHANGO SON OF OJWANGI SON OF NGWENO MAHOLA SON OF LWANDE WESONGA.

NAMULUNDU No children were mentioned.

MANGENI[32] SON OF PANTALEO BOLOKI II SON OF BOLOKI SON OF OMWICHANGO SON OF OJWANGI SON OF NGWENO MAHOLA SON OF LWANDE WESONGA.

MANGENI[33] SON OF PANTALEO BOLOKI II SON OF BOLOKI SON OF OMWICHANGO SON OF OJWANGI SON OF NGWENO MAHOLA SON OF LWANDE WESONGA.

See Appendix Page 60

NGWENO MAHOLLA SON OF LWANDE WESONGA.

NABONWE Masaba

MASABA SON OF NGWENO MAHOLA

---

32 Mother was Napunyi but same father with another Mangeni.
33 Mother was Nasubo II but same father with the above Mangeni.

LWANDE WESONGA: A GENEALOGY

MASABA SON OF NGWENO MAHOLA SON OF LWANDE WESONGA.

Ngundira (Osinjo)

NGUNDIRA (OSINJO) SON OF MASABA SON OF NGWENO MAHOLA SON OF LWANDE WESONGA.

NAMAINDI	Bujubo
	Mwanga
	Indoro
NADWANGI	Zefania Okumu
	Edward Odwori
	Ongomo

BUJUBO SON OF NGUNDIRA OSINJO SON OF MASABA SON OF NGWENO MAHOLA SON OF LWANDE WESONGA.

MWANGA SON OF NGUNDIRA OSINJO SON OF MASABA SON OF NGWENO MAHOLA SON OF LWANDE WESONGA.

INDORO SON OF NGUNDIRA OSINJO SON OF MASABA SON OF NGWENO MAHOLA SON OF LWANDE WESONGA.

ONGOMO SON OF NGUNDIRA OSINJO SON OF MASABA SON OF NGWENO MAHOLA SON OF LWANDE WESONGA.

ZEFANIA OKUMU SON OF NGUNDIRA OSINJO SON OF MASABA SON OF NGWENO MAHOLA SON OF LWANDE WESONGA.

NASUBO I	Wandera
	Mika Bwire
	Okello
NAHULO	Ojwangi
NASUBO II	Ouma

WANDERA SON OF ZEFANIA OKUMU SON OF NGUNDIRA

CHAPTER TWO

OSINJO SON OF **MASABA** SON OF **NGWENO MAHOLA** SON OF **LWANDE WESONGA**.

MIKA BWIRE SON OF **ZEFANIA OKUMU** SON OF **NGUNDIRA OSINJO** SON OF **MASABA** SON OF **NGWENO MAHOLA** SON OF **LWANDE WESONGA**.

OKELLO SON OF **ZEFANIA OKUMU** SON OF **NGUNDIRA OSINJO** SON OF **MASABA** SON OF **NGWENO MAHOLA** SON OF **LWANDE WESONGA**.

OJWANGI SON OF **ZEFANIA OKUMU** SON OF **NGUNDIRA OSINJO** SON OF **MASABA** SON OF **NGWENO MAHOLA** SON OF **LWANDE WESONGA**.

OUMA SON OF **ZEFANIA OKUMU** SON OF **NGUNDIRA OSINJO** SON OF **MASABA** SON OF **NGWENO MAHOLA** SON OF **LWANDE WESONGA**.

EDWARD ODWORI SON OF **NGUNDIRA OSINJO** SON OF **MASABA** SON OF **NGWENO MAHOLA** SON OF **LWANDE WESONGA**.

| ? | Were |
| **NANYANGA** | Wycliffe Oundo |

WYCLIFFE OUNDO SON OF **EDWARD ODWORI** SON OF **NGUNDIRA OSINJO** SON OF **MASABA** SON OF **NGWENO MAHOLA** SON OF **LWANDE WESONGA**.

WERE SON OF **EDWARD ODWORI** SON OF **NGUNDIRA OSINJO** SON OF **MASABA** SON OF **NGWENO MAHOLA** SON OF **LWANDE WESONGA**.

?	Asango
	Onyango
	Odungo

LWANDE WESONGA: A GENEALOGY

ASANGO SON OF WERE SON OF EDWARD ODWORI SON OF NGUNDIRA OSINJO SON OF MASABA SON OF NGWENO MAHOLA SON OF LWANDE WESONGA.

ONYANGO SON OF WERE SON OF EDWARD ODWORI SON OF NGUNDIRA OSINJO SON OF MASABA SON OF NGWENO MAHOLA SON OF LWANDE WESONGA.

ODUNGO SON OF WERE SON OF EDWARD ODWORI SON OF NGUNDIRA OSINJO SON OF MASABA SON OF NGWENO MAHOLA SON OF LWANDE WESONGA.

NGUNDIRA OSINJO

? It is noted that Osinjo was asked to look after more domestic animals for people. He responded by saying that he had a lot of domestic animals and lacked energy to rear them. Osinjo also added that nobody was helping him to look after the animals. As a result, he was named "NGUNDIRA[34]" but the real name was OSINJO.

NGWENO MAHOLA SON OF LWANDE WESONGA.

NABONWE Masaba

See appendix 60

MASBA SON OF NGWENO MAHOLA SON OF LWANDE WESONGA.

?
Awori
Ogaaga
Onyango Hatera
Onyango Odyonga

OGAAGA SON OF MASABA SON OF NGWENO MAHOLA SON OF LWANDE WESONGA.

---

34   The name "Ngundira" has other meaning in Samia customs and traditions.

186

CHAPTER TWO

ONYANGO HATERA SON OF MASABA SON OF NGWENO MAHOLA SON OF LWANDE WESONGA.

ONYANGO ODYONGA SON OF MASABA SON OF NGWENO MAHOLA SON OF LWANDE WESONGA.

AWORI SON OF MASABA SON OF NGWENO MAHOLA SON OF LWANDE WESONGA.

Lwande
Gwato
Mugenya
Odunga

LWANDE SON OF AWORI SON OF MASABA SON OF NGWENO MAHOLA SON OF LWANDE WESONGA.

GWATO SON OF AWORI SON OF MASABA SON OF NGWENO MAHOLA SON OF LWANDE WESONGA.

MUGENYA SON OF AWORI SON OF MASABA SON OF NGWENO MAHOLA SON OF LWANDE WESONGA.

ODUNGA SON OF AWORI SON OF MASABA SON OF NGWENO MAHOLA SON OF LWANDE WESONGA.

See Appendix Page 61

DANIEL WANJALA
NAMUKUBA   Nakasio Egessa

ODUNGA SON OF MUGENYA SON OF AWORI SON OF MASABA SON OF NGWENO MAHOLA SON OF LWANDE WESONGA.

NANDAKO I   Lwande
                 Awori
NACHWERE   Lwande

LWANDE WESONGA: A GENEALOGY

NANDAKO II	Mugenya
NACHAKI I	Ouma
NACHAKI II	Lwande (Monday)
	Mayende

OUMA SON OF ODUNGA SON OF MUGENYA SON OF AWORI SON OF MASABA SON OF NGWENO MAHOLA SON OF LWANDE WESONGA.

LWANDE[35](MONDAY) SON OF ODUNGA SON OF MUGENYA SON OF AWORI SON OF MASABA SON OF NGWENO MAHOLA SON OF LWANDE WESONGA.

MAYENDE SON OF ODUNGA SON OF MUGENYA SON OF AWORI SON OF MASABA SON OF NGWENO MAHOLA SON OF LWANDE WESONGA.

AWORI II ODUNGA SON OF ODUNGA SON OF MUGENYI SON OF AWORI SON OF MASABA SON OF NGWENO MAHOLA SON OF LWANDE WESONGA.

NANKIMA	Nanyanga

NANYANGA OF AWORI II SON OF ODUNGA SON OF MUGENYI SON OF AWORI SON OF MASABA SON OF NGWENO MAHOLA SON OF LWANDE WESONGA.

LWANDE[36] II SON OF ODUNGA SON OF MUGENYI SON OF AWORI SON OF MASABA SON OF NGWENO MAHOLA SON OF LWANDE WESONGA.

NACHAKI	Mugenya II

MUGENYA II SON OF LWANDE II SON OF ODUNGA SON OF

---

35 His mother was Nachaki II – it differentiates him from Lwande below:
36 His mother was called Nandako1 because there were two of similar name Lwande.

CHAPTER TWO

MUGENYI SON OF AWORI SON OF MASABA SON OF NGWENO MAHOLA SON OF LWANDE WESONGA.

NADAARE Ojiambo
Bisse
Samba
Daniel Wanjala
Ojuku

OJUKU SON OF MUGENYA II SON OF ODUNGA SON OF MUGENYI SON OF AWORI SON OF MASABA SON OF NGWENO MAHOLA SON OF LWANDE WESONGA.

OJIAMBO SON OF MUGENYA II SON OF ODUNGA SON OF MUGENYI SON OF AWORI SON OF MASABA SON OF NGWENO MAHOLA SON OF LWANDE WESONGA.

BISSE SON OF MUGENYA II SON OF ODUNGA SON OF MUGENYI SON OF AWORI SON OF MASABA SON OF NGWENO MAHOLA SON OF LWANDE WESONGA.

SAMBA SON OF MUGENYA II SON OF ODUNGA SON OF MUGENYI SON OF AWORI SON OF MASABA SON OF NGWENO MAHOLA SON OF LWANDE WESONGA.

DANIEL WANJALA SON OF MUGENYI II SON OF ODUNGA SON OF MUGENYI SON OF AWORI SON OF MASABA SON OF NGWENO MAHOLA SON OF LWANDE WESONGA.

NAMUKOBE I Mukaga
Were
Okello
NANYANGA Wilson Nayaala
Bwire Barasa
Ojiambo
NAMULUNDU Onyango
NATIKOKO Egessa

LWANDE WESONGA: A GENEALOGY

NAMUKOBE II   Okumu
Wafula
Wandera

WERE SON OF DANIEL WANJALA SON OF MUGENYI II SON OF ODUNGA SON OF MUGENYI SON OF AWORI SON OF MASABA SON OF NGWENO MAHOLA SON OF LWANDE WESONGA.

OKELLO SON OF DANIEL WANJALA SON OF MUGENYI II SON OF ODUNGA SON OF MUGENYI SON OF AWORI SON OF MASABA SON OF NGWENO MAHOLA SON OF LWANDE WESONGA.

BWIRE SON OF DANIEL WANJALA SON OF MUGENYI II SON OF ODUNGA SON OF MUGENYI SON OF AWORI SON OF MASABA SON OF NGWENO MAHOLA SON OF LWANDE WESONGA.

BARASA SON OF DANIEL WANJALA SON OF MUGENYI II SON OF ODUNGA SON OF MUGENYI SON OF AWORI SON OF MASABA SON OF NGWENO MAHOLA SON OF LWANDE WESONGA.

OJIAMBO SON OF DANIEL WANJALA SON OF MUGENYI II SON OF ODUNGA SON OF MUGENYI SON OF AWORI SON OF MASABA SON OF NGWENO MAHOLA SON OF LWANDE WESONGA.

ONYANGO SON OF DANIEL WANJALA SON OF MUGENYI II SON OF ODUNGA SON OF MUGENYI SON OF AWORI SON OF MASABA SON OF NGWENO MAHOLA SON OF LWANDE WESONGA.

EGESSA SON OF DANIEL WANJALA SON OF MUGENYI II SON OF ODUNGA SON OF MUGENYI SON OF AWORI SON OF MASABA SON OF NGWENO MAHOLA SON OF LWANDE WESONGA.

OKUMU SON OF DANIEL WANJALA SON OF MUGENYI II SON OF ODUNGA SON OF MUGENYI SON OF AWORI SON OF MASABA SON OF NGWENO MAHOLA SON OF LWANDE WESONGA.

CHAPTER TWO

WAFULA SON OF DANIEL WANJALA SON OF MUGENYI II SON OF ODUNGA SON OF MUGENYI SON OF AWORI SON OF MASABA SON OF NGWENO MAHOLA SON OF LWANDE WESONGA.

WANDERA SON OF DANIEL WANJALA SON OF MUGENYI II SON OF ODUNGA SON OF MUGENYI SON OF AWORI SON OF MASABA SON OF NGWENO MAHOLA SON OF LWANDE WESONGA.

MUKAGA SON OF DANIEL WANJALA SON OF MUGENYI II SON OF ODUNGA SON OF MUGENYI SON OF AWORI SON OF MASABA SON OF NGWENO MAHOLA SON OF LWANDE WESONGA.

NAMAINDI   Wanyama (Were)

WANYAMA (WERE) SON OF MUKAGA SON OF DANIEL WANJALA SON OF MUGENYI II SON OF ODUNGA SON OF MUGENYI SON OF AWORI SON OF MASABA SON OF NGWENO MAHOLA SON OF LWANDE WESONGA.

WILSON NAYAALA SON OF DANIEL WANJALA SON OF MUGENYI II SON OF ODUNGA SON OF MUGENYI SON OF AWORI SON OF MASABA SON OF NGWENO MAHOLA SON OF LWANDE WESONGA.

NAJABI   Toyota
Wabwire
Daniel Wanjala
Mangeni

TOYOTA SON OF WILSON NAYAALA SON OF DANIEL WANJALA SON OF MUGENYI II SON OF ODUNGA SON OF MUGENYI SON OF AWORI SON OF MASABA SON OF NGWENO MAHOLA SON OF LWANDE WESONGA.

WABWIRE SON OF WILSON NAYAALA SON OF DANIEL WANJALA SON OF MUGENYI II SON OF ODUNGA SON OF MUGENYI SON OF AWORI SON OF MASABA SON OF NGWENO MAHOLA SON OF LWANDE WESONGA.

LWANDE WESONGA: A GENEALOGY

DANIEL WANJALA SON OF WILSON NAYAALA SON OF DANIEL WANJALA SON OF MUGENYI II SON OF ODUNGA SON OF MUGENYI SON OF AWORI SON OF MASABA SON OF NGWENO MAHOLA SON OF LWANDE WESONGA.

MANGENI SON OF WILSON NAYAALA SON OF DANIEL WANJALA SON OF MUGENYI II SON OF ODUNGA SON OF MUGENYI SON OF AWORI SON OF MASABA SON OF NGWENO MAHOLA SON OF LWANDE WESONGA.

See Appendix Page 62

AWORI SON OF MASABA SON OF NGWENO MAHOLA SON OF LWANDE WESONGA.

NAMANGALE	Silvanus Wangalwa
	Cosma Gwato
	William Sikaala
NAMUDDE	Andrea Ogooya

COSMA GWATO SON OF AWORI SON OF MASABA SON OF NGWENO MAHOLA SON OF LWANDE WESONGA.

WILLIAM SIKAALA SON OF AWORI SON OF MASABA SON OF NGWENO MAHOLA SON OF LWANDE WESONGA.

ANDREA OGOOYA SON OF AWORI SON OF MASABA SON OF NGWENO MAHOLA SON OF LWANDE WESONGA.

SILVANUS WANGALWA SON OF AWORI SON OF MASABA SON OF NGWENO MAHOLA SON OF LWANDE WESONGA.

NAMULUCHA	John Wafula
	Fredrick Bwire
	Vincent Opio

NELSON ODONGO SON OF (No further information was available)

CHAPTER TWO

NANYANGA	Andrew Bwire
Gedi Sangalo
John Wanyama

See Appendix 62

CORNEL OKELLO SON OF SILVANUS WANGALWA SON OF AWORI SON OF MASABA SON OF NGWENO MAHOLA SON OF LWANDE WESONGA.

NASINYAMA NAHABI	Wanyama

WANYAMA SON OF CORNEL OKELLO SON OF SILVANUS WANGALWA SON OF AWORI SON OF MASABA SON OF NGWENO MAHOLA SON OF LWANDE WESONGA.

JOHN WAFULA SON OF SILVANUS WANGALWA SON OF AWORI SON OF MASABA SON OF NGWENO MAHOLA SON OF LWANDE WESONGA.

KABALEGA	Wanyama
Onyango
Ouma
Wandera

WANYAMA SON OF JOHN WAFULA SON OF SILVANUS WANGALWA SON OF AWORI SON OF MASABA SON OF NGWENO MAHOLA SON OF LWANDE WESONGA.

ONYANGO SON OF JOHN WAFULA SON OF SILVANUS WANGALWA SON OF AWORI SON OF MASABA SON OF NGWENO MAHOLA SON OF LWANDE WESONGA.

OUMA SON OF JOHN WAFULA SON OF SILVANUS WANGALWA SON OF AWORI SON OF MASABA SON OF NGWENO MAHOLA SON OF LWANDE WESONGA.

LWANDE WESONGA: A GENEALOGY

WANDERA SON OF JOHN WAFULA SON OF SILVANUS WANGALWA SON OF AWORI SON OF MASABA SON OF NGWENO MAHOLA SON OF LWANDE WESONGA.

FREDRICK BWIRE SON OF SILVANUS WANGALWA SON OF AWORI SON OF MASABA SON OF NGWENO MAHOLA SON OF LWANDE WESONGA.

ADETI	Sanya
	Wandera
	Barasa
NAYINGANI	Opio
	Okello
NAMUTENDE	Joseph
	Oguttu

SANYA SON OF FREDRICK BWIRE SON OF SILVANUS WANGALWA SON OF AWORI SON OF MASABA SON OF NGWENO MAHOLA SON OF LWANDE WESONGA.

WANDERA SON OF FREDRICK BWIRE SON OF SILVANUS WANGALWA SON OF AWORI SON OF MASABA SON OF NGWENO MAHOLA SON OF LWANDE WESONGA.

BARASA SON OF FREDRICK BWIRE SON OF SILVANUS WANGALWA SON OF AWORI SON OF MASABA SON OF NGWENO MAHOLA SON OF LWANDE WESONGA.

OPIO SON OF FREDRICK BWIRE SON OF SILVANUS WANGALWA SON OF AWORI SON OF MASABA SON OF NGWENO MAHOLA SON OF LWANDE WESONGA.

OKELLO SON OF FREDRICK BWIRE SON OF SILVANUS WANGALWA SON OF AWORI SON OF MASABA SON OF NGWENO MAHOLA SON OF LWANDE WESONGA.

JOSEPH SON OF FREDRICK BWIRE SON OF SILVANUS

CHAPTER TWO

WANGALWA SON OF AWORI SON OF MASABA SON OF NGWENO MAHOLA SON OF LWANDE WESONGA.

OGUTTU SON OF FREDRICK BWIRE SON OF SILVANUS WANGALWA SON OF AWORI SON OF MASABA SON OF NGWENO MAHOLA SON OF LWANDE WESONGA.

VINCENT OPIO SON OF SILVANUS WANGALWA SON OF AWORI SON OF MASABA SON OF NGWENO MAHOLA SON OF LWANDE WESONGA.

Awori II
Osborn

AWORI II SON OF VICENT OPIO SON OF SILVANUS WANGALWA SON OF AWORI SON OF MASABA SON OF NGWENO MAHOLA SON OF LWANDE WESONGA.

OSBORN SON OF VICENT OPIO SON OF SILVANUS WANGALWA SON OF AWORI SON OF MASABA SON OF NGWENO MAHOLA SON OF LWANDE WESONGA.

CORNEL OKELLO SON OF SILVANUS WANGALWA SON OF AWORI SON OF MASABA SON OF NGWENO MAHOLA SON OF LWANDE WESONGA.

NASUBO   Denis Sunday
Sam Barasa

DENIS SUNDAY SON OF CORNEL OKELLO SON OF SILVANUS WANGALWA SON OF AWORI SON OF MASABA SON OF NGWENO MAHOLA SON OF LWANDE WESONGA.

SAM BARASA SON OF CORNEL OKELLO SON OF SILVANUS WANGALWA SON OF AWORI SON OF MASABA SON OF NGWENO MAHOLA SON OF LWANDE WESONGA.

LWANDE WESONGA: A GENEALOGY

        WILLIAM SIKAALA SON OF AWORI SON OF MASABA SON OF NGWENO MAHOLA SON OF LWANDE WESONGA.

NAMANGALE	Andrea Ogooya
	Jared Wandera
NALALA	George Bubolu
	Joshua Oguttu

        ANDREA OGOOYA SON OF WILLIAM SIKAALA SON OF AWORI SON OF MASABA SON OF NGWENO MAHOLA SON OF LWANDE WESONGA.

        JARED WANDERA SON OF WILLIAM SIKAALA SON OF AWORI SON OF MASABA SON OF NGWENO MAHOLA SON OF LWANDE WESONGA.

        GEORGE BUBOLU SON OF WILLIAM SIKAALA SON OF AWORI SON OF MASABA SON OF NGWENO MAHOLA SON OF LWANDE WESONGA.

        JOSHUA OGUTTU SON OF WILLIAM SIKAALA SON OF AWORI SON OF MASABA SON OF NGWENO MAHOLA SON OF LWANDE WESONGA.

        NGWENO MAHOLA SON OF LWANDE WESONGA.

NASIBWOCHI	Mutika

MUTIKA SON OF NGWENO MAHOLA

        MUTIKA SON OF NGWENO MAHOLA SON OF LWANDE WESONGA.

        Wanga
        Enaali
        Kadaka

CHAPTER TWO

See Appendix Page 63

WANGA SON OF MUTIKA SON OF NGWENO MAHOLA SON OF LWANDE WESONGA.

KADAKA SON OF MUTIKA SON OF NGWENO MAHOLA SON OF LWANDE WESONGA.

ENAALI SON OF MUTIKA SON OF NGWENO MAHOLA SON OF LWANDE WESONGA.

Fudiembe

FUDIEMBE SON OF ENAALI SON OF MUTIKA SON OF NGWENO MAHOLA SON OF LWANDE WESONGA.

NALIALI	Musa Fudiembe

MUSA FUDIEMBE SON OF FUDIEMBE SON OF ENAALI SON OF MUTIKA SON OF NGWENO MAHOLA SON OF LWANDE WESONGA.

NANYANGA	Yosiya Gusinja
	James Okinda
NAMULUNDU	Enos Otika
	Jonathan Ouma
	Mangeni
	Buchunju
NAMUKOBE	Erieza Muganda
	Garrison Wandera
NAMULUNDU	Abisayi Wanyama
NAMUYEE	Daudi Ouma

JONATHAN OUMA SON OF MUSA FUDIEMBE SON OF FUDIEMBE SON OF ENAALI SON OF MUTIKA SON OF NGWENO MAHOLA SON OF LWANDE WESONGA.

LWANDE WESONGA: A GENEALOGY

MANGENI SON OF MUSA FUDIEMBE SON OF FUDIEMBE SON OF ENAALI SON OF MUTIKA SON OF NGWENO MAHOLA SON OF LWANDE WESONGA.

BUCHUNJU SON OF MUSA FUDIEMBE SON OF FUDIEMBE SON OF ENAALI SON OF MUTIKA SON OF NGWENO MAHOLA SON OF LWANDE WESONGA.

ERIEZA MUGANDA SON OF MUSA FUDIEMBE SON OF FUDIEMBE SON OF ENAALI SON OF MUTIKA SON OF NGWENO MAHOLA SON OF LWANDE WESONGA.

GARRISON WANDERA SON OF MUSA FUDIEMBE SON OF FUDIEMBE SON OF ENAALI SON OF MUTIKA SON OF NGWENO MAHOLA SON OF LWANDE WESONGA.

ABISAYI WANYAMA SON OF MUSA FUDIEMBE SON OF FUDIEMBE SON OF ENAALI SON OF MUTIKA SON OF NGWENO MAHOLA SON OF LWANDE WESONGA.

DAUDI OUMA SON OF MUSA FUDIEMBE SON OF FUDIEMBE SON OF ENAALI SON OF MUTIKA SON OF NGWENO MAHOLA SON OF LWANDE WESONGA.

YOSIA GUSINJA SON OF MUSA FUDIEMBE SON OF FUDIEMBE SON OF ENAALI SON OF MUTIKA SON OF NGWENO MAHOLA SON OF LWANDE WESONGA.

NASIBIKA	Wafula	
	Wanyama	
NASIMALWA	Wandera	
	Patrick Ouma	
NAMURWA I	Ojiambo	
	Bwire	
NAMURWA II	Mugeni	Bwire
	Mangeni	
	Margret Natabona	

CHAPTER TWO

Joyce - Natabona

WAFULA SON OF YOSIA GUSINJA SON OF **MUSA FUDIEMBE** SON OF FUDIEMBE SON OF ENAALI SON OF MUTIKA SON OF NGWENO MAHOLA SON OF LWANDE WESONGA.

WANYAMA SON OF YOSIA GUSINJA SON OF **MUSA FUDIEMBE** SON OF FUDIEMBE SON OF ENAALI SON OF MUTIKA SON OF NGWENO MAHOLA SON OF LWANDE WESONGA.

WANDERA SON OF YOSIA GUSINJA SON OF **MUSA FUDIEMBE** SON OF FUDIEMBE SON OF ENAALI SON OF MUTIKA SON OF NGWENO MAHOLA SON OF LWANDE WESONGA.

PATRICK OUMA SON OF YOSIA GUSINJA SON OF **MUSA FUDIEMBE** SON OF FUDIEMBE SON OF ENAALI SON OF MUTIKA SON OF NGWENO MAHOLA SON OF LWANDE WESONGA.

OJIAMBO SON OF YOSIA GUSINJA SON OF **MUSA FUDIEMBE** SON OF FUDIEMBE SON OF ENAALI SON OF MUTIKA SON OF NGWENO MAHOLA SON OF LWANDE WESONGA.

BWIRE SON OF YOSIA GUSINJA SON OF **MUSA FUDIEMBE** SON OF FUDIEMBE SON OF ENAALI SON OF MUTIKA SON OF NGWENO MAHOLA SON OF LWANDE WESONGA.

MUGENI SON OF YOSIA GUSINJA SON OF **MUSA FUDIEMBE** SON OF FUDIEMBE SON OF ENAALI SON OF MUTIKA SON OF NGWENO MAHOLA SON OF LWANDE WESONGA.

BWIRE SON OF YOSIA GUSINJA SON OF **MUSA FUDIEMBE** SON OF FUDIEMBE SON OF ENAALI SON OF MUTIKA SON OF NGWENO MAHOLA SON OF LWANDE WESONGA.

MANGENI SON OF YOSIA GUSINJA SON OF **MUSA FUDIEMBE** SON OF FUDIEMBE SON OF ENAALI SON OF MUTIKA SON OF NGWENO MAHOLA SON OF LWANDE WESONGA.

LWANDE WESONGA: A GENEALOGY

MARGARET GUSINJA NATABONA DAUGHTER OF YOSIA GUSINJA SON OF **MUSA FUDIEMBE** SON OF **FUDIEMBE** SON OF **ENAALI** SON OF **MUTIKA** SON OF **NGWENO MAHOLA** SON OF **LWANDE WESONGA.**

JOYCE GUSINJA NATABONA DAUGHTER OF YOSIA GUSINJA SON OF **MUSA FUDIEMBE** SON OF **FUDIEMBE** SON OF **ENAALI** SON OF **MUTIKA** SON OF **NGWENO MAHOLA** SON OF **LWANDE WESONGA.**

JAMES OKINDA SON OF **MUSA FUDIEMBE** SON OF **FUDIEMBE** SON OF **ENAALI** SON OF **MUTIKA** SON OF **NGWENO MAHOLA** SON OF **LWANDE WESONGA.**

NAHABI I Alupakusadi Machyo
           Wanyama
NAHABI II Barasa
           Martin Musa Fudiembe

ALUPAKUSADI MACHYO SON OF JAMES OKINDA SON OF **MUSA FUDIEMBE** SON OF **FUDIEMBE** SON OF **ENAALI** SON OF **MUTIKA** SON OF **NGWENO MAHOLA** SON OF **LWANDE WESONGA.**

WANYAMA SON OF JAMES OKINDA SON OF **MUSA FUDIEMBE** SON OF **FUDIEMBE** SON OF **ENAALI** SON OF **MUTIKA** SON OF **NGWENO MAHOLA** SON OF **LWANDE WESONGA.**

BARASA SON OF JAMES OKINDA SON OF **MUSA FUDIEMBE** SON OF **FUDIEMBE** SON OF **ENAALI** SON OF **MUTIKA** SON OF **NGWENO MAHOLA** SON OF **LWANDE WESONGA.**

MARTIN MUSA FUDIEMBE SON OF JAMES OKINDA SON OF **MUSA FUDIEMBE** SON OF **FUDIEMBE** SON OF **ENAALI** SON OF **MUTIKA** SON OF **NGWENO MAHOLA** SON OF **LWANDE WESONGA.**

ENOS OTIKA SON OF **MUSA FUDIEMBE** SON OF **FUDIEMBE** SON

CHAPTER TWO

OF **ENAALI** SON OF **MUTIKA** SON OF **NGWENO MAHOLA** SON OF **LWANDE WESONGA**.

NANGAYO   Egessa

EGESSA SON OF ENOS OTIKA SON OF **MUSA FUDIEMBE** SON OF **FUDIEMBE** SON OF **ENAALI** SON OF **MUTIKA** SON OF **NGWENO MAHOLA** SON OF **LWANDE WESONGA**.

YONASANI OUMA SON OF **MUSA FUDIEMBE** SON OF **FUDIEMBE** SON OF **ENAALI** SON OF **MUTIKA** SON OF **NGWENO MAHOLA** SON OF **LWANDE WESONGA**.

Musisi
Mutika II

MUSISI SON OF YONASANI OUMA SON OF **MUSA FUDIEMBE** SON OF **FUDIEMBE** SON OF **ENAALI** SON OF **MUTIKA** SON OF **NGWENO MAHOLA** SON OF **LWANDE WESONGA**.

MUTIKA II SON OF YONASANI OUMA SON OF **MUSA FUDIEMBE** SON OF **FUDIEMBE** SON OF **ENAALI** SON OF **MUTIKA** SON OF **NGWENO MAHOLA** SON OF **LWANDE WESONGA**.

See Appendix Page 64

DANIEL BULUMA SON OF? The information from Daniel Buluma's family was unavailable. Abner Ekudu did not manage to get the information needed. I too, tried hard but there was no information available. Hopefully, someone will be able to do something about it, just for the sake of future generation.

WANYAMA SON OF DANIEL BULUMA ....

NACHAKI   Muganda.

WAFULA SON OF **DANIEL BULUMA**

LWANDE WESONGA: A GENEALOGY

NABAHOLO	Muganda
	Bwire
NACHAKI	Daniel Buluma II

	OKOMBA SON OF **MUGANDA**
NAMULWAANI	Eridadi Ouma
	Okumu
NAKIROYA	Wangira
NAMAKANGALA	**OSINYA** son of Eridadi (It would appear Osinya yakerama[37] Namakangala, after the death of **OKOMBA**, hence had a son called
	Eridadi Odwori

	DANI NALEBE SON OF **MUGANDA**
NYARUWA	Kadaka
	Muganda
	Judith Wanga
	Ochoola

	DAUDI OUMA SON OF **MUGANDA**
NAYIGAGA	Wafula
	Muganda
	Musa Wandera
	NB: The above relatives, as from Daniel Buluma to Daudi Ouma did not provide more information to complete their lineage.

| | **NGWENO MAHOLA** SON OF **LWANDE WESONGA.** |
| NAMULWANI | Ngweno Sisera |

NGWENO SISERA SON OF NGWENO MAHOLA

NGWENO SISERA SON OF **NGWENO MAHOLA** SON OF **LWANDE WESONGA.**

---

37 Marrying a widow according to the customs and tradition in a special ceremony.

CHAPTER TWO

NAHUMACH   Hamala Halanga
Makuda

MAKUDA SON OF NGWENO SISERA SON OF NGWENO MAHOLA SON OF LWANDE WESONGA.

HAMALA HALANGA SON OF NGWENO SISERA SON OF NGWENO MAHOLA SON OF LWANDE WESONGA.

NAMANGALE   Obwora

See appendix 64

OBWORA SON OF HAMALA HALANGA SON OF NGWENO SISERA SON OF NGWENO MAHOLA SON OF LWANDE WESONGA.

NAMAINDI   Agoola
Odieso
NACHONGA   Zakalia Osolo

AGOOLA OF OBWORA SON OF HAMALA HALANGA SON OF NGWENO SISERA SON OF NGWENO MAHOLA SON OF LWANDE WESONGA.

ZAKALIA OSOLO SON OF OBWORA SON OF HAMALA HALANGA SON OF NGWENO SISERA SON OF NGWENO MAHOLA SON OF LWANDE WESONGA.

ODIESO SON OF OBWORA SON OF HAMALA HALANGA SON OF NGWENO SISERA SON OF NGWENO MAHOLA SON OF LWANDE WESONGA.

NABONGO   Wasike

WASIKE SON OF ODIESO SON OF OBWORA SON OF HAMALA HALANGA SON OF NGWENO SISERA SON OF NGWENO MAHOLA SON OF LWANDE WESONGA.

LWANDE WESONGA: A GENEALOGY

NAHASOHO I	Juma
NAHASOHO II	Okochi
	Obwora
	Okochi (?)
	Oguttu
	Odwori

See Appendix Page 65

NASUBO I	George Hamala
	Richard Ngweno
	Wilson Ogana
	Edward Namangale Agoola
	Samuel Makuda
	Christopher Nachonga
	Eriudi Odwori
NASUBO II	Wycliffe Ouma
	Fred Osolo
NAMULEMBO	Isaac Obwora
	Nachonga Opio
	Okello
	Namwonja

JUMA SON OF WASIKE SON OF ODIESO SON OF OBWORA SON OF HAMALA HALANGA SON OF NGWENO SISERA SON OF NGWENO MAHOLA SON OF LWANDE WESONGA.

OKOCHI SON OF WASIKE SON OF ODIESO SON OF OBWORA SON OF HAMALA HALANGA SON OF NGWENO SISERA SON OF NGWENO MAHOLA SON OF LWANDE WESONGA.

OBWORA SON OF WASIKE SON OF ODIESO SON OF OBWORA SON OF HAMALA HALANGA SON OF NGWENO SISERA SON OF NGWENO MAHOLA SON OF LWANDE WESONGA.

OKOCHI (?) SON OF WASIKE SON OF ODIESO SON OF OBWORA SON OF HAMALA HALANGA SON OF NGWENO SISERA SON OF

CHAPTER TWO

NGWENO MAHOLA SON OF LWANDE WESONGA.

OGUTTU SON OF WASIKE SON OF ODIESO SON OF OBWORA SON OF HAMALA HALANGA SON OF NGWENO SISERA SON OF NGWENO MAHOLA SON OF LWANDE WESONGA.

ODWORI SON OF WASIKE SON OF ODIESO SON OF OBWORA SON OF HAMALA HALANGA SON OF NGWENO SISERA SON OF NGWENO MAHOLA SON OF LWANDE WESONGA.

GEORGE HAMALA SON OF WASIKE SON OF ODIESO SON OF OBWORA SON OF HAMALA HALANGA SON OF NGWENO SISERA SON OF NGWENO MAHOLA SON OF LWANDE WESONGA.

RICHARD NGWENO SON OF WASIKE SON OF ODIESO SON OF OBWORA SON OF HAMALA HALANGA SON OF NGWENO SISERA SON OF NGWENO MAHOLA SON OF LWANDE WESONGA.

WILSON OGANA SON OF WASIKE SON OF ODIESO SON OF OBWORA SON OF HAMALA HALANGA SON OF NGWENO SISERA SON OF NGWENO MAHOLA SON OF LWANDE WESONGA.

EDWARD NAMANGALE AGOOLA SON OF WASIKE SON OF ODIESO SON OF OBWORA SON OF HAMALA HALANGA SON OF NGWENO SISERA SON OF NGWENO MAHOLA SON OF LWANDE WESONGA.

SAMUEL MAKUDA SON OF WASIKE SON OF ODIESO SON OF OBWORA SON OF HAMALA HALANGA SON OF NGWENO SISERA SON OF NGWENO MAHOLA SON OF LWANDE WESONGA.

CHRISTOPHER NACHONGA SON OF WASIKE SON OF ODIESO SON OF OBWORA SON OF HAMALA HALANGA SON OF NGWENO SISERA SON OF NGWENO MAHOLA SON OF LWANDE WESONGA.

ERIUDI ODWORI SON OF WASIKE SON OF ODIESO SON OF

LWANDE WESONGA: A GENEALOGY

OBWORA SON OF HAMALA HALANGA SON OF NGWENO SISERA SON OF NGWENO MAHOLA SON OF LWANDE WESONGA.

WYCLIFFE OUMA SON OF WASIKE SON OF ODIESO SON OF OBWORA SON OF HAMALA HALANGA SON OF NGWENO SISERA SON OF NGWENO MAHOLA SON OF LWANDE WESONGA.

FRED OSOLO SON OF WASIKE SON OF ODIESO SON OF OBWORA SON OF HAMALA HALANGA SON OF NGWENO SISERA SON OF NGWENO MAHOLA SON OF LWANDE WESONGA.

ISAAC OBWORA SON OF WASIKE SON OF ODIESO SON OF OBWORA SON OF HAMALA HALANGA SON OF NGWENO SISERA SON OF NGWENO MAHOLA SON OF LWANDE WESONGA.

NACHONGA OPIO SON OF WASIKE SON OF ODIESO SON OF OBWORA SON OF HAMALA HALANGA SON OF NGWENO SISERA SON OF NGWENO MAHOLA SON OF LWANDE WESONGA.

OKELLO SON OF WASIKE SON OF ODIESO SON OF OBWORA SON OF HAMALA HALANGA SON OF NGWENO SISERA SON OF NGWENO MAHOLA SON OF LWANDE WESONGA.

NAMWONJA SON OF WASIKE SON OF ODIESO SON OF OBWORA SON OF HAMALA HALANGA SON OF NGWENO SISERA SON OF NGWENO MAHOLA SON OF LWANDE WESONGA.

OGUTTU SON OF ZAKALIA OSOLO SON OF OBWORA SON OF HAMALA HALANGA SON OF NGWENO SISERA SON OF NGWENO MAHOLA SON OF LWANDE WESONGA.

Odieso II
Geoffrey Oguttu II
Hamala

ODIESO II SON OF OGUTTU SON OF ZAKALIA OSOLO SON OF

CHAPTER TWO

OBWORA SON OF HAMALA HALANGA SON OF NGWENO SISERA NGWENO MAHOLA SON OF LWANDE WESONGA.

GEOFREY OGUTTU II SON OF OGUTTU SON OF ZAKALIA OSOLO SON OF OBWORA SON OF HAMALA HALANGA SON OF NGWENO SISERA NGWENO MAHOLA SON OF LWANDE WESONGA.

HAMALA SON OF OGUTTU SON OF ZAKALIA OSOLO SON OF OBWORA SON OF HAMALA HALANGA SON OF NGWENO SISERA NGWENO MAHOLA SON OF LWANDE WESONGA.

GEORGE HAMALA II SON OF ZAKALIA OSOLO SON OF OBWORA SON OF HAMALA HALANGA SON OF NGWENO SISERA SON OF NGWENO MAHOLA SON OF LWANDE WESONGA.

NAMACHOLE	Situma
	Charles Bwana
	Tom Mulongo
NEHOBA	Nathan Hamala III
	Alluda
	Peter Henry Hamala III

SITUMA SON OF GEORGE HAMALA II SON OF ZAKALIA OSOLO SON OF OBWORA SON OF HAMALA HALANGA SON OF NGWENO SISERA SON OF NGWENO MAHOLA SON OF LWANDE WESONGA.

CHARLES BWANA SON OF GEORGE HAMALA II SON OF ZAKALIA OSOLO SON OF OBWORA SON OF HAMALA HALANGA SON OF NGWENO SISERA SON OF NGWENO MAHOLA SON OF LWANDE WESONGA.

TOM MALONGO SON OF GEORGE HAMALA II SON OF ZAKALIA OSOLO SON OF OBWORA SON OF HAMALA HALANGA SON OF NGWENO SISERA SON OF NGWENO MAHOLA SON OF LWANDE WESONGA.

NATHAN HAMALA III SON OF GEORGE HAMALA II SON OF ZAKALIA OSOLO SON OF OBWORA SON OF HAMALA HALANGA SON OF NGWENO SISERA SON OF NGWENO MAHOLA SON OF LWANDE WESONGA.

ALLUDA SON OF GEORGE HAMALA II SON OF ZAKALIA OSOLO SON OF OBWORA SON OF HAMALA HALANGA SON OF NGWENO SISERA SON OF NGWENO MAHOLA SON OF LWANDE WESONGA.

PETER HENRY HAMALA III SON OF GEORGE HAMALA II SON OF ZAKALIA OSOLO SON OF OBWORA SON OF HAMALA HALANGA SON OF NGWENO SISERA SON OF NGWENO MAHOLA SON OF LWANDE WESONGA.

RICHARD NGWENO SON OF ZAKALIA OSOLO SON OF OBWORA SON OF HAMALA HALANGA SON OF NGWENO SISERA SON OF NGWENO MAHOLA SON OF LWANDE WESONGA.

Joshua Osolo

JOSHUA OSOLO SON OF RICHARD NGWENO SON OF ZAKALIA OSOLO SON OF OBWORA SON OF HAMALA HALANGA SON OF NGWENO SISERA SON OF NGWENO MAHOLA SON OF LWANDE WESONGA.

WILSON OGAANA SON OF ZAKALIA OSOLO SON OF OBWORA SON OF HAMALA HALANGA SON OF NGWENO SISERA SON OF NGWENO MAHOLA SON OF LWANDE WESONGA.

DANIEL AUMA SON OF WILSON OGAANA SON OF ZAKALIA OSOLO SON OF OBWORA SON OF HAMALA HALANGA SON OF NGWENO SISERA SON OF NGWENO MAHOLA SON OF LWANDE WESONGA.

JAMES OGAANA SON OF WILSON OGAANA SON OF ZAKALIA OSOLO SON OF OBWORA SON OF HAMALA HALANGA SON OF NGWENO SISERA SON OF NGWENO MAHOLA SON OF LWANDE WESONGA.

CHAPTER TWO

PETER OGAANA SON OF WILSON OGAANA SON OF ZAKALIA OSOLO SON OF OBWORA SON OF HAMALA HALANGA SON OF NGWENO SISERA SON OF NGWENO MAHOLA SON OF LWANDE WESONGA.

TOM OSOLO SON OF WILSON OGAANA SON OF ZAKALIA OSOLO SON OF OBWORA SON OF HAMALA HALANGA SON OF NGWENO SISERA SON OF NGWENO MAHOLA SON OF LWANDE WESONGA.

FRED OGAANA SON OF WILSON OGAANA SON OF ZAKALIA OSOLO SON OF OBWORA SON OF HAMALA HALANGA SON OF NGWENO SISERA SON OF NGWENO MAHOLA SON OF LWANDE WESONGA.

ERASTO OBWORA SON OF MAKOHA LUNGASA SON OF MAKUDA SON OF NGWENO SISERA SON OF NGWENO MAHOLA SON OF LWANDE WESONGA.

NASINYAMA   John Makoha

JOHN MAKOHA SON OF ERASTO OBWORA SON OF MAKOHA LUNGASA SON OF MAKUDA SON OF NGWENO SISERA SON OF NGWENO MAHOLA SON OF LWANDE WESONGA.

NAMIMBIRI   Jackson Osolo
Francis Makoha Benidicto Obwora
Ochiengi Mayu
Radero
Idemba

JACKSON OSOLO SON OF JOHN MAKOHA SON OF ERASTO OBWORA SON OF MAKOHA LUNGASA SON OF MAKUDA SON OF NGWENO SISERA SON OF NGWENO MAHOLA SON OF LWANDE WESONGA.

FRANCIS MAKOHA SON OF JOHN MAKOHA SON OF ERASTO

LWANDE WESONGA: A GENEALOGY

OBWORA SON OF **MAKOHA LUNGASA** SON OF **MAKUDA** SON OF **NGWENO SISERA** SON OF **NGWENO MAHOLA** SON OF **LWANDE WESONGA**.

BENIDICTO OBWORA SON OF JOHN MAKOHA SON OF **ERASTO OBWORA** SON OF **MAKOHA LUNGASA** SON OF **MAKUDA** SON OF **NGWENO SISERA** SON OF **NGWENO MAHOLA** SON OF **LWANDE WESONGA**.

OCHIENGI MAYU SON OF JOHN MAKOHA SON OF **ERASTO OBWORA** SON OF **MAKOHA LUNGASA** SON OF **MAKUDA** SON OF **NGWENO SISERA** SON OF **NGWENO MAHOLA** SON OF **LWANDE WESONGA**.

RADERO SON OF JOHN MAKOHA SON OF **ERASTO OBWORA** SON OF **MAKOHA LUNGASA** SON OF **MAKUDA** SON OF **NGWENO SISERA** SON OF **NGWENO MAHOLA** SON OF **LWANDE WESONGA**.

IDEMBA SON OF JOHN MAKOHA SON OF **ERASTO OBWORA** SON OF **MAKOHA LUNGASA** SON OF **MAKUDA** SON OF **NGWENO SISERA** SON OF **NGWENO MAHOLA** SON OF **LWANDE WESONGA**.

WALTER MAKUDA SON OF **ZAKALIA OSOLO** SON OF **OBWORA** SON OF **HAMALA HALANGA** SON OF **NGWENO SISERA** SON OF **NGWENO MAHOLA** SON OF **LWANDE WESONGA**.

Evan Wandera
Dolifis Wandera

EVAN WANDERA SON OF WALTER MAKUDA SON OF **ZAKALIA OSOLO** SON OF **OBWORA** SON OF **HAMALA HALANGA** SON OF **NGWENO SISERA** SON OF **NGWENO MAHOLA** SON OF **LWANDE WESONGA**.

DOLIFIS WANDERA SON OF WALTER MAKUDA SON OF **ZAKALIA**

CHAPTER TWO

OSOLO SON OF OBWORA SON OF HAMALA HALANGA SON OF NGWENO SISERA SON OF NGWENO MAHOLA SON OF LWANDE WESONGA.

FRED NGWENO SON OF? (No information was available)
Kenneth Ngweno
Anthony Ngweno

MAKUDA SON OF NGWENO SISERA SON OF NGWENO MAHOLA SON OF LWANDE WESONGA.

NAMANGALE

See Appendix Page 66

MBALWA SON OF MAKUDA

MBALWA SON OF MAKUDA SON OF NGWENO SISERA SON OF NGWENO MAHOLA SON OF LWANDE WESONGA.

Paulo Omedda
Ogaale
Okuku

OGAALE SON OF MBALWA SON OF MAKUDA SON OF NGWENO SISERA SON OF NGWENO MAHOLA SON OF LWANDE WESONGA.

OKUKU SON OF MBALWA SON OF MAKUDA SON OF NGWENO SISERA SON OF NGWENO MAHOLA SON OF LWANDE WESONGA.

PAULO OMEDDA SON OF MBALWA SON OF MAKUDA SON OF NGWENO SISERA SON OF NGWENO MAHOLA SON OF LWANDE WESONGA.

NASINYAMA   Alfred Sisera

ALFRED SISERA SON OF PAULO OMEDDA SON OF MBALWA SON OF MAKUDA SON OF NGWENO SISERA SON OF NGWENO MAHOLA SON OF LWANDE WESONGA.

OUMA SON OF MAKUDA

OUMA SON OF MAKUDA SON OF NGWENO SISERA SON OF NGWENO MAHOLA SON OF LWANDE WESONGA.

NABONGO	Ezekiel Makuda
	Onyango
	Ochiengi
	Wandera
NAMENYA	Zablon Wanyama
	Benjamin Ahenda

EZEKIEL MAKUDA SON OF OUMA SON OF MAKUDA SON OF NGWENO SISERA SON OF NGWENO MAHOLA SON OF LWANDE WESONGA.

NAMUDDE	Samuel Makuda
NAMUHOMA	Ouma II[38]
NASONGA	Ochieno
NAMAKANGALA	Ouma II[39]

OCHIENGI SON OF OUMA I SON OF MAKUDA SON OF NGWENO SISERA SON OF NGWENO MAHOLA SON OF LWANDE WESONGA.

NAMULUMBA	Ouma II[40]

OUMA II SON OF OCHIENGI SON OF OUMA I SON OF MAKUDA SON OF NGWENO SISERA SON OF NGWENO MAHOLA SON OF LWANDE WESONGA.

---

38   Named after their grandfather but shared the same father different mothers.
39   Ibid.,
40   Named after the grandfather but did not share the above parents.

CHAPTER TWO

ZABLON WANYAMA SON OF **OUMA I** SON OF **MAKUDA** SON OF **NGWENO SISERA** SON OF **NGWENO MAHOLA** SON OF **LWANDE WESONGA.**

NAMAINDI I No information about their children.

NAMAINDI II No information about the children.
NACHAKI Ngweno
Makuda II

NGWENO SON OF **ZABLON WANYAMA** SON OF **OUMA I** SON OF **MAKUDA** SON OF **NGWENO SISERA** SON OF **NGWENO MAHOLA** SON OF **LWANDE WESONGA.**

MAKUDA II SON OF **ZABLON WANYAMA** SON OF **OUMA I** SON OF **MAKUDA** SON OF **NGWENO SISERA** SON OF **NGWENO MAHOLA** SON OF **LWANDE WESONGA.**

BENJAMIN AHENDA SON OF **OUMA I** SON OF **MAKUDA** SON OF **NGWENO SISERA** SON OF **NGWENO MAHOLA** SON OF **LWANDE WESONGA.**

NABURI Ouma[41] (a)
NAMAKWE Ouma[42] (b)

OUMA (a) SON OF **BENJAMIN AHENDA** SON OF **OUMA I** SON OF **MAKUDA** SON OF **NGWENO SISERA** SON OF **NGWENO MAHOLA** SON OF **LWANDE WESONGA.**

OUMA(b) SON OF **BENJAMIN AHENDA** SON OF **OUMA I** SON OF **MAKUDA** SON OF **NGWENO SISERA** SON OF **NGWENO MAHOLA** SON OF **LWANDE WESONGA.**

---

41 Named after the grandfather
42 Ibid.,

LWANDE WESONGA: A GENEALOGY

	NGWENO SISERA SON OF NGWENO MAHOLA SON OF LWANDE WESONGA.
NAMULEMBO	Halanga
	HALANGA SON OF NGWENO SISERA SON OF NGWENO MAHOLA SON OF LWANDE WESONGA.
	Olunjalu
	OLUNJALU SON OF HALANGA SON OF NGWENO SISERA SON OF NGWENO MAHOLA SON OF LWANDE WESONGA.
NAMAYERO	Nicodemus Ngweno
	NICODEMUS NGWENO SON OF OLUNJALU SON OF HALANGA SON OF NGWENO SISERA SON OF NGWENO MAHOLA SON OF LWANDE WESONGA.
NAHOOLI	Ngweno II
	NGWENO II SON OF NICODEMUS NGWENO SON OF OLUNJALU SON OF HALANGA SON OF NGWENO SISERA SON OF NGWENO MAHOLA SON OF LWANDE WESONGA.
	APIO SON OF HALANGA SON OF NGWENO SISERA SON OF NGWENO MAHOLA SON OF LWANDE WESONGA.
NALALA	Nangweri
	Ngweno (Alego)
	NANGWERI SON OF APIO SON OF HALANGA SON OF NGWENO SISERA SON OF NGWENO MAHOLA SON OF LWANDE WESONGA.
	NGWENO (ALEGO) SON OF APIO SON OF HALANGA SON OF NGWENO SISERA SON OF NGWENO MAHOLA SON OF LWANDE WESONGA.

CHAPTER TWO

ERASITO OBWORA SON OF MAKOHA LUNGASA SON OF MAKUDA SON OF NGWENO SISERA SON OF NGWENO MAHOLA SON OF LWANDE WESONGA.

NASIMANYA   John Makoha
                Walter Makuda
NABORO   Fred Ngweno Lununi
                Patrick Ojiambo
                Vivian Edbang Makoha

See Appendix Page 67

NAMUMULI   Enosi Ochiengi
NACHAKI   Godfrey Osodo
               Luka Stephen Opio

JOHN MAKOHA SON OF ERASTO OBWORA SON OF MAKOHA LUNGASA SON OF MAKUDA SON OF NGWENO SISERA SON OF NGWENO MAHOLA SON OF LWANDE WESONGA.

WALTER MAKUDA SON OF ERASTO OBWORA SON OF MAKOHA LUNGASA SON OF MAKUDA SON OF NGWENO SISERA SON OF NGWENO MAHOLA SON OF LWANDE WESON FRED NGWENO LUNUNI SON OF ERASTO OBWORA SON OF MAKOHA LUNGASA SON OF MAKUDA SON OF NGWENO SISERA SON OF NGWENO MAHOLA SON OF LWANDE WESONGA.

PATRICK OJIAMBO SON OF ERASTO OBWORA SON OF MAKOHA LUNGASA SON OF MAKUDA SON OF NGWENO SISERA SON OF NGWENO MAHOLA SON OF LWANDE WESONGA.

VIVIAN EDBANG MAKOHA SON OF ERASTO OBWORA SON OF MAKOHA LUNGASA SON OF MAKUDA SON OF NGWENO SISERA SON OF NGWENO MAHOLA SON OF LWANDE WESONGA.

ENOSI OCHIENGI SON OF ERASTO OBWORA SON OF MAKOHA LUNGASA SON OF MAKUDA SON OF NGWENO SISERA SON OF

LWANDE WESONGA: A GENEALOGY

NGWENO MAHOLA SON OF LWANDE WESON GODFREY OSODO SON OF ERASTO OBWORA SON OF MAKOHA LUNGASA SON OF MAKUDA SON OF NGWENO SISERA SON OF NGWENO MAHOLA SON OF LWANDE WESONGA.

LUKA STEPHEN OPIO SON OF ERASTO OBWORA SON OF MAKOHA LUNGASA SON OF MAKUDA SON OF NGWENO SISERA SON OF NGWENO MAHOLA SON OF LWANDE WESONGA.

MAKUDA SON OF NGWENO SISERA SON OF NGWENO MAHOLA SON OF LWANDE WESONGA.

NAMBANJA	Munyuwalo
	Makoha
NASONGA	Mbalwa (a)
NAMANGALE	Mbalwa (b)
	Ouma

MUNYUWALO SON OF MAKUDA SON OF NGWENO SISERA SON OF NGWENO MAHOLA SON OF LWANDE WESONGA.

MAKOHA SON OF MAKUDA SON OF NGWENO SISERA SON OF NGWENO MAHOLA SON OF LWANDE WESONGA.

MBALWA (a) SON OF MAKUDA SON OF NGWENO SISERA SON OF NGWENO MAHOLA SON OF LWANDE WESONGA.

MBALWA (b) SON OF MAKUDA SON OF NGWENO SISERA SON OF NGWENO MAHOLA SON OF LWANDE WESONGA.

OUMA SON OF MAKUDA SON OF NGWENO SISERA SON OF NGWENO MAHOLA SON OF LWANDE WESONGA.

MAKOHA LUNGASA SON OF MAKUDA SON OF NGWENO SISERA SON OF NGWENO MAHOLA SON OF LWANDE WESONGA.

CHAPTER TWO

NAMANGALE	When Ouma died, MAKOHA LUNGASA yakerama [43] his stepmother (according to the customs and traditions of Samia people) and both Namangale and Makoha Lungasa had a son called: MAKUDA OBBARA.
NADIBBONYO	Buluma
	Ohaba
NAMAINDI	Jacob Bwire
	Jeremiah Wandera
	Ombunga
	On death of Obwora, Makoha Lungasa yakerama[44], Nachonga, wife to Erasto Obwora and gave birth to:
	Erasto Obwora jr.

MAKUDA OBBARA SON OF MAKOHA LUNGASA SON OF MAKUDA SON OF NGWENO SISERA SON OF NGWENO MAHOLA SON OF LWANDE WESONGA.

BULUMA SON OF MAKOHA LUNGASA SON OF MAKUDA SON OF NGWENO SISERA SON OF NGWENO MAHOLA SON OF LWANDE WESONGA.

OHABA SON OF MAKOHA LUNGASA SON OF MAKUDA SON OF NGWENO SISERA SON OF NGWENO MAHOLA SON OF LWANDE WESONGA.

JACOB BWIRE SON OF MAKOHA LUNGASA SON OF MAKUDA SON OF NGWENO SISERA SON OF NGWENO MAHOLA SON OF LWANDE WESONGA.

JEREMIAH WANDERA SON OF MAKOHA LUNGASA SON OF MAKUDA SON OF NGWENO SISERA SON OF NGWENO MAHOLA SON OF LWANDE WESONGA.

---

43   Yakerama means marrying a widow of a relative to give the support that would have been given by the husband. It is done in a special ceremony.
44   Ibid.,

LWANDE WESONGA: A GENEALOGY

OMBUNGA SON OF MAKOHA LUNGASA SON OF MAKUDA SON OF NGWENO SISERA SON OF NGWENO MAHOLA SON OF LWANDE WESONGA.

ERASTO OBWORA JUNIOR SON OF MAKOHA LUNGASA SON OF MAKUDA SON OF NGWENO SISERA SON OF NGWENO MAHOLA SON OF LWANDE WESONGA.

BULUMA SON OF MAKOHA LUNGASA SON OF MAKUDA SON NGWENO SISERA SON OF NGWENO MAHOLA SON OF LWANDE WESONGA.

NALALA Justus Namanyi
Wawuya

WAWUYA SON OF BULUMA SON OF MAKOHA LUNGASA SON OF MAKUDA SON OF NGWENO SISERA SON OF NGWENO MAHOLA SON OF LWANDE WESONGA.

JASTUS NAMANYI SON OF BULUMA SON OF MAKOHA LUNGASA SON OF MAKUDA SON OF NGWENO SISERA SON OF NGWENO MAHOLA SON OF LWANDE WESONGA.

NAHULO Ojiambo

OJIAMBO SON OF JASTUS NAMANYI SON OF BULUMA SON OF MAKOHA LUNGASA SON OF MAKUDA SON OF NGWENO SISERA SON OF NGWENO MAHOLA SON OF LWANDE WESONGA.

OHABA BARASA SON OF MAKOHA LUNGASA SON OF MAKUDA SON OF NGWENO SISERA SON OF NGWENO MAHOLA SON OF LWANDE WESONGA.

NACHONGA Solomon Makoha

SOLOMON MAKOHA SON OF OHABA BARASA SON OF MAKOHA LUNGASA SON OF MAKUDA SON OF NGWENO SISERA SON OF

CHAPTER TWO

NGWENO MAHOLA SON OF LWANDE WESONGA.

Ochiengi
Makuda (a)
Makuda (b)
Nafwa
Sihaba

OCHIENGI SON OF SOLOMON MAKOHA SON OF OHABA BARASA SON OF MAKOHA LUNGASA SON OF MAKUDA SON OF NGWENO SISERA SON OF NGWENO MAHOLA SON OF LWANDE WESONGA.

MAKUDA (a) SON OF SOLOMON MAKOHA SON OF OHABA BARASA SON OF MAKOHA LUNGASA SON OF MAKUDA SON OF NGWENO SISERA SON OF NGWENO MAHOLA SON OF LWANDE WESONGA.

MAKUDA (b) SON OF SOLOMON MAKOHA SON OF OHABA BARASA SON OF MAKOHA LUNGASA SON OF MAKUDA SON OF NGWENO SISERA SON OF NGWENO MAHOLA SON OF LWANDE WESONGA.

NAFWA SON OF SOLOMON MAKOHA SON OF OHABA BARASA SON OF MAKOHA LUNGASA SON OF MAKUDA SON OF NGWENO SISERA SON OF NGWENO MAHOLA SON OF LWANDE WESONGA.

SIHABA SON OF SOLOMON MAKOHA SON OF OHABA BARASA SON OF MAKOHA LUNGASA SON OF MAKUDA SON OF NGWENO SISERA SON OF NGWENO MAHOLA SON OF LWANDE WESONGA.

JACOB BWIRE SON OF MAKOHA LUNGASA SON OF MAKUDA SON OF NGWENO SISERA SON OF NGWENO MAHOLA SON OF LWANDE WESONGA.

NABURI	Julius Obwora	
	Israel Onyango	

ISRAEL ONYANGO SON OF JACOBO BWIRE SON OF MAKOHA LUNGASA SON OF MAKUDA SON OF NGWENO SISERA SON OF NGWENO MAHOLA SON OF LWANDE WESONGA.

JULIUS OBWORA SON OF JACOBO BWIRE SON OF MAKOHA LUNGASA SON OF MAKUDA SON OF NGWENO SISERA SON OF NGWENO MAHOLA SON OF LWANDE WESONGA.

Egessa

EGESSA SON OF JULIUS OBWORA SON OF MAKOHA LUNGASA SON OF MAKUDA SON OF NGWENO SISERA SON OF NGWENO MAHOLA SON OF LWANDE WESONGA.

NABYANGU No information about the children were available.

JEREMIAH WANDERA SON OF MAKOHA LUNGASA SON OF MAKUDA SON OF NGWENO SISERA SON OF NGWENO MAHOLA SON OF LWANDE WESONGA.

ADETI	Augustine Omondi	
	Wycliffe Makoha	
	Sylvester Ochiengi	

SYLVESTER OCHIENGI SON OF JEREMIAH WANDERA SON OF MAKOHA LUNGASA SON OF MAKUDA SON OF NGWENO SISERA SON OF NGWENO MAHOLA SON OF LWANDE WESONGA.

AUGUSTINE OMONDI SON OF JEREMIAH WANDERA SON OF MAKOHA LUNGASA SON OF MAKUDA SON OF NGWENO SISERA SON OF NGWENO MAHOLA SON OF LWANDE WESONGA.

NASUBO William Omondi

CHAPTER TWO

WILLIAM OMONDI SON OF AUGSTINE OMONDI SON OF JEREMIAH WANDERA SON OF MAKOHA LUNGASA SON OF MAKUDA SON OF NGWENO SISERA SON OF NGWENO MAHOLA SON OF LWANDE WESONGA.

WYCLIFFE MAKOHA SON OF JEREMIAH WANDERA SON OF MAKOHA LUNGASA SON OF MAKUDA SON OF NGWENO SISERA SON OF NGWENO MAHOLA SON OF LWANDE WESONGA.

?

JUMA SON OF WYCLIFFE MAKOHA SON OF JEREMIAH WANDERA SON OF MAKOHA LUNGASA SON OF MAKUDA SON OF NGWENO SISERA SON OF NGWENO MAHOLA SON OF LWANDE WESONGA.

OMBUNGA SON OF MAKOHA LUNGASA SON OF MAKUDA SON OF NGWENO SISERA SON OF NGWENO MAHOLA SON OF LWANDE WESONGA.

Washington Juma
Albert Okumu

See Appendix Page 68

Aggrey Tabu
Ojwangi

ALBERT OKUMU SON OF OMBUNGA SON OF MAKOHA LUNGASA SON OF MAKUDA SON OF NGWENO SISERA SON OF NGWENO MAHOLA SON OF LWANDE WESONGA.

AGGREY TABU SON OF OMBUNGA SON OF MAKOHA LUNGASA SON OF MAKUDA SON OF NGWENO SISERA SON OF NGWENO MAHOLA SON OF LWANDE WESONGA.

OJWANGI SON OF OMBUNGA SON OF MAKOHA LUNGASA

LWANDE WESONGA: A GENEALOGY

SON OF **MAKUDA** SON OF **NGWENO SISERA** SON OF **NGWENO MAHOLA** SON OF **LWANDE WESONGA.**

WASHINGTON JUMA SON OF **OMBUNGA** SON OF **MAKOHA LUNGASA** SON OF **MAKUDA** SON OF **NGWENO SISERA** SON OF **NGWENO MAHOLA** SON OF **LWANDE WESONGA.**

?

Ogoola
Odwori

OGOOLA SON OF WASHINGTON JUMA SON OF **OMBUNGA** SON OF **MAKOHA LUNGASA** SON OF **MAKUDA** SON OF **NGWENO SISERA** SON OF **NGWENO MAHOLA** SON OF **LWANDE WESONGA.**

ODWORI SON OF WASHINGTON JUMA SON OF **OMBUNGA** SON OF **MAKOHA LUNGASA** SON OF **MAKUDA** SON OF **NGWENO SISERA** SON OF **NGWENO MAHOLA** SON OF **LWANDE WESONGA.**

END

CHAPTER THREE

LWANDE MULYAMBOKA SON OF LWANDE WESONGA.

NABONGO

LWANDE MULUNGO SON OF NGWENO MULEMA.
Lwande Wesonga

LWANDE WESONGA. SON OF LWANDE MULUNGO

Lwande Mulyamboka

LWANDE MULYAMBOKA SON OF LWANDE WESONGA.

Wangoho Rafwaki I

WANGOHO RAFWAKI I SON OF LWANDE MULYAMBOKA

WANGOHO RAFWAKI I SON OF LWANDE MULYAMBOKA SON OF LWANDE WESONGA.

NASIBIKA   Mukongo

MUKONGO SON OF WANGOHO RAFWAKI I SON OF LWANDE MULYAMBOKA SON OF LWANDE WESONGA.

NAMAGANDA   Wanjala
NACWERE   Wangolo Pendo II

WANGOLO PENDO II SON OF MUKONGO SON OF WANGOHO

LWANDE WESONGA: A GENEALOGY

RAFWAKI SON OF LWANDE MULYAMBOKA SON OF LWANDE WESONGA.

WANJALA SON OF MUKONGO SON OF WANGOHO RAFWAKI I SON OF LWANDE MULYAMBOKA SON OF LWANDE WESONGA.

NAPUNYI

Oduyo
Hayingu
Wangoho III

HAYINGU SON OF WANJALA SON OF MUKONGO SON OF WANGOHO RAFWAKI SON OF LWANDE MULYAMBOKA SON OF LWANDE WESONGA.

WANGOHO III SON OF WANJALA SON OF MUKONGO SON OF WANGOHO RAFWAKI I SON OF LWANDE MULYAMBOKA SON OF LWANDE WESONGA.

ODUYO SON OF WANJALA SON OF MUKONGO SON OF WANGOHO RAFWAKI I SON OF LWANDE MULYAMBOKA SON OF LWANDE WESONGA.

NALWENGE

Romano Gusino
Macial Doloko
Longinus
Ouma
John Ogema
Macial Dokolo

MACIAL DOLOKO SON OF ODUYO SON OF WANJALA SON OF MUKONGO SON OF WANGOHO RAFWAKI I SON OF LWANDE MULYAMBOKA SON OF LWANDE WESONGA.

LONGINUS SON OF ODUYO SON OF WANJALA SON OF MUKONGO SON OF WANGOHO RAFWAKI I SON OF LWANDE MULYAMBOKA SON OF LWANDE WESONGA.

CHAPTER THREE

OUMA SON OF ODUYO SON OF WANJALA SON OF MUKONGO SON OF WANGOHO RAFWAKI I SON OF LWANDE MULYAMBOKA SON OF LWANDE WESONGA.

JOHN OGEMA SON OF ODUYO SON OF WANJALA SON OF MUKONGO SON OF WANGOHO RAFWAKI I SON OF LWANDE MULYAMBOKA SON OF LWANDE WESONGA.

MACIAL DOKOLO SON OF ODUYO SON OF WANJALA SON OF MUKONGO SON OF WANGOHO RAFWAKI I SON OF LWANDE MULYAMBOKA SON OF LWANDE WESONGA.

ROMANO GUSINO SON OF ODUYO SON OF WANJALA SON OF MUKONGO SON OF WANGOHO RAFWAKI I SON OF LWANDE MULYAMBOKA SON OF LWANDE WESONGA.

NAMUSIHO Damian Ouma

DAMIAN OUMA SON OF ROMANO GUSINO SON OF ODUYO SON OF WANJALA SON OF MUKONGO SON OF WANGOHO RAFWAKI I SON OF LWANDE MULYAMBOKA SON OF LWANDE WESONGA.

LONGINUS OGOHA SON OF ODUYO SON OF WANJALA SON OF MUKONGO SON OF WANGOHO RAFWAKI I SON OF LWANDE MULYAMBOKA SON OF LWANDE WESONGA.

NASUBO Ogoola
John Ogema
Clement Mboko
Patrick Okumu

OGOOLA SON OF LONGINUS OGOHA SON OF ODUYO SON OF WANJALA SON OF MUKONGO SON OF WANGOHO RAFWAKI I SON OF LWANDE MULYAMBOKA SON OF LWANDE WESONGA.

JOHN OGEMA SON OF LONGINUS OGOHA SON OF ODUYO SON OF WANJALA SON OF MUKONGO SON OF WANGOHO RAFWAKI

I SON OF LWANDE MULYAMBOKA SON OF LWANDE WESONGA.

CLEMENT MBOKO SON OF LONGINUS OGOHA SON OF ODUYO SON OF WANJALA SON OF MUKONGO SON OF WANGOHO RAFWAKI I SON OF LWANDE MULYAMBOKA SON OF LWANDE WESONGA.

PATRICK OKUMU SON OF LONGINUS OGOHA SON OF ODUYO SON OF WANJALA SON OF MUKONGO SON OF WANGOHO RAFWAKI I SON OF LWANDE MULYAMBOKA SON OF LWANDE WESONGA.

JOHN OGEMA SON OF ODUYO SON OF WANJALA SON OF MUKONGO SON OF WANGOHO RAFWAKI I SON OF LWANDE MULYAMBOKA SON OF LWANDE WESONGA.

NABULINDO	Charles Wanjala
NANGWE	Joseph Oduyo
NABULINDO	Luberuto Malingu
	Patrick Mugeni
	Morris Gusino
	Fred Makoha
NAHAME	Robert Taabu

CHARLES WANJALA SON OF JOHN OGEMA SON OF ODUYO SON OF WANJALA SON OF MUKONGO SON OF WANGOHO RAFWAKI I SON OF LWANDE MULYAMBOKA SON LWANDE WESONGA.

JOSEPH ODUYO SON OF JOHN OGEMA SON OF ODUYO SON OF WANJALA SON OF MUKONGO SON OF WANGOHO RAFWAKI I SON OF LWANDE MULYAMBOKA SON OF LWANDE WESONGA.

LUBERUTO MALINGU SON OF JOHN OGEMA SON OF ODUYO SON OF WANJALA SON OF MUKONGO SON OF WANGOHO RAFWAKI I SON OF LWANDE MULYAMBOKA SON OF LWANDE WESONGA.

CHAPTER THREE

PATRICK MUGENI SON OF JOHN OGEMA SON OF ODUYO SON OF WANJALA SON OF MUKONGO SON OF WANGOHO RAFWAKI I SON OF LWANDE MULYAMBOKA SON OF LWANDE WESONGA.

MORRIS GUSINO SON OF JOHN OGEMA SON OF ODUYO SON OF WANJALA SON OF MUKONGO SON OF WANGOHO RAFWAKI I SON OF LWANDE MULYAMBOKA SON OF LWANDE WESONGA.

FRED MAKOHA SON OF JOHN OGEMA SON OF ODUYO SON OF WANJALA SON OF MUKONGO SON OF WANGOHO RAFWAKI I SON OF LWANDE MULYAMBOKA SON OF LWANDE WESONGA.

ROBERT TAABU SON OF JOHN OGEMA SON OF ODUYO SON OF WANJALA SON OF MUKONGO SON OF WANGOHO RAFWAKI I SON OF LWANDE MULYAMBOKA SON OF LWANDE WESONGA.

ROMANO GUSINO SON OF ODUYO SON OF WANJALA SON OF MUKONGO SON OF WANGOHO RAFWAKI I SON OF LWANDE MULYAMBOKA SON OF LWANDE WESONGA.

ADETI	Patrick Ouma
	Ogoola
	Oduyo
	Tambiti
	Mbolu
NAMUBACHI	Bubolu
NABURI	John Wandera
NAMUTALA	Fred Ochiengi
	Godfrey Obanda

PATRICK OUMA SON OF ROMANO GUSINO SON OF ODUYO SON OF WANJALA SON OF MUKONGO SON OF WANGOHO RAFWAKI I SON OF LWANDE MULYAMBOKA SON OF LWANDE WESONGA.

OGOOLA SON OF ROMANO GUSINO SON OF ODUYO SON OF WANJALA SON OF MUKONGO SON OF WANGOHO RAFWAKI I SON OF LWANDE MULYAMBOKA SON OF LWANDE WESONGA.

LWANDE WESONGA: A GENEALOGY

ODUYO SON OF ROMANO GUSINO SON OF **ODUYO** SON OF **WANJALA** SON OF **MUKONGO** SON OF **WANGOHO RAFWAKI I** SON OF **LWANDE MULYAMBOKA** SON OF **LWANDE WESONGA**.

TAMBITI SON OF ROMANO GUSINO SON OF **ODUYO** SON OF **WANJALA** SON OF **MUKONGO** SON OF **WANGOHO RAFWAKI I** SON OF **LWANDE MULYAMBOKA** SON OF **LWANDE WESONGA**.

MBOLU SON OF ROMANO GUSINO SON OF **ODUYO** SON OF **WANJALA** SON OF **MUKONGO** SON OF **WANGOHO RAFWAKI I** SON OF **LWANDE MULYAMBOKA** SON OF **LWANDE WESONGA**.

BUBOLU SON OF ROMANO GUSINO SON OF **ODUYO** SON OF **WANJALA** SON OF **MUKONGO** SON OF **WANGOHO RAFWAKI I** SON OF **LWANDE MULYAMBOKA** SON OF **LWANDE WESONGA**.

JOHN WANDERA SON OF ROMANO GUSINO SON OF **ODUYO** SON OF **WANJALA** SON OF **MUKONGO** SON OF **WANGOHO RAFWAKI I** SON OF **LWANDE MULYAMBOKA** SON OF **LWANDE WESONGA**.

FRED OCHIENGI SON OF ROMANO GUSINO SON OF **ODUYO** SON OF **WANJALA** SON OF **MUKONGO** SON OF **WANGOHO RAFWAKI I** SON OF **LWANDE MULYAMBOKA** SON OF **LWANDE WESONGA**.

GODFREY OBANDA SON OF ROMANO GUSINO SON OF **ODUYO** SON OF **WANJALA** SON OF **MUKONGO** SON OF **WANGOHO RAFWAKI I** SON OF **LWANDE MULYAMBOKA** SON OF **LWANDE WESONGA**.

DAMIAN OUMA SON OF ROMANO GUSINO SON OF **ODUYO** SON OF **WANJALA** SON OF **MUKONGO** SON OF **WANGOHO RAFWAKI I** SON OF **LWANDE MULYAMBOKA** SON OF **LWANDE WESONGA**.

NAHULO   Oduyo II
             Kabuli

CHAPTER THREE

ODUYO II SON OF DAMIAN OUMA SON OF ROMANO GUSINO SON OF ODUYO SON OF WANJALA SON OF MUKONGO SON OF WANGOHO RAFWAKI I SON OF LWANDE MULYAMBOKA SON OF LWANDE WESONGA.

KABULI SON OF DAMIAN OUMA SON OF ROMANO GUSINO SON OF ODUYO SON OF WANJALA SON OF MUKONGO SON OF WANGOHO RAFWAKI I SON OF LWANDE MULYAMBOKA SON OF LWANDE WESONGA.

See Appendix Page 69

LWANDE WESONGA. SON OF LWANDE MULUNGO

NAMUDU
NAHALULU

LWANDE MULYAMBOKA (Mother was Namudu Nahalulu)

NABILYACHO   Odemi

ODEMI SON OF LWANDE MULYAMBOKA

ODEMI SON OF LWANDE MULYAMBOKA SON OF LWANDE WESONGA.

?   Muhula
?   Odomi

ODOMI SON OF ODEMI SON OF LWANDE MULYAMBOKA SON OF LWANDE WESONGA.

MUHULA SON OF ODEMI SON OF LWANDE MULYAMBOKA SON OF LWANDE WESONGA.

NASUBO I   Wanyande
NASUBO II   Ngweno (Osiyo)

LWANDE WESONGA: A GENEALOGY

NABBONYO	Ongenge	

WANYANDE SON OF MUHULA SON OF ODEMI SON OF LWANDE MULYAMBOKA SON OF LWANDE WESONGA.

NACHONGA I	Haluba	
NACHONGA II	Peter Nabahunya	

HALUBA SON OF WANYANDE SON OF MUHULA SON OF ODEMI SON OF LWANDE MULYAMBOKA SON OF LWANDE WESONGA.

PETER NABAHUNYA SON OF WANYANDE SON OF MUHULA SON OF ODEMI SON OF LWANDE MULYAMBOKA SON OF LWANDE WESONGA.

NAHUKU	Joseph Wandera	
NAKIROYA	Nabbangi	
	Ouma	

JOSEPH WANDERA SON OF PETER NABAHUNYA SON OF WANYANDE SON OF MUHULA SON OF ODEMI SON OF LWANDE MULYAMBOKA SON OF LWANDE WESONGA.

NABBANGI SON OF PETER NABAHUNYA SON OF WANYANDE SON OF MUHULA SON OF ODEMI SON OF LWANDE MULYAMBOKA SON OF LWANDE WESONGA.

OUMA SON OF PETER NABAHUNYA SON OF WANYANDE SON OF MUHULA SON OF ODEMI SON OF LWANDE MULYAMBOKA SON OF LWANDE WESONGA.

NGWENO (OSIYO) SON OF MUHULA SON OF ODEMI SON OF LWANDE MULYAMBOKA SON OF LWANDE WESONGA.

NAJABI	Asumanga	
	Wilson Wangalwa	
	Sengori	

CHAPTER THREE

ASUMANGA SON OF NGWENO (OSIYO) SON OF MUHULA SON ODEMI SON OF LWANDE MULYAMBOKA SON OF LWANDE WESONGA.

WILSON WANGALWA SON OF NGWENO (OSIYO) SON OF MUHULA SON OF ODEMI SON OF LWANDE MULYAMBOKA SON OF LWANDE WESONGA.

SENGORI SON OF NGWENO (OSIYO) SON OF MUHULA SON OF ODEMI SON OF LWANDE MULYAMBOKA SON OF LWANDE WESONGA.

WILSON WANGALWA SON OF NGWENO (OSIYO) SON OF MUHULA SON OF ODEMI SON OF LWANDE MULYAMBOKA SON OF LWANDE WESONGA.

NACHWERE   Wandera
Mangeni
Ouma
Onyango

WANDERA SON OF WILSON WANGALWA SON OF NGWENO (OSIYO) SON OF MUHULA SON OF ODEMI SON OF LWANDE MULYAMBOKA SON OF LWANDE WESONGA.

MANGENI SON OF WILSON WANGALWA SON OF NGWENO (OSIYO) SON OF MUHULA SON OF ODEMI SON OF LWANDE MULYAMBOKA SON OF LWANDE WESONGA.

OUMA SON OF WILSON WANGALWA SON OF NGWENO (OSIYO) SON OF MUHULA SON OF ODEMI SON OF LWANDE MULYAMBOKA SON OF LWANDE WESONGA.

ONYANGO SON OF WILSON WANGALWA SON OF NGWENO (OSIYO) SON OF MUHULA SON OF ODEMI SON OF LWANDE MULYAMBOKA SON OF LWANDE WESONGA.

LWANDE WESONGA: A GENEALOGY

	ONGENGE SON OF MUHULA SON OF ODEMI SON OF LWANDE MULYAMBOKA SON OF LWANDE WESONGA.
NACHIMO	Yeremiah Ochimi Okello Ajongo
	AJONGO SON OF ONGENGE SON OF MUHULA SON OF ODEMI SON OF LWANDE MULYAMBOKA SON OF LWANDE WESONGA.
	YEREMIAH OCHIMI SON OF ONGENGE SON OF MUHULA SON OF ODEMI SON OF LWANDE MULYAMBOKA SON OF LWANDE WESONGA.
NANJAYA	Mikaya Namangale Mesusera Muhula II
	OKELLO SON OF ONGENGE SON OF MUHULA SON OF ODEMI SON OF LWANDE MULYAMBOKA SON OF LWANDE WESONGA.
	Meyo Muhula II
	MEYO SON OF OKELLO SON OF ONGENGE SON OF MUHULA SON OF ODEMI SON OF LWANDE MULYAMBOKA SON OF LWANDE WESONGA.
	MUHULA II SON OF OKELLO SON OF ONGENGE SON OF MUHULA SON OF ODEMI SON OF LWANDE MULYAMBOKA SON OF LWANDE WESONGA.
	MIKAYA NAMANGALE SON OF YEREMIAH OCHIMI SON OF ONGENGE SON OF MUHULA SON OF ODEMI SON OF LWANDE MULYAMBOKA SON OF LWANDE WESONGA.
NAWONGA **NAMUDEMO**	James Ongenge II Ochimi II

CHAPTER THREE

Douglas Muhula III

JAMES ONGENGE II SON OF MIKAYA NAMANGALE SON OF YEREMIAH OCHIMI SON OF ONGENGE SON OF MUHULA SON OF ODEMI SON OF LWANDE MULYAMBOKA SON OF LWANDE WESONGA.

OCHIMI II SON OF MIKAYA NAMANGALE SON OF YEREMIAH OCHIMI SON OF ONGENGE SON OF MUHULA SON OF ODEMI SON OF LWANDE MULYAMBOKA SON OF LWANDE WESONGA.

DOUGLAS MUHULA III SON OF MIKAYA NAMANGALE SON OF YEREMIAH OCHIMI SON OF ONGENGE SON OF MUHULA SON OF ODEMI SON OF LWANDE MULYAMBOKA SON OF LWANDE WESONGA.

MESUSERA MUHULA II SON OF YEREMIAH OCHIMI SON OF ONGENGE SON OF MUHULA SON OF ODEMI SON OF LWANDE MULYAMBOKA SON OF LWANDE WESONGA.

NAMUDAIRWA	Wandera
	Muhula
NAKOYI	Ongenge
	Ochimi
	Okumu
NAMANYI	Barasa

WANDERA SON OF MESUSERA MUHULA II SON OF YEREMIAH OCHIMI SON OF ONGENGE SON OF MUHULA SON OF ODEMI SON OF LWANDE MULYAMBOKA SON OF LWANDE WESONGA.

MUHULA SON OF MESUSERA MUHULA II SON OF YEREMIAH OCHIMI SON OF ONGENGE SON OF MUHULA SON OF ODEMI SON OF LWANDE MULYAMBOKA SON OF LWANDE WESONGA.

ONGENGE SON OF MESUSERA MUHULA II SON OF YEREMIAH OCHIMI SON OF ONGENGE SON OF MUHULA SON OF ODEMI

SON OF LWANDE MULYAMBOKA SON OF LWANDE WESONGA.

OCHIMI II SON OF MESUSERA MUHULA II SON OF YEREMIAH OCHIMI SON OF ONGENGE SON OF MUHULA SON OF ODEMI SON OF LWANDE MULYAMBOKA SON OF LWANDE WESONGA.

OKUMU SON OF MESUSERA MUHULA II SON OF YEREMIAH OCHIMI SON OF ONGENGE SON OF MUHULA SON OF ODEMI SON OF LWANDE MULYAMBOKA SON OF LWANDE WESONGA.

BARASA SON OF MESUSERA MUHULA II SON OF YEREMIAH OCHIMI SON OF ONGENGE SON OF MUHULA SON OF ODEMI SON OF LWANDE MULYAMBOKA SON OF LWANDE WESONGA.

OJONGO SON OF ONGENGE SON OF MUHULA SON OF ODEMI SON OF LWANDE MULYAMBOKA SON OF LWANDE WESONGA.

NAKEWA

Odomi II
Nathaniel Ouma

ODOMI II SON OF OJONGO SON OF ONGENGE SON OF MUHULA SON OF ODEMI SON OF LWANDE MULYAMBOKA SON OF LWANDE WESONGA.

NATHANIEL OUMA SON OF OJONGO SON OF ONGENGE SON OF MUHULA SON OF ODEMI SON OF LWANDE MULYAMBOKA SON OF LWANDE WESONGA.

See Appendix Page 70

NATHANAEL OUMA SON OF OJONGO SON OF ONGENGE SON OF MUHULA SON OF ODEMI SON OF LWANDE MULYAMBOKA SON OF LWANDE WESONGA.

Abbangi
Okello

CHAPTER THREE

ABBANGI SON OF NATHANAEL OUMA SON OF OJONGO SON OF ONGENGE SON OF MUHULA SON OF ODEMI SON OF LWANDE MULYAMBOKA SON OF LWANDE WESONGA.

OKELLO SON OF NATHANAEL OUMA SON OF OJONGO SON OF ONGENGE SON OF MUHULA SON OF ODEMI SON OF LWANDE MULYAMBOKA SON OF LWANDE WESONGA.

ODOMI II SON OF ODEMI SON OF LWANDE MULYAMBOKA SON OF LWANDE WESONGA.

Mayende
Ogulo

MAYENDE SON OF ODOMI II SON OF ODEMI SON OF LWANDE MULYAMBOKA SON OF LWANDE WESONGA.

OGULO SON OF ODEMI II SON OF ODEMI SON OF LWANDE MULYAMBOKA SON OF LWANDE WESONGA.

OKUMU SON OF MESUSERA MUHULA II SON OF YEREMIAH OCHIMI SON OF ONGENGE SON OF MUHULA SON OF ODEMI SON OF LWANDE MULYAMBOKA SON OF LWANDE WESONGA.

NALUKADA	Ajango yakerama[45] his stepmother
NAKIROYA	Matayo Odemi

MATAYO ODEMI IV SON OF ODEMI III SON OF ODEMI II SON OF OJONGO SON OF ONGENGE SON OF MUHULA SON OF ODEMI I SON OF LWANDE MULYAMBOKA SON OF LWANDE WESONGA.

NACHWERE	Onyango
	Ngweno Osiyo
NAHABI	Obbakiro

---

[45] Ajango married his stepmother in a special ceremony according to Samia customs and traditions.

235

ONYANGO SON OF MATAYO ODEMI IV SON OF ODEMI III SON OF ODEMI II SON OF OJONGO SON OF ONGENGE SON OF MUHULA SON OF ODEMI SON OF LWANDE MULYAMBOKA SON OF LWANDE WESONGA.

NGWENO OSIYO SON OF MATAYO ODEMI IV SON OF ODEMI III SON OF ODEMI II SON OF OJONGO SON OF ONGENGE SON OF MUHULA SON OF ODEMI SON OF LWANDE MULYAMBOKA SON OF LWANDE WESONGA.

OBBAKIRO SON OF MATAYO ODEMI IV SON OF ODEMI III SON OF ODEMI II SON OF OJONGO SON OF ONGENGE SON OF MUHULA SON OF ODEMI SON OF LWANDE MULYAMBOKA SON OF LWANDE WESONGA.

NB: Please refer to appendix 69 to 70. It was not clear at all. However, any relative who can make it clear for present and future generations please do get in touch through Lwande Books.

See Appendix Page 71

See Appendix Page 72

END OF LWANDE MULYAMBOKA SON OF LWANDE WESONGA.

CHAPTER FOUR

KAGENDA (AMALAKULE) SON OF LWANDE WESONGA

OMALA SON OF KAGENDA (AMALAKULE)

	LWANDE WESONGA. SON OF LWANDE MULUNGO.
NEHAMA	Kagenda (Amalakule)
	KAGENDA SON OF **LWANDE WESONGA.**
NABWALA	Omala
	Sichimi
NANGOMA	Wanga Ofumbuha
NANJOWA	Muhachi
	Ngundira
	OMALA SON OF **KAGENDA** SON OF **LWANDE WESONGA.**
NAKUHU	Lwande II

LWANDE II SON OF OMALA

	LWANDE II SON OF **OMALA** SON OF **KAGENDA** SON OF **LWANDE WESONGA.**
NABONGO	Ndumwa

LWANDE WESONGA: A GENEALOGY

NASINYAMA	Achiengi
NAMANGALE I	Okuku
NAMANGALE II	Malibo

NDUMWA SON OF LWANDE II SON OF OMALA SON OF KAGENDA SON OF LWANDE WESONGA.

NAMENYA	Ochaso
NALALA	Olijjo
NAMENYA	Ohuya

OLIJJO SON OF NDUMWA SON OF LWANDE II SON OF OMALA SON OF KAGENDA SON OF LWANDE WESONGA.

OHUYA SON OF NDUMWA SON OF LWANDE II SON OF OMALA SON OF KAGENDA SON OF LWANDE WESONGA.

OCHASO SON OF NDUMWA SON OF LWANDE II SON OF OMALA SON OF KAGENDA SON OF LWANDE WESONGA.

NAHABI	Gwayya
NAHABI	Yafesi Namenya
NAHABI	Kosea Jungo
LAKERI NAMBUNI	Charles Oundo
NAHABI	Ignatio Mudambo
	Ndumwa Orobe
	Ohuya
	Odanga

Apoto Ekingi, Natabona, gave birth to Ochaso and Onyoba.
Esesa Nadoli, Natabona had Abner Buluma, Lekoboam Onyango and Amanda Nabwire.
Ajwang Natabona had Owino, Ochieno and Aoko.

GWAYYA SON OF OCHASO SON OF NDUMWA SON OF LWANDE II SON OF OMALA SON OF KAGENDA SON OF LWANDE WESONGA.

CHAPTER FOUR

YAFESI NAMENYA SON OF OCHASO SON OF NDUMWA SON OF LWANDE II SON OF OMALA SON OF KAGENDA SON OF LWANDE WESONGA.

KOSEA JUNGO SON OF OCHASO SON OF NDUMWA SON OF LWANDE II SON OF OMALA SON OF KAGENDA SON OF LWANDE WESONGA.

CHARLES OUNDO SON OF OCHASO SON OF NDUMWA SON OF LWANDE II SON OF OMALA SON OF KAGENDA SON OF LWANDE WESONGA.

IGNATIO MUDAMBO SON OF OCHASO SON OF NDUMWA SON OF LWANDE II SON OF OMALA SON OF KAGENDA SON OF LWANDE WESONGA.

NDUMWA OROBE SON OF OCHASO SON OF NDUMWA SON OF LWANDE II SON OF OMALA SON OF KAGENDA SON OF LWANDE WESONGA.

OHUYA SON OF OCHASO SON OF NDUMWA SON OF LWANDE II SON OF OMALA SON OF KAGENDA SON OF LWANDE WESONGA.

ODANGA SON OF OCHASO SON OF NDUMWA SON OF LWANDE II SON OF OMALA SON OF KAGENDA SON OF LWANDE WESONGA.

APOTO EKINGI, NATABONA DAUGHTER OF OCHASO SON OF NDUMWA SON OF LWANDE II SON OF OMALA SON OF KAGENDA SON OF LWANDE WESONGA.

OCHASO SON OF APOT EKING, NATABONA DAUGHTER OF OCHASO SON OF NDUMWA SON OF LWANDE II SON OF OMALA SON OF KAGENDA SON OF LWANDE WESONGA.

ONYOBA SON OF APOT EKING, NATABONA DAUGHTER OF OCHASO SON OF NDUMWA SON OF LWANDE II SON OF OMALA

LWANDE WESONGA: A GENEALOGY

SON OF **KAGENDA** SON OF **LWANDE WESONGA.**

ESESA NADOLI, NATABONA DAUGHTER OF **OCHASO** SON OF **NDUMWA** SON OF **LWANDE II** SON OF **OMALA** SON OF **KAGENDA** SON OF **LWANDE WESONGA.**

ABNER BULUMA SON OF ESESA NADOLI NATABONA DAUGHTER OF **OCHASO** SON OF **NDUMWA** SON OF **LWANDE II** SON OF **OMALA** SON OF **KAGENDA** SON OF **LWANDE WESONGA.**

LEKOBOAM ONYANGO SON OF ESESA NADOLI NATABONA DAUGHTER OF **OCHASO** SON OF **NDUMWA** SON OF **LWANDE II** SON OF **OMALA** SON OF **KAGENDA** SON OF **LWANDE WESONGA.**

AMANDA NABWIRE DAUGHTER OF ESESA NADOLI NATABONA DAUGHTER OF **OCHASO** SON OF **NDUMWA** SON OF **LWANDE II** SON OF **OMALA** SON OF **KAGENDA** SON OF **LWANDE WESONGA.**

AJWANG NATABONA DAUGHTER OF **OCHASO** SON OF **NDUMWA** SON OF **LWANDE II** SON OF **OMALA** SON OF **KAGENDA** SON OF **LWANDE WESONGA.**

OLIJJO SON OF **NDUMWA** SON OF **LWANDE II** SON OF **OMALA** SON OF **KAGENDA** SON OF **LWANDE WESONGA.**

NAHABI	Stephen Ndumwa
NAMUKUBA	Mutanda
	Nonga
NACHAKI I	Wafula
NACHAKI II	Omala
NACHAKI III	Wilson Opio
NACHAKI IV	Yovan Makoha
NACHAKI V	Yonasani Godan

MUTANDA SON OF **OLIJJO** SON OF **NDUMWA** SON OF **LWANDE II** SON OF **OMALA** SON OF **KAGENDA** SON OF **LWANDE WESONGA.**

CHAPTER FOUR

NONGA SON OF **OLIJJO** SON OF **NDUMWA** SON OF **LWANDE II** SON OF **OMALA** SON OF **KAGENDA** SON OF **LWANDE WESONGA**.

WAFULA SON OF **OLIJJO** SON OF **NDUMWA** SON OF **LWANDE II** SON OF **OMALA** SON OF **KAGENDA** SON OF **LWANDE WESONGA**.

OMALA SON OF **OLIJJO** SON OF **NDUMWA** SON OF **LWANDE II** SON OF **OMALA** SON OF **KAGENDA** SON OF **LWANDE WESONGA**.

WILSON OPIO SON OF **OLIJJO** SON OF **NDUMWA** SON OF **LWANDE II** SON OF **OMALA** SON OF **KAGENDA** SON OF **LWANDE WESONGA**.

YOVAN MAKOHA SON OF **OLIJJO** SON OF **NDUMWA** SON OF **LWANDE II** SON OF **OMALA** SON OF **KAGENDA** SON OF **LWANDE WESONGA**.

YONASANI GODAN SON OF **OLIJJO** SON OF **NDUMWA** SON OF **LWANDE II** SON OF **OMALA** SON OF **KAGENDA** SON OF **LWANDE WESONGA**.

STEPHEN NDUMWA SON OF **OLIJJO** SON OF **NDUMWA** SON OF **LWANDE II** SON OF **OMALA** SON OF **KAGENDA** SON OF **LWANDE WESONGA**.

NABIANGU	Mangoli
NACHAKI I	Budaha
NACHAKI II	Ndumwa II

MANGOLI SON OF STEPHEN NDUMWA II SON OF **OLIJJO** SON OF **NDUMWA** SON OF **LWANDE II** SON OF **OMALA** SON OF **KAGENDA** SON OF **LWANDE WESONGA**.

NDUMWA SON OF STEPHEN NDUMWA II SON OF **OLIJJO** SON OF **NDUMWA** SON OF **LWANDE II** SON OF **OMALA** SON OF **KAGENDA** SON OF **LWANDE WESONGA**.

LWANDE WESONGA: A GENEALOGY

        BUDAHA SON OF STEPHEN NDUMWA II SON OF OLIJJO SON OF NDUMWA SON OF LWANDE II SON OF OMALA SON OF KAGENDA SON OF LWANDE WESONGA.

NASUBO   No Information was available about the children.

See Appendix Page 73

        OMALA SON OF KAGENDA SON OF LWANDE WESONGA.

        Makoha Osoggo

MAKOHA OSOGGO SON OF OMALA

        MAKOHA OSOGGO SON OF OMALA SON OF KAGENDA SON OF LWANDE WESONGA.

NASIBIINGI	Ayimbi
	Omala II
NAMUHUMWA	Ogula
TEREZA OKOOLA	Alfred Bwire
	Pascal Ouma
	John Oguttu
	Manuel Mangeni

        ALFRED BWIRE SON OF MAKOHA OSOGGO SON OF OMALA SON OF KAGENDA SON OF LWANDE WESONGA.

NABURI	Okochi Bwire
	Julius Juma
	Majoni
	Peter Mayende
NASERA	Jophiter Barasa
	Moses Onyango

        PASCAL OUMA SON OF MAKOHA OSOGGO SON OF OMALA SON

CHAPTER FOUR

OF **KAGENDA** SON OF **LWANDE WESONGA**.

NALALA   Musumba Ouma
Patrick Lumumba

JOHN OGUTTU SON OF **MAKOHA OSOGGO** SON OF **OMALA** SON OF **KAGENDA** SON OF **LWANDE WESONGA**.

NASIKAANI   Ouma
Ogemba
Theresa
Sitabi

MANUEL MANGENI SON OF **MAKOHA OSOGGO** SON OF **OMALA** SON OF **KAGENDA** SON OF **LWANDE WESONGA**.

NAHULO   Francisco Ogemba

FRANCISCO OGEMBA SON OF **MANUEL MANGENI** SON OF **MAKOHA OSOGGO** SON OF **OMALA** SON OF **KAGENDA** SON OF **LWANDE WESONGA**.

OGEMBA SON OF **JOHN OGUTTU** SON OF **MAKOHA OSOGGO** SON OF **OMALA** SON OF **KAGENDA** SON OF **LWANDE WESONGA**.

NAMANGALE   Mangeni Ogemba

MANGENI OGEMBA SON OF **OGEMBA** SON OF **JOHN OGUTTU** SON OF **MAKOHA OSOGO** SON OF **OMALA** SON OF **KAGENDA** SON OF **LWANDE WESONGA**.

NANYIREMI   Stanley Wanyama
Wilber Bwire

STANLEY WANYAMA SON OF MANGENI OGEMBA SON OF **OGEMBA** SON OF **JOHN OGUTTU** SON OF **MAKOHA OSOGO** SON OF **OMALA** SON OF **KAGENDA** SON OF **LWANDE WESONGA**.

LWANDE WESONGA: A GENEALOGY

NASITWOKI   Mukaga Wanyama
                    Friday Wanyama
                    Odembo Wanyama

WILBER BWIRE SON OF MANGENI OGEMBA SON OF **OGEMBA** SON OF **JOHN OGUTTU** SON OF **MAKOHA OSOGO** SON OF **OMALA** SON OF **KAGENDA** SON OF **LWANDE WESONGA**.

NAMULUNDU   Robert Wangira

ROBERT WANGIRA SON OF WILBER BWIRE SONF OF MANGENI OGEMBA SON OF **OGEMBA** SON OF **JOHN OGUTTU** SON OF **MAKOHA OSOGO** SON OF **OMALA** SON OF **KAGENDA** SON OF **LWANDE WESONGA**.

See Appendix 74

TEFIRO WAFULA SON OF **OLIJJO** SON OF **NDUMWA** SON OF **LWANDE II** SON OF **OMALA** SON OF **KAGENDA** SON OF **LWANDE WESONGA**.

NAMAINDI   Erisa Mangeni
NAMINDI   Ochaso

OCHASO SON OF ERISA MANGENI SON OF TEFIRO WAFULA SON OF **OLIJJO** SON OF **NDUMWA** SON OF **LWANDE II** SON OF **OMALA** SON OF **KAGENDA** SON OF **LWANDE WESONGA**.

ERISA MANGENI SON OF TEFIRO WAFULA SON OF **OLIJJO** SON OF **NDUMWA** SON OF **LWANDE II** SON OF **OMALA** SON OF **KAGENDA** SON OF **LWANDE WESONGA**.

NAHASOHO   Juma Wafula
                    Wilson Opio
NAMAKANGALA   Olijjo II
                    Omala II
                    Wafula

CHAPTER FOUR

Nahulo
Okumu

WILSON OPIO SON OF ERISA MANGENI SON OF TEFIRO WAFULA SON OF **OLIJJO** SON OF **NDUMWA** SON OF **LWANDE II** SON OF **OMALA** SON OF **KAGENDA** SON OF **LWANDE WESONGA**.

OLIJJO SON OF ERISA MANGENI SON OF TEFIRO WAFULA SON OF **OLIJJO** SON OF **NDUMWA** SON OF **LWANDE II** SON OF **OMALA** SON OF **KAGENDA** SON OF **LWANDE WESONGA**.

OMALA SON OF ERISA MANGENI SON OF TEFIRO WAFULA SON OF **OLIJJO** SON OF **NDUMWA** SON OF **LWANDE II** SON OF **OMALA** SON OF **KAGENDA** SON OF **LWANDE WESONGA**.

WAFULA SON OF ERISA MANGENI SON OF TEFIRO WAFULA SON OF **OLIJJO** SON OF **NDUMWA** SON OF **LWANDE II** SON OF **OMALA** SON OF **KAGENDA** SON OF **LWANDE WESONGA**.

NAHULO OF ERISA MANGENI SON OF TEFIRO WAFULA SON OF **OLIJJO** SON OF **NDUMWA** SON OF **LWANDE II** SON OF **OMALA** SON OF **KAGENDA** SON OF **LWANDE WESONGA**.

OKUMU SON OF ERISA MANGENI SON OF TEFIRO WAFULA SON OF **OLIJJO** SON OF **NDUMWA** SON OF **LWANDE II** SON OF **OMALA** SON OF **KAGENDA** SON OF **LWANDE WESONGA**.

JUMA WAFULA SON OF ERISA MANGENI SON OF TEFIRO WAFULA SON OF **OLIJJO** SON OF **NDUMWA** SON OF **LWANDE II** SON OF **OMALA** SON OF **KAGENDA** SON OF **LWANDE WESONGA**.

NAMUTENDE	No information about the children
NAMAKANGALA	No information about the children

ALFRED OMALA SON OF OLIJJO II SON OF ERISA MANGENI SON OF TEFIRO WAFULA SON OF **OLIJJO** SON OF **NDUMWA** SON OF **LWANDE II** SON OF **OMALA** SON OF **KAGENDA** SON OF **LWANDE WESONGA**.

LWANDE WESONGA: A GENEALOGY

NAMUFUTA
NAKALYOKO   Bwire
NAKALYOKO   Ochieno
NAKALYAKO   Kagenda III
NAKALYAKO   Okumu

KAGENDA III SON OF ALFRED OMALA II SON OF OLIJJO SON OF ERISA MANGENI SON OF TEFIRO WAFULA SON OF OLIJJO SON OF NDUMWA SON OF LWANDE II SON OF OMALA SON OF KAGENDA SON OF LWANDE WESONGA.

BWIRE SON OF ALFRED OMALA SON OF OLIJJO SON OF ERISA MANGENI SON OF TEFIRO WAFULA SON OF OLIJJO SON OF NDUMWA SON OF LWANDE II SON OF OMALA SON OF KAGENDA SON OF LWANDE WESONGA.

OKUMU SON OF ALFRED OMALA SON OF OLIJJO SON OF ERISA MANGENI SON OF TEFIRO WAFULA SON OF OLIJJO SON OF NDUMWA SON OF LWANDE II SON OF OMALA SON OF KAGENDA SON OF LWANDE WESONGA.

OCHIENO SON OF ALFRED OMALA SON OF OLIJJO II SON OF ERISA MANGENI SON OF TEFIRO WAFULA SON OF OLIJJO SON OF NDUMWA SON OF LWANDE II SON OF OMALA SON OF KAGENDA SON OF LWANDE WESONGA.

NAPUNYI

NONGA SON OF OLIJJO SON OF ERISA MANGENI SON OF TEFIRO WAFULA SON OF OLIJJO SON OF NDUMWA SON OF LWANDE II SON OF OMALA SON OF KAGENDA SON OF LWANDE WESONGA.

NEHOBA   Achwada

ACHWADA SON OF NONGA SON OF OLIJJO SON OF ERISA MANGENI SON OF TEFIRO WAFULA SON OF OLIJJO SON OF NDUMWA SON OF LWANDE II SON OF OMALA SON OF

CHAPTER FOUR

KAGENDA SON OF **LWANDE WESONGA**.

WILSON OPIO SON OF ERISA MANGENI SON OF TEFIRO WAFULA SON OF **OLIJJO** SON OF **NDUMWA** SON OF **LWANDE II** SON OF **OMALA** SON OF **KAGENDA** SON OF **LWANDE WESONGA**.

NAMAKANGALA I	Olijjo
NAMAKANGALA II	Wafula
NAMAKANGALA III	Okuku
NAMAKANGALA IV	Nahulo
NALWENGE I	Ouma
NALWENGE II	Wandera
NAMAKANGALA V	Majoni
NAMAKANGALA VI	Osaamo
NAMAKANGALA VII	Musumba

OKUKU SON OF WILSON OPIO SON OF ERISA MANGENI SON OF TEFIRO WAFULA SON OF **OLIJJO** SON OF **NDUMWA** SON OF **LWANDE II** SON OF **OMALA** SON OF **KAGENDA** SON OF **LWANDE WESONGA**.

NAHULO SON OF WILSON OPIO SON OF ERISA MANGENI SON OF TEFIRO WAFULA SON OF **OLIJJO** SON OF **NDUMWA** SON OF **LWANDE II** SON OF **OMALA** SON OF **KAGENDA** SON OF **LWANDE WESONGA**.

OUMA SON OF WILSON OPIO SON OF ERISA MANGENI SON OF TEFIRO WAFULA SON OF **OLIJJO** SON OF **NDUMWA** SON OF **LWANDE II** SON OF **OMALA** SON OF **KAGENDA** SON OF **LWANDE WESONGA**.

WANDERA SON OF WILSON OPIO SON OF ERISA MANGENI SON OF TEFIRO WAFULA SON OF **OLIJJO** SON OF **NDUMWA** SON OF **LWANDE II** SON OF **OMALA** SON OF **KAGENDA** SON OF **LWANDE WESONGA**.

MAJONI SON OF WILSON OPIO SON OF ERISA MANGENI SON

OF TEFIRO WAFULA SON OF OLIJJO SON OF NDUMWA SON OF LWANDE II SON OF OMALA SON OF KAGENDA SON OF LWANDE WESONGA.

OSAAMO SON OF WILSON OPIO SON OF ERISA MANGENI SON OF TEFIRO WAFULA SON OF OLIJJO SON OF NDUMWA SON OF LWANDE II SON OF OMALA SON OF KAGENDA SON OF LWANDE WESONGA.

MUSUMBA SON OF WILSON OPIO SON OF ERISA MANGENI SON OF TEFIRO WAFULA SON OF OLIJJO SON OF NDUMWA SON OF LWANDE II SON OF OMALA SON OF KAGENDA SON OF LWANDE WESONGA.

OLIJJO SON OF WILSON OPIO SON OF ERISA MANGENI SON OF TEFIRO WAFULA SON OF OLIJJO SON OF NDUMWA SON OF LWANDE II SON OF OMALA SON OF KAGENDA SON OF LWANDE WESONGA.

NAMULUNDU	Simon
	Birungi
	Junior
NAMUGANDA	No information about the children
NAMUNYAKOLE	No information about the children

SIMON SON OF OLIJJO SON OF WILSON OPIO SON OF ERISA MANGENI SON OF TEFIRO WAFULA SON OF OLIJJO SON OF NDUMWA SON OF LWANDE II SON OF OMALA SON OF KAGENDA SON OF LWANDE WESONGA.

BIRUNGI SON OF OLIJJO SON OF WILSON OPIO SON OF ERISA MANGENI SON OF TEFIRO WAFULA SON OF OLIJJO SON OF NDUMWA SON OF LWANDE II SON OF OMALA SON OF KAGENDA SON OF LWANDE WESONGA.

JUNIOR SON OF OLIJJO SON OF WILSON OPIO SON OF ERISA MANGENI SON OF TEFIRO WAFULA SON OF OLIJJO SON

CHAPTER FOUR

OF NDUMWA SON OF LWANDE II SON OF OMALA SON OF KAGENDA SON OF LWANDE WESONGA.

See Appendix Pag74

WAFULA SON OF WILSON OPIO SON OF ERISA MANGENI SON OF TEFIRO WAFULA SON OF OLIJJO SON OF NDUMWA SON OF LWANDE II SON OF OMALA SON OF KAGENDA SON OF LWANDE WESONGA.

NAFWOFWOYO No information about the children.

YOVAN MAKOHA SON OF OLIJJO SON OF WILSON OPIO SON OF ERISA MANGENI SON OF TEFIRO WAFULA SON OF OLIJJO SON OF NDUMWA SON OF LWANDE II SON OF OMALA SON OF KAGENDA SON OF LWANDE WESONGA.

NAPUNYI	Mayindi
NAPUNYI	Ouma
NAPUNYI	Wandera
NAKOOLI	Majoni
	Obote[46]
	Sajja
	Opondo[47]
	Nabuya
NAMAYOGA	Okello
	Makaanda Ojiambo

MAYINDI SON OF YOVAN MAKOHA SON OF OLIJJO SON OF WILSON OPIO SON OF ERISA MANGENI SON OF TEFIRO WAFULA SON OF OLIJJO SON OF NDUMWA SON OF LWANDE II SON OF OMALA SON OF KAGENDA SON OF LWANDE WESONGA.

---

46 The name Obote is not a Samia name, but the parents named the child after a Ugandan First Prime Minister of the republic.
47 Opondo – equally too Opondo is not a Samia name but a Luo name.

OUMA SON OF YOVAN MAKOHA SON OF OLIJJO SON OF WILSON OPIO SON OF ERISA MANGENI SON OF TEFIRO WAFULA SON OF OLIJJO SON OF NDUMWA SON OF LWANDE II SON OF OMALA SON OF KAGENDA SON OF LWANDE WESONGA.

WANDERA SON OF YOVAN MAKOHA SON OF OLIJJO SON OF WILSON OPIO SON OF ERISA MANGENI SON OF TEFIRO WAFULA SON OF OLIJJO SON OF NDUMWA SON OF LWANDE II SON OF OMALA SON OF KAGENDA SON OF LWANDE WESONGA.

MAJONI SON OF YOVAN MAKOHA SON OF OLIJJO SON OF WILSON OPIO SON OF ERISA MANGENI SON OF TEFIRO WAFULA SON OF OLIJJO SON OF NDUMWA SON OF LWANDE II SON OF OMALA SON OF KAGENDA SON OF LWANDE WESONGA.

OBOTE[48] SON OF YOVAN MAKOHA SON OF OLIJJO SON OF WILSON OPIO SON OF ERISA MANGENI SON OF TEFIRO WAFULA SON OF OLIJJO SON OF NDUMWA SON OF LWANDE II SON OF OMALA SON OF KAGENDA SON OF LWANDE WESONGA.

SAJJA SON OF YOVAN MAKOHA SON OF OLIJJO SON OF WILSON OPIO SON OF ERISA MANGENI SON OF TEFIRO WAFULA SON OF OLIJJO SON OF NDUMWA SON OF LWANDE II SON OF OMALA SON OF KAGENDA SON OF LWANDE WESONGA.

OPONDO[49] SON OF YOVAN MAKOHA SON OF OLIJJO SON OF WILSON OPIO SON OF ERISA MANGENI SON OF TEFIRO WAFULA SON OF OLIJJO SON OF NDUMWA SON OF LWANDE II SON OF OMALA SON OF KAGENDA SON OF LWANDE WESONGA.

NABUYA SON OF YOVAN MAKOHA SON OF OLIJJO SON OF WILSON OPIO SON OF ERISA MANGENI SON OF TEFIRO WAFULA SON OF OLIJJO SON OF NDUMWA SON OF LWANDE II SON OF

---

48   The name Obote is not a Samia name, but the parents named the child after a Ugandan First Prime Minister of the republic.
49   Opondo – equally too Opondo is not a Samia name but a Luo name.

CHAPTER FOUR

OMALA SON OF KAGENDA SON OF LWANDE WESONGA.

OKELLO SON OF YOVAN MAKOHA SON OF OLIJJO SON OF WILSON OPIO SON OF ERISA MANGENI SON OF TEFIRO WAFULA SON OF OLIJJO SON OF NDUMWA SON OF LWANDE II SON OF OMALA SON OF KAGENDA SON OF LWANDE WESONGA.

MAKAANDA OJIAMBO SON OF YOVAN MAKOHA SON OF OLIJJO SON OF WILSON OPIO SON OF ERISA MANGENI SON OF TEFIRO WAFULA SON OF OLIJJO SON OF NDUMWA SON OF LWANDE II SON OF OMALA SON OF KAGENDA SON OF LWANDE WESONGA.

OUMA SON OF YOVAN MAKOHA SON OF OLIJJO SON OF WILSON OPIO SON OF ERISA MANGENI SON OF TEFIRO WAFULA SON OF OLIJJO SON OF NDUMWA SON OF LWANDE II SON OF OMALA SON OF KAGENDA SON OF LWANDE WESONGA.

NAHULO Amos
Jamy
Mukisa

AMOS SON OF OUMA SON OF YOVAN MAKOHA SON OF OLIJJO SON OF WILSON OPIO SON OF ERISA MANGENI SON OF TEFIRO WAFULA SON OF OLIJJO SON OF NDUMWA SON OF LWANDE II SON OF OMALA SON OF KAGENDA SON OF LWANDE WESONGA.

JAMY SON OF OUMA SON OF YOVAN MAKOHA SON OF OLIJJO SON OF WILSON OPIO SON OF ERISA MANGENI SON OF TEFIRO WAFULA SON OF OLIJJO SON OF NDUMWA SON OF LWANDE II SON OF OMALA SON OF KAGENDA SON OF LWANDE WESONGA.

MUKISA SON OF OUMA SON OF YOVAN MAKOHA SON OF OLIJJO SON OF WILSON OPIO SON OF ERISA MANGENI SON OF TEFIRO WAFULA SON OF OLIJJO SON OF NDUMWA SON OF LWANDE II SON OF OMALA SON OF KAGENDA SON OF LWANDE WESONGA.

YONASANI GODAN SON OF OLIJJO SON OF WILSON OPIO SON

OF ERISA MANGENI SON OF TEFIRO WAFULA SON OF **OLIJJO** SON OF **NDUMWA** SON OF **LWANDE II** SON OF **OMALA** SON OF **KAGENDA** SON OF **LWANDE WESONGA**.

NAMAKANGALA	
NAMUFUTA	Samuel Oundo
NASONGA	Omala
NAMAKANGALA	Aringo

SAMUEL OUNDO SON OF YONASANI GODAN SON OF OLIJJO SON OF WILSON OPIO SON OF ERISA MANGENI SON OF TEFIRO WAFULA SON OF **OLIJJO** SON OF **NDUMWA** SON OF **LWANDE II** SON OF **OMALA** SON OF **KAGENDA** SON OF **LWANDE WESONGA**.

OMALA SON OF YONASANI GODAN SON OF OLIJJO SON OF WILSON OPIO SON OF ERISA MANGENI SON OF TEFIRO WAFULA SON OF **OLIJJO** SON OF **NDUMWA** SON OF **LWANDE II** SON OF **OMALA** SON OF **KAGENDA** SON OF **LWANDE WESONGA**.

ARINGO SON OF YONASANI GODAN SON OF OLIJJO SON OF WILSON OPIO SON OF ERISA MANGENI SON OF TEFIRO WAFULA SON OF **OLIJJO** SON OF **NDUMWA** SON OF **LWANDE II** SON OF **OMALA** SON OF **KAGENDA** SON OF **LWANDE WESONGA**.

YAFESI NAMENYA SON OF **OCHASO** SON OF **NDUMWA** SON OF **LWANDE II** SON OF **OMALA** SON OF **KAGENDA** SON OF **LWANDE WESONGA**.

NAMAINDI	Wandera

WANDERA SON OF YAFESI NAMENYA SON OF **OCHASO** SON OF **NDUMWA** SON OF **LWANDE II** SON OF **OMALA** SON OF **KAGENDA** SON OF **LWANDE WESONGA**.

CHARLES OUNDO SON OF **OCHASO** SON OF **NDUMWA** SON OF **LWANDE II** SON OF **OMALA** SON OF **KAGENDA** SON OF **LWANDE WESONGA**.

CHAPTER FOUR

MIRABU AGUTTU NAJABI	Wanyama
	Wafula Ochaso
NAMAKANGALA	Mugeni
	Ochaso
	Constance Nabwire, Natabona, Mukoko[50]
	M. Auma Natabona Mukoko[51]
	Ruth Osinya, Natabona, Mukoko[52]
	Flo Hadudu, Natabona, Mukoko[53]
	Betty Mugeni, Natabona, Mukoko[54]
HENDERIKA MASIGA	Ojiambo Wandera
	Nafa Natabona, Mukoko[55]
	Sunday Natabona, Mukoko[56]
NEKESA AIDA	Agnes Nabwire Natabona, Mukoko[57]
	Irene Dina Natabona, Mukoko[58]
NAMENYA	Bwire

WANYAMA SON OF CHARLES OUNDO SON OF **OCHASO** SON OF **NDUMWA** SON OF **LWANDE II** SON OF **OMALA** SON OF **KAGENDA** SON OF **LWANDE WESONGA**.

WAFULA OCHASO SON OF CHARLES OUNDO SON OF **OCHASO** SON OF **NDUMWA** SON OF **LWANDE II** SON OF **OMALA** SON OF **KAGENDA** SON OF **LWANDE WESONGA**.

MUGENI SON OF CHARLES OUNDO SON OF **OCHASO** SON OF **NDUMWA** SON OF **LWANDE II** SON OF **OMALA** SON OF **KAGENDA** SON OF **LWANDE WESONGA**.

OCHASO SON OF CHARLES OUNDO SON OF **OCHASO** SON

---

50 The word "Mukoko) means a married daughter
51 Ibid.,
52 Ibid.,
53 Ibid.,
54 Ibid.,
55 Ibid.,
56 Ibid.,
57 Ibid.,
58 Ibid.,

LWANDE WESONGA: A GENEALOGY

OF NDUMWA SON OF LWANDE II SON OF OMALA SON OF KAGENDA SON OF LWANDE WESONGA.

CONSTANCE NABWIRE, NATABONA DAUGHTER OF CHARLES OUNDO SON OF OCHASO SON OF NDUMWA SON OF LWANDE II SON OF OMALA SON OF KAGENDA SON OF LWANDE WESONGA.

M. AUMA NATABONA DAUGHTER OF CHARLES OUNDO SON OF OCHASO SON OF NDUMWA SON OF LWANDE II SON OF OMALA SON OF KAGENDA SON OF LWANDE WESONGA.

RUTH OSINYA, NATABONA DAUGHTER OF CHARLES OUNDO SON OF OCHASO SON OF NDUMWA SON OF LWANDE II SON OF OMALA SON OF KAGENDA SON OF LWANDE WESONGA.

FLO HADUDU, NATABONA DAUGHTER OF CHARLES OUNDO SON OF OCHASO SON OF NDUMWA SON OF LWANDE II SON OF OMALA SON OF KAGENDA SON OF LWANDE WESONGA.

BETTY MUGENI, NATABONA DAUGHTER OF CHARLES OUNDO SON OF OCHASO SON OF NDUMWA SON OF LWANDE II SON OF OMALA SON OF KAGENDA SON OF LWANDE WESONGA.

OJIAMBO WANDERA DAUGHTER OF CHARLES OUNDO SON OF OCHASO SON OF NDUMWA SON OF LWANDE II SON OF OMALA SON OF KAGENDA SON OF LWANDE WESONGA.

NAFA NATABONA DAUGHTER OF CHARLES OUNDO SON OF OCHASO SON OF NDUMWA SON OF LWANDE II SON OF OMALA SON OF KAGENDA SON OF LWANDE WESONGA.

SUNDAY NATABONA DAUGHTER OF CHARLES OUNDO SON OF OCHASO SON OF NDUMWA SON OF LWANDE II SON OF OMALA SON OF KAGENDA SON OF LWANDE WESONGA.

AGNES NABWIRE NATABONA DAUGHTER OF CHARLES OUNDO SON OF OCHASO SON OF NDUMWA SON OF LWANDE II SON OF

CHAPTER FOUR

OMALA SON OF **KAGENDA** SON OF **LWANDE WESONGA.**

IRENE DINA NATABONA DAUGHTER OF CHARLES OUNDO SON OF **OCHASO** SON OF **NDUMWA** SON OF **LWANDE II** SON OF **OMALA** SON OF **KAGENDA** SON OF **LWANDE WESONGA.**

BWIRE SON OF CHARLES OUNDO SON OF **OCHASO** SON OF **NDUMWA** SON OF **LWANDE II** SON OF **OMALA** SON OF **KAGENDA** SON OF **LWANDE WESONGA.**

KOSEA JUNGE SON OF **OCHASO** SON OF **NDUMWA** SON OF **LWANDE II** SON OF **OMALA** SON OF **KAGENDA** SON OF **LWANDE WESONGA.**

Bbita
Charles
Edward Wandera
Faisi Natabona, Mukoko
Esther Natabona, Mukoko

BBITA SON OF KOSEA JUNGE SON OF **OCHASO** SON OF **NDUMWA** SON OF **LWANDE II** SON OF **OMALA** SON OF **KAGENDA** SON OF **LWANDE WESONGA.**

CHARLES SON OF KOSEA JUNGE SON OF **OCHASO** SON OF **NDUMWA** SON OF **LWANDE II** SON OF **OMALA** SON OF **KAGENDA** SON OF **LWANDE WESONGA.**

EDWARD WANDERA SON OF KOSEA JUNGE SON OF **OCHASO** SON OF **NDUMWA** SON OF **LWANDE II** SON OF **OMALA** SON OF **KAGENDA** SON OF **LWANDE WESONGA.**

FAISI NATABONA SON OF KOSEA JUNGE SON OF **OCHASO** SON OF **NDUMWA** SON OF **LWANDE II** SON OF **OMALA** SON OF **KAGENDA** SON OF **LWANDE WESONGA.**

ESTHER NATABONA SON OF KOSEA JUNGE SON OF **OCHASO**

SON OF NDUMWA SON OF LWANDE II SON OF OMALA SON OF KAGENDA SON OF LWANDE WESONGA.

IGNATYO MUDAMBO SON OF OCHASO SON OF NDUMWA SON OF LWANDE II SON OF OMALA SON OF KAGENDA SON OF LWANDE WESONGA.

NAMAINDI	Tanga

TANGA SON OF IGNATYO MUDAMBO SON OF OCHASO SON OF NDUMWA SON OF LWANDE II SON OF OMALA SON OF KAGENDA SON OF LWANDE WESONGA.

WANYAMA SON OF CHARLES OUNDO SON OF OCHASO SON OF NDUMWA SON OF LWANDE II SON OF OMALA SON OF KAGENDA SON OF LWANDE WESONGA.

NANYIHODO	No information about the children.

See Appendix Page 76

ACHIENGI SON OF LWANDE II SON OF OMALA SON OF KAGENDA SON OF LWANDE WESONGA.

NAMULEMBO	Gaunya Oguro
NAMULEMBO	Ohwango
NAMULEMBO	Okuku Malibbo
NAMULEMBO	Okuku Ngendo

GAUNYA OGURO SON OF ACHIENGI SON OF LWANDE II SON OF OMALA SON OF KAGENDA SON OF LWANDE WESONGA.

OHWANGO SON OF ACHIENGI SON OF LWANDE II SON OF OMALA SON OF KAGENDA SON OF LWANDE WESONGA.

OKUKU MALIBBO SON OF ACHIENGI SON OF LWANDE II SON OF OMALA SON OF KAGENDA SON OF LWANDE WESONGA.

CHAPTER FOUR

OKUKU NGENDO SON OF **ACHIENGI** SON OF **LWANDE II** SON OF **OMALA** SON OF **KAGENDA** SON OF **LWANDE WESONGA**.

GAUNYA OGURO SON OF **ACHIENGI** SON OF **LWANDE II** SON OF **OMALA** SON OF **KAGENDA** SON OF **LWANDE WESONGA**.

NABUNJE	Ombale
	Ochiengi Okaalo
	Barasa Oguru
	Peter Kadimba
NALWENGE	Pantaleo Wandera
	Juma Lucas
NAJABI	C. Lwande Agunga Kengo

OMBALE SON OF **GAUNYA OGURO** SON OF **ACHIENGI** SON OF **LWANDE II** SON OF **OMALA** SON OF **KAGENDA** SON OF **LWANDE WESONGA**.

OCHIENGI OKAALO SON OF **GAUNYA OGURO** SON OF **ACHIENGI** SON OF **LWANDE II** SON OF **OMALA** SON OF **KAGENDA** SON OF **LWANDE WESONGA**.

BARASA OGURU SON OF **GAUNYA OGURO** SON OF **ACHIENGI** SON OF **LWANDE II** SON OF **OMALA** SON OF **KAGENDA** SON OF **LWANDE WESONGA**.

PETER KADIMBA SON OF **GAUNYA OGURO** SON OF **ACHIENGI** SON OF **LWANDE II** SON OF **OMALA** SON OF **KAGENDA** SON OF **LWANDE WESONGA**.

PANTALEO WANDERA SON OF **GAUNYA OGURO** SON OF **ACHIENGI** SON OF **LWANDE II** SON OF **OMALA** SON OF **KAGENDA** SON OF **LWANDE WESONGA**.

JUMA LUCAS SON OF **GAUNYA OGURO** SON OF **ACHIENGI** SON OF **LWANDE II** SON OF **OMALA** SON OF **KAGENDA** SON OF **LWANDE WESONGA**.

C. **LWANDE AGUNGA KENGO** SON OF **GAUNYA OGURO** SON OF **ACHIENGI** SON OF **LWANDE II** SON OF **OMALA** SON OF **KAGENDA** SON OF **LWANDE WESONGA**.

OHWANGO SON OF **ACHIENGI** SON OF **LWANDE II** SON OF **OMALA** SON OF **KAGENDA** SON OF **LWANDE WESONGA**.

NAMUSIHO	Mugonda
NAMUSIHO	Omala
NAMUSIHO	Wandera

MUGONDA SON OF **OHWANGO** SON OF **ACHIENGI** SON OF **LWANDE II** SON OF **OMALA** SON OF **KAGENDA** SON OF **LWANDE WESONGA**.

OMALA SON OF **OHWANGO** SON OF **ACHIENGI** SON OF **LWANDE II** SON OF **OMALA** SON OF **KAGENDA** SON OF **LWANDE WESONGA**.

WANDERA SON OF **OHWANGO** SON OF **ACHIENGI** SON OF **LWANDE II** SON OF **OMALA** SON OF **KAGENDA** SON OF **LWANDE WESONGA**.

OKUKU MALIBBO SON OF **ACHIENGI** SON OF **LWANDE II** SON OF **OMALA** SON OF **KAGENDA** SON OF **LWANDE WESONGA**.

NAJABI	Oundo
NAJABI	Abbele Yosamu Wanyama
NAJABI	Aimbi
NAJABI	Clement Lwande Oguro
NAJABI	Semeyo Ochiengi
NAJABI	Pantaleo Oguro
NAJABI	John Omala

OUNDO SON OF **OKUKU MALIBBO** SON OF **ACHIENGI** SON OF **LWANDE II** SON OF **OMALA** SON OF **KAGENDA** SON OF **LWANDE WESONGA**.

CHAPTER FOUR

ABBELE YOSAMU WANYAMA SON OF OKUKU MALIBBO SON OF ACHIENGI SON OF LWANDE II SON OF OMALA SON OF KAGENDA SON OF LWANDE WESONGA.

AIMBI SON OF OKUKU MALIBBO SON OF ACHIENGI SON OF LWANDE II SON OF OMALA SON OF KAGENDA SON OF LWANDE WESONGA.

CLEMENT LWANDE OGURO SON OF OKUKU MALIBBO SON OF ACHIENGI SON OF LWANDE II SON OF OMALA SON OF KAGENDA SON OF LWANDE WESONGA.

SEMEYO OCHIENGI SON OF OKUKU MALIBBO SON OF ACHIENGI SON OF LWANDE II SON OF OMALA SON OF KAGENDA SON OF LWANDE WESONGA.

PANTALEO OGURO SON OF OKUKU MALIBBO SON OF ACHIENGI SON OF LWANDE II SON OF OMALA SON OF KAGENDA SON OF LWANDE WESONGA.

JOHN OMALA SON OF OKUKU MALIBBO SON OF ACHIENGI SON OF LWANDE II SON OF OMALA SON OF KAGENDA SON OF LWANDE WESONGA.

OHUYAA OHONJO SON OF NDUMWA SON OF LWANDE II SON OF OMALA SON OF KAGENDA SON OF LWANDE WESONGA.

NALUBANGA   Oheto
Okumu Nasubo

OKUMU NASUBO SON OF OHUYAA OHONJO SON OF NDUMWA SON OF LWANDE II SON OF OMALA SON OF KAGENDA SON OF LWANDE WESONGA.

OHETO SON OF OHUYAA OHONJO SON OF NDUMWA SON OF LWANDE II SON OF OMALA SON OF KAGENDA SON OF LWANDE WESONGA.

LWANDE WESONGA: A GENEALOGY

Omala Lwande III

OMALA LWANDE III SON OF OHETO SON OF **OHUYAA OHONJO** SON OF **NDUMWA** SON OF **LWANDE II** SON OF **OMALA** SON OF **KAGENDA** SON OF **LWANDE WESONGA.**

OKUMU NASUBO SON OF **OHUYAA OHONJO** SON OF SON OF **NDUMWA** SON OF **LWANDE II** SON OF **OMALA** SON OF **KAGENDA** SON OF **LWANDE WESONGA. NABULINDO** No information about children.

ERINEYO KATA SON OF **OGEMBA I** SON OF **ACHIENGI** SON OF **LWANDE II** SON OF **OMALA** SON OF **KAGENDA** SON OF **LWANDE WESONGA.**

NAHASOHO

Wandera
Ouma
Bwire
Mangeni

See Appendix Page 77

WANDERA SON OF ERINEYO KATA SON OF **OGEMBA I** SON OF **ACHIENGI** SON OF **LWANDE II** SON OF **OMALA** SON OF **KAGENDA** SON OF **LWANDE WESONGA.**

OUMA SON OF WANDERA SON OF ERINEYO KATA SON OF **OGEMBA I** SON OF **ACHIENGI** SON OF **LWANDE II** SON OF **OMALA** SON OF **KAGENDA** SON OF **LWANDE WESONGA.**

OUMA SON OF ERINEYO KATA SON OF **OGEMBA I** SON OF **ACHIENGI** SON OF **LWANDE II** SON OF **OMALA** SON OF **KAGENDA** SON OF **LWANDE WESONGA.**

MAGO, ARE

Had 3 daughters

BANATABONA OF OUMA SON OF ERINEYO KATA SON OF SON

CHAPTER FOUR

OF **OGEMBA I** SON OF **ACHIENGI** SON OF **LWANDE II** SON OF **OMALA** SON OF **KAGENDA** SON OF **LWANDE WESONGA**.

OGEMBA SON OF **ACHIENGI** SON OF **LWANDE II** SON OF **OMALA** SON OF **KAGENDA** SON OF **LWANDE WESONGA**.

NACHONGA　　Kubadi
　　　　　　　　Nduku

NDUKU SON OF **OGEMBA I** SON OF **ACHIENGI** SON OF **LWANDE II** SON OF **OMALA** SON OF **KAGENDA** SON OF **LWANDE WESONGA**.

KUBADI SON OF **OGEMBA I** SON OF **ACHIENGI** SON OF **LWANDE II** SON OF **OMALA** SON OF **KAGENDA** SON OF **LWANDE WESONGA**.

NANYIFWA　　Okello Mayunga
NAMUDDE　　Ogemba II
　　　　　　　　Oundo
　　　　　　　　Wafwa

OKELLO MAYUNGA SON OF KUBADI SON OF **OGEMBA I** SON OF **ACHIENGI** SON OF **LWANDE II** SON OF **OMALA** SON OF **KAGENDA** SON OF **LWANDE WESONGA**.

OUNDO SON OF KUBADI SON OF **OGEMBA I** SON OF **ACHIENGI** SON OF **LWANDE II** SON OF **OMALA** SON OF **KAGENDA** SON OF **LWANDE WESONGA**.

WAFWA SON OF KUBADI SON OF **OGEMBA I** SON OF **ACHIENGI** SON OF **LWANDE II** SON OF **OMALA** SON OF **KAGENDA** SON OF **LWANDE WESONGA**.

OGEMBA II SON OF KUBADI SON OF **OGEMBA I** SON OF **ACHIENGI** SON OF **LWANDE II** SON OF **OMALA** SON OF **KAGENDA** SON OF **LWANDE WESONGA**.

LWANDE WESONGA: A GENEALOGY

NAMANGALE   Kata
John Osaalo
Augustino Okello

KATA SON OF OGEMBA II SON OF KUBADI SON OF OGEMBA I SON OF ACHIENGI SON OF LWANDE II SON OF OMALA SON OF KAGENDA SON OF LWANDE WESONGA.

JOHN OSAALO SON OF OGEMBA II SON OF KUBADI SON OF OGEMBA I SON OF ACHIENGI SON OF LWANDE II SON OF OMALA SON OF KAGENDA SON OF LWANDE WESONGA.

AUGUSTINO OKELLO SON OF OGEMBA II SON OF KUBADI SON OF OGEMBA I SON OF ACHIENGI SON OF LWANDE II SON OF OMALA SON OF KAGENDA SON OF LWANDE WESONGA.

JOHN OSAALO SON OF OGEMBA II SON OF KUBADI SON OF OGEMBA I SON OF ACHIENGI SON OF LWANDE II SON OF OMALA SON OF KAGENDA SON OF LWANDE WESONGA.

NAMANYI   Obukya Makoha

OBUKYA MAKOHA SON OF JOHN OSAALO SON OF OGEMBA II SON OF KUBADI SON OF OGEMBA I SON OF ACHIENGI SON OF LWANDE II SON OF OMALA SON OF KAGENDA SON OF LWANDE WESONGA.

AUGUSTINO OKELLO SON OF OGEMBA II SON OF KUBADI SON OF OGEMBA I SON OF ACHIENGI SON OF LWANDE II SON OF OMALA SON OF KAGENDA SON OF LWANDE WESONGA.

NAMUFUTA   Ouma
Opio

OUMA SON OF AUGUSTINO OKELLO SON OF OGEMBA II SON OF KUBADI SON OF OGEMBA I SON OF ACHIENGI SON OF LWANDE II SON OF OMALA SON OF KAGENDA SON OF LWANDE WESONGA.

CHAPTER FOUR

OPIO SON OF AUGUSTINO OKELLO SON OF OGEMBA II SON OF KUBADI SON OF OGEMBA I SON OF ACHIENGI SON OF LWANDE II SON OF OMALA SON OF KAGENDA SON OF LWANDE WESONGA.

OUNDO SON OF KUBADI SON OF OGEMBA I SON OF ACHIENGI SON OF LWANDE II SON OF OMALA SON OF KAGENDA SON OF LWANDE WESONGA.

NACHAKI	Omala II
NAMIRIPO	Okello
NAJABI	
	Wandera

OKELLO SON OF OUNDO SON OF KUBADI SON OF OGEMBA I SON OF ACHIENGI SON OF LWANDE II SON OF OMALA SON OF KAGENDA SON OF LWANDE WESONGA.

WANDERA SON OF OUNDO SON OF KUBADI SON OF OGEMBA I SON OF ACHIENGI SON OF LWANDE II SON OF OMALA SON OF KAGENDA SON OF LWANDE WESONGA.

OMALA II SON OF OUNDO SON OF KUBADI SON OF OGEMBA I SON OF ACHIENGI SON OF LWANDE II SON OF OMALA SON OF KAGENDA SON OF LWANDE WESONGA.

NAJABI I	Bendicto Wangalwa
NAJABI II	Anyango (Wanyama)
	Stephen Wandera
	Albert Okumu
	Stephen Wandera
	Milton Ojiambo
NAHASOHO	Alex Juma
	Wilson Mangeni
NAKOOLO	Ouma
	Bendicto

LWANDE WESONGA: A GENEALOGY

NEWUNJE   Wilber Egessa
                    Stephen Ouma
NAMAKWA   Wafula
                    Sanya

BENDICTO WANGALWA SON OF OMALA II SON OF OUNDO SON OF KUBADI SON OF OGEMBA I SON OF ACHIENGI SON OF LWANDE II SON OF OMALA SON OF KAGENDA SON OF LWANDE WESONGA.

STEPHEN WANDERA SON OF OMALA II SON OF OUNDO SON OF KUBADI SON OF OGEMBA I SON OF ACHIENGI SON OF LWANDE II SON OF OMALA SON OF KAGENDA SON OF LWANDE WESONGA.

ALBERT OKUMU SON OF OMALA II SON OF OUNDO SON OF KUBADI SON OF OGEMBA I SON OF ACHIENGI SON OF LWANDE II SON OF OMALA SON OF KAGENDA SON OF LWANDE WESONGA.

MILTON OJIAMBO SON OF OMALA II SON OF OUNDO SON OF KUBADI SON OF OGEMBA I SON OF ACHIENGI SON OF LWANDE II SON OF OMALA SON OF KAGENDA SON OF LWANDE WESONGA.

OUMA SON OF OMALA II SON OF OUNDO SON OF KUBADI SON OF OGEMBA I SON OF ACHIENGI SON OF LWANDE II SON OF OMALA SON OF KAGENDA SON OF LWANDE WESONGA.

BENDICTO SON OF OMALA II SON OF OUNDO SON OF KUBADI SON OF OGEMBA I SON OF ACHIENGI SON OF LWANDE II SON OF OMALA SON OF KAGENDA SON OF LWANDE WESONGA.

WILBER EGESSA SON OF OMALA II SON OF OUNDO SON OF KUBADI SON OF OGEMBA I SON OF ACHIENGI SON OF LWANDE II SON OF OMALA SON OF KAGENDA SON OF LWANDE WESONGA.

CHAPTER FOUR

STEPHEN OUMA SON OF OMALA II SON OF OUNDO SON OF KUBADI SON OF **OGEMBA I** SON OF **ACHIENGI** SON OF **LWANDE II** SON OF **OMALA** SON OF **KAGENDA** SON OF **LWANDE WESONGA.**

WAFULA SON OF OMALA II SON OF OUNDO SON OF KUBADI SON OF **OGEMBA I** SON OF **ACHIENGI** SON OF **LWANDE II** SON OF **OMALA** SON OF **KAGENDA** SON OF **LWANDE WESONGA.**

SANYA SON OF OMALA II SON OF OUNDO SON OF KUBADI SON OF **OGEMBA I** SON OF **ACHIENGI** SON OF **LWANDE II** SON OF **OMALA** SON OF **KAGENDA** SON OF **LWANDE WESONGA.**

ANYANGO (WANYAMA) OF OMALA II SON OF OUNDO SON OF KUBADI SON OF **OGEMBA I** SON OF **ACHIENGI** SON OF **LWANDE II** SON OF **OMALA** SON OF **KAGENDA** SON OF **LWANDE WESONGA.**

NAMUKUBA   Robert

ROBERT SON OF ANYANGO (WANYAMA) OF OMALA II SON OF OUNDO SON OF KUBADI SON OF **OGEMBA I** SON OF **ACHIENGI** SO OF **LWANDE II** SON OF **OMALA** SON OF **KAGENDA** SON OF **LWANDE WESONGA.**

STEPHEN WANDERA SON OF OMALA II SON OF OUNDO SON OF KUBADI SON OF **OGEMBA I** SON OF **ACHIENGI** SON OF **LWANDE II** SON OF **OMALA** SON OF **KAGENDA** SON OF **LWANDE WESONGA.**

NAMUMALI   Leonard Wandera
Moses

LEONARD WANDERA SON OF STEPHEN WANDERA SON OF OMALA II SON OF OUNDO SON OF KUBADI SON OF **OGEMBA I** SON OF **ACHIENGI** SON OF **LWANDE II** SON OF **OMALA** SON OF **KAGENDA** SON OF **LWANDE WESONGA.**

LWANDE WESONGA: A GENEALOGY

MOSES SON OF STEPHEN WANDERA SON OF OMALA II SON OF OUNDO SON OF KUBADI SON OF OGEMBA I SON OF ACHIENGI SON OF LWANDE II SON OF OMALA SON OF KAGENDA SON OF LWANDE WESONGA.

See Appendix Page 78

ALEX JUMA SON OF OMALA II SON OF OUNDO SON OF KUBADI SON OF OGEMBA I SON OF ACHIENGI SON OF LWANDE II SON OF OMALA SON OF KAGENDA SON OF LWANDE WESONGA.

NEBERE

Patrick Bwire
Ouma
Oundo

PATRICK BWIRE SON OF ALEX JUMA SON OF OMALA II SON OF OUNDO SON OF KUBADI SON OF OGEMBA I SON OF ACHIENGI SON OF LWANDE II SON OF OMALA SON OF KAGENDA SON OF LWANDE WESONGA.

OUMA SON OF ALEX JUMA SON OF OMALA II SON OF OUNDO SON OF KUBADI SON OF OGEMBA I SON OF ACHIENGI SON OF LWANDE II SON OF OMALA SON OF KAGENDA SON OF LWANDE WESONGA.

OUNDO SON OF ALEX JUMA SON OF OMALA II SON OF OUNDO SON OF KUBADI SON OF OGEMBA I SON OF ACHIENGI SON OF LWANDE II SON OF OMALA SON OF KAGENDA SON OF LWANDE WESONGA.

WILSON MANGENI SON OF OMALA II SON OF OUNDO SON OF KUBADI SON OF OGEMBA I SON OF ACHIENGI SON OF LWANDE II SON OF OMALA SON OF KAGENDA SON OF LWANDE WESONGA.

NAMALELE

Wandera (Solo)
Godfrey Bwire

CHAPTER FOUR

WANDERA (SOLO) SON OF WILSON MANGENI SON OF OMALA II SON OF OUNDO SON OF KUBADI SON OF OGEMBA I SON OF ACHIENGI SON OF LWANDE II SON OF OMALA SON OF KAGENDA SON OF LWANDE WESONGA.

GODFREY BWIRE SON OF WILSON MANGENI SON OF OMALA II SON OF OUNDO SON OF KUBADI SON OF OGEMBA I SON OF ACHIENGI SON OF LWANDE II SON OF OMALA SON OF KAGENDA SON OF LWANDE WESONGA.

WANDERA SON OF OUNDO SON OF KUBADI SON OF OGEMBA I SON OF ACHIENGI SON OF LWANDE II SON OF OMALA SON OF KAGENDA SON OF LWANDE WESONGA.

NAMWAYA

Kubadi
Oundo
Wafula
Peter Ouma
Hagai
Godfrey

KUBADI SON OF WANDERA SON OF OUNDO SON OF KUBADI SON OF OGEMBA I SON OF ACHIENGI SON OF LWANDE II SON OF OMALA SON OF KAGENDA SON OF LWANDE WESONGA.

OUNDO SON OF WANDERA SON OF OUNDO SON OF KUBADI SON OF OGEMBA I SON OF ACHIENGI SON OF LWANDE II SON OF OMALA SON OF KAGENDA SON OF LWANDE WESONGA.

WAFULA SON OF WANDERA SON OF OUNDO SON OF KUBADI SON OF OGEMBA I SON OF ACHIENGI SON OF LWANDE II SON OF OMALA SON OF KAGENDA SON OF LWANDE WESONGA.

PETER OUMA SON OF WANDERA SON OF OUNDO SON OF KUBADI SON OF OGEMBA I SON OF ACHIENGI SON OF LWANDE II SON OF OMALA SON OF KAGENDA SON OF LWANDE WESONGA.

LWANDE WESONGA: A GENEALOGY

HAGAI SON OF WANDERA SON OF OUNDO SON OF KUBADI SON OF OGEMBA I SON OF ACHIENGI SON OF LWANDE II SON OF OMALA SON OF KAGENDA SON OF LWANDE WESONGA.

GODFREY SON OF WANDERA SON OF OUNDO SON OF KUBADI SON OF OGEMBA I SON OF ACHIENGI SON OF LWANDE II SON OF OMALA SON OF KAGENDA SON OF LWANDE WESONGA.

OSAALO SON OF MAYUNGA SON OF KUBADI SON OF OGEMBA I SON OF ACHIENGI SON OF LWANDE II SON OF OMALA SON OF KAGENDA SON OF LWANDE WESONGA.

NANYIFWA

Okuku Rabwogi
Makoha Sogo

MAKOHA SOGO SON OF OSAALO SON OF MAYUNGA SON OF KUBADI SON OF OGEMBA I SON OF ACHIENGI SON OF LWANDE II SON OF OMALA SON OF KAGENDA SON OF LWANDE WESONGA.

OKUKU RWABOGI SON OF OSAALO SON OF MAYUNGA SON OF KUBADI SON OF OGEMBA I SON OF ACHIENGI SON OF LWANDE II SON OF OMALA SON OF KAGENDA SON OF LWANDE WESONGA.

Edward Ouma
Wasike

OHETO SON OF OHUYAA OHONJO SON OF NDUMWA SON OF LWANDE II SON OF OMALA SON OF KAGENDA SON OF LWANDE WESONGA.

EDWARD OUMA SON OF OKUKU RWABOGI SON OF OSAALO SON OF MAYUNGA SON OF KUBADI SON OF OGEMBA I SON OF ACHIENGI SON OF LWANDE II SON OF OMALA SON OF KAGENDA SON OF LWANDE WESONGA.

CHAPTER FOUR

WASIKE SON OF OKUKU RWABOGI SON OF OSAALO SON OF MAYUNGA SON OF KUBADI SON OF OGEMBA I SON OF ACHIENGI SON OF LWANDE II SON OF OMALA SON OF KAGENDA SON OF LWANDE WESONGA.

MAKOHA OSOGO SON OF OSAALO SON OF MAYUNGA SON OF KUBADI SON OF OGEMBA I SON OF ACHIENGI SON OF LWANDE II SON OF OMALA SON OF KAGENDA SON OF LWANDE WESONGA.

NAMALU Ayimbi
Omala

OMALA SON OF MAKOHA OSOGO SON OF OSAALO SON OF MAYUNGA SON OF KUBADI SON OF OGEMBA I SON OF ACHIENGI SON OF LWANDE II SON OF OMALA SON OF KAGENDA SON OF LWANDE WESONGA.

AYIMBI SON OF MAKOHA OSOGO SON OF OSAALO SON OF MAYUNGA SON OF KUBADI SON OF OGEMBA I SON OF ACHIENGI SON OF LWANDE II SON OF OMALA SON OF KAGENDA SON OF LWANDE WESONGA.

NAMBISI Aggrey Musungu
Peter Ouma
Joseph Majimbo
Clement Lwande

JOSEPH MAJIMBO SON OF AYIMBI SON OF MAKOHA OSOGO SON OF OSAALO SON OF MAYUNGA SON KUBADI SON OF OGEMBA I SON OF ACHIENGI SON OF LWANDE II SON OF OMALA SON OF KAGENDA SON OF LWANDE WESONGA.

CLEMENT LWANDE SON OF AYIMBI SON OF MAKOHA OSOGO SON OF OSAALO SON OF MAYUNGA SON KUBADI SON OF OGEMBA I SON OF ACHIENGI SON OF LWANDE II SON OF OMALA SON OF KAGENDA SON OF LWANDE WESONGA.

LWANDE WESONGA: A GENEALOGY

	AGGREY MUSUNGU SON OF AYIMBI SON OF MAKOHA SOGO SON OF OSAALO SON OF MAYUNGA SON KUBADI SON OF **OGEMBA I** SON OF **ACHIENGI** SON OF **LWANDE II** SON OF **OMALA** SON OF **KAGENDA** SON OF **LWANDE WESONGA**.
NAKOMOLO	No information about the children were available.
	PETER OUMA SON OF AYIMBI SON OF MAKOHA OSOGGO SON OF OSAALO SON OF MAYUNGA SON OF KUBADI SON OF **OGEMBA I** SON OF **ACHIENGI** SON OF **LWANDE II** SON OF **OMALA** SON OF **KAGENDA** SON OF **LWANDE WESONGA**.
NAMUKOMO	Elijah Peter
	ELIJAH PETER SON OF PETER OUMA SON OF AYIMBI SON OF MAKOHA OSOGGO SON OF OSAALO SON OF MAYUNGA SON OF KUBADI SON OF **OGEMBA I** SON OF **ACHIENGI** SON OF **LWANDE II** SON OF **OMALA** SON OF **KAGENDA** SON OF **LWANDE WESONGA**.
	OMALA SON OF MAKOHA SON OF MAKOHA OSOGGO SON OF OSAALO SON OF MAYUNGA SON OF KUBADI SON OF **OGEMBA I** SON OF **ACHIENGI** SON OF **LWANDE II** SON OF **OMALA** SON OF **KAGENDA** SON OF **LWANDE WESONGA**.
NAJABI	Milton Taabu Omala Wilson Mangeni
	WILSON MANGENI SON OF OMALA SON OF MAKOHA OSOGGO SON OF OSAALO SON OF MAYUNGA SON OF KUBADI SON OF **OGEMBA I** SON OF **ACHIENGI** SON OF **LWANDE II** SON OF **OMALA** SON OF **KAGENDA** SON OF **LWANDE WESONGA**.
	MILTON TAABU OMALA SON OF OMALA SON OF MAKOHA OSOGGO SON OF OSAALO SON OF MAYUNGA SON OF KUBADI SON OF **OGEMBA I** SON OF **ACHIENGI** SON OF **LWANDE II** SON OF **OMALA** SON OF **KAGENDA** SON OF **LWANDE WESONGA**.

CHAPTER FOUR

Benard Sanya
Wilber Ojiambo
Geoffrey Onyango

BENARD SANYA SON OF MILTON TAAB OMALA SON OF OMALA SON OF MAKOHA OSOGGO SON OF OSAALO SON OF MAYUNGA SON OF KUBADI SON OF **OGEMBA I** SON OF **ACHIENGI** SON OF **LWANDE II** SON OF **OMALA** SON OF **KAGENDA** SON OF **LWANDE WESONGA**.

WILBER OJIAMBO SON OF MILTON TAAB OMALA SON OF OMALA SON OF MAKOHA OSOGGO SON OF OSAALO SON OF MAYUNGA SON OF KUBADI SON OF **OGEMBA I** SON OF **ACHIENGI** SON OF **LWANDE II** SON OF **OMALA** SON OF **KAGENDA** SON OF **LWANDE WESONGA**.

GEOFFREY ONYANGO SON OF MILTON TAAB OMALA SON OF OMALA SON OF MAKOHA OSOGGO SON OF OSAALO SON OF MAYUNGA SON OF KUBADI SON OF **OGEMBA I** SON OF **ACHIENGI** SON OF **LWANDE II** SON OF **OMALA** SON OF **KAGENDA** SON OF **LWANDE WESONGA**.

OMALA SON OF **KAGENDA** SON OF **LWANDE WESONGA**.

Onyobo
Ogemba

ONYOBO SON OF **OMALA**

ONYOBO SON OF **OMALA** SON **KAGENDA** SON OF **LWANDE WESONGA**.

Nahalanda

NAHALANDA SON OF **ONYOBO** SON OF **OMALA** SON OF **KAGENDA** SON OF **LWANDE WESONGA**.

NAPUNYI   Julius Wangalwa

LWANDE WESONGA: A GENEALOGY

Ouma (Pusi)

See Appendix Page 79

JULIUS WANGALWA SON OF **NAHALANDA** SON OF **ONYOBO** SON OF **OMALA** SON OF **KAGENDA** SON OF **LWANDE WESONGA**.

NASIYE Oguttu
NAJABI Wandera

OGUTTU SON OF **JULIUS WANGALWA** SON OF **NAHALANDA** SON OF **ONYOBO** SON OF **OMALA** SON OF **KAGENDA** SON OF **LWANDE WESONGA**.

WANDERA SON OF **JULIUS WANGALWA** SON OF **NAHALANDA** SON OF **ONYOBO** SON OF **OMALA** SON OF **KAGENDA** SON OF **LWANDE WESONGA**.

OUMA PUSI SON OF **NAHALANDA** SON OF **ONYOBO** SON OF **OMALA** SON OF **KAGENDA** SON OF **LWANDE WESONGA**.

NABYANGU Jackson Mangeni
NAMENYA Wandera
    Wanyama
    Juma

WANYAMA SON OF **OUMA PUSI** SON OF **NAHALANDA** SON OF **ONYOBO** SON OF **OMALA** SON OF **KAGENDA** SON OF **LWANDE WESONGA**.

JUMA SON OF **OUMA PUSI** SON OF **NAHALANDA** SON OF **ONYOBO** SON OF **OMALA** SON OF **KAGENDA** SON OF **LWANDE WESONGA**.

JACKSON MANGENI SON OF **OUMA PUSI** SON OF **NAHALANDA** SON OF **ONYOBO** SON OF **OMALA** SON OF **KAGENDA** SON OF **LWANDE WESONGA**.

CHAPTER FOUR

WANDERA SON OF **OUMA PUSI** SON OF **NAHALANDA** SON OF **ONYOBO** SON OF **OMALA** SON OF **KAGENDA** SON OF **LWANDE WESONGA.**

NEHUNYE   Wafula
David

WAFULA SON OF WANDERA SON OF **OUMA PUSI** SON OF **NAHALANDA** SON OF **ONYOBO** SON OF **OMALA** SON OF **KAGENDA** SON OF **LWANDE WESONGA.**

DAVID SON OF WANDERA SON OF **OUMA PUSI** SON OF **NAHALANDA** SON OF **ONYOBO** SON OF **OMALA** SON OF **KAGENDA** SON OF **LWANDE WESONGA.**

WANYAMA SON OF **OUMA (PUSI)** SON OF **NAHALANDA** SON OF **ONYOBO** SON OF **OMALA** SON OF **KAGENDA** SON OF **LWANDE WESONGA.**

NATONGI   Mugeni
Leonardo Ouma
George Wanyama

MUGENI SON OF WANYAMA SON OF **OUMA PUSI** SON OF **NAHALANDA** SON OF **ONYOBO** SON OF **OMALA** SON OF **KAGENDA** SON OF **LWANDE WESONGA.**

LEONARDO OUMA SON OF WANYAMA SON OF **OUMA PUSI** SON OF **NAHALANDA** SON OF **ONYOBO** SON OF **OMALA** SON OF **KAGENDA** SON OF **LWANDE WESONGA.**

GEORGE WANYAMA SON OF WANYAMA SON OF **OUMA PUSI** SON OF **NAHALANDA** SON OF **ONYOBO** SON OF **OMALA** SON OF **KAGENDA** SON OF **LWANDE WESONGA.**

JUMA SON OF **OUMA (PUSI)** SON OF **NAHALANDA** SON OF **ONYOBO** SON OF **OMALA** SON OF **KAGENDA** SON OF **LWANDE WESONGA.**

LWANDE WESONGA: A GENEALOGY

    Onyango
    Dani Ouma
    James

ONYANGO SON OF OUMA (PUSI) SON OF NAHALANDA SON OF ONYOBO SON OF OMALA SON OF KAGENDA SON OF LWANDE WESONGA.

DANI OUMA SON OF JUMA SON OF OUMA (PUSI) SON OF NAHALANDA SON OF ONYOBO SON OF OMALA SON OF KAGENDA SON OF LWANDE WESONGA.

JAMES SON OF OUMA (PUSI) SON OF NAHALANDA SON OF ONYOBO SON OF OMALA SON OF KAGENDA SON OF LWANDE WESONGA.

END OF OMALA SON OF KAGENDA

WANGA OFUMBUHA SON OF KAGENDA (AMALAKULE)

    LWANDE WESONGA.

NEHAMA   Kagenda

KAGENDA SON OF LWANDE WESONGA. SON OF LWANDE MULUNGO.

NABWALA   Omala
                Sichimi
NANGOMA   Wanga Ofumbuha
NANJOWA   Muhachi
                Ngundira

WANGA OFUMBUHA SON OF KAGENDA SON OF LWANDE WESONGA.

CHAPTER FOUR

NACHAKI	Ogaara
	Obbiero
	Sichimi
NAHONE	Syawola
NAMULEMBO	Ogaara
	Sichimi
	Emuli
NANJOWA	Muhachi
	? Odyanga Omolo

See page 83

OGAARA SON OF WANGA OFUMBUHA

OGAARA[59] SON OF WANGA OFUMBUHA SON OF KAGENDA SON OF LWANDE WESONGA.

NAHASOHO   Michael Okuruma
Edward Mugeni
Disani Okello
James Mukaga

MICHAEL OKURUMA SON OF OGAARA SON OF WANGA OFUMBUHA SON OF KAGENDA SON OF LWANDE WESONGA.

EDWARD MUGENI SON OF OGAARA SON OF WANGA OFUMBUHA SON OF KAGENDA SON OF LWANDE WESONGA.

DISANI OKELLO SON OF OGAARA SON OF WANGA OFUMBUHA SON OF KAGENDA SON OF LWANDE WESONGA.

JAMES MUKAGA SON OF OGAARA SON OF WANGA OFUMBUHA SON OF KAGENDA SON OF LWANDE WESONGA.

OBIERO SON OF WANGA OFUMBUHA SON OF KAGENDA SON

---

59   There ar two of similar name. This Ogaara the mother was Nachaki but same father with the orther Ogaara.

LWANDE WESONGA: A GENEALOGY

                        OF **LWANDE WESONGA.**

NABWALA   Hamonye
                        Ouma Osodyo

                        OUMA OSODYO SON OF **OBIERO** SON OF **WANGA OFUMBUHA** SON OF **KAGENDA** SON OF **LWANDE WESONGA.**

                        HAMONYE SON OF **OBIERO** SON OF **WANGA OFUMBUHA** SON OF **KAGENDA** SON OF **LWANDE WESONGA.**

                        Muhenye
                        Nasibu Obiero

                        MUHENYE SON OF **HAMONYE** SON OF **OBIERO** SON OF **WANGA OFUMBUHA** SON OF **KAGENDA** SON OF **LWANDE WESONGA.**

                        NASIBU OBIERO SON OF **HAMONYE** SON OF **OBIERO** SON OF **WANGA OFUMBUHA** SON OF **KAGENDA** SON OF **LWANDE WESONGA.**

EMULI SON OF **WANGA OFUMBUHA**

                        EMULI SON OF **WANGA OFUMBUHA** SON OF **KAGENDA** SON OF **LWANDE WESONGA.**

NAMUDDE   Hamonye
NAMIRIPO   Muhadda

                        HAMONYE SON OF **EMULI** SON OF **WANGA OFUMBUHA** SON OF **KAGENDA** SON OF **LWANDE WESONGA.**

                        MUHADDA SON OF **EMULI** SON OF **WANGA OFUMBUHA** SON OF **KAGENDA** SON OF **LWANDE WESONGA.**

                        NASUBO OBIERO SON OF **HAMONYE** SON OF **OBIERO** SON

CHAPTER FOUR

OF **WANGA OFUMBUHA** SON OF **KAGENDA** SON OF **LWANDE WESONGA**.

NANGANDA   William Nachoyee

See Appendix Page 80

WILLIAM NACHOYEE SON OF **NASUBO OBIERO** SON OF **HAMONYE** SON OF **OBIERO** SON OF **WANGA OFUMBUHA** SON OF **KAGENDA** SON OF **LWANDE WESONGA**.

NAMWALIRA   Okuku
Ouma
Wafula
NALWENGE   Ouma

OKUKU SON OF WILLIAM NACHOYEE SON OF **NASUBO OBIERO** SON OF **HAMONYE** SON OF **OBIERO** SON OF **WANGA OFUMBUHA** SON OF **KAGENDA** SON OF **LWANDE WESONGA**.

OUMA[60] SON OF WILLIAM NACHOYEE SON OF **NASUBO OBIERO** SON OF **HAMONYE** SON OF **OBIERO** SON OF **WANGA OFUMBUHA** SON OF **KAGENDA** SON OF **LWANDE WESONGA**.

WAFULA SON OF WILLIAM NACHOYEE SON OF **NASUBO OBIERO** SON OF **HAMONYE** SON OF **OBIERO** SON OF **WANGA OFUMBUHA** SON OF **KAGENDA** SON OF **LWANDE WESONGA**.

OUMA[61] SON OF WILLIAM NACHOYEE SON OF **NASUBO OBIERO** SON OF **HAMONYE** SON OF **OBIERO** SON OF **WANGA OFUMBUHA** SON OF **KAGENDA** SON OF **LWANDE WESONGA**.

SYAWOLA SON OF **WANGA OFUMBUHA** SON OF **KAGENDA** SON OF **LWANDE WESONGA**.

---

60   Mother was Namwalira but the same father with the second Ouma.
61   Mother was Nalwenge sharing the same father with the above Ouma.

LWANDE WESONGA: A GENEALOGY

NAHULO	Odyanga
	Mukuhu
NADEKE	Ongwe

ODYANGA SON OF SYAWOLA SON OF WANGA OFUMBUHA SON OF KAGENDA SON OF LWANDE WESONGA.

MUKUHU SON OF SYAWOLA SON OF WANGA OFUMBUHA SON OF KAGENDA SON OF LWANDE WESONGA.

ONGWE SON OF SYAWOLA SON OF WANGA OFUMBUHA SON OF KAGENDA SON OF LWANDE WESONGA.

See Appendix page 80

ODYANGA SON OF WANGA OFUMBUHA SON OF KAGENDA SON OF LWANDE WESONGA.

NAJUNWA	Orodi
NAMULUNDU	Bwonya
NAMAINDI	Ongodde

ORODI SON OF ODYANGA SON OF WANGA OFUMBUHA SON OF KAGENDA SON OF LWANDE WESONGA.

NASIBAYI	John Ngwabe
	Erisa Onyanga II
NAMUKUBA	Mangeni
NAMULUNDU	Okuku

OKUKU SON OF ORODI SON OF ODYANGA SON OF WANGA OFUMBUHA SON OF KAGENDA SON OF LWANDE WESONGA.

JOHN NGWABE SON OF ORODI SON OF ODYANGA SON OF WANGA OFUMBUHA SON OF KAGENDA SON OF LWANDE WESONGA.

CHAPTER FOUR

NANDEKE   Orodi II

ORODI II SON OF JOHN NGWABE SON OF ORODI SON OF ODYANGA SON OF WANGA OFUMBUHA SON OF KAGENDA SON OF LWANDE WESONGA.

ERISA ONYANGA II SON OF ORODI SON OF ODYANGA SON OF WANGA OFUMBUHA SON OF KAGENDA SON OF LWANDE WESONGA.

NALALA   CMP (William Ouma)
Wycliffe Orodi
Samson Kwoba
Osinya

CMP (WILLIAM OUMA) SON OF ERISA ONYANGO II SON OF ORODI SON OF ODYANGA SON OF WANGA OFUMBUHA SON OF KAGENDA SON OF LWANDE WESONGA.

WYCLIFFE ORODI SON OF ERISA ONYANGO II SON OF ORODI SON OF ODYANGA SON OF WANGA OFUMBUHA SON OF KAGENDA SON OF LWANDE WESONGA.

SAMSON KWOBA SON OF ERISA ONYANGO II SON OF ORODI SON OF ODYANGA SON OF WANGA OFUMBUHA SON OF KAGENDA SON OF LWANDE WESONGA.

OSINYA SON OF ERISA ONYANGO II SON OF ORODI SON OF ODYANGA SON OF WANGA OFUMBUHA SON OF KAGENDA SON OF LWANDE WESONGA.

MANGENI SON OF ORODI SON OF ODYANGA SON OF WANGA OFUMBUHA SON OF KAGENDA SON OF LWANDE WESONGA.

NAMUDDE   No information about her children.
NAMUHOMA   Sunday

LWANDE WESONGA: A GENEALOGY

SUNDAY SON OF MANGENI SON OF ORODI SON OF ODYANGA SON OF WANGA OFUMBUHA SON OF KAGENDA SON OF LWANDE WESONGA.

Wankya

WANKYA SON OF SUNDAY SON OF MANGENI SON OF ORODI SON OF ODYANGA SON OF WANGA OFUMBUHA SON OF KAGENDA SON OF LWANDE WESONGA.

ONGWE SON OF SYAWOLA SON OF WANGA OFUMBUHA SON OF KAGENDA SON OF LWANDE WESONGA.

NABAHOLO Ohereho
Wanga

WANGA SON OF ONGWE SON OF SYAWOLA SON OF WANGA OFUMBUHA SON OF KAGENDA SON OF LWANDE WESONGA.

OHEREHO SON OF ONGWE SON OF SYAWOLA SON OF WANGA OFUMBUHA SON OF KAGENDA SON OF LWANDE WESONGA.

NAMULUNDU Bwoya
Daudi Magunda

BWOYA SON OF OHEREHO SON OF ONGWE SON OF SYAWOLA SON OF WANGA OFUMBUHA SON OF KAGENDA SON OF LWANDE WESONGA.

DAUDI MAGUNDA SON OF OHEREHO SON OF ONGWE SON OF SYAWOLA SON OF WANGA OFUMBUHA SON OF KAGENDA SON OF LWANDE WESONGA.

NAMUDDE I Daudi Magunda yakerama[62] NAMUDDE I on the death of BWOYA

---

62 Yakerama is a custom in Samia where a relative re-marries a widow of a relative in a special ceremomy according to customs and traditions of the clan.

CHAPTER FOUR

and fathered:
Wilson Nahulo
Livingstone Ohebero

WILSON NAHULO SON OF DAUDI MAGUNDA SON OF **OHEREHO** SON OF **ONGWE** SON OF **SYAWOLA** SON OF **WANGA OFUMBUHA** SON OF **KAGENDA** SON OF **LWANDE WESONGA.**

NALALA Simon Wandera
Patrick Odwori

SIMON WANDERA SON OF WILSON NAHULO SON OF DAUDI MAGUNDA SON OF **OHEREHO** SON OF **ONGWE** SON OF **SYAWOLA** SON OF **WANGA OFUMBUHA** SON OF **KAGENDA** SON OF **LWANDE WESONGA.**

PATRICK ODWORI SON OF WILSON NAHULO SON OF DAUDI MAGUNDA SON OF **OHEREHO** SON OF **ONGWE** SON OF **SYAWOLA** SON OF **WANGA OFUMBUHA** SON OF **KAGENDA** SON OF **LWANDE WESONGA.**

LIVINGSTONE OHEBERO SON OF DAUDI MAGUNDA SON OF **OHEREHO** SON OF **ONGWE** SON OF **SYAWOLA** SON OF **WANGA OFUMBUHA** SON OF **KAGENDA** SON OF **LWANDE WESONGA.**

NAMENYA Livingstone Ohebero Jr.
Odianga
Stephen Onyango
Moses Owori

See Appendix Page 81

NAMULEMBO Juma Ohebero
Mangeni Ohebero
NAJABI Okochi Ohebero

LIVINGSTONE OHEBERO Jr. SON OF LIVINGSTONE OHEBERO SON

OF DAUDI MAGUNDA SON OF OHEREHO SON OF ONGWE SON OF SYAWOLA SON OF WANGA OFUMBUHA SON OF KAGENDA SON OF LWANDE WESONGA.

ODIANGA SON OF LIVINGSTONE OHEBERO SON OF DAUDI MAGUNDA SON OF OHEREHO SON OF ONGWE SON OF SYAWOLA SON OF WANGA OFUMBUHA SON OF KAGENDA SON OF LWANDE WESONGA.

STEPHEN ONYANGO SON OF LIVINGSTONE OHEBERO SON OF DAUDI MAGUNDA SON OF OHEREHO SON OF ONGWE SON OF SYAWOLA SON OF WANGA OFUMBUHA SON OF KAGENDA SON OF LWANDE WESONGA.

MOSES OWORI SON OF LIVINGSTONE OHEBERO SON OF DAUDI MAGUNDA SON OF OHEREHO SON OF ONGWE SON OF SYAWOLA SON OF WANGA OFUMBUHA SON OF KAGENDA SON OF LWANDE WESONGA.

See Appendix Page 81

JUMA OHEBERO SON OF LIVINGSTONE OHEBERO SON OF DAUDI MAGUNDA SON OF OHEREHO SON OF ONGWE SON OF SYAWOLA SON OF WANGA OFUMBUHA SON OF KAGENDA SON OF LWANDE WESONGA.

MANGENI OHEBERO SON OF LIVINGSTONE OHEBERO SON OF DAUDI MAGUNDA SON OF OHEREHO SON OF ONGWE SON OF SYAWOLA SON OF WANGA OFUMBUHA SON OF KAGENDA SON OF LWANDE WESONGA.

OKOCHI OHEBERO SON OF LIVINGSTONE OHEBERO SON OF DAUDI MAGUNDASON OF OHEREHO SON OF ONGWE SON OF SYAWOLA SON OF WANGA OFUMBUHA SON OF KAGENDA SON OF LWANDE WESONGA.

WANGA SON OF ONGWE SON OF SYAWOLA SON OF WANGA

CHAPTER FOUR

OFUMBUHA SON OF KAGENDA SON OF LWANDE WESONGA.

NAMWENGE	Barasa
Agaitano Mulyedi

BARASA SON OF WANGA SON OF ONGWE SON OF SYAWOLA SON OF WANGA OFUMBUHA SON OF KAGENDA SON OF LWANDE WESONGA.

NANYANGA	Julius (Humber) Ouma
Andrew (Magero) Wanga

JULIUS (HUMBER) OUMA SON OF BARASA SON OF WANGA SON OF ONGWE SON OF SYAWOLA SON OF WANGA OFUMBUHA SON OF KAGENDA SON OF LWANDE WESONGA.

NANGWE NAKIROYA	No information about her children were available.
Bwire
Mugeni
Egessa
Benard Wandera

BWIRE SON OF JULIUS (HUMBER) OUMA SON OF BARASA SON OF WANGA SON OF ONGWE SON OF SYAWOLA SON OF WANGA OFUMBUHA SON OF KAGENDA SON OF LWANDE WESONGA.

MUGENI SON OF JULIUS (HUMBER) OUMA SON OF BARASA SON OF WANGA SON OF ONGWE SON OF SYAWOLA SON OF WANGA OFUMBUHA SON OF KAGENDA SON OF LWANDE WESONGA.

EGESSA SON OF JULIUS (HUMBER) OUMA SON OF BARASA SON OF WANGA SON OF ONGWE SON OF SYAWOLA SON OF WANGA OFUMBUHA SON OF KAGENDA SON OF LWANDE WESONGA.

BENARD WANDERA SON OF JULIUS (HUMBER) OUMA SON OF BARASA SON OF WANGA SON OF ONGWE SON OF SYAWOLA SON OF WANGA OFUMBUHA SON OF KAGENDA SON OF LWANDE WESONGA.

LWANDE WESONGA: A GENEALOGY

	AGAITANO MULYEDI SON OF WANGA SON OF ONGWE SON OF SYAWOLA SON OF WANGA OFUMBUHA SON OF KAGENDA SON OF LWANDE WESONGA.
NAHABI	AGAITANO MULYEDI yakerama[63] a widow called Nahabi and had a son: Wanjala.
NANYANGA	Mulyedi again yakerama[64] his brother's wife Nanyanga and had sons: Barabara Wanjala

WANJALA SON OF AGAITANO MULYEDI SON OF WANGA SON OF ONGWE SON OF SYAWOLA SON OF WANGA OFUMBUHA SON OF KAGENDA SON OF LWANDE WESONGA.

BARABARA SON OF AGAITANO MULYEDI SON OF WANGA SON OF ONGWE SON OF SYAWOLA SON OF WANGA OFUMBUHA SON OF KAGENDA SON OF LWANDE WESONGA.

WANJALA SON OF AGAITANO MULYEDI SON OF WANGA SON OF ONGWE SON OF SYAWOLA SON OF WANGA OFUMBUHA SON OF KAGENDA SON OF LWANDE WESONGA.

SICHIMI SON OF WANGA OFUMBUHA

	SICHIMI SON OF WANGA OFUMBUHA SON OF KAGENDA SON OF LWANDE WESONGA.
?	Dibondo Ogaara II Mungweno Paul Musungu

---

63 Marrying a relative's widow in accordance with customs and tradition in a special ceremony.
64 Ibid.,

CHAPTER FOUR

Zakalia Sibero
Daali

MUNGWENO SON OF SICHIMI SON OF WANGA OFUMBUHA SON OF KAGENDA SON OF LWANDE WESONGA.

PAUL MUSUNGU SON OF SICHIMI SON OF WANGA OFUMBUHA SON OF KAGENDA SON OF LWANDE WESONGA.

ZAKALIA SIBERO SON OF SICHIMI SON OF WANGA OFUMBUHA SON OF KAGENDA SON OF LWANDE WESONGA.

DAALI SON OF SICHIMI SON OF WANGA OFUMBUHA SON OF KAGENDA SON OF LWANDE WESONGA.

DIBONDO SON OF SICHIMI SON OF WANGA OFUMBUHA SON OF KAGENDA SON OF LWANDE WESONGA.

NASIHUNE   Bartholomew Bwire
                   Samuel Wandera
NAHASOHO   Eriakim Mahondo

BARTHOLOMEW BWIRE[65] SON OF DIBONDO SON OF SICHIMI SON OF WANGA OFUMBUHA SON OF KAGENDA SON OF LWANDE WESONGA.

NAHONE   George Mulucha
                   Gilbert Bwire

GEORGE MULUCHA SON OF BARTHOLOMEW BWIRE SON OF DIBONDO SON OF SICHIMI SON OF WANGA OFUMBUHA SON OF KAGENDA SON OF LWANDE WESONGA.

NAMUHOKOSI   Majaliwa
                   Bartholomew Bwire

---

65   Mother was called Nasihune

LWANDE WESONGA: A GENEALOGY

GILBERT BWIRE[66] SON OF BARTHOLOMEW BWIRE SON OF DIBONDO SON OF SICHIMI SON OF WANGA OFUMBUHA SON OF KAGENDA SON OF LWANDE WESONGA.

NAMIRIPO   Bartholomew Bwire

BARTHOLOMEW BWIRE[67] SON OF GILBERT BWIRE SON OF SON OF BARTHOLOMEW BWIRE SON OF DIBONDO SON OF SICHIMI SON OF WANGA OFUMBUHA SON OF KAGENDA SON LWANDE WESONGA.

OGAARA II SON OF SICHIMI SON OF WANGA OFUMBUHA SON OF KAGENDA SON OF LWANDE WESONGA.

NAHASOHO   Edward Mugeni
James Bwire
Disani Okello

EDWARD MUGENI SON OF OGAARA II SON OF SICHIMI SON OF WANGA OFUMBUHA SON OF KAGENDA SON OF LWANDE WESONGA.

JAMES BWIRE SON OF OGAARA II SON OF SICHIMI SON OF WANGA OFUMBUHA SON OF KAGENDA SON OF LWANDE WESONGA.

DISANI OKELLO SON OF OGAARA II SON OF SICHIMI SON OF WANGA OFUMBUHA SON OF KAGENDA SON OF LWANDE WESONGA.

See Appendix Page 82

ANDREW (MAGERO) WANGA SON OF BARASA SON OF WANGA SON OF ONGWE SON OF SYAWOLA SON OF WANGA

---

66   Mother was called Namuhokosi
67   Mother was called Namiripo

CHAPTER FOUR

OFUMBUHA SON OF KAGENDA SON OF LWANDE WESONGA.

NAMUDDE Bosco
Wanyama
NABAKOOLWE John Mangeni
David Bwire
Egessa

BOSCO SON OF ANDREW (MAGERO) WANGA SON OF BARASA SON OF WANGA SON OF ONGWE SON OF SYAWOLA SON OF WANGA OFUMBUHA SON OF KAGENDA SON OF LWANDE WESONGA.

WANYAMA SON OF ANDREW (MAGERO) WANGA SON OF BARASA SON OF WANGA SON OF ONGWE SON OF SYAWOLA SON OF WANGA OFUMBUHA SON OF KAGENDA SON OF LWANDE WESONGA.

JOHN MANGENI SON OF ANDREW (MAGERO) WANGA SON OF BARASA SON OF WANGA SON OF ONGWE SON OF SYAWOLA SON OF WANGA OFUMBUHA SON OF KAGENDA SON OF LWANDE WESONGA.

DAVID BWIRE SON OF ANDREW (MAGERO) WANGA SON OF BARASA SON OF WANGA SON OF ONGWE SON OF SYAWOLA SON OF WANGA OFUMBUHA SON OF KAGENDA SON OF LWANDE WESONGA.

EGESSA SON OF ANDREW (MAGERO) WANGA SON OF BARASA SON OF WANGA SON OF ONGWE SON OF SYAWOLA SON OF WANGA OFUMBUHA SON OF KAGENDA SON OF LWANDE WESONGA.

TAIDOR NGUNDIRA SON OF OMULI SON OF WANGA OFUMBUHA SON OF KAGENDA SON OF LWANDE WESONGA.

NALWENGE Yowana Mujabi

LWANDE WESONGA: A GENEALOGY

NALUKADA
NAMULEMBO

Alexander Wanga
Sylvester Ochieno
Christian

See Appendix 79

SYLVESTER OCHIENO SON OF TAIDOR NGUNDIRA SON OF OMULI SON OF WANGA OFUMBUHA SON OF KAGENDA SON OF LWANDE WESONGA.

CHRISTIAN SON OF TAIDOR NGUNDIRA SON OF OMULI SON OF WANGA OFUMBUHA SON OF KAGENDA SON OF LWANDE WESONGA.

YOWANA MUJABI SON OF TAIDOR NGUNDIRA SON OF OMULI SON OF WANGA OFUMBUHA SON OF KAGENDA SON OF LWANDE WESONGA.

Benard Mujabi
Boniface Owino Mujabi
Peter Mujabi
Michael Mujabi
Okello Mujabi

BENARD MUJABI SON OF YOWANA MUJABI SON OF TAIDOR NGUNDIRA SON OF OMULI SON OF WANGA OFUMBUHA SON OF KAGENDA SON OF LWANDE WESONGA.

BONIFACE OWINO MUJABI SON OF YOWANA MUJABI SON OF TAIDOR NGUNDIRA SON OF OMULI SON OF WANGA OFUMBUHA SON OF KAGENDA SON OF LWANDE WESONGA.

PETER MUJABI SON OF YOWANA MUJABI SON OF TAIDOR NGUNDIRA SON OF OMULI SON OF WANGA OFUMBUHA SON OF KAGENDA SON OF LWANDE WESONGA.

MICHAEL MUJABI SON OF YOWANA MUJABI SON OF TAIDOR

CHAPTER FOUR

NGUNDIRA SON OF OMULI SON OF WANGA OFUMBUHA SON OF KAGENDA SON OF LWANDE WESONGA.

OKELLO MUJABI SON OF YOWANA MUJABI SON OF TAIDOR NGUNDIRA SON OF OMULI SON OF WANGA OFUMBUHA SON OF KAGENDA SON OF LWANDE WESONGA.

ALEXANDER WANGA SON OF TAIDOR NGUNDIRA SON OF OMULI SON OF WANGA OFUMBUHA SON OF KAGENDA SON OF LWANDE WESONGA.

NAMULEMBO	Michael Omondi
	Walter Ojwangi

MICHAEL OMONDI SON OF ALEXANDER WANGA SON OF TAIDOR NGUNDIRA SON OF OMULI SON OF WANGA OFUMBUHA SON OF KAGENDA SON OF LWANDE WESONGA.

WALTER OJWANGI SON OF ALEXANDER WANGA SON OF TAIDOR NGUNDIRA SON OF OMULI SON OF WANGA OFUMBUHA SON OF KAGENDA SON OF LWANDE WESONGA.

MORRIS OGANI ODOOL (No more information was available)

ADETI	Fredrick Barasa
	Paul Ogani
ADETI II	Odwori Ogani
	Vincent Owino

WANGA OFUMBUHA SON OF KAGENDA SON OF LWANDE WESONGA.

NANJOWA	Muhachi

MUHACHI SON OF WANGA OFUMBUHA

LWANDE WESONGA: A GENEALOGY

MUHACHI SON OF WANGA OFUMBUHA SON OF KAGENDA SON OF LWANDE WESONGA.

NAHULO   Oheto
ADETI   Mulayaa
NAKOOLI   Haunwa

OHETO SON OF MUHACHI SON OF WANGA OFUMBUHA SON OF KAGENDA SON OF LWANDE WESONGA.

NABONGO   Obbiero

OBIERO SON OF OHETO SON OF MUHACHI SON OF WANGA OFUMBUHA SON OF KAGENDA SON OF LWANDE WESONGA.

NAMULEMBO   Oheto
Ouma

OHETO SON OF OBIERO SON OF OHETO I SON OF MUHACHI SON OF WANGA OFUMBUHA SON OF KAGENDA SON OF LWANDE WESONGA.

OUMA SON OF OBIERO SON OF OHETO SON OF MUHACHI SON OF WANGA OFUMBUHA SON OF KAGENDA SON OF LWANDE WESONGA.

HAUNWA SON OF MUHACHI SON OF WANGA OFUMBUHA SON OF KAGENDA SON OF LWANDE WESONGA.

NABONGO   Obbiero
Kagenda II

KAGENDA II SON OF HAUNWA SON OF MUHACHI SON OF WANGA OFUMBUHA SON OF KAGENDA SON OF LWANDE WESONGA.

OBBIERO SON OF HAUNWA SON OF MUHACHI SON OF WANGA

CHAPTER FOUR

OFUMBUHA SON OF KAGENDA SON OF LWANDE WESONGA.

NAMAINDI	Gawunya
BADUNI	Ngabi
NACHAKI	Magero

NGABI SON OF OBBIERO SON OF HAUNWA SON OF MUHACHI SON OF WANGA OFUMBUHA SON OF KAGENDA SON OF LWANDE WESONGA.

MAGERO SON OF OBBIERO SON OF HAUNWA SON OF MUHACHI SON OF WANGA OFUMBUHA SON OF KAGENDA SON OF LWANDE WESONGA.

GAWUNYA SON OF OBBIERO SON OF HAUNWA SON OF MUHACHI SON OF WANGA OFUMBUHA SON OF KAGENDA SON OF LWANDE WESONGA.

NASIWE	Okochi
NAMBERENGE	Kanoti
	Oligo

KANOTI SON OF GAWUNYA SON OF OBBIERO SON OF HAUNWA SON OF MUHACHI SON OF WANGA OFUMBUHA SON OF KAGENDA SON OF LWANDE WESONGA.

OKOCHI SON OF GAWUNYA SON OF OBBIERO SON OF HAUNWA SON OF MUHACHI SON OF WANGA OFUMBUHA SON OF KAGENDA SON OF LWANDE WESONGA.

OLIGO SON OF GAWUNYA SON OF OBBIERO SON OF HAUNWA SON OF MUHACHI SON OF WANGA OFUMBUHA SON OF KAGENDA SON OF LWANDE WESONGA.

MULAYAA SON OF MUHACHI SON OF WANGA OFUMBUHA SON OF KAGENDA SON OF LWANDE WESONGA.

LWANDE WESONGA: A GENEALOGY

ADETI   Oligo
                  Ongala

OLIGO SON OF MULAYAA SON OF MUHACHI SON OF WANGA OFUMBUHA SON OF KAGENDA SON OF LWANDE WESONGA.

NABONWE   Oduki
                  Ombogo

ODUKI SON OF OLIGO SON OF MULAYAA SON OF MUHACHI SON OF WANGA OFUMBUHA SON OF KAGENDA SON OF LWANDE WESONGA.

OMBOGO SON OF OLIGO SON OF MULAYAA SON OF MUHACHI SON OF WANGA OFUMBUHA SON OF KAGENDA SON OF LWANDE WESONGA.

MUGENI SON OF OLIGO SON OF MULAYAA SON OF MUHACHI SON OF WANGA OFUMBUHA SON OF KAGENDA SON OF LWANDE WESONGA.

ONGALA SON OF MULAYAA SON OF MUHACHI SON OF WANGA OFUMBUHA SON OF KAGENDA SON OF LWANDE WESONGA.

NAKUHU   Ojwangi
                  Osinya
NAMUNYEKERA   Ouma

OJWANGI SON OF ONGALA SON OF MULAYAA SON OF MUHACHI SON OF WANGA OFUMBUHA SON OF KAGENDA SON OF LWANDE WESONGA.

OSINYA SON OF ONGALA SON OF MULAYAA SON OF MUHACHI SON OF WANGA OFUMBUHA SON OF KAGENDA SON OF LWANDE WESONGA.

OUMA SON OF ONGALA SON OF MULAYAA SON OF MUHACHI

CHAPTER FOUR

SON OF **WANGA OFUMBUHA** SON OF **KAGENDA** SON OF **LWANDE WESONGA**.

ODUKI SON OF **OLIGO** SON OF **MULAYAA** SON OF **MUHACHI** SON OF **WANGA OFUMBUHA** SON OF **KAGENDA** SON OF **LWANDE WESONGA**.

NADEKE	Mengo Okigo
	Ogoola Oduki
	Wandera Oduki
	James Oduki
NAMAINDI	Juma Oduki
	Onyango Oduki
	Juma Oduki II
	Oguttu Oduki
	Oundo Oduki
NAMAINDI II	Okello Oduki
	Oundo Oduki
	Gawunya Oduki
	Ojiambo Oduki

OGOOLA ODUKI SON OF **ODUKI** SON OF **OLIGO** SON OF **MULAYAA** SON OF **MUHACHI** SON OF **WANGA OFUMBUHA** SON OF **KAGENDA** SON OF **LWANDE WESONGA**.

MENGO OKIGO SON OF ODUKI SON OF **OLIGO** SON OF **MULAYAA** SON OF **MUHACHI** SON OF **WANGA OFUMBUHA** SON OF **KAGENDA** SON OF **LWANDE WESONGA**.

WANDERA ODUKI SON OF ODUKI SON OF **OLIGO** SON OF **MULAYAA** SON OF **MUHACHI** SON OF **WANGA OFUMBUHA** SON OF **KAGENDA** SON OF **LWANDE WESONGA**.

JAMES ODUKI SON OF ODUKI SON OF **OLIGO** SON OF **MULAYAA** SON OF **MUHACHI** SON OF **WANGA OFUMBUHA** SON OF **KAGENDA** SON OF **LWANDE WESONGA**.

LWANDE WESONGA: A GENEALOGY

JUMA ODUKI SON OF ODUKI SON OF OLIGO SON OF MULAYAA SON OF MUHACHI SON OF WANGA OFUMBUHA SON OF KAGENDA SON OF LWANDE WESONGA.

ONYANGO ODUKI SON OF ODUKI SON OF OLIGO SON OF MULAYAA SON OF MUHACHI SON OF WANGA OFUMBUHA SON OF KAGENDA SON LWANDE WESONGA.

JUMA ODUKI II SON OF ODUKI SON OF OLIGO SON OF MULAYAA SON OF MUHACHI SON OF WANGA OFUMBUHA SON OF KAGENDA SON OF LWANDE WESONGA.

OGUTTU ODUKI SON OF ODUKI SON OF OLIGO SON OF MULAYAA SON OF MUHACHI SON OF WANGA OFUMBUHA SON OF KAGENDA SON OF LWANDE WESONGA.

OUNDO ODUKI SON OF ODUKI SON OF OLIGO SON OF MULAYAA SON OF MUHACHI SON OF WANGA OFUMBUHA SON OF KAGENDA SON OF LWANDE WESONGA.

OKELLO ODUKI SON OF ODUKI SON OF OLIGO SON OF MULAYAA SON OF MUHACHI SON OF WANGA OFUMBUHA SON OF KAGENDA SON OF LWANDE WESONGA.

OUNDO ODUKI SON OF ODUKI SON OF OLIGO SON OF MULAYAA SON OF MUHACHI SON OF WANGA OFUMBUHA SON OF KAGENDA SON OF LWANDE WESONGA.

GAWUNYA ODUKI SON OF ODUKI SON OF OLIGO SON OF MULAYAA SON OF MUHACHI SON OF WANGA OFUMBUHA SON OF KAGENDA SON OF LWANDE WESONGA.

OJIAMBO ODUKI SON OF ODUKI SON OF OLIGO SON OF MULAYAA SON OF MUHACHI SON OF WANGA OFUMBUHA SON OF KAGENDA SON OF LWANDE WESONGA.

MBOGO SON OF OLIGO SON OF MULAYAA SON OF MUHACHI

CHAPTER FOUR

SON OF **WANGA OFUMBUHA** SON OF **KAGENDA** SON OF **LWANDE WESONGA**.

NABONGO Ocheingi
Sikuku
Akumu
Nekesa
NADEKE Nabboro
Muhachi
NAMUNYEKERA Oriero Gawunya

OCHEINGI SON OF MBOGO SON OF **OLIGO** SON OF **MULAYAA** SON OF **MUHACHI** SON OF **WANGA OFUMBUHA** SON OF **KAGENDA** SON OF **LWANDE WESONGA**.

SIKUKU SON OF MBOGO SON OF **OLIGO** SON OF **MULAYAA** SON OF **MUHACHI** SON OF **WANGA OFUMBUHA** SON OF **KAGENDA** SON OF **LWANDE WESONGA**.

AKUMU DAUGHTER OF MBOGO SON OF **OLIGO** SON OF **MULAYAA** SON OF **MUHACHI** SON OF **WANGA OFUMBUHA** SON OF **KAGENDA** SON OF **LWANDE WESONGA**.

NEKESA DAUGHTER OF MBOGO SON OF **OLIGO** SON OF **MULAYAA** SON OF **MUHACHI** SON OF **WANGA OFUMBUHA** SON OF **KAGENDA** SON OF **LWANDE WESONGA**.

NABBORO DAUGHTER OF MBOGO SON OF **OLIGO** SON OF **MULAYAA** SON OF **MUHACHI** SON OF **WANGA OFUMBUHA** SON OF **KAGENDA** SON OF **LWANDE WESONGA**.

MUHACHI SON OF MBOGO SON OF **OLIGO** SON OF **MULAYAA** **MUHACHI** SON OF **WANGA OFUMBUHA** SON OF **KAGENDA** SON OF **LWANDE WESONGA**.

ORIERO GAWUNYA SON OF MBOGO SON OF **OLIGO** SON OF **MULAYAA** SON OF **MUHACHI** SON OF **WANGA OFUMBUHA** SON

LWANDE WESONGA: A GENEALOGY

OF KAGENDA SON OF LWANDE WESONGA.

MUGENI SON OF OLIGO SON OF MULAYAA SON OF MUHACHI SON OF WANGA OFUMBUHA SON OF KAGENDA SON OF LWANDE WESONGA.

See Appendix Page 83

BOSCO SON OF ANDREW (MAGERO) WANGA SON OF BARABARA[68] SON OF WANGA SON OF ONGWE SON OF SYAWOLA SON OF WANGA OFUMBUHA SON OF KAGENDA LWANDE WESONGA.

NAMUSOGA   Eric Ivan
NAKIROYA   Denes

ERIC IVAN SON OF BOSCO SON OF ANDREW (MAGERO) WANGA SON OF BARABARA SON OF WANGA SON OF ONGWE SON OF SYAWOLA SON OF WANGA OFUMBUHA SON OF KAGENDA SON OF LWANDE WESONGA.

DENES SON OF BOSCO SON OF ANDREW (MAGERO) WANGA SON OF BARABARA[69] SON OF WANGA SON OF ONGWE SON OF SYAWOLA SON OF WANGA OFUMBUHA SON OF KAGENDA SON OF LWANDE WESONGA.

WYCLIFFE ORODI SON OF ERISA ODYANGA SON OF ORODI SON OF ODYANGA SON OF WANGA OFUMBUHA SON OF KAGENDA SON OF LWANDE WESONGA.

NAMULUNDU   Jack Laban
NACHAKI   Dauso Bwire (Ongodde)
     Fred Orodi

JACK LABAN SON OF WYCLIFFE ORODI SON OF ERISA ODYANGA

---

68   See the original page 81 in the appendix.
69   Ibid.,

CHAPTER FOUR

SON OF ORODI SON OF ODYANGA SON OF WANGA OFUMBUHA SON OF KAGENDA SON OF LWANDE WESONGA.

DAUSO BWIRE (ONGODDE) SON OF WYCLIFFE ORODI SON OF ERISA ODYANGA SON OF ORODI SON OF ODYANGA SON OF WANGA OFUMBUHA SON OF KAGENDA SON OF LWANDE WESONGA.

FRED ORODI SON OF WYCLIFFE ORODI SON OF ERISA ODYANGA SON OF ORODI SON OF ODYANGA SON OF WANGA OFUMBUHA SON OF KAGENDA SON OF LWANDE WESONGA.

SAMUEL WANDERA SON OF DIBONDO SON OF SICHIMI SON OF WANGA OFUMBUHA SON OF KAGENDA SON OF LWANDE WESONGA.

NANYANGA NAMAKANGALA NAHONE

Stephen Bwire
Dibondo II
Geoffrey Oundo
George Mulucha
Aggrey Bwire

STEPHEN BWIRE SON OF SAMUEL WANDERA SON OF DIBONDO SON OF SICHIMI SON OF WANGA OFUMBUHA SON OF KAGENDA SON OF LWANDE WESONGA.

DIBONDO II SON OF SAMUEL WANDERA SON OF DIBONDO SON OF SICHIMI SON OF WANGA OFUMBUHA SON OF KAGENDA SON OF LWANDE WESONGA.

GEOFFREY OUNDO SON OF SAMUEL WANDERA SON OF DIBONDO SON OF SICHIMI SON OF WANGA OFUMBUHA SON OF KAGENDA SON OF LWANDE WESONGA.

GEORGE MULUCHA SON OF SAMUEL WANDERA SON OF DIBONDO SON OF SICHIMI SON OF WANGA OFUMBUHA SON OF KAGENDA SON OF LWANDE WESONGA.

LWANDE WESONGA: A GENEALOGY

        AGGREY BWIRE SON OF SAMUEL WANDERA SON OF DIBONDO SON OF SICHIMI SON OF WANGA OFUMBUHA SON OF KAGENDA SON OF LWANDE WESONGA.

        ERIAKIMU NAHONDO SON OF DIBONDO SON OF SICHIMI SON OF WANGA OFUMBUHA SON OF KAGENDA SON OF LWANDE WESONGA.

NAHWAYA   Wycliffe Mulucha
                Henry Bwire
                Sanya Mungweno

NAMULEZI
NAHONE   Ojiambo
                Omaajjo

        WYCLIFFE MULUCHA SON OF ERIAKIMU NAHONDO SON OF DIBONDO SON OF SICHIMI SON OF WANGA OFUMBUHA SON OF KAGENDA SON OF LWANDE WESONGA.

        HENRY BWIRE SON OF ERIAKIMU NAHONDO SON OF DIBONDO SON OF SICHIMI SON OF WANGA OFUMBUHA SON OF KAGENDA SON OF LWANDE WESONGA.

        OJIAMBO SON OF ERIAKIMU NAHONDO SON OF DIBONDO SON OF SICHIMI SON OF WANGA OFUMBUHA SON OF KAGENDA SON OF LWANDE WESONGA.

        OMAAJJO SON OF ERIAKIMU NAHONDO SON OF DIBONDO SON OF SICHIMI SON OF WANGA OFUMBUHA SON OF KAGENDA SON OF LWANDE WESONGA.

        SANYA MUGWENO SON OF ERIAKIMU NAHONDO SON OF DIBONDO SON OF SICHIMI SON OF WANGA OFUMBUHA SON OF KAGENDA SON OF LWANDE WESONGA.

NASIYE   Zakalia Sibeero

CHAPTER FOUR

Paul Musungu

ZAKALIA SIBEERO SON OF SANYA MUGWENO SON OF **ERIAKIMU NAHONDO** SON OF **DIBONDO** SON OF **SICHIMI** SON OF **WANGA OFUMBUHA** SON OF **KAGENDA LWANDE WESONGA.**

NAMULUNDU Wilson Ouma

WILSON OUMA SON OF ZAKALIA SIBEERO SON OF SANYA MUGWENO SON OF **ERIAKIMU NAHONDO** SON OF **DIBONDO** SON OF **SICHIMI** SON OF **WANGA OFUMBUHA** SON OF **KAGENDA** SON OF **LWANDE WESONGA.**

PAUL MUSUNGU SON OF ZAKALYA SIBERO SON OF **MUGWENO** SON OF **DIBONDO** SON OF **SICHIMI** SON OF **WANGA OFUMBUHA** SON OF **KAGENDA** SON OF **LWANDE WESONGA.**

NAMULUNDU Absalom Magaga
Ignatius Wafula

ABSALOM MAGAGA SON OF PAUL MUSUNGU SON OF **MUGWENO** SON OF **DIBONDO** SON OF **SICHIMI** SON OF **WANGA OFUMBUHA** SON OF **KAGENDA** SON OF **LWANDE WESONGA.**

IGNATIUS WAFULA SON OF PAUL MUSUNGU SON OF ZAKALIA SIBEERO SON OF **MUGWENO** SON OF **DIBONDO** SON OF **SICHIMI** SON OF **WANGA OFUMBUHA** SON OF **KAGENDA** SON OF **LWANDE WESONGA.**

DALLI SON OF **SICHIMI** SON OF **WANGA OFUMBUHA** SON OF **KAGENDA** SON OF **LWANDE WESONGA.**

NAFWOFWOYO Masinde
Yokosafati Musumba
Gidion Wandera

MASINDE SON OF **DALLI** SON OF **SICHIMI** SON OF **WANGA**

LWANDE WESONGA: A GENEALOGY

OFUMBUHA SON OF KAGENDA SON OF LWANDE WESONGA.

YOKOSAFATI MUSUMBA SON OF DALLI SON OF SICHIMI SON OF WANGA OFUMBUHA SON OF KAGENDA SON OF LWANDE WESONGA.

GIDION WANDERA SON OF DALLI SON OF SICHIMI SON OF WANGA OFUMBUHA SON OF KAGENDA SON OF LWANDE WESONGA.

ANDEREA DALLI III SON OF DALLI II SON OF DALLI SON OF SICHIMI SON OF WANGA OFUMBUHA SON OF KAGENDA SON OF LWANDE WESONGA.

NAKIROYA   Jackson Ojiambo
Charles Ouma
Humphrey Onyango
George Wafula

NABUKAKI   Livingstone Mugeni
Richard Mukaga
Stephen Wandera
Robert Mangeni

JACKSON OJIAMBO SON OF ANDEREA DALLI III SON OF DALLI II SON OF DALLI SON OF SICHIMI SON OF WANGA OFUMBUHA SON OF KAGENDA SON OF LWANDE WESONGA.

CHARLES OUMA SON OF ANDEREA DALLI III SON OF DALLI II SON OF DALLI SON OF SICHIMI SON OF WANGA OFUMBUHA SON OF KAGENDA SON OF LWANDE WESONGA.

HUMPHREY ONYANGO SON OF ANDEREA DALLI III SON OF DALLI II SON OF DALLI SON OF SICHIMI SON OF WANGA OFUMBUHA SON OF KAGENDA SON OF LWANDE WESONGA.

GEORGE WAFULA SON OF ANDEREA DALLI III SON OF DALLI II SON OF DALLI SON OF SICHIMI SON OF WANGA OFUMBUHA

CHAPTER FOUR

SON OF KAGENDA SON OF LWANDE WESONGA.

LIVINGSTONE MUGENI SON OF ANDEREA DALLI III SON OF DALLI II SON OF DALLI SON OF SICHIMI SON OF WANGA OFUMBUHA SON OF KAGENDA SON OF LWANDE WESONGA.

RICHARD MUKAGA SON OF ANDEREA DALLI III SON OF DALLI II SON OF DALLI SON OF SICHIMI SON OF WANGA OFUMBUHA SON OF KAGENDA SON OF LWANDE WESONGA.

STEPHEN WANDERA SON OF ANDEREA DALLI III SON OF DALLI II SON OF DALLI SON OF SICHIMI SON OF WANGA OFUMBUHA SON OF KAGENDA SON OF LWANDE WESONGA.

ROBERT MANGENI SON OF ANDEREA DALLI III SON OF DALLI II SON OF DALLI SON OF SICHIMI SON OF WANGA OFUMBUHA SON OF KAGENDA SON OF LWANDE WESONGA.

OMOLO I SON OF WANGA OFUMBUHA SON OF KAGENDA SON OF LWANDE WESONGA.

NANYANGA

Omolo II
Suduhu
Odooli

SUDUHU SON OF OMOLO I SON OF WANGA OFUMBUHA SON OF KAGENDA SON OF LWANDE WESONGA.

ODOOLI SON OF OMOLO I SON OF WANGA OFUMBUHA SON OF KAGENDA SON OF LWANDE WESONGA.

OMOLO II SON OF OMOLO I SON OF WANGA OFUMBUHA SON OF KAGENDA SON OF LWANDE WESONGA.

NAMENYA

Dumas Were
Taidor Ngundira
Augustino Were

LWANDE WESONGA: A GENEALOGY

DUMAS WERE SON OF OMOLO II SON OF OMOLO I SON OF WANGA OFUMBUHA SON OF KAGENDA SON OF LWANDE WESONGA.

TAIDOR NGUNDIRA SON OF OMOLO II SON OF OMOLO I SON OF WANGA OFUMBUHA SON OF KAGENDA SON OF LWANDE WESONGA.

AUGUSTINO WERE SON OF OMOLO II SON OF OMOLO I SON OF WANGA OFUMBUHA SON OF KAGENDA SON OF LWANDE WESONGA.

NAMEYERO		Clement Odooli
		Cornel Odipo
		Boniface Nachona
		Paul Were
		Alfred Were
NAMULEMBO		Henry Were

CLEMENT ODOOLI SON OF AUGUSTINO WERE SON OF OMOLO II SON OF OMOLO I SON OF WANGA OFUMBUHA SON OF KAGENDA SON OF LWANDE WESONGA.

CORNEL ODIPO SON OF AUGUSTINO WERE SON OF OMOLO II SON OF OMOLO I SON OF WANGA OFUMBUHA SON OF KAGENDA SON OF LWANDE WESONGA.

BONIFACE NACHONA SON OF AUGUSTINO WERE SON OF OMOLO II SON OF OMOLO I SON OF WANGA OFUMBUHA SON OF KAGENDA SON OF LWANDE WESONGA.

PAUL WERE SON OF AUGUSTINO WERE SON OF OMOLO II SON OF OMOLO I SON OF WANGA OFUMBUHA SON OF KAGENDA SON OF LWANDE WESONGA.

See appendix 83

CHAPTER FOUR

ALFRED WERE SON OF AUGUSTINO WERE SON OF OMOLO II SON OF OMOLO I SON OF WANGA OFUMBUHA SON OF KAGENDA SON OF LWANDE WESONGA.

HENRY WERE SON OF AUGUSTINO WERE SON OF OMOLO II SON OF OMOLO I SON OF WANGA OFUMBUHA SON OF KAGENDA SON OF LWANDE WESONGA.

END OF WANGA OFUMBUHA SON OF KAGENDA

NGUNDIRA SON OF KAGENDA

ABWOKA WERE KUBENGI SON OF NGUNDIRA

GASUNDI SON OF ABWOKA WERE KUBENGI

GASUNDI SON OF KUBENGI SON OF NGUNDIRA SON OF KAGENDA SON OF LWANDE WESONGA.

NAMANGALE	Orubo

ORUBO SON OF GASUNDI SON OF KUBENGI SON OF NGUNDIRA SON OF KAGENDA SON OF LWANDE WESONGA.

NASIMALWA	Buuya

BUUYA SON OF ORUBO SON OF GASUNDI SON OF KUBENGI SON OF NGUNDIRA SON OF KAGENDA SON OF LWANDE WESONGA.

NABONGO	Gideon Odiedo
NAMBANJA	Wandera
NALWENGE	Ojiambo
	Mubbachi

LWANDE WESONGA: A GENEALOGY

	Juma
	Onyango
NAHEMBA	Lucas Onjalo Ngundira

WANDERA SON OF BUUYA SON OF ORUBO SON OF GASUNDI SON OF KUBENGI SON OF NGUNDIRA SON OF KAGENDA SON OF LWANDE WESONGA.

GIDEON ODIEDO SON OF BUUYA SON OF ORUBO SON OF GASUNDI SON OF KUBENGI SON OF NGUNDIRA SON OF KAGENDA SON OF LWANDE WESONGA.

NASONGA	Josophati Odwori
	Charles Ochieno
	Edward Ogoola
NABUKAKI I	Joseph Nyongesa
	Joseph Ohito
NABUKAKI II	George Wandera
NASONGA II	Apola Obbala
	Andrew Obbala
	Charles Juma
	Fredrick Omondi
NAPUNYI	William Owino
NASONGA III	Ojiambo

JOSOPHATI ODWORI SON OF GIDEON ODIEDO SON OF BUUYA SON OF ORUBO SON OF GASUNDI SON OF KUBENGI SON OF NGUNDIRA SON OF KAGENDA SON OF LWANDE WESONGA.

CHARLES OCHIENO SON OF GIDEON ODIEDO SON OF BUUYA SON OF ORUBO SON OF GASUNDI SON OF KUBENGI SON OF NGUNDIRA SON OF KAGENDA SON OF LWANDE WESONGA.

EDWARD OGOOLA SON OF GIDEON ODIEDO SON OF BUUYA SON OF ORUBO SON OF GASUNDI SON OF KUBENGI SON OF NGUNDIRA SON OF KAGENDA SON OF LWANDE WESONGA.

CHAPTER FOUR

JOSEPH NYONGESA SON OF GIDEON ODIEDO SON OF BUUYA SON OF ORUBO SON OF GASUNDI SON OF KUBENGI SON OF NGUNDIRA SON OF KAGENDA SON OF LWANDE WESONGA.

JOSEPH OHITO SON OF GIDEON ODIEDO SON OF BUUYA SON OF ORUBO SON OF GASUNDI SON OF KUBENGI SON OF NGUNDIRA SON OF KAGENDA SON OF LWANDE WESONGA.

GEORGE WANDERA SON OF GIDEON ODIEDO SON OF BUUYA SON OF ORUBO SON OF GASUNDI SON OF KUBENGI SON OF NGUNDIRA SON OF KAGENDA SON OF LWANDE WESONGA.

APOLA OBBALA SON OF GIDEON ODIEDO SON OF BUUYA SON OF ORUBO SON OF GASUNDI SON OF KUBENGI SON OF NGUNDIRA SON OF KAGENDA SON OF LWANDE WESONGA.

ANDREW OBBALA SON OF GIDEON ODIEDO SON OF BUUYA SON OF ORUBO SON OF GASUNDI SON OF KUBENGI SON OF NGUNDIRA SON OF KAGENDA SON OF LWANDE WESONGA.

CHARLES JUMA SON OF GIDEON ODIEDO SON OF BUUYA SON OF ORUBO SON OF GASUNDI SON OF KUBENGI SON OF NGUNDIRA SON OF KAGENDA SON OF LWANDE WESONGA.

FREDRICK OMONDI SON OF GIDEON ODIEDO SON OF BUUYA SON OF ORUBO SON OF GASUNDI SON OF KUBENGI SON OF NGUNDIRA SON OF KAGENDA SON OF LWANDE WESONGA.

WILLIAM OWINO SON OF GIDEON ODIEDO SON OF BUUYA SON OF ORUBO SON OF GASUNDI SON OF KUBENGI SON OF NGUNDIRA SON OF KAGENDA SON OF LWANDE WESONGA.

OJIAMBO SON OF GIDEON ODIEDO SON OF BUUYA SON OF ORUBO SON OF GASUNDI SON OF KUBENGI SON OF NGUNDIRA SON OF KAGENDA SON OF LWANDE WESONGA.

LWANDE WESONGA: A GENEALOGY

See Appendix Page 88

OJIAMBO SON OF BUUYA SON OF ORUBO SON OF GASUNDI SON OF KUBENGI SON OF NGUNDIRA SON OF KAGENDA SON OF LWANDE WESONGA.

NAPUNYI Ochiengi
Okochi

OCHIENGI SON OF OJIAMBO SON OF BUUYA SON OF ORUBO SON OF GASUNDI SON OF KUBENGI SON OF NGUNDIRA SON OF KAGENDA SON OF LWANDE WESONGA.

OKOCHI SON OF OJIAMBO SON OF BUUYA SON OF ORUBO SON OF GASUNDI SON OF KUBENGI SON OF NGUNDIRA SON OF KAGENDA SON OF LWANDE WESONGA.

MUBBACHI SON OF BUUYA SON OF ORUBO SON OF GASUNDI SON OF KUBENGI SON OF NGUNDIRA SON OF KAGENDA SON OF LWANDE WESONGA.

NASONGA Buuya
Odwori

BUUYA SON OF MUBBACHI SON OF BUUYA SON OF ORUBO SON OF GASUNDI SON OF KUBENGI SON OF NGUNDIRA SON OF KAGENDA SON OF LWANDE WESONGA.

ODWORI SON OF MUBBACHI SON OF BUUYA SON OF ORUBO SON OF GASUNDI SON OF KUBENGI SON OF NGUNDIRA SON OF KAGENDA SON OF LWANDE WESONGA.

JUMA SON OF BUUYA SON OF ORUBO SON OF GASUNDI SON OF KUBENGI SON OF NGUNDIRA SON OF KAGENDA SON OF LWANDE WESONGA.

NANYNEKI Orubo

CHAPTER FOUR

Nadede
Okite

ORUBO SON OF JUMA SON OF BUUYA SON OF **ORUBO** SON OF **GASUNDI** SON OF **KUBENGI** SON OF **NGUNDIRA** SON OF **KAGENDA** SON OF **LWANDE WESONGA.**

NADEDE SON OF BUUYA SON OF **ORUBO** SON OF **GASUNDI** SON OF **KUBENGI** SON OF **NGUNDIRA** SON OF **KAGENDA** SON OF **LWANDE WESONGA.**

OKITE SON OF BUUYA SON OF **ORUBO** SON OF **GASUNDI** SON OF **KUBENGI** SON OF **NGUNDIRA** SON OF **KAGENDA** SON OF **LWANDE WESONGA.**

ONYANGO SON OF BUUYA SON OF **ORUBO** SON OF **GASUNDI** SON OF **KUBENGI** SON OF **NGUNDIRA** SON OF **KAGENDA** SON OF **LWANDE WESONGA.**

NAPUNYI

Buuya II
Otika
Obbala I
Obbala II

BUUYA II SON OF ONYANGO SON OF BUUYA SON OF **ORUBO** SON OF **GASUNDI** SON OF **KUBENGI** SON OF **NGUNDIRA** SON OF **KAGENDA** SON OF **LWANDE WESONGA.**

OTIKA SON OF ONYANGO SON OF BUUYA SON OF **ORUBO** SON OF **GASUNDI** SON OF **KUBENGI** SON OF **NGUNDIRA** SON OF **KAGENDA** SON OF **LWANDE WESONGA.**

OBBALA I SON OF ONYANGO SON OF BUUYA SON OF **ORUBO** SON OF **GASUNDI** SON OF **KUBENGI** SON OF **NGUNDIRA** SON OF **KAGENDA** SON OF **LWANDE WESONGA.**

OBBALA II SON OF ONYANGO SON OF BUUYA SON OF **ORUBO**

LWANDE WESONGA: A GENEALOGY

SON OF GASUNDI SON OF KUBENGI SON OF NGUNDIRA SON OF KAGENDA SON OF LWANDE WESONGA.

LUCAS ONJALO NGUNDIRA SON OF BUUYA SON OF ORUBO SON OF GASUNDI SON OF KUBENGI SON OF NGUNDIRA SON OF KAGENDA SON OF LWANDE WESONGA.

NANYIMARO	Odenga
	Okumu
	Had a Natabona
NAMAKANGALA	Buuya II
	Cotton

ODENGA SON OF LUCAS ONJALO NGUNDIRA SON OF BUUYA SON OF ORUBO SON OF GASUNDI SON OF KUBENGI SON OF NGUNDIRA SON OF KAGENDA SON OF LWANDE WESONGA.

Buuya II

BUUYA II SON OF ODENGA SON OF LUCAS ONJALO NGUNDIRA SON OF BUUYA SON OF ORUBO SON OF GASUNDI SON OF KUBENGI SON OF NGUNDIRA SON OF KAGENDA SON OF LWANDE WESONGA.

OKUMU SON OF LUCAS ONJALO NGUNDIRA SON OF BUUYA SON OF ORUBO SON OF GASUNDI SON OF KUBENGI SON OF NGUNDIRA SON OF KAGENDA SON OF LWANDE WESONGA.

BUUYA II SON OF LUCAS ONJALO NGUNDIRA SON OF BUUYA SON OF ORUBO SON OF GASUNDI SON OF KUBENGI SON OF NGUNDIRA SON OF KAGENDA SON OF LWANDE WESONGA.

COTTON SON OF LUCAS ONJALO NGUNDIRA SON OF BUUYA SON OF ORUBO SON OF GASUNDI SON OF KUBENGI SON OF NGUNDIRA SON OF KAGENDA SON OF LWANDE WESONGA.

CHAPTER FOUR

OWORI SON OF ABWOKA WERE KUBENGI

LWANDE OMUNYISA SON OF OWORI

LWANDE OMUNYISA SON OF OWORI SON OF KUBENGI SON OF NGUNDIRA SON OF KAGENDA SON OF LWANDE WESONGA.

NASONGA	Oyaaga
	Otiro
NAMAINDI	Kwereho
NABONGO	Wanjala

KWEREHO SON OF LWANDE OMUNYASA SON OF OWORI SON OF KUBENGI SON OF NGUNDIRA SON OF KAGENDA SON OF LWANDE WESONGA.

WANJALA SON OF LWANDE OMUNYASA SON OF OWORI SON OF KUBENGI SON OF NGUNDIRA SON OF KAGENDA SON OF LWANDE WESONGA.

OYAAGA SON OF LWANDE OMUNYASA SON OF OWORI SON OF KUBENGI SON OF NGUNDIRA SON OF KAGENDA SON OF LWANDE WESONGA.

Opondo
Oguttu

OPONDO SON OF OYAAGA SON OF SON OF LWANDE OMUNYASA SON OF OWORI SON OF KUBENGI SON OF NGUNDIRA SON OF KAGENDA SON OF LWANDE WESONGA.

OGUTTU SON OF OYAAGA SON OF SON OF LWANDE OMUNYASA SON OF OWORI SON OF KUBENGI SON OF NGUNDIRA SON OF KAGENDA SON OF LWANDE WESONGA.

OTIRO SON OF LWANDE OMUNYASA SON OF OWORI SON OF KUBENGI SON OF NGUNDIRA SON OF KAGENDA SON OF

LWANDE WESONGA: A GENEALOGY

                                  LWANDE WESONGA.

NAMUDDE   Yokana Kadima

                            YOKANA KADIMA SON OF OTIRO SON OF **LWANDE OMUNYASA** SON OF **OWORI** SON OF **KUBENGI** SON OF **NGUNDIRA** SON OF **KAGENDA** SON OF **LWANDE WESONGA.**

                            MESO SON OF **OWORI** SON OF **KUBENGI** SON OF **NGUNDIRA** SON OF **KAGENDA** SON OF **LWANDE WESONGA.**

NAJABI   Comulus Wandera

                            MESO SON OF **OWORI**

                            COMULUS WANDERA SON OF **MESO** SON OF **OWORI** SON OF **KUBENGI** SON OF **NGUNDIRA** SON OF **KAGENDA** SON OF **LWANDE WESONGA.**

NADEKE I   Cornel Ojiambo
NEHOBA   Onyango
                  Keya
                  Ochiengi
NADEKE II   Osuwo
                  Odwori

                            CORNEL OJIAMBO SON OF COMULUS WANDERA SON OF **MESO** SON OF **OWORI** SON OF **KUBENGI** SON OF **NGUNDIRA** SON OF **KAGENDA** SON OF **LWANDE WESONGA.**

                            ONYANGO SON OF COMULUS WANDERA SON OF **MESO** SON OF **OWORI** SON OF **KUBENGI** SON OF **NGUNDIRA** SON OF **KAGENDA** SON OF **LWANDE WESONGA.**

                            OCHIENGI SON OF COMULUS WANDERA SON OF **MESO** SON OF **OWORI** SON OF **KUBENGI** SON OF **NGUNDIRA** SON OF **KAGENDA** SON OF **LWANDE WESONGA.**

CHAPTER FOUR

OSUWO SON OF COMULUS WANDERA SON OF MESO SON OF OWORI SON OF KUBENGI SON OF NGUNDIRA SON OF KAGENDA SON OF LWANDE WESONGA.

ODWORI SON OF COMULUS WANDERA SON OF MESO SON OF OWORI SON OF KUBENGI SON OF NGUNDIRA SON OF KAGENDA SON OF LWANDE WESONGA.

ODWORI SON OF COMULUS WANDERA SON OF MESO SON OF OWORI SON OF KUBENGI SON OF NGUNDIRA SON OF KAGENDA SON OF LWANDE WESONGA.

CORNEL OJIAMBO SON OF COMULUS WANDERA SON OF MESO SON OF OWORI SON OF KUBENGI SON OF NGUNDIRA SON OF KAGENDA SON OF LWANDE WESONGA.

NABUKAKI   Omondi
Ochieno
Meja
Ojwangi

OMONDI SON OF CORNEL OJIAMBO SON OF COMULUS WANDERA SON OF MESO SON OF OWORI SON OF KUBENGI SON OF NGUNDIRA SON OF KAGENDA SON OF LWANDE WESONGA.

OCHIENO SON OF CORNEL OJIAMBO SON OF COMULUS WANDERA SON OF MESO SON OF OWORI SON OF KUBENGI SON OF NGUNDIRA SON OF KAGENDA SON OF LWANDE WESONGA.

MEJA SON OF CORNEL OJIAMBO SON OF COMULUS WANDERA SON OF MESO SON OF OWORI SON OF KUBENGI SON OF NGUNDIRA SON OF KAGENDA SON OF LWANDE WESONGA.

OJWANGI SON OF CORNEL OJIAMBO SON OF COMULUS WANDERA SON OF MESO SON OF OWORI SON OF KUBENGI SON OF NGUNDIRA SON OF KAGENDA SON OF LWANDE WESONGA.

LWANDE WESONGA: A GENEALOGY

ONYANGO SON OF COMULUS WANDERA SON OF MESO SON OF OWORI SON OF KUBENGI SON OF NGUNDIRA SON OF KAGENDA SON OF LWANDE WESONGA.

NAMAINDI   Furango
          James
          Omooro
          Peter Ochiengi

KEYA SON OF COMULUS WANDERA SON OF MESO SON OF OWORI SON OF KUBENGI SON OF NGUNDIRA SON OF KAGENDA SON OF LWANDE WESONGA.

NAPUNYI   Ombare
          Mejja

OMBARE SON OF KEYA SON OF COMULUS WANDERA SON OF MESO SON OF OWORI SON OF KUBENGI SON OF NGUNDIRA SON OF KAGENDA SON OF LWANDE WESONGA.

MEJJA SON OF KEYA SON OF COMULUS WANDERA SON OF MESO SON OF OWORI SON OF KUBENGI SON OF NGUNDIRA SON OF KAGENDA SON OF LWANDE WESONGA.

See Appendix Page 89

OCHIENGI SON OF COMULUS WANDERA SON OF MESO SON OF OWORI SON OF KUBENGI SON OF NGUNDIRA SON OF KAGENDA SON OF LWANDE WESONGA.

NAPUNYI   Ochieno
          Fredrick Odwori
          Wandera

OCHIENO SON OF OCHIENGI SON OF COMULUS WANDERA SON OF MESO SON OF OWORI SON OF KUBENGI SON OF NGUNDIRA SON OF KAGENDA SON OF LWANDE WESONGA.

CHAPTER FOUR

FREDRICK ODWORI SON OF OCHIENGI SON OF COMULUS WANDERA SON OF **MESO** SON OF **OWORI** SON OF **KUBENGI** SON OF **NGUNDIRA** SON OF **KAGENDA** SON OF **LWANDE WESONGA.**

WANDERA SON OF OCHIENGI SON OF COMULUS WANDERA SON OF **MESO** SON OF **OWORI** SON OF **KUBENGI** SON OF **NGUNDIRA** SON OF **KAGENDA** SON OF **LWANDE WESONGA.**

OSUWO SON OF COMULUS WANDERA SON OF **MESO** SON OF **OWORI** SON OF **KUBENGI** SON OF **NGUNDIRA** SON OF **KAGENDA** SON OF **LWANDE WESONGA.**

NAMAINDI	Ouma

OUMA SON OF OSUWO SON OF COMULUS WANDERA SON OF **MESO** SON OF **OWORI** SON OF **KUBENGI** SON OF **NGUNDIRA** SON OF **KAGENDA** SON OF **LWANDE WESONGA.**

COMULUS WANDERA SON OF **MESO** SON OF **OWORI** SON OF **KUBENGI** SON OF **NGUNDIRA** SON OF **KAGENDA** SON OF **LWANDE WESONGA.**

NAMUNAPA	Kubengi
	Inginia

KUBENGI SON OF COMULUS WANDERA SON OF **MESO** SON OF **OWORI** SON OF **KUBENGI** SON OF **NGUNDIRA** SON OF **KAGENDA** SON OF **LWANDE WESONGA.**

INGINIA SON OF COMULUS WANDERA SON OF **MESO** SON OF **OWORI** SON OF **KUBENGI** SON OF **NGUNDIRA** SON OF **KAGENDA** SON OF **LWANDE WESONGA.**

CHWALA SON OF **OWORI**

CHWALA SON OF **OWORI** SON OF **KUBENGI** SON OF **NGUNDIRA** SON OF **KAGENDA** SON OF **LWANDE WESONGA.**

LWANDE WESONGA: A GENEALOGY

NABOOLI	Clement Were
NAJABI	Oundo

OUNDO SON OF **CHWALA** SON OF **OWORI** SON OF **KUBENGI** SON OF **NGUNDIRA** SON OF **KAGENDA** SON OF **LWANDE WESONGA**.

CLEMENT WERE SON OF **CHWALA** SON OF **OWORI** SON OF **KUBENGI** SON OF **NGUNDIRA** SON OF **KAGENDA** SON OF **LWANDE WESONGA**.

NASIREKU	Ochiengi

OCHIENGI SON OF CLEMENT WERE SON OF **CHWALA** SON OF **OWORI** SON OF **KUBENGI** SON OF **NGUNDIRA** SON OF **KAGENDA** SON OF **LWANDE WESONGA**.

ABWOKA SON OF **OWORI**

ABWOKA SON OF **OWORI** SON OF **KUBENGI** SON OF **NGUNDIRA** SON OF **KAGENDA** SON OF **LWANDE WESONGA**.

NABONGO I	James Odwori
	Ouma
	Kubengi
NADEKE	Joseph
	Nicola
NABONGO II	Daudi Buluma
NAMUDUMA	Owori

NICOLA SON OF **ABWOKA** SON OF **OWORI** SON OF **KUBENGI** SON OF **NGUNDIRA** SON OF **KAGENDA** SON OF **LWANDE WESONGA**.

OWORI SON OF **ABWOKA** SON OF **OWORI** SON OF **KUBENGI** SON OF **NGUNDIRA** SON OF **KAGENDA** SON OF **LWANDE WESONGA**.

CHAPTER FOUR

JAMES ODWORI SON OF ABWOKA SON OF OWORI SON OF KUBENGI SON OF NGUNDIRA SON OF KAGENDA SON OF LWANDE WESONGA.

NABURI

Ochiengi
Pius

OCHIENGI SON OF JAMES ODWORI SON OF ABWOKA SON OF OWORI SON OF KUBENGI SON OF NGUNDIRA SON OF KAGENDA SON OF LWANDE WESONGA.

PIUS SON OF JAMES ODWORI SON OF ABWOKA SON OF OWORI SON OF KUBENGI SON OF NGUNDIRA SON OF KAGENDA SON OF LWANDE WESONGA.

KUBENGI SON OF ABWOKA SON OF OWORI SON OF KUBENGI SON OF NGUNDIRA SON OF KAGENDA SON OF LWANDE WESONGA.

NASONGA

Barasa
Ojiambo
Pius Okongo

BARASA SON OF KUBENGI SON OF ABWOKA SON OF OWORI SON OF KUBENGI SON OF NGUNDIRA SON OF KAGENDA SON OF LWANDE WESONGA.

OJIAMBO SON OF KUBENGI SON OF ABWOKA OF OWORI SON OF KUBENGI SON OF NGUNDIRA SON OF KAGENDA SON OF LWANDE WESONGA.

PIUS OKONGO SON OF KUBENGI SON OF ABWOKA OF OWORI SON OF KUBENGI SON OF NGUNDIRA SON OF KAGENDA SON OF LWANDE WESONGA.

JOSEPH SON OF ABWOKA SON OF OWORI SON OF KUBENGI SON OF NGUNDIRA SON OF KAGENDA SON OF LWANDE WESONGA.

LWANDE WESONGA: A GENEALOGY

MERELE   Abwoka
                    Wandera

ABWOKA SON OF JOSEPH SON OF ABWOKA SON OF OWORI SON OF KUBENGI SON OF NGUNDIRA SON OF KAGENDA SON OF LWANDE WESONGA.

WANDERA SON OF JOSEPH SON OF ABWOKA SON OF OWORI SON OF KUBENGI SON OF NGUNDIRA SON OF KAGENDA SON OF LWANDE WESONGA.

DAUDI BULUMA SON OF OWORI SON OF KUBENGI SON OF NGUNDIRA SON OF KAGENDA SON OF LWANDE WESONGA.

NABURI   Anyesi
                    Wandera
                    Mugubi
                    Jengo

NAFUNYU   Tinga
                    Namwenge
                    Idi

DAUDI BULUMA SON OF OWORI

ANYESI SON OF DAUDI BULUMA SON OF OWORI SON OF KUBENGI SON OF NGUNDIRA SON OF KAGENDA SON OF LWANDE WESONGA.

Daudi Romy

DAUDI ROMY SON OF ANYESI SON OF DAUDI BULUMA SON OF OWORI SON OF KUBENGI SON OF NGUNDIRA SON OF KAGENDA SON OF LWANDE WESONGA.

WANDERA SON OF DAUDI BULUMA SON OF OWORI SON OF KUBENGI SON OF NGUNDIRA SON OF KAGENDA SON OF LWANDE WESONGA.

CHAPTER FOUR

NABURI Nikola
Daudi

NIKOLA SON OF WANDERA SON OF DAUDI BULUMA SON OF OWORI SON OF KUBENGI SON OF NGUNDIRA SON OF KAGENDA SON OF LWANDE WESONGA.

DAUDI SON OF WANDERA SON OF DAUDI BULUMA SON OF OWORI SON OF KUBENGI SON OF NGUNDIRA SON OF KAGENDA SON OF LWANDE WESONGA.

MUGUBI SON OF DAUDI BULUMA SON OF OWORI SON OF KUBENGI SON OF NGUNDIRA SON OF KAGENDA SON OF LWANDE WESONGA.

JENGO SON OF DAUDI BULUMA SON OF OWORI SON OF KUBENGI SON OF NGUNDIRA SON OF KAGENDA SON OF LWANDE WESONGA.

TINGA SON OF DAUDI BULUMA SON OF OWORI SON OF KUBENGI SON OF NGUNDIRA SON OF KAGENDA SON OF LWANDE WESONGA.

NAMWENGE SON OF DAUDI BULUMA SON OF OWORI SON OF KUBENGI SON OF NGUNDIRA SON OF KAGENDA SON OF LWANDE WESONGA.

IDI SON OF DAUDI BULUMA SON OF OWORI SON OF KUBENGI SON OF NGUNDIRA SON OF KAGENDA SON OF LWANDE WESONGA.

See Appendix Page 90

BULUMA SON OF OWORI

BULUMA SON OF OWORI SON OF KUBENGI SON OF NGUNDIRA SON OF KAGENDA SON OF LWANDE WESONGA.

LWANDE WESONGA: A GENEALOGY

NAJABI		Kanoti Odwori
		Owori Raminya
NAGWANGA		Pius Onyango
		Mahulo
NAJABI		Okechi

MAHULO SON OF BULUMA SON OF OWORI SON OF KUBENGI SON OF NGUNDIRA SON OF KAGENDA SON OF LWANDE WESONGA.

OKECHI SON OF BULUMA SON OF OWORI SON OF KUBENGI SON OF NGUNDIRA SON OF KAGENDA SON OF LWANDE WESONGA.

KANOTI ODWORI SON OF BULUMA SON OF OWORI SON OF KUBENGI SON OF NGUNDIRA SON OF KAGENDA SON OF LWANDE WESONGA.

NASIMALWA Oyaanga
Makanga
Ramisi

OYAANGA SON OF KANOTI ODWORI SON OF BULUMA SON OF OWORI SON OF KUBENGI SON OF NGUNDIRA SON OF KAGENDA SON OF LWANDE WESONGA.

MAKANGA SON OF KANOTI ODWORI SON OF BULUMA SON OF OWORI SON OF KUBENGI SON OF NGUNDIRA SON OF KAGENDA SON OF LWANDE WESONGA.

RAMISI SON OF KANOTI ODWORI SON OF BULUMA SON OF OWORI SON OF KUBENGI SON OF NGUNDIRA SON OF KAGENDA SON OF LWANDE WESONGA.

OWORI RAMINYA SON OF BULUMA SON OF OWORI SON OF KUBENGI SON OF NGUNDIRA SON OF KAGENDA SON OF LWANDE WESONGA.

CHAPTER FOUR

NAHULO   Okumu
Oundo
Onyango
Charles Odwori

OKUMU SON OF OWORI RAMINYA SON OF BULUMA SON OF OWORI SON OF KUBENGI SON OF NGUNDIRA SON OF KAGENDA SON OF LWANDE WESONGA.

OUNDO SON OF OWORI RAMINYA SON OF BULUMA SON OF OWORI SON OF KUBENGI SON OF NGUNDIRA SON OF KAGENDA SON OF LWANDE WESONGA.

ONYANGO SON OF OWORI RAMINYA SON OF BULUMA SON OF OWORI SON OF KUBENGI SON OF NGUNDIRA SON OF KAGENDA SON OF LWANDE WESONGA.

CHARLES ODWORI SON OF OWORI RAMINYA SON OF BULUMA SON OF OWORI SON OF KUBENGI SON OF NGUNDIRA SON OF KAGENDA SON OF LWANDE WESONGA.

PIUS ONYANGO SON OF BULUMA SON OF OWORI SON OF KUBENGI SON OF NGUNDIRA SON OF KAGENDA SON OF LWANDE WESONGA.

NALUKADA   Grado Odoowo
Ndenga

GRADO ODOOWO SON OF PIUS ONYANGO SON OF BULUMA SON OF OWORI SON OF KUBENGI SON OF NGUNDIRA SON OF KAGENDA SON OF LWANDE WESONGA.

NDENGA SON OF PIUS ONYANGO SON OF BULUMA SON OF OWORI SON OF KUBENGI SON OF NGUNDIRA SON OF KAGENDA SON OF LWANDE WESONGA.

NALALA   Ochieno

LWANDE WESONGA: A GENEALOGY

        Bukeko L. Nasonga
        Muniala
        Naminjoo Ngundira

        OCHIENO SON OF NDENGA SON OF PIUS ONYANGO SON OF BULUMA SON OF OWORI SON OF KUBENGI SON OF NGUNDIRA SON OF KAGENDA SON OF LWANDE WESONGA.

        BUKEKO L. NASONGA SON OF NDENGA SON OF PIUS ONYANGO SON OF BULUMA SON OF OWORI SON OF KUBENGI SON OF NGUNDIRA SON OF KAGENDA SON OF LWANDE WESONGA.

        MUNIALA SON OF NDENGA SON OF PIUS ONYANGO SON OF BULUMA SON OF OWORI SON OF KUBENGI SON OF NGUNDIRA SON OF KAGENDA SON OF LWANDE WESONGA.

        NAMINJOO NGUNDIRA SON OF NDENGA SON OF PIUS ONYANGO SON OF BULUMA SON OF OWORI SON OF KUBENGI SON OF NGUNDIRA SON OF KAGENDA SON OF LWANDE WESONGA.

        OKECHI SON OF PIUS ONYANGO SON OF BULUMA SON OF OWORI SON OF KUBENGI SON OF NGUNDIRA SON OF KAGENDA SON OF LWANDE WESONGA.

NANYANGA   Onyango
        Egessa
        Ochiengi

        OCHIENGI SON OF OKECHI SON OF PIUS ONYANGO SON OF BULUMA SON OF OWORI SON OF KUBENGI SON OF NGUNDIRA SON OF KAGENDA SON OF LWANDE WESONGA.

        EGESSA OKECHI SON OF PIUS ONYANGO SON OF BULUMA OWORI SON OF KUBENGI SON OF NGUNDIRA SON OF KAGENDA SON OF LWANDE WESONGA.

CHAPTER FOUR

ONYANGO SON OF OKECHI SON OF PIUS ONYANGO SON OF BULUMA SON OF OWORI SON OF KUBENGI SON OF NGUNDIRA SON OF KAGENDA SON OF LWANDE WESONGA.

NAMAKANGALA   Buluma II

BULUMA II SON OF ONYANGO SON OF OKECHI SON OF PIUS ONYANGO SON OF BULUMA SON OF OWORI SON OF KUBENGI SON OF NGUNDIRA SON OF KAGENDA SON OF LWANDE WESONGA.

MBAKULO OBONDO SON OF KUBENGI

LWANDE WESONGA. SON OF LWANDE MULUNGO

NEHAMA   Kagenda (Amalakule)

KAGENDA SON OF LWANDE WESONGA.

NANJOWA   Ngundira

NGUNDIRA SON OF KAGENDA SON OF LWANDE WESONGA.

NAMULUCHA   Kubengi

KUBENGI SON OF NGUNDIRA SON OF KAGENDA SON OF LWANDE WESONGA.

NAHULO   Mbakulo Obondo

MBAKULO[70] SON OF KUBENGI SON OF NGUNDIRA SON OF KAGENDA SON OF LWANDE WESONGA.

NAHAALA   Ngundira II

---
70 His other name was called Obondo. People who are named Obondo – means they were named after Mbakulo.

LWANDE WESONGA: A GENEALOGY

	Ochieno
	Akumu Natabona, married: Had a daughter who had,
	Mwolo, had children but not able to get their names
	Walter Osinya. Osinya had Anne Osinya, Diana Natabona
NAMAINDI	Ngema
	Dismasi Hagio
	Okanya Natabona, Omukoko[71] married Omubyangu[72] Wagabi and had several children but only the following two could be traced:
	James Machio Mbakulo was among the first Senator's in the Kenya Government of Jomo Kenyatta at independence.
	Njaywe Natabona, Omukoko[73] married into Abakangala[74] and had Paul Nyagui (at Nambuku[75])
NAMUDDE	Magina
	Mwabi
	Mugoya
NACHAKI	Jeremiah Masiga
	Echibbi -No information about him. Whatever happened is mystery.
	Achola Natabona,

AKUMU NATABONA, DAUGHTER OF MBAKULO

Had a daughter who had:
Mwolo – not able to establish their names
Walter Osinya – Anne Osinya and Diana Natabona.

AKUMU NATABONA, DAUGHTER OF MBAKULO SON OF KUBENGI SON OF NGUNDIRA SON OF KAGENDA SON OF LWANDE WESONGA.

MWOLO GRANDSON OF AKUMU NATABONA OF DAUGHTER OF MBAKULO SON OF KUBENGI SON OF NGUNDIRA SON OF

---

71   A Natabona who is married.
72   Ababyangu is a clan in Western Kenya. One male is called Omubiangu.
73   A Natabona who is married.
74   Abakangala is also a clan found in both Western Kenya and Eastern Uganda
75   Nambuku is a place in Western Kenya.

CHAPTER FOUR

KAGENDA SON OF LWANDE WESONGA.

WALTER OSINYA, GRANDSON OF AKUMU NATABONA
DAUGHTER OF MBAKULO SON OF KUBENGI SON OF NGUNDIRA
SON OF KAGENDA SON OF LWANDE WESONGA.

ANNE OSINYA DAUGHTER OF WALTER OSINYA, GRANDSON
OF AKUMU NATABONA DAUGHTER OF MBAKULO SON OF
KUBENGI SON OF NGUNDIRA SON OF KAGENDA SON OF
LWANDE WESONGA.

DIANA NATABONA DAUGHTER OF WALTER OSINYA, GRANDSON
OF AKUMU NATABONA DAUGHTER OF MBAKULO SON OF
KUBENGI SON OF NGUNDIRA SON OF KAGENDA SON OF
LWANDE WESONGA.

OKANYA NATABONA, DAUGHTER OF MBAKULO

James Machio Mbakulo

OKANYA NATABONA DAUGHTER OF MBAKULO SON OF
KUBENGI SON OF NGUNDIRA SON OF KAGENDA SON OF
LWANDE WESONGA.

JAMES MACHIO MBAKULO II, DAUGHTER OF MBAKULO SON
OF KUBENGI SON OF NGUNDIRA SON OF KAGENDA SON OF
LWANDE WESONGA.

NJAYWE NATABONA, DAUGHTER OF MBAKULO

Paul Nyagui

NJAYWE NATABONA, DAUGHTER OF MBAKULO SON OF
KUBENGI SON OF NGUNDIRA SON OF KAGENDA SON OF
LWANDE WESONGA.

PAUL NYAGUI, SON OF NJAWE NATABONA DAUGHTER OF

LWANDE WESONGA: A GENEALOGY

MBAKULO SON OF KUBENGI SON OF NGUNDIRA SON OF KAGENDA SON OF LWANDE WESONGA.

ACHOLA DAUGHTER OF MBAKULO

ACHOLA NATABONA DAUGHTER OF MBAKULO SON OF KUBENGI SON OF NGUNDIRA SON OF KAGENDA SON OF LWANDE WESONGA.

Achola Natabona, Omukoko[76] married to Owori son of Magosolo at Butangasi[77], Samia.
Achola's children were:
Matias Ochieno
Ojiambo
Magero
The above (abewa ba Batabona[78]) had the following grandchildren:
Matias Ochieno had:
Mbakulo II
Tekela Nachaki II
Ojiambo had:
Nachaki II
Laisa
Ojiambo
Magero had:
Nangobe Nachaki II
Hadudu
Nabwire
Nerima
Kuwucha
The children of (Abewa ba Batabona[79]) are called (Abecuhulu ba Batabona).[80]

---

76 A Natabona who is married.
77 Butangasi is a place in Samia boardering with Bugwe.
78 Abewa ba Batabona means their mothers were Natabona.
79 Abewa is equivalent to nephews of the male in that clan but in a broader sense.
80 Abecuhulu means grandchildren of Abatabon. It is taken in a broad sense.

CHAPTER FOUR

Below are Abecuhulu ba Batabona with their children called (Abecuhulu Mbunda[81]).

Kuwucha had:

Joseph Bwire Mukwjo

Nafa Mbakulo (Obondo[82]) II

Joseph Bwire Mukwajo fathered:

Richard Baan Ochiengi

Nabutono Gorreti had Oliver Nabutono, Rebecca Auma, Simon, Nabutono Gorreti

Florence Nasirumbi had Ian Adangi

Judith Auma

David Mangeni Okanya

Patrick Joseph Wandera had Wafula Victor

Andrew Ouma

Godfrey Bwire had Maria Mugeni,

Richard Baan Ochiengi had:

Benard Ouma

Felix Ojiambo

John Wanyama

Dickens Barasa

Godfrey Bwire had:

Nicole Taaka had Maria Mugeni and Jeremiah Bwire

Maria Mugeni,

Bwire Jeremiah

Florence Nasirumbi had:

Ivan Mugeni

Isaac Bwire

Femiah Anyango

Fiona

Ian Adangi

Nabutono Gorreti had

Oliver Nabutono,

Rebecca Auma,

Simon Nabutono

---

81 Abecuhulu Mbunda means the children of their (Abatabona) grandchildren.
82 She was known as Obondo but that was another name for Mbakulo. Mbakulo was known as Mbakulo Obondo.

LWANDE WESONGA: A GENEALOGY

Nafa Mbakulo[83] (Obondo) daughter of Kuwucha had:
Jessica Anyango
Jessica Anyango gave birth to:
Gilbert Ouma
Gilbert Ouma had:
Cilisia Makoha.
NB: It is narrated that Kubengi was a friend of Nachaki's father called Owori Dadi Omuchaki[84]. Kubengi often visited him as they were contemporaries. It is then that he spotted a beautiful girl and expressed his desire to marry her. He offered all the cattle that Nackaki's father demanded as dowry. Thereafter Kubengi went to war. He expected to get married to Nachaki after the war. He was experienced in warfare even then he told his son that should he get killed in the war then the son should marry Nachaki seeing that he had already paid dowry. He was fighting the Iteso but he ran out of luck and they killed him. This is the reason why Kubengi's son married Nachaki and the lineage of Kubengi never used to marry Teso people (Iteso), because of the killing of Kubengi.

MATIAS OCHIENO SON OF **ACHOLA NATABONA** DAUGHTER OF **MBAKULO** SON OF **KUBENGI** SON OF **NGUNDIRA** SON OF **KAGENDA** SON OF **LWANDE WESONGA.**

OJIAMBO SON OF **ACHOLA NATABONA** DAUGHTER OF **MBAKULO** SON OF **KUBENGI** SON OF **NGUNDIRA** SON OF **KAGENDA** SON OF **LWANDE WESONGA.**

MAGERO SON OF **ACHOLA NATABONA** DAUGHTER OF **MBAKULO** SON OF **KUBENGI** SON OF **NGUNDIRA** SON OF **KAGENDA** SON OF **LWANDE WESONGA.**

MBAKULO II SON OF MATIASI OCHIENO SON OF **ACHOLA NATABONA** DAUGHTER OF MBAKULO SON OF KUBENGI

---

83 Named after the great grandfather in lu Samia it is called "OHUKULIHA OR BAMUKULIHA".
84 Omuchaki means Owori Dadi's clan was Abachaki, hence a male individual is Omuchaki.

CHAPTER FOUR

SON OF NGUNDIRA SON OF KAGENDA SON OF LWANDE WESONGA.

TEKELA NACHAKI II DAUGHTER OF MATIASI OCHIENO SON OF ACHOLA NATABONA DAUGHTER OF MBAKULO SON OF KUBENGI SON OF NGUNDIRA SON OF KAGENDA SON OF LWANDE WESONGA.

NACHAKI II DAUGHTER OF OJIAMBO SON OF ACHOLA NATABONA DAUGHTER OF MBAKULO SON OF KUBENGI SON OF NGUNDIRA SON OF KAGENDA SON OF LWANDE WESONGA.

LAISA DAUGHTER OF OJIAMBO SON OF ACHOLA NATABONA DAUGHTER OF MBAKULO SON OF KUBENGI SON OF NGUNDIRA SON OF KAGENDA SON OF LWANDE WESONGA.

OJIAMBO II SON OF OJIAMBO SON OF ACHOLA NATABONA DAUGHTER OF MBAKULO SON OF KUBENGI SON OF NGUNDIRA SON OF KAGENDA SON OF LWANDE WESONGA.

NANGOBE NACHAKI II DAUGHTER OF MAGERO SON OF ACHOLA NATABONA DAUGHTER OF MBAKULO SON OF KUBENGI SON OF NGUNDIRA SON OF KAGENDA SON OF LWANDE WESONGA.

HADUDU DAUGHTER OF MAGERO SON OF ACHOLA NATABONA DAUGHTER OF MBAKULO SON OF KUBENGI SON OF NGUNDIRA SON OF KAGENDA SON OF LWANDE WESONGA.

NABWIRE DAUGHTER OF MAGERO SON OF ACHOLA NATABONA DAUGHTER OF MBAKULO SON OF KUBENGI SON OF NGUNDIRA SON OF KAGENDA SON OF LWANDE WESONGA.

NERIMA DAUGHTER OF MAGERO SON OF ACHOLA NATABONA DAUGHTER OF MBAKULO SON OF KUBENGI SON OF NGUNDIRA SON OF KAGENDA SON OF LWANDE WESONGA.

KUWUCHA DAUGHTER OF MAGERO SON OF ACHOLA

LWANDE WESONGA: A GENEALOGY

NATABONA DAUGHTER OF MBAKULO SON OF KUBENGI SON OF NGUNDIRA SON OF KAGENDA SON OF LWANDE WESONGA.

JOSEPH BWIRE MUKWJO SON OF KUWUCHA DAUGHTER OF MAGERO SON OF ACHOLA NATABONA DAUGHTER OF MBAKULO SON OF KUBENGI SON OF NGUNDIRA SON OF KAGENDA SON OF LWANDE WESONGA.

NAFA MBAKULO (OBONDO) II DAUGHTER OF KUWUCHA DAUGHTER OF MAGERO SON OF ACHOLA NATABONA DAUGHTER OF MBAKULO SON OF KUBENGI SON OF NGUNDIRA SON OF KAGENDA SON OF LWANDE WESONGA.

RICHARD BAAN OCHIENGI SON OF JOSEPH BWIRE MUKWAJO SON OF KUWUCHA DAUGHTER OF MAGERO SON OF ACHOLA NATABONA DAUGHTER OF MBAKULO SON OF KUBENGI SON OF NGUNDIRA SON OF KAGENDA SON OF LWANDE WESONGA.

GORRETI NABUTONO DAUGHTER OF JOSEPH BWIRE MUKWAJO SON OF KUWUCHA DAUGHTER OF MAGERO SON OF ACHOLA NATABONA DAUGHTER OF MBAKULO SON OF KUBENGI SON OF NGUNDIRA SON OF KAGENDA SON OF LWANDE WESONGA.

OLIVER NABUTONO SON OF GORRETI NABUTONO OF JOSEPH BWIRE MUKWAJO SON OF KUWUCHA DAUGHTER OF MAGERO SON OF ACHOLA NATABONA DAUGHTER OF MBAKULO SON OF KUBENGI SON OF NGUNDIRA SON OF KAGENDA SON OF LWANDE WESONGA.

REBECCA AUMA DAUGHTER OF GORRETI NABUTONO OF JOSEPH BWIRE MUKWAJO SON OF KUWUCHA DAUGHTER OF MAGERO SON OF ACHOLA NATABONA DAUGHTER OF MBAKULO SON OF KUBENGI SON OF NGUNDIRA SON OF KAGENDA SON OF LWANDE WESONGA.

SIMON NABUTONO SON OF GORRETI NABUTONO OF JOSEPH BWIRE MUKWAJO SON OF KUWUCHA DAUGHTER OF MAGERO

CHAPTER FOUR

SON OF **ACHOLA NATABONA** DAUGHTER OF MBAKULO SON OF KUBENGI SON OF NGUNDIRA SON OF KAGENDA SON OF LWANDE WESONGA.

FLORENCE NASIRUMBI DAUGHTER OF JOSEPH BWIRE MUKWAJO SON OF KUWUCHA DAUGHTER OF MAGERO SON OF **ACHOLA NATABONA** DAUGHTER OF MBAKULO SON OF KUBENGI SON OF NGUNDIRA SON OF KAGENDA SON OF LWANDE WESONGA.

JUDITH AUMA DAUGHTER OF JOSEPH BWIRE MUKWAJO SON OF KUWUCHA DAUGHTER OF MAGERO SON OF **ACHOLA NATABONA** DAUGHTER OF MBAKULO SON OF KUBENGI SON OF NGUNDIRA SON OF KAGENDA SON OF LWANDE WESONGA.

DAVID MANGENI OKANYA SON OF JOSEPH BWIRE MUKWAJO SON OF KUWUCHA DAUGHTER OF MAGERO SON OF **ACHOLA NATABONA** DAUGHTER OF MBAKULO SON OF KUBENGI SON OF NGUNDIRA SON OF KAGENDA SON OF LWANDE WESONGA.

PATRICK JOSEPH WANDERA SON OF JOSEPH BWIRE MUKWAJO SON OF KUWUCHA DAUGHTER OF MAGERO SON OF **ACHOLA NATABONA** DAUGHTER OF MBAKULO SON OF KUBENGI SON OF NGUNDIRA SON OF KAGENDA SON OF LWANDE WESONGA.

ANDREW OUMA SON OF JOSEPH BWIRE MUKWAJO SON OF KUWUCHA DAUGHTER OF MAGERO SON OF **ACHOLA NATABONA** DAUGHTER OF MBAKULO SON OF KUBENGI SON OF NGUNDIRA SON OF KAGENDA SON OF LWANDE WESONGA.

BENARD OUMA SON OF RICHARD BAAN OCHIENGI SON OF JOSEPH BWIRE MUKWAJO SON OF KUWUCHA DAUGHTER OF OFMAGERO SON OF **ACHOLA NATABONA** DAUGHTER OF MBAKULO SON OF KUBENGI SON OF NGUNDIRA SON OF KAGENDA SON OF LWANDE WESONGA.

FELIX OJIAMBO SON OF RICHARD BAAN OCHIENGI SON OF JOSEPH BWIRE MUKWAJO SON OF KUWUCHA DAUGHTER

OF MAGERO SON OF **ACHOLA NATABONA** DAUGHTER OF **MBAKULO** SON OF **KUBENGI** SON OF **NGUNDIRA** SON OF **KAGENDA** SON OF **LWANDE WESONGA**.

JOHN WANYAMA SON OF RICHARD BAAN OCHIENGI SON OF JOSEPH BWIRE MUKWAJO SON OF KUWUCHA DAUGHTER OF MAGERO SON OF **ACHOLA NATABONA** DAUGHTER OF **MBAKULO** SON OF **KUBENGI** SON OF **NGUNDIRA** SON OF **KAGENDA** SON OF **LWANDE WESONGA**.

DICKENS BARASA SON OF RICHARD BAAN OCHIENGI SON OF JOSEPH BWIRE MUKWAJO SON OF KUWUCHA DAUGHTER OF MAGERO SON OF **ACHOLA NATABONA** DAUGHTER OF **MBAKULO** SON OF **KUBENGI** SON OF **NGUNDIRA** SON OF **KAGENDA** SON OF **LWANDE WESONGA**.

GODFREY BWIRE SON OF JOSEPH BWIRE MUKWAJO SON OF KUWUCHA DAUGHTER OF MAGERO SON OF **ACHOLA NATABONA** DAUGHTER OF **MBAKULO** SON OF **KUBENGI** SON OF **NGUNDIRA** SON OF **KAGENDA** SON OF **LWANDE WESONGA**.

NICOLE TAAKA DAUGHTER OF GODFREY BWIRE SON OF JOSEPH BWIRE MUKWAJO SON OF KUWUCHA DAUGHTER OF MAGERO SON OF **ACHOLA NATABONA** DAUGHTER OF **MBAKULO** SON OF **KUBENGI** SON OF **NGUNDIRA** SON OF **KAGENDA** SON OF **LWANDE WESONGA**.

MARIA MUGENI DAUGHTER OF NICOLE TAAKA DAUGHTER OFGODFREY BWIRE SON OF JOSEPH BWIRE MUKWAJO SON OF KUWUCHA DAUGHTER OF MAGERO SON OF **ACHOLA NATABONA** DAUGHTER OF **MBAKULO** SON OF **KUBENGI** SON OF **NGUNDIRA** SON OF **KAGENDA** SON OF **LWANDE WESONGA**.

JEREMIAH BWIRE SON OF NICOLE TAAKA DAUGHTER OF GODFREY BWIRE SON OF JOSEPH BWIRE MUKWAJO SON OF KUWUCHA DAUGHTER OF MAGERO SON OF **ACHOLA NATABONA** DAUGHTER OF **MBAKULO** SON OF **KUBENGI** SON OF **NGUNDIRA**

CHAPTER FOUR

SON OF KAGENDA SON OF LWANDE WESONGA.

IVAN MUGENI SON OF FLORENCE NASIRUMBI DAUGHTER OF JOSEPH BWIRE MUKWAJO SON OF KUWUCHA DAUGHTER OF MAGERO SON OF ACHOLA NATABONA DAUGHTER OF MBAKULO SON OF KUBENGI SON OF NGUNDIRA SON OF KAGENDA SON OF LWANDE WESONGA.

ISAAC BWIRE FLORENCE NASIRUMBI DAUGHTER OF JOSEPH BWIRE MUKWAJO SON OF KUWUCHA DAUGHTER OF MAGERO SON OF ACHOLA NATABONA DAUGHTER OF MBAKULO SON OF KUBENGI SON OF NGUNDIRA SON OF KAGENDA SON OF LWANDE WESONGA.

FEMIAH ANYANGO DAUGHTER OF FLORENCE NASIRUMBI DAUGHTER OF JOSEPH BWIRE MUKWAJO SON OF KUWUCHA DAUGHTER OF MAGERO SON OF ACHOLA NATABONA DAUGHTER OF MBAKULO SON OF KUBENGI SON OF NGUNDIRA SON OF KAGENDA SON OF LWANDE WESONGA.

FIONA DAUGHTER OF JOSEPH BWIRE MUKWAJO SON OF KUWUCHA DAUGHTER OF MAGERO SON OF ACHOLA NATABONA DAUGHTER OF MBAKULO SON OF KUBENGI SON OF NGUNDIRA SON OF KAGENDA SON OF LWANDE WESONGA.

JESSICA ANYANGO DAUGHTER OF NAFA MBAKULO OBONDO DAUGHTER OF KUWUCHA DAUGHTER OF MAGERO SON OF ACHOLA NATABONA DAUGHTER OF MBAKULO SON OF KUBENGI SON OF NGUNDIRA SON OF KAGENDA SON OF LWANDE WESONGA.

GILBERT OUMA SON OF JESSICA ANYANGO DAUGHTER OF NAFA MBAKULO OBONDO DAUGHTER OF KUWUCHA DAUGHTER OF MAGERO SON OF ACHOLA NATABONA DAUGHTER OF MBAKULO SON OF KUBENGI SON OF NGUNDIRA SON OF KAGENDA SON OF LWANDE WESONGA.

CILISIA MAKOHA OF GILBERT OUMA SON OF JESSICA ANYANGO

LWANDE WESONGA: A GENEALOGY

DAUGHTER OF NAFA MBAKULO OBONDO DAUGHTER OF KUWUCHA DAUGHTER OF MAGERO SON OF **ACHOLA NATABONA** DAUGHTER OF **MBAKULO** SON OF **KUBENGI** SON OF **NGUNDIRA** SON OF **KAGENDA** SON OF **LWANDE WESONGA.**

NGUNDIRA II MALAMBA SON OF **MBAKULO**

NGUNDIRA (II) MALAMBA SON OF **MBAKULO** SON OF **KUBENGI** SON OF **NGUNDIRA** SON OF **KAGENDA** SON OF **LWANDE WESONGA.**

NASIMALWA	Yusufu Nakuhu
NAHEMBA AKOCHI	Yosiya Were (Butonya)
	Garrison Ohonga
	Asinasi Nabwire Ngundira Natabona, Omukoko[85] married into Abalala[86]
NAHEMBA ANYANGO	Obonyo

YUSUFU NAKUHU SON OF **NGUNDIRA II MALAMBA** SON OF **MBAKULO** SON OF **KUBENGI** SON OF **NGUNDIRA** SON OF **KAGENDA** SON OF **LWANDE WESONGA.**

NAMULEMBO	Jonathan Mbakulo
	(Ayireni Oyaka) Victoria Taka Natabona, Omukoko [87]got married into Abamayindi[88]
	Faisi Nekesa Natabona, Omukoko[89] got married into Teso
	Ludiya Aguttu Natabona, Omukoko[90] got married into Abamiripo[91]
	No more information was available about their children.
NAHONE	Yese Mugeni
	Emanuel Wanyama

---

85 A Natabona who is married.
86 A clan's name in Samia.
87 A Natabona who is married.
88 Abamayindi is a clan in Samia
89 Ibid.,
90 Ibid.,
91 Clan name in Samia

CHAPTER FOUR

Saul Ouma
Edisa Onyonga Natabona, Omukoko [92] married into Abalundu[93]
Nabwire Natabona, Omukoko [94]married into Bamayindi
No more information was available.

VICTORIA TAKA NATABONA DAUGHTER OF YUSUFU NAKUHU SON OF **NGUNDIRA II MALAMBA** SON OF **MBAKULO** SON OF **KUBENGI** SON OF **NGUNDIRA** SON OF **KAGENDA** SON OF **LWANDE WESONGA.**

FAISI NEKESA NATABONA DAUGHTER OF YUSUFU NAKUHU SON OF **NGUNDIRA II MALAMBA** SON OF **MBAKULO** SON OF **KUBENGI** SON OF **NGUNDIRA** SON OF **KAGENDA** SON OF **LWANDE WESONGA.**

LUDIYA AGUTTU NATABONA DAUGHTER OF YUSUFU NAKUHU SON OF **NGUNDIRA II MALAMBA** SON OF **MBAKULO** SON OF **KUBENGI** SON OF **NGUNDIRA** SON OF **KAGENDA** SON OF **LWANDE WESONGA.**

YESE MUGENI SON OF YUSUFU NAKUHU SON OF **NGUNDIRA (11) MALAMBA** SON OF **MBAKULO** SON OF **KUBENGI** SON OF **NGUNDIRA** SON OF **KAGENDA** SON OF **LWANDE WESONGA.**

EMANUEL WANYAMA SON OF YUSUFU NAKUHU SON OF **NGUNDIRA II MALAMBA** SON OF **MBAKULO** SON OF **KUBENGI** SON OF **NGUNDIRA** SON OF **KAGENDA** SON OF **LWANDE WESONGA.**

SAUL OUMA SON OF YUSUFU NAKUHU SON OF **NGUNDIRA II MALAMBA** SON OF **MBAKULO** SON OF **KUBENGI** SON OF **NGUNDIRA** SON OF **KAGENDA** SON OF **LWANDE WESONGA.**

---

92   Ibid.,
93   Ibid.,
94   A Natabona who is married.

LWANDE WESONGA: A GENEALOGY

EDISA ONYONGA NATABONA DAUGHTER OF YUSUFU NAKUHU SON OF **NGUNDIRA II MALAMBA** SON OF **MBAKULO** SON OF **KUBENGI** SON OF **NGUNDIRA** SON OF **KAGENDA** SON OF **LWANDE WESONGA**.

NABWIRE NATABONA DAUGHTER OF YUSUFU NAKUHU SON OF **NGUNDIRA II MALAMBA** SON OF **MBAKULO** SON OF **KUBENGI** SON OF **NGUNDIRA** SON OF **KAGENDA** SON OF **LWANDE WESONGA**.

JONATHAN MBAKULO SON OF YUSUFU NAKUHU SON OF **NGUNDIRA II MALAMBA** SON OF **MBAKULO** SON OF **KUBENGI** SON OF **NGUNDIRA** SON OF **KAGENDA** SON OF **LWANDE WESONGA**.

NAMUDDE (Leya)	Ezekiel Kubengi
	Jacob Ochieno
	Saul Ngundira III
MBWAALI (Musoga)	Ajiambo Natabona, Omukoko[95] married into Abahone[96] in Kenya
	Anyango Natabona, Omukoko [97] married into Abamiripo[98]
NAMUDDE (Ester Abele)	Steven Ngundira III
	Robert Oyaaka
	Akisoferi Oundo
	Yekonia Rojas Masiga
	Alice Ohonga Natabona, Omukoko[99] married into Abamango[100]
	Nabwire (Night) Natabona, Omukoko [101] married into Abakiroya[102]
MARIAMU	Saamanya Natabona, Omukoko[103] married into Abahayo[104], Baguri[105]

---

95 A Natabona who is married.
96 Ibid.,
97 Ibid.,
98 Ibid.,
99 Ibid.,
100 Abamango are people found in South Western Kenya.
101 A Natabona who is married.
102 A clan in Samia
103 Ibid.,
104 Region inhabited by people called Abahayo as a clan
105 Abaguri is a section of Abahayo

CHAPTER FOUR

NAMAMBA
(Tanzanian from Pare)
WANGABI (Muganda)   Damulira Mbakulo III
NAMAHYA
Geoffrey Ohonga (Bwire)
Edward Mbakulo III

GEOFFREY OHONGA BWIRE SON OF JONATHAN MBAKULO II SON OF YUSUFU NAKUHU SON OF NGUNDIRA II MALAMBA SON OF MBAKULO SON OF KUBENGI SON OF NGUNDIRA SON OF KAGENDA SON OF LWANDE WESONGA.

EDWARD MBAKULO III SON OF JONATHAN MBAKULO II SON OF YUSUFU NAKUHU SON OF NGUNDIRA II MALAMBA SON OF MBAKULO SON OF KUBENGI SON OF NGUNDIRA SON OF KAGENDA SON OF LWANDE WESONGA.

AJIAMBO NATABONA DAUGHTER OF JONATHAN MBAKULO II SON OF YUSUFU NAKUHU SON OF NGUNDIRA II MALAMBA SON OF MBAKULO SON OF KUBENGI SON OF NGUNDIRA SON OF KAGENDA SON OF LWANDE WESONGA.

ANYANGO NATABONA DAUGHTER OF JONATHAN MBAKULO II SON OF YUSUFU NAKUHU SON OF NGUNDIRA II MALAMBA SON OF MBAKULO SON OF KUBENGI SON OF NGUNDIRA SON FO KAGENDA SON OF LWANDE WESONGA.

STEVEN NGUNDIRA III SON OF JONATHAN MBAKULO II SON OF YUSUFU NAKUHU SON OF NGUNDIRA II MALAMBA SON OF MBAKULO SON OF KUBENGI SON OF NGUNDIRA SON OF KAGENDA SON OF LWANDE WESONGA.

ROBERT OYAAKA SON OF JONATHAN MBAKULO II SON OF YUSUFU NAKUHU SON OF NGUNDIRA II MALAMBA SON OF MBAKULO SON OF KUBENGI SON OF NGUNDIRA SON OF KAGENDA SON OF LWANDE WESONGA.

AKISOFERI OUNDO SON OF JONATHAN MBAKULO II SON OF

LWANDE WESONGA: A GENEALOGY

YUSUFU NAKUHU SON OF **NGUNDIRA II MALAMBA** SON OF MBAKULO SON OF KUBENGI SON OF NGUNDIRA SON OF KAGENDA SON OF LWANDE WESONGA.

YEKONIA ROJAS MASIGA SON OF JONATHAN MBAKULO II SON OF YUSUFU NAKUHU SON OF **NGUNDIRA II MALAMBA** SON OF MBAKULO SON OF KUBENGI SON OF NGUNDIRA SON OF KAGENDA SON OF LWANDE WESONGA.

ALICE OHONGA NATABONA DAUGHTER OF JONATHAN MBAKULO II SON OF YUSUFU NAKUHU SON OF **NGUNDIRA II MALAMBA** SON OF MBAKULO SON OF KUBENGI SON OF NGUNDIRA SON OF KAGENDA SON OF LWANDE WESONGA.

NABWIRE (NIGHT) NATABONA DAUGHTER OF JONATHAN MBAKULO SON OF YUSUFU NAKUHU SON OF **NGUNDIRA II MALAMBA** SON OF MBAKULO SON OF KUBENGI SON OF NGUNDIRA SON OF KAGENDA SON OF LWANDE WESONGA.

SAAMANYA NATABONA DAUGHTER OF JONATHAN MBAKULO SON OF YUSUFU NAKUHU SON OF **NGUNDIRA II MALAMBA** SON OF MBAKULO SON OF KUBENGI SON OF NGUNDIRA SON OF KAGENDA SON OF LWANDE WESONGA.

DAMULIRA MBAKULO III SON OF JONATHAN MBAKULO II SON OF YUSUFU NAKUHU SON OF **NGUNDIRA II MALAMBA** SON OF MBAKULO SON OF KUBENGI SON OF NGUNDIRA SON OF KAGENDA SON OF LWANDE WESONGA.

GEOFFREY OHONGA (BWIRE) SON OF JONATHAN MBAKULO II SON OF YUSUFU NAKUHU SON OF **NGUNDIRA II MALAMBA** SON OF MBAKULO SON OF KUBENGI SON OF NGUNDIRA SON OF KAGENDA SON OF LWANDE WESONGA.

EDWARD MBAKULO III SON OF JONATHAN MBAKULO II SON OF YUSUFU NAKUHU SON OF **NGUNDIRA II MALAMBA** SON OF MBAKULO SON OF KUBENGI SON OF NGUNDIRA SON OF

CHAPTER FOUR

KAGENDA SON OF LWANDE WESONGA.

KUBENGI EZEKYERI SON OF JONATHAN MBAKULO II SON OF YUSUFU NAKUHU SON OF NGUNDIRA II MALAMBA SON OF MBAKULO SON OF KUBENGI SON OF NGUNDIRA SON OF KAGENDA SON OF LWANDE WESONGA.

NAKOOLI	John Wandera
Joseph Ojiambo
John Bwire
Kaazi Kenneth Mbakulo III
Nabwire Night Natabona, Omukoko[106]
married into Abachonga[107]. Had:
Indra[108] Natabona
Bhutto[109] Natabona
Beti Natabona

JOHN WANDERA SON OF KUBENGI EZEKYERI SON OF JOHNSON MBAKULO II SON OF YUSUFU NAKUHU SON OF NGUNDIRA II MALAMBA SON OF MBAKULO SON OF KUBENGI SON OF NGUNDIRA SON OF KAGENDA SON OF LWANDE WESONGA.

JOSEPH OJIAMBO SON OF KUBENGI EZEKYERI SON OF JOHNSON MBAKULO II SON OF YUSUFU NAKUHU SON OF NGUNDIRA II MALAMBA SON OF MBAKULO SON OF KUBENGI SON OF NGUNDIRA SON OF KAGENDA SON OF LWANDE WESONGA.

JOHN BWIRE SON OF KUBENGI EZEKYERI SON OF JOHNSON MBAKULO II SON OF YUSUFU NAKUHU SON OF NGUNDIRA II MALAMBA SON OF MBAKULO SON OF KUBENGI SON OF NGUNDIRA SON OF KAGENDA SON OF LWANDE WESONGA.

KAAZI KENNETH MBAKULO III SON OF KUBENGI EZEKYERI SON

---

106 Ibid.,
107 Abachonga is a clan in Samia
108 A gain not Samia name,
109 Not Samia name. Named after a Pakistan Prime Minister.

LWANDE WESONGA: A GENEALOGY

OF JOHNSON MBAKULO II SON OF YUSUFU NAKUHU SON OF **NGUNDIRA II MALAMBA** SON OF **MBAKULO** SON OF **KUBENGI** SON OF **NGUNDIRA** SON OF **KAGENDA** SON OF **LWANDE WESONGA**.

NABWIRE NIGHT NATABONA DAUGHTER OS KUBENGI EZEKYERI SON OF JOHNSON MBAKULO II SON OF YUSUFU NAKUHU SON OF **NGUNDIRA II MALAMBA** SON OF **MBAKULO** SON OF **KUBENGI** SON OF **NGUNDIRA** SON OF **KAGENDA** SON OF **LWANDE WESONGA**.

INDRA[110] **NATABONA** DAUGHTER OS KUBENGI EZEKYERI SON OF JOHNSON MBAKULO II SON OF FUSUFU NAKUHU SON OF **NGUNDIRA II MALAMBA** SON OF **MBAKULO** SON OF **KUBENGI** SON OF **NGUNDIRA** SON OF **KAGENDA** SON OF **LWANDE WESONGA**.

BHUTTO[111] **NATABONA** DAUGHTER OS KUBENGI EZEKYERI SON OF JOHNSON MBAKULO II SON OF FUSUFU NAKUHU SON OF **NGUNDIRA II MALAMBA** SON OF **MBAKULO** SON OF **KUBENGI** SON OF **NGUNDIRA** SON OF **KAGENDA** SON OF **LWANDE WESONGA**.

BETI NATABONA DAUGHTER OF KUBENGI EZEKYERI SON OF JOHNSON MBAKULO II SON OF FUSUFU NAKUHU SON OF **NGUNDIRA II MALAMBA** SON OF **MBAKULO** SON OF **KUBENGI** SON OF **NGUNDIRA** SON OF **KAGENDA** SON OF **LWANDE WESONGA**.

See Appendix Page 92

JACOB OCHIEÑO SON OF JONATHAN MBAKULO II SON OF YUSUFU NAKUHU SON OF **NGUNDIRA II MALAMBA** SON OF **MBAKULO** SON OF **KUBENGI** SON OF **NGUNDIRA** SON OF **KAGENDA** SON OF **LWANDE WESONGA**.

---

110   A gain not Samia name,
111   Not Samia name. Named after a Pakistan Prime Minister.

CHAPTER FOUR

NACHAKI　　　　Godfrey Ouma
　　　　　　　　　Kaazi Mbakulo III
　　　　　　　　　Ajiambo Natabona
NAMAINDI　　　Robert Ochieno II

GODFREY OUMA SON OF JACOBO OCHIENO SON OF JONATHAN MBAKULO II SON OF YUSUFU NAKUHU SON OF **NGUNDIRA II MALAMBA** SON OF **MBAKULO** SON OF **KUBENGI** SON OF **NGUNDIRA** SON OF **KAGENDA** SON OF **LWANDE WESONGA.**

KAAZI MBAKULO III SON OF JACOBO OCHIENO SON OF JONATHAN MBAKULO II SON OF YUSUFU NAKUHU SON OF **NGUNDIRA II MALAMBA** SON OF **MBAKULO** SON OF **KUBENGI** SON OF **NGUNDIRA** SON OF **KAGENDA** SON OF **LWANDE WESONGA.**

AJIAMBO NATABONA DAUGHTER OF JACOB OCHIENO SON OF JONATHAN MBAKULO II SON OF YUSUFU NAKUHU SON OF **NGUNDIRA II MALAMBA** SON OF **MBAKULO** SON OF **KUBENGI** SON OF **NGUNDIRA** SON OF **KAGENDA** SON OF **LWANDE WESONGA.**

ROBERT OCHIENO II SON OF JACOBO OCHIENO SON OF JONATHAN MBAKULO II SON OF YUSUFU NAKUHU SON OF **NGUNDIRA II MALAMBA** SON OF **MBAKULO** SON OF **KUBENGI** SON OF **NGUNDIRA** SON OF **KAGENDA** SON OF **LWANDE WESONGA.**

SAUL NGUNDIRA 1V SON OF JONATHAN MBAKULO II SON OF YUSUFU NAKUHU SON OF **NGUNDIRA II MALAMBA** SON OF **MBAKULO** SON OF **KUBENGI** SON OF **NGUNDIRA** SON OF **KAGENDA** SON OF **LWANDE WESONGA.**

NYALUWO　　　　Martin Ngundira
　　　　　　　　　Mulago Natabona,

LWANDE WESONGA: A GENEALOGY

Omukoko[112] married into Abalyali [113]

MARTIN NGUNDIRA SON OF SAUL NGUNDIRA IV SON OF JONATHAN MBAKULO II SON OF YUSUFU NAKUHU SON OF NGUNDIRA II MALAMBA SON OF MBAKULO SON OF KUBENGI SON OF NGUNDIRA SON OF KAGENDA SON OF LWANDE WESONGA.

MULAGO NATABONA DAUGHTER OF SAUL NGUNDIRA IV SON OF JONATHAN MBAKULO II SON OF YUSUFU NAKUHU SON OF NGUNDIRA II MALAMBA SON OF MBAKULO SON OF KUBENGI SON OF NGUNDIRA SON OF KAGENDA SON OF LWANDE WESONGA.

DAMULIRA[114] SON OF JONATHAN MBAKULO II SON OF YUSUFU NAKUHU SON OF NGUNDIRA II MALAMBA SON OF MBAKULO SON OF KUBENGI SON OF NGUNDIRA SON OF KAGENDA SON OF LWANDE WESONGA.

NACHAKI   Joseph Wanyama G.W

JOSEPH WANYAMA G.W SON OF DAMULIRA SON OF JONATHAN MBAKULO II SON OF YUSUFU NAKUHU SON OF NGUNDIRA II MALAMBA SON OF MBAKULO SON OF KUBENGI SON OF NGUNDIRA SON OF KAGENDA SON OF LWANDE WESONGA.

EMMANUEL WANYAMA SON OF YUSUFU NAKUHU SON OF NGUNDIRA II MALAMBA SON OF MBAKULO SON OF KUBENGI SON OF NGUNDIRA SON OF KAGENDA SON OF LWANDE WESONGA.

NACHAKI   Ojiambo (Pururu)

---

112 A Natabona who is married.
113 Clan name.
114 Damulira is not Samia name

CHAPTER FOUR

OJIAMBO PURURU SON OF EMMANUEL WANYAMA SON OF YUSUFU NAKUHU SON OF **NGUNIRA II MALAMBA** SON OF **MBAKULO** SON OF **KUBENGI** SON OF **NGUNDIRA** SON OF **KAGENDA** SON OF **LWANDE WESONGA**.

YOSIA WERE KUBENGI II BUTONYA SON OF **NGUNDIRA II MALAMBA** SON OF **MBAKULO** SON OF **KUBENGI** SON OF **NGUNDIRA** SON OF **KAGENDA** SON OF **LWANDE WESONGA**.

NAMUDDE	Disani Onyango Mbakulo
(Agasa Nabwire)	Robina Agoola Natabona, Omukoko[115] married Ouma Heya, Mumiripo[116]
	Robina Agoola Natabona had:
	Ochieno Heya
	Wafula Heya
	Namudde[117] Heya
	Nambisa
	Namiripo married to Abamalenge[118]
	Akumu married to Abamayindi[119]
NAMULEMBO	George Kubengi II
	(Auma)John Odongo
	Nambisa Natabona, Omukoko[120] married to Abamale[121]
	Akumu Natabona, Omukoko[122] married to Abamaindi[123]

ROBINA AGOOLA NATABONA DAUGHTER OF YOSIA WERE KUBENGI II BUTONYA SON OF **NGUNDIRA II MALAMBA** SON OF **MBAKULO** SON OF **KUBENGI** SON OF **NGUNDIRA** SON OF **KAGENDA** SON OF **LWANDE WESONGA**.

---

115 Ibid.,
116 His clan was called Abamiripo, hence Omumiripo
117 Named after maternal grandmother
118 A clan in Samia
119 Ibid.,
120 A Natabona who is married
121 A clan of her husband
122 A Natabona who is married.
123 Abamali is a clan

LWANDE WESONGA: A GENEALOGY

OCHIENO HEYA SON OF ROBINA AGOOLA NATABONA DAUGHTER OF YOSIA WERE KUBENGI II BUTONYA SON OF **NGUNDIRA II MALAMBA** SON OF **MBAKULO** SON OF **KUBENGI** SON OF **NGUNDIRA** SON OF **KAGENDA** SON OF **LWANDE WESONGA.**

WAFULA HEYA SON OF ROBINA AGOOLA NATABONA DAUGHTER OF YOSIA WERE KUBENGI II BUTONYA SON OF **NGUNDIRA II MALAMBA** SON OF **MBAKULO** SON OF **KUBENGI** SON OF **NGUNDIRA** SON OF **KAGENDA** SON OF **LWANDE WESONGA.**

NAMUDDE[124] **HEYA** SON OF ROBINA AGOOLA NATABONA DAUGHTER OF YOSIA WERE KUBENGI II BUTONYA SON OF **NGUNDIRA II MALAMBA** SON OF **MBAKULO** SON OF **KUBENGI** SON OF **NGUNDIRA** SON OF **KAGENDA** SON OF **LWANDE WESONGA.**

NAMBISA OF ROBINA AGOOLA NATABONA DAUGHTER OF YOSIA WERE KUBENGI II BUTONYA SON OF **NGUNDIRA II MALAMBA** SON OF **MBAKULO** SON OF **KUBENGI** SON OF **NGUNDIRA** SON OF **KAGENDA** SON OF **LWANDE WESONGA.**

NAMIRIPO OF ROBINA AGOOLA NATABONA DAUGHTER OF YOSIA WERE KUBENGI II BUTONYA SON OF **NGUNDIRA II MALAMBA** SON OF **MBAKULO** SON OF **KUBENGI** SON OF **NGUNDIRA** SON OF **KAGENDA** SON OF **LWANDE WESONGA.**

AKUMU DAUGHTER OF ROBINA AGOOLA NATABONA DAUGHTER OF YOSIA WERE KUBENGI II BUTONYA SON OF **NGUNDIRA II MALAMBA** SON OF **MBAKULO** SON OF **KUBENGI** SON OF **NGUNDIRA** SON OF **KAGENDA** SON OF **LWANDE WESONGA.**

GEORGE KUBENGI III SON OF YOSIA WERE KUBENGI II BUTONYA SON OF **NGUNDIRA II MALAMBA** SON OF **MBAKULO** SON OF **KUBENGI** SON OF **NGUNDIRA I** SON OF **KAGENDA** SON OF **LWANDE WESONGA.**

---

124 Named after maternal grandmother

CHAPTER FOUR

JOHN ODONGO SON OF YOSIA WERE KUBENGI II BUTONYA SON OF NGUNDIRA II MALAMBA SON OF MBAKULO SON OF KUBENGI SON OF NGUNDIRA I SON OF KAGENDA SON OF LWANDE WESONGA.

NAMBISA NATABONA DAUGHTER OF YOSIA WERE KUBENGI II BUTONYA SON OF NGUNDIRA II MALAMBA SON OF MBAKULO SON OF KUBENGI SON OF NGUNDIRA I SON OF KAGENDA SON OF LWANDE WESONGA.

AKUMU NATABONA DAUGHTER OF YOSIA WERE KUBENGI II BUTONYA SON OF NGUNDIRA II MALAMBA SON OF MBAKULO SON OF KUBENGI SON OF NGUNDIRA I SON OF KAGENDA SON OF LWANDE WESONGA.

DISAN ONYANGO MBAKULO II SON OF YOSIA WERE KUBENGI II BUTONYA SON OF NGUNDIRA II MALAMBA SON OF MBAKULO SON OF KUBENGI SON OF NGUNDIRA I SON OF KAGENDA SON OF LWANDE WESONGA.

NADIMO I (**Elizabeth Nabwire**)	Charles Ngudira Maalamba II
NADIMO II (**Miria Anyango**)	Godfrey Wandera Akochi
	Julius Namudde
	Patrick Bwire (Namige) Mbakulo III
	Joshua Were Butonya
	Grace Nafula Natabona, Omukoko[125] married Abalwenge[126]
	Harriet Nabwire Natabona, Omukoko[127] got married to Abafofoyo[128]
	Janet Namulundu, Omukoko[129] got married to Abamanyi[130]

---

125 Ibid.,
126 A clan in Samia
127 A Natabona who is married.
128 Husband's clan
129 A Natabona who is married.
130 Her husband's clan

LWANDE WESONGA: A GENEALOGY

NASIENGERA Kadima and she gave

Disan Mbakulo yakerama[131] Debora Taaka on the death of John

birth to:
Joan Maliza Kadima Natabona.

GODFREY WANDERA AKOCHI SON OF DISAN ONYANGO MBAKULO II SON OF YOSIA WERE[132] KUBENGI II BUTONYA SON OF **NGUNDIRA II MALAMBA** SON OF MBAKULO SON OF KUBENGI SON OF NGUNDIRA SON OF KAGENDA SON OF LWANDE WESONGA.

JULIUS NAMUDDE SON OF DISAN ONYANGO MBAKULO II SON OF YOSIYA WERE[133] KUBENGI II BUTONYA SON OF **NGUNDIRA II MALAMBA** SON OF MBAKULO SON OF KUBENGI SON OF NGUNDIRA SON OF KAGENDA SON OF LWANDE WESONGA.

PATRICK BWIRE (NAMIGE) MBAKULO III SON OF DISAN ONYANGO MBAKULO II SON OF YOSIYA WERE KUBENGI II BUTONYA SON OF **NGUNDIRA II MALAMBA** SON OF MBAKULO SON OF KUBENGI SON OF NGUNDIRA SON OF KAGENDA SON OF LWANDE WESONGA.

GRACE NAFULA NATABONA DAUGHTER OF DISAN ONYANGO MBAKULO II SON OF YOSIYA WERE KUBENGI II BUTONYA SON OF **NGUNDIRA II MALAMBA** SON OF MBAKULO SON OF KUBENGI SON OF NGUNDIRA SON OF KAGENDA SON OF LWANDE WESONGA.

HARRIET NABWIRE NATABONA DAUGHTER OF DISAN ONYANGO MBAKULO II SON OF YOSIYA WERE KUBENGI II BUTONYA SON OF **NGUNDIRA II MALAMBA** SON OF MBAKULO SON OF KUBENGI SON OF NGUNDIRA SON OF KAGENDA SON OF LWANDE WESONGA.

---

131 Special arrangement of marrying a relative's wife after the death of the relative
132 It is important to mention that the name "Were" in this branch of Abatabona means Kubengi. Kubengi's full names were "Abwoka Were Kubengi"
133 Ibid.,

CHAPTER FOUR

JANET NAMULUNDU DAUGHTER OF DISAN ONYANGO MBAKULO II SON OF YOSIYA WERE KUBENGI II BUTONYA SON OF **NGUNDIRA II MALAMBA** SON OF **MBAKULO** SON OF **KUBENGI** SON OF **NGUNDIRA** SON OF **KAGENDA** SON OF **LWANDE WESONGA.**

DISAN MBAKULO SON OF DISAN ONYANGO MBAKULO II SON OF YOSIYA WERE KUBENGI II BUTONYA SON OF **NGUNDIRA II MALAMBA** SON OF **MBAKULO** SON OF **KUBENGI** SON OF **NGUNDIRA** SON OF **KAGENDA** SON OF **LWANDE WESONGA.**

JOAN MALIZA KADIMA NATABONA DAUGHTER OF DISAN ONYANGO MBAKULO II SON OF YOSIYA WERE KUBENGI II BUTONYA SON OF **NGUNDIRA II MALAMBA** SON OF **MBAKULO** SON OF **KUBENGI** SON OF **NGUNDIRA** SON OF **KAGENDA** SON OF **LWANDE WESONGA.**

CHARLES NGUNDIRA MALAMBA SON OF DISAN ONYANGO MBAKULO II SON OF YOSIA WERE[134]KUBENGI II BUTONYA SON OF **NGUNDIRA II MALAMBA** SON OF **MBAKULO** SON OF **KUBENGI** SON OF **NGUNDIRA** SON OF **KAGENDA** SON OF **LWANDE WESONGA.**

Emanuel Mbakulo
Wandeyi Mbakulo
Manueri Mbakulo
Dorika Namulundu Natabona
Akello Namudde Natabona
Davina Nadimu Natabona
Kasalina Mbakulo Natabona

EMANUEL MBAKULO III SON OF CHARLES NGUNDIRA III MALAMBA II SON OF DISAN ONYANGO MBAKULO II SON OF YOSIA WERE KUBENGI II BUTONYA SON OF **NGUNDIRA II MALAMBA**

---

134 It is important to mention that the name "Were" in this branch of Abatabona means Kubengi. Kubengi's full names were "Abwoka Were Kubengi"

SON OF **MBAKULO** SON OF **KUBENGI** SON OF **NGUNDIRA** SON OF **KAGENDA** SON OF **LWANDE WESONGA**.

WANDEYI MBAKULO III SON OF CHARLES NGUNDIRA III MALAMBA II SON OF DISAN ONYANGO MBAKULO II SON OF YOSIA WERE KUBENGI II BUTONYA SON OF **NGUNDIRA II MALAMBA** SON OF **MBAKULO** SON OF **KUBENGI** SON OF **NGUNDIRA** SON OF **KAGENDA** SON OF **LWANDE WESONGA**.

MANUERI MBAKULO III SON OF CHARLES NGUNDIRA III MALAMBA II SON OF DISAN ONYANGO MBAKULO II SON OF YOSIA WERE KUBENGI II BUTONYA SON OF **NGUNDIRA II MALAMBA** SON OF **MBAKULO** SON OF **KUBENGI** SON OF **NGUNDIRA** SON OF **KAGENDA** SON OF **LWANDE WESONGA**.

DORIKA NAMULUNDU NATABONA DAUGHTER OF CHARLES NGUNDIRA III MALAMBA II SON OF DISAN ONYANGO MBAKULO II SON OF YOSIA WERE KUBENGI II BUTONYA SON OF **NGUNDIRA II MALAMBA** SON OF **MBAKULO** SON OF **KUBENGI** SON OF **NGUNDIRA** SON OF **KAGENDA** SON OF **LWANDE WESONGA**.

AKELLO NAMUDDE NATABONA DAUGHTER OF CHARLES NGUNDIRA III MALAMBA II SON OF DISAN ONYANGO MBAKULO II SON OF YOSIA WERE KUBENGI II BUTONYA SON OF **NGUNDIRA II MALAMBA** SON OF **MBAKULO** SON OF **KUBENGI** SON OF **NGUNDIRA** SON OF **KAGENDA** SON OF **LWANDE WESONGA**.

DAVINA NADIMU NATABONA DAUGHTER OF CHARLES NGUNDIRA III MALAMBA II SON OF DISAN ONYANGO MBAKULO II SON OF YOSIA WERE KUBENGI II BUTONYA SON OF **NGUNDIRA II MALAMBA** SON OF **MBAKULO** SON OF **KUBENGI** SON OF **NGUNDIRA** SON OF **KAGENDA** SON OF **LWANDE WESONGA**.

KASALINA MBAKULO III NATABONA DAUGHTER OF CHARLES NGUNDIRA III MALAMBA II SON OF DISAN ONYANGO MBAKULO II SON OF YOSIA WERE KUBENGI II BUTONYA SON OF **NGUNDIRA II MALAMBA** SON OF **MBAKULO** SON OF **KUBENGI** SON OF

CHAPTER FOUR

NGUNDIRA SON OF KAGENDA SON OF LWANDE WESONGA.

JULIUS NAMUDDE MBAKULO III SON OF DISAN ONYANGO MBAKULO II SON OF YOSIA WERE KUBENGI II BUTONYA SON OF NGUNDIRA II MALAMBA SON OF MBAKULO SON OF KUBENGI SON OF NGUNDIRA SON OF KAGENDA SON OF LWANDE WESONGA.

Edward Kubengi
Nelson Mandela Mbakulo
Disan Mbakulo
Namudde Mbakulo Natabona, Omukoko[135]
married into Bagwere[136]
Najabi Mbakulo Natabona

EDWARD KUBENGI III SON OF JULIUS NAMUDDE MBAKULO III SON OF DISAN ONYANGO MBAKULO II SON OF YOSIA WERE KUBENGI II BUTONYA SON OF NGUNDIRA II MALAMBA SON OF MBAKULO SON OF KUBENGI SON OF NGUNDIRA SON OF KAGENDA SON OF LWANDE WESONGA.

NELSON MANDELA MBAKULO IV SON OF JULIUS NAMUDDE MBAKULO III SON OF DISAN ONYANGO MBAKULO II SON OF YOSIA WERE KUBENGI II BUTONYA SON OF NGUNDIRA II MALAMBA SON OF MBAKULO SON OF KUBENGI SON OF NGUNDIRA SON OF KAGENDA SON OF LWANDE WESONGA.

DISAN MBAKULO IV SON OF JULIUS NAMUDDE MBAKULO III SON OF DISAN ONYANGO MBAKULO II SON OF YOSIA WERE KUBENGI II BUTONYA SON OF NGUNDIRA II MALAMBA SON OF MBAKULO SON OF KUBENGI SON OF NGUNDIRA SON OF KAGENDA SON OF LWANDE WESONGA.

NAMUDDE MBAKULO IV DAUGHTER OF JULIUS NAMUDDE

---

135 A Natabona who is married.
136 A tribe in Uganda

LWANDE WESONGA: A GENEALOGY

MBAKULO III SON OF DISAN ONYANGO MBAKULO II SON OF YOSIA WERE KUBENGI II BUTONYA SON OF **NGUNDIRA II MALAMBA** SON OF **MBAKULO** SON OF **KUBENGI** SON OF **NGUNDIRA** SON OF **KAGENDA** SON OF **LWANDE WESONGA.**

NAJABI MBAKULO IV NATABONA DAUGHTER OF JULIUS NAMUDDE MBAKULO III SON OF DISAN ONYANGO MBAKULO II SON OF YOSIA WERE KUBENGI II BUTONYA SON OF **NGUNDIRA II MALAMBA** SON OF **MBAKULO** SON OF **KUBENGI** SON OF **NGUNDIRA** SON OF **KAGENDA** SON OF **LWANDE WESONGA.**

PATRICK BWIRE (NAMIGE) MBAKULO III SON OF DISAN ONYANGO MBAKULO II SON OF YOSIA WERE KUBENGI II BUTONYA SON OF **NGUNDIRA II MALAMBA** SON OF **MBAKULO** SON OF **KUBENGI** SON OF **NGUNDIRA** SON OF **KAGENDA** SON OF **LWANDE WESONGA.**

Tyson Bwire Mbakulo
Disani Manueri Mbakulo
Nekesa Nadimo Natbona Omukoko[137]
married at a place called Budola
Joan Kubengi Natabona Omukoko[138]
at Buhwama among the Badde[139].

TYSON BWIRE MBAKULO IV SON OF PATRICK BWIRE (NAMIGE) MBAKULO III SON OF DISANI ONYANGO MBAKULO II SON OF YOSIA WERE KUBENGI II BUTONYA SON OF **NGUNDIRA II MALAMBA** SON OF **MBAKULO** SON OF **KUBENGI** SON OF **NGUNDIRA** SON OF **KAGENDA** SON OF **LWANDE WESONGA.**

DISANI MANUERI MBAKULO IV SON OF PATRICK BWIRE (NAMIGE) MBAKULO III SON OF DISANI ONYANGO MBAKULO II SON OF YOSIA WERE KUBENGI II BUTONYA SON OF **NGUNDIRA**

---

137 A Natabona who is married.
138 Ibid.,
139 Badde means a clan in Samia

CHAPTER FOUR

II MALAMBA SON OF MBAKULO SON OF KUBENGI SON OF NGUNDIRA SON OF KAGENDA SON OF LWANDE WESONGA.

NEKESA NADIMO NATBONA DAUGHTER OF PATRICK BWIRE (NAMIGE) MBAKULO III SON OF DISANI ONYANGO MBAKULO II SON OF YOSIA WERE KUBENGI II BUTONYA SON OF NGUNDIRA II MALAMBA SON OF MBAKULO SON OF SON OF KUBENGI SON OF NGUNDIRA SON OF KAGENDA SON OF LWANDE WESONGA.

JOAN KUBENGI NATABONA DAUGHTER OF PATRICK BWIRE (NAMIGE) MBAKULO III SON OF DISANI ONYANGO MBAKULO II SON OF YOSIA WERE KUBENGI II BUTONYA SON OF NGUNDIRA II MALAMBA SON OF MBAKULO SON OF SON OF KUBENGI SON OF NGUNDIRA SON OF KAGENDA SON OF LWANDE WESONGA.

JOSHUA WERE KUBENGI III BUTONYA II SON OF DISAN ONYANGO MBAKULO II SON OF YOSIYA WERE KUBENGI II BUTONYA SON OF NGUNDIRA II MALAMBA SON OF MBAKULO SON OF KUBENGI SON OF NGUNDIRA SON OF KAGENDA SON OF LWANDE WESONGA.

Grace Nafula Natabona Omukoko[140] married Samuel Barasa Omulwenge[141]
Grace Nafula Natabona had the following children:
Obasi
Anthony Barasa
Areni Barasa
Mama Barasa
Harriet Nabwire got married Paulo Nyanya, Omufwofwo[142]
Mambo Sikoti Wafula
Janet Namulundu[143], married Ndabba Omumanyi[144] and had
Kadima Ndabba

---

140 A Natabona who is married.
141 A clan in Samia (Omulwenge means male otherwise the clan is called Abalwenge).
142 A clan in Western Kenya.
143 A clan in Bugwe. She was named after her grandmother who was Namulundu.
144 A clan in Samia but a distant relative.

LWANDE WESONGA: A GENEALOGY

GRACE NAFULA NATABONA SON OF JOSHUA WERE KUBENGI III BUTONYA II SON OF DISAN ONYANGO MBAKULO II SON OF YOSIYA WERE KUBENGI II BUTONYA SON OF **NGUNDIRA II MALAMBA** SON OF **MBAKULO** SON OF **KUBENGI** SON OF **NGUNDIRA** SON OF **KAGENDA** SON OF **LWANDE WESONGA**.

OBASI SON OF JOSHUA WERE KUBENGI III BUTONYA II SON OF DISAN ONYANGO MBAKULO II SON OF YOSIYA WERE KUBENGI II BUTONYA SON OF **NGUNDIRA II MALAMBA** SON OF **MBAKULO** SON OF **KUBENGI** SON OF **NGUNDIRA** SON OF **KAGENDA** SON OF **LWANDE WESONGA**.

ANTHONY BARASA SON OF JOSHUA WERE KUBENGI III BUTONYA II SON OF DISAN ONYANGO MBAKULO II SON OF YOSIYA WERE KUBENGI II BUTONYA SON OF **NGUNDIRA II MALAMBA** SON OF **MBAKULO** SON OF **KUBENGI** SON OF **NGUNDIRA** SON OF **KAGENDA** SON OF **LWANDE WESONGA**.

ARENI BARASA SON OF JOSHUA WERE KUBENGI III BUTONYA II SON OF DISAN ONYANGO MBAKULO II SON OF YOSIYA WERE KUBENGI II BUTONYA SON OF **NGUNDIRA II MALAMBA** SON OF **MBAKULO** SON OF **KUBENGI** SON OF **NGUNDIRA** SON OF **KAGENDA** SON OF **LWANDE WESONGA**.

MAMA BARASA SON OF JOSHUA WERE KUBENGI III BUTONYA II SON OF DISAN ONYANGO MBAKULO II SON OF YOSIYA WERE KUBENGI II BUTONYA SON OF **NGUNDIRA II MALAMBA** SON OF **MBAKULO** SON OF **KUBENGI** SON OF **NGUNDIRA** SON OF **KAGENDA** SON OF **LWANDE WESONGA**.

HARRIET NABWIRE DAUGHTER OF JOSHUA WERE KUBENGI III BUTONYA II SON OF DISAN ONYANGO MBAKULO II SON OF YOSIYA WERE KUBENGI II BUTONYA SON OF **NGUNDIRA II MALAMBA** SON OF **MBAKULO** SON OF **KUBENGI** SON OF **NGUNDIRA** SON OF **KAGENDA** SON OF **LWANDE WESONGA**.

CHAPTER FOUR

MAMBO SIKOTI WAFULA SON OF JOSHUA WERE KUBENGI III BUTONYA II SON OF DISAN ONYANGO MBAKULO II SON OF YOSIYA WERE KUBENGI II BUTONYA SON OF NGUNDIRA II MALAMBA SON OF MBAKULO SON OF KUBENGI SON OF NGUNDIRA SON OF KAGENDA SON OF LWANDE WESONGA.

JANET NAMULUNDU DAUGHTER OF JOSHUA WERE KUBENGI III BUTONYA II SON OF DISAN ONYANGO MBAKULO II SON OF YOSIYA WERE KUBENGI II BUTONYA SON OF NGUNDIRA II MALAMBA SON OF MBAKULO SON OF KUBENGI SON OF NGUNDIRA SON OF KAGENDA SON OF LWANDE WESONGA.

KADIMA NDABBA SON OF JOSHUA WERE KUBENGI III BUTONYA II SON OF DISAN ONYANGO MBAKULO II SON OF YOSIYA WERE KUBENGI II BUTONYA SON OF NGUNDIRA II MALAMBA SON OF MBAKULO SON OF KUBENGI SON OF NGUNDIRA SON OF KAGENDA SON OF LWANDE WESONGA.

GEORGE KUBENGI III SON OF YOSIA WERE KUBENGI II BUTONYA SON OF NGUNDIRA II MALAMBA SON OF MBAKULO SON OF KUBENGI SON OF NGUNDIRA SON OF KAGENDA SON OF LWANDE WESONGA.

NAMUYUMBU	Yosia Butonya
	Auma Namulembo Natabona, Omukoko[145]
	married into Abafwofwo[146]
MUMADDI/MOYO	Jeremiah Masiga [147]II
MUSOGA	Butonya Kubengi
(Agnes wife to Kubengi)	Auma Namulembo [148]

YOSIA BUTONYA II SON OF GEORGE KUBENGI III SON OF YOSIA WERE KUBENGI II BUTONYA SON OF NGUNDIRA II MALAMBA SON OF MBAKULO SON OF KUBENGI SON OF NGUNDIRA SON

---

145 A Natabona who is married.
146 A clan in Samia
147 Was named after Yeremiah Masiga son of Mbakulo son of Kubengi I
148 Named after her grandmother's parternal clan.

LWANDE WESONGA: A GENEALOGY

OF KAGENDA SON OF LWANDE WESONGA.

JEREMIAH MASIGA II SON OF GEORGE KUBENGI III SON OF YOSIA WERE KUBENGI II BUTONYA SON OF NGUNDIRA II MALAMBA SON OF MBAKULO SON OF KUBENGI SON OF NGUNDIRA SON OF KAGENDA SON OF LWANDE WESONGA.

BUTONYA II KUBENGI III SON OF GEORGE KUBENGI III SON OF YOSIA WERE KUBENGI II BUTONYA SON OF NGUNDIRA II MALAMBA SON OF MBAKULO SON OF KUBENGI SON OF NGUNDIRA SON OF KAGENDA SON OF LWANDE WESONGA.

AUMA NAMULEMBO DAUGHTER OF GEORGE KUBENGI III SON OF YOSIA WERE KUBENGI II BUTONYA SON OF NGUNDIRA II MALAMBA SON OF MBAKULO SON OF KUBENGI SON OF NGUNDIRA SON OF KAGENDA SON OF LWANDE WESONGA.

JOHN ODONGO SON OF YOSIA WERE KUBENGI II BUTONYA SON OF NGUNDIRA II MALAMBA SON OF MBAKULO SON OF KUBENGI SON OF NGUNDIRA SON OF KAGENDA SON OF LWANDE WESONGA.

NASIMBWA/MUGANDA	Kubengi Odongo
	Yosia Were Kubengi III
	Butonya II
	Auma Natabona, Omukoko[149] got married in Mityana[150]
NASUHUNE	Stephen Ngundira
(Grace Ajiambo)	Dan
	Godfrey Maloba
	Kwawaho Boro Natabona, Omukoko[151] got married to Abalubanga[152] but we were unable to get names of her children just like many other names the information was unavailable.

---

149 A Natabona who is married.
150 A town in the subarbs of Kampala. It was noted in that manner because the information about her was not available.
151 Ibid.,
152 A clan of the husband.

CHAPTER FOUR

NANYIBOMI Ronald Ouma

KUBENGI III ODONGO SON OF JOHN ODONGO SON OF YOSIYA WERE KUBENGI II BUTONYA SON OF **NGUNDIRA II MALAMBA** SON OF SON OF **MBAKULO** SON OF **KUBENGI** SON OF **NGUNDIRA** SON OF **KAGENDA** SON OF **LWANDE WESONGA**.

YOSIA WERE BUTONYA SON OF JOHN ODONGO SON OF YOSIYA WERE KUBENGI II BUTONYA SON OF **NGUNDIRA II MALAMBA** SON OF SON OF **MBAKULO** SON OF **KUBENGI** SON OF **NGUNDIRA** SON OF **KAGENDA** SON OF **LWANDE WESONGA**.

STEPHEN NGUNDIRA III SON OF JOHN ODONGO SON OF YOSIYA WERE KUBENGI II BUTONYA SON OF **NGUNDIRA II MALAMBA** SON OF SON OF **MBAKULO** SON OF **KUBENGI** SON OF **NGUNDIRA** SON OF **KAGENDA** SON OF **LWANDE WESONGA**.

AUMA NATABONA DAUGHTER OF JOHN ODONGO SON OF YOSIYA WERE KUBENGI II BUTONYA SON OF **NGUNDIRA II MALAMBA** SON OF SON OF **MBAKULO** SON OF **KUBENGI** SON OF **NGUNDIRA** SON OF **KAGENDA** SON OF **LWANDE WESONGA**.

DAN SON OF JOHN ODONGO SON OF YOSIYA WERE KUBENGI II BUTONYA SON OF **NGUNDIRA II MALAMBA** SON OF **MBAKULO** SON OF **KUBENGI** SON OF **NGUNDIRA** SON OF **KAGENDA** SON OF **LWANDE WESONGA**.

GODFREY MALOBA SON OF JOHN ODONGO SON OF YOSIYA WERE KUBENGI II BUTONYA SON OF **NGUNDIRA II MALAMBA** SON OF SON OF **MBAKULO** SON OF **KUBENGI** SON OF **NGUNDIRA** SON OF **KAGENDA** SON OF **LWANDE WESONGA**.

KWAWAHO BORO NATABONA DAUGHTER OF JOHN ODONGO SON OF YOSIYA WERE KUBENGI II BUTONYA SON OF **NGUNDIRA II MALAMBA** SON OF SON OF **MBAKULO** SON OF **KUBENGI** SON OF **NGUNDIRA** SON OF **KAGENDA** SON OF **LWANDE WESONGA**.

RONALD OUMA SON OF JOHN ODONGO SON OF YOSIYA WERE KUBENGI II BUTONYA SON OF **NGUNDIRA II MALAMBA** SON OF SON OF **MBAKULO** SON OF **KUBENGI** SON OF **NGUNDIRA** SON OF **KAGENDA** SON OF **LWANDE WESONGA.**

GARISOM OHONGA SON OF **NGUNDIRA II MALAMBA** SON OF **MBAKULO** SON OF **KUBENGI** SON OF **NGUNDIRA** SON OF **KAGENDA** SON OF **LWANDE WESONGA.**

Garisom Ohonga married a tall and beautiful Mirieri Wunyaci Nalyali. Nalyali was her clan's name. They did not have children. According to Samia customs and traditions, after the death of Garisom Ohonga, her brother-in-law called Yosamu Obonyo took the responsibility of looking after Mirieri. But Mirieri was very capable of looking after herself so she did. However, Mirieri was dedicated Parishoner of Butenge Church. Mirieri spent most of her time on Church affairs. Mirieri welcomed everyone in her house. She was terribly missed after her death in mid last century.

ASINASI NABWIRE NGUNDIRA III NATABONA, DAUGHTER OF **NGUNDIRA II MALAMBA** SON OF **MBAKULO** SON OF **KUBENGI** SON OF **NGUNDIRA** SON OF **KAGENDA** SON OF **LWANDE WESONGA.**

Zewuliya Were
Ghandi[153] Maloba
James Oduki
Gertrude Sibabale
It was not possible to trace Asinasi Nabwire Ngundira, Natabona's grandchildren.
It should be remembered that Asinasi Nabwire Ngundira was the *First Church Minister* and the *First female Church Minister* of **official Butenge Church,** after having worked with the **Pioneer** *of mass education at Butenge* Miriamu Ojanjo Nakooli, before the Church and the school were officially opened.

---

153 Ghandi is not a Samia name. It would appear the parents named him after the historical Indian Ghandi.

CHAPTER FOUR

ZEWULIYA WERE III DAUGHTER OF ASINASI NABWIRE NGUNDIRA III NATABONA DAUGHTER OF **NGUNDIRA II MALAMBA** SON OF MBAKULO SON OF KUBENGI SON OF NGUNDIRA SON OF KAGENDA SON OF LWANDE WESONGA.

GHANDI[154] MALOBA SON OF ASINASI NABWIRE NGUNDIRA III NATABONA DAUGHTER OF **NGUNDIRA II MALAMBA** SON OF MBAKULO SON OF KUBENGI SON OF NGUNDIRA SON OF KAGENDA SON OF LWANDE WESONGA.

JAMES ODUKI SON OF ASINASI NABWIRE NGUNDIRA III NATABONA DAUGHTER OF **NGUNDIRA II MALAMBA** SON OF MBAKULO SON OF KUBENGI SON OF NGUNDIRA SON OF KAGENDA SON OF LWANDE WESONGA.

GERTRUDE SIBABALE DAUGHTER OF ASINASI NABWIRE NGUNDIRA III NATABONA DAUGHTER OF **NGUNDIRA II MALAMBA** SON OF MBAKULO SON OF KUBENGI SON OF NGUNDIRA SON OF KAGENDA SON OF LWANDE WESONGA.

YOSSAMU OBONYO SON OF **NGUNDIRA II MALAMBA** SON OF MBAKULO SON OF KUBENGI SON OF NGUNDIRA 1 SON OF KAGENDA SON OF LWANDE WESONGA.

RAMOGI/MUDAMA	Jacob Egondi
(Alowo)	Edward Akochi
	Ajiambo Natabona, Omukoko [155]got
	married to Farasiko Matenga
	Omugasa[156]. Ajiambo Natabona had:
	Matenga junior
	Ohonga Natabona, Omukoko[157]
	married to Abanyole[158]

---

154 Ibid.,
155 Ibid.,
156 Ibid.,
157 A Natabona who is married.
158 Abanyole is a tribe in Eastern Uganda. They are a part of Abaluya group.

LWANDE WESONGA: A GENEALOGY

JACOB EGONDI SON OF YOSSAMU OBONYO SON OF **NGUNDIRA II MALAMBA** SON OF **MBAKULO** SON OF **KUBENGI** SON OF **NGUNDIRA** SON OF **KAGENDA** SON OF **LWANDE WESONGA.**

Alex Barasa
Ngundira

ALEX BARASA SON OF JACOBO EGONDI SON OF YOSAMU OBONYO SON OF **NGUNDIRA II MALAMBA** SON OF **MBAKULO** SON OF **KUBENGI** SON OF **NGUNDIRA** SON OF **KAGENDA** SON OF **LWANDE WESONGA.**

NAKOOLI

Obonyo
Wandera
Butonya
Sida Barasa
Nakoli Barasa Natabona
Other names are not known

OBONYO SON OF ALEX BARASA SON OF JACOBO EGONDI SON OF YOSAMU OBONYO SON OF **NGUNDIRA II MALAMBA** SON OF **MBAKULO** SON OF **KUBENGI** SON OF **NGUNDIRA** SON OF **KAGENDA** SON OF **LWANDE WESONGA.**

WANDERA SON OF ALEX BARASA SON OF JACOBO EGONDI SON OF YOSAMU OBONYO SON OF **NGUNDIRA II MALAMBA** SON OF **MBAKULO** SON OF **KUBENGI** SON OF **NGUNDIRA** SON OF **KAGENDA** SON OF **LWANDE WESONGA.**

BUTONYA II SON OF ALEX BARASA SON OF JACOBO EGONDI SON OF YOSAMU OBONYO SON OF **NGUNDIRA II MALAMBA** SON OF **MBAKULO** SON OF **KUBENGI** SON OF **NGUNDIRA** SON OF **KAGENDA** SON OF **LWANDE WESONGA.**

OBONYO II SON OF ALEX BARASA SON OF JACOB EGONDI SON OF YOSAMU OBONYO SON OF **NGUNDIRA II MALAMBA** SON OF **MBAKULO** SON OF **KUBENGI** SON OF **NGUNDIRA** SON OF

CHAPTER FOUR

KAGENDA SON OF LWANDE WESONGA.

SIDA BARASA SON OF ALEX BARASA SON OF JACOB EGONDI SON OF YOSAMU OBONYO SON OF NGUNDIRA II MALAMBA SON OF MBAKULO SON OF KUBENGI SON OF NGUNDIRA SON OF KAGENDA SON OF LWANDE WESONGA.

NAKOLI BARASA NATABONA DAUGHTER OF ALEX BARASA SON OF JACOBO EGONDI SON OF YOSSAMU OBONYO SON OF NGUNDIRA II MALAMBA SON OF MBAKULO SON OF KUBENGI SON OF NGUNDIRA SON OF KAGENDA SON OF LWANDE WESONGA.

EDWARD AKOCHI SON OF YOSSAMU OBONYO SON OF NGUNDIRA II MALAMBA SON OF MBAKULO SON OF KUBENGI SON OF NGUNDIRA SON OF KAGENDA SON OF LWANDE WESONGA.

Efumbi Akochi
Information about other children were not available.

EFUMBI AKOCHI SON OF EDWARD AKOCHI SON OF YOSSAM OBONYO SON OF NGUNDIRA II MALAMBA SON OF MBAKULO SON OF KUBENGI SON OF NGUNDIRA SON OF KAGENDA SON OF LWANDE WESONGA.

JACOBO OCHIENO MASAHI SON OF MBAKULO

JACABO OCHIENO MASAHI SON OF MBAKULO SON OF KUBENGI SON OF NGUNDIRA SON OF KAGENDA SON OF LWANDE WESONGA.

NAMUNYALA   Yosia Obbienyo
Yekoyada Ngundira

Elizabeth Aguttu Natabona, Omukoko[159] married into Abachaki[160]
Elizabeth Aguttu Natabona had:
Joel Mayende
Patrick Okumu
Nora Mugeni married Disan Namudde, Abasubo[161]
Eseresi married into Abamakoya[162]
Deborah married into Abasuubo[163]
Anna Edisa Auma Okecha married to Justin Okecha had Natabona Okecha and Georgina. She had grandchildren but we were unable to get the names.
Ebiseri Taaka Natabona, Omukoko[164] married into Abaganda[165] in the Mamba clan. She got married to the first Anglican priest in Samia Bugwe called Saulo Namuyenga who was based at Busia Parish Church. He came from Buganda Church Missionary Society on posting to convert people to Christianity.
Ebiseri Taaka Natabona had:
Marikisiwa Kiberu
George Kigobe
Gayi Namuyenga
Yuniya Tebandeke
Mangalita Namuyenga
Janet Hadudu Natabona Omukoko[166] married Omudde[167] Obakiro as a customary co-wife[168] to her aunty.
Janet Hadudu had:
Nabwire (Namudde) who married into Abasuubo[169]

---

159 Ibid.,
160 A clan in Samia
161 A clan in Samia
162 Ibid.,
163 Ibid.,
164 A Natabona who is married.
165 A major tribe in Uganda
166 A Natabona who is married.
167 A clan in Samia
168 In Samia an Auntie or Masenge would go to her brother and ask his daughter to marry her husband. Many reasons why this was done. One of the reasons so that Auntie's children can have more close relatives another reason if Auntie does not have children so that her niece can have children for the man.
169 A clan in Samia

CHAPTER FOUR

NAMANGALE
NAMUKUBA
NAKEDERA

Henderika Achieno (Namudde) married into Abalyali[170]
Isaac Fahiri

Gideon Oundo Gasundi) son of Jacobo Ochieno[171].

ERISABETH AGUTTU NATABONA, OMUKOKO DAUGHTER **JACOBO OCHIENO MASAHI** SON OF **MBAKULO** SON OF **KUBENGI** SON OF **NGUNDIRA** SON OF **KAGENDA** SON OF **LWANDE WESONGA.**

JOEL MAYENDE SON OF ERISABETH AGUTTU NATABONA DAUGHTER OF **JACOBO OCHIENO MASAHI** SON OF **MBAKULO** SON OF **KUBENGI** SON OF **NGUNDIRA** SON OF **KAGENDA** SON **LWANDE WESONGA.**

PATRICK OKUMU SON OF ERISABETH AGUTTU NATABONA DAUGHTER OF **JACOBO OCHIENO MASAHI** SON OF **MBAKULO** SON OF **KUBENGI** SON OF **NGUNDIRA** SON OF **KAGENDA** SON **LWANDE WESONGA.**

NORA MUGENI DAUGHTER OF ERISABETH AGUTTU NATABONA DAUGHTER OF **JACOBO OCHIENO MASAHI** SON OF **MBAKULO** SON OF **KUBENGI** SON OF **NGUNDIRA** SON OF **KAGENDA** SON OF **LWANDE WESONGA.**

ESERESI DAUGHTER OF ERISABETH AGUTTU NATABONA DAUGHTER OF **JACOBO OCHIENO MASAHI** SON OF **MBAKULO** SON OF **KUBENGI** SON OF **NGUNDIRA** SON OF **KAGENDA** SON **LWANDE WESONGA.**

DEBORAH DAUGHTER OF ERISABETH AGUTTU NATABONA DAUGHTER OF **JACOBO OCHIENO MASAHI** SON OF **MBAKULO** SON OF **KUBENGI** SON OF **NGUNDIRA** SON OF **KAGENDA** SON **LWANDE WESONGA.**

---

170 A clan in Samia
171 When Ochieno passed away, Isaac Fahiri yakerama Nakedera but Gideon Oundo by then was already born.

LWANDE WESONGA: A GENEALOGY

ANNA EDISA AUMA OKECHA DAUGHTER OF ERISABETH AGUTTU NATABONA DAUGHTER OF JACOBO OCHIENO MASAHI SON OF MBAKULO SON OF KUBENGI SON OF NGUNDIRA SON OF KAGENDA SON LWANDE WESONGA.

GEORGINA DAUGHTER OF ANNA EDISA AUMA OKECHA DAUGHTER OF ERISABETH AGUTTU NATABONA DAUGHTER OF JACOBO OCHIENO MASAHI SON OF MBAKULO SON OF KUBENGI SON OF NGUNDIRA SON OF KAGENDA SON OF LWANDE WESONGA.

NATABONA OKECHA DAUGHTER OF ANNA EDISA AUMA OKECHA DAUGHTER OF ERISABETH AGUTTU NATABONA DAUGHTER OF JACOBO OCHIENO MASAHI SON OF MBAKULO SON OF KUBENGI SON OF NGUNDIRA SON OF KAGENDA SON OF LWANDE WESONGA.

EBISERI TAAKA NATABONA DAUGHTER JACOBO OCHIENO MASAHI SON OF MBAKULO SON OF KUBENGI SON OF NGUNDIRA SON OF KAGENDA SON OF LWANDE WESONGA.

MARIKISIWA KIBERU SON OF EBISERI TAAKA NATABONA DAUGHTER OF JACOBO OCHIENO MASAHI SON OF MBAKULO SON OF KUBENGI SON OF NGUNDIRA SON OF KAGENDA SON OF LWANDE WESONGA.

GEORGE KIGOBE SON OF EBISERI TAAKA NATABONA DAUGHTER OF JACOBO OCHIENO MASAHI SON OF MBAKULO SON OF KUBENGI SON OF NGUNDIRA SON OF KAGENDA SON OF LWANDE WESONGA.

GAYI NAMUYENGA SON OF EBISERI TAAKA NATABONA DAUGHTER OF JACOBO OCHIENO MASAHI SON OF MBAKULO SON OF KUBENGI SON OF NGUNDIRA SON OF KAGENDA SON OF LWANDE WESONGA.

YUNIYA TEBANDEKE DAUGHTER OF EBISERI TAAKA NATABONA

CHAPTER FOUR

DAUGHTER OF **JACOBO OCHIENO MASAHI** SON OF **MBAKULO** SON OF **KUBENGI** SON OF **NGUNDIRA** SON OF **KAGENDA** SON OF **LWANDE WESONGA.**

MANGALITA NAMUYENGA DAUGHTER OF EBISERI TAAKA NATABONA DAUGHTER OF **JACOBO OCHIENO MASAHI** SON OF **MBAKULO** SON OF **KUBENGI** SON OF **NGUNDIRA** SON OF **KAGENDA** SON OF **LWANDE WESONGA.**

JANET HADUDU NATABONA DAUGHTER **JACOBO OCHIENO MASAHI** SON OF **MBAKULO** SON OF **KUBENGI** SON OF **NGUNDIRA** SON OF **KAGENDA** SON OF **LWANDE WESONGA.**

NABWIRE (NAMUDDE) DAUGHTER OF JANET HADUDU NATABONA DAUGHTER OF **JACOBO OCHIENO MASAHI** SON OF **MBAKULO** SON OF **KUBENGI** SON OF **NGUNDIRA** SON OF **KAGENDA** SON OF **LWANDE WESONGA.**

HENDERIKA ACHIENO (NAMUDDE) DAUGHTER OF JANET HADUDU NATABONA DAUGHTER OF **JACOBO OCHIENO MASAHI** SON OF **MBAKULO** SON OF **KUBENGI** SON OF **NGUNDIRA** SON OF **KAGENDA** SON OF **LWANDE WESONGA.**

YOSIA OBBIENYO SON OF **JACOBO OCHIENO MASAHI** SON OF **MBAKULO** SON OF **KUBENGI** SON OF **NGUNDIRA** SON OF **KAGENDA** SON OF **LWEANDE WESONGA.**

NAMWINI   Erina Nanjala Natabona, Omukoko[172] married into Abadde[173]
Erina Nanjala Natabona gave birth to: Magero Okumu
Mugeni (Namudde) married into Abadepi[174]
Federesi Nabwire (Namudde) got married into Abenge

ERINA NANJALA NATABONA, OMUKOKO DAUGHTER OF

---

172 A Natabona who is married.
173 A clan in Samia
174 A clan in East Africa.

LWANDE WESONGA: A GENEALOGY

YOSIA OBBIENYO SON OF **JACOBO OCHIENO MASAHI** SON OF **MBAKULO** SON OF **KUBENGI** SON OF **NGUNDIRA** SON OF **KAGENDA** SON OF **LWANDE WESONGA.**

MAGERO OKUMU SON OF ERINA NANJALA NATABONA DAUGHTER OF **JACOBO OCHIENO MASAHI** SON OF **MBAKULO** SON OF **KUBENGI** SON OF **NGUNDIRA** SON OF **KAGENDA** SON OF **LWANDE WESONGA.**

MUGENI NAMUDDE SON OF ERINA NANJALA NATABONA DAUGHTER OF **JACOBO OCHIENO MASAHI** SON OF **MBAKULO** SON OF **KUBENGI** SON OF **NGUNDIRA** SON OF **KAGENDA** SON OF **LWANDE WESONGA.**

FEDERESI NABWIRE NAMUDDE DAUGHTER OF ERINA NANJALA NATABONA DAUGHTER OF **JACOBO OCHIENO MASAHI** SON OF **MBAKULO** SON OF **KUBENGI** SON OF **NGUNDIRA** SON OF **KAGENDA** SON OF **LWANDE WESONGA.**

YEKOYADA NGUNDIRA II MASAHI SON OF **JACOBO OCHIENO MASAHI** SON OF **MBAKULO** SON OF **KUBENGI** SON OF **NGUNDIRA** SON OF **KAGENDA** SON OF **LWANDE WESONGA.**

ESEREYA NABWIRE NATABONA, DAUGHTER OF YEKOYADA NGUNDIRA II MASAHI SON OF **JACOBO OCHIENO MASAHI** SON OF **MBAKULO** SON OF **KUBENGI** SON OF **NGUNDIRA** SON OF **KAGENDA** SON OF **LWANDE WESONGA.**

ALICE ANYANGO NATABONA DAUGHTER OF YEKOYADA NGUNDIRA II MASAHI SON OF **JACOBO OCHIENO MASAHI** SON OF **MBAKULO** SON OF **KUBENGI** SON OF **NGUNDIRA** SON OF **KAGENDA** SON OF **LWANDE WESONGA.**

GLADYS AGUTTU NATABONA, DAUGHTER OF YEKOYADA NGUNDIRA II MASAHI SON OF **JACOBO OCHIENO MASAHI** SON OF **MBAKULO** SON OF **KUBENGI** SON OF **NGUNDIRA** SON OF **KAGENDA** SON OF **LWANDE WESONGA.**

CHAPTER FOUR

JAMES MBAKULO SON OF YEKOYADA NGUNDIRA II MASAHI SON OF JACOBO OCHIENO MASAHI SON OF MBAKULO SON OF KUBENGI SON OF NGUNDIRA SON OF KAGENDA SON OF LWANDE WESONGA.

JAMES MBAKULO SON OF YOKOYADA NGUNDIRA II MASAHI SON OF JACOBO OCHIENO MASAHI SON OF MBAKULO SON OF KUBENGI SON OF NGUNDIRA SON OF KAGENDA SON OF LWANDE WESONGA.

NADONGO

Richard Kubengi
Wilber Ouma
Joel Barasa
Nabwire Natabona, Omukoko[175], married into Abalala[176]
Taaka Natabona, Omukoko[177], got married to Abayemba[178]

RICHARD KUBENGI SON OF JAMES MBAKULO SON OF YEKOYADA NGUNDIRA II MASAHI SON OF JACOBO OCHIENO MASAHI SON OF MBAKULO SON OF KUBENGI SON OF NGUNDIRA SON OF KAGENDA SON OF LWANDE WESONGA.

WILBER OUMA SON OF JAMES MBAKULO SON OF YEKOYADA NGUNDIRA II MASAHI SON OF JACOBO OCHIENO MASAHI SON OF MBAKULO SON OF KUBENGI SON OF NGUNDIRA SON OF KAGENDA SON OF LWANDE WESONGA.

JOEL BARASA SON OF JAMES MBAKULO SON OF YEKOYADA NGUNDIRA II MASAHI SON OF JACOBO OCHIENO MASAHI SON OF MBAKULO SON OF KUBENGI SON OF NGUNDIRA SON OF KAGENDA SON OF LWANDE WESONGA.

NABWIRE NATABONA, DAUGHTER OF JAMES MBAKULO SON OF YEKOYADA NGUNDIRA II MASAHI SON OF JACOBO OCHIENO

---

175 A Natabona who is married.
176 A clan in Samia
177 A Natabona who is married.
178 A clan in Bugwe

LWANDE WESONGA: A GENEALOGY

MASAHI SON OF MBAKULO SON OF KUBENGI SON OF NGUNDIRA SON OF KAGENDA SON OF LWANDE WESONGA.

TAAKA NATABONA, DAUGHTER OF JAMES MBAKULO SON OF YEKOYADA NGUNDIRA II MASAHI SON OF JACOBO OCHIENO MASAHI SON OF MBAKULO SON OF KUBENGI SON OF NGUNDIRA SON OF KAGENDA SON OF LWANDE WESONGA.

EDWARD OGUTI NGUNDIRA III SON OF YEKOYADA NGUNDIRA II MASAHI SON OF JACOBO OCHIENO MASAHI SON OF MBAKULO SON OF KUBENGI SON OF NGUNDIRA SON OF KAGENDA SON OF LWANDE WESONGA.

NAHONE	Edisa Namukangu Natabona, Omukoko,[179] married into Abasubo[180]
(Alimerida Hayoko)	
NAMAKANGALA	Charles Kubengi Mangeni
(Jessica Nerima)	Florence Aguttu Ochieno Natabona, Omukoko,[181] married Abajaabi[182]
	Florence Aguttu Ochieno Natabona had:
	Wafula Sayilasi
	Moses Wafula
	Kasalina Namulumbe
	Names of others were not obtained

CHARLES KUBENGI MANGENI SON OF EDWARD OGUTI SON OF YEKOYADA NGUNDIRA II MASAHI SON OF JACOBO OCHIENO MASAHI SON OF MBAKULO SON OF KUBENGI SON OF NGUNDIRA SON OF KAGENDA SON OF LWANDE WESONGA.

Nabwire Ngundira[183] Natabona

---

179 A Natabona who is married.
180 A clan in Samia
181 A Natabona who is married.
182 A clan in Samia
183 Named after the grandfather – it is described as "Ohukuliha". Ohukuliha is naming a child after a relative who passed away.

CHAPTER FOUR

Nahulo[184] Natabona
Namunyala[185] Natabona

NABWIRE NGUNDIRA NATABONA DAUGHTER OF CHARLES KUBENGI MANGENI SON OF EDWARD OGUTI NGUNDIRA III SON OF YEKOYADA NGUNDIRA II SON OF **JACOBO OCHIENO MASAHI** SON OF **MBAKULO** SON OF **KUBENGI** SON OF **NGUNDIRA** SON OF **KAGENDA** SON OF **LWANDE WESONGA.**

NAHULO NATABONA DAUGHTER OF CHARLES KUBENGI MANGENI SON OF EDWARD OGUTI NGUNDIRA III SON OF YEKOYADA NGUNDIRA II SON OF **JACOBO OCHIENO MASAHI** SON OF **MBAKULO** SON OF **KUBENGI** SON OF **NGUNDIRA** SON OF **KAGENDA** SON OF **LWANDE WESONGA.**

NAMUNYALA NATABONA DAUGHTER OF CHARLES KUBENGI MANGENI SON OF EDWARD OGUTI NGUNDIRA III SON OF YEKOYADA NGUNDIRA II SON OF **JACOBO OCHIENO MASAHI** SON OF **MBAKULO** SON OF **KUBENGI** SON OF **NGUNDIRA** SON OF **KAGENDA** SON OF **LWANDE WESONGA.**

FLORENCE AGUTTU OCHIENO NATABONA DAUGHTER OF EDWARD OGUTI NGUNDIRA III SON OF YOKOYADA NGUNDIRA II SON OF **JACOBO OCHIENO MASAHI** SON OF **MBAKULO** SON OF **KUBENGI** SON OF **NGUNDIRA** SON OF **KAGENDA** SON OF **LWANDE WESONGA.**

WAFULA SAYILASI SON OF EDWARD OGUTI NGUNDRA III SON OF YOKOYADA NGUNDIRA II SON OF **JACOBO OCHIENO MASAHI** SON OF **MBAKULO** SON OF **KUBENGI** SON OF **NGUNDIRA** SON OF **KAGENDA** SON OF **LWANDE WESONGA.**

MOSES WAFULA SON OF EDWARD OGUTI NGUNDRA III SON OF YOKOYADA NGUNDIRA II SON OF **JACOBO OCHIENO MASAHI**

---

184 Ibid.,
185 Ibid.,

LWANDE WESONGA: A GENEALOGY

SON OF MBAKULO SON OF KUBENGI SON OF NGUNDIRA SON OF KAGENDA SON OF LWANDE WESONGA.

KASALINA NAMULUMBE DAUGHTER OF EDWARD OGUTI NGUNDIRA III SON OF YOKOYADA NGUNDIRA II SO OF JACOBO OCHIENO MASAHI SON OF MBAKULO SON OF KUBENGI SON OF NGUNDIRA SON OF KAGENDA SON OF LWANDE WESONGA.

ISAAC FAHIRI SON OF JACOBO OCHIENO MASAHI SON OF MBAKULO SON OF KUBENGI SON OF NGUNDIRA SON OF KAGENDA SON OF LWANDE WESONGA.

NAMANGALE	No information was available.
NAMUKUBA	Jackson Ochieno
NASONGA	Stanley Mbakulo
	Disani Mbakulo Bwire
	Philemon Wanyama
	Natabona Omukoko[186] married Bendefasiyo Ombito, Omuchaki[187], from e Buchaki. Esibeyo[188] sya[189] Karara Natabona a daughter of Ngema.

JACOB OCHIENO MASAHI SON OF MBAKULO SON OF KUBENGI SON OF NGUNDIRA SON OF KAGENDA SON OF LWANDE WESONGA.

NEKEDERA	Gideon Oundo (Gasundi)
	When Gideon Oundo's father Jacobo Ochieno Masahi Isaac Fahiri yakerama[190] Nekedera.

---

186 A Natabona who is married.
187 Clan of her husband.
188 Esibeyo is a term used to describe a process where a married Natabona allows the husband to marry another Natabona.
189 Sya - means of Karara. Karara being the Natabona who enabled the whole process.
190 Yakerama means marrying a widow of the deseased relative. It is a specia process.

CHAPTER FOUR

Isaac Fahiri had a son called
Jackson Ochieno with Nekedera.

JACKSON OCHIENO II SON OF ISAAC FAHIRI SON OF JACOBO OCHIENO MASAHI SON OF MBAKULO SON OF KUBENGI SON OF NGUNDIRA SON OF KAGENDA SON OF LWANDE WESONGA.

He was married but the name of his children, if any, are not available.

STANELY MBAKULO SON OF ISAAC FAHIRI SON OF JACOBO OCHIENO MASAHI SON OF MBAKULO SON OF KUBENGI SON OF NGUNDIRA SON OF KAGENDA SON OF LWANDE WESONGA.

Musa Mbakulo
Benard Wafula
Samuiri Ogula Mbakulo
Humphreys Bwire
Peter Oundo Ojiambo
Daughters.
Jane Anyango Natabona,
Omukoko [191] married to Abagemi[192]
Rose Auma Natabona,
Omukoko[193] married to Abagemi[194]
Beti Natabona
Juliet Natabona

MUSA MBAKULO SON OF STANELY MBAKULO SON OF ISAAC FAHIRI SON OF JACOBO OCHIENO MASAHI SON OF MBAKULO SON OF KUBENGI SON OF NGUNDIRA SON OF KAGENDA SON OF LWANDE WESONGA.

BENARD WAFULA SON OF STANELY MBAKULO SON OF ISAAC

---

191 A Natabona who is married.
192 A clan in Samia
193 A Natabona who is married.
194 A clan in Samia

LWANDE WESONGA: A GENEALOGY

FAHIRI SON OF **JACOBO OCHIENO MASAHI** SON OF MBAKULO SON OF KUBENGI SON OF NGUNDIRA SON OF KAGENDA SON OF LWANDE WESONGA.

SAMUIRI OGULA MBAKULO SON OF STANELY MBAKULO SON OF ISAAC FAHIRI SON OF **JACOBO OCHIENO MASAHI** SON OF MBAKULO SON OF KUBENGI SON OF NGUNDIRA SON OF KAGENDA SON OF LWANDE WESONGA.

HUMPHREYS BWIRE SON OF STANELY MBAKULO SON OF ISAAC FAHIRI SON OF **JACOBO OCHIENO MASAHI** SON OF MBAKULO SON OF KUBENGI SON OF NGUNDIRA SON OF KAGENDA SON OF LWANDE WESONGA.

PETER OUNDO OJIAMBO SON OF STANELY MBAKULO SON OF ISAAC FAHIRI SON OF **JACOBO OCHIENO MASAHI** SON OF MBAKULO SON OF KUBENGI SON OF NGUNDIRA SON OF KAGENDA SON OF LWANDE WESONGA.

JANE ANYANGO NATABONA DAUGHTER OF STANELY MBAKULO SON OF ISAAC FAHIRI SON OF **JACOBO OCHIENO MASAHI** SON OF MBAKULO SON OF KUBENGI SON OF NGUNDIRA SON OF KAGENDA SON OF LWANDE WESONGA.

ROSE AUMA NATABONA DAUGHTER OF STANELY MBAKULO SON OF ISAAC FAHIRI SON OF **JACOBO OCHIENO MASAHI** SON OF MBAKULO SON OF KUBENGI SON OF NGUNDIRA SON OF KAGENDA SON OF LWANDE WESONGA.

BETI NATABONA DAUGHTER OF STANELY MBAKULO SON OF ISAAC FAHIRI SON OF **JACOBO OCHIENO MASAHI** SON OF MBAKULO SON OF KUBENGI SON OF NGUNDIRA SON OF KAGENDA SON OF LWANDE WESONGA.

JULIET NATABONA DAUGHTER OF STANELY MBAKULO SON OF ISAAC FAHIRI SON OF **JACOBO OCHIENO MASAHI** SON OF MBAKULO SON OF KUBENGI SON OF NGUNDIRA SON OF

CHAPTER FOUR

KAGENDA SON OF LWANDE WESONGA.

DISAN MBAKULO BWIRE SON OF ISAAC FAHIRI SON OF JACOBO OCHIENO MASAHI SON OF MBAKULO SON OF KUBENGI SON OF NGUNDIRA SON OF KAGENDA SON OF LWANDE WESONGA.

NAMULUNDU

Namangale Ohonga
Martin Ochieno
Isaac Mugeni
Robert Kubengi
Geoffrey Ochieno
Wilfred Wandera
Marvin Mbakulo
Daughters include:
Annette Ajiambo Natabona
Proscovia Nabwire Natabona
Sharon Nasirumbi Natabona
Robina Natabona
Shiba Namulembe Natabona

NAMANGALE OHONGA SON OF DISANI MBAKULO II BWIRE SON OF ISAAC FAHIRI SON OF JACOBO OCHIENO MASAHI SON MBAKULO SON OF KUBENGI SON OF NGUNDIRA SON OF KAGENDA SON OF LWANDE WESONGA.

MARTIN OCHIENO SON OF DISANI MBAKULO BWIRE SON OF ISAAC FAHIRI SON OF JACOBO OCHIENO MASAHI SON MBAKULO SON OF KUBENGI SON OF NGUNDIRA SON OF KAGENDA SON OF LWANDE WESONGA.

ISAAC MUGENI SON OF DISANI MBAKULO II BWIRE SON OF ISAAC FAHIRI SON OF JACOBO OCHIENO MASAHI SON MBAKULO SON OF KUBENGI SON OF NGUNDIRA SON OF KAGENDA SON OF LWANDE WESONGA.

ROBERT KUBENGI SON OF DISANI MBAKULO II BWIRE SON OF ISAAC FAHIRI SON OF JACOBO OCHIENO MASAHI SON

LWANDE WESONGA: A GENEALOGY

MBAKULO SON OF KUBENGI SON OF NGUNDIRA SON OF KAGENDA SON OF LWANDE WESONGA.

GEOFFREY OCHIENO SON OF DISANI MBAKULO II BWIRE SON OF ISAAC FAHIRI SON OF JACOBO OCHIENO MASAHI SON MBAKULO SON OF KUBENGI SON OF NGUNDIRA SON OF KAGENDA SON OF LWANDE WESONGA.

WILFRED WANDERA SON OF DISANI MBAKULO II BWIRE SON OF ISAAC FAHIRI SON OF JACOBO OCHIENO MASAHI SON MBAKULO SON OF KUBENGI SON OF NGUNDIRA SON OF KAGENDA SON OF LWANDE WESONGA.

MARVIN MBAKULO SON OF DISANI MBAKULO II BWIRE SON OF ISAAC FAHIRI SON OF JACOBO OCHIENO MASAHI SON MBAKULO SON OF KUBENGI SON OF NGUNDIRA SON OF KAGENDA SON OF LWANDE WESONGA.

ANNETTE AJIAMBO NATABONA DAUGHTER OF DISANI MBAKULO II BWIRE SON OF ISAAC FAHIRI SON OF JACOBO OCHIENO MASAHI SON OF MBAKULO SON OF KUBENGI SON SON OF NGUNDIRA SON OF KAGENDA SON OF LWANDE WESONGA.

PROSCOVIA NABWIRE NATABONA DAUGHTER OF DISANI MBAKULO II BWIRE SON OF ISAAC FAHIRI SON OF JACOBO OCHIENO MASAHI SON OF MBAKULO SON OF KUBENGI SON SON OF NGUNDIRA SON OF KAGENDA SON OF LWANDE WESONGA.

SHARON NASIRUMBI NATABONA DAUGHTER OF DISANI MBAKULO II BWIRE SON OF ISAAC FAHIRI SON OF JACOBO OCHIENO MASAHI SON OF MBAKULO SON OF KUBENGI SON SON OF NGUNDIRA SON OF KAGENDA SON OF LWANDE WESONGA.

ROBINA NATABONA DAUGHTER OF DISANI MBAKULO II BWIRE

SON OF ISAAC FAHIRI SON OF **JACOBO OCHIENO MASAHI** SON OF MBAKULO SON OF KUBENGI SON OF NGUNDIRA SON OF KAGENDA SON OF LWANDE WESONGA.

SHIBA NAMULEMBE NATABONA DAUGHTER OF DISANI MBAKULO II BWIRE SON OF ISAAC FAHIRI SON OF **JACOBO OCHIENO MASAHI** SON MBAKULO SON OF KUBENGI SON OF NGUNDIRA SON OF KAGENDA SON OF LWANDE WESONGA.

PHILEMON WANYAMA SON OF ISAAC FAHIRI SON OF **JACOBO OCHIENO MASAHI** SON OF MBAKULO SON OF KUBENGI SON OF NGUNDIRA SON OF KAGENDA SON OF LWANDE WESONGA.

Godfrey Osinya
Kwawaho Fahiri
Awubo Fahiri
Daughters were:
Nabwire Natabona Omukoko[195] married to Omudde[196]
Mugeni Natabona, Omukoko[197] married at Budola[198]
Jessica Auma Natabona, Omukoko[199]
married into Abachaki[200]. Children not known.

GODFREY OSINYA SON OF PHILEMON WANYAMA SON OF ISAAC FAHIRI SON OF **JACOBO OCHIENO MASAHI** SON OF MBAKULO SON OF KUBENGI SON OF NGUNDIRA SON OF KAGENDA SON OF LWANDE WESONGA.

KWAWAHO FAHIRI SON OF PHILEMON WANYAMA SON OF ISAAC FAHIRI SON OF **JACOBO OCHIENO MASAHI** SON OF MBAKULO SON OF KUBENGI SON OF NGUNDIRA SON OF KAGENDA SON OF LWANDE WESONGA.

---

195 A Natabona who is married
196 The husband comes from a clan called Abadde, hence male called Omudde
197 A Natabona who is married.
198 A place in Samia
199 A Natabona who is married.
200 Abachaki refers to people of the clan called Abachaki found in Samia

AWUBO FAHIRI SON OF PHILEMON WANYAMA SON OF ISAAC FAHIRI SON OF JACOBO OCHIENO MASAHI SON OF MBAKULO SON OF KUBENGI SON OF NGUNDIRA SON OF KAGENDA SON OF LWANDE WESONGA.

NABWIRE NATABONA DAUGHTER OF PHILEMON WANYAMA SON OF ISAAC FAHIRI SON OF JACOBO OCHIENO MASAHI SON OF MBAKULO SON OF KUBENGI SON OF NGUNDIRA SON OF KAGENDA SON OF LWANDE WESONGA.

MUGENI NATABONA DAUGHTER OF PHILEMON WANYAMA SON OF ISAAC FAHIRI SON OF JACOBO OCHIENO MASAHI SON OF MBAKULO SON OF KUBENGI SON OF NGUNDIRA SON OF KAGENDA SON OF LWANDE WESONGA.

JESSICA AUMA NATABONA DAUGHTER OF PHILEMON WANYAMA SON OF ISAAC FAHIRI SON OF JACOBO OCHIENO MASAHI SON OF MBAKULO SON OF KUBENGI SON OF NGUNDIRA SON OF KAGENDA SON OF LWANDE WESONGA.

GIDEON OUNDO GASUNDI SON OF JACABO OCHIENO MASAHI SON OF MBAKULO SON OF KUBENGI SON OF NGUNDIRA SON OF KAGENDA SON OF LWANDE WESONGA.

NALWENGE

Dr. George Mbakulo Bwire Oundo
Fredrick Okumu Oundo
Phillip Kubengi Oundo
Francis Ojiambo
Rose Akello Natabona, Omukoko[201],
gave birth to the
following children:
Ms. Nabwire
Charles Ouma
Edwin
Nambi

---

201 A Natabona who is married.

CHAPTER FOUR

Junior Wandera
Wandera
Jennifer Anyango Natabona
Taaka Butonya Natabona
Pamela Nasirisi Natabona gave birth to
4 children -names unavailable

ROSE AKELLO NATABONA DAUGHTER OF GIDEON OUNDO GASUNDI SON OF **JACABO OCHIENO MASAHI** SON OF **MBAKULO** SON OF **KUBENGI** SON OF **NGUNDIRA** SON OF **KAGENDA** SON OF **LWANDE WESONGA.**

NABWIRE DAUGHTER OF ROSE AKELLO NATABONA OF GIDEON OUNDO GASUNDI SON OF **JACOBO OCHIENO MASAHI** SON OF **MBAKULO** SON OF **KUBENGI** SON OF **NGUNDIRA** SON OF **KAGENDA** SON OF **LWANDE WESONGA.**

CHARLES OUMA SON OF ROSE AKELLO NATABONA OF GIDEON OUNDO GASUNDI SON OF **JACOBO OCHIENO MASAHI** SON OF **MBAKULO** SON OF **KUBENGI** SON OF **NGUNDIRA** SON OF **KAGENDA** SON OF **LWANDE WESONGA.**

EDWIN SON OF ROSE AKELLO NATABONA DAUGHTER OF GIDEON OUNDO GASUNDI SON OF **JACOBO OCHIENO MASAHI** SON OF **MBAKULO** SON OF **KUBENGI** SON OF **NGUNDIRA** SON OF **KAGENDA** SON OF **LWANDE WESONGA.**

NAMBI SON OF ROSE AKELLO NATABONA OF GIDEON OUNDO GASUNDI SON OF **JACOBO OCHIENO MASAHI** SON OF **MBAKULO** SON OF **KUBENGI** SON OF **NGUNDIRA** SON OF **KAGENDA** SON OF **LWANDE WESONGA.**

JUNIOR WANDERA SON OF ROSE AKELLO NATABONA OF GIDEON OUNDO GASUNDI SON OF **JACOBO OCHIENO MASAHI** SON OF **MBAKULO** SON OF **KUBENGI** SON OF **NGUNDIRA** SON OF **KAGENDA** SON OF **LWANDE WESONGA.**

LWANDE WESONGA: A GENEALOGY

WANDERA SON OF ROSE AKELLO NATABONA DAUGHTER OF GIDEON OUNDO GASUNDI SON OF JACOBO OCHIENO MASAHI SON OF MBAKULO SON OF KUBENGI SON OF NGUNDIRA SON OF KAGENDA SON OF LWANDE WESONGA.

JENNIFER ANYANGO NATABONA DAUGHTER OF GIDEON OUNDO GASUNDI SON OF JACABO OCHIENO MASAHI SON OF MBAKULO SON OF KUBENGI SON OF NGUNDIRA SON OF KAGENDA SON OF LWANDE WESONGA.

TAAKA BUTONYA NATABONA DAUGHTER OF GIDEON OUNDO GASUNDI SON OF JACABO OCHIENO MASAHI SON OF MBAKULO SON OF KUBENGI SON OF NGUNDIRA SON OF KAGENDA SON OF LWANDE WESONGA.

PAMELA NASIRISI NATABONA DAUGHTER OF GIDEON OUNDO GASUNDI SON OF JACABO OCHIENO MASAHI SON OF MBAKULO SON OF KUBENGI SON OF NGUNDIRA SON OF KAGENDA SON OF LWANDE WESONGA.

DR. GEORGE MBAKULO II BWIRE OUNDO SON OF GIDEON OUNDO GASUNDI SON OF JACOBO OCHIENO MASAHI SON OF MBAKULO SON OF KUBENGI SON OF NGUNDIRA SON OF KAGENDA SON OF LWANDE WESONGA.

MUGISU	Capt. Robert Oundo
	Bwire Oundo
MUTESO	Eric Sanya
Nakimanyang'a	Faisi Nekesa Oundo Natabona
(Alice Achalata)	Henry Kubengi Oundo

CAPT. (ARMY, LEGAL WORK) ROBERT OUNDO SON OF DR.

GEORGE MBAKULO II BWIRE OUNDO SON OF GIDEON OUNDO GASUNDI SON OF JACOBO OCHIENO MASAHI SON OF MBAKULO SON OF KUBENGI SON OF NGUNDIRA SON OF KAGENDA SON OF LWANDE WESONGA.

CHAPTER FOUR

BWIRE OUNDO SON OF DR. GEORGE MBAKULO II BWIRE OUNDO SON OF GIDEON OUNDO GASUNDI SON OF **JACOBO OCHIENO MASAHI** SON OF **MBAKULO** SON OF **KUBENGI** SON OF **NGUNDIRA** SON OF **KAGENDA** SON OF **LWANDE WESONGA.**

ERIC SANYA SON OF DR. GEORGE MBAKULO II BWIRE OUNDO SON OF GIDEON OUNDO GASUNDI SON OF **JACOBO OCHIENO MASAHI** SON OF **MBAKULO** SON OF **KUBENGI** SON OF **NGUNDIRA** SON OF **KAGENDA** SON OF **LWANDE WESONGA.**

FAISI NEKESA OUNDO NATABONA DAUGHTER OF DR.

GEORGE MBAKULO II BWIRE OUNDO SON OF GIDEON OUNDO GASUNDI SON OF **JACOBO OCHIENO MASAHI** SON OF **MBAKULO** SON OF **KUBENGI** SON OF **NGUNDIRA** SON OF **KAGENDA** SON OF **LWANDE WESONGA.**

HENRY KUBENGI OUNDO SON OF DR.

GEORGE MBAKULO II BWIRE OUNDO SON OF GIDEON OUNDO GASUNDI SON OF **JACOBO OCHIENO MASAHI** SON OF **MBAKULO** SON OF **KUBENGI** SON OF **NGUNDIRA** SON OF **KAGENDA** SON OF **LWANDE WESONGA.**

FRED OKUMU SON OF GIDEON OUNDO GASUNDI SON OF **JACOBO OCHIENO MASAHI** SON OF **MBAKULO** SON OF **KUBENGI** SON OF **NGUNDIRA** SON OF **KAGENDA** SON OF **LWANDE WESONGA.**

NAMULUNDU	Arthur Oundo
	Phiona Oundo
NAMUDDE	Had 3 sons, but the names were not obtained

ARTHUR OUNDO SON OF FRED OKUMU SON OF GIDEON OUNDO GASUNDI SON OF **JACOBO OCHIENO MASAHI** SON OF **MBAKULO** SON OF **KUBENGI** SON OF **NGUNDIRA** SON OF **KAGENDA** SON

OF **LWANDE WESONGA**.

PHIONA OUNDO SON OF FRED OKUMU SON OF GIDEON OUNDO GASUNDI SON OF **JACOBO OCHIENO MASAHI** SON OF **MBAKULO** SON OF **KUBENGI** SON OF **NGUNDIRA** SON OF **KAGENDA** SON OF **LWANDE WESONGA**.

PHILIPS KUBENGI OUNDO SON OF GIDEON OUNDO GASUNDI SON OF **JACABO OCHIENO MASAHI** SON OF **MBAKULO** SON OF **KUBENGI** SON OF **NGUNDIRA** SON OF **KAGENDA** SON OF **LWANDE WESONGA**.

MUGANDA

Conrad Kubengi Oundo
Kubengi Oundo Natabona

CONRAD KUBENGI OUNDO SON OF PHILIPS KUBENGI OUNDO SON OF GIDEON OUNDO GASUNDI SON OF **JACOBO OCHIENO MASAHI** SON OF **MBAKULO** SON OF **KUBENGI** SON OF **NGUNDIRA** SON OF **KAGENDA** SON OF **LWANDE WESONGA**.

KUBENGI OUNDO NATABONA, DAUGHTER OF PHILIPS KUBENGI OUNDO SON OF GIDEON OUNDO GASUNDI SON OF **JACOBO OCHIENO MASAHI** SON OF **MBAKULO** SON OF **KUBENGI** SON OF **NGUNDIRA** SON OF **KAGENDA** SON OF **LWANDE WESONGA**.

FRANCIS OJIAMBO OUNDO SON OF GIDEON OUNDO GASUNDI SON OF **JACOBO OCHIENO MASAHI** SON OF **MBAKULO** SON OF **KUBENGI** SON OF **NGUNDIRA** SON OF **KAGENDA** SON OF **LWANDE WESONGA**.

NAJIMARE

Hope Taaka Natabona, no children.
Fortunate Ojiambo Natabona,
had a daughter called Mercy
Sanya Ojiambo.

HOPE TAAKA NATABONA DAUGHTER OF FRANCIS OJIAMBO OUNDO SON OF GIDEON OUNDO GASUNDI SON OF **JACOBO**

CHAPTER FOUR

OCHIENO MASAHI SON OF **MBAKULO** SON OF **KUBENGI** SON OF **NGUNDIRA** SON OF **KAGENDA** SON OF **LWANDE WESONGA.**

FORTUNATE OJIAMBO NATABONA, DAUGHTER OF FRANCIS OJIAMBO OUNDO SON OF GIDEON OUNDO GASUNDI SON OF **JACOBO OCHIENO MASAHI** SON OF **MBAKULO** SON OF **KUBENGI** SON OF **NGUNDIRA** SON OF **KAGENDA** SON OF **LWANDE WESONGA.**

MERCY SANYA OJIAMBO DAUGHTER OF FORTUNATE OJIAMBO NATABONA, DAUGHTER OF FRANCIS OJIAMBO OUNDO SON OF GIDEON OUNDO GASUNDI SON OF **JACOBO OCHIENO MASAHI** SON OF **MBAKULO** SON OF **KUBENGI** SON OF **NGUNDIRA** SON OF **KAGENDA** SON OF **LWANDE WESONGA.**

<u>**NGEMA** SON OF **MBAKULO**</u>

NGEMA SON OF **MBAKULO** SON OF **KUBENGI** SON OF **NGUNDIRA** SON OF **KAGENDA** SON OF **LWANDE WESONGA.**

NAMUDDE	Wanjala.
	It was difficult to obtain more information about him.
NASONGA	Ojiambo Budaha Ngema II
	Nerima Haduli Natabona, Omukoko[202], married to Abalala[203] and had one son called Mangeni.
	Kalara Natabona, Omukoko[204], married to Bendefasio Ombito, Omuchaki[205]. Kalara had the following children:
	Victoria
	Auma
	Barasa

NERIMA HADULI NATABONA, DAUGHTER OF **NGEMA** SON OF **MBAKULO** SON OF **KUBENGI** SON OF **NGUNDIRA** SON OF

---

202 A Natabona who is married.
203 A clan in Samia
204 A Natabona who is married.
205 A clan in Samia. Male is called Omuchaki

LWANDE WESONGA: A GENEALOGY

KAGENDA SON OF LWANDE WESONGA.

MANGENI SON OF NERIMA HADULI NATABONA, DAUGHTER OF NGEMA SON OF MBAKULO SON OF KUBENGI SON OF NGUNDIRA SON OF KAGENDA SON OF LWANDE WESONGA.

KALARA OMBITO NATABONA, DAUGHTER OF NGEMA SON OF MBAKULO SON OF KUBENGI SON OF NGUNDIRA SON OF KAGENDA SON OF LWANDE WESONGA.

VICTORIA DAUGHTER OF KALARA OMBITO NATABONA DAUGHTER OF NGEMA SON OF MBAKULO SON OF KUBENGI SON OF NGUNDIRA SON OF KAGENDA SON OF LWANDE WESONGA.

AUMA DAUGHTER OF KALARA OMBITO NATABONA DAUGHTER OF NGEMA SON OF MBAKULO SON OF KUBENGI SON OF NGUNDIRA SON OF KAGENDA SON OF LWANDE WESONGA.

BARASA SON OF KALARA OMBITO NATABONA DAUGHTER OF NGEMA SON OF MBAKULO SON OF KUBENGI SON OF NGUNDIRA SON OF KAGENDA SON OF LWANDE WESONGA.

OJIAMBO BUDAHA NGEMA SON OF NGEMA SON OF MBAKULO SON OF KUBENGI SON OF NGUNDIRA SON OF KAGENDA SON OF LWANDE WESONGA.

NAMAKANGALA (Rose)	Aggrey (Danyuha) Kubengi
	Ramathan Pusi Ojiambo
	Richard Odwori Ojiambo
	Simon Ojiambo
	Bwire
NAMULEMBO	Had daughters with Ojiambo Budaha but their names were not given.
NAKIROYA	Mugeni

AGGREY (DANYUHA) KUBENGI SON OF OJIAMBO BUDAHA

CHAPTER FOUR

SON OF **NGEMA** SON OF **MBAKULO** SON OF **KUBENGI** SON OF **NGUNDIRA** SON OF **KAGENDA** SON OF **LWANDE WESONGA**.

RAMATHAN PUSI OJIAMBO SON OF OJIAMBO BUDAHA SON OF **NGEMA** SON OF **MBAKULO** SON OF **KUBENGI** SON OF **NGUNDIRA** SON OF **KAGENDA** SON OF **LWANDE WESONGA**.

RICHARD ODWORI OJIAMBO SON OF OJIAMBO BUDAHA SON OF **NGEMA** SON OF **MBAKULO** SON OF **KUBENGI** SON OF **NGUNDIRA** SON OF **KAGENDA** SON OF **LWANDE WESONGA**.

MUGENI SON OF OJIAMBO BUDAHA SON OF **NGEMA** SON OF **MBAKULO** SON OF **KUBENGI** SON OF **NGUNDIRA** SON OF **KAGENDA** SON OF **LWANDE WESONGA**.

SIMON OJIAMBO SON OF OJIAMBO BUDAHA SON OF **NGEMA** SON OF **MBAKULO** SON OF **KUBENGI** SON OF **NGUNDIRA** SON OF **KAGENDA** SON OF **LWANDE WESONGA**.

BWIRE OJIAMBO SON OF OJIAMBO BUDAHA SON OF **NGEMA** SON OF **MBAKULO** SON OF **KUBENGI** SON OF **NGUNDIRA** SON OF **KAGENDA** SON OF **LWANDE WESONGA**.

WANJALA SON OF **NGEMA** OF **MBAKULO** SON OF **KUBENGI** SON OF **NGUNDIRA** SON OF **KAGENDA** SON OF **LWANDE WESONGA**.

<u>**DISIMASI HAGIO** SON OF **MBAKULO**</u>

DISIMASI HAGIO SON OF **MBAKULO** SON OF **KUBENGI** SON OF **NGUNDIRA** SON OF **KAGENDA** SON OF **LWANDE WESONGA**.

NAKOOLI	Gabriel Ochieno.

Gabriel was a Police Inspector in King's Rifles, during colonial period, when Uganda Protectorate was governed by the United Kingdom. Unfortunately, he passed away in late 1950-51 in Kenya. At that time the three countries were called East Africa, hence one can work in Uganda, Kenya, and Tanganyika present Tanzania. For

LWANDE WESONGA: A GENEALOGY

him to be a Police Inspector in Kings Rifle as it used to be called, Gabriel must have been exceedingly brilliant. Those positions were not easily given to Africans. I had a chance to see him. He was tall, well built, with handsome complexion. I have always missed him tremendously. May he rest in peace.

Buluma Beyi

NACHAKI Nachaki did not have any child. In lu Samia she was referred to as Omukumba[206]

GABRIEL ONYANGO OCHIENO SON OF **DISIMASI HAGIO** SON OF **MBAKULO** SON OF **KUBENGI** SON OF **NGUNDIRA** SON OF **KAGENDA** SON OF **LWANDE WESONGA.**

NAMULEMBO Peter Odwori
Mayembe Okumu
Auma Natabona, Omukoko[207], got married among people called Abaheri.

PETER ODWORI SON OF GABRIEL OCHIENO SON OF **DISIMASI HAGIO** SON OF **MBAKULO** SON OF **KUBENGI** SON ON **NGUNDIRA** SON OF **KAGENDA** SON OF **LWANDE WESONGA.**

Mbakulo wOdwori[208]
Tina Kubengi Natbona, Omukoko[209],
got married into a clan called Abamayindi.

MBAKULO WO DWORI SON OF PETER ODWORI SON OF GABRIEL OCHIENO SON OF **DISIMASI HAGIO** SON OF **MBAKULO** SON OF **KUBENGI** SON OF **NGUNDIRA** SON OF **KAGENDA** SON OF **LWANDE WESONGA.**

TINA KUBENGI NATBONA DAUGHTER OF PETER ODWORI SON OF GABRIEL OCHIENO SON OF **DISIMASI HAGIO** SON OF

---

206 Omukumba is someone who cannot have children with no fault of both parties.
207 A Natabona who is married.
208 In Lu Samia the prefix "wo" before the name mean son of ....
209 A Natabona who is married.

CHAPTER FOUR

MBAKULO SON OF KUBENGI SON OF NGUNDIRA SON OF KAGENDA SON OF LWANDE WESONGA.

MAYEMBE OKUMU SON OF GABRIEL OCHIENO SON OF DISIMASI HAGIO SON OF MBAKULO SON OF KUBENGI SON OF NGUNDIRA SON OF KAGENDA SON OF LWANDE WESONGA.

Ouma son of Mayembe Okumu
Yeremia Masiga Mukaga – Sadly passed away in ?2017.
Kubengi son of Mayembe Okumu
There were two untraced daughters

AUMA NATABONA, OMUKOKO DAUGHTER OF GABRIEL OCHIENO SON OF DISIMASI HAGIO SON OF MBAKULO SON OF KUBENGI SON OF NGUNDIRA SON OF KAGENDA SON OF LWANDE WESONGA.

MBAKULO ODWORI SON OF PETER ODWORI SON OF GABRIEL OCHIENO SON OF DISIMASI HAGIO SON OF MBAKULO SON OF KUBENGI SON OF NGUNDIRA SON OF KAGENDA SON OF LWANDE WESONGA.

OUMA WAMAYEMBE SON OF MAYEMBE OKUMU SON OF GABRIEL OCHIENO SON OF DISIMASI HAGIO SON OF MBAKULO SON OF KUBENGI SON OF NGUNDIRA SON OF KAGENDA SON OF LWANDE WESONGA.

YEREMIA MASIGA MUKAGA SON OF OKUMU MAYEMBE SON OF GABRIEL OCHIENO SON OF DISIMASI HAGIO SON OF MBAKULO SON OF KUBENGI SON OF NGUNDIRA SON OF KAGENDA SON OF LWANDE WESONGA.

KUBENGI SON OF OKUMU MAYEMBE SON OF GABRIEL OCHIENO SON OF DISIMASI HAGIO SON OF MBAKULO SON OF KUBENGI SON OF NGUNDIRA SON OF KAGENDA SON OF LWANDE WESONGA.

LWANDE WESONGA: A GENEALOGY

BULUMA BEYI SON OF **DISIMASI HAGIO** SON OF **MBAKULO** SON OF **KUBENGI** SON OF **NGUNDIRA** SON OF **KAGENDA** SON OF **LWANDE WESONGA.**

NAJABI

Onyango Beyi
Juma Beyi
Egessa Beyi
Taaka Natabona, Omukoko[210], married into clan called Abamaindi

NAMULEMBO

Tabu Namulembo
Buluma Beyi, yakerama[211] Namulembo, wife to Gabriel Ochieno and had Tabu Namul

TAAKA NATABONA, DAUGHTER OF BULUMA BEYI SON OF **DISIMASI HAGIO** SON OF **MBAKULO** SON OF **KUBENGI** SON OF **NGUNDIRA** SON OF **KAGENDA** SON OF **LWANDE WESONGA.**

ONYANGO BEYI SON OF BULUMA BEYI SON OF **DISIMASI HAGIO** SON OF **MBAKULO** SON OF **KUBENGI** SON OF **NGUNDIRA** SON OF **KAGENDA** SON OF **LWANDE WESONGA.**

JUMA BEYI SON OF BULUMA BEYI SON OF **DISIMASI HAGIO** SON OF **MBAKULO** SON OF **KUBENGI** SON OF **NGUNDIRA** SON OF **KAGENDA** SON OF **LWANDE WESONGA.**

EGESSA BEYI SON OF BULUMA BEYI SON OF **DISIMASI HAGIO** SON OF **MBAKULO** SON OF **KUBENGI** SON OF **NGUNDIRA** SON OF **KAGENDA** SON OF **LWANDE WESONGA.**

TABU NAMULEMBO OF BULUMA BEYI SON OF **DISIMASI HAGIO** SON OF **MBAKULO** SON OF **KUBENGI** SON OF **NGUNDIRA** SON OF **KAGENDA** SON OF **LWANDE WESONGA.**

Kubengi Tabu

---

210 Ibid.,
211 Married a brother's wife after the brother had passed away through a special ceremony according to the customs and tradition of Basamia..

CHAPTER FOUR

Afura Tabu
Sweeti Tabu
Nekesa Natabona, Omukoko[212], married Abakangala [213]of Mutiki,[214]
Bukuhu[215]

KUBENGI TABU SON OF TABU NAMULEMBO SON OF BULUMA BEYI SON OF **DISIMASI HAGIO** SON OF MBAKULO SON OF KUBENGI SON OF NGUNDIRA SON OF KAGENDA SON OF **LWANDE WESONGA.**

AFURA TABU SON OF TABU NAMULEMBO SON OF BULUMA BEYI SON OF **DISIMASI HAGIO** SON OF MBAKULO SON OF KUBENGI SON OF NGUNDIRA SON OF KAGENDA SON OF LWANDE WESONGA.

SWEETI TABU SON OF TABU NAMULEMBO SON OF BULUMA BEYI SON OF **DISIMASI HAGIO** SON OF MBAKULO SON OF KUBENGI SON OF NGUNDIRA SON OF KAGENDA SON OF LWANDE WESONGA.

NEKESA NATABONA, DAUGHTER OF TABU NAMULEMBO SON OF BULUMA BEYI SON OF **DISIMASI HAGIO** SON OF MBAKULO SON OF KUBENGI SON OF NGUNDIRA SON OF KAGENDA SON OF **LWANDE WESONGA.**

MAGINA SON OF MBAKULO

MAGINA SON OF MBAKULO SON OF KUBENGI SON OF NGUNDIRA SON OF KAGENDA SON OF LWANDE WESONGA.

NALALA	Colonio Luduba. It was very difficult to obtain information about him and the family.

---

212 A Natabona who is married
213 A clan in Samia
214 A place in Samia
215 A place inhabited by people called Abakuhu by clan

383

Erina Anyango Natabona, Omukoko[216], married
Simeon Wafubwa, Omusera[217].
Donatina Osinya Natabona, Omukoko[218]
married into a clan called Abamaali.

COLONIO LUDUBA SON OF **MAGINA** SON OF **MBAKULO** SON OF **KUBENGI** SON OF **NGUNDIRA** SON OF **KAGENDA** SON OF **LWANDE WESONGA.**

ERINA ANYANGO NATABONA OMUKOKO[219] DAUGHTER OF **MAGINA** SON OF **MBAKULO** SON OF **KUBENGI** SON OF **NGUNDIRA** SON OF **KAGENDA** SON OF **LWANDE WESONGA.**

WILSON OKWENJE SON OF ERINA NATABONA DAUGHTER OF **MAGINA** SON OF **MBAKULO** SON OF **KUBENGI** SON OF **NGUNDIRA** SON OF **KAGENDA** SON OF **LWANDE WESONGA.**

Joseph Okwenje had:
Rachael Nandera Okwenje,
Simeon Jonathan Ofubwa,
Constance Nambozo Okwenje.
Agnes Nalala Okwenje had:
Namboowa Mwebaze Bakiika
Mubezi Tenywa Bakiika.
Natabona (Bona) Erina Okwenje had:
Appollo Tebitendwa Okwenje Omamo.
Bathsheba (Sheba) Okwenje had:
Sol Okwenje Sharma.
Benon (Ben) Okwenje had:
Nekesa Annabelle Okwenje,
Kamigisha Elizabeth Okwenje,
Magina Zachariah Okwenje.
Irene Okwenje Wanyama had:

---

216   A Natabona who is married.
217   A clan in Samia Bugwe.
218   A Natabona who is married.
219   A Natabona who is married.

CHAPTER FOUR

Bright Emmanuel Wanyama,
Gift Mary Wanyama.
Kevin Owor Okwenje had:
Liam Owor Tetek Okwenje.
Helen Nabwire Okwenje had:
Timothy Matovu,
Evelyn Esther Namatovu,
Titus Lubega
Thaddeus Ngobya.
Evelyn Wafubwa Okwenje had.
Marianne Akumu Okwenje.

WILSON OKWENJE SON OF ERINA ANYANGO NATABONA, DAUGHTER OF MAGINA SON OF MBAKULO SON OF KUBENGI SON OF NGUNDIRA SON OF KAGENDA SON OF LWANDE WESONGA.

JOSEPH OKWENJE SON OF WILSON OKWENJE SON OF ERINA ANYANGO NATABONA, DAUGHTER OF MAGINA SON OF MBAKULO SON OF KUBENGI SON OF NGUNDIRA SON OF KAGENDA SON OF LWANDE WESONGA.

RACHAEL NANDERA OKWENJE DAUGHTER OF JOSEPH OKWENJE SON OF WILSON OKWENJE SON OF ERINA ANYANGO NATABONA, DAUGHTER OF MAGINA SON OF MBAKULO SON OF KUBENGI SON OF NGUNDIRA SON OF KAGENDA SON OF LWANDE WESONGA.

SIMEON JONATHAN OFUBWA SON OF JOSEPH OKWENJE SON OF WILSON OKWENJE SON OF ERINA ANYANGO NATABONA, DAUGHTER OF MAGINA SON OF MBAKULO SON OF KUBENGI SON OF NGUNDIRA SON OF KAGENDA SON OF LWANDE WESONGA.

CONSTANCE NAMBOZO OKWENJE DAUGHTER OF JOSEPH OKWENJE SON OF WILSON OKWENJE SON OF ERINA ANYANGO NATABONA, DAUGHTER OF MAGINA SON OF MBAKULO SON

OF KUBENGI SON OF NGUNDIRA SON OF KAGENDA SON OF LWANDE WESONGA.

AGNES NALALA OKWENJE DAUGHTER OF WILSON OKWENJE SON OF ERINA ANYANGO NATABONA, DAUGHTER OF MAGINA SON OF MBAKULO SON OF KUBENGI SON OF NGUNDIRA SON OF KAGENDA SON OF LWANDE WESONGA.

NAMBOOWA MWEBAZE BAKIIKA DAUGHTER OF AGNES NALALA OKWENJE DAUGHTER OF WILSON OKWENJE SON OF ERINA ANYANGO NATABONA DAUGHTER OF MAGINA SON OF MBAKULO SON OF KUBENGI SON OF NGUNDIRA SON OF KAGENDA SON OF LWANDE WESONGA.

MUBEZI TENYWA BAKIIKA OF AGNES NALALA OKWENJE DAUGHTER OF WILSON OKWENJE SON OF ERINA ANYANGO DAUGHTER OF MAGINA SON OF MBAKULO SON OF KUBENGI SON OF NGUNDIRA SON OF KAGENDA SON OF LWANDE WESONGA.

NATABONA (BONA) ERINA OKWENJE DAUGHTER OF WILSON OKWENJE SON OF ERINA ANYANGO NATABONA, DAUGHTER OF MAGINA SON OF MBAKULO SON OF KUBENGI SON OF NGUNDIRA SON OF KAGENDA SON OF LWANDE WESONGA.

APPOLLO TEBITENDWA OKWENJE OMAMO SON OF NATABONA (BONA) ERINA OKWENJE DAUGHTER OF WILSON OKWENJE SON OF ERINA ANYANGO NATABONA DAUGHTER OF MAGINA SON OF MBAKULO SON OF KUBENGI SON OF NGUNDIRA SON OF KAGENDA SON OF LWANDE WESONGA.

BATHSHEBA (SHEBA) OKWENJE DAUGHTER OF WILSON OKWENJE SON OF ERINA ANYANGO NATABONA, DAUGHTER OF MAGINA SON OF MBAKULO SON OF KUBENGI SON OF NGUNDIRA SON OF KAGENDA SON OF LWANDE WESONGA.

SOL OKWENJE SHARMA SON OF BATHSHEBA (SHEBA) OKWENJE

CHAPTER FOUR

DAUGHTER OF WILSON OKWENJE SON OF ERINA ANYANGO NATABONA DAUGHTER OF **MAGINA** SON OF MBAKULO SON OF KUBENGI SON OF NGUNDIRA SON OF KAGENDA SON OF LWANDE WESONGA.

BENON (BEN) OKWENJE SON OF WILSON OKWENJE SON OF ERINA ANYANGO NATABONA, DAUGHTER OF **MAGINA** SON OF MBAKULO SON OF KUBENGI SON OF NGUNDIRA SON OF KAGENDA SON OF LWANDE WESONGA.

NEKESA ANNABELLE OKWENJE DAUGHTER OF BENON (BEN) OKWENJE SON OF WILSON OKWENJE SON OF ERINA ANYANGO NATABONA DAUGHTER OF **MAGINA** SON OF MBAKULO SON OF KUBENGI SON OF NGUNDIRA SON OF KAGENDA SON OF LWANDE WESONGA.

KAMIGISHA ELIZABETH OKWENJE DAUGHTER OF BENON (BEN) OKWENJE SON OF WILSON OKWENJE SON OF ERINA ANYANGO NATABONA DAUGHTER OF **MAGINA** SON OF MBAKULO SON OF KUBENGI SON OF NGUNDIRA SON OF KAGENDA SON OF LWANDE WESONGA.

MAGINA ZACHARIAH OKWENJE SON OF BENON (BEN) OKWENJE SON OF WILSON OKWENJE SON OF ERINA ANYANGO NATABONA DAUGHTER OF **MAGINA** SON OF MBAKULO SON OF KUBENGI SON OF NGUNDIRA SON OF KAGENDA SON OF LWANDE WESONGA.

IRENE OKWENJE WANYAMA DAUGHTER OF WILSON OKWENJE SON OF ERINA ANYANGO NATABONA, DAUGHTER OF **MAGINA** SON OF MBAKULO SON OF KUBENGI SON OF NGUNDIRA SON OF KAGENDA SON OF LWANDE WESONGA.

BRIGHT EMMANUEL WANYAMA SON OF IRENE OKWENJE WANYAMA DAUGHTER OF WILSON OKWENJE SON OF ERINA ANYANGO NATABONA, DAUGHTER OF **MAGINA** SON OF MBAKULO SON OF KUBENGI SON OF NGUNDIRA SON OF

KAGENDA SON OF LWANDE WESONGA.

GIFT MARY WANYAMA DAUGHTER OF IRENE OKWENJE WANYAMA DAUGHTER OF WILSON OKWENJE SON OF ERINA ANYANGO NATABONA, DAUGHTER OF MAGINA SON OF MBAKULO SON OF KUBENGI SON OF NGUNDIRA SON OF KAGENDA SON OF LWANDE WESONGA.

KEVIN OWOR OKWENJE SON OF WILSON OKWENJE SON OF ERINA ANYANGO NATABONA, DAUGHTER OF MAGINA SON OF MBAKULO SON OF KUBENGI SON OF NGUNDIRA SON OF KAGENDA SON OF LWANDE WESONGA.

LIAM OWOR TETEK OKWENJE OF KEVIN OWOR OKWENJE SON OF WILSON OKWENJE SON OF ERINA ANYANGO NATABONA, DAUGHTER OF MAGINA SON OF MBAKULO SON OF KUBENGI SON OF NGUNDIRA SON OF KAGENDA SON OF LWANDE WESONGA.

HELEN NABWIRE DAUGHTER OF WILSON OKWENJE SON OF ERINA ANYANGO NATABONA, DAUGHTER OF MAGINA SON OF MBAKULO SON OF KUBENGI SON OF NGUNDIRA SON OF KAGENDA SON OF LWANDE WESONGA.

TIMOTHY MATOVU SON OF HELEN NABWIRE DAUGHTER OF WILSON OKWENJE SON OF ERINA ANYANGO NATABONA DAUGHTER OF MAGINA SON OF MBAKULO SON OF KUBENGI SON OF NGUNDIRA SON OF KAGENDA SON OF LWANDE WESONGA.

EVELYN ESTHER NAMATOVU DAUGHTER OF HELEN NABWIRE DAUGHTER OF WILSON OKWENJE SON OF ERINA ANYANGO NATABONA DAUGHTER OF MAGINA SON OF MBAKULO SON OF KUBENGI SON OF NGUNDIRA SON OF KAGENDA SON OF LWANDE WESONGA.

TITUS LUBEGA SON OF HELEN BWIRE DAUGHTER OF WILSON OKWENJE SON OF ERINA ANYANGO NATABONA DAUGHTER

CHAPTER FOUR

OF **MAGINA** SON OF **MBAKULO** SON OF **KUBENGI** SON OF **NGUNDIRA** SON OF **KAGENDA** SON OF **LWANDE WESONGA.**

THADDEUS NGOBYA SON OF HELEN NABWIRE DAUGHTER OF WILSON OKWENJE SON OF ERINA ANYANGO NATABONA DAUGHTER OF **MAGINA** SON OF **MBAKULO** SON OF **KUBENGI** SON OF **NGUNDIRA** SON OF **KAGENDA** SON OF **LWANDE WESONGA.**

EVELYN WAFUBWA OKWENJE DAUGHTER OF WILSON OKWENJE SON OF ERINA ANYANGO NATABONA, DAUGHTER OF **MAGINA** SON OF **MBAKULO** SON OF **KUBENGI** SON OF **NGUNDIRA** SON OF **KAGENDA** SON OF **LWANDE WESONGA.**

MARIANNE AKUMU OKWENJE DAUGHTER OF EVELYN WAFUBWA OKWENJE DAUGHTER OF WILSON OKWENJE SON OF ERINA ANYANGO NATABONA DAUGHTER OF **MAGINA** SON OF **MBAKULO** SON OF **KUBENGI** SON OF **NGUNDIRA** SON OF **KAGENDA** SON OF **LWANDE WESONGA.**

DONATINA OSINYA NATABONA, OMUKOKO[220] DAUGHTER OF **MAGINA** SON OF **MBAKULO** SON OF **KUBENGI** SON OF **NGUNDIRA** SON OF **KAGENDA** SON OF **LWANDE WESONGA.**

RICHARD WANDERA SON OF DONATINA OSINYA NATABONA DAUGHTER OF **MAGINA** SON OF **MBAKULO** SON OF **KUBENGI** SON OF **NGUNDIRA** SON OF **KAGENDA** SON OF **LWANDE WESONGA.**

See Appendix 93

MWABI SON OF **MBAKULO**

MWABI SON OF **MBAKULO** SON OF **KUBENGI** SON OF **NGUNDIRA** SON OF **KAGENDA** SON OF **LWANDE WESONGA.**

---

220 A Natabona who is married.

LWANDE WESONGA: A GENEALOGY

NAMUKOBE	Stephano Wandera
	Muchere Mwabi II
ADETI	Thomas Ouma Mwabi II
	Joseph Ngundira III Mwabi II
	Taaka Natabona
NASUBO	Jimmy Wanyama Mwabi II

TAAKA NATABONA DAUGHTER OF **MWABI** SON OF **MBAKULO** SON OF **KUBENGI** SON OF **NGUNDIRA** SON OF **KAGENDA** SON OF **LWANDE WESONGA.**

STEPHANO WANDERA MBAKULO II SON OF **MWABI** SON OF **MBAKULO** SON OF **KUBENGI** SON OF **NGUNDIRA** SON OF **KAGENDA** SON OF **LWANDE WESONGA.**

Kubengi
Ochieno
Nekesa Natabona, Omukoko[221], married Abahokosi.[222]
Aguttu Natabona, Omukoko[223], married Abaduma.[224]

KUBENGI II SON OF STEPHANO WANDERA MBAKULO II SON OF **MWABI** SON OF **MBAKULO** SON OF **KUBENGI** SON OF **NGUNDIRA** SON OF **KAGENDA** SON OF **LWANDE WESONGA.**

OCHIENO SON OF STEPHANO WANDERA MBAKULO II SON OF **MWABI** SON OF **MBAKULO** SON OF **KUBENGI** SON OF **NGUNDIRA** SON OF **KAGENDA** SON OF **LWANDE WESONGA.**

NEKESA NATABONA, DAUHGTER OF STEPHANO WANDERA MBAKULO II SON OF **MWABI** SON OF **MBAKULO** SON OF **KUBENGI** SON OF **NGUNDIRA** SON OF **KAGENDA** SON OF **LWANDE WESONGA.**

---

221 A Natabona who is married.
222 Abahokosi is another clan in Eastern Uganda.
223 A Natabona who is married.
224 Abaduma is a clan in Eastern Uganda.

CHAPTER FOUR

AGUTTU NATABONA, DAUHGTER OF STEPHANO WANDERA MBAKULO II SON OF **MWABI** SON OF **MBAKULO** SON OF **KUBENGI** SON OF **NGUNDIRA** SON OF **KAGENDA** SON OF **LWANDE WESONGA.**

FRANCIS MUCHERE MWABI SON OF **MWABI** SON OF **MBAKULO** SON OF **KUBENGI** SON OF **NGUNDIRA** SON OF **KAGENDA** SON OF **LWANDE WESONGA.**

Opio Muchere
Egesa
Mangeni son of Muchere yakerama[225]
wife of Stephano Wandera and had the following daughters:
Aguttu Natabona, Omukoko[226] married into Abamaceke[227]
Adongo Natabona, Omukoko[228] married into Abangale[229]
Akello Natabona, Omukoko[230] married into Abadde[231]
Hamala Natabona, Omukoko[232] married into Abadde[233]
Achola Natbona, Omukoko[234] married into Abalyali[235]
Taabu Natabona, Omukoko [236]married into Abadde[237]
Nekesa Natabona, Omukok[238] esibeyo[239] married into Abahokosi[240]

---

[225] Marrying a relative's wife in a special ceremony after the death of the husband.
[226] A Natabona who is married.
[227] A clan in Samia
[228] A Natabona who is married.
[229] A clan in Samia
[230] A Natabona who is married.
[231] A clan in Samia
[232] A Natabona who is married.
[233] A clan in Samia
[234] A Natabona who is married.
[235] A clan in Samia
[236] A Natabona who is married.
[237] A clan in Samia
[238] A Natabona who is married.
[239] A married daughter returns home to ask one of the sisters to go and marry either same man or different man but in the same clan of her husband.
[240] A clana in Bugwe?

LWANDE WESONGA: A GENEALOGY

OPIO MUCHERE SON OF FRANCIS MUCHERE MWABI SON OF MWABI SON OF MBAKULO SON OF KUBENGI SON OF NGUNDIRA SON OF KAGENDA SON OF LWANDE WESONGA.

EGESA SON OF FRANCIS MUCHERE MWABI SON OF MWABI SON OF MBAKULO SON OF KUBENGI SON OF NGUNDIRA SON OF KAGENDA SON OF LWANDE WESONGA.

MANGENI SON OF FRANCIS MUCHERE MWABI II SON OF MWABI SON OF MBAKULO SON OF KUBENGI SON OF NGUNDIRA SON OF KAGENDA SON OF LWANDE WESONGA.

AGUTTU NATABONA, DAUGHTER OF MANGENI SON OF FRANCIS MUCHERE MWABI II SON OF MWABI SON OF MBAKULO SON OF KUBENGI SON OF NGUNDIRA SON OF KAGENDA SON OF LWANDE WESONGA.

ADONGO NATABONA, DAUGHTER OF MANGENI SON OF FRANCIS MUCHERE MWABI II SON OF MWABI SON OF MBAKULO SON OF KUBENGI SON OF NGUNDIRA SON OF KAGENDA SON OF LWANDE WESONGA.

AKELLO NATABONA, DAUGHTER OF MANGENI SON OF FRANCIS MUCHERE MWABI II SON OF MWABI SON OF MBAKULO SON OF KUBENGI SON OF NGUNDIRA SON OF KAGENDA SON OF LWANDE WESONGA.

HAMALA NATABONA, DAUGHTER OF MANGENI SON OF FRANCIS MUCHERE MWABI II SON OF MWABI SON OF MBAKULO SON OF KUBENGI SON OF NGUNDIRA SON OF KAGENDA SON OF LWANDE WESONGA.

ACHOLA NATBONA, DAUGHTER OF MANGENI SON OF FRANCIS MUCHERE MWABI II SON OF MWABI SON OF MBAKULO SON OF KUBENGI SON OF NGUNDIRA SON OF KAGENDA SON OF LWANDE WESONGA.

CHAPTER FOUR

TAABU NATABONA, DAUGHTER OF MANGENI SON OF FRANCIS MUCHERE MWABI II SON OF **MWABI** SON OF **MBAKULO** SON OF **KUBENGI** SON OF **NGUNDIRA** SON OF **KAGENDA** SON OF **LWANDE WESONGA.**

NEKESA NATABONA, DAUGHTER OF MANGENI SON OF FRANCIS MUCHERE MWABI II SON OF **MWABI** SON OF **MBAKULO** SON OF **KUBENGI** SON OF **NGUNDIRA** SON OF **KAGENDA** SON OF **LWANDE WESONGA.**

JOSEPH (YUSUFU) NGUNDIRA III MWABI II SON OF **MWABI** SON OF **MBAKULO** SON OF **KUBENGI** SON OF **NGUNDIRA** SON OF **KAGENDA** SON OF **LWANDE WESONGA.**

NADIDI	Odongo
	Wandera
	Night Natabona, Omukoko[241] married into Abamulembo[242]
NASIYE	Kadongo Ngundira
	Apiyo Natabona, Omukoko[243] married into Abamulembo[244]
	Tono Natabona, Omukoko [245]married into Abalala[246]
	Rose Natabona, Omukoko[247] married into Abalundu[248]
	Lilly Natabona
	Flora Natabona

ODONGO SON OF JOSEPH (YUSUFU) NGUNDIRA MWABI SON OF **MWABI** SON OF **MBAKULO** SON OF **KUBENGI** SON OF **NGUNDIRA** SON OF **KAGENDA** SON OF **LWANDE WESONGA.**

WANDERA SON OF JOSEPH (YUSUFU) NGUNDIRA III MWABI II SON OF **MWABI** SON OF **MBAKULO** SON OF **KUBENGI** SON OF

---

241 A Natabona who is married.
242 A clan in Samia.
243 A Natabona who is married.
244 A clan in Samia.
245 A Natabona who is married.
246 A clan in Samia.
247 A Natabona who is married.
248 A clan in Bugwe.

LWANDE WESONGA: A GENEALOGY

NGUNDIRA SON OF **KAGENDA** SON OF **LWANDE WESONGA.**

NIGHT NATABONA, DAUGHTER OF JOSEPH (YUSUFU) NGUNDIRA III MWABI II SON OF **MWABI** SON OF **MBAKULO** SON OF **KUBENGI** SON OF **NGUNDIRA** SON OF **KAGENDA** SON OF **LWANDE WESONGA.**

ODONGO NGUNDIRA, OF JOSEPH (YUSUFU) NGUNDIRA III MWABI II SON OF **MWABI** SON OF **MBAKULO** SON OF **KUBENGI** SON OF **NGUNDIRA** SON OF **KAGENDA** SON OF **LWANDE WESONGA.**

APIYO NATABONA, DAUGHTER OF JOSEPH (YUSUFU) NGUNDIRA III MWABI II SON OF **MWABI** SON OF **MBAKULO** SON OF KUBENGI SON OF **NGUNDIRA** SON OF **KAGENDA** SON OF **LWANDE WESONGA.**

TONO NATABONA, DAUGHTER OF JOSEPH (YUSUFU) NGUNDIRA III MWABI II SON OF **MWABI** SON OF **MBAKULO** SON OF **KUBENGI** SON OF **NGUNDIRA** SON OF **KAGENDA** SON OF **LWANDE WESONGA.**

ROSE NATABONA, DAUGHTER OF JOSEPH (YUSUFU) NGUNDIRA III MWABI II SON OF **MWABI** SON OF **MBAKULO** SON OF **KUBENGI** SON OF **NGUNDIRA** SON OF **KAGENDA** SON OF **LWANDE WESONGA.**

LILLY NATABONA DAUGHTER OF JOSEPH (YUSUFU) NGUNDIRA III MWABI II SON OF **MWABI** SON OF **MBAKULO** SON OF **KUBENGI** SON OF **NGUNDIRA** SON OF **KAGENDA** SON OF **LWANDE WESONGA.**

FLORA NATABONA DAUGHTER OF JOSEPH (YUSUFU) NGUNDIRA III MWABI II SON OF **MWABI** SON OF **MBAKULO** SON OF **KUBENGI** SON OF **NGUNDIRA** SON OF **KAGENDA** SON OF **LWANDE WESONGA.**

CHAPTER FOUR

JIMMY WANYAMA MWABI II SON OF MWABI SON OF MBAKULO SON OF KUBENGI SON OF NGUNDIRA SON OF KAGENDA SON OF LWANDE WESONGA.

NEHOBA Getu Nabwire Natabona, Omukoko[249], married into Abatende[250]
George Mangeni
Bwire Mwabi
Wilson Makoha
Nekesa Natabona, Omukoko[251] married into Abamaindi[252]
Taaka Natabona, Omukoko[253] married into Abahumachi[254]

GETU NABWIRE NATABONA, DAUGHTER OF JIMMY WANYAMA SON OF MWABI SON OF MBAKULO SON OF KUBENGI SON OF NGUNDIRA SON OF KAGENDA SON OF LWANDE WESONGA.

JUMA SON OF THOMAS OUMA SON OF MWABI SON OF MBAKULO SON OF KUBENGI SON OF NGUNDIRA SON OF KAGENDA SON OF LWANDE WESONGA.

CHARLES NAMULUCHA SON OF THOMAS OUMA SON OF MWABI SON OF MBAKULO SON OF KUBENGI SON OF NGUNDIRA SON OF KAGENDA SON OF LWANDE WESONGA.

MANGENI GEORGE SON OF JIMMY WANYAMA SON OF MWABI SON OF MBAKULO SON OF KUBENGI SON OF NGUNDIRA SON OF KAGENDA SON OF LWANDE WESONGA.

BWIRE MWABI SON OF JIMMY WANYAMA SON OF MWABI SON OF MBAKULO SON OF KUBENGI SON OF NGUNDIRA SON OF

---

249 A Natabona who is married.
250 A clan in Bugwe.
251 A Natabona who is married.
252 A clan in Samia.
253 A Natabona who is married.
254 A clan in Bugwe.

LWANDE WESONGA: A GENEALOGY

KAGENDA SON OF LWANDE WESONGA.

WILSON MAKOHA SON OF JIMMY WANYAMA SON OF MWABI SON OF MBAKULO SON OF KUBENGI SON OF NGUNDIRA SON OF KAGENDA SON OF LWANDE WESONGA.

NEKESA NATABONA, DAUGHTER OF JIMMY WANYAMA SON OF MWABI SON OF MBAKULO SON OF KUBENGI SON OF NGUNDIRA SON OF KAGENDA SON OF LWANDE WESONGA.

TAAKA NATABONA, DAUGHTER OF JIMMY WANYAMA SON OF MWABI SON OF MBAKULO SON OF KUBENGI SON OF NGUNDIRA SON OF KAGENDA SON OF LWANDE WESONGA.

THOMAS OUMA MWABI SON OF MWABI SON OF MBAKULO SON OF KUBENGI SON OF NGUNDIRA SON OF KAGENDA SON OF LWANDE WESONGA.

NAMUKUBA	Masiga
	Juma
	Charles Namulucha
	H. Nabwire Natabona, Omukoko, married into Abamaindi[255]
	N. Nafula Natabona, Omukoko married into Abahwana[256]
	Sunday Natabona, Omukoko, married into Abafuta [257]
	Friday Natabona, Omukoko, into Abahokosi[258]
NATIKOKO	Nabwire Natabona, Omukoko, married into Itesot[259]

MASIGA SON OF THOMAS OUMA MWABI II SON OF MWABI SON OF MBAKULO SON OF KUBENGI SON OF NGUNDIRA SON OF KAGENDA SON OF LWANDE WESONGA.

JUMA SON OF THOMAS OUMA MWABI II SON OF MWABI SON

---

255 Ibid
256 Ibid
257 Ibid
258 Ibid
259 Ibid

CHAPTER FOUR

OF **MBAKULO** SON OF **KUBENGI** SON OF **NGUNDIRA** SON OF **KAGENDA** SON OF **LWANDE WESONGA.**

CHARLES NAMULUCHA SON OF THOMAS OUMA MWABI II SON OF **MWABI** SON OF **MBAKULO** SON OF **KUBENGI** SON OF **NGUNDIRA** SON OF **KAGENDA** SON OF **LWANDE WESONGA.**

H. NABWIRE NATABONA, DAUGHTER OF THOMAS OUMA MWABI II SON OF **MWABI** SON OF **MBAKULO** SON OF **KUBENGI** SON OF **NGUNDIRA** SON OF **KAGENDA** SON OF **LWANDE WESONGA.**

N. NAFULA NATABONA, DAUGHTER OF THOMAS OUMA MWABI II SON OF **MWABI** SON OF **MBAKULO** SON OF **KUBENGI** SON OF **NGUNDIRA** SON OF **KAGENDA** SON OF **LWANDE WESONGA.**

SUNDAY NATABONA, DAUGHTER OF THOMAS OUMA MWABI II SON OF **MWABI** SON OF **MBAKULO** SON OF **KUBENGI** SON OF **NGUNDIRA** SON OF **KAGENDA** SON OF **LWANDE WESONGA.**

FRIDAY NATABONA, DAUGHTER OF THOMAS OUMA MWABI II SON OF **MWABI** SON OF **MBAKULO** SON OF **KUBENGI** SON OF **NGUNDIRA** SON OF **KAGENDA** SON OF **LWANDE WESONGA.**

NABWIRE NATABONA, DAUGHTER OF THOMAS OUMA MWABI II SON OF **MWABI** SON OF **MBAKULO** SON OF **KUBENGI** SON OF **NGUNDIRA** SON OF **KAGENDA** SON OF **LWANDE WESONGA.**

YEREMIA JOSHUA MASIGA SON OF MBAKULO

YEREMIA JOSHUA MASIGA, SON OF **MBAKULO** SON OF KUBENGI SON OF **NGUNDIRA** SON OF **KAGENDA** SON OF **LWANDE WESONGA.**

NALALA **NAKOOLI**	David Mbakulo II

LWANDE WESONGA: A GENEALOGY

(Miriamu Ojanjo) Faisi Nora Auma Makoha Natabona, Omukoko[260] married to Christopher C. Makoha, Omuhayo[261].
Faisi Nora Auma Makoha Natabona had the following children:
Benard Dindi *(Passed away)*, left children but the names were not available.
Pamela Okwara *(Passed away)* left children, but the names were not available.
Peter Ghana Ongangi (*Passed away*) left children, but the names were not available.
Beatrice Ndubi (Nekesa)
Elizabeth Okhala (Mami)
Michael Noami Okwara
Simon Mukhwana
Lydia Dindi
Kenneth Madada
Abraham Okoti
Everline Irene Omodo
Yeremia Joshua Masiga
Mirika Machio Natabona gave birth to the following children:
Nabwire Kubengi Mutanda
Richard Ibrahim Were
Rose Masiga Ojwangi
Benard Ochondo.
Godfrey Kagenda
Humphrey Owori
Faisi Akella
Edwin Opiyo
Winifred Adongo
Milton Bwire
Agasa Anyango Wanyama Natabona, Omukoko[262] married Bartholomew Wanyama. Agasa had the following children:
Elizabeth Kubengi Auma

---

260 A Natabona who is married.
261 Clan name in Western Kenya.
262 A Natabona who is married.

CHAPTER FOUR

Sunday Wanyama
Wejuli Wanyama
Friday Wanyama
Margo Wanyama
Bogere Wanyama
Jerry Masiga Wanyama
Elizabeth R. Kakembo (Masiga) Natabona, Omukoko[263] married Suleiman Ssenyonga Kakembo. The couple had the following children:
Adam T. M. Kakembo and S. Sanyu Kakembo.
Bona S. Kakembo and Jago S. Kakembo are children of Adam T. Masiga Kakembo.

DAVID MBAKULO II SON OF **YEREMIYA MASIGA** SON OF **MBAKULO** SON OF **KUBENGI** SON OF **NGUNDIRA** SON OF **KAGENDA** SON OF **LWANDE WESONGA.**

NAMUTENDE (Deborah) Martin Luther Mbakulo III
James Kubengi II
Natabona, Omukoko[264] married into A Buhayo [265] Abaguri[266]
Natabona, Omukoko[267] married into Abakiroya[268]

MARTIN LUTHER MBAKULO III SON OF DAVID MBAKULO II SON OF **YEREMIYA MASIGA** SON OF **MBAKULO** SON OF **KUBENGI** SON OF **NGUNDIRA** SON OF **KAGENDA** SON OF **LWANDE WESONGA.**

JAMES KUBENGI II SON OF DAVID MBAKULO II SON OF **YEREMIYA MASIGA** SON OF **MBAKULO** SON OF **KUBENGI** SON OF **NGUNDIRA** SON OF **KAGENDA** SON OF **LWANDE WESONGA.**
He has children but it was not possible to establish their names.

---

263 A Natabona who is married.
264 A Natabona who is married.
265 Buhayo
266 Liguria
267 A Natabona who is married.
268 A clan in Samia, Eastern Uganda.

LWANDE WESONGA: A GENEALOGY

FAISI NORA AUMA MAKOHA NATABONA DAUGHTER OF YEREMIYA MASIGA SON OF MBAKULO SON OF KUBENGI SON OF NGUNDIRA SON OF KAGENDA SON OF LWANDE WESONGA.

BENARD DINDI SON OF FAISI NORA AUMA MAKOHA NATABONA, DAUGHTER OF YEREMIYA MASIGA SON OF MBAKULO SON OF KUBENGI SON OF NGUNDIRA SON OF KAGENDA SON OF LWANDE WESONGA.

PAMELA OKWARA DAUGHTER OF FAISI NORA AUMA MAKOHA NATABONA, DAUGHTER OF YEREMIYA MASIGA SON OF MBAKULO SON OF KUBENGI SON OF NGUNDIRA SON OF KAGENDA SON OF LWANDE WESONGA.

PETER GHANA ONGANGI SON OF FAISI NORA AUMA MAKOHA NATABONA, DAUGHTER OF YEREMIYA MASIGA SON OF MBAKULO SON OF KUBENGI SON OF NGUNDIRA SON OF KAGENDA SON OF LWANDE WESONGA.

BEATRICE NDUBI NEKESA DAUGHTER OF FAISI NORA AUMA MAKOHA NATABONA DAUGHTER OF YEREMIYA MASIGA SON OF MBAKULO SON OF KUBENGI SON OF NGUNDIRA SON OF KAGENDA SON OF LWANDE WESONGA.

ELIZABETH OKHALA MAMI DAUGHTER OF FAISI NORA AUMA MAKOHA NATABONA DAUGHTER OF YEREMIYA MASIGA SON OF MBAKULO SON OF KUBENGI SON OF NGUNDIRA SON OF KAGENDA SON OF LWANDE WESONGA.

MICHAEL NOAMI OKWARA DAUGHTER OF FAISI NORA AUMA MAKOHA NATABONA DAUGHTER OF YEREMIYA MASIGA SON OF MBAKULO SON OF KUBENGI SON OF NGUNDIRA SON OF KAGENDA SON OF LWANDE WESONGA.

SIMON MUKHWANA SON OF FAISI NORA AUMA MAKOHA NATABONA DAUGHTER OF YEREMIYA MASIGA SON OF MBAKULO SON OF KUBENGI SON OF NGUNDIRA SON OF

CHAPTER FOUR

KAGENDA SON OF **LWANDE WESONGA.**

LYDIA DINDI DAUGHTER OF FAISI NORA AUMA MAKOHA NATABONA DAUGHTER OF **YEREMIYA MASIGA** SON OF **MBAKULO** SON OF **KUBENGI** SON OF **NGUNDIRA** SON OF **KAGENDA** SON OF **LWANDE WESONGA.**

KENNETH MADADA SON OF FAISI NORA AUMA MAKOHA NATABONA, DAUGHTER OF **YEREMIYA MASIGA** SON OF **MBAKULO** SON OF **KUBENGI** SON OF **NGUNDIRA** SON OF **KAGENDA** SON OF **LWANDE WESONGA.**

ABRAHAM OKOTI SON OF FAISI NORA AUMA MAKOHA NATABONA DAUGHTER OF **YEREMIYA MASIGA** SON OF **MBAKULO** SON OF **KUBENGI** SON OF **NGUNDIRA** SON OF **KAGENDA** SON OF **LWANDE WESONGA.**

EVERLINE IRENE OMODO DAUGHTER OF FAISI NORA AUMA MAKOHA NATABONA DAUGHTER OF **YEREMIYA MASIGA** SON OF **MBAKULO** SON OF **KUBENGI** SON OF **NGUNDIRA** SON OF **KAGENDA** SON OF **LWANDE WESONGA.**

YEREMIA JOSHUA MASIGA MAKOHA SON OF FAISI NORA AUMA MAKOHA NATABONA DAUGHTER OF **YEREMIYA MASIGA** SON OF MBAKULO SON OF **KUBENGI** SON OF **NGUNDIRA** SON OF **KAGENDA** SON OF **LWANDE WESONGA.**

MIRIKA MACHIO NATABONA DAUGHTER OF **YEREMIYA MASIGA** SON OF **MBAKULO** SON OF **KUBENGI** SON OF **NGUNDIRA** SON OF **KAGENDA** SON OF **LWANDE WESONGA.**

NABWIRE (NIGHT) KUBENGI MUTANDA DAUGHTER OF MIRIKA MACHIO NATABONA DAUGHTER OF **YEREMIYA MASIGA** SON OF **MBAKULO** SON OF **KUBENGI** SON OF **NGUNDIRA** SON OF **KAGENDA** SON OF **LWANDE WESONGA.**

RICHARD IBRAHIM WERE SON OF MIRIKA MACHIO NATABONA

LWANDE WESONGA: A GENEALOGY

DAUGHTER OF YEREMIYA MASIGA SON OF MBAKULO SON OF KUBENGI SON OF NGUNDIRA SON OF KAGENDA SON OF LWANDE WESONGA.

ROSE NACHAKI MASIGA OJWANGI DAUGHTER OF MIRIKA MACHIO NATABONA DAUGHTER OF YEREMIYA MASIGA SON OF MBAKULO SON OF KUBENGI SON OF NGUNDIRA SON OF KAGENDA SON OF LWANDE WESONGA.

GODFREY KAGENDA SON OF MIRIKA MACHIO NATABONA DAUGHTER OF YEREMIYA MASIGA SON OF MBAKULO SON OF KUBENGI SON OF NGUNDIRA SON OF KAGENDA SON OF LWANDE WESONGA.

HUMPHREY OWORI SON OF MIRIKA MACHIO NATABONA DAUGHTER OF YEREMIYA MASIGA SON OF MBAKULO SON OF KUBENGI SON OF NGUNDIRA SON OF KAGENDA SON OF LWANDE WESONGA.

FAISI AKELLA DAUGHTER OF MIRIKA MACHIO NATABONA DAUGHTER OF YEREMIYA MASIGA SON OF MBAKULO SON OF KUBENGI SON OF NGUNDIRA SON OF KAGENDA SON OF LWANDE WESONGA.

EDWIN OPIYO SON OF MIRIKA MACHIO NATABONA DAUGHTER OF YEREMIYA MASIGA SON OF MBAKULO SON OF KUBENGI SON OF NGUNDIRA SON OF KAGENDA SON OF LWANDE WESONGA.

WINIFRED ADONGO DAUGHTER OF MIRIKA MACHIO NATABONA DAUGHTER OF YEREMIYA MASIGA SON OF MBAKULO SON OF KUBENGI SON OF NGUNDIRA SON OF KAGENDA SON OF LWANDE WESONGA.

MILTON BWIRE SON OF MIRIKA MACHIO NATABONA DAUGHTER OF YEREMIYA MASIGA SON OF MBAKULO SON OF KUBENGI SON OF NGUNDIRA SON OF KAGENDA SON OF LWANDE WESONGA.

CHAPTER FOUR

AGASA MARGARET WANYAMA NATABONA, DAUGHTER OF **YEREMIYA MASIGA** SON OF **MBAKULO** SON OF **KUBENGI** SON OF **NGUNDIRA** SON OF **KAGENDA** SON OF **LWANDE WESONGA.**

ELIZABETH KUBENGI AUMA DAUGHTER OF AGASA MARGARET ANYANGO WANYAMA NATABONA, DAUGHTER OF**YEREMIYA MASIGA** SON OF **MBAKULO** SON OF **KUBENGI** SON OF **NGUNDIRA** SON OF **KAGENDA** SON OF **LWANDE WESONGA.**

SUNDAY WANYAMA DAUGHTER OF AGASA MARGARET ANYANGO WANYAMA NATABONA, DAUGHTER OF**YEREMIYA MASIGA** SON OF **MBAKULO** SON OF **KUBENGI** SON OF **NGUNDIRA** SON OF **KAGENDA** SON OF **LWANDE WESONGA.**

WEJULI WANYAMA SON OF AGASA MARGARET ANYANGO WANYAMA NATABONA, DAUGHTER OF**YEREMIYA MASIGA** SON OF **MBAKULO** SON OF **KUBENGI** SON OF **NGUNDIRA** SON OF **KAGENDA** SON OF **LWANDE WESONGA.**

FRIDAY WANYAMA SON OF AGASA MARGARET ANYANGO WANYAMA NATABONA, DAUGHTER OF**YEREMIYA MASIGA** SON OF **MBAKULO** SON OF **KUBENGI** SON OF **NGUNDIRA** SON OF **KAGENDA** SON OF **LWANDE WESONGA.**

MARGO WANYAMA DAUGHTER OF AGASA MARGARET ANYANGO WANYAMA NATABONA, DAUGHTER OF**YEREMIYA MASIGA** SON OF **MBAKULO** SON OF **KUBENGI** SON OF **NGUNDIRA** SON OF **KAGENDA** SON OF **LWANDE WESONGA.**

BOGERE WANYAMA SON OF AGASA MARGARET ANYANGO WANYAMA NATABONA, DAUGHTER OF**YEREMIYA MASIGA** SON OF **MBAKULO** SON OF **KUBENGI** SON OF **NGUNDIRA** SON OF **KAGENDA** SON OF **LWANDE WESONGA.**

JERRY MASIGA WANYAMA SON OF AGASA MARGARET ANYANGO WANYAMA NATABONA, DAUGHTER OF**YEREMIYA MASIGA** SON OF **MBAKULO** SON OF **KUBENGI** SON OF **NGUNDIRA** SON OF

LWANDE WESONGA: A GENEALOGY

KAGENDA SON OF LWANDE WESONGA.

ELIZABETH R. KAKEMBO NATABONA, DAUGHTER OF YEREMIYA MASIGA SON OF MBAKULO SON OF KUBENGI SON OF NGUNDIRA SON OF KAGENDA SON OF LWANDE WESONGA.

ADAM T. M. KAKEMBO SON OF ELIZABETH R.

KAKEMBO NATABONA, DAUGHTER OF YEREMIYA MASIGA SON OF MBAKULO SON OF KUBENGI SON OF NGUNDIRA SON OF KAGENDA SON OF LWANDE WESONGA.

SANYU S. KAKEMBO DAUGHTER OF ELIZABETH R. KAKEMBO NATABONA, DAUGHTER OF YEREMIYA MASIGA SON OF MBAKULO SON OF KUBENGI SON OF NGUNDIRA SON OF KAGENDA SON OF LWANDE WESONGA.

BONA S. KAKEMBO DAUGHTER OF ADAM T. M. KAKEMBO SON OF ELIZABETH R. KAKEMBO NATABONA, DAUGHTER OF YEREMIYA MASIGA SON OF MBAKULO SON OF KUBENGI SON OF NGUNDIRA SON OF KAGENDA SON OF LWANDE WESONGA.

JAGO S. KAKEMBO SON OF ADAM T. M. KAKEMBO SON OF ELIZABETH R. KAKEMBO NATABONA, DAUGHTER OF YEREMIYA MASIGA SON OF MBAKULO SON OF KUBENGI SON OF NGUNDIRA SON OF KAGENDA SON OF LWANDE WESONGA.

OWORI SON OF ABWOKA WERE KUBENGI

OWORI SON OF KUBENGI SON OF NGUNDIRA SON OF KAGENDA SON OF LWANDE WESONGA.

NANYINYA	Abwoka Kubengi II
	Buluma
NAJABI	Omingo
	Okello

CHAPTER FOUR

NABONGO Sicha
Messo
Achwala

ABWOKA KUBENGI SON OF OWORI SON OF KUBENGI SON OF NGUNDIRA SON OF KAGENDA SON OF LWANDE WESONGA.

BULUMA SON OF OWORI SON OF KUBENGI SON OF NGUNDIRA SON OF KAGENDA SON OF LWANDE WESONGA.

OKELLO SON OF OWORI SON OF KUBENGI SON OF NGUNDIRA SON OF KAGENDA SON OF LWANDE WESONGA.

MESSO SON OF OWORI SON OF KUBENGI SON OF NGUNDIRA SON OF KAGENDA SON OF LWANDE WESONGA.

ACHWALA SON OF OWORI SON OF KUBENGI SON OF NGUNDIRA SON OF KAGENDA SON OF LWANDE WESONGA.

OMINGO SON OF OWORI

OMINGO SON OF OWORI SON OF KUBENGI SON OF NGUNDIRA SON OF KAGENDA SON OF LWANDE WESONGA.

NASIYE Raphael Owori II
NAKOOLI Oroma

OROMA SON OF OMINGO SON OF OWORI SON OF KUBENGI SON OF NGUNDIRA SON OF KAGENDA SON OF LWANDE WESONGA.

RAPHAEL OWORI SON OF OMINGO SON OF OWORI SON OF KUBENGI SON OF NGUNDIRA SON OF KAGENDA SON OF LWANDE WESONGA.

NABURI Barasa
Odongo

LWANDE WESONGA: A GENEALOGY

                        BARASA SON OF RAPHAEL OWORI SON OF OMINGO SON OF OWORI SON OF KUBENGI SON OF NGUNDIRA SON OF KAGENDA SON OF LWANDE WESONGA.

                        ODONGO SON OF RAPHAEL OWORI SON OF OMINGO SON OF OWORI SON OF KUBENGI SON OF NGUNDIRA SON OF KAGENDA SON OF LWANDE WESONGA.

NAMUDDE   Gilbert Ojiambo

                        GILBERT OJIAMBO SON OF OMINGO SON OF OWORI SON OF KUBENGI SON OF NGUNDIRA SON OF KAGENDA SON OF LWANDE WESONGA.

                        OROMA SON OF ODONGO SON OF RAPHAEL OWORI SON OF SON OF OMINGO SON OF OWORI SON OF KUBENGI SON OF NGUNDIRA SON OF KAGENDA SON OF LWANDE WESONGA.

NAMULEMBO   Ogoola

                        OGOOLA SON OF OROMA SON OF ODONGO SON OF RAPHAEL OWORI SON OF OMINGO SON OF OWORI SON OF KUBENGI SON OF NGUNDIRA SON OF KAGENDA SON OF LWANDE WESONGA.

                        OKELLO SON OF OMINGO SON OF OWORI SON OF KUBENGI SON OF NGUNDIRA SON OF KAGENDA SON OF LWANDE WESONGA.

NABERE   Masudi
                    Ouma
NAMENYA   Majanga
NABERE II   Manuel Ojiambo

                        MASUDI SON OF OKELLO SON OF OMINGO SON OF OWORI SON OF KUBENGI SON OF NGUNDIRA SON OF KAGENDA SON OF LWANDE WESONGA.

CHAPTER FOUR

NAJABI   Okello

OKELLO SON OF MASUDI SON OF OKELLO SON OF **OMINGO** SON OF **OWORI** SON OF **KUBENGI** SON OF **NGUNDIRA** SON OF **KAGENDA** SON OF **LWANDE WESONGA.**

MAJANGA SON OF OKELLO SON OF **OMINGO** SON OF **OWORI** SON OF **KUBENGI** SON OF **NGUNDIRA** SON OF **KAGENDA** SON OF **LWANDE WESONGA.**

NAHULO   Sunday
Wandera

See Appendix Page 94

SUNDAY SON OF MAJANGA SON OF OKELLO SON OF **OMINGO** SON OF **OWORI** SON OF **KUBENGI** SON OF **NGUNDIRA** SON OF **KAGENDA** SON OF **LWANDE WESONGA.**

WANDERA SON OF MAJANGA SON OF OKELLO SON OF **OMINGO** SON OF **OWORI** SON OF **KUBENGI** SON OF **NGUNDIRA** SON OF **KAGENDA** SON OF **LWANDE WESONGA.**

MANUEL OJIAMBO SON OF OKELLO SON OF **OMINGO** SON OF **OWORI** SON OF **KUBENGI** SON OF **NGUNDIRA** SON OF **KAGENDA** SON OF **LWANDE WESONGA.**

NADONGO   Hilary Bwire
Peter Wafula
Barasa
Aginga
Oguttu
Ongunyi

HILARY BWIRE SON OF MANUEL OJIAMBO SON OF OKELLO SON OF **OMINGO** SON OF **OWORI** SON OF **KUBENGI** SON OF **NGUNDIRA** SON OF **KAGENDA** SON OF **LWANDE WESONGA.**

LWANDE WESONGA: A GENEALOGY

PETER WAFULA SON OF MANUEL OJIAMBO SON OF OKELLO SON OF OMINGO SON OF OWORI SON OF KUBENGI SON OF NGUNDIRA SON OF KAGENDA SON OF LWANDE WESONGA.

BARASA SON OF MANUEL OJIAMBO SON OF OKELLO SON OF OMINGO SON OF OWORI SON OF KUBENGI SON OF NGUNDIRA SON OF KAGENDA SON OF LWANDE WESONGA.

AGINGA SON OF MANUEL OJIAMBO SON OF OKELLO SON OF OMINGO SON OF OWORI SON OF KUBENGI SON OF NGUNDIRA SON OF KAGENDA SON OF LWANDE WESONGA.

OGUTTU SON OF MANUEL OJIAMBO SON OF OKELLO SON OF OMINGO SON OF OWORI SON OF KUBENGI SON OF NGUNDIRA SON OF KAGENDA SON OF LWANDE WESONGA.

ONGUNYI SON OF MANUEL OJIAMBO SON OF OKELLO SON OF OMINGO SON OF OWORI SON OF KUBENGI SON OF NGUNDIRA SON OF KAGENDA SON OF LWANDE WESONGA.

SICHA SON OF OWORI

SICHA SON OF OWORI SON OF KUBENGI SON OF NGUNDIRA SON OF KAGENDA SON OF LWANDE WESONGA.

NAMULEMBO I	Oseno
	Opio
NASUMBA I	Juma
NAMULEMBO II	Abenda
NAMULEMBO III	Omondi
NASUMBA II	Wanyama
NAMUNAPA	Owori

ABENDA SON OF SICHA SON OF OWORI SON OF KUBENGI SON OF NGUNDIRA SON OF KAGENDA SON OF LWANDE WESONGA.

OMONDI SON OF SICHA SON OF OWORI SON OF KUBENGI SON

CHAPTER FOUR

OF NGUNDIRA SON OF KAGENDA SON OF LWANDE WESONGA.

WANYAMA SON OF SICHA SON OF OWORI SON OF KUBENGI SON OF NGUNDIRA SON OF KAGENDA SON OF LWANDE WESONGA.

OWORI II SON OF SICHA SON OF OWORI SON OF KUBENGI SON OF NGUNDIRA SON OF KAGENDA SON OF LWANDE WESONGA.

OSENO SON OF SICHA SON OF OWORI SON OF KUBENGI SON OF NGUNDIRA SON OF KAGENDA SON OF LWANDE WESONGA.

NAMULUMBA	Omondi
NAMUNAPA	Owori

OMONDI SON OF OSENO SON OF SICHA SON OF OWORI SON OF KUBENGI SON OF NGUNDIRA SON OF KAGENDA SON OF LWANDE WESONGA.

OWORI SON OF OSENO SON OF SICHA SON OF OWORI SON OF KUBENGI SON OF NGUNDIRA SON OF KAGENDA SON OF LWANDE WESONGA.

OPIO SON OF SICHA SON OF OWORI SON OF KUBENGI SON OF NGUNDIRA SON OF KAGENDA SON OF LWANDE WESONGA.

NANYANGA	Obwora
	Kubengi
	Ochieno

OBWORA SON OF OPIO SON OF SICHA SON OF OWORI SON OF KUBENGI SON OF NGUNDIRA SON OF KAGENDA SON OF LWANDE WESONGA.

KUBENGI SON OF OPIO SON OF SICHA SON OF OWORI SON OF KUBENGI SON OF NGUNDIRA SON OF KAGENDA SON OF LWANDE WESONGA.

LWANDE WESONGA: A GENEALOGY

                         OCHIENO SON OF OPIO SON OF SICHA SON OF OWORI SON OF KUBENGI SON OF NGUNDIRA SON OF KAGENDA SON OF LWANDE WESONGA.

                         JUMA SON OF SICHA SON OF OWORI SON OF KUBENGI SON SON OF NGUNDIRA SON OF KAGENDA SON OF LWANDE WESONGA.

ADETI   Ogoola

                         OGOOLA SON FO JUMA SON OF SICHA SON OF OWORI SON OF KUBENGI SON OF NGUNDIRA SON OF KAGENDA SON OF LWANDE WESONGA.

                         NAMBAKWA SON OF ABWOKA WERE KUBENGI

                         NGUNDIRA SON OF KAGENDA SON OF LWANDE WESONGA.

NAMULUCHA   Kubengi

                         KUBENGI SON OF NGUNDIRA SON OF KAGENDA SON OF LWANDE WESONGA.

NAMUDE I   Nambakwa

NAMBAKWA SON OF KUBENGI

                         NAMBAKWA SON OF KUBENGI SON OF NGUNDIRA SON OF KAGENDA SON OF LWANDE WESONGA.

NAHULO   Ngundira III
               Nambasi
               Ogessa

               NGUNDIRA III SON OF NAMBAKWA

CHAPTER FOUR

NGUNDIRA III SON OF NAMBAKWA SON OF KUBENGI SON OF NGUNDIRA SON OF KAGENDA SON OF LWANDE WESONGA.

NABYANGU	Ngwabe
NACHAKI	Odongo Osewa
NAMAKANGALA	Kadima

KADIMA SON OF NGUNDIRA III SON OF NAMBAKWA SON OF KUBENGI SON OF NGUNDIRA SON OF KAGENDA SON OF LWANDE WESONGA.

NGWABE SON OF NGUNDIRA III SON OF NAMBAKWA SON OF KUBENGI SON OF NGUNDIRA SON OF KAGENDA SON OF LWANDE WESONGA.

NASINYAMA Kubengi III

KUBENGI III SON OF NGWA BE SON OF NGUNDIRA III SON OF NAMBAKWA SON OF KUBENGI SON OF NGUNDIRA SON OF KAGENDA SON OF LWANDE WESONGA.

ODONGO OSEWA SON OF NGUNDIRA III SON OF NAMBAKWA SON OF KUBENGI SON OF NGUNDIRA SON OF KAGENDA SON OF LWANDE WESONGA.

NALIALI Were Sande Osewa

WERE SANDE OSEWA SON OF ODONGO OSEWA SON OF NGUNDIRA III SON OF NAMBAKWA SON OF KUBENGI SON OF NGUNDIRA SON OF KAGENDA SON OF LWANDE WESONGA.

NAMBASI SON OF NAMBAKWA

NAMBASI SON OF NAMBAKWA SON OF KUBENGI SON OF NGUNDIRA SON OF KAGENDA SON OF LWANDE WESONGA.

NAMBOOLI Ayunga

LWANDE WESONGA: A GENEALOGY

    Peter Okumu

    PETER OKUMU SON OF **NAMBASI** SON OF **NAMBAKWA** SON OF **KUBENGI** SON OF **NGUNDIRA** SON OF **KAGENDA** SON OF **LWANDE WESONGA.**

NAFOFOYO   Globa Egombe Bwire

    GLOBA EGOMBE BWIRE SON OF PETER OKUMU SON OF **NAMBASI** SON OF **NAMBAKWA** SON OF **KUBENGI** SON OF **NGUNDIRA** SON OF **KAGENDA** SON OF **LWANDE WESONGA.**

    See Appendix Page 95

    AYUNGA SON OF **NAMBASI** SON OF **NAMBAKWA** SON OF **KUBENGI** SON OF **NGUNDIRA** SON OF **KAGENDA** SON OF **LWANDE WESONGA.**

NALALA   Okochi Oguttu
    Mangeni
    Ochiengi
NEHOBA   Okaro
    Omujo
    Ouma
    Midi
    Wafula

    OKOCHI OGUTTU SON OF AYUNGA SON OF **NAMBASI** SON OF **NAMBAKWA** SON OF **KUBENGI** SON OF **NGUNDIRA** SON OF **KAGENDA** SON OF **LWANDE WESONGA.**

    MANGENI SON OF AYUNGA SON OF **NAMBASI** SON OF **NAMBAKWA** SON OF **KUBENGI** SON OF **NGUNDIRA** SON OF **KAGENDA** SON OF **LWANDE WESONGA.**

    OCHIENGI SON OF AYUNGA SON OF **NAMBASI** SON OF

CHAPTER FOUR

NAMBAKWA SON OF KUBENGI SON OF NGUNDIRA SON OF KAGENDA SON OF LWANDE WESONGA.

OKARO SON OF AYUNGA SON OF NAMBASI SON OF NAMBAKWA SON OF KUBENGI SON OF NGUNDIRA SON OF KAGENDA SON OF LWANDE WESONGA.

OMUJO SON OF AYUNGA SON OF NAMBASI SON OF NAMBAKWA SON OF KUBENGI SON OF NGUNDIRA SON OF KAGENDA SON OF LWANDE WESONGA.

OUMA SON OF AYUNGA SON OF NAMBASI SON OF NAMBAKWA SON OF KUBENGI SON OF NGUNDIRA SON OF KAGENDA SON OF LWANDE WESONGA.

MIDI SON OF AYUNGA SON OF NAMBASI SON OF NAMBAKWA SON OF KUBENGI SON OF NGUNDIRA SON OF KAGENDA SON OF LWANDE WESONGA.

WAFULA SON OF AYUNGA SON OF NAMBASI SON OF NAMBAKWA SON OF KUBENGI SON OF NGUNDIRA SON OF KAGENDA SON OF LWANDE WESONGA.

OGESSA SON OF NAMBAKWA

OGESSA SON OF NAMBAKWA SON OF KUBENGI SON OF NGUNDIRA SON OF KAGENDA SON OF LWANDE WESONGA.

NAMULUNDU	Basirio Masiga
NABIANGU I	Pataleo Ngundira III
NABIANGU II	Magunia
	Wanyama
	Okumu
NAHASOKO	Osyeko

PATALEO NGUNDIRA III SON OF OGESSA SON OF NAMBAKWA SON OF KUBENGI SON OF NGUNDIRA SON OF KAGENDA SON

OF **LWANDE WESONGA**.

MAGUNIA SON OF **OGESSA** SON OF **NAMBAKWA** SON OF **KUBENGI** SON OF **NGUNDIRA** SON OF **KAGENDA** SON OF **LWANDE WESONGA**.

WANYAMA SON OF **OGESSA** SON OF **NAMBAKWA** SON OF **KUBENGI** SON OF **NGUNDIRA** SON OF **KAGENDA** SON OF **LWANDE WESONGA**.

OKUMU SON OF **OGESSA** SON OF **NAMBAKWA** SON OF **KUBENGI** SON OF **NGUNDIRA** SON OF **KAGENDA** SON OF **LWANDE WESONGA**.

OSYEKO SON OF **OGESSA** SON OF **NAMBAKWA** SON OF **KUBENGI** SON OF **NGUNDIRA** SON OF **KAGENDA** SON OF **LWANDE WESONGA**.

BASIRIO MASIGA SON OF **OGESSA** SON OF **NAMBAKWA** SON OF **KUBENGI** SON OF **NGUNDIRA** SON OF **KAGENDA** SON OF **LWANDE WESONGA**.

NAMUKOBE	Barasa
	Okochi
NAMULUMBA	Oguttu
	Were

BARASA SON OF BASIRIO MASIGA SON OF **OGESSA** SON OF **NAMBAKWA** SON OF **KUBENGI** SON OF **NGUNDIRA** SON OF **KAGENDA** SON OF **LWANDE WESONGA**.

OKOCHI SON OF BASIRIO MASIGA SON OF **OGESSA** SON OF **NAMBAKWA** SON OF **KUBENGI** SON OF **NGUNDIRA** SON OF **KAGENDA** SON OF **LWANDE WESONGA**.

OGUTTI SON OF BASIRIO MASIGA SON OF **OGESSA** SON OF **NAMBAKWA** SON OF **KUBENGI** SON OF **NGUNDIRA** SON OF

CHAPTER FOUR

KAGENDA SON OF LWANDE WESONGA.

WERE SON OF BASIRIO MASIGA SON OF OGESSA SON OF NAMBAKWA SON OF KUBENGI SON OF NGUNDIRA SON OF KAGENDA SON OF LWANDE WESONGA.

WANYAMA SON OF OGESSA SON OF NAMBAKWA SON OF KUBENGI SON OF NGUNDIRA SON OF KAGENDA SON OF LWANDE WESONGA.

NAHULO	Ogessa II
NABULINDO	Mangeni
NAMUKEMO	Ogessa II

OGESSA II SON OF WANYAMA SON OF OGESSA SON OF NAMBAKWA SON OF KUBENGI SON OF NGUNDIRA SON OF KAGENDA SON OF LWANDE WESONGA.

MANGENI SON OF WANYAMA SON OF OGESSA SON OF NAMBAKWA SON OF KUBENGI SON OF NGUNDIRA SON OF KAGENDA SON OF LWANDE WESONGA.

OGESSA II SON OF WANYAMA SON OF OGESSA SON OF NAMBAKWA SON OF KUBENGI SON OF NGUNDIRA SON OF KAGENDA SON OF LWANDE WESONGA.

MAGUNIA SON OF OGESSA SON OF NAMBAKWA SON OF KUBENGI SON OF NGUNDIRA SON OF KAGENDA SON OF LWANDE WESONGA.

NAMUGANDA	Odongo
	Opio

ODONGO SON OF MAGUNIA SON OF OGESSA SON OF NAMBAKWA SON OF KUBENGI SON OF NGUNDIRA SON OF KAGENDA SON OF LWANDE WESONGA.

LWANDE WESONGA: A GENEALOGY

OPIO SON OF MAGUNIA SON OF **OGESSA** SON OF **NAMBAKWA** SON OF **KUBENGI** SON OF **NGUNDIRA** SON OF **KAGENDA** SON OF **LWANDE WESONGA**.

OKUMU SON OF **OGESSA** SON OF **NAMBAKWA** SON OF **KUBENGI** SON OF **NGUNDIRA** SON OF **KAGENDA** SON **LWANDE WESONGA**.

NAMANGALE	Bebi
	Wafula
NEREKE	Bogere

BEBI SON OF OKUMU SON OF **OGESSA** SON OF **NAMBAKWA** SON OF **KUBENGI** SON OF **NGUNDIRA** SON OF **KAGENDA** SON OF **LWANDE WESONGA**.

WAFULA SON OF OKUMU SON OF **OGESSA** SON OF **NAMBAKWA** SON OF **KUBENGI** SON OF **NGUNDIRA** SON OF **KAGENDA** SON OF **LWANDE WESONGA**.

BOGERE SON OF OKUMU SON OF **OGESSA** SON OF **NAMBAKWA** SON OF **KUBENGI** SON OF **NGUNDIRA** SON OF **KAGENDA** SON OF **LWANDE WESONGA**.

KAGENDA II SON OF ABWOKA WERE KUBENGI

KUBENGI SON OF **NGUNDIRA** SON OF **KAGENDA** SON OF **LWANDE WESONGA**.

See Appendix 95

NAMUDDE II	Kagenda II

KAGENDA II SON OF **KUBENGI** SON OF **NGUNDIRA** SON OF **KAGENDA** SON OF **LWANDE WESONGA**.

CHAPTER FOUR

NAMIRIPO	Ogale
	Bendicto Ochimi
	Ngundira Natabona, Omukoko[269] married amomg Abakooli[270]
	Fulumera Mukoli Natabona, Omukoko[271] married among Abafuta[272]
	Nambasi Natabona, Omukoko[273] married among Abakangala[274]
	Roda Anyango Natabona, Omukoko[275] married among Abakiroya[276]
NAHASOHO	Albert Malejja
NASUSUNGWA	Haddu Natabona, Omukoko[277] married among Abakiroya[278]
NAMULUNDU	Aduoli
NAKWERI	Apondi Natabona, Omukoko[279] married among Abalundu[280]

NGUNDIRA NATABONA, DAUGHTER OF **KAGENDA II** SON OF **KUBENGI** SON OF **NGUNDIRA** SON OF **KAGENDA** SON OF **LWANDE WESONGA.**

FULUMERA MUKOLI NATABONA, DAUGHTER OF **KAGENDA II** SON OF **KUBENGI** SON OF **NGUNDIRA** SON OF **KAGENDA** SON OF **LWANDE WESONGA.**

NAMBASI NATABONA, DAUGHTER OF **KAGENDA II** SON OF **KUBENGI** SON OF **NGUNDIRA** SON OF **KAGENDA** SON OF **LWANDE WESONGA.**

RODA ANYANGO NATABONA, DAUGHTER OF **KAGENDA II** SON OF **KUBENGI** SON OF **NGUNDIRA** SON OF **KAGENDA** SON OF **LWANDE WESONGA.**

---

269 A Natabona who is married.
270 A clan in Samia
271 A Natabona who is married.
272 A clan in Samia
273 A Natabona who is married.
274 A clan in Samia
275 A Natabona who is married.
276 A clan in Samia
277 A Natabona who is married.
278 A clan in Samia
279 A Natabona who is married.
280 A clan in Bugwe

LWANDE WESONGA: A GENEALOGY

HADDU NATABONA, DAUGHTER OF **KAGENDA II** SON OF **KUBENGI** SON OF **NGUNDIRA** SON OF **KAGENDA** SON OF **LWANDE WESONGA.**

APONDI NATABONA DAUGHTER OF **KAGENDA II** SON OF **KUBENGI** SON OF **NGUNDIRA** SON OF **KAGENDA** SON OF **LWANDE WESONGA.**

OGALE SON OF **KAGENDA II**

OGALE SON OF **KAGENDA II** SON OF **KUBENGI** SON OF **NGUNDIRA** SON OF **KAGENDA** SON OF **LWANDE WESONGA.**

NASONGA	Mesusera Muchanji+
	Ogale yakerama[281] Nasonga when Buluma Beyi could not do it due to colonial terms and conditions, hence inability to leave employment in Jinja to return home and take over the rensibility of ohukerama[282] Nasonga. Nasonga was the wife of Ngema a brother to Disimasi Hagio a father of Buluma Beyi. Buluma Beyi was the only serviving son in that family of Disimasi Hagio.
NAHABEKA	Gabriel Konna
	Pataleo Oguttu
NAHASOHO	Erineo Okuku
	Nahasoho was wife to Kagenda II, whom Ogale yakerama[283] and they had Erineo Okuku
NAHONE	Juma
	Abwoka[284] Natabona, Omukoko [285] married into Abajabi[286]
	Auma Natabona, Omukoko[287] married into Abalundu[288]

---

281 Special arrangement of marrying a relative's wife after the husband passes away.
282 Ibid.,
283 Ibid.,
284 Wherever there is a name Abwoka it means that the child was named after Kubengi. Kubengi's full names were "Abwoka Were Kubengi".
285 A Natabona who is married.
286 A clan in Samia
287 A Natabona who is married.
288 Ibid.,

CHAPTER FOUR

JUMA SON OF OGALE SON OF KAGENDA II SON OF KUBENGI SON OF NGUNDIRA SON OF KAGENDA SON OF LWANDE WESONGA.

ABWOKA NATABONA DAUGHTER OF OGALE SON OF KAGENDA II SON OF KUBENGI SON OF NGUNDIRA SON OF KAGENDA SON OF LWANDE WESONGA.

AUMA NATABONA DAUGHTER OF OGALE SON OF KAGENDA II SON OF KUBENGI SON OF NGUNDIRA SON OF KAGENDA SON OF LWANDE WESONGA.

MESUSERA MUCHANJI SON OF OGALE SON OF KAGENDA II SON OF KUBENGI SON OF NGUNDIRA SON OF KAGENDA SON OF LWANDE WESONGA.

NAHASOHO	Didn't have children
NEHAMA	Kagenda III
	Daddy
	Jobi Natabona, no more information was available about her
	Anyango Natabona, Omukoko[289] married into Abalyali[290]

KAGENDA III SON OF MESUSERA MUCHANJI SON OF OGALE SON OF KAGENDA II SON OF KUBENGI SON OF NGUNDIRA SON OF KAGENDA SON OF LWANDE WESONGA.

DADDY SON OF MESUSERA MUCHANJI SON OF OGALE SON OF KAGENDA II SON OF KUBENGI SON OF NGUNDIRA SON OF KAGENDA SON OF LWANDE WESONGA.

JOBI NATABONA DAUGHTER OF MESUSERA MUCHANJI SON OF OGALE SON OF KAGENDA II SON OF KUBENGI SON OF NGUNDIRA SON OF KAGENDA SON OF LWANDE WESONGA.

---

289 A Natabona who is married.
290 A clan in Samia.

ANYANGO NATABONA DAUGHTER OF MESUSERA MUCHANJI SON OF **OGALE** SON OF KAGENDA II SON OF KUBENGI SON OF NGUNDIRA SON OF KAGENDA SON OF **LWANDE WESONGA.**

GABRIEL KONNA SON OF **OGALE** SON OF KAGENDA II SON OF KUBENGI SON OF NGUNDIRA SON OF KAGENDA SON OF **LWANDE WESONGA.**

NAHASOHO	Matias Wanyama
	G. Sande
	John Ojiambo
NAHONE	Bwire
	Byasi
	M. Oundo
NAMUGISU	Kagenda III
	Ochimi
NEINDA	Kagenda III
NACHAKI	Ogale II

See Appendix Page 96

MATIAS WANYAMA SON OF GABRIEL KONNA SON OF **OGALE** SON OF KAGENDA II SON OF KUBENGI SON OF NGUNDIRA SON OF KAGENDA SON OF **LWANDE WESONGA.**

G. SANDE SON OF GABRIEL KONNA SON OF **OGALE** SON OF KAGENDA II SON OF KUBENGI SON OF NGUNDIRA SON OF KAGENDA SON OF **LWANDE WESONGA.**

JOHN OJIAMBO SON OF GABRIEL KONNA SON OF **OGALE** SON OF KAGENDA II SON OF KUBENGI SON OF NGUNDIRA SON OF KAGENDA SON OF **LWANDE WESONGA.**

BWIRE SON OF GABRIEL KONNA SON OF **OGALE** SON OF KAGENDA II SON OF KUBENGI SON OF NGUNDIRA SON OF KAGENDA SON OF **LWANDE WESONGA.**

CHAPTER FOUR

BYASI SON OF GABRIEL KONNA SON OF OGALE SON OF KAGENDA II SON OF KUBENGI SON OF NGUNDIRA SON OF KAGENDA SON OF LWANDE WESONGA.

M. OUNDO SON OF GABRIEL KONNA SON OF OGALE SON OF KAGENDA II SON OF KUBENGI SON OF NGUNDIRA SON OF KAGENDA SON OF LWANDE WESONGA.

KAGENDA III (MOTHER WAS CALLED NAMUGISHU) SON OF GABRIEL KONNA SON OF OGALE SON OF KAGENDA II SON OF KUBENGI SON OF NGUNDIRA SON OF KAGENDA SON OF LWANDE WESONGA.

OCHIMI SON OF GABRIEL KONNA SON OF OGALE SON OF KAGENDA II SON OF KUBENGI SON OF NGUNDIRA SON OF KAGENDA SON OF LWANDE WESONGA.

KAGENDA III (MOTHER WAS CALLED NEINDA) SON OF GABRIEL KONNA SON OF OGALE SON OF KAGENDA II SON OF KUBENGI SON OF NGUNDIRA SON OF KAGENDA SON OF LWANDE WESONGA.

OGALE II SON OF GABRIEL KONNA SON OF OGALE SON OF KAGENDA II SON OF KUBENGI SON OF NGUNDIRA SON OF KAGENDA SON OF LWANDE WESONGA.

E. OKUKU SON OF OGALE SON OF KAGENDA II SON OF KUBENGI SON OF NGUNDIRA SON OF KAGENDA SON OF LWANDE WESONGA.

NASINYAMA	F. Wanyama
	Changa
	Kubengi II
	Siminyu
NEHAMA	Odenga
	Kagenda II

LWANDE WESONGA: A GENEALOGY

F. WANYAMA SON OF E. OKUKU SON OF **OGALE** SON OF **KAGENDA II** SON OF **KUBENGI** SON OF **NGUNDIRA** SON OF **KAGENDA** SON OF **LWANDE WESONGA**.

CHANGA SON OF E. OKUKU SON OF **OGALE** SON OF **KAGENDA II** SON OF **KUBENGI** SON OF **NGUNDIRA** SON OF **KAGENDA** SON OF **LWANDE WESONGA**.

KUBENGI II SON OF E. OKUKU SON OF **OGALE** SON OF **KAGENDA II** SON OF **KUBENGI** SON OF **NGUNDIRA** SON OF **KAGENDA** SON OF **LWANDE WESONGA**.

SIMINYU SON OF E. OKUKU SON OF **OGALE** SON OF **KAGENDA II** SON OF **KUBENGI** SON OF **NGUNDIRA** SON OF **KAGENDA** SON OF **LWANDE WESONGA**.

ODENGA SON OF E. OKUKU SON OF **OGALE** SON OF **KAGENDA II** SON OF **KUBENGI** SON OF **NGUNDIRA** SON OF **KAGENDA** SON OF **LWANDE WESONGA**.

KAGENDA III SON OF E. OKUKU SON OF **OGALE** SON OF **KAGENDA II** SON OF **KUBENGI** SON OF **NGUNDIRA** SON OF **KAGENDA** SON OF **LWANDE WESONGA**.

PATALEO OGUTTU SON OF **OGALE** SON OF **KAGENDA II** SON OF **KUBENGI** SON OF **NGUNDIRA** SON OF **KAGENDA** SON OF **LWANDE WESONGA**.

NAMUKUBA	Wandera
	Mugeni
	Egessa
NAHASOHO	Ouma
	Barasa
	Bwire
	Tabu
	Ouma

CHAPTER FOUR

WANDERA SON OF PATALEO OGUTTU SON OF OGALE SON OF KAGENDA II SON OF KUBENGI SON OF NGUNDIRA SON OF KAGENDA SON OF LWANDE WESONGA.

MUGENI SON OF PATALEO OGUTTU SON OF OGALE SON OF KAGENDA II SON OF KUBENGI SON OF NGUNDIRA SON OF KAGENDA SON OF LWANDE WESONGA.

EGESSA SON OF PATALEO OGUTTU SON OF OGALE SON OF KAGENDA II SON OF KUBENGI SON OF NGUNDIRA SON OF KAGENDA SON OF LWANDE WESONGA.

OUMA SON OF PATALEO OGUTTU SON OF OGALE SON OF KAGENDA II SON OF KUBENGI SON OF NGUNDIRA SON OF KAGENDA SON OF LWANDE WESONGA.

BARASA SON OF PATALEO OGUTTU SON OF OGALE SON OF KAGENDA II SON OF KUBENGI SON OF NGUNDIRA SON OF KAGENDA SON OF LWANDE WESONGA.

BWIRE SON OF PATALEO OGUTTU SON OF OGALE SON OF KAGENDA II SON OF KUBENGI SON OF NGUNDIRA SON OF KAGENDA SON OF LWANDE WESONGA.

TABU SON OF PATALEO OGUTTU SON OF OGALE SON OF KAGENDA II SON OF KUBENGI SON OF NGUNDIRA SON OF KAGENDA SON OF LWANDE WESONGA.

OUMA SON OF PATALEO OGUTTU SON OF OGALE SON OF KAGENDA II SON OF KUBENGI SON OF NGUNDIRA SON OF KAGENDA SON OF LWANDE WESONGA.

JUMA SON OF OGALE I SON OF KAGENDA II SON OF KUBENGI SON OF NGUNDIRA SON OF KAGENDA SON OF LWANDE WESONGA.

| NAGEMI | Tito Ogale II |

LWANDE WESONGA: A GENEALOGY

TITO OGALE II SON OF JUMA SON OF **OGALE** SON OF **KAGENDA II** SON OF **KUBENGI** SON OF **NGUNDIRA** SON OF **KAGENDA** SON OF **LWANDE WESONGA.**

ALBERT MALEJJA SON OF KAGENDA II

ALBERT MALEJJA SON OF **KAGENDA II** SON OF **KUBENGI** SON OF **NGUNDIRA** SON OF **KAGENDA** SON OF **LWANDE WESONGA.**

NAMUKUBA   Ojiambo
Okumu

OJIAMBO SON OF **ALBERT MALEJJA** SON OF **KAGENDA II** SON OF **KUBENGI** SON OF **NGUNDIRA** SON OF **KAGENDA** SON OF **LWANDE WESONGA.**

OKUMU SON OF **ALBERT MALEJJA** SON OF **KAGENDA II** SON OF **KUBENGI** SON OF **NGUNDIRA** SON OF **KAGENDA** SON OF **LWANDE WESONGA.**

BENDICTO OCHIMI SON OF KAGENDA II

BENDICTO OCHIMI SON OF **KAGENDA II** SON OF **KUBENGI** SON OF **NGUNDIRA** SON OF **KAGENDA** SON OF **LWANDE WESONGA.**

NAMAMBA   Joseph Onyango

JOSEPH ONYANGO SON OF **BENIDICTO OCHIMI** SON OF **KAGENDA II** SON OF **KUBENGI** SON OF **NGUNDIRA** SON OF **KAGENDA** SON OF **LWANDE WESONGA.**

ADUOLI SON OF KAGENDA II

ADUOLI SON OF **KAGENDA II** SON OF **KUBENGI** SON OF **NGUNDIRA** SON OF **KAGENDA** SON OF **LWANDE WESONGA.**

MAFULU SON OF ABWOKA WERE KUBENGI

CHAPTER FOUR

ABWOKA WERE KUBENGI SON OF **NGUNDIRA** I SON OF OF **KAGENDA** SON OF **LWANDE WESONGA.**

Please note that Abwoka Were Kubengi is Kubengi's full names.

NEBERE   Mafulu

MAFULU SON OF KUBENGI

MAFULU SON OF **KUBENGI** SON OF **NGUNDIRA** SON OF **KAGENDA** SON OF **LWANDE WESONGA.**

NACHAKI	Ohodo
	Semeo Wandera
NAMAINDI	Ondato
NAHASOHO	

Eulalia Akumu Natabona, Omukoko[291] married into Abakiroya[292]
Ezeri Achiengi Natabona, Omukoko [293]married into Ababoli[294]
Makoha Natabona, Omukoko[295] married into Abasisika[296]
Aguttu Natabona, Omukoko[297] married into Abasiye[298]
Ajmagi Natabona, Omukoko[299] married into Abakiroya[300]

EULALIA AKUMU NATABONA DAUGHTER OF **MAFULU** SON OF **WERE KUBENGI** SON OF **NGUNDIRA** SON OF **KAGENDA** SON OF **LWANDE WESONGA.**

EZERI ACHIENGI NATABONA DAUGHTER OF **MAFULU** SON OF

---

291 A Natabona who is married.
292 Ibid.
293 Ibid.,
294 Ibid.
295 Ibid
296 Clan names in Samia Bugwe
297 A Natabona who is married.
298 Ibid.
299 Ibid.,
300 Ibid.

LWANDE WESONGA: A GENEALOGY

WERE KUBENGI SON OF NGUNDIRA SON OF KAGENDA SON OF LWANDE WESONGA.

MAKOHA NATABONA DAUGHTER OF MAFULU SON OF WERE KUBENGI SON OF NGUNDIRA SON OF KAGENDA SON OF LWANDE WESONGA.

AGUTTU NATABONA DAUGHTER OF MAFULU SON OF WERE KUBENGI SON OF NGUNDIRA SON OF KAGENDA SON OF LWANDE WESONGA.

AJMAGI NATABONA DAUGHTER OF MAFULU SON OF WERE KUBENGI SON OF NGUNDIRA SON OF KAGENDA SON OF LWANDE WESONGA.

OHODO SON OF MAFULU

OHODO SON OF MAFULU SON OF WERE KUBENGI SON OF NGUNDIRA SON OF KAGENDA SON OF LWANDE WESONGA.

NAMUFUTA   Manuel Oundo
                 Peter Ouma

MANUEL OUNDO SON OF OHODO SON OF MAFULU SON OF WERE KUBENGI SON OF NGUNDIRA SON OF KAGENDA SON LWANDE WESONGA.

NAMIRIPO   John Ojiambo
                Charles Kubengi
                David Bwire Ejore
                Henry Oguttu
                Nafula M. Natabona
                Oliver Nekesa Natabona
                Susan Ajiambo Natabona

NAFULA M. NATABONA DAUGHTER OF MANUEL OUNDO SON OF OHODO SON OF MAFULU SON OF WERE KUBENGI SON OF

CHAPTER FOUR

NGUNDIRA SON OF KAGENDA SON OF LWANDE WESONGA.

OLIVER NEKESA NATABONA DAUGHTER OF MANUEL OUNDO SON OF OHODO SON OF MAFULU SON OF WERE KUBENGI SON OF NGUNDIRA SON OF KAGENDA SON OF LWANDE WESONGA.

SUSAN AJIAMBO NATABONA DAUGHTER OF MANUEL OUNDO SON OF OHODO SON OF MAFULU SON OF WERE KUBENGI SON OF NGUNDIRA SON OF KAGENDA SON OF LWANDE WESONGA.

JOHN OJIAMBO SON OF MANUEL OUNDO SON OF OHODO SON OF MAFULU SON OF WERE KUBENGI SON OF NGUNDIRA SON OF KAGENDA SON OF LWANDE WESONGA.

NALYALI

Charles Kubengi
Bwire Ejore
Bwire Oundo

CHARLES KUBENGI SON OF JOHN OJIAMBO SON OF MANUEL OUNDO SON OF OHODO SON OF MAFULU SON OF WERE KUBENGI SON OF NGUNDIRA SON OF KAGENDA SON OF LWANDE WESONGA.

BWIRE EJORE SON OF JOHN OJIAMBO SON OF MANUEL OUNDO SON OF OHODO SON OF MAFULU SON OF WERE KUBENGI SON OF NGUNDIRA SON OF KAGENDA SON OF LWANDE WESONGA.

BWIRE OUNDO SON OF JOHN OJIAMBO SON OF MANUEL OUNDO SON OF OHODO SON OF MAFULU SON OF WERE KUBENGI SON OF NGUNDIRA SON OF KAGENDA SON OF LWANDE WESONGA.

PETER OUMA SON OF OHODO SON OF MAFULU SON OF SON OF WERE KUBENGI SON OF NGUNDIRA SON OF KAGENDA SON OF LWANDE WESONGA.

NAPUNYI

LWANDE WESONGA: A GENEALOGY

SEMEO WANDERA SON OF MAFULU

SEMEO WANDERA SON OF **MAFULU** OF **WERE KUBENGI** SON OF **NGUNDIRA** SON OF **KAGENDA** SON OF **LWANDE WESONGA.**

NAMWINI Barinaba Abwoka
Manase Wanyama
Joel Owori
Obimbwa Natabona
Natabona

See Appendix P96

OBIMBWA NATABONA DAUGHTER OF **SEMEO WANDERA** SON OF **MAFULU** SON OF **KUBENGI** SON OF **NGUNDIRA** SON OF **KAGENDA** SON OF **LWANDE WESONGA.**

NATABONA DAUGHTER OF **SEMEO WANDERA** SON OF **MAFULU** SON OF **KUBENGI** SON OF **NGUNDIRA** SON OF **KAGENDA** SON OF **LWANDE WESONGA.**

BARINABA ABWOKA SON OF **SEMEO WANDERA** SON OF **MAFULU** SON OF **KUBENGI** SON OF **NGUNDIRA** SON OF **KAGENDA** SON OF **LWANDE WESONGA.**

NAKUHU Charles Kubengi
NASUBO Fred William Odira Abwoka
Wilberforce Wafula
George Robert Bwire
John Stephen Abwoka Ogaali
Wandera Abwoka Ogaali
Moses Geoffrey Abwoka Ondato
Mary Ajiambo Natabona
Anna Nachaki Natabona
Midy Nabwire Natabona
Irene Nasirumbi Ogaali Natabona

CHAPTER FOUR

CHARLES KUBENGI SON OF BARINABA ABWOKA SON OF **SEMEO WANDERA** SON OF **MAFULU** SON OF **KUBENGI** SON OF **NGUNDIRA** SON OF **KAGENDA** SON OF **LWANDE WESONGA.**

NAMIRIPO		Patrick Wanyama Kubengi

PATRICK WANYAMA KUBENGI SON OF CHARLES KUBENGI SON OF BARINABA ABWOKA SON OF **SEMEO WANDERA** SON OF **MAFULU** SON OF **KUBENGI** SON OF **NGUNDIRA** SON OF **KAGENDA** SON OF **LWANDE WESONGA.**

FRED WILLIAM ODIRA ABWOKA SON OF BARINABA ABWOKA SON OF **SEMEO WANDERA** SON OF **MAFULU** SON OF **KUBENGI** SON OF **NGUNDIRA** SON OF **KAGENDA** SON OF **LWANDE WESONGA.**

ADETI		Allan Odira
		Laban Ouma Odira
		Joan Ajiambo Natabona
		Lavender Odira Natabona
		Flavia Odira Natabona

ALLAN ODIRA SON OF FRED WILLIAM ODIRA ABWOKA SON OF BARINABA ABWOKA SON OF **SEMEO WANDERA** SON OF **MAFULU** SON OF **KUBENGI** SON OF **NGUNDIRA** SON OF **KAGENDA** SON OF **LWANDE WESONGA.**

LABAN OUMA ODIRA SON OF FRED WILLIAM ODIRA ABWOKA SON OF BARINABA ABWOKA SON OF **SEMEO WANDERA** SON OF **MAFULU** SON OF **KUBENGI** SON OF **NGUNDIRA** SON OF **KAGENDA** SON OF **LWANDE WESONGA.**

JOAN AJIAMBO NATABONA DAUGHTER OF FRED WILLIAM ODIRA ABWOKA SON OF BARINABA ABWOKA SON OF **SEMEO WANDERA** SON OF **MAFULU** SON OF **KUBENGI** SON OF **NGUNDIRA** SON OF **KAGENDA** SON OF **LWANDE WESONGA.**

LWANDE WESONGA: A GENEALOGY

LAVENDER ODIRA NATABONA DAUGHTER OF FRED WILLIAM ODIRA ABWOKA SON OF BARINABA ABWOKA SON OF SEMEO WANDERA SON OF MAFULU SON OF KUBENGI SON OF NGUNDIRA SON OF KAGENDA SON OF LWANDE WESONGA.

FLAVIA ODIRA NATABONA DAUGHTER OF FRED WILLIAM ODIRA ABWOKA SON OF BARINABA ABWOKA SON OF SEMEO WANDERA SON OF MAFULU SON OF KUBENGI SON OF NGUNDIRA SON OF KAGENDA SON OF LWANDE WESONGA.

WILBERFORCE WAFULA SON OF BARINABA ABWOKA SON OF SEMEO WANDERA SON OF MAFULU SON OF KUBENGI SON OF NGUNDIRA SON OF KAGENDA SON OF LWANDE WESONGA.

NANJAYA

Humphreys Ivan Wafula
Bensi Bwire
Maureen Taaka Natabona
Auma Caroline Natabona
Mugeni Peninah Natabona
Lillian Ajiambo Natabona

HUMPHREYS IVAN WAFULA SON OF WILBERFORCE WAFULA SON OF BARINABA ABWOKA SON OF SEMEO WANDERA SON OF MAFULU SON OF KUBENGI SON OF NGUNDIRA SON OF KAGENDA SON OF LWANDE WESONGA.

BENSI BWIRE SON OF WILBERFORCE WAFULA SON OF BARINABA ABWOKA SON OF SEMEO WANDERA SON OF MAFULU SON OF KUBENGI SON OF NGUNDIRA SON OF KAGENDA SON OF LWANDE WESONGA.

MAUREEN TAAKA NATABONA DAUGHTER OF WIBERFORCE WAFULA SON OF BARINABA ABWOKA SON OF SEMEO WANDERA SON OF MAFULU SON OF KUBENGI SON OF NGUNDIRA SON OF KAGENDA SON OF LWANDE WESONGA.

AUMA CAROLINE NATABONA DAUGHTER OF WILBERFORCE

CHAPTER FOUR

WAFULA SON OF BARINABA ABWOKA SON OF **SEMEO WANDERA** SON OF MAFULU SON OF KUBENGI SON OF NGUNDIRA SON OF KAGENDA SON OF LWANDE WESONGA.

MUGENI PENINAH NATABONA DAUGHTER OF WILBERFORCE WAFULA SON OF BARINABA ABWOKA SON OF **SEMEO WANDERA** SON OF MAFULU SON OF KUBENGI SON OF NGUNDIRA SON OF KAGENDA SON OF LWANDE WESONGA.

LILLIAN AJIAMBO NATABONA DAUGHTER OF WILBERFORCE WAFULA SON OF BARINABA ABWOKA SON OF **SEMEO WANDERA** SON OF MAFULU SON OF KUBENGI SON OF NGUNDIRA SON OF KAGENDA SON OF LWANDE WESONGA.

GEORGE ROBERT BWIRE MAFULU SON OF BARINABA ABWOKA SON OF **SEMEO WANDERA** SON OF MAFULU SON OF KUBENGI SON OF NGUNDIRA SON OF KAGENDA SON OF LWANDE WESONGA.

NAMBOLYA

Bryan George
Denis Mafulu
Edwin Abwoka
Derrick Wandera
Charity Ajiambo Natabona

BRYAN GEORGE DAUGHTER OF GEORGE ROBERT BWIRE MAFULU SON OF BARINABA ABWOKA SON OF **SEMEO WANDERA** SON OF MAFULU SON OF KUBENGI SON OF NGUNDIRA SON OF KAGENDA SON OF LWANDE WESONGA.

DENIS MAFULU DAUGHTER OF GEORGE ROBERT BWIRE MAFULU SON OF BARINABA ABWOKA SON OF **SEMEO WANDERA** SON OF MAFULU SON OF KUBENGI SON OF NGUNDIRA SON OF KAGENDA SON OF LWANDE WESONGA.

EDWIN ABWOKA DAUGHTER OF GEORGE ROBERT BWIRE MAFULU SON OF BARINABA ABWOKA SON OF **SEMEO WANDERA**

SON OF MAFULU SON OF KUBENGI SON OF NGUNDIRA SON OF KAGENDA SON OF LWANDE WESONGA.

DERRICK WANDERA DAUGHTER OF GEORGE ROBERT BWIRE MAFULU SON OF BARINABA ABWOKA SON OF SEMEO WANDERA SON OF MAFULU SON OF KUBENGI SON OF NGUNDIRA SON OF KAGENDA SON OF LWANDE WESONGA.

CHARITY AJIAMBO NATABONA DAUGHTER OF GEORGE ROBERT BWIRE MAFULU SON OF BARINABA ABWOKA SON OF SEMEO WANDERA SON OF MAFULU SON OF KUBENGI SON OF NGUNDIRA SON OF KAGENDA SON OF LWANDE WESONGA.

JOHN STEPHEN OGAALI WANDERA ABWOKA SON OF BARINABA ABWOKA SON OF SEMEO WANDERA SON OF MAFULU SON OF KUBENGI SON OF NGUNDIRA SON OF KAGENDA SON OF LWANDE WESONGA.

NABUKAKI	Fred Wandera Mafulu Abwoka
	Ojiambo Vincent Wandera
MUGANDA	Winni Namatovu Wandera

FRED WANDERA MAFULU ABWOKA SON OF JOHN STEPHEN OGAALI WANDERA ABWOKA SON OF BARINABA ABWOKA SON OF SEMEO WANDERA SON OF MAFULU SON OF KUBENGI SON OF NGUNDIRA SON OF KAGENDA SON OF LWANDE WESONGA.

OJIAMBO VINCENT WANDERA SON OF JOHN STEPHEN OGAALI WANDERA ABWOKA SON OF BARINABA ABWOKA SON OF SEMEO WANDERA SON OF MAFULU SON OF KUBENGI SON OF NGUNDIRA SON OF KAGENDA SON OF LWANDE WESONGA.

WINNI NAMATOVU WANDERA SON OF JOHN STEPHEN OGAALI WANDERA ABWOKA SON OF BARINABA ABWOKA SON OF SEMEO WANDERA SON OF MAFULU SON OF KUBENGI SON OF NGUNDIRA SON OF KAGENDA SON OF LWANDE WESONGA.

CHAPTER FOUR

MANASE WANYAMA SON OF SEMEO WANDERA SON OF MAFULU SON OF KUBENGI SON OF NGUNDIRA SON OF KAGENDA SON OF LWANDE WESONGA.

NAMIRIPO

Richard Wafula
Dickson Sanya
Wilfred Sunday
Godfrey Bwire

RICHARD WAFULA SON OF MANASE WANYAMA SON OF SEMEO WANDERA SON OF MAFULU SON OF KUBENGI SON OF NGUNDIRA SON OF KAGENDA SON OF LWANDE WESONGA.

NALYALI

Martin

MARTIN SON OF RICHARD WAFULA SON OF MANASE WANYAMA SON SEMEO WANDERA SON OF MAFULU SON OF KUBENGI SON OF NGUNDIRA SON OF KAGENDA SON OF LWANDE WESONGA.

DICKSON SANYA SON OF MANASE WANYAMA SON OF SEMEO WANDERA SON OF MAFULU SON OF KUBENGI SON OF NGUNDIRA SON OF KAGENDA SON OF LWANDE WESONGA.

NAMUHOKOSI

No information about children were available.

WILFRED SUNDAY SON OF MANASE WANYAMA SON OF SEMEO WANDERA SON OF MAFULU SON OF KUBENGI SON OF NGUNDIRA SON OF KAGENDA SON OF LWANDE WESONGA.

GODFREY BWIRE SON OF MANASE WANYAMA SON OF SEMEO WANDERA SON OF MAFULU SON OF KUBENGI SON OF NGUNDIRA SON OF KAGENDA SON OF LWANDE WESONGA.

JOEL OWORI SON OF SEMEO WANDERA SON OF MAFULU SON OF KUBENGI SON OF NGUNDIRA SON OF KAGENDA SON OF LWANDE WESONGA.

LWANDE WESONGA: A GENEALOGY

NAMUDANDU   James Bwire
Sam Semeo Wandera II

SAM SEMEO WANDERA II SON OF JOEL OWORI SON OF SEMEO WANDERA SON OF MAFULU SON OF KUBENGI SON OF NGUNDIRA SON OF KAGENDA SON OF LWANDE WESONGA.

JAMES BWIRE SON OF JOEL OWORI SON OF SEMEO WANDERA SON OF MAFULU SON OF KUBENGI SON OF NGUNDIRA SON OF KAGENDA SON OF LWANDE WESONGA.

NAMWANDIRA   Herbert Kubengi
George

HERBERT KUBENGI SON OF JAMES BWIRE SON OF JOEL OWORI SON OF SEMEO WANDERA SON OF MAFULU SON OF KUBENGI SON OF NGUNDIRA SON OF KAGENDA SON OF LWANDE WESONGA.

GEORGE SON OF JAMES BWIRE SON OF JOEL OWORI SON OF SEMEO WANDERA SON OF MAFULU SON OF KUBENGI SON OF NGUNDIRA SON OF KAGENDA SON OF LWANDE WESONGA.

ONDATO SON OF MAFULU

ONDAATO SON OF MAFULU SON OF WERE KUBENGI SON OF NGUNDIRA SON OF KAGENDA SON OF LWANDE WESONGA.

NAMUFUTA   Vincent Siminyu
Barasa Ondaato

See Appendix Page 98

BARASA ONDATO SON OF ONDAATO SON OF MAFULU SON OF KUBENGI SON OF NGUNDIRA SON OF KAGENDA SON OF LWANDE WESONGA.

NAMUSOGA   Chyambi

CHAPTER FOUR

CHYAMBI OF BARASA SON OF ONDAATO SON OF MAFULU SON OF KUBENGI SON OF NGUNDIRA SON OF KAGENDA SON OF LWANDE WESONGA.

VINCENT SIMINYU SON OF ONDAATO SON OF MAFULU SON OF KUBENGI SON OF NGUNDIRA SON OF KAGENDA SON OF LWANDE WESONGA.

NASISEKE	Samuel Mauko
	Ndazi
	Natocho Natabona
	Eseza Natabona
	Margaret Natabona
	Sihari
NENGOMA	Ojiambo
	Majezi
	Okangana
	Mubari
	Auma Natabona
	Tikabura Natabona

NDAZI SON OF VICENT SIMINYU SON OF ONDAATO SON OF MAFULU SON OF KUBENGI SON OF NGUNDIRA SON OF KAGENDA SON OF LWANDE WESONGA.

NATOCHO NATABONA DAUGHTER OF VICENT SIMINYU SON OF ONDAATO SON OF MAFULU SON OF KUBENGI SON OF NGUNDIRA SON OF KAGENDA SON OF LWANDE WESONGA.

ESEZA NATABONA DAUGHTER OF VICENT SIMINYU SON OF ONDAATO SON OF MAFULU SON OF KUBENGI SON OF NGUNDIRA SON OF KAGENDA SON OF LWANDE WESONGA.

MARGARET NATABONA DAUGHTER OF VICENT SIMINYU SON OF ONDAATO SON OF MAFULU SON OF KUBENGI SON OF NGUNDIRA SON OF KAGENDA SON OF LWANDE WESONGA.

LWANDE WESONGA: A GENEALOGY

SIHARI SON OF VICENT SIMINYU SON OF ONDAATO SON OF MAFULU SON OF KUBENGI SON OF NGUNDIRA SON OF KAGENDA SON OF LWANDE WESONGA.

OKANGANA SON OF VICENT SIMINYU SON OF ONDAATO SON OF MAFULU SON OF KUBENGI SON OF NGUNDIRA SON OF KAGENDA SON OF LWANDE WESONGA.

MUBARI SON OF VICENT SIMINYU SON OF ONDAATO SON OF MAFULU SON OF KUBENGI SON OF NGUNDIRA SON OF KAGENDA SON OF LWANDE WESONGA.

AUMA NATABONA DAUGHTER OF VICENT SIMINYU SON OF ONDAATO SON OF MAFULU SON OF KUBENGI SON OF NGUNDIRA SON OF KAGENDA SON OF LWANDE WESONGA.

TIKABURA NATABONA DAUGHTER OF VICENT SIMINYU SON OF ONDAATO SON OF MAFULU SON OF KUBENGI SON OF NGUNDIRA SON OF KAGENDA SON OF LWANDE WESONGA.

SAMUEL MAUKO SON OF VINCENT SIMINYU SON OF ONDAATO SON OF MAFULU SON OF KUBENGI SON OF NGUNDIRA SON OF KAGENDA SON OF LWANDE WESONGA.

| NAMAKANGALA | Harrison |
| | Clinton |

HARRISON SON OF SAMUEL MAUKO SON OF VICENT SIMINYU SON OF ONDAATO SON OF MAFULU SON OF KUBENGI SON OF NGUNDIRA SON FO KAGENDA SON OF LWANDE WESONGA.

CLINTON SON OF SAMUEL MAUKO SON OF VICENT SIMINYU SON OF ONDAATO SON OF MAFULU SON OF KUBENGI SON OF NGUNDIRA SON FO KAGENDA SON OF LWANDE WESONGA.

OJIAMBO SON OF VINCENT SIMINYU SON OF ONDAATO SON OF MAFULU SON OF KUBENGI SON OF NGUNDIRA SON OF

CHAPTER FOUR

KAGENDA SON OF LWANDE WESONGA.

NANYANGA Brian
NAMIRIPO Natocho
Tondwa
Boy
Okuku
Isaac

BRIAN OF OJIAMBO SON OF VICENT SIMINYU SON OF ONDAATO SON OF MAFULU SON OF KUBENGI SON OF NGUNDIRA SON OF KAGENDA SON OF LWANDE WESONGA.

NATOCHO OF OJIAMBO SON OF VICENT SIMINYU SON OF ONDAATO SON OF MAFULU SON OF KUBENGI SON OF NGUNDIRA SON OF KAGENDA SON OF LWANDE WESONGA.

TONDWA OF OJIAMBO SON OF VICENT SIMINYU SON OF ONDAATO SON OF MAFULU SON OF KUBENGI SON OF NGUNDIRA SON OF KAGENDA SON OF LWANDE WESONGA.

BOY OF OJIAMBO SON OF VICENT SIMINYU SON OF ONDAATO SON OF MAFULU SON OF KUBENGI SON OF NGUNDIRA SON OF KAGENDA SON OF LWANDE WESONGA.

OKUKU OF OJIAMBO SON OF VICENT SIMINYU SON OF ONDAATO SON OF MAFULU SON OF KUBENGI SON OF NGUNDIRA SON OF KAGENDA SON OF LWANDE WESONGA.

ISAAC OF OJIAMBO SON OF VICENT SIMINYU SON OF ONDAATO SON OF MAFULU SON OF KUBENGI SON OF NGUNDIRA SON OF KAGENDA SON OF LWANDE WESONGA.

MAJEZI SON OF VINCENT SIMINYU SON OF ONDAATO SON OF MAFULU SON OF KUBENGI SON OF NGUNDIRA SON OF KAGENDA SON OF LWANDE WESONGA.

LWANDE WESONGA: A GENEALOGY

NAGOLYA
- Zida
- Tibita
- Erumbi
- Betty Natabona
- Mbeye
- Kene

ZIDA OF MAJEZI SON OF VICENT SIMINYU SON OF ONDAATO SON OF MAFULU SON OF KUBENGI SON OF NGUNDIRA SON OF KAGENDA SON OF LWANDE WESONGA.

TIBITA OF MAJEZI SON OF VICENT SIMINYU SON OF ONDAATO SON OF MAFULU SON OF KUBENGI SON OF NGUNDIRA SON OF KAGENDA SON OF LWANDE WESONGA.

ERUMBI OF MAJEZI SON OF VICENT SIMINYU SON OF ONDAATO SON OF MAFULU SON OF KUBENGI SON OF NGUNDIRA SON OF KAGENDA SON OF LWANDE WESONGA.

BETTY NATABONA DAUGHTER OF MAJEZI SON OF VICENT SIMINYU SON OF ONDAATO SON OF MAFULU SON OF KUBENGI SON OF NGUNDIRA SON OF KAGENDA SON OF LWANDE WESONGA.

MBEYE OF MAJEZI SON OF VICENT SIMINYU SON OF ONDAATO SON OF MAFULU SON OF KUBENGI SON OF NGUNDIRA SON OF KAGENDA SON OF LWANDE WESONGA.

KENE OF MAJEZI SON OF VICENT SIMINYU SON OF ONDAATO SON OF MAFULU SON OF KUBENGI SON OF NGUNDIRA SON OF KAGENDA SON OF LWANDE WESONGA.

HADONDI SON OF ABWOKA WERE KUBENGI

HADONDI SON OF ABWOKA WERE KUBENGI SON OF NGUNDIRA SON OF KAGENDA SON OF LWANDE WESONGA.

NASIMALWA
- Oduho

CHAPTER FOUR

	Nabongo
	Guyoni
NASUBO	Hadondi II
	Onyango

NABONGO SON OF **HADONDI** SON OF **WERE KUBENGI** SON OF **NGUNDIRA** SON OF **KAGENDA** SON OF **LWANDE WESONGA.**

GUYONI SON OF **HADONDI** SON OF **WERE KUBENGI** SON OF **NGUNDIRA** SON OF **KAGENDA** SON OF **LWANDE WESONGA.**

HADONDI II SON OF **HADONDI** SON OF **WERE KUBENGI** SON OF **NGUNDIRA** SON OF **KAGENDA** SON OF **LWANDE WESONGA.**

ONYANGO SON OF **HADONDI** SON OF **WERE KUBENGI** SON OF **NGUNDIRA** SON OF **KAGENDA** SON OF **LWANDE WESONGA.**

ODUHO SON OF **HADONDI**

ODUHO SON OF **HADONDI** SON OF **WERE KUBENGI** SON OF **NGUNDIRA** SON OF **KAGENDA** SON OF **LWANDE WESONGA.**

NAMAKANGALA	Daudi Abwoka
	Musa Abwoka
NAMUKUBA	Daniel Hadondi
NANDYEKIA	Bulasio Hadondi
NABONGO	Paul William Ouma

DAUDI ABWOKA SON OF **ODUHO** SON OF **HADONDI** SON OF **WERE KUBENGI** SON OF **NGUNDIRA** SON OF **KAGENDA** SON OF **LWANDE WESONGA.**

NAMUBACHI	Suleiman Hadondi
NAMULUNDU	Charles Olumbe
NAMULEMBO	Jackson Wanyama

SULEIMAN HADONDI SON OF DAUDI ABWOKA SON OF **ODUHO**

439

LWANDE WESONGA: A GENEALOGY

SON OF **HADONDI** SON OF **WERE KUBENGI** SON OF **NGUNDIRA** SON OF **KAGENDA** SON OF **LWANDE WESONGA.**

CHARLES OLUMBE SON OF DAUDI ABWOKA SON OF **ODUHO** SON OF **HADONDI** SON OF **WERE KUBENGI** SON OF **NGUNDIRA** SON OF **KAGENDA** SON OF **LWANDE WESONGA.**

JACKSON WANYAMA SON OF DAUDI ABWOKA SON OF **ODUHO** SON OF **HADONDI** SON OF **WERE KUBENGI** SON OF **NGUNDIRA** SON OF **KAGENDA** SON OF **LWANDE WESONGA.**

SULEIMAN HADONDI SON OF DAUDI ABWOKA SON OF **ODUHO** SON OF **HADONDI** SON OF **WERE KUBENGI** SON OF **NGUNDIRA** SON OF **KAGENDA** SON OF **LWANDE WESONGA.**

ADETI	Sunday Robert Abwoka
NABULINDO	Monday Abwoka Julius
	Masiga Evan Ngundira
	Nimrod Saando Bwire
NASIGABA I	Samuel (Kiiga) Onyango
NASIGABA II	Godfrey Ojiambo
	Sanya

SUNDAY ROBERT ABWOKA SON OF SULEIMAN HADONDI SON OF DAUDI ABWOKA SON OF **ODUHO** SON OF **HADONDI** SON OF **KUBENGI** SON OF **NGUNDIRA** SON OF **KAGENDA** SON OF **LWANDE WESONGA.**

MONDAY ABWOKA JULIUS SON OF SULEIMAN HADONDI SON OF DAUDI ABWOKA SON OF **ODUHO** SON OF **HADONDI** SON OF **KUBENGI** SON OF **NGUNDIRA** SON OF **KAGENDA** SON OF **LWANDE WESONGA.**

MASIGA EVAN NGUNDIRA SON OF SULEIMAN HADONDI SON OF DAUDI ABWOKA SON OF **ODUHO** SON OF **HADONDI** SON OF **KUBENGI** SON OF **NGUNDIRA** SON OF **KAGENDA** SON OF **LWANDE WESONGA.**

CHAPTER FOUR

NIMROD SAANDO BWIRE SON OF SULEIMAN HADONDI SON OF DAUDI ABWOKA SON OF **ODUHO** SON OF **HADONDI** SON OF **KUBENGI** SON OF **NGUNDIRA** SON OF **KAGENDA** SON OF **LWANDE WESONGA.**

SAMUEL (KIIGA) ONYANGO SON OF SULEIMAN HADONDI SON OF DAUDI ABWOKA SON OF **ODUHO** SON OF **HADONDI** SON OF **KUBENGI** SON OF **NGUNDIRA** SON OF **KAGENDA** SON OF **LWANDE WESONGA.**

GODFREY OJIAMBO SON OF SULEIMAN HADONDI SON OF DAUDI ABWOKA SON OF **ODUHO** SON OF **HADONDI** SON OF **KUBENGI** SON OF **NGUNDIRA** SON OF **KAGENDA** SON OF **LWANDE WESONGA.**

SANYA SON OF SULEIMAN HADONDI SON OF DAUDI ABWOKA SON OF **ODUHO** SON OF HADONDI SON OF **KUBENGI** SON OF **NGUNDIRA** SON OF **KAGENDA** SON OF **LWANDE WESONGA.**

CHARLES OLUMBE SON OF DAUDI ABWOKA SON OF **ODUHO** SON OF **HADONDI** SON OF **KUBENGI** SON OF **NGUNDIRA** SON OF **KAGENDA** SON OF **LWANDE WESONGA.**

NABWOLA (MUGISHU) No information about children were available.

JACKSON ABWOKA SON OF DAUDI ABWOKA SON OF **ODUHO** SON OF **HADONDI** SON OF **KUBENGI** SON OF **NGUNDIRA** SON OF **KAGENDA** SON OF **LWANDE WESONGA.**

NABYANGU

Frank Bwire
Fred Wafula
Desmond Wandera
Jimmy Wanyama

FRANK BWIRE SON OF JACKSON ABWOKA SON OF DAUDI ABWOKA SON OF **ODUHO** SON OF **HADONDI** SON OF **KUBENGI** SON OF **NGUNDIRA** SON OF **KAGENDA** SON OF **LWANDE WESONGA.**

FRED WAFULA SON OF JACKSON ABWOKA SON OF DAUDI ABWOKA SON OF **ODUHO** SON OF **HADONDI** SON OF **KUBENGI** SON OF **NGUNDIRA** SON OF **KAGENDA** SON OF **LWANDE WESONGA**.

DESMOND WANDERA SON OF JACKSON ABWOKA SON OF DAUDI ABWOKA SON OF **ODUHO** SON OF **HADONDI** SON OF **KUBENGI** SON OF **NGUNDIRA** SON OF **KAGENDA** SON OF **LWANDE WESONGA**.

JIMMY WANYAMA SON OF JACKSON ABWOKA SON OF DAUDI ABWOKA SON OF **ODUHO** SON OF **HADONDI** SON OF **KUBENGI** SON OF **NGUNDIRA** SON OF **KAGENDA** SON OF **LWANDE WESONGA**.

MUSA ABWOKA SON OF **ODUHO** SON OF **HADONDI** SON OF **KUBENGI** SON OF **NGUNDIRA** SON OF **KAGENDA** SON OF **LWANDE WESONGA**.

Musa Abwoka yakerama[301] the wife of Daudi Abwoka and had a son called Daudi Bwire Abwoka.

See Appendix Page 99

DAUDI BWIRE ABWOKA SON OF MUSA ABWOKA SON OF **ODUHO** SON OF **HADONDI** SON OF **KUBENGI** SON OF **NGUNDIRA** SON OF **KAGENDA** SON OF **LWANDE WESONGA**.

NAMUDDE	Tito Wafula Abwoka
Victor Okumu
Timothy Bwire
Moses Eli Okido
Thomas Were

TITO WAFULA ABWOKA SON OF DAUDI BWIRE ABWOKA SON

---

[301] Yakerama means to marry a widow after the death of her husband in a special ceremony.

CHAPTER FOUR

OF MUSA ABWOKA SON OF **ODUHO** SON OF **HADONDI** SON OF **KUBENGI** SON OF **NGUNDIRA** SON OF **KAGENDA** SON OF **LWANDE WESONGA.**

VICTOR OKUMU SON OF DAUDI BWIRE ABWOKA SON OF MUSA ABWOKA SON OF **ODUHO** SON OF **HADONDI** SON OF **KUBENGI** SON OF **NGUNDIRA** SON OF **KAGENDA** SON OF **LWANDE WESONGA.**

TIMOTHY BWIRE SON OF DAUDI BWIRE ABWOKA SON OF MUSA ABWOKA SON OF **ODUHO** SON OF **HADONDI** SON OF **KUBENGI** SON OF **NGUNDIRA** SON OF **KAGENDA** SON OF **LWANDE WESONGA.**

MOSES ELI OKIDO SON OF DAUDI BWIRE ABWOKA SON OF MUSA ABWOKA SON OF **ODUHO** SON OF **HADONDI** SON OF **KUBENGI** SON OF **NGUNDIRA** SON OF **KAGENDA** SON OF **LWANDE WESONGA.**

THOMAS WERE SON OF DAUDI BWIRE ABWOKA SON OF MUSA ABWOKA SON OF **ODUHO** SON OF **HADONDI** SON OF **KUBENGI** SON OF **NGUNDIRA** SON OF **KAGENDA** SON OF **LWANDE WESONGA.**

DANIEL HADONDI SON OF **ODUHO** SON OF **HADONDI** SON OF **KUBENGI** SON OF **NGUNDIRA** SON OF **KAGENDA** SON OF **LWANDE WESONGA.**

NAMULIRO	James Masiga Namukuba
	Willy Were
	Willingstone Daudi
NEREKE	Samuel Nasubo Hadondi
	Godfrey Namukuba
	Abwoka Bwire
NAHULO	Ronald Wandera
	Robert Wanyama
	Samuel Were

LWANDE WESONGA: A GENEALOGY

NAMACHEKE

John Hadondi
Saanda
Samuel Were
Kubengi

WILLINGSTONE DAUDI SON OF DANIEL HADONDI SON OF ODUHO SON OF HADONDI SON OF KUBENGI SON OF NGUNDIRA SON OF KAGENDA SON OF LWANDE WESONGA.

SAMUEL NASUBO HADONDI SON OF DANIEL HADONDI SON OF ODUHO SON OF HADONDI SON OF KUBENGI SON OF NGUNDIRA SON OF KAGENDA SON OF LWANDE WESONGA.

GODFREY NAMUKUBA SON OF DANIEL HADONDI SON OF ODUHO SON OF HADONDI SON OF KUBENGI SON OF NGUNDIRA SON OF KAGENDA SON OF LWANDE WESONGA.

ABWOKA BWIRE SON OF DANIEL HADONDI SON OF ODUHO SON OF HADONDI SON OF KUBENGI SON OF NGUNDIRA SON OF KAGENDA SON OF LWANDE WESONGA.

RONALD WANDERA SON OF DANIEL HADONDI SON OF ODUHO SON OF HADONDI SON OF KUBENGI SON OF NGUNDIRA SON OF KAGENDA SON OF LWANDE WESONGA.

ROBERT WANYAMA SON OF DANIEL HADONDI SON OF ODUHO SON OF HADONDI SON OF KUBENGI SON OF NGUNDIRA SON OF KAGENDA SON OF LWANDE WESONGA.

SAMUEL WERE SON OF DANIEL HADONDI SON OF ODUHO SON OF HADONDI SON OF KUBENGI SON OF NGUNDIRA SON OF KAGENDA SON OF LWANDE WESONGA.

JOHN HADONDI SON OF DANIEL HADONDI SON OF ODUHO SON OF HADONDI SON OF KUBENGI SON OF NGUNDIRA SON OF KAGENDA SON OF LWANDE WESONGA.

CHAPTER FOUR

SAANDA SON OF DANIEL HADONDI SON OF ODUHO SON OF HADONDI SON OF KUBENGI SON OF NGUNDIRA SON OF KAGENDA SON OF LWANDE WESONGA.

SAMUEL WERE SON OF DANIEL HADONDI SON OF ODUHO SON OF HADONDI SON OF KUBENGI SON OF NGUNDIRA SON OF KAGENDA SON OF LWANDE WESONGA.

KUBENGI SON OF DANIEL HADONDI SON OF ODUHO SON OF HADONDI SON OF KUBENGI SON OF NGUNDIRA SON OF KAGENDA SON OF LWANDE WESONGA.

JAMES MASIGA NAMUKUBA SON OF DANIEL HADONDI SON OF ODUHO SON OF HADONDI SON OF KUBENGI SON OF NGUNDIRA SON OF KAGENDA SON OF LWANDE WESONGA.

NAMULUNDU   No information were available about the children.

WILLY WERE SON OF DANIEL HADONDI SON OF ODUHO SON OF HADONDI SON OF KUBENGI SON OF NGUNDIRA SON OF KAGENDA SON OF LWANDE WESONGA.

SAMUEL NASUBO SON OF DANIEL HADONDI SON OF ODUHO SON OF HADONDI SON OF KUBENGI SON OF NGUNDIRA SON OF KAGENDA SON OF LWANDE WESONGA.

NAMUDDE   Tobby Abwoka

TOBBY ABWOKA SON OF SAMUEL NASUBO SON OF DANIEL HADONDI SON OF ODUHO SON OF HADONDI SON OF KUBENGI SON OF KAGENDA SON OF LWANDE WESONGA.

LESTER JUMA GUYONI SON OF ODUHO SON OF HADONDI SON OF KUBENGI SON OF NGUNDIRA SON OF KAGENDA SON OF LWANDE WESONGA.

NAKUHU   Collins Bwire Hadondi

LWANDE WESONGA: A GENEALOGY

COLLINS BWIRE HADONDI I SON OF LESTER JUMA GUYONI SON OF HADONDI SON OF KUBENGI SON OF NGUNDIRA SON OF KAGENDA SON OF LWANDE WESONGA.

WILLINGSTONE BWIRE SON OF DANIEL HADONDI SON OF ODUHO SON OF HADONDI SON OF KUBENGI SON OF NGUNDIRA SON OF KAGENDA SON OF LWANDE WESONGA.

NADONGO George Mark Bwire N.

GEORGE MARK BWIRE N. SON OF WILLINGSTONE BWIRE SON OF DANIEL HADONDI SON OF ODUHO SON OF HADONDI SON OF KUBENGI SON OF NGUNDIRA SON OF KAGENDA SON OF LWANDE WESONGA.

BULASIO HADONDI SON OF ODUHO SON OF HADONDI SON OF KUBENGI SON OF NGUNDIRA SON OF KAGENDA SON OF LWANDE WESONGA.

NAMWINI Stephen Bubolu
Were
Ojiambo
Ouma
Malingu
NAMUBACHI Milton Egessa
David Bwire
Denes Odongo

WERE SON OF BULASIO HADONDI SON OF ODUHO SON OF HADONDI SON OF KUBENGI SON OF NGUNDIRA SON OF KAGENDA SON OF LWANDE WESONGA.

OJIAMBO SON OF BULASIO HADONDI SON OF ODUHO SON OF HADONDI SON OF KUBENGI SON OF NGUNDIRA SON OF KAGENDA SON OF LWANDE WESONGA.

OUMA SON OF BULASIO HADONDI SON OF ODUHO SON OF

CHAPTER FOUR

HADONDI SON OF KUBENGI SON OF NGUNDIRA SON OF KAGENDA SON OF LWANDE WESONGA.

MALINGU SON OF BULASIO HADONDI SON OF ODUHO SON OF HADONDI SON OF KUBENGI SON OF NGUNDIRA SON OF KAGENDA SON OF LWANDE WESONGA.

MILTON EGESSA SON OF BULASIO HADONDI SON OF ODUHO SON OF HADONDI SON OF KUBENGI SON OF NGUNDIRA SON OF KAGENDA SON OF LWANDE WESONGA.

DAVID BWIRE SON OF BULASIO HADONDI SON OF ODUHO SON OF HADONDI SON OF KUBENGI SON OF NGUNDIRA SON OF KAGENDA SON OF LWANDE WESONGA.

DENES ODONGO SON OF BULASIO HADONDI SON OF ODUHO SON OF HADONDI SON OF KUBENGI SON OF NGUNDIRA SON OF KAGENDA SON OF LWANDE WESONGA.

STEPHEN BUBOLU SON OF BULASIO HADONDI SON OF ODUHO SON OF HADONDI SON OF KUBENGI SON OF NGUNDIRA SON OF KAGENDA SON OF LWANDE WESONGA.

NAMAINDI	Bwire Odu
NAMUGANDA	Godfrey

BWIRE ODU SON OF STEPHEN BUBOLU SON OF BLASIO HADONDI SON OF ODUHO SON OF HADONDI SON OF KUBENGI SON OF NGUNDIRA SON OF KAGENDA SON OF LWANDE WESONGA.

GODFREY SON OF STEPHEN BUBOLU SON OF BLASIO HADONDI SON OF ODUHO SON OF HADONDI SON OF KUBENGI SON OF NGUNDIRA SON OF KAGENDA SON OF LWANDE WESONGA.

PAUL WILLIAM OUMA SON OF ODUHO SON OF HADONDI SON OF KUBENGI SON OF NGUNDIRA SON OF KAGENDA SON OF LWANDE WESONGA.

LWANDE WESONGA: A GENEALOGY

NAMULISA   Naphtali Mugeni Ouma
Wycliffe Wandera Ouma
Ratcliffe Onyango
Harrison Wafula
Kalori Okumu
NASALWA   David Okello
Godfrey Wanyama

See Appendix Page 100

NAPHTALI MUGENI OUMA SON OF PAUL WILLLIAM OUMA SON OF **ODUHO** SON OF **HADONDI** SON OF **KUBENGI** SON OF **NGUNDIRA** SON OF **KAGENDA** SON OF **LWANDE WESONGA**.

WYCLIFFE WANDERA OUMA SON OF PAUL WILLLIAM OUMA SON OF **ODUHO** SON OF **HADONDI** SON OF **KUBENGI** SON OF **NGUNDIRA** SON OF **KAGENDA** SON OF **LWANDE WESONGA**.

RATCLIFFE ONYANGO SON OF PAUL WILLLIAM OUMA SON OF **ODUHO** SON OF **HADONDI** SON OF **KUBENGI** SON OF **NGUNDIRA** SON OF **KAGENDA** SON OF **LWANDE WESONGA**.

HARRISON WAFULA SON OF PAUL WILLLIAM OUMA SON OF **ODUHO** SON OF **HADONDI** SON OF **KUBENGI** SON OF **NGUNDIRA** SON OF **KAGENDA** SON OF **LWANDE WESONGA**.

KALORI OKUMU SON OF PAUL WILLLIAM OUMA SON OF **ODUHO** SON OF **HADONDI** SON OF **KUBENGI** SON OF **NGUNDIRA** SON OF **KAGENDA** SON OF **LWANDE WESONGA**.

DAVID OKELLO SON OF PAUL WILLLIAM OUMA SON OF **ODUHO** SON OF **HADONDI** SON OF **KUBENGI** SON OF **NGUNDIRA** SON OF **KAGENDA** SON OF **LWANDE WESONGA**.

GODFREY WANYAMA SON OF PAUL WILLLIAM OUMA SON OF **ODUHO** SON OF **HADONDI** SON OF **KUBENGI** SON OF **NGUNDIRA** SON OF **KAGENDA** SON OF **LWANDE WESONGA**.

CHAPTER FOUR

NAPHTALI MUGENI OUMA SON OF PAUL WILLIAM OUMA SON OF **ODUHO** SON OF **HADONDI** SON OF **KUBENGI** SON OF **NGUNDIRA** SON OF **KAGENDA** SON OF **LWANDE WESONGA.**

NAHASOHO   Moses Opio
NAMAKANGALA   Kubengi

MOSES OPIO SON OF NAPHTALI MUGENI OUMA SON OF PAUL WILLIAM OUMA SON OF **ODUHO** SON OF **HADONDI** SON OF **KUBENGI** SON OF **NGUNDIRA** SON OF **KAGENDA** SON OF **LWANDE WESONGA.**

KUBENGI SON OF NAPHTALI MUGENI OUMA SON OF PAUL WILLIAM OUMA SON OF **ODUHO** SON OF **HADONDI** SON OF **KUBENGI** SON OF **NGUNDIRA** SON OF **KAGENDA** SON OF **LWANDE WESONGA.**

See Appendix page 100

WYCLIFFE WANDERA OUMA SON OF PAUL WILLIAM OUMA SON OF **ODUHO** SON OF **HADONDI** SON OF **KUBENGI** SON OF **NGUNDIRA** SON OF **KAGENDA** SON OF **LWANDE WESONGA.**

MUKIGA   Junior Ngundira Nelson Sanya
MUGANDA   Richard Hadondi
NANYIHODO   Isaac Wandera

JUNIOR NGUNDIRA NELSON SANYA SON OF WYCLIFF WANDERA OUMA SON OF PAUL WILLIAM OUMA SON OF **ODUHO** SON OF **HADONDI** SON OF **KUBENGI** SON OF **NGUNDIRA** SON OF **KAGENDA** SON OF **LWANDE WESONGA.**

RICHARD HADONDI SON OF WYCLIFF WANDERA OUMA SON OF PAUL WILLIAM OUMA SON OF **ODUHO** SON OF **HADONDI** SON OF **KUBENGI** SON OF **NGUNDIRA** SON OF **KAGENDA** SON OF **LWANDE WESONGA.**

ISAAC WANDERA SON OF WYCLIFF WANDERA OUMA SON OF

LWANDE WESONGA: A GENEALOGY

PAUL WILLIAM OUMA SON OF **ODUHO** SON OF **HADONDI** SON OF **KUBENGI** SON OF **NGUNDIRA** SON OF **KAGENDA** SON OF **LWANDE WESONGA.**

FRANCES RATCLIFFE ONYANGO SON OF PAUL WILLIAM OUMA SON OF **ODUHO** SON OF **HADONDI** SON OF **KUBENGI** SON OF **NGUNDIRA** SON OF **KAGENDA** SON OF **LWANDE WESONGA.**

Musa Abwoka

MUSA ABWOKA SON OF FRANCES RATCLIFFE ONYANGO SON OF PAUL WILLIAM OUMA SON OF **ODUHO** SON OF **HADONDI** SON OF **KUBENGI** SON OF **NGUNDIRA** SON OF **KAGENDA** SON OF **LWANDE WESONGA.**

HARRISON WAFULA SON OF PAUL WILLIAM OUMA SON OF **ODUHO** SON OF **HADONDI** SON OF **KUBENGI** SON OF **NGUNDIRA** SON OF **KAGENDA** SON OF **LWANDE WESONGA.**

David Okello
Kennedy

DAVID OKELLO SON OF HARRISON WAFULA SON OF PAUL WILLIAM OUMA SON OF **ODUHO** SON OF **HADONDI** SON OF **KUBENGI** SON OF **NGUNDIRA** SON OF **KAGENDA** SON OF **LWANDE WESONGA.**

KENNEDY SON OF HARRISON WAFULA SON OF PAUL WILLIAM OUMA SON OF **ODUHO** SON OF **HADONDI** SON OF **KUBENGI** SON OF **NGUNDIRA** SON OF **KAGENDA** SON OF **LWANDE WESONGA.**

NB: Oduho had two brothers namely Nabongo and Guyoni. There was no trace about Nabongo's family. As for Guyoni there was very minimal information available.

Equally too, Hadondi had two brothers: Onyango and Okwomi. No information about Hadondi's siblings. Future relatives may

CHAPTER FOUR

have to rely on either new information from the relatives from **ODUHO** line or do research.

END OF KUBENGI SON OF NGUNDIRA

BUKEKO SON OF NGUNDIRA

NGUNDIRA SON OF KAGENDA SON OF LWANDE WESONGA.

Bukeko

BUKEKO SON OF NGUNDIRA SON OF KAGENDA SON OF LWANDE WESONGA. SON OF LWANDE MULUNGO.

NACHONGA Omijja

OMIJJA SON OF BUKEKO

OMUJA SON OF BUKEKO SON OF NGUNDIRA SON OF KAGENDA SON OF LWANDE WESONGA.

Ngweno
Bukeko II
NEHOBA Muniala

NGWENO SON OF OMIJJA

NGWENO SON OF OMIJJA SON OF BUKEKO SON OF NGUNDIRA SON OF KAGENDA SON OF LWANDE WESONGA.

NASUBO Gaunya
Omijja Abala

OMIJJA ABALA SON OF NGWENO SON OF OMIJJA SON OF BUKEKO SON OF NGUNDIRA SON OF KAGENDA SON OF LWANDE WESONGA.

LWANDE WESONGA: A GENEALOGY

GAUNYA SON OF NGWENO SON OF OMIJJA SON OF BUKEKO SON OF NGUNDIRA SON OF KAGENDA SON OF LWANDE WESONGA.

NAMULEMBO Omijja Kerereyo
Bubolu Agakan
Ngweno Tumbo
Joshua Musungu
Nabwire Natabona
Veronica Natabona
NABAHOLO Odwori Tinga
Peter Omwilo
Felesita Natabona Omukoko[302] married into Ababuri[303]
Regina Natabona Omukoko[304] married into Abadde[305]
and gave birth to Egessa, Barasa and Tabu

NABWIRE NATABONA DAUGHTER OF GAUNYA SON OF NGWENO SON OF OMIJJA SON OF BUKEKO SON OF NGUNDIRA SON OF KAGENDA SON OF LWANDE WESONGA.

VERONICA NATABONA DAUGHTER OF GAUNYA SON OF NGWENO SON OF OMIJJA SON OF BUKEKO SON OF NGUNDIRA SON OF KAGENDA SON OF LWANDE WESONGA.

FELESITA NATABONA DAUGHTER OF GAUNYA SON OF NGWENO SON OF OMIJJA SON OF BUKEKO SON OF NGUNDIRA SON OF KAGENDA SON OF LWANDE WESONGA.

REGINA NATABONA DAUGHTER OF GAUNYA SON OF NGWENO SON OF OMIJJA SON OF BUKEKO SON OF NGUNDIRA SON OF KAGENDA SON OF LWANDE WESONGA.

---

302 A Natabona who is married.
303 One of the clans in Samia.
304 A Natabona who is married
305 One of the clans in Samia.

CHAPTER FOUR

EGESSA SON OF REGINA NATABONA DAUGHTER OF GAUNYA SON OF NGWENO SON OF OMIJJA SON OF BUKEKO SON OF NGUNDIRA SON OF KAGENDA SON OF LWANDE WESONGA.

BARASA SON OF REGINA NATABONA DAUGHTER OF GAUNYA SON OF NGWENO SON OF OMIJJA SON OF BUKEKO SON OF NGUNDIRA SON OF KAGENDA SON OF LWANDE WESONGA.

TABU OF REGINA NATABONA DAUGHTER OF GAUNYA SON OF NGWENO SON OF OMIJJA SON OF BUKEKO SON OF NGUNDIRA SON OF KAGENDA SON OF LWANDE WESONGA.

ODWORI TINGA SON OF GAUNYA SON OF NGWENO SON OF OMIJJA SON OF BUKEKO SON OF NGUNDIRA SON OF KAGENDA SON OF LWANDE WESONGA.

NAMUDDE Taabu

TAABU SON OF ODWORI TINGA SON OF GAUNYA SON OF NGWENO SON OF OMIJJA SON OF BUKEKO SON OF NGUNDIRA SON OF KAGENDA SON OF LWANDE WESONGA.

BUKEKO II SON OF OMIJJA

BUKEKO II SON OF OMIJJA SON OF BUKEKO SON OF NGUNDIRA SON OF KAGENDA SON OF LWANDE WESONGA.

NASUBO Osinya Pamba

OSINYA PAMBA SON OF BUKEKO II SON OF OMIJJA SON OF BUKEKO SON OF NGUNDIRA SON OF KAGENDA SON OF LWANDE WESONGA.

Nanyibomi
Nambisa Bulasio Ouma

NANYIBOMI SON OF OSINYA PAMBA SON OF BUKEKO II SON OF

LWANDE WESONGA: A GENEALOGY

OMIJJA SON OF BUKEKO SON OF NGUNDIRA SON OF KAGENDA SON OF LWANDE WESONGA.

NAMBASI BULASIO OUMA SON OF OSINYA PAMBA SON OF BUKEKO II SON OF OMIJJA SON OF BUKEKO SON OF NGUNDIRA SON OF KAGENDA SON OF LWANDE WESONGA.

NGWENO SON OF OMIJJA

PETER OMWILO SON OF GAUNYA SON OF NGWENO SON OF OMIJJA SON OF BUKEKO SON OF NGUNDIRA SON OF KAGENDA SON OF LWANDE WESONGA.

NAMULEMBO
Egessa
Ogutti
Were
Barasa

EGESSA SON OF PETER OMWILO SON OF GAUNYA SON OF NGWENO SON OF OMIJJA SON OF BUKEKO SON OF NGUNDIRA SON OF KAGENDA SON OF LWANDE WESONGA.

OGUTTI SON OF PETER OMWILO SON OF GAUNYA SON OF NGWENO SON OF OMIJJA SON OF BUKEKO SON OF NGUNDIRA SON OF KAGENDA SON OF LWANDE WESONGA.

WERE SON OF PETER OMWILO SON OF GAUNYA SON OF NGWENO SON OF OMIJJA SON OF BUKEKO SON OF NGUNDIRA SON OF KAGENDA SON OF LWANDE WESONGA.

BARASA SON OF PETER OMWILO SON OF GAUNYA SON OF NGWENO SON OF OMIJJA SON OF BUKEKO SON OF NGUNDIRA SON OF KAGENDA SON OF LWANDE WESONGA.

OMIJJA KEREREYO SON OF GAUNYA SON OF NGWENO SON OF OMIJJA SON OF BUKEKO SON OF NGUNDIRA SON OF KAGENDA SON OF LWANDE WESONGA.

CHAPTER FOUR

NAMUNYEKERA
NAMUMULI   Tomasi Ngweno
                   Odwori Hasuhiri
                   Adwoli Gaunya
                   Yalo Omijja
                   Nakudi

NASIHUNE

TOMASI NGWENO SON OF OMIJJA KEREREYO SON OF GAUNYA SON OF **NGWENO** SON OF **OMIJJA** SON OF **BUKEKO** SON OF **NGUNDIRA** SON OF **KAGENDA** SON OF **LWANDE WESONGA**.

ODWORI HASUHIRI SON OF OMIJJA KEREREYO SON OF GAUNYA SON OF **NGWENO** SON OF **OMIJJA** SON OF **BUKEKO** SON OF **NGUNDIRA** SON OF **KAGENDA** SON OF **LWANDE WESONGA**.

ADWOLI GAUNYA SON OF OMIJJA KEREREYO SON OF GAUNYA SON OF **NGWENO** SON OF **OMIJJA** SON OF **BUKEKO** SON OF **NGUNDIRA** SON OF **KAGENDA** SON OF **LWANDE WESONGA**.

YALO OMIJJA SON OF OMIJJA KEREREYO SON OF GAUNYA SON OF **NGWENO** SON OF **OMIJJA** SON OF **BUKEKO** SON OF **NGUNDIRA** SON OF **KAGENDA** SON OF **LWANDE WESONGA**.

NAKUDI SON OF OMIJJA KEREREYO SON OF GAUNYA SON OF **NGWENO** SON OF **OMIJJA** SON OF **BUKEKO** SON OF **NGUNDIRA** SON OF **KAGENDA** SON OF **LWANDE WESONGA**.

BUBOLU AGAKAN SON OF GAUNYA SON OF **NGWENO** SON OF **OMIJJA** SON OF **BUKEKO** SON OF **NGUNDIRA** SON OF **KAGENDA** SON OF **LWANDE WESONGA**.

NACHAKI   Savero Ouma
                   Harriet Night (Nabwire) Natabona
                   Rose Achieno Natabona
NAMUDDE   Masiga

LWANDE WESONGA: A GENEALOGY

NAMULANDA	Jackimu

SAVERO OUMA SON OF BUBOLU AGAKAN SON OF GAUNYA SON OF NGWENO SON OF OMIJJA SON OF BUKEKO SON OF NGUNDIRA SON OF KAGENDA SON OF LWANDE WESONGA.

HARRIET NIGHT (NABWIRE) NATABONA DAUGHTER OF BUBOLU AGAKAN SON OF GAUNYA SON OF NGWENO SON OF OMIJJA SON OF BUKEKO SON OF NGUNDIRA SON OF KAGENDA SON OF LWANDE WESONGA.

ROSE ACHIENO NATABONA DAUGHTER OF BUBOLU AGAKAN SON OF GAUNYA SON OF NGWENO SON OF OMIJJA SON OF BUKEKO SON OF NGUNDIRA SON OF KAGENDA SON OF LWANDE WESONGA.

MASIGA SON OF BUBOLU AGAKAN SON OF GAUNYA SON OF NGWENO SON OF OMIJJA SON OF BUKEKO SON OF NGUNDIRA SON OF KAGENDA SON OF LWANDE WESONGA.

JACKIMU SON OF BUBOLU AGAKAN SON OF GAUNYA SON OF NGWENO SON OF OMIJJA SON OF BUKEKO SON OF NGUNDIRA SON OF KAGENDA SON OF LWANDE WESONGA.

NGWENO TUMBO SON OF GAUNYA SON OF NGWENO SON OF OMIJJA SON OF BUKEKO SON OF NGUNDIRA SON OF KAGENDA SON OF LWANDE WESONGA.

NAMUMULI	Papa Ngweno
	Sebuya Ngweno
NADIMO	Joshua
NAMAKANGALA	Sanya Tumbo
	Veronica Natabona, Omukoko[306] no information was available about where she got married.

---

306 A Natabona who is married.

CHAPTER FOUR

She had the following children:
Francis Ogoti
Francis Obayo
Donati

PAPA NGWENO SON OF NGWENO TUMBO SON OF GAUNYA SON OF NGWENO SON OF OMIJJA SON OF BUKEKO SON OF NGUNDIRA SON OF KAGENDA SON OF LWANDE WESONGA.

SEBUYA NGWENO SON OF NGWENO TUMBO SON OF GAUNYA SON OF NGWENO SON OF OMIJJA SON OF BUKEKO SON OF NGUNDIRA SON OF KAGENDA SON OF LWANDE WESONGA.

JOSHUA SON OF NGWENO TUMBO SON OF GAUNYA SON OF NGWENO SON OF OMIJJA SON OF BUKEKO SON OF NGUNDIRA SON OF KAGENDA SON OF LWANDE WESONGA.

SANYA TUMBO SON OF NGWENO TUMBO SON OF GAUNYA SON OF NGWENO SON OF OMIJJA SON OF BUKEKO SON OF NGUNDIRA SON OF KAGENDA SON OF LWANDE WESONGA.

VERONICA NATABONA DAUGHTER OF NGWENO TUMBO SON OF GAUNYA SON OF NGWENO SON OF OMIJJA SON OF BUKEKO SON OF NGUNDIRA SON OF KAGENDA SON OF LWANDE WESONGA.

FRANCIS OGOTI SON OF VERONICA NATABONA DAUGHTER OFNGWENO TUMBO SON OF GAUNYA SON OF NGWENO SON OF OMIJJA SON OF BUKEKO SON OF NGUNDIRA SON OF KAGENDA SON OF LWANDE WESONGA.

FRANCIS OBAYO SON OF VERONICA NATABONA DAUGHTER OFNGWENO TUMBO SON OF GAUNYA SON OF NGWENO SON OF OMIJJA SON OF BUKEKO SON OF NGUNDIRA SON OF KAGENDA SON OF LWANDE WESONGA.

DONATI OF VERONICA NATABONA DAUGHTER OFNGWENO

LWANDE WESONGA: A GENEALOGY

TUMBO SON OF GAUNYA SON OF **NGWENO** SON OF **OMIJJA** SON OF **BUKEKO** SON OF **NGUNDIRA** SON OF **KAGENDA** SON OF **LWANDE WESONGA**.

JOSHUA MUSUNGU SON OF GAUNYA SON OF **NGWENO** SON OF **OMIJJA** SON OF **BUKEKO** SON OF **NGUNDIRA** SON OF **KAGENDA** SON OF **LWANDE WESONGA**.

NAMUDDE Perusi Auma Natabona, Omukoko[307] married into Abajabi clan and had:
Makoha
Oganyo
Musungu
Nakoyo
Nafula Natabona, Omukoko[308] married into Abahulo clan and gave birth: Ouma Obura

NAMUDAYIRWA Odwori Tinga

PERUSI AUMA NATABONA DAUGHTER OF JOSHUA MUSUNGU SON OF GAUNYA SON OF **NGWENO** SON OF **OMIJJA** SON OF **BUKEKO** SON OF **NGUNDIRA** SON OF **KAGENDA** SON OF **LWANDE WESONGA**.

MAKOHA SON OF PERUSI AUMA NATABONA DAUGHTER OF JOSHUA MUSUNGU SON OF GAUNYA SON OF **NGWENO** SON OF **OMIJJA** SON OF **BUKEKO** SON OF **NGUNDIRA** SON OF **KAGENDA** SON OF **LWANDE WESONGA**.

OGANYO SON OF PERUSI AUMA NATABONA DAUGHTER OF JOSHUA MUSUNGU SON OF GAUNYA SON OF **NGWENO** SON OF **OMIJJA** SON OF **BUKEKO** SON OF **NGUNDIRA** SON OF **KAGENDA** SON OF **LWANDE WESONGA**.

MUSUNGU SON OF PERUSI AUMA NATABONA DAUGHTER OF

---

307 Ibid.,
308 Ibid.,

CHAPTER FOUR

JOSHUA MUSUNGU SON OF GAUNYA SON OF **NGWENO** SON OF **OMIJJA** SON OF **BUKEKO** SON OF **NGUNDIRA** SON OF **KAGENDA** SON OF **LWANDE WESONGA.**

NAKOYO SON OF PERUSI AUMA NATABONA DAUGHTER OF JOSHUA MUSUNGU SON OF GAUNYA SON OF **NGWENO** SON OF **OMIJJA** SON OF **BUKEKO** SON OF **NGUNDIRA** SON OF **KAGENDA** SON OF **LWANDE WESONGA.**

NAFULA NATABONA DAUGHTER OF JOSHUA MUSUNGU SON OF GAUNYA SON OF **NGWENO** SON OF **OMIJJA** SON OF **BUKEKO** SON OF **NGUNDIRA** SON OF **KAGENDA** SON OF **LWANDE WESONGA.**

OUMA OBURA SON OF NAFULA NATABONA DAUGHTER OF JOSHUA MUSUNGU SON OF GAUNYA SON OF **NGWENO** SON OF **OMIJJA** SON OF **BUKEKO** SON OF **NGUNDIRA** SON OF **KAGENDA** SON OF **LWANDE WESONGA.**

ODWORI TINGA SON OF JOSHUA MUSUNGU SON OF GAUNYA SON OF **NGWENO** SON OF **OMIJJA** SON OF **BUKEKO** SON OF **NGUNDIRA** SON OF **KAGENDA** SON OF **LWANDE WESONGA.**

NAMUDDE	Wilberforce Taabu

WILBERFORCE TAABU SON OF ODWORI TINGA SON OF JOSHUA MUSUNGU SON OF GAUNYA SON OF **NGWENO** SON OF **OMIJJA** SON OF **BUKEKO** SON OF **NGUNDIRA** SON OF **KAGENDA** SON OF **LWANDE WESONGA.**

BUKEKO II SON OF OMIJJA

BUKEKO II SON OF **OMIJJA** SON OF **BUKEKO** SON OF **NGUNDIRA** SON OF **KAGENDA** SON OF **LWANDE WESONGA.**

NALIALI I	Ibrahim Ololo
NALIALI II	Wanjala

LWANDE WESONGA: A GENEALOGY

NASUBO Osinya Pamba

IBRAHIM OLOLO SON OF BUKEKO II SON OF OMIJJA SON OF BUKEKO SON OF NGUNDIRA SON OF KAGENDA SON OF LWANDE WESONGA.

NAJABI Misisera Oloo
NAMWENGE Theresa Apondi Natabona, Omukoko married into Abapunyi clan and had the
following children:
Omuya
Taabu
Antonio Ngonga
Benidicto Oguttu

NAMATTE No children were recorded.

MISISERA OLOO SON OF IBRAHIM OLOLO SON OF BUKEKO II SON OF OMIJJA SON OF BUKEKO SON OF NGUNDIRA SON OF KAGENDA SON OF LWANDE WESONGA.

THERESA APONDI NATABONA DAUGHTER OF IBRAHIM OLOLO SON OF BUKEKO II SON OF OMIJJA SON OF BUKEKO 1 SON OF NGUNDIRA SON OF KAGENDA SON OF LWANDE WESONGA.

OMUYA SON OF THERES APONDI NATABONA DAUGHTER OF IBRAHIM OLOLO SON OF BUKEKO II SON OF OMIJJA SON OF BUKEKO SON OF NGUNDIRA SON OF KAGENDA SON OF LWANDE WESONGA.

TAABU SON OF THERES APONDI NATABONA DAUGHTER OF IBRAHIM OLOLO SON OF BUKEKO II SON OF OMIJJA SON OF BUKEKO SON OF NGUNDIRA SON OF KAGENDA SON OF LWANDE WESONGA.

ANTONIO NGONGA SON OF THERES APONDI NATABONA DAUGHTER OF IBRAHIM OLOLO SON OF BUKEKO II SON OF OMIJJA SON OF BUKEKO SON OF NGUNDIRA SON OF KAGENDA

CHAPTER FOUR

SON OF LWANDE WESONGA.

BENIDICTO OGUTTU SON OF THERES APONDI NATABONA DAUGHTER OF IBRAHIM OLOLO SON OF BUKEKO II SON OF OMIJJA SON OF BUKEKO SON OF NGUNDIRA SON OF KAGENDA SON OF LWANDE WESONGA.

ATONIO NGONGA SON OF IBRAHIM OLOLO SON OF BUKEKO II SON OF OMIJJA SON OF BUKEKO SON OF NGUNDIRA SON OF KAGENDA SON OF LWANDE WESONGA.

NAMANGALE	Saverio Sanya
	Winifred Awino Natabona
	Adikinyi Natabona
	Benna
NANYIHODO	Benard Bwire
	Godfrey Wanyama
	Peter Wafula
	Andrew Masiga

SAVERIO SANYA OF ATONIO NGONGA SON OF IBRAHIM OLOLO SON OF BUKEKO II SON OF OMIJJA SON OF BUKEKO NGUNDIRA SON OF KAGENDA SON OF LWANDE WESONGA.

WINIFRED AWINO NATABONA DAUGHTER OF ATONIO NGONGA SON OF IBRAHIM OLOLO SON OF BUKEKO II SON OF OMIJJA SON OF BUKEKO SON OF NGUNDIRA SON OF KAGENDA SON OF LWANDE WESONGA.

ADIKINYI NATABONA DAUGHTER OF ATONIO NGONGA SON OF IBRAHIM OLOLO SON OF BUKEKO II SON OF OMIJJA SON OF BUKEKO SON OF NGUNDIRA SON OF KAGENDA SON OF LWANDE WESONGA.

BENNA OF ATONIO NGONGA SON OF IBRAHIM OLOLO SON OF BUKEKO II SON OF OMIJJA SON OF BUKEKO SON OF NGUNDIRA SON OF KAGENDA SON OF LWANDE WESONGA.

BENARD BWIRE SON OF ATONIO NGONGA SON OF IBRAHIM OLOLO SON OF BUKEKO II SON OF OMIJJA SON OF BUKEKO SON OF NGUNDIRA SON OF KAGENDA SON OF LWANDE WESONGA.

GODFREY WANYAMA SON OF ATONIO NGONGA SON OF IBRAHIM OLOLO SON OF BUKEKO II SON OF OMIJJA SON OF BUKEKO SON OF NGUNDIRA SON OF KAGENDA SON OF LWANDE WESONGA.

PETER WAFULA SON OF ATONIO NGONGA SON OF IBRAHIM OLOLO SON OF BUKEKO II SON OF OMIJJA SON OF BUKEKO SON OF NGUNDIRA SON OF KAGENDA SON OF LWANDE WESONGA.

ANDREW MASIGA SON OF SON OF ATONIO NGONGA SON OF IBRAHIM OLOLO SON OF BUKEKO II SON OF OMIJJA SON OF BUKEKO SON OF NGUNDIRA SON OF KAGENDA SON OF LWANDE WESONGA.

BENIDICTO OGUTTU SON OF IBRAHIM OLOLO SON OF BUKEKO II SON OF OMIJJA SON OF BUKEKO SON OF NGUNDIRA SON OF KAGENDA SON OF LWANDE WESONGA.

NAMANGALE	Ibrahim Ouma
	Pamela Anyango
NAMATTE	Nyikola Egesa
	Benya Odwori
	Fulumena Natabona, Omukoko[309] married into Abachaki[310] and had: Muchalia
	Aguttu Natabona, no more information about her.

IBRAHIM OUMA SON OF BENIDICTO OGUTTU SON OF IBRAHIM OLOLO SON OF BUKEKO II SON OF OMIJJA SON OF BUKEKO SON OF NGUNDIRA SON OF KAGENDA SON OF LWANDE WESONGA.

---

309 Ibid.,
310 Ibid.,

CHAPTER FOUR

PAMELA ANYANGO DAUGHTER OF BENDICTO OGUTTU SON OF IBRAHIM OLOLO SON OF **BUKEKO II** SON OF OMIJJA SON OF BUKEKO SON OF NGUNDIRA SON OF KAGENDA SON OF LWANDE WESONGA.

FULMENA NATABONA DAUGHTER OF BENDICTO OGUTTU SON OF IBRAHIM OLOLO SON OF **BUKEKO II** SON OF OMIJJA SON OF BUKEKO SON OF NGUNDIRA SON OF KAGENDA SON OF LWANDE WESONGA.

MUCHALIA OF FULMENA NATABONA DAUGHTER OF BENDICTO OGUTTU SON OF IBRAHIM OLOLO SON OF **BUKEKO II** SON OF OMIJJA SON OF BUKEKO SON OF NGUNDIRA SON OF KAGENDA SON OF LWANDE WESONGA.

AGUTTU NATABONA DAUGHTER OF BENDICTO OGUTTU SON OF IBRAHIM OLOLO SON OF **BUKEKO II** SON OF OMIJJA SON OF BUKEKO SON OF NGUNDIRA SON OF KAGENDA SON OF LWANDE WESONGA.

NYIKOLA EGESA SON OF BENIDICTO OGUTTU SON OF IBRAHIM OLOLO SON OF **BUKEKO II** SON OF OMIJJA SON OF BUKEKO SON OF NGUNDIRA SON OF KAGENDA SON OF LWANDE WESONGA.

NASONGA	Paul Ouma Namatte
	Jophitor Maloba
	Joseph Bwire

PAUL OUMA NAMATTE SON OF NYIKOLA EGESA SON OF BENDICTO OGUTTU SON OF IBRAHIM OLOLO SON OF **BUKEKO II** SON OF OMIJJA SON OF BUKEKO SON OF NGUNDIRA SON OF KAGENDA SON OF LWANDE WESONGA.

JOPHITOR MALOBA SON OF NYIKOLA EGESA BENDICTO OGUTTU SON OF IBRAHIM OLOLO SON OF **BUKEKO II** SON OF OMIJJA SON OF BUKEKO SON OF NGUNDIRA SON OF KAGENDA SON OF LWANDE WESONGA.

LWANDE WESONGA: A GENEALOGY

JOSEPH BWIRE SON OF NYIKOLA EGESA BENDICTO OGUTTU SON OF IBRAHIM OLOLO SON OF **BUKEKO II** SON OF **OMIJJA** SON OF **BUKEKO** SON OF **NGUNDIRA** SON OF **KAGENDA** SON OF **LWANDE WESONGA.**

BENNYA ODWORI SON OF BENIDICTO OGUTTU SON OF IBRAHIM OLOLO SON OF **BUKEKO II** SON OF **OMIJJA** SON OF **BUKEKO** SON OF **NGUNDIRA** SON OF **KAGENDA** SON OF **LWANDE WESONGA.**

NAMIRIPO	Dickson Bwire
	Ololo
	Penina Anyango Natabona
NAPUNYI	Patrick Oguttu
	Peter Chadiha
	Antony
	Wanyama

DICKSON BWIRE SON OF BENNYA ODWORI SON OF BENDICTO OGUTTU SON OF IBRAHIM OLOLO SON OF **BUKEKO II** SON OF **OMIJJA** SON OF **BUKEKO** SON OF **NGUNDIRA** SON OF **KAGENDA** SON OF **LWANDE WESONGA.**

OLOLO SON OF BENNYA ODWORI SON OF BENDICTO OGUTTU SON OF IBRAHIM OLOLO SON OF **BUKEKO II** SON OF **OMIJJA** SON OF **BUKEKO** SON OF **NGUNDIRA** SON OF **KAGENDA** SON OF **LWANDE WESONGA.**

PENINA ANYANGO NATABONA DAUGHTER OF BENNYA ODWORI SON OF BENDICTO OGUTTU SON OF IBRAHIM OLOLO SON OF **BUKEKO II** SON OF **OMIJJA** SON OF **BUKEKO** SON OF **NGUNDIRA** SON OF **KAGENDA** SON OF **LWANDE WESONGA.**

PATRICK OGUTTU SON OF BENNYA ODWORI SON OF BENDICTO OGUTTU SON OF IBRAHIM OLOLO SON OF **BUKEKO II** SON OF **OMIJJA** SON OF **BUKEKO** SON OF **NGUNDIRA** SON OF **KAGENDA** SON OF **LWANDE WESONGA.**

CHAPTER FOUR

PETER CHADIHA SON OF BENNYA ODWORI SON OF BENDICTO OGUTTU SON OF IBRAHIM OLOLO SON OF **BUKEKO II** SON OF **OMIJJA** SON OF **BUKEKO** SON OF **NGUNDIRA** SON OF **KAGENDA** SON OF **LWANDE WESONGA.**

ANTONY SON OF BENNYA ODWORI SON OF BENDICTO OGUTTU SON OF IBRAHIM OLOLO SON OF **BUKEKO II** SON OF **OMIJJA** SON OF **BUKEKO** SON OF **NGUNDIRA** SON OF **KAGENDA** SON OF **LWANDE WESONGA.**

WANYAMA SON OF BENNYA ODWORI SON OF BENDICTO OGUTTU SON OF IBRAHIM OLOLO SON OF **BUKEKO II** SON OF **OMIJJA** SON OF **BUKEKO** SON OF **NGUNDIRA** SON OF **KAGENDA** SON OF **LWANDE WESONGA.**

MISISERA OLOO SON OF IBRAHIM OLOLO SON OF **BUKEKO II** SON OF **OMIJJA** SON OF **BUKEKO** SON OF **NGUNDIRA** SON OF **KAGENDA** SON OF **LWANDE WESONGA.**

NAMUKUBA

Edward Mugeni
Connie Nabwire Natabona
Josephine Nafula Natabona
Theresa Aguttu Natabona
Clare Sunday Natabona
Harriet Matama Natabona

EDWARD MUGENI SON OF MISISERA OLOO SON OF IBRAHIM OLOLO SON OF **BUKEKO II** SON OF **OMIJJA** SON OF **BUKEKO** SON OF **NGUNDIRA** SON OF **KAGENDA** SON OF **LWANDE WESONGA.**

CONNIE NABWIRE NATABONA DAUGHTER OF MISISERA OLOO SON OF IBRAHIM OLOLO SON OF **BUKEKO II** SON OF **OMIJJA** SON OF **BUKEKO** SON OF **NGUNDIRA** SON OF **KAGENDA** SON OF **LWANDE WESONGA.**

JOSEPHINE NAFULA NATABONA DAUGHTER OF MISISERA OLOO SON OF IBRAHIM OLOLO SON OF **BUKEKO II** SON OF **OMIJJA**

LWANDE WESONGA: A GENEALOGY

SON OF **BUKEKO** SON OF **NGUNDIRA** SON OF **KAGENDA** SON OF **LWANDE WESONGA.**

THERESA AGUTTU NATABONA DAUGHTER OF MISISERA OLOO SON OF IBRAHIM OLOLO SON OF **BUKEKO II** SON OF **OMIJJA** SON OF **BUKEKO** SON OF **NGUNDIRA** SON OF **KAGENDA** SON OF **LWANDE WESONGA.**

CLARE SUNDAY NATABONA DAUGHTER OF MISISERA OLOO SON OF IBRAHIM OLOLO SON OF **BUKEKO II** SON OF **OMIJJA** SON OF **BUKEKO** SON OF **NGUNDIRA** SON OF **KAGENDA** SON OF **LWANDE WESONGA.**

HARRIET MATAMA NATABONA DAUGHTER OF MISISERA OLOO SON OF IBRAHIM OLOLO SON OF **BUKEKO II** SON OF **OMIJJA** SON OF **BUKEKO** SON OF **NGUNDIRA** SON OF **KAGENDA** SON OF **LWANDE WESONGA.**

WANJALA SON OF **BUKEKO II** SON OF **OMIJJA** SON OF **BUKEKO** SON OF **NGUNDIRA** SON OF **KAGENDA** SON OF **LWANDE WESONGA.**

NAMIRIPO
NALALA

Nisani Ngwabe
Achiengi

ACHIENGI OF WANJALA SON OF **BUKEKO II** SON OF **OMIJJA** SON OF **BUKEKO** SON OF **NGUNDIRA** SON OF **KAGENDA** SON OF **LWANDE WESONGA.**

NISANI OGWABE SON OF WANJALA SON OF **BUKEKO II** SON OF **OMIJJA** SON OF **BUKEKO** SON OF **NGUNDIRA** SON OF **KAGENDA** SON OF **LWANDE WESONGA.**

NAKOLI

Hitula
John Onyango

CHAPTER FOUR

HITULA OF NISANI NGWABE SON OF WANJALA SON OF BUKEKO II SON OF OMIJJA SON OF BUKEKO SON OF NGUNDIRA SON OF KAGENDA SON OF LWANDE WESONGA.

JOHN ONYANGO SON OF NISANI NGWABE SON OF WANJALA SON OF BUKEKO II SON OF OMIJJA SON OF BUKEKO SON OF NGUNDIRA SON OF KAGENDA SON OF LWANDE WESONGA.

NASUBO	Ajiambo Natabona
	Nabwire Natabona
	Osinya Pamba
	Godfrey Onyango
NAMULUNDU	Peter Wanyama
	Nasirumbi Natabona
	Night Natabona

AJIAMBO NATABONA DAUGHTER OF JOHN ONYANGO SON OF NISANI OGWABE SON OF WANJALA SON OF BUKEKO II SON OF OMIJJA SON OF BUKEKO SON OF NGUNDIRA SON OF KAGENDA SON OF LWANDE WESONGA.

NABWIRE NATABONA DAUGHTER OF JOHN ONYANGO SON OF NISANI NGWABE SON OF WANJALA SON OF BUKEKO II SON OF OMIJJA SON OF BUKEKO SON OF NGUNDIRA SON OF KAGENDA SON OF LWANDE WESONGA.

GODFREY ONYANGO SON OF JOHN ONYANGO SON OF NISANI NGWABE SON OF WANJALA SON OF BUKEKO II SON OF OMIJJA SON OF BUKEKO SON OF NGUNDIRA SON OF KAGENDA SON OF LWANDE WESONGA.

PETER WANYAMA SON OF JOHN ONYANGO SON OF NISANI NGWABE SON OF WANJALA SON OF BUKEKO II SON OF OMIJJA SON OF BUKEKO SON OF NGUNDIRA SON OF KAGENDA SON OF LWANDE WESONGA.

NASIRUMBI NATABONA DAUGHTER OF JOHN ONYANGO SON OF

NISANI NGWABE SON OF WANJALA SON OF **BUKEKO II** SON OF OMIJJA SON OF BUKEKO SON OF NGUNDIRA SON OF KAGENDA SON OF **LWANDE WESONGA.**

NIGHT NATABONA DAUGHTER OF JOHN ONYANGO SON OF NISANI NGWABE SON OF WANJALA SON OF **BUKEKO II** SON OF OMIJJA SON OF BUKEKO SON OF NGUNDIRA SON OF KAGENDA SON OF **LWANDE WESONGA.**

OSINYA PAMBA SON OF JOHN ONYANGO SON OF NISANI NGWABE SON OF WANJALA SON OF **BUKEKO II** SON OF OMIJJA SON OF BUKEKO SON OF NGUNDIRA SON OF KAGENDA SON OF **LWANDE WESONGA.**

NAMBISA
Bulasio Ouma
Nekesa Natabona, Omukoko[311] married into
a clan called Abajabi

NEKESA NATABONA DAUGHTER OF OSINYA PAMBA SON OF JOHN ONYANGO SON OF NISANI NGWABE SON OF WANJALA SON OF **BUKEKO II** SON OF OMIJJA SON OF BUKEKO SON OF NGUNDIRA SON OF KAGENDA SON OF **LWANDE WESONGA.**

BULASIO OUMA SON OF OSINYA PAMBA SON OF JOHN ONYANGO SON OF NISANI NGWABE SON OF WANJALA SON OF **BUKEKO II** SON OF SON OF OMIJJA SON OF BUKEKO SON OF NGUNDIRA SON OF KAGENDA SON OF **LWANDE WESONGA.**

NASONGA
Majoni
Jackson Nambisa
Sowedi Osinya
Leunida Taaka Natabona
Rose Aguttu Natabona
Rose Oundo Natabona

---

311 Ibid.,

CHAPTER FOUR

MAJONI SON OF BULASIO OUMA SON OF OSINYA PAMBA SON OF JOHN ONYANGO SON OF NISANI NGWABE SON OF WANJALA SON OF BUKEKO II SON OF OMIJJA SON OF BUKEKO SON OF NGUNDIRA SON OF KAGENDA SON OF LWANDE WESONGA.

JACKSON NAMBISA SON OF BULASIO OUMA SON OF OSINYA PAMBA SON OF JOHN ONYANGO SON OF NISANI NGWABE SON OF WANJALA SON OF BUKEKO II SON OF OMIJJA SON OF BUKEKO SON OF NGUNDIRA SON OF KAGENDA SON OF LWANDE WESONGA.

SOWEDI OSINYA SON OF BULASIO OUMA SON OF OSINYA PAMBA SON OF JOHN ONYANGO SON OF NISANI NGWABE SON OF WANJALA SON OF BUKEKO II SON OF OMIJJA SON OF BUKEKO SON OF NGUNDIRA SON OF KAGENDA SON OF LWANDE WESONGA.

LEUNIDA TAAKA NATABONA DAUGHTER OF BULASIO OUMA SON OF OSINYA PAMBA SON OF JOHN ONYANGO SON OF NISANI NGWABE SON OF WANJALA SON OF BUKEKO II SON OF OMIJJA SON OF BUKEKO SON OF NGUNDIRA SON OF KAGENDA SON OF LWANDE WESONGA.

ROSE AGUTTU NATABONA DAUGHTER OF BULASIO OUMA SON OF OSINYA PAMBA SON OF JOHN ONYANGO SON OF NISANI NGWABE SON OF WANJALA SON OF BUKEKO II SON OF OMIJJA SON OF BUKEKO SON OF NGUNDIRA SON OF KAGENDA SON OF LWANDE WESONGA.

ROSE OUNDO NATABONA DAUGHTER OF BULASIO OUMA SON OF OSINYA PAMBA SON OF JOHN ONYANGO SON OF NISANI NGWABE SON OF WANJALA SON OF BUKEKO II SON OF OMIJJA SON OF BUKEKO SON OF NGUNDIRA SON OF KAGENDA SON OF LWANDE WESONGA.

MUNIALA SON OF OMIJJA

MUNIALA SON OF OMIJJA SON OF BUKEKO SON OF NGUNDIRA SON OF KAGENDA SON OF LWANDE WESONGA.

NAMULEMBO Opedda
Obwege

OBWEGE SON OF MUNIALA SON OF OMIJJA SON OF BUKEKO SON OF NGUNDIRA SON OF KAGENDA SON OF LWANDE WESONGA.

NAHABOCHA Kuucha natabona (Omukoko[312] married into Abaliali[313] and gave birth to Bwire.)
Achola Nora Akuku Natabona, (Omukoko[314] married Abakiroya[315]. Gave birth to one son only called James Munange Ogoola.)
Achola died when the child was in his infancy. The child JAMES MUNANGE OGOOLA was brought up by his father, Yokana Madangu within their clan. He subsequently became a Uganda High Court Judge rising to the position of Principal Judge. He married Florence Nightingale (Night) of Fairfax, Virginia, USA, daughter of former Mayor of the City of Jinja in Uganda: the late Benjamin Onyango Wandera. Florence and James had the following children:
Apollo Benjamin Munange Ogoola,
Katherine Nora Natabona (Nata) Ogoola,
Angela Florence Muzaki (Zaki) Ogoola,
Jacqueline Taaka Ogoola,
Margaret Madangu Ogoola,
Hope Adongo Chamaruth Natabona Ogoola. She was named after her
maternal grandmother Chamaruth or Tamaruth.

KUUCHA NATABONA DAUGHTER OF OBWENGE SON OF

---

312 Ibid.,
313 One of the clans in Samia.
314 Ibid.,
315 Ibid.,

CHAPTER FOUR

MUNIALA SON OF OMIJJA SON OF BUKEKO SON OF NGUNDIRA SON OF KAGENDA SON OF LWANDE WESONGA.

BWIRE SON OF KUUCHA NATABONA DAUGHTER OF OBWENGE SON OF MUNIALA SON OF OMIJJA SON OF BUKEKO SON OF NGUNDIRA SON OF KAGENDA SON OF LWANDE WESONGA.

ACHOLA NORA AKUKU NATABONA DAUGHTER OF OBWENGE SON OF MUNIALA SON OF OMIJJA SON OF BUKEKO SON OF NGUNDIRA SON OF KAGENDA SON OF LWANDE WESONGA.

JAMES MUNANGE OGOOLA SON OF ACHOLA NORA AKUKU NATABONA DAUGHTER OF OBWENGE SON OF MUNIALA SON OF OMIJJA SON OF BUKEKO SON OF NGUNDIRA SON OF KAGENDA SON OF LWANDE WESONGA.

APOLLO BENJAMIN MUNANGE OGOOLA SON OF JUSTICE JANES MUNANGE OGOOLA SON OF ACHOLA NORA AKUKU NATABONA DAUGHTER OF OBWENGE SON OF MUNIALA SON OF OMIJJA SON OF BUKEKO SON OF NGUNDIRA SON OF KAGENDA SON OF LWANDE WESONGA.

KATHERINE NORA NATABONA (NATA) OGOOLA DAUGHTER OF JUSTICE JAMES MUNANGE OGOOLA SON OF ACHOLA NORA AKUKU NATABONA DAUGHTER OF OBWENGE SON OF MUNIALA SON OF OMIJJA SON OF BUKEKO SON OF NGUNDIRA SON OF KAGENDA SON OF LWANDE WESONGA.

ANGELA FLORENCE MUZAKI (ZAKI) OGOOLA DAUGHTER OF JUSTICE JAMES MUNANGE OGOOLA SON OF ACHOLA NORA AKUKU NATABONA DAUGHTER OF OBWENGE SON OF MUNIALA SON OF OMIJJA SON OF BUKEKO SON OF NGUNDIRA SON OF KAGENDA SON OF LWANDE WESONGA.

JACQUELINE TAAKA OGOOLA DAUGHTER OF JUSTICE JAMES MUNANGE OGOOLA SON OF ACHOLA NORA AKUKU NATABONA DAUGHTER OF OBWENGE SON OF MUNIALA SON OF OMIJJA

LWANDE WESONGA: A GENEALOGY

SON OF BUKEKO SON OF NGUNDIRA SON OF KAGENDA SON OF LWANDE WESONGA.

MARGARET MADANGU OGOOLA DAUGHTER OF JUSTICE JAMES MUNANGE OGOOLA SON OF ACHOLA NORA AKUKU NATABONA DAUGHTER OF OBWENGE SON OF MUNIALA SON OF OMIJJA SON OF BUKEKO SON OF NGUNDIRA SON OF KAGENDA SON OF LWANDE WESONGA.

HOPE ADONGO CHAMARUTH NATABONA OGOOLA DAUGHTER OF JUSTICE JAMES MUNANGE OGOOLA SON OF ACHOLA NORA AKUKU NATABONA DAUGHTER OF OBWENGE SON OF MUNIALA SON OF OMIJJA SON OF BUKEKO SON OF NGUNDIRA SON OF KAGENDA SON OF LWANDE WESONGA.

OPEDDA SON OF MUNIALA SON OF OMIJJA SON OF BUKEKO SON OF NGUNDIRA SON OF KAGENDA SON OF LWANDE WESONGA.

NALWENGE	Muniala
	Odongo
	Nabwire Spana Natabona
NACHAKI	Nyegenye
NAKWEDDE	Philemon Bubolu
	Anyango Natabona, Omukoko[316] married into Abakuhu[317]
	Anyango had the following children:
	Muniala
	Nabwire
NAHABOCHA	Nyangweso
	James Barasa
-	Jonorosa Anyango Natabona
	Oppeda yakerama[318] his brother
	Obwege's widow Nahabocha.

---

316   A Natabona who is married.
317   Clan in Samia.
318   Marrying a brother's wife after the demise of a brother.

CHAPTER FOUR

MUNIALA SON OF OPEDDA SON OF **MUNIALA** SON OF **OMIJJA** SON OF **BUKEKO** SON OF **NGUNDIRA** SON OF **KAGENDA** SON OF **LWANDE WESONGA**.

NABWIRE SPANA NATABONA DAUGHTER OF OPEDDA SON OF **MUNIALA** SON OF **OMIJJA** SON OF **BUKEKO** SON OF **NGUNDIRA** SON OF **KAGENDA** SON OF **LWANDE WESONGA**.

ANYANGO NATABONA DAUGHTER OF OPEDDA SON OF **MUNIALA** SON OF **OMIJJA** SON OF **BUKEKO** SON OF **NGUNDIRA** SON OF **KAGENDA** SON OF **LWANDE WESONGA**.

MUNIALA SON OF ANYANGO NATABONA DAUGHTER OF OPEDDA SON OF **MUNIALA** SON OF **OMIJJA** SON OF **BUKEKO** SON OF **NGUNDIRA** SON OF **KAGENDA** SON OF **LWANDE WESONGA**.

NABWIRE DAUGHTER OF ANYANGO NATABONA DAUGHTER OFOPEDDA SON OF **MUNIALA** SON OF **OMIJJA** SON OF **BUKEKO** SON OF **NGUNDIRA** SON OF **KAGENDA** SON OF **LWANDE WESONGA**.

JONOROSA ANYANGO NATABONA DAUGHTER OF OPEDDA SON OF **MUNIALA** SON OF **OMIJJA** SON OF **BUKEKO** SON OF **KAGENDA** SON OF **LWANDE WESONGA**.

PHILEMON BUBOLU SON OF OPEDDA SON OF MUNIALA SON OF **OMIJJA** SON OF **BUKEKO** SON OF **NGUNDIRA** SON OF **KAGENDA** SON OF **LWANDE WESONGA**.

NAHAYO	Carolyn Bubolu Natabona
	Doreen Bubolu Natabona
OMUGANDA I	Opedda II son of Bubolu
OMUGANDA II	

CAROLYN BUBOLU NATABONA DAUGHTER OF PHILEMON BUBOLU SON OF OPEDDA SON OF **MUNIALA** SON OF **OMIJJA** SON OF **BUKEKO** SON OF **NGUNDIRA** SON OF **KAGENDA** SON OF **LWANDE WESONGA**.

LWANDE WESONGA: A GENEALOGY

DOREEN BUBOLU NATABONA DAUGHTER OF PHILEMON BUBOLU SON OF OPEDDA SON OF MUNIALA SON OF OMIJJA SON OF BUKEKO SON OF NGUNDIRA SON OF KAGENDA SON OF LWANDE WESONGA.

OPEDDA II SON OF PHILEMON BUBOLU SON OF OPEDDA SON OF MUNIALA SON OF OMIJJA SON OF BUKEKO SON OF NGUNDIRA SON OF KAGENDA SON OF LWANDE WESONGA.

NYEGENYE SON OF OPEDDA SON OF MUNIALA SON OF OMIJJA SON OF BUKEKO SON OF NGUNDIRA SON OF KAGENDA SON OF LWANDE WESONGA.

NAMANGASA	Anthony Muniala
	Obichu Nyegenye
	Were Nyegenye
	Omiyinga Nyenye
	Ouma
NAMANGALE	Taabu
	Jessica Amboyi Natabona
NAMANGALE	Mwamad Opedda
	Makin Nyegenye
	Atuya
	Ndugu

ANTHONY MUNIALA SON OF NYEGENYE SON OF OPEDDA SON OF MUNIALA SON OF OMIJJA SON OF BUKEKO SON OF NGUNDIRA SON OF KAGENDA SON OF LWANDE WESONGA.

OBICHU NYEGENYE SON OF NYEGENYE SON OF OPEDDA SON OF MUNIALA SON OF OMIJJA SON OF BUKEKO SON OF NGUNDIRA SON OF KAGENDA SON OF LWANDE WESONGA.

WERE NYEGENYE SON OF NYEGENYE SON OF OPEDDA SON OF MUNIALA SON OF OMIJJA SON OF BUKEKO SON OF NGUNDIRA SON OF KAGENDA SON OF LWANDE WESONGA.

CHAPTER FOUR

OMIYINGA NYENYE SON OF NYEGENYE SON OF OPEDDA SON OF MUNIALA SON OF OMIJJA SON OF BUKEKO SON OF NGUNDIRA SON OF KAGENDA SON OF LWANDE WESONGA.

OUMA SON OF NYEGENYE SON OF OPEDDA SON OF MUNIALA SON OF OMIJJA SON OF BUKEKO SON OF NGUNDIRA SON OF KAGENDA SON OF LWANDE WESONGA.

TAABU SON OF NYEGENYE SON OF OPEDDA SON OF MUNIALA SON OF OMIJJA SON OF BUKEKO SON OF NGUNDIRA SON OF KAGENDA SON OF LWANDE WESONGA.

JESSICA AMBOYI NATABONA DAUGHTER OF NYEGENYE SON OF OPEDDA SON OF MUNIALA SON OF OMIJJA SON OF BUKEKO SON OF NGUNDIRA SON OF KAGENDA SON OF LWANDE WESONGA.

MWAMAD OPEDDA SON OF NYEGENYE SON OF OPEDDA SON OF MUNIALA SON OF OMIJJA SON OF BUKEKO SON OF NGUNDIRA SON OF KAGENDA SON OF LWANDE WESONGA.

MAKIN NYEGENYE SON OF NYEGENYE SON OF OPEDDA SON OF MUNIALA SON OF OMIJJA SON OF BUKEKO SON OF NGUNDIRA SON OF KAGENDA SON OF LWANDE WESONGA.

ATUYA SON OF NYEGENYE SON OF OPEDDA SON OF MUNIALA SON OF OMIJJA SON OF BUKEKO SON OF NGUNDIRA SON OF KAGENDA SON OF LWANDE WESONGA.

NDUGU SON OF NYEGENYE SON OF OPEDDA SON OF MUNIALA SON OF OMIJJA SON OF BUKEKO SON OF NGUNDIRA SON OF KAGENDA SON OF LWANDE WESONGA.

NYANGWESO SON OF OPPEDA SON OF MUNIALA SON OF OMIJJA SON OF BUKEKO SON OF NGUNDIRA SON OF KAGENDA SON OF LWANDE WESONGA.

LWANDE WESONGA: A GENEALOGY

NAMUPODI	Nabwire Natabona	
NACHAKI	Muniala	

                    NABWIRE NATABONA DAUGHTER OF NYANGWESO SON OF OPEDDA SON OF MUNIALA SON OF OMIJJA SON OF BUKEKO SON OF NGUNDIRA SON OF KAGENDA SON OF LWANDE WESONGA.

                    MUNIALA SON OF NYANGWESO SON OF OPEDDA SON OF MUNIALA SON OF OMIJJA SON OF BUKEKO SON OF NGUNDIRA SON OF KAGENDA SON OF LWANDE WESONGA.

                    ODONGO SON OF OBWENGE SON OF MUNIALA SON OF OMIJJA SON OF BUKEKO SON OF NGUNDIRA SON OF KAGENDA SON OF LWANDE WESONGA.

NAHAYO   Zabroni Obwolo

                    ZABRONI OBWOLO SON OF ODONGO SON OF OBWENGE SON OF MUNIALA SON OF OMIJJA SON OF BUKEKO SON OF NGUNDIRA SON OF KAGENDA SON OF LWANDE WESONGA.

NALIALI   Okochi
                    Juma
                    Wandera
                    Muniala
                    Kongorasi
                    Fredrick Nyongesa

                    OKOCHI SON OF ZABRONI OBWOLO SON OF ODONGO SON OF OBWENGE SON OF MUNIALA SON OF OMIJJA SON OF BUKEKO SON OF NGUNDIRA SON OF KAGENDA SON OF LWANDE WESONGA.

NASWA   Baraza

                    BARAZA SON OF OKOCHI SON OF ZABRONI OBWOLO SON OF

CHAPTER FOUR

ODONGO SON OF OBWENGE SON OF **MUNIALA** SON OF **OMIJJA** SON OF **BUKEKO** SON OF **NGUNDIRA** SON OF **KAGENDA** SON OF **LWANDE WESONGA.**

WANDERA SON OF ZABRONI OBWOLO SON OF ODONGO SON OF OBWENGE SON OF **MUNIALA** SON OF **OMIJJA** SON OF **BUKEKO** SON OF **NGUNDIRA** SON OF **KAGENDA** SON OF **LWANDE WESONGA.**

NAJABI

Sunday Obwolo
Benard Okumu
Richard Ouma
Moses Okuku
Meddi (Okochi)

SUNDAY OBWOLO SON OF WANDERA SON OF ZABRONI OBWOLO SON OF ODONGO SON OF OBWENGE SON OF **MUNIALA** SON OF **OMIJJA** SON OF **BUKEKO** SON OF **NGUNDIRA** SON OF **KAGENDA** SON OF **LWANDE WESONGA.**

BENARD OKUMU SON OF WANDERA SON OF ZABRONI OBWOLO SON OF ODONGO SON OF OBWENGE SON OF **MUNIALA** SON OF **OMIJJA** SON OF **BUKEKO** SON OF **NGUNDIRA** SON OF **KAGENDA** SON OF **LWANDE WESONGA.**

RICHARD OUMA SON OF WANDERA SON OF ZABRONI OBWOLO SON OF ODONGO SON OF OBWENGE SON OF **MUNIALA** SON OF **OMIJJA** SON OF **BUKEKO** SON OF **NGUNDIRA** SON OF **KAGENDA** SON OF **LWANDE WESONGA.**

MOSES OKUKU SON OF WANDERA SON OF ZABRONI OBWOLO SON OF ODONGO SON OF OBWENGE SON OF **MUNIALA** SON OF **OMIJJA** SON OF **BUKEKO** SON OF **NGUNDIRA** SON OF **KAGENDA** SON OF **LWANDE WESONGA.**

MEDDI (OKOCHI) SON OF WANDERA SON OF ZABRONI OBWOLO SON OF ODONGO SON OF OBWENGE SON OF **MUNIALA** SON OF

LWANDE WESONGA: A GENEALOGY

OMIJJA SON OF BUKEKO SON OF NGUNDIRA SON OF KAGENDA SON OF LWANDE WESONGA.

FREDRICK NYONGESA SON OF ZABRONI OBWOLO SON OF ODONGO SON OF OBWENGE SON OF MUNIALA SON OF OMIJJA SON OF BUKEKO SON OF NGUNDIRA SON OF KAGENDA SON OF LWANDE WESONGA.

NACHAKI Barasa
Mwana

NAMUSWA

NAMWAYA

BARASA SON OF FREDRICK NYONGESA SON OF ZABRONI OBWOLO SON OF ODONGO SON OF OBWENGE SON OF MUNIALA SON OF OMIJJA SON OF BUKEKO SON OF NGUNDIRA SON OF KAGENDA SON OF LWANDE WESONGA.

MWANA SON OF FREDRICK NYONGESA SON OF ZABRONI OBWOLO SON OF ODONGO SON OF OBWENGE SON OF MUNIALA SON OF OMIJJA SON OF BUKEKO SON OF NGUNDIRA SON OF KAGENDA SON OF LWANDE WESONGA.

MUNIALA SON OF ZABRONI OBWOLO SON OF ODONGO SON OF OBWENGE SON OF MUNIALA SON OF OMIJJA SON OF BUKEKO SON OF NGUNDIRA SON OF KAGENDA SON OF LWANDE WESONGA.

NAMENYA Sunday
Were
Boloki
Akura

SUNDAY SON OF MUNIALA SON OF ZABRONI OBWOLO SON OF ODONGO SON OF OBWENGE SON OF MUNIALA SON OF OMIJJA SON OF BUKEKO SON OF NGUNDIRA SON OF KAGENDA SON OF LWANDE WESONGA.

CHAPTER FOUR

WERE SON OF MUNIALA SON OF ZABRONI OBWOLO SON OF ODONGO SON OF OBWENGE SON OF MUNIALA SON OF OMIJJA SON OF BUKEKO SON OF NGUNDIRA SON OF KAGENDA SON OF LWANDE WESONGA.

BOLOKI SON OF MUNIALA SON OF ZABRONI OBWOLO SON OF ODONGO SON OF OBWENGE SON OF MUNIALA SON OF OMIJJA SON OF BUKEKO SON OF NGUNDIRA SON OF KAGENDA SON OF LWANDE WESONGA.

AKURA SON OF MUNIALA SON OF ZABRONI OBWOLO SON OF ODONGO SON OF OBWENGE SON OF MUNIALA SON OF OMIJJA SON OF BUKEKO SON OF NGUNDIRA SON OF KAGENDA SON OF LWANDE WESONGA.

HAGONDI NYEGENYE SON OF NYEGENYE SON OF OBWENGE SON OF MUNIALA SON OF OMIJJA SON OF BUKEKO SON OF NGUNDIRA SON OF KAGENDA SON OF LWANDE WESONGA.

NAHABI

Omijja Hagondi
Hantono
Omijja
Okombo

OMIJJA HAGONDI SON OF HAGONDI NYEGENYE SON OF NYEGENYE SON OF OBWENGE SON OF MUNIALA SON OF OMIJJA SON OF BUKEKO SON OF NGUNDIRA SON OF KAGENDA SON OF LWANDE WESONGA.

HANTONO SON OF HAGONDI NYEGENYE SON OF NYEGENYE SON OF OBWENGE SON OF MUNIALA SON OF OMIJJA SON OF BUKEKO SON OF NGUNDIRA SON OF KAGENDA SON OF LWANDE WESONGA.

OMIJJA SON OF HAGONDI NYEGENYE SON OF NYEGENYE SON OF OBWENGE SON OF MUNIALA SON OF OMIJJA SON OF BUKEKO SON OF NGUNDIRA SON OF KAGENDA SON OF LWANDE WESONGA.

LWANDE WESONGA: A GENEALOGY

                          OKOMBO SON OF HAGONDI NYEGENYE SON OF NYEGENYE SON OF OBWENGE SON OF **MUNIALA** SON OF **OMIJJA** SON OF **BUKEKO** SON OF **NGUNDIRA** SON OF **KAGENDA** SON OF **LWANDE WESONGA.**

                          OMIJJA HAGONDI SON OF NYEGENYE SON OF OBWENGE SON OF **MUNIALA** SON OF **OMIJJA** SON OF **BUKEKO** SON OF **NGUNDIRA** SON OF **KAGENDA** SON OF **LWANDE WESONGA.**

NAMENYA   Wilber Bwire
                         Robert Wanyama
                         Odongo
                         Okello

                          WILBER BWIRE SON OF OMIJJA HAGONDI SON OF NYEGENYE SON OF OBWENGE SON OF **MUNIALA** SON OF **OMIJJA** SON OF **BUKEKO** SON OF **NGUNDIRA** SON OF **KAGENDA** SON OF **LWANDE WESONGA.**

                          ROBERT WANYAMA SON OF OMIJJA HAGONDI SON OF NYEGENYE SON OF OBWENGE SON OF **MUNIALA** SON OF **OMIJJA** SON OF **BUKEKO** SON OF **NGUNDIRA** SON OF **KAGENDA** SON OF **LWANDE WESONGA.**

                          ODONGO SON OF OMIJJA HAGONDI SON OF NYEGENYE SON OF OBWENGE SON OF **MUNIALA** SON OF **OMIJJA** SON OF **BUKEKO** SON OF **NGUNDIRA** SON OF **KAGENDA** SON OF **LWANDE WESONGA.**

                          OKELLO SON OF OMIJJA HAGONDI SON OF NYEGENYE SON OF OBWENGE SON OF **MUNIALA** SON OF **OMIJJA** SON OF **BUKEKO** SON OF **NGUNDIRA** SON OF **KAGENDA** SON OF **LWANDE WESONGA.**

                          JAMES BARASA SON OF OPEDDA SON OF **MUNIALA** SON OF **OMIJJA** SON OF **BUKEKO** SON OF **NGUNDIRA** SON OF **KAGENDA** SON OF **LWANDE WESONGA.**

CHAPTER FOUR

NASITWOKI Nabwire Natabona

NABWIRE NATABONA DAUGHTER OF JAMES BARASA SON OF OPEDDA SON OF **MUNIALA** SON OF **OMIJJA** SON OF **BUKEKO** SON OF **NGUNDIRA** SON OF **KAGENDA** SON OF **LWANDE WESONGA.**

MUNIALA II SON OF OPEDDA SON OF **MUNIALA** SON OF **OMIJJA** SON OF **BUKEKO** SON OF **NGUNDIRA** SON OF **KAGENDA** SON OF **LWANDE WESONGA.**

NANYINMODDO Nabwire Natabona

NABWIRE NATABONA DAUGHTER OF MUNIALA II SON OF OPEDDA SON OF **MUNIALA** SON OF **OMIJJA** SON OF **BUKEKO** SON OF **NGUNDIRA** SON OF **KAGENDA** SON OF **LWANDE WESONGA.**

ODONGO SON OF OPEDDA SON OF **MUNIALA** SON OF **OMIJJA** SON OF **BUKEKO** SON OF **NGUNDIRA** SON OF **KAGENDA** SON OF **LWANDE WESONGA.**

NAHOLI Muniala (Botswana)
Sunday (Australia)
Odongo
Opedda

MUNIALA (BOTSWANA) SON OF ODONGO SON OF OPEDDA SON OF **MUNIALA** SON OF **OMIJJA** SON OF **BUKEKO** SON OF **NGUNDIRA** SON OF **KAGENDA** SON OF **LWANDE WESONGA.**

SUNDAY (AUSTRALIA) SON OF ODONGO SON OF OPEDDA SON OF **MUNIALA** SON OF **OMIJJA** SON OF **BUKEKO** SON OF **NGUNDIRA** SON OF **KAGENDA** SON OF **LWANDE WESONGA.**

ODONGO SON OF ODONGO SON OF OPEDDA SON OF **MUNIALA** SON OF **OMIJJA** SON OF **BUKEKO** SON OF **NGUNDIRA** SON OF

LWANDE WESONGA: A GENEALOGY

KAGENDA SON OF LWANDE WESONGA.

OPEDDA SON OF ODONGO SON OF OPEDDA SON OF MUNIALA SON OF OMIJJA SON OF BUKEKO SON OF NGUNDIRA SON OF KAGENDA SON OF LWANDE WESONGA.

BUKEKO II SON OF OMIJJA

OSINYA PAMBA SON OF BUKEKO II SON OF OMIJJA SON OF BUKEKO SON OF NGUNDIRA SON OF KAGENDA SON OF LWANDE WESONGA.

Nanyibomi
Nambisa Bulasio Ouma

NANYIBOMI SON OF OSINYA PAMBA SON OF BUKEKO II SON OF OMIJJA SON OF BUKEKO SON OF NGUNDIRA SON OF KAGENDA SON OF LWANDE WESONGA.

NAMBISA BULASIO OUMA SON OF OSINYA PAMBA SON OF BUKAKO II SON OF OMIJJA SON OF BUKEKO SON OF NGUNDIRA SON OF KAGENDA SON OF LWANDE WESONGA.

MUNIALA SON OF BUKEKO II SON OF OMIJJA SON OF BUKEKO SON OF NGUNDIRA SON OF KAGENDA SON OF LWANDE WESONGA.

Lwande II

LWANDE II SON OF MUNIALA SON OF BUKEKO II SON OF OMIJJA SON OF BUKEKO SON OF NGUNDIRA SON OF KAGENDA SON OF LWANDE WESONGA.

Nadebu Bwonya
Buluma (Musamia) II

NADEBU BUWONYA SON OF LWANDE II SON OF MUNIALA

CHAPTER FOUR

SON OF **BUKEKO II** SON OF OMIJJA SON OF BUKEKO SON OF NGUNDIRA SON OF KAGENDA SON OF LWANDE WESONGA.

BULUMA MUSAMIA II SON OF LWANDE II SON OF MUNIALA SON OF **BUKEKO II** SON OF OMIJJA SON OF BUKEKO SON OF NGUNDIRA SON KAGENDA SON OF LWANDE WESONGA.

Yowana Hafulu

YOWANA HAFULU SON OF BULUMA MUSAMIA II SON OF LWANDE II SON OF MUNIALA SON OF **BUKEKO II** SON OF OMIJJA SON OF BUKEKO SON OF NGUNDIRA SON OF KAGENDA SON OF LWANDE WESONGA.

Elias Mujucfa

ELIAS MUJUCF SON OF YOWANA HAFULU SON OF BULUMA MUSAMIA II SON OF LWANDE II SON OF MUNIALA SON OF **BUKEKO II** SON OF OMIJJA SON OF BUKEKO SON OF NGUNDIRA SON OF KAGENDA SON OF LWANDE WESONGA.

BUKEKO II SON OF OMIJJA SON OF BUKEKO SON OF NGUNDIRA SON OF KAGENDA SON OF LWANDE WESONGA.

NALALA	Wanjala
	Ololo

WANJALA SON OF BUKEKO II SON OF OMIJJA SON OF BUKEKO SON OF NGUNDIRA SON OF KAGENDA SON OF LWANDE WESONGA.

OLOLO SON OF BUKEKO II SON OF OMIJJA SON OF BUKEKO SON OF NGUNDIRA SON OF KAGENDA SON OF LWANDE WESONGA.

NAJABI	Mesusera Olowo
NAMATE	Nikola Egesa
	Benjamin (Benya) Odwori

LWANDE WESONGA: A GENEALOGY

NALWENGE   Anthony Ngonga
Benidicto Ngweno

BENIDICTO NGWENO SON OF OLOLO SON OF **BUKEKO II** SON OF **OMIJJA** SON OF **BUKEKO** SON OF **NGUNDIRA** SON OF **KAGENDA** SON OF **LWANDE WESONGA**.

ANTHONY NGONGA SON OF OLOLO SON OF **BUKEKO II** SON OF **OMIJJA** SON OF **BUKEKO** SON OF **NGUNDIRA** SON OF **KAGENDA** SON OF **LWANDE WESONGA**.

MESUSERA OLOWO SON OF OLOLO SON OF **BUKEKO II** SON OF **OMIJJA** SON OF **BUKEKO** SON OF **NGUNDIRA** SON OF **KAGENDA** SON OF **LWANDE WESONGA**.

BENJAMIN (BENYA) ODWORI SON OF OLOLO SON OF **BUKEKO II** SON OF **OMIJJA** SON OF **BUKEKO** SON OF **NGUNDIRA** SON OF **KAGENDA** SON OF **LWANDE WESONGA**.

NIKOLA EGESSA SON OF OLOLO SON OF **BUKEKO II** SON OF **OMIJJA** SON OF **BUKEKO** SON OF **NGUNDIRA** SON OF **KAGENDA** SON OF **LWANDE WESONGA**.

Ouma Paul Namatte

OUMA PAUL NAMATTE SON OF NIKOLA EGESA SON OF OLOLO SON OF **BUKEKO II** SON OF **OMIJJA** SON OF **BUKEKO** SON OF **NGUNDIRA** SON OF **KAGENDA** SON OF **LWANDE WESONGA**.

MUNIALA SON OF **OMIJJA**

MUNIALA SON OF **OMIJJA** SON OF **BUKEKO** SON OF **NGUNDIRA** SON OF **KAGENDA** SON OF **LWANDE WESONGA**.

NAMULEMBO   Obwege
Hagondi (a)

CHAPTER FOUR

NAMAINDI No information was available about the children.
NAMULEMBO Hagondi (b)
Opedda II

HAGONDI (A) SON OF MUNIALA SON OF OMIJJA SON OF BUKEKO SON OF NGUNDIRA SON OF KAGENDA SON OF LWANDE WESONGA.

HAGONDI (B) SON OF MUNIALA SON OF OMIJJA SON OF BUKEKO SON OF NGUNDIRA SON OF KAGENDA SON OF LWANDE WESONGA.

OPEDDA 11 SON OF MUNIALA SON OF OMIJJA SON OF BUKEKO SON OF NGUNDIRA SON OF KAGENDA SON OF LWANDE WESONGA.

OBWENGE SON OF MUNIALA SON OF OMIJJA SON OF BUKEKO SON OF NGUNDIRA SON OF KAGENDA SON OF LWANDE WESONGA.

Odongo

ZABRONI OBWOLO SON OF ODONGO SON OF OBWENGE SON OF MUNIALA SON OF OMIJJA SON OF BUKEKO SON NGUNDIRA SON OF KAGENDA SON OF LWANDE WESONGA.

NAMULEMBO Hagondi II
Opedda III

ODONGO SON OF OBWENGE SON OF MUNIALA SON OF OMIJJA SON OF BUKEKO SON OF NGUNDIRA SON OF KAGENDA SON OF LWANDE WESONGA.

NAHAYO Zabroni Obwolo II

ZABRONI OBWOLO II SON OF ODONGO SON OF OBWENGE SON OF MUNIALA SON OF OMUJJA SON OF BUKEKO SON OF

LWANDE WESONGA: A GENEALOGY

NGUNDIRA SON OF KAGENDA SON OF LWANDE WESONGA.

ZABRONI OBWOLO SON OF OBWENGE SON OF MUNIALA SON OF OMIJJA SON OF BUKEKO SON NGUNDIRA SON OF SON OF KAGENDA SON OF LWANDE WESONGA.

NALYALI

Okochi
Wilson Wandera
James Muniala
Fredrick Nyongesa
Naming Kaisofasi
Kongorasi

OKOCHI SON OF ZABRONI OBWOLO SON OF OBWENGE SON OF MUNIALA SON OF OMIJJA SON OF BUKEKO SON OF NGUNDIRA SON OF KAGENDA SON OF LWANDE WESONGA.

NASWA

Baraza

BARAZA SON OF OKOCHI SON OF ZABRONI OBWOLO SON OF OBWENGE SON OF MUNIALA SON OF OMIJJA SON OF BUKEKO SON OF NGUNDIRA SON OF KAGENDA SON OF LWANDE WESONGA.

WILSON WANDERA SON OF ZABRONI OBWOLO SON OF OBWENGE SON OF MUNIALA SON OF OMIJJA SON OF BUKEKO SON OF NGUNDIRA SON OF KAGENDA SON OF LWANDE WESONGA.

NAJABI

Sunday Obwolo
Okumu Benard
Richard Ouma
Moses Okuku
Meddi

SUNDAY OBWOLO SON OF WILSON WANDERA SON OF ZABRONI OBWOLO SON OF OBWENGE SON OF MUNIALA SON OF OMIJJA SON OF BUKEKO SON OF NGUNDIRA SON OF KAGENDA SON OF LWANDE WESONGA.

CHAPTER FOUR

BENARD OKUMU SON OF WILSON WANDERA SON OF ZABRONI OBWOLO SON OF OBWENGE SON OF MUNIALA SON OF OMIJJA SON OF BUKEKO SON OF NGUNDIRA SON OF KAGENDA SON OF LWANDE WESONGA.

RICHARD OUMA SON OF WILSON WANDERA SON OF ZABRONI OBWOLO SON OF OBWENGE SON OF MUNIALA SON OF OMIJJA SON OF BUKEKO SON OF NGUNDIRA SON OF KAGENDA SON OF LWANDE WESONGA.

MOSES OKUKU SON OF WILSON WANDERA SON OF ZABRONI OBWOLO SON OF OBWENGE SON OF MUNIALA SON OF OMIJJA SON OF BUKEKO SON OF NGUNDIRA SON OF KAGENDA SON OF LWANDE WESONGA.

MEDDI SON OF WILSON WANDERA SON OF ZABRONI OBWOLO SON OF OBWENGE SON OF MUNIALA SON OF OMIJJA SON OF BUKEKO SON OF NGUNDIRA SON OF KAGENDA SON OF LWANDE WESONGA.

FREDRICK NYONGESA SON OF ZABRONI OBWOLO SON OF OBWENGE SON OF MUNIALA SON OF OMIJJA SON OF BUKEKO SON OF NGUNDIRA SON OF KAGENDA SON OF LWANDE WESONGA.

NACHAKI   Baraza
                   Mwana

NAMUSWA   No information recorded about her children.

NAMWAYA   No information recorded about her children.

BARAZA SON OF FREDRICK NYONGESA SON OF ZABRONI OBWOLO SON OF OBWENGE SON OF MUNIALA SON OF OMIJJA SON OF BUKEKO SON OF NGUNDIRA SON OF KAGENDA SON OF LWANDE WESONGA.

MWANA SON OF FREDRICK NYONGESA SON OF ZABRONI

LWANDE WESONGA: A GENEALOGY

OBWOLO SON OF OBWENGE SON OF **MUNIALA** SON OF OMIJJA SON OF BUKEKO SON OF NGUNDIRA SON OF KAGENDA SON OF LWANDE WESONGA.

JAMES MUNIALA SON OF ZABRONI OBWOLO SON OF OBWENGE SON OF **MUNIALA** SON OF OMIJJA SON OF BUKEKO SON OF NGUNDIRA SON OF KAGENDA SON OF LWANDE WESONGA.

NAMENYA

Sunday
Were
Boloki
Akura

SUNDAY SON OF JAMES MUNIALA SON OF ZABRONI OBWOLO SON OF OBWENGE SON OF **MUNIALA** SON OF OMIJJA SON OF BUKEKO SON OF NGUNDIRA SON OF KAGENDA SON OF LWANDE WESONGA.

WERE SON OF JAMES MUNIALA SON OF ZABRONI OBWOLO SON OF OBWENGE SON OF **MUNIALA** SON OF OMIJJA SON OF BUKEKO SON OF NGUNDIRA SON OF KAGENDA SON OF LWANDE WESONGA.

BOLOKI SON OF JAMES MUNIALA SON OF ZABRONI OBWOLO SON OF OBWENGE SON OF **MUNIALA** SON OF OMIJJA SON OF BUKEKO SON OF NGUNDIRA SON OF KAGENDA SON OF LWANDE WESONGA.

AKURA SON OF JAMES MUNIALA SON OF ZABRONI OBWOLO SON OF OBWENGE SON OF **MUNIALA** SON OF OMIJJA SON OF BUKEKO SON OF NGUNDIRA SON OF KAGENDA SON OF LWANDE WESONGA.

KONGORASI SON OF ZABRONI OBWOLO SON OF OBWENGE SON OF **MUNIALA** SON OF OMIJJA SON OF BUKEKO SON OF NGUNDIRA SON OF KAGENDA SON OF LWANDE WESONGA.

CHAPTER FOUR

HAGONDI SON OF OBWENGE SON OF **MUNIALA** SON OF **OMIJJA** SON OF **BUKEKO** SON OF **NGUNDIRA** SON OF **KAGENDA** SON OF **LWANDE WESONGA.**

NAHABI

Patrick Omijja Hagondi
Hontono
Omijja
Okombo

PATRICK OMIJJA HAGONDI SON OF HAGONDI SON OF OBWENGE SON OF **MUNIALA** SON OF **OMIJJA** SON OF **BUKEKO** SON OF **NGUNDIRA** SON OF **KAGENDA** SON OF **ANDE WESONGA.**

HONTONO SON OF HAGONDI SON OF OBWENGE SON OF **MUNIALA** SON OF **OMIJJA** SON OF **BUKEKO** SON OF **NGUNDIRA** SON OF **KAGENDA** SON OF **LWANDE WESONGA.**

OMIJJA SON OF HAGONDI SON OF OBWENGE SON OF **MUNIALA** SON OF **OMIJJA** SON OF **BUKEKO** SON OF **NGUNDIRA** SON OF **KAGENDA** SON OF **LWANDE WESONGA.**

OKOMBO SON OF HAGONDI SON OF OBWENGE SON OF **MUNIALA** SON OF **OMIJJA** SON OF **BUKEKO** SON OF **NGUNDIRA** SON OF **KAGENDA** SON OF **LWANDE WESONGA.**

OMIJJA SON OF HAGONDI SON OF OBWENGE SON OF **MUNIALA** SON OF **OMIJJA** SON OF **BUKEKO** SON OF **NGUNDIRA** SON OF **KAGENDA** SON OF **LWANDE WESONGA.**

NAMENYA

Wilber Bwire
Robert Wanyama
Odongo
Okello

WILBER BWIRE SON OF OMIJJA SON OF HAGONDI SON OF OBWENGE SON OF **MUNIALA** SON OF **OMIJJA** SON OF **BUKEKO** SON OF **NGUNDIRA** SON OF **KAGENDA** SON OF **LWANDE WESONGA.**

LWANDE WESONGA: A GENEALOGY

ROBERT WANYAMA SON OF OMIJJA SON OF HAGONDI SON OF OBWENGE SON OF MUNIALA SON OF OMIJJA SON OF BUKEKO SON OF NGUNDIRA SON OF KAGENDA SON OF LWANDE WESONGA.

ODONGO SON OF OMIJJA SON OF HAGONDI SON OF OBWENGE SON OF MUNIALA SON OF OMIJJA SON OF BUKEKO SON OF NGUNDIRA SON OF KAGENDA SON OF LWANDE WESONGA.

OKELLO SON OF OMIJJA SON OF HAGONDI SON OF OBWENGE SON OF MUNIALA SON OF OMIJJA SON OF BUKEKO SON OF NGUNDIRA SON OF KAGENDA SON OF LWANDE WESONGA.

See Appendix Page 85

See Appendix page86-88

DIKIDI SON OF NGUNDIRA

	NGUNDIRA SON OF KAGENDA SON OF LWANDE WESONGA. SON OF LWANDE MULUNGO.
NASONGA II	Dikidi

DIKIDI SON OF NGUNDIRA SON OF KAGENDA SON OF LWANDE WESONGA.

NALYALI	Namwiwa
	Agaaro
NANYIBONI	Lusimbo

LUSIMBO SON OF DIKIDI SON OF NGUNDIRA SON OF KAGENDA SON OF LWANDE WESONGA.

AGAARO SON OF DIKIDI

490

CHAPTER FOUR

AGAARO SON OF DIKIDI SON OF NGUNDIRA SON OF KAGENDA SON OF LWANDE WESONGA.

NAMWIWA SON OF DIKIDI

NAMWIWA SON OF DIKIDI SON OF NGUNDIRA SON OF KAGENDA SON OF LWANDE WESONGA.

NABONGO — Ouma Nyaroya

OUMA NYAROYA SON OF NAMWIWA SON OF DIKIDI SON OF NGUNDIRA SON OF KAGENDA SON OF LWANDE WESONGA.

NAKAALA — Aroni Omondi
NAMANGASA — Oulo
Stephen Omochi
Dikidi
Peter Wandera
NAPUNYI — Toas Mubbachi
Juma
Simon Nasude

OULO SON OF OUMA NYAROYA SON OF NAMWIWA SON OF DIKIDI SON OF NGUNDIRA SON OF KAGENDA SON OF LWANDE WESONGA.

DIKIDI SON OF OUMA NYAROYA SON OF NAMWIWA SON OF DIKIDI SON OF NGUNDIRA SON OF KAGENDA SON OF LWANDE WESONGA.

TOAS MUBACHI SON OF OUMA NYAROYA SON OF NAMWIWA SON OF DIKIDI SON OF NGUNDIRA SON OF KAGENDA SON OF LWANDE WESONGA.

JUMA SON OF OUMA NYAROYA SON OF NAMWIWA SON OF DIKIDI SON OF NGUNDIRA SON OF KAGENDA SON OF LWANDE WESONGA.

LWANDE WESONGA: A GENEALOGY

                        SIMON NASUDE SON OF **OUMA NYAROYA** SON OF **NAMWIWA** SON OF **DIKIDI** SON OF **NGUNDIRA** SON OF **KAGENDA** SON OF **LWANDE WESONGA.**

                        ARONI OMONDI SON OF **OUMA NYAROYA** SON OF **NAMWIWA** SON OF **DIKIDI** SON OF **NGUNDIRA** SON **KAGENDA** SON OF **LWANDE WESONGA.**

NAMIRIPO   Ngundira II
                        Peter Namwiwa

                        NGUNDIRA II SON OF ARONI OMONDI SON OF **OUMA NYAROYA** SON OF **NAMWIWA** SON OF **DIKIDI** SON OF **NGUNDIRA** I SON OF **KAGENDA** SON OF **LWANDE WESONGA.**

NAMAKWE   Ouma
                        George

                                                See Appendix Page 86

                                                See Appendix Page 91

                        OUMA SON OF NGUNDIRA II SON OF ARONI OMONDI SON OF **OUMA NYAROYA** SON OF **NAMWIWA** SON OF **DIKIDI** SON OF **NGUNDIRA** SON OF **KAGENDA** SON OF **LWANDE WESONGA.**

                        GEORGE SON OF NGUNDIRA II SON OF ARONI OMONDI SON OF **OUMA NYAROYA** SON OF **NAMWIWA** SON OF **DIKIDI** SON OF **NGUNDIRA** SON OF **KAGENDA** SON OF **LWANDE WESONGA.**

                        PETER NAMWIWA SON OF ARONI OMONDI SON OF **OUMA NYAROYA** SON OF **NAMWIWA** SON OF **DIKIDI** SON OF **NGUNDIRA** SON OF **KAGENDA** SON OF **LWANDE WESONGA.**

NAMUNYEKERA   No information was available about the children.

                        CALASTO SUMBA SON OF **WAMBUDO** SON OF **MUTULA** SON OF

CHAPTER FOUR

DIKIDI SON OF **NGUNDIRA** SON OF **KAGENDA** SON OF **LWANDE WESONGA**.

NANGAYO NAKOOLI

No information about her children.
Ojiambo

OJIAMBO SON OF CALASTO SUMBA SON OF **WAMBUDO** SON OF **MUTULA** SON OF **DIKIDI** SON OF **NGUNDIRA** SON OF **KAGENDA** SON OF **LWANDE WESONGA**.

STEPHEN OMOCHI SON OF **OUMA NYAROYA** SON OF **NAMWIWA** SON OF **DIKIDI** SON OF **NGUNDIRA** SON OF **KAGENDA** SON OF **LWANDE WESONGA**.

CUMULUS (NGUNDIRA) WANDERA SON OF WANDERA SON OF **OUMA NYAROYA** SON OF **NAMWIWA** SON OF **DIKIDI** SON OF **NGUNDIRA** SON OF **KAGENDA** SON OF **LWANDE WESONGA**.

NEHOBA NAKOOLI

Were
Charles Omondi
Opio
Odongo
Mukaga

WERE SON OF CUMULUS (NGUNDIRA) WANDERA SON OF WANDERA SON OF **OUMA NYAROYA** SON OF **NAMWIWA** SON OF **DIKIDI** SON OF **NGUNDIRA** SON OF **KAGENDA** SON OF **LWANDE WESONGA**.

CHARLES OMONDI SON OF CUMULUS (NGUNDIRA) WANDERA SON OF WANDERA SON OF **OUMA NYAROYA** SON OF **NAMWIWA** SON OF **DIKIDI** SON OF **NGUNDIRA** SON OF **KAGENDA** SON OF **LWANDE WESONGA**.

OPIO SON OF CUMULUS (NGUNDIRA) WANDERA SON OF WANDERA SON OF **OUMA NYAROYA** SON OF **NAMWIWA** SON OF **DIKIDI** SON OF **NGUNDIRA** SON OF **KAGENDA** SON OF **LWANDE WESONGA**.

LWANDE WESONGA: A GENEALOGY

ODONGO SON OF CUMULUS (NGUNDIRA) WANDERA SON OF WANDERA SON OF OUMA NYAROYA SON OF NAMWIWA SON OF DIKIDI SON OF NGUNDIRA SON OF KAGENDA SON OF LWANDE WESONGA.

MUKAGA SON OF CUMULUS (NGUNDIRA) WANDERA SON OF WANDERA SON OF OUMA NYAROYA SON OF NAMWIWA SON OF DIKIDI SON OF NGUNDIRA SON OF KAGENDA SON OF LWANDE WESONGA.

PETER WANDERA SON OF OUMA NYAROYA SON OF NAMWIWA SON OF DIKIDI SON OF NGUNDIRA SON OF KAGENDA SON OF LWANDE WESONGA.

COMULUS (NGUNDIRA) WANDERA SON OF WANDERA SON OF OUMA NYAROYA SON OF NAMWIWA SON OF DIKIDI SON OF NGUNDIRA SON OF KAGENDA SON OF LWANDE WESONGA.

NASUBO

Ouma
Egessa
Stephen Omochi

OUMA SON OF COMULUS (NGUNDIRA) WANDERA SON OF WANDERA SON OF OUMA NYAROYA SON OF NAMWIWA SON OF DIKIDI SON OF NGUNDIRA SON OF KAGENDA SON OF LWANDE WESONGA.

EGESSA SON OF COMULUS (NGUNDIRA) WANDERA SON OF WANDERA SON OF OUMA NYAROYA SON OF NAMWIWA SON OF DIKIDI SON OF NGUNDIRA SON OF KAGENDA SON OF LWANDE WESONGA.

STEPHEN OMOCHI SON OF COMULUS (NGUNDIRA) WANDERA SON OF WANDERA SON OF OUMA NYAROYA SON OF NAMWIWA SON OF DIKIDI SON OF NGUNDIRA SON OF KAGENDA SON OF LWANDE WESONGA.

CHAPTER FOUR

OGAARO SON OF DIKIDI SON OF NGUNDIRA SON OF KAGENDA SON OF LWANDE WESONGA.

LUSIMBO SON OF DIKIDI

LUSIMBO SON OF DIKIDI SON OF NGUNDIRA SON OF KAGENDA SON OF LWANDE WESONGA.

NAHULO	Ogengo
NAMWALIRA	Oduyu

OGENGO SON OF LUSIMBO SON OF DIKIDI SON OF NGUNDIRA SON OF KAGENDA SON OF LWANDE WESONGA.

NASIWE	Kuucha
NABOOLI	Juma
NASUBO	Ignatio Oguttu
	John Wandera

JUMA SON OF OGENGO SON OF LUSIMBO SON OF DIKIDI SON OF NGUNDIRA SON OF KAGENDA SON OF LWANDE WESONGA.

JOHN WANDERA SON OF OGENGO SON OF LUSIMBO SON OF DIKIDI SON OF NGUNDIRA SON OF KAGENDA SON OF LWANDE WESONGA.

KUUCHA SON OF OGENGO SON OF LUSIMBO SON OF DIKIDI SON OF NGUNDIRA SON OF KAGENDA SON OF LWANDE WESONGA.

NABONGO	Francis Wanyama

FRANCIS WANYAMA SON OF KUUCHA SON OF OGENGO SON OF LUSIMBO SON OF DIKIDI SON OF NGUNDIRA SON OF KAGENDA SON OF LWANDE WESONGA.

IGINATIO OGUTTU SON OF OGENGO SON OF LUSIMBO SON OF

LWANDE WESONGA: A GENEALOGY

DIKIDI SON OF NGUNDIRA SON OF KAGENDA SON OF LWANDE WESONGA.

NAMENYA
NALIALI

George Maloba
Jackson Okumu
Richard Odwori
Milton Ogengo
Patrick Oduyu
Stephen Kuucha (Fredrick)

RICHARD ODWORI SON OF IGINATIO OGUTTU SON OF OGENGO SON OF LUSIMBO SON OF DIKIDI SON OF NGUNDIRA SON OF KAGENDA SON OF LWANDE WESONGA.

MILTON OGENGO SON OF IGINATIO OGUTTU SON OF OGENGO SON OF LUSIMBO SON OF DIKIDI SON OF NGUNDIRA SON OF KAGENDA SON OF LWANDE WESONGA.

PATRICK ODUYU SON OF IGINATIO OGUTTU SON OF OGENGO SON OF LUSIMBO SON OF DIKIDI SON OF NGUNDIRA SON OF KAGENDA SON OF LWANDE WESONGA.

STEPHEN KUUCHA (FREDRICK) SON OF IGINATIO OGUTTU SON OF OGENGO SON OF LUSIMBO SON OF DIKIDI SON OF NGUNDIRA SON OF KAGENDA SON OF LWANDE WESONGA.

See Appendix Page 87

GEORGE MALOBA SON OF IGINATIO OGUTTU SON OF OGENGO SON OF LUSIMBO SON OF DIKIDI SON OF NGUNDIRA SON OF KAGENDA SON OF LWANDE WESONGA.

JACKSON OKUMU SON OF IGINATIO OGUTTU SON OF OGENGO SON OF LUSIMBO SON OF DIKIDI SON OF NGUNDIRA SON OF KAGENDA SON OF LWANDE WESONGA.

MUTULA SON OF DIKIDI SON OF NGUNDIRA SON OF KAGENDA

CHAPTER FOUR

SON OF **LWANDE WESONGA**.

NAHASOHO   Wambudo
                     Ngundira Ondyedye

WAMBUDO SON OF **MUTULA** SON OF **DIKIDI** SON OF **NGUNDIRA** SON OF **KAGENDA** SON OF **LWANDE WESONGA**.

NGUNDIRA ONDYEDYE SON OF **MUTULA** SON OF **DIKIDI** SON OF **NGUNDIRA** SON OF **KAGENDA** SON OF **LWANDE WESONGA**.

NEYINDA   Abneri Omunya

ABNERI OMUNYA SON OF **NGUNDIRA ONDYEDYE** SON OF **MUTULA** SON OF **DIKIDI** SON OF **NGUNDIRA** SON OF **KAGENDA** SON OF **LWANDE WESONGA**.

NALALA   Yoramu Egondi
                     Makoha Natabona

NAJABI   She had children but unable to get the names.

YORAMU EGONDI SON OF ABNERI OMUNYA SON OF **NGUNDIRA ONDYEDYE** SON OF **MUTULA** SON OF **DIKIDI** SON OF **NGUNDIRA** SON OF **KAGENDA** SON OF **LWANDE WESONGA**.

MAKOHA NATABONA DAUGHTER OF ABNERI OMUNYA SON OF **NGUNDIRA ONDYEDYE** SON OF **MUTULA** SON OF **DIKIDI** SON OF **NGUNDIRA** SON OF **KAGENDA** SON OF **LWANDE WESONGA**.

END

MBOYO SON OF NGUNDIRA

MBOYO SON OF **NGUNDIRA** SON OF **KAGENDA** SON OF **LWANDE WESONGA**.

LWANDE WESONGA: A GENEALOGY

NANYIBOMMI	Nambeddu
NASUBO I	Obbino
NASUBO II	Onyango
NAMULUMBA	Sikwekwe
NAMAINDI	Obbande
	Nafwa Natabona
NALIALI	Omulo
	Odooli
	Ngundira
NASONGA	Masinde Akadda

NAFWA NATABONA DAUGHTER OF MBOYO SON OF NGUNDIRA SON OF KAGENDA SON OF LWANDE WESONGA. SON OF LWANDE MULUNGO.

NAMBEDU SON OF MBOYO

NAMBEDU SON OF MBOYO SON OF NGUNDIRA SON OF KAGENDA SON OF LWANDE WESONGA.

NAHONE	Daudi Ngundira
NAMUDDE	Nambedu yakerama[319] Namudde and had a son called:
	Saala Halobe.

DAUDI NGUNDIRA SON OF NAMBEDU SON OF MBOYO SON OF NGUNDIRA SON OF KAGENDA SON OF LWANDE WESONGA.

| NAMWEMBA | Michael Bubolu |
| NAMAKANGALA | Enosi Ogambo |

MICHAEL BUBOLU SON OF DAUDI NGUNDIRA SON OF NAMBEDU SON OF MBOYO SON OF NGUNDIRA SON OF

---

[319] Nambedu married a widow of his relative called Okuku according to the customs and tradition in a special ceremony and had a son called Saala Halobe.

CHAPTER FOUR

KAGENDA SON OF LWANDE WESONGA.

NAHASOHO
Ngundira James Wanyama
Patrick Ojiambo
David Bwire Ogambo
Moses Were

NGUNDIRA JAMES WANYAMA SON OF MICHAEL BUBOLU SON OF DAUDI NGUNDIRA SON OF NAMBEDU SON OF MBOYO SON OF NGUNDIRA SON OF KAGENDA SON OF LWANDE WESONGA.

NAMUDDE
Siketa
Mather
Mahande

SIKETA SON OF NGUNDIRA JAMES WANYAMA SON OF MICHAEL BUBOLU SON OF DAUDI NGUNDIRA SON OF NAMBEDU SON OF MBOYO SON OF NGUNDIRA SON OF KAGENDA SON OF LWANDE WESONGA.

MATHER SON OF NGUNDIRA JAMES WANYAMA SON OF MICHAEL BUBOLU SON OF DAUDI NGUNDIRA SON OF NAMBEDU SON OF MBOYO SON OF NGUNDIRA SON OF KAGENDA SON OF LWANDE WESONGA.

MAHANDE SON OF NGUNDIRA JAMES WANYAMA SON OF MICHAEL BUBOLU SON OF DAUDI NGUNDIRA SON OF NAMBEDU SON OF MBOYO SON OF NGUNDIRA SON OF KAGENDA SON OF LWANDE WESONGA.

DAVID BWIRE SON OF MICHAEL BUBOLU SON OF DAUDI NGUNDIRA SON OF NAMBEDU SON OF MBOYO SON OF SON OF NGUNDIRA SON OF KAGENDA SON OF LWANDE WESONGA.

NANYANGA
Geoffrey Wandera
Bernard Bwire
Denes Mukaga

Steven Ogambo
Felix Wafula

BENARD BWIRE SON OF DAVID BWIRE SON OF MICHAEL BUBOLU SON OF **DAUDI NGUNDIRA** SON OF **NAMBEDU** SON OF **MBOYO** SON OF **NGUNDIRA** SON OF **KAGENDA** SON OF **LWANDE WESONGA.**

DENES MUKAGA SON OF DAVID BWIRE OGAMBO SON OF MICHAEL BUBOLU SON OF **DAUDI NGUNDIRA** SON OF **NAMBEDU** SON OF **MBOYO** SON OF **NGUNDIRA** SON OF **KAGENDA** SON OF **LWANDE WESONGA.**

STEVEN OGAMBO SON OF DAVID BWIRE OGAMBO SON OF MICHAEL BUBOLU SON OF **DAUDI NGUNDIRA** SON OF **NAMBEDU** SON OF **MBOYO** SON OF **NGUNDIRA** SON OF **KAGENDA** SON OF **LWANDE WESONGA.**

FELIX WAFULA SON OF DAVID BWIRE OGAMBO SON OF MICHAEL BUBOLU SON OF **DAUDI NGUNDIRA** SON OF **NAMBEDU** SON OF **MBOYO** SON OF **NGUNDIRA** SON OF **KAGENDA** SON OF **LWANDE WESONGA.**

GEOFFREY WANDERA SON OF MICHAEL BUBOLU SON OF **DAUDI NGUNDIRA** SON OF **NAMBEDU** SON OF **MBOYO** SON OF **NGUNDIRA** SON OF **KAGENDA** SON OF **LWANDE WESONGA.**

NACHAKI   Bwire James

JAMES BWIRE SON OF GEOFFREY WANDERA OGAMBO SON OF MICHAEL BUBOLU SON OF **DAUDI NGUNDIRA** SON OF **NAMBEDU** SON OF **MBOYO** SON NGUNDIRA SON OF **KAGENDA** SON OF **LWANDE WESONGA.**

PATRICK OJIAMBO SON OF MICHAEL BUBOLU SON OF **DAUDI NGUNDIRA** SON OF **NAMBEDU** SON OF **MBOYO** SON OF **NGUNDIRA** SON OF **KAGENDA** SON OF **LWANDE WESONGA.**

CHAPTER FOUR

NAMAINDI　　Ivan Ojiambo
　　　　　　　　Silus Wanders Ojiambo
　　　　　　　　Dakan Wafula Ojiambo

　　　　　　　　IVAN OJIAMBO SON OF OJIAMBO PATRICK SON OF MIBHAEL BUBOLU SON OF DAUDI NGUNDIRA SON OF NAMBEDU SON OF MBOYO SON OF NGUNDIRA SON OF KAGENDA SON OF LWANDE WESONGA.

　　　　　　　　SILUS WANDERA SON OF PATRICK OJIAMBO SON OF MICHAEL BUBOLU SON OF DAUDI NGUNDIRA SON OF NAMBEDU SON OF MBOYO SON OF NGUNDIRA SON OF KAGENDA SON OF LWANDE WESONGA.

　　　　　　　　DAKAN WAFULA OJIAMBO SON OF PATRICK OJIAMBO SON OF MICHAEL BUBOLU SON OF DAUDI NGUNDIRA SON OF NAMBEDU SON OF MBOYO SON OF NGUNDIRA SON OF KAGENDA SON OF LWANDE WESONGA.

　　　　　　　　WERE MOSES SON OF MICHAEL BUBOLU SON OF DAUDI NGUNDIRA SON OF NAMBEDU SON OF MBOYO SON OF NGUNDIRA SON OF KAGENDA SON OF LWANDE WESONGA.

BWIBO　　　Dominic Afuna
　　　　　　　　Michael Bubolu
　　　　　　　　Ferguson Babone

　　　　　　　　DOMINIC AFUNA SON OF MOSES WERE SON OF MICHAEL BUBOLU SON OF DAUDI NGUNDIRA SON OF NAMBEDU SON OF MBOYO SON OF NGUNDIRA SON OF KAGENDA SON OF LWANDE WESONGA.

　　　　　　　　MICHAEL BUBOLU SON OF MOSES WERE SON OF MICHAEL BUBOLU SON OF DAUDI NGUNDIRA SON OF NAMBEDU SON OF MBOYO SON OF NGUNDIRA SON OF KAGENDA SON OF LWANDE WESONGA.

LWANDE WESONGA: A GENEALOGY

FERGUSON BABONE SON OF MOSES WERE SON OF MICHAEL BUBOLU SON OF **DAUDI NGUNDIRA** SON OF **NAMBEDU** SON OF **MBOYO** SON OF **NGUNDIRA** SON OF **KAGENDA** SON OF **LWANDE WESONGA.**

See Appendix Page 101

ENOSI OGAMBO SON OF **DAUDI NGUNDIRA** SON OF **NAMBEDU** SON OF **MBOYO** SON OF **NGUNDIRA** SON OF **KAGENDA** SON OF **LWANDE WESONGA.**

NAMUPODI	John Taabu Mangeni
	Charles Bwire
	Joseph Onyango
	David Ngundira Makoha
NAKAMONDO	Geoffrey Masiga
	Jared Wanyama
	David Oundo
NAYIRUNDI	Aboki Makoha
(**Munyoro**)	Benya Masahalya

JOHN TAABU MANGENI SON OF ENOSI OGAMBO SON OF **DAUDI NGUNDIRA** SON OF **NAMBEDU** SON OF **MBOYO** SON OF **NGUNDIRA** SON OF **KAGENDA** SON OF **LWANDE WESONGA.**

CHARLES BWIRE SON OF ENOSI OGAMBO SON OF **DAUDI NGUNDIRA** SON OF **NAMBEDU** SON OF **MBOYO** SON OF **NGUNDIRA** SON OF **KAGENDA** SON OF **LWANDE WESONGA.**

DAVID NGUNDIRA MAKOHA SON OF ENOSI OGAMBO SON OF **DAUDI NGUNDIRA** SON OF **NAMBEDU** SON OF **MBOYO** SON OF **NGUNDIRA** SON OF **KAGENDA** SON OF **LWANDE WESONGA.**

DAVID OUNDO SON OF ENOSI OGAMBO SON OF **DAUDI NGUNDIRA** SON OF **NAMBEDU** SON OF **MBOYO** SON OF **NGUNDIRA** SON OF **KAGENDA** SON OF **LWANDE WESONGA.**

CHAPTER FOUR

GEOFFREY MASIGA OGAMBO SON OF ENOSI OGAMBO SON OF DAUDI NGUNDIRA SON OF NAMBEDU SON OF MBOYO SON OF NGUNDIRA SON OF KAGENDA SON OF LWANDE WESONGA.

NAKUMICHA (Mugisu)	Doreen Nekesa Natabona
NAHUNJA (Mugwe)	Brenda Ogambo Natabona
NAIRUNDI (Munyoro)	Sharon Nafula Natabona
ENTE CLAN (Muganda)	Sheila Ogambo Natabona
	Emmanuel Ogambo
	Elijah Ogambo
ENTTE CLAN	Hasheem Ogambo
(Muganda)	Ethan Akram Ngundira Ogambo
	Hakeem Nambedu Ogambo

DOREEN NEKESA NATABONA DAUGHTER OF GEOFFREY MASIGA OGAMBO SON OF ENOSI OGAMBO SON OF DAUDI NGUNDIRA SON OF NAMBEDU SON OF MBOYO SON OF NGUNDIRA SON OF KAGENDA SON OF LWANDE WESONGA.

BRENDA OGAMBO NATABONA DAUGHTER OF GEOFFREY MASIGA OGAMBO SON OF ENOSI OGAMBO SON OF DAUDI NGUNDIRA SON OF NAMBEDU SON OF MBOYO SON OF NGUNDIRA SON OF KAGENDA SON OF LWANDE WESONGA.

SHARON NAFULA NATABONA DAUGHTER OF GEOFFREY MASIGA OGAMBO SON OF ENOSI OGAMBO SON OF DAUDI NGUNDIRA SON OF NAMBEDU SON OF MBOYO SON OF NGUNDIRA SON OF KAGENDA SON OF LWANDE WESONGA.

SHEILA OGAMBO NATABONA DAUGHTER OF GEOFFREY MASIGA OGAMBO SON OF ENOSI OGAMBO SON OF DAUDI NGUNDIRA SON OF NAMBEDU SON OF MBOYO SON OF NGUNDIRA SON OF KAGENDA SON OF LWANDE WESONGA.

EMMANUEL OGAMBO SON OF GEOFFREY MASIGA OGAMBO SON OF ENOSI OGAMBO SON OF DAUDI NGUNDIRA SON OF NAMBEDU SON OF MBOYO SON OF NGUNDIRA SON OF

KAGENDA SON OF LWANDE WESONGA.

ELIJAH OGAMBO SON OF GEOFFREY MASIGA OGAMBO SON OF ENOSI OGAMBO SON OF DAUDI NGUNDIRA SON OF NAMBEDU SON OF MBOYO SON OF NGUNDIRA SON OF KAGENDA SON OF LWANDE WESONGA.

HASHEEM OGAMBO SON OF GEOFFREY MASIGA OGAMBO SON OF ENOSI OGAMBO SON OF DAUDI NGUNDIRA SON OF NAMBEDU SON OF MBOYO SON OF NGUNDIRA SON OF KAGENDA SON OF LWANDE WESONGA.

ETHAN AKRAM NGUNDIRA SON OF GEOFFREY MASIGA OGAMBO SON OF ENOSI OGAMBO SON OF DAUDI NGUNDIRA SON OF NAMBEDU SON OF MBOYO SON OF NGUNDIRA SON OF KAGENDA SON OF LWANDE WESONGA.

HAKEEM NAMBEDU SON OF GEOFFREY MASIGA OGAMBO SON OF ENOSI OGAMBO SON OF DAUDI NGUNDIRA SON OF NAMBEDU SON OF MBOYO SON OF NGUNDIRA SON OF KAGENDA SON OF LWANDE WESONGA.

JARED OGAMBO SON OF ENOSI OGAMBO SON OF DAUDI NGUNDIRA SON OF NAMBEDU SON OF MBOYO SON OF NGUNDIRA SON OF KAGENDA SON OF LWANDE WESONGA.

JOSEPH ONYANGO SON OF ENOSI OGAMBO SON OF DAUDI NGUNDIRA SON OF NAMBEDU SON OF MBOYO SON OF NGUNDIRA SON OF KAGENDA SON OF LWANDE WESONGA.

ABOKI MAKOHA SON OF ENOSI OGAMBO SON OF DAUDI NGUNDIRA SON OF NAMBEDU SON OF MBOYO SON OF NGUNDIRA SON OF KAGENDA SON OF LWANDE WESONGA.

BENYA MASAHALYA SON OF ENOSI OGAMBO SON OF DAUDI NGUNDIRA SON OF NAMBEDU SON OF MBOYO SON OF NGUNDIRA SON OF KAGENDA SON OF LWANDE WESONGA.

CHAPTER FOUR

NAMBEDU SON OF **MBOYO** SON OF **NGUNDIRA** SON OF **KAGENDA** SON OF **LWANDE WESONGA.**

See Appendix 101

NAHABI   Yobu Namudde (**Nambedu yakerama**[320] **Yobu's mother**)
But Yobu Namudde himself was a son of Saala son of Okuku.
Yobu Namudde detail is in Masinde Akadda's line.
Erisa Ogambo
Absalom Wandera

ERISA OGAMBO SON OF **NAMBEDU** SON OF **MBOYO** SON OF **NGUNDIRA** SON OF **KAGENDA** SON OF **LWANDE WESONGA.**

NANYIMWOTI III   Ouma

OUMA SON OF **ERISA OGAMBO** SON OF **NAMBEDU** SON OF **MBOYO** SON OF **NGUNDIRA** SON OF **KAGENDA** SON OF **LWANDE WESONGA.**

ABSALOM WANDERA SON OF **NAMBEDU** SON OF **MBOYO** SON OF **NGUNDIRA** SON OF **KAGENDA** SON OF **LWANDE WESONGA.**

OBBINO SON OF MBOYO

OBBINO SON OF **MBOYO** SON OF **NGUNDIRA** SON OF **KAGENDA** SON OF **LWANDE WESONGA.**

NAMAKANGALA   Okoko
Sigube
Nonga

NASONGA I

---

[320] Nambedu married Nahabi a widow according to the customs and tradition in a special ceremony.

505

LWANDE WESONGA: A GENEALOGY

NASONGA II Onyango yakerama[321] Busulira's wife and had:
Daughters only – names were not available.

SIGUBE SON OF **OBBINO** SON OF **MBOYO** SON OF **NGUNDIRA** SON OF **KAGENDA** SON OF **LWANDE WESONGA**.

NONGA SON OF **OBBINO** SON OF **MBOYO** SON OF **NGUNDIRA** SON OF **KAGENDA** SON OF **LWANDE WESONGA**.

OKOKO SON OF **OBBINO** SON OF **MBOYO** SON OF **NGUNDIRA** SON OF **KAGENDA** SON OF **LWANDE WESONGA**.

Okoko yakerama[322] Nonga's wife called Namayindi[323] and they had a son called Odongo.

ODONGO OKOKO SON OF **OKOKO** SON OF **OBBINO** SON OF **MBOYO** SON OF **NGUNDIRA** SON OF **KAGENDA** SON OF **LWANDE WESONGA**.

ONYANGO SON OF MBOYO

ONYANGO SON OF **MBOYO** SON OF **NGUNDIRA** SON OF **KAGENDA** SON OF **LWANDE WESONGA**.

NASONGA Magina
Basulira

MAGINA SON OF **ONYANGO** SON OF **MBOYO** SON OF **NGUNDIRA** SON OF **KAGENDA** SON OF **LWANDE WESONGA**.

NADIDI Okello
Asiro

---

321 Ibid.,
322 Married a brother's wife as the customs and traditions permited after the death of a relative.
323 A clan of the widow whom Okoko married.

CHAPTER FOUR

OKELLO SON OF MAGINA SON OF ONYANGO SON OF MBOYO SON OF NGUNDIRA SON OF KAGENDA SON OF LWANDE WESONGA.

ASIRO SON OF MAGINA SON OF ONYANGO SON OF MBOYO SON OF NGUNDIRA SON OF KAGENDA SON OF LWANDE WESONGA.

BUSULIRA SON OF ONYANGO SON OF MBOYO SON OF NGUNDIRA SON OF KAGENDA SON OF LWANDE WESONGA.

NASIMALWA

Charles Barasa
Festo Serusa

CHARLES BARASA SON OF BUSULIRA SON OF ONYANGO SON OF MBOYO SON OF NGUNDIRA SON OF KAGENDA SON OF LWANDE WESONGA.

FESTO SERUSA SON OF BUSULIRA SON OF ONYANGO SON OF MBOYO SON OF NGUNDIRA SON OF KAGENDA SON OF LWANDE WESONGA.

BUSULIRA SON OF ONYANGO SON OF MBOYO SON OF NGUNDIRA SON OF KAGENDA SON OF LWANDE WESONGA.

NASIMALWA

Onyango
Charles Bara (Bobbo)
Festo Sumba

ONYANGO SON OF BUSULIRA SON OF ONYANGO SON OF MBOYO SON OF NGUNDIRA SON OF KAGENDA SON OF LWANDE WESONGA.

CHARLES BARA (Bobbo) SON OF BUSULIRA SON OF ONYANGO SON OF MBOYO SON OF NGUNDIRA SON OF KAGENDA SON OF LWANDE WESONGA.

LWANDE WESONGA: A GENEALOGY

FESTO SUMBA SON OF BUSULIRA SON OF ONYANGO SON OF MBOYO SON OF NGUNDIRA SON OF KAGENDA SON OF LWANDE WESONGA.

SIKWEKWE SON OF MBOYO

SIKWEKWE SON OF MBOYO SON OF NGUNDIRA SON OF KAGENDA SON OF LWANDE WESONGA.

NAMAKANGALA Daudi Mudonga
NAHULO Jones Were (Kenya)
Kagenda
Ngundira

KAGENDA SON OF SIKWEKWE SON OF MBOYO SON OF NGUNDIRA SON OF KAGENDA SON OF LWANDE WESONGA.

NGUNDIRA SON OF SIKWEKWE SON OF MBOYO SON OF NGUNDIRA SON OF KAGENDA SON OF LWANDE WESONGA.

DAUDI MUDONGA SON OF SIKWEKWE SON OF MBOYO SON OF NGUNDIRA SON OF KAGENDA SON OF LWANDE WESONGA.

NAMAYERO He had daughters only, like all other families the initial document omitted daughters.

JONES WERE SON OF SIKWEKWE SON OF MBOYO SON OF NGUNDIRA SON OF KAGENDA SON OF LWANDE WESONGA.

NANGAYO Yowana Sikwekwe
Joseph Onyango
Domiano Obworo
Nahulo
Omondi

YOWANA SIKWEKWE SON OF JONES WERE SON OF SIKWEKWE

508

CHAPTER FOUR

SON OF MBOYO SON OF NGUNDIRA SON OF KAGENDA SON OF LWANDE WESONGA.

JOSEPH ONYANGO SON OF JONES WERE SON OF SIKWEKWE SON OF MBOYO SON OF NGUNDIRA SON OF KAGENDA SON OF LWANDE WESONGA.

DOMIANO OBWORO SON OF JONES WERE SON OF SIKWEKWE SON OF MBOYO SON OF NGUNDIRA SON OF KAGENDA SON OF LWANDE WESONGA.

NAHULO OF JONES WERE SON OF SIKWEKWE SON OF MBOYO SON OF NGUNDIRA SON OF KAGENDA SON OF LWANDE WESONGA.

OMONDI SON OF JONES WERE SON OF SIKWEKWE SON OF MBOYO SON OF NGUNDIRA SON OF KAGENDA SON OF LWANDE WESONGA.

OBBANDE SON OF MBOYO

OBBANDE SON OF MBOYO SON OF NGUNDIRA SON OF KAGENDA SON OF LWANDE WESONGA.

NABONWE NAMBENGERE

Ngundira Ogweyo
Mboyo II
Suuli

SUULI SON OF OBBANDE SON OF MBOYO SON OF NGUNDIRA SON OF KAGENDA SON OF LWANDE WESONGA.

MBOYO II SON OF OBBANDE SON OF MBOYO SON OF NGUNDIRA SON OF KAGENDA SON OF LWANDE WESONGA.

NGUNDIRA OGWEYO SON OF OBBANDE SON OF MBOYO SON OF NGUNDIRA SON OF KAGENDA SON OF LWANDE WESONGA.

LWANDE WESONGA: A GENEALOGY

NAMUKUBA Nabasebe
Dani Okuku
Seuli
Otoyo
Egessa
Lukiri Ngundira II

NABASEBE SON OF **NGUNDIRA OGWEYO** SON OF **OBBANDE** SON OF **MBOYO** SON OF **NGUNDIRA** SON OF **KAGENDA** SON OF **LWANDE WESONGA**.

DANI OKUKU SON OF **NGUNDIRA OGWEYO** SON OF **OBBANDE** SON OF **MBOYO** SON OF **NGUNDIRA** SON OF **KAGENDA** SON OF **LWANDE WESONGA**.

SEULI SON OF **NGUNDIRA OGWEYO** SON OF OBBANDE SON OF **MBOYO** SON OF **NGUNDIRA** SON OF **KAGENDA** SON OF **LWANDE WESONGA**.

OTOYO SON OF **NGUNDIRA OGWEYO** SON OF **OBBANDE** SON OF **MBOYO** SON OF **NGUNDIRA** SON OF **KAGENDA** SON OF **LWANDE WESONGA**.

EGESSA SON OF **NGUNDIRA OGWEYO** SON OF **OBBANDE** SON OF **MBOYO** SON OF **NGUNDIRA** SON OF **KAGENDA** SON OF **LWANDE WESONGA**.

LUKIRI NGUNDIRA SON OF **NGUNDIRA OGWEYO** SON OF **OBBANDE** SON OF **MBOYO** SON OF **NGUNDIRA** SON OF **KAGENDA** SON OF **LWANDE WESONGA**.

See Appendix Page 102

MOTOKA BWIRE SON OF **NGUNDIRA OGWEYO** SON OF **OBBANDE** SON OF **MBOYO** SON OF **NGUNDIRA** SON OF **KAGENDA** SON OF **LWANDE WESONGA**.

CHAPTER FOUR

NAMULUCHA	Oguttu
	Olaago
	Wanyama
	Wandera

OGUTTU SON OF MOTOKA BWIRE SON OF NGUNDIRA OGWEYO SON OF OBBANDE SON OF MBOYO SON OF NGUNDIRA SON OF KAGENDA SON OF LWANDE WESONGA.

OLAAGO SON OF MOTOKA BWIRE SON OF NGUNDIRA OGWEYO SON OF OBBANDE SON OF MBOYO SON OF NGUNDIRA SON OF KAGENDA SON OF LWANDE WESONGA.

WANYAMA SON OF MOTOKA BWIRE SON OF NGUNDIRA OGWEYO SON OF OBBANDE SON OF MBOYO SON OF NGUNDIRA SON OF KAGENDA SON OF LWANDE WESONGA.

WANDERA SON OF MOTOKA BWIRE SON OF NGUNDIRA OGWEYO SON OF OBBANDE SON OF MBOYO SON OF NGUNDIRA SON OF KAGENDA SON OF LWANDE WESONGA.

MBOYO II SON OF OBBANDE SON OF MBOYO SON OF NGUNDIRA SON OF KAGENDA SON OF LWANDE WESONGA.

NAPUNYI	Andrew Wandera
NADIDI	Had only daughters-unfortunately, the information was not made available.
NASIBWAHI	Jackson Onyango
NANYIMARO	Guy Mboyo

ANDREW WANDERA SON OF MBOYO II SON OF OBBANDE SON OF MBOYO SON OF NGUNDIRA SON OF KAGENDA SON OF LWANDE WESONGA.

NATABONA (s) OF MBOYO II SON OF OBBANDE SON OF MBOYO SON OF NGUNDIRA SON OF KAGENDA SON OF LWANDE WESONGA.

LWANDE WESONGA: A GENEALOGY

                    JACKSON ONYANGO SON OF MBOYO II SON OF OBBANDE SON OF MBOYO SON OF NGUNDIRA SON OF KAGENDA SON OF LWANDE WESONGA.

                    GUY MBOYO SON OF MBOYO II SON OF OBBANDE SON OF MBOYO SON OF NGUNDIRA SON OF KAGENDA SON OF LWANDE WESONGA.

                    NAFWA DAUGHTER OF MBOYO SON OF NGUNDIRA SON OF KAGENDA SON OF LWANDE WESONGA.

NAMULOBA   Natabona (s) unfortunately, their names were not available.

See Appendix page 100

                    OMULLO SON OF MBOYO (HANDI) SON OF NGUNDIRA II SON OF MBOYO SON OF NGUNDIRA SON OF KAGENDA SON OF LWANDE WESONGA.

NAMULUNDU   Mboyo – passed away
NASIMALWA   Ouma
NAMAKANGALA Smuel Egondi
                    (Ngundira, yakerama[324] Namakangala and had Samuel Egondi). It was not indicated which Ngundira most likely Omulo. Yana Buluma.
                    Ngundira) **

                    SAMUEL EGONDI SON OF OMULO NGUNDIRA II SON OF MBOYO (HANDI) SON OF NGUNDIRA II SON OF MBOYO SON OF NGUNDIRA SON OF KAGENDA SON OF LWANDE WESONGA.

NANYIBOMI   Peter Makoha
                    Semu Omullo II
NALIALI   Information was not available.

---

324 Married a relative's widow according to customs and traditions of Batabona clan.

CHAPTER FOUR

PETER MAKOHA SON OF SAMUEL EGONDI SON OF **OMULO NGUNDIRA II** SON OF **MBOYO (HANDI)** SON OF **MBOYO** SON OF **NGUNDIRA** SON OF **KAGENDA** SON OF **LWANDE WESONGA.**

SEMU OMULO II SON OF SAMUEL EGONDI SON OF **OMULO NGUNDIRA II** SON OF **MBOYO (HANDI)** SON OF **MBOYO** SON OF **NGUNDIRA** SON OF **KAGENDA** SON OF **LWANDE WESONGA.**

NAHASOHO   Had four Natabona but they were not recorded.

MASINDE AKADDA SON OF MBOYO

MASINDE AKADDA SON OF **MBOYO** SON OF **NGUNDIRA** SON OF **KAGENDA** SON OF **LWANDE WESONGA.**

NANYOMWOTI I	Okochi (Passed away).
NANYIMWOTI II	Yona Buluma Ngundira
NAHONE	When the husband passed away, she returned to her? parents.

YOBU NAMUDDE SON OF SAALA SON OF **OKUKU** SON OF **MASINDE AKADDA** SON OF **MBOYO** SON OF **NGUNDIRA** SON OF **KAGENDA** SON OF **LWANDE WESONGA.**

NASIMALWA	Adoniya Onyango
	Henry Wandera
	Akisoferi Namunapa
	Eseza Natabona, Omukoko[325]
	married into Abahayo clan.
NANJAYA	Anania Bwire

See Appendix Page 101-103

ADONIYA ONYANGO SON OF YOBU NAMUDDE SON OF SALA

---
325 A Natabona who is married.

LWANDE WESONGA: A GENEALOGY

SON OF **OKUKU** SON OF **MASINDE AKADDA** SON OF **MBOYO** SON OF **NGUNDIRA** SON OF **KAGENDA** SON OF **LWANDE WESONGA**.

NAMAKANGALA	Ouma
	Nahabi
	Masahalya Ngundira
NAMANGALE	Yobu
	Ojiambo
	Ngundira
	Paul
	Sanya

Page 102

OUMA SON OF ADONIYA ONYANGO SON OF YOBU NAMUDDE SON OF SALA SON OF **OKUKU** SON OF **MASINDE AKADDA** SON OF **MBOYO** SON OF **NGUNDIRA** SON OF **KAGENDA** SON OF **LWANDE WESONGA**.

NAHABI OF ADONIYA ONYANGO SON OF YOBU NAMUDDE SON OF SALA SON OF **OKUKU** SON OF **MASINDE AKADDA** SON OF **MBOYO** SON OF **NGUNDIRA** SON OF **KAGENDA** SON OF **LWANDE WESONGA**.

MASAHALYA NGUNDIRA SON OF ADONIYA ONYANGO SON OF YOBU NAMUDDE SON OF SALA SON OF **OKUKU** SON OF **MASINDE AKADDA** SON OF **MBOYO** SON OF **NGUNDIRA** SON OF **KAGENDA** SON OF **LWANDE WESONGA**.

YOBU II SON OF ADONIYA ONYANGO SON OF YOBU NAMUDDE SON OF SALA SON OF **OKUKU** SON OF **MASINDE AKADDA** SON OF **MBOYO** SON OF **NGUNDIRA** SON OF **KAGENDA** SON OF **LWANDE WESONGA**.

OJIAMBO SON OF ADONIYA ONYANGO SON OF YOBU NAMUDDE SON OF SALA SON OF **OKUKU** SON OF **MASINDE AKADDA** SON

CHAPTER FOUR

OF MBOYO SON OF NGUNDIRA SON OF KAGENDA SON OF LWANDE WESONGA.

NGUNDIRA II SON OF ADONIYA ONYANGO SON OF YOBU NAMUDDE SON OF SALA SON OF OKUKU SON OF MASINDE AKADDA SON OF MBOYO SON OF NGUNDIRA SON OF KAGENDA SON OF LWANDE WESONGA.

PAUL SON OF ADONIYA ONYANGO SON OF YOBU NAMUDDE SON OF SALA SON OF OKUKU SON OF MASINDE AKADDA SON OF MBOYO SON OF NGUNDIRA SON OF KAGENDA SON OF LWANDE WESONGA.

SANYA SON OF ADONIYA ONYANGO SON OF YOBU NAMUDDE SON OF SALA SON OF OKUKU SON OF MASINDE AKADDA SON OF MBOYO SON OF NGUNDIRA SON OF KAGENDA SON OF LWANDE WESONGA.

MASINDE AKADDA SON OF MBOYO SON OF NGUNDIRA SON OF KAGENDA SON OF LWANDE WESONGA.

NASONGA   Okuku
NAMUDDE   Ouma

OUMA SON OF MASINDE AKADDA SON OF MBOYO SON OF NGUNDIRA SON OF KAGENDA SON OF LWANDE WESONGA.

OKUKU SON OF MASINDE AKADDA SON OF MBOYO SON OF NGUNDIRA SON OF KAGENDA SON OF LWANDE WESONGA.

Ouma

OUMA SON OF OKUKU SON OF MASINDE AKADDA SON OF MBOYO SON OF NGUNDIRA SON OF KAGENDA SON OF LWANDE WESONGA.

NAMULEMBO   Erieza Lwande

LWANDE WESONGA: A GENEALOGY

ERIEZA LWANDE SON OF OUMA SON OF OKUKU SON OF MASINDE AKADDA SON OF MBOYO SON OF NGUNDIRA SO OF KAGENDA SON OF LWANDE WESONGA.

NAMUSIHO Paruti Wandera
NAMACHEKE
NABONWE Charles Onyango
Ouma
NAMUFUTA Wanyama Lwande
Kagenda III
Odongo

CHARLES ONYANGO SON OF ERIEZA LWANDE SON OF OUMA SON OF OKUKU SON OF MASINDE AKADDA SON OF MBOYO SON OF NGUNDIRA SON OF KAGENDA SON OF LWANDE WESONGA.

OUMA SON OF ERIEZA LWANDE SON OF OUMA SON OF OKUKU SON OF MASINDE AKADDA SON OF MBOYO SON OF NGUNDIRA SON OF KAGENDA SON OF LWANDE WESONGA.

WANYAMA LWANDE SON OF ERIEZA LWANDE SON OF OUMA SON OF OKUKU SON OF MASINDE AKADDA SON OF MBOYO SON OF NGUNDIRA SON OF KAGENDA SON OF LWANDE WESONGA.

KAGENDA III SON OF ERIEZA LWANDE SON OF OUMA SON OF OKUKU SON OF MASINDE AKADDA SON OF MBOYO SON OF NGUNDIRA SON OF KAGENDA SON OF LWANDE WESONGA.

ODONGO SON OF ERIEZA LWANDE SON OF OUMA SON OF OKUKU SON OF MASINDE AKADDA SON OF MBOYO SON OF NGUNDIRA SON OF KAGENDA SON OF LWANDE WESONGA.

PARUTI WANDERA SON OF ERIEZA LWANDE SON OF OUMA SON OF OKUKU SON OF MASINDE AKADDA SON OF MBOYO SON OF NGUNDIRA SON OF KAGENDA SON OF LWANDE WESONGA.

CHAPTER FOUR

NACHONGA Lazaro Mugeni
  Johnson Odwori
NABAHONO Benard Obanda
NAMIRIPO Henry
NAMACHEKE
NASISIGWA.

LAZARO MUGENI SON OF PARUTI WANDERA SON OF ERIEZA LWANDE SON OF OUMA SON OF **OKUKU** SON OF **MASINDE AKADDA** SON OF **MBOYO** SON OF **NGUNDIRA** SON OF **KAGENDA** SON OF **LWANDE WESONGA**.

JOHNSON ODWORI SON OF PARUTI WANDERA SON OF ERIEZA LWANDE SON OF OUMA SON OF **OKUKU** SON OF **MASINDE AKADDA** SON OF **MBOYO** SON OF **NGUNDIRA** SON OF **KAGENDA** SON OF **LWANDE WESONGA**.

BENARD OBANDA SON OF PARUTI WANDERA SON OF ERIEZA LWANDE SON OF OUMA SON OF **OKUKU** SON OF **MASINDE AKADDA** SON OF **MBOYO** SON OF **NGUNDIRA** SON OF **KAGENDA** SON OF **LWANDE WESONGA**.

HENRY SON OF PARUTI WANDERA SON OF ERIEZA LWANDE SON OF OUMA SON OF **OKUKU** SON OF **MASINDE AKADDA** SON OF **MBOYO** SON OF **NGUNDIRA** SON OF **KAGENDA** SON OF **LWANDE WESONGA**.

CHARLES ONYNAGO SON OF PARUTI WANDERA SON OF ERIEZA LWANDE SON OF OUMA SON OF **OKUKU** SON OF **MASINDE AKADDA** SON OF **MBOYO** SON OF **NGUNDIRA** SON OF **KAGENDA** SON OF **LWANDE WESONGA**.

NALWETA Ouma
  Erieza Lwande II
NABWALASI Wanyama

ERIEZA LWANDE II SON OF CHARLES ONYANGO SON OF PARUTI

LWANDE WESONGA: A GENEALOGY

WANDERA SON OF ERIEZA LWANDE II SON OF OUMA SON OF **OKUKU** SON OF **MASINDE AKADDA** SON OF **MBOYO** SON OF **NGUNDIRA** SON OF **KAGENDA** SON OF OF **LWANDE WESONGA**.

OUMA SON OF CHARLES ONYANGO SON OF PARUTI WANDERA SON OF ERIEZA LWANDE II SON OF OUMA SON OF **OKUKU** SON OF **MASINDE AKADDA** SON OF **MBOYO** SON OF **NGUNDIRA** SON OF **KAGENDA** SON OF OF **LWANDE WESONGA**.

WANYAMA LWANDE SON OF ERIEZA LWANDE II SON OF OUMA SON OF **OKUKU** SON OF **MASINDE AKADDA** SON OF **MBOYO** SON OF **NGUNDIRA** SON OF **KAGENDA** SON OF **LWANDE WESONGA**.

NEREKE	Moses Oguttu
	Jonathan Mbakulo II
NAMUNAPA	Kagenda III son of Erieza Lwande
NABONWE	Lwande

KAGENDA III SON OF ERIEZA LWANDE II SON OF OUMA SON OF **OKUKU** SON OF **MASINDE AKADDA** SON OF **MBOYO** SON OF **NGUNDIRA** SON OF **KAGENDA** SON OF **LWANDE WESONGA**.

LWANDE SON OF WANYAMA LWANDE SON OF ERIEZA LWANDE II SON OF OUMA SON OF **OKUKU** SON OF **MASINDE AKADDA** SON OF **MBOYO** SON OF **NGUNDIRA** SON OF **KAGENDA** SON OF **LWANDE WESONGA**.

ODONGO SON OF ERIEZA LWANDE II SON OF OUMA SON OF **OKUKU** SON OF **MASINDE AKADDA** SON OF **MBOYO** SON OF **NGUNDIRA** SON OF **KAGENDA** SON OF **LWANDE WESONGA**.

MOSES OGUTTU SON OF WANYAMA LWANDE SON OF ERIEZA LWANDE II SON OF OUMA SON OF **OKUKU** SON OF **MASINDE AKADDA** SON OF **MBOYO** SON OF **NGUNDIRA** SON OF **KAGENDA** SON OF **LWANDE WESONGA**.

CHAPTER FOUR

JONATHAN MBAKULO SON OF WANYAMA SON OF ERIEZA LWANDE II SON OF OUMA SON OF OKUKU SON OF MASINDE AKADDA SON OF MBOYO SON OF NGUNDIRA SON KAGENDA SON OF LWANDE WESONGA.

NB: THERE WAS NO INFORMATION ABOUT ODOOLI SON OF MBOYO.

OMULO SON OF MBOYO PASSED AWAY BEFORE HE HAD ANY CHILD.

MORE WORK IS NEEDED ON MBOYO'S LINE.

END OF MBOYO SON OF NGUNDIRA.

CHAPTER FIVE

ADDITIONAL INFORMATION ABOUT PEOPLE WHO HELPED ME TO ADD MORE DATA.

DISANI MBAKULO II

"I am Disan Mbakulo II son of Yosia Were Butonya, and a grandson of Ngundira II Maalamba, greatgrandson of Mbakulo, who was a son of Kubengi. Kubengi was a son of Ngundira, who was a son of Kagenda and Kagenda was a son of Lwande Wesonga.

I had audience with Kuka[326] Yeremia Masiga together with Semei Wandera, Yolamu Masaba and Samuel Egondi and they narrated our lineage from Akuru. Akuru a father of Samia remained in Misiri or Egypt. Akuru's son Samia travelled with his friend Kintu to Uganda, where they lived for the rest of their lives.

I started my studies at Lumino Primary School then went to Busia Integrated School and to the famous Kings College Budo. I was trained at East African Posts and Telecommunication Central Training School Mbagathi, Nairobi and East African Railways and Harbours Training School Nairobi. It was during colonial period.

I worked with Post Office and Railway Corporation in different capacities until I retired in 1987. I also worked with our Local Government from 2002 to 2004 and as a member of the elderly council of Busia District."

(Signed) Disan J.W. Mbakulo

---

326 It means grandfather who can be either the real grandfather or a cousin, half-brother of your real grandfather.

CHAPTER FIVE

Before Edward Ogutti passed away in 2015, with Disan they worked very hard cycling to various places trying to collect additional names from the relatives. It was not easy at all. One day while cycling to Buhunya another place where the relatives live, they fell over on each other in a big roadside trench. They would have been injured but luckily enough they survived unhurt. It did not deter them from continuing with the search for the names of the relatives. Some people thought that they were going to be paid a lot of money as a reason for working so hard. It shows the present ability of people's thinking. In fact, Disani and Ogutti were very pleased to help. However, Disani Mbakulo and the late Edward Oguttu, deserve a credit for working so hard. Without them, there was no way I would have added more names to Abner Ekudu's great work.

This is what Edward Ogutti wrote about himself:

EDWARD OGUTTI

"I was born at Butenge in the Parish of Nalwire, Lunyo Sub County

My father is Yekoyada Ngundira

> son of Jakobo Ochieno
> son of Mbakulo
> son of Kubengi,
> son of Ngundira,
> son of Kagenda
> son of Lwande Wesonga
> son of Lwande Mulungo
> son of Ngweno Mulema,
> son of Tebino,
> son of Lwande Omuliamboka,
> son of Orubosioka
> son of Lali
> son of Samia
> son of Akuru (Akuru born and died in Egypt or Misiri).

I used to work with Nyanza Textiles."

Sadly, Ogutti passed away in 2015.

OUMA PAUL NAMATTE

Ouma helped to add more material to Abner Ekudu's work by focusing on the lineage of Bukeko. This is what Ouma wrote about himself:

"My father was Nyikola Egessa son of Ololo son of Bukeko II son of Omijja.

I got this information from "ba kuka[327]" who were still alive. I was very friendly with them and especially Ololo son of Bukeko, son of Opeda son of Muniala. Osinya son of Bukeko and Omijja son of Gaunya", were all educating me regarding out lineage."

Ouma was foresighted because,

When Disan Mbakulo asked Ouma to gather more information, he did not hesitate and went on to do excellent work. I am grateful for it and thank you so much.

ENOSI MACHIO OGAMBO

Enosi Ogambo was born in 1942 "hu lukongo[328]" Bulondani[329]. His father was Daudi Ngundira. Some few years ago, Enosi moved from Bulondani to Budonga[330], in Samia.

Enosi Ogambo with his son Geoffrey Ogambo, enabled me to have the material Abner Ekudu had researched on the lineage of Lwande Wesonga. Abner Ekudu had left many copies in various places in the hope that others would continue with the work he had

---

327 "ba kuka" means more than one grandfather. Grandfather is a brother, cousins of real grandfather and half brothers of own grandfather.
328 In Samia, the word village was not known. Olukongo is different from a village. Olukongo has a river or tributary separating it from another Olukongo. Olukongo is widely spread while a village can be anywhere with concentrations of houses belonging to different people, a Church, Post Office a Pub, and a Village Green thus an open space for all to walk or relax and usually a school form the characteristics of a Village. These are main aspects of a Village which one does not find in present Uganda of a village or Samia. Lukongo is unique in its setting. It should not be carelessly confused with an English village.
329 A name of a place in Samia - Uganda
330 Ibid.,

CHAPTER FIVE

begun. I asked many people if they knew where Abner Ekudu's manuscripts were kept, but nobody seemed willing to help yet most of them knew that my main work is publishing books. Even one member of Abner Ekudu's family promised to give the manuscript to me but never kept his word.

When Geoffrey Ogambo got to know that I was planning to write about our lineage, he told me that his father had the manuscript and that he would get them to the UK for me. Indeed, Enosi Ogambo gave the manuscript to Geoffrey Ogambo to be delivered to me in the UK. On behalf of Lwande Wesonga generation I thank them for taking that important action. Because of their brilliant vision and action, Lwande Wesonga's genealogy has been preserved for another one hundred years.

Their action should show all that not always currency exchange must take place for good did to be done. There is a good lesson here for everybody to learn.

WILSON OKWENJE

I want to thank Owanatabona[331] Wilson Okwenje who made a big effort to find experts in restoring and preserving manuscript. He succeeded and they carefully restored and preserved Abner Ekudu's very old manuscript. They are now so well preserved that many future generations will continue to access them. I am making a point to deliver the preserved manuscript to Enosi Ogambo. Wilson also found time to review the Lusamia language manuscript before I took it to the printers. I would like, once again to thank him for being very generous with time and financial resources he put in this work of Lwande Wesonga.

Equally too, Owanatabona Justice James Ogoola spent much time to search for new material and enriched the contents of the first chapter. In addition, he edited the translation from Lusamia to English language which was so laborious and tedious. I would like to thank him for his kind consideration to avail time for this precious document of Lwande Wesonga genealogy.

Lastly, as mentioned before Dr. James Wafula and Mrs Myreen Mcfee, did tremendous work as from the Lusamia version to English edition. They spent hours and hours going

---

331 Owanatabona means the son of Natabona being his mother.

LWANDE WESONGA: A GENEALOGY

through the manuscript. My sincere thank you on behalf of the Lwande Wesonga present and the future generations.

I am exceedingly lucky to have the above relations of mine. Thank you so much.

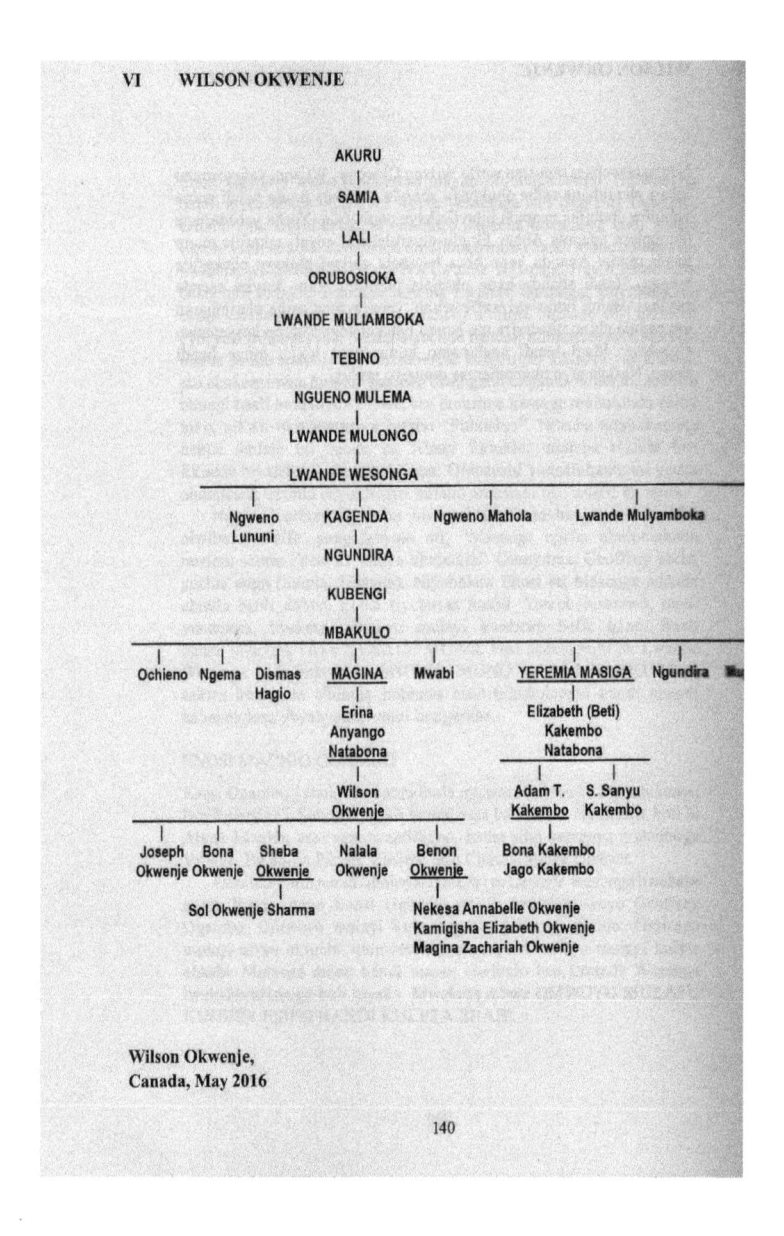

VI WILSON OKWENJE

```
                        AKURU
                          |
                        SAMIA
                          |
                         LALI
                          |
                      ORUBOSIOKA
                          |
                   LWANDE MULIAMBOKA
                          |
                        TEBINO
                          |
                    NGUENO MULEMA
                          |
                    LWANDE MULONGO
                          |
                    LWANDE WESONGA
     _____|_____
     |            |              |                    |
  Ngweno      KAGENDA       Ngweno Mahola      Lwande Mulyamboka
  Lununi         |
              NGUNDIRA
                 |
              KUBENGI
                 |
              MBAKULO
  _____|_____
  |      |       |         |        |         |            |
Ochieno Ngema Dismas    MAGINA    Mwabi   YEREMIA MASIGA  Ngundira
              Hagio       |                    |
                        Erina           Elizabeth (Beti)
                       Anyango              Kakembo
                       Natabona             Natabona
                          |                    |
                        Wilson            Adam T.   S. Sanyu
                        Okwenje           Kakembo   Kakembo
  _____|_____         _____|_____
  |      |       |        |       |         |               |
Joseph Bona   Sheba    Nalala   Benon   Bona Kakembo
Okwenje Okwenje Okwenje Okwenje Okwenje  Jago Kakembo
              |                    |
         Sol Okwenje Sharma   Nekesa Annabelle Okwenje
                              Kamigisha Elizabeth Okwenje
                              Magina Zachariah Okwenje
```

Wilson Okwenje,
Canada, May 2016

140

CHAPTER FIVE

By Dr Peter W. Obanda

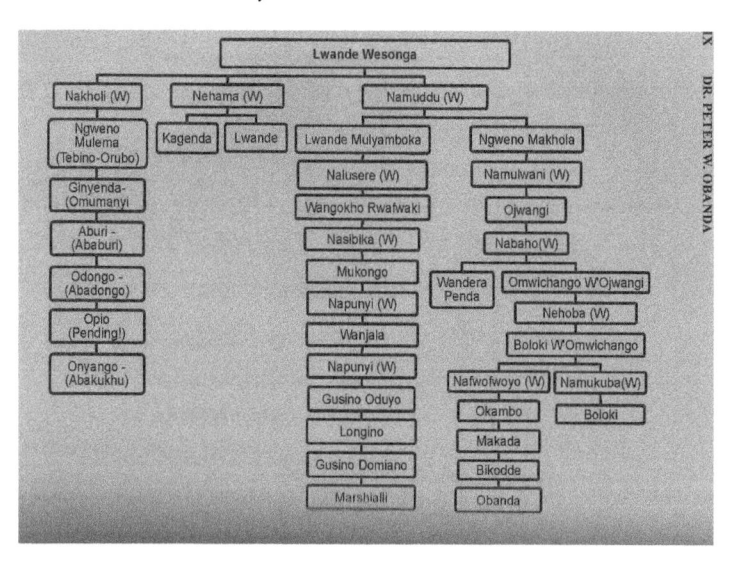

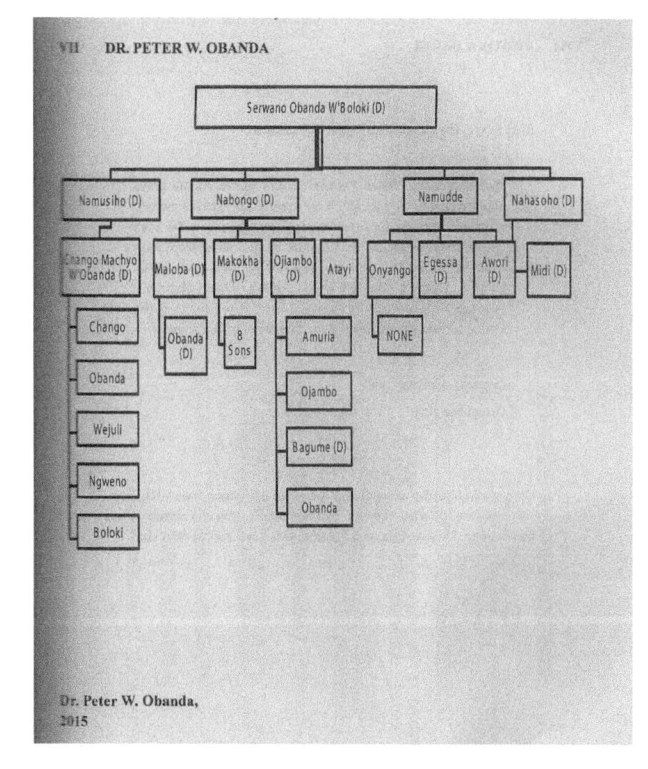

Lwande Wesonga family tree:

- Nakholi (W)
  - Ngweno Mulema (Tebino-Orubo)
    - Ginyenda - (Omumanyi)
    - Aburi - (Ababuri)
    - Odongo - (Abadongo)
    - Opio (Pending!)
    - Onyango - (Abakukhu)
- Nehama (W)
  - Kagenda
  - Lwande
- Namuddu (W)
  - Lwande Mulyamboka
    - Nalusere (W)
      - Wangokho Rwafwaki
        - Nasibika (W)
          - Mukongo
          - Napunyi (W)
            - Wanjala
            - Napunyi (W)
              - Gusino Oduyo
              - Longino
              - Gusino Domiano
              - Marshialli
  - Ngweno Makhola
    - Namulwani (W)
      - Ojwangi
      - Nabaho (W)
        - Wandera Penda
        - Omwichango W'Ojwangi
          - Nehoba (W)
            - Boloki W'Omwichango
              - Nafwofwoyo (W)
                - Okambo
                - Makada
                - Bikodde
                - Obanda
              - Namukuba (W)
                - Boloki

DR. PETER W. OBANDA

Serwano Obanda W'Boloki (D):
- Namusiho (D)
  - Chango Machyo W'Obanda (D)
    - Chango
    - Obanda
    - Wejuli
    - Ngweno
    - Boloki
- Nabongo (D)
  - Maloba (D)
    - Obanda (D)
  - Makokha (D)
    - 8 Sons
  - Ojiambo (D)
    - Amutia
    - Ojambo
    - Bagume (D)
      - Obanda
  - Atayi
- Namudde (D)
  - Onyango
    - NONE
  - Egessa (D)
- Nahasoho (D)
  - Awori (D)
  - Midi (D)

Dr. Peter W. Obanda,
2015

DAUDI BWIRE ABWOKA

This is a quote from Daudi Bwire Abwoka:

"I greatly appreciate Abner Ekudu's family for supporting him to write so many copies of manuscript[332]. He showed great commitment while documenting the lineage of Abatabona from Lwande Wesonga. I am one of those people who helped him to collect information from Lunyo Sub- County, Busia district, Uganda. I am from Butenge, Nalwire Parish, Lunyo Sub- County, Busia District. I qualified with a Diploma in Secondary Education."

(Signed) Daudi Abwoka
December 2016

Unfortunately, Abner Ekidu did not note anywhere in the document that Daudi Bwire Abwoka helped him, therefore it becomes difficult to acknowledge his contribution to Ekudu's work.

But I am grateful for Daudi Bwire Abwoka having taken time to work with his son and produce the family tree below in section. The family tree is excellent example of how the lineage can be done.

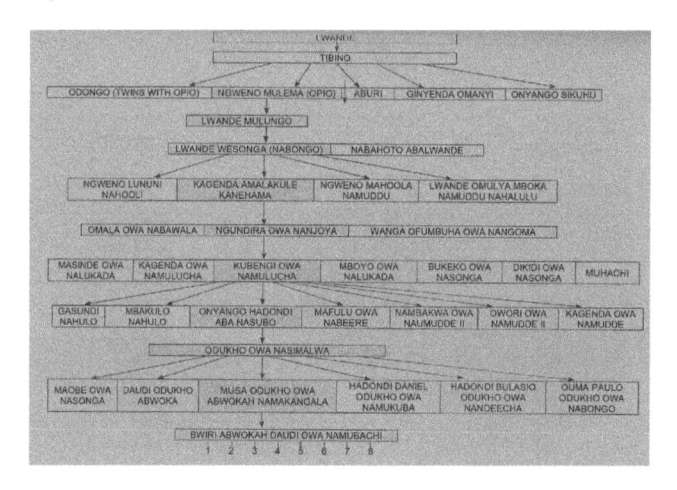

---

[332] When Abner Ekudu collected information, it was the time computers were not known in Africa, hence he used the typewriter to document the work. For him to have many copies for people to keep for further work on it, he had to retype many times. It was laborious and tedious work. One had to be determined to accomplish what Ekudu did for this work.

CHAPTER FIVE

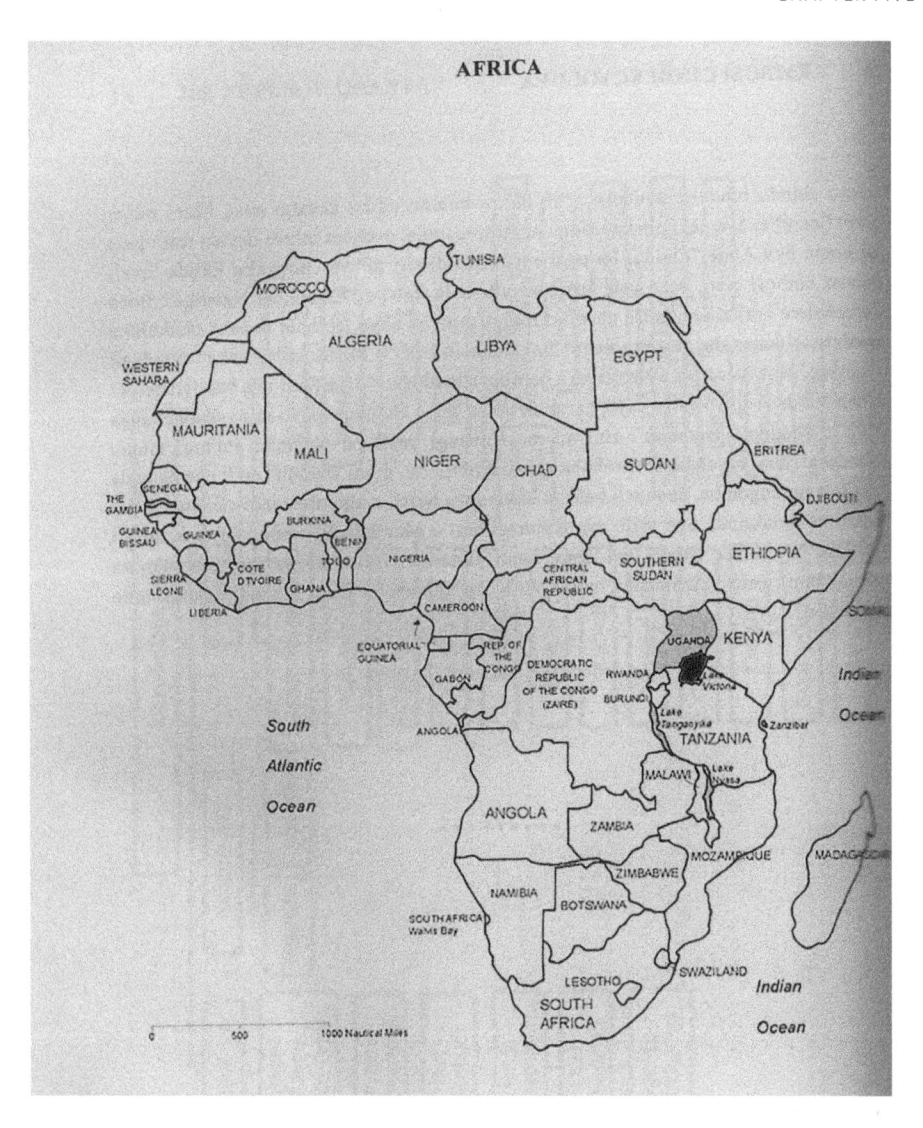

SAMIA AND KINTU TRAVELLED TO UGANDA WELL BEFORE AFRICA WAS DEVIDED.

END

CHAPTER SIX: APPENDIX

The volume of scanned real research by Abner Ekudu MA, finished in 1995, form the Appendix. The original papers Ekudu MA left for the clan members to continue with the work he commenced, remains in the archive and with arrangement can be accessed.

OKUTUMBULA.

Ndi omusangafu muno ohwandiika esitabo sino OLWIBULO LWA NGWENO MULEMA.
Silayi muno ohusisoma nohumanya olwibulo lwa Ngweno Mulema omwana wa TEBINO.
Ngweno mulema niye omwana wohune hu bana Tebino ngina niye Nanyinya; naye
bobbwa amahwana nende ODONGO naye Ngweno niye OPIYO. Ngweno yali yalema,
yatula munda niyalema ngabakingasa.
Bamwanangina: Ginyenda (Omanyi). Aburi (Omuburi), Odongo (Omudongo) nende
Onyango (Omucuhu).

Ngweno yebula omwana waye Musiani mulala, olangwa LWANDE MULUNGO, Lwande
Mulungo oyo, yakeka abahasi babiri; Nabaholo nende Nabongo, Nabaholo niswe
omutula abatabona balwande, naye Nabongo niye owebula Lwande Wesonga, ni
mu Lwande Wesonga niye owibula abaana bano: Nahooli; Ngweno Lumuni, Namudu;
Ngweno Hadu/Nahola, Kagenda; Nehama, ni bulanu humandiika esitabo ndabukulaho
esaga lya Lwande Wesonga lyongene, manu esitabo sino sihoya siakulihwa
OLWIBULO LWA LWANDE WESONGA, bwene nisitebwaho Ngweno Mulema, siho esia BATABONA
boosi nga aba Lwande baliho nga batula hu Lwande Mulungo.

Bakaka yafwe nende balatayefwe betusanga hu wiosyo nabaana babwe abasimbuha,
bacha ohubakaniayira; obidira hu luyia, amayee, engano, emibayo, ebyohudune-
sesania, ebidira humasika.

Nabona nga bulanu sasisiriwo ebyosio, bulanu esiri nisio amekero Schools
ndahire omwana enema esitabo musibongo siohukaniayirwa nabahulundu,
bahulundu boosi mbano sibasiboneha dawe bafwire babwere, bulanu abandu ba
1900 badudu muno sibasiboneha muno haba abahanyalire bakaniayira abaraga
bababoneho.

Mmeta ako akali musitabo esio: sindgiuhira ameta kabaana ababaandi ma...
mbawo simiakandiika dawe nende ameta ka bahasi sakira husaba omulanu olibawo
yahateresa esitabo sino alinyala ohwichusa ameta ako humwene yikadiraho.
Manya oti; ochaaka sanyala ohumalayo byoosi ohwola ebindi bimudooidobanaho;
ebindi yaba nga sabitokehe bilayi, nayo owenyuma niye oteresanga hyahyama/
ehyndoondobaha. Mbasa nimubona ebihyamu mulowe hunjolebya, hunjokire.
Ebikobolwangamo ohuteresa amahabi amangi; sakira kuno nomuka nikwo wesi
ohaakiraho nga lwaba obona.

BY: ABNER EKUDU MA
BUTORE V.
1995

EBICHAKIRWAKHO

Mandikira esitabo sino, nga nyenya buli lwibulo lwa Tebino lusome bino ebikuhoyera ohumanya.

Ohutula hubakuka befwe behalanga hu siosyo engolobe nibamala ohulya, manu wabechangawo omuhulundu achaaka ohubakaniayira ebyabechangawo, handi nende musidwoli, namalwa akesibudi aangolobe, manu awo abandu bahulundu nabaraga batekeresanga oyo okaniaya.

Bibakaniayanga nibyo bino:-
(a) Amayee nga lukalasananga, eryebulebe nomulasani walyo mululu.
(b) Emibayo nga luchiabechanga; e.g. amalengo nabalwani, endolo, endika, namalwachani kakhwo, amataratara.
(c) Obuhana nabobbi mungolobe nibabucha nabakhana bahina.
(d) Enjia ngalubebulana nohulya enyama, ohukabana amakumba, e.g. enyumba lebe (enyumba nichio enono chiabahasi abadeha mu daala eryo). Buli mwaana musiani owibulwa mu muhasi wenono eyo alwangwa enono yangina e.g. Abatabona bali nenyumba chino:-

   1. Nanyanga   Lwande
   2. Nakhone   Ogoola
   3. Namudde   (Esibewo)   Hamiripo, Olweni
   4. Namangale   Naida
   5. Namakangala   Lwande
   6. Nahere   Sombi
   7. Nasonga
   8. Namiripo   Awori Naholi
   9. Neroba   Lwande Magongolo
   10. Nakhayo   Hakwe, Wamira mboko
   11. Nasonga II   Basoga

2. Namudu - Ngweno Nahola
   Lwande muliemboka
3. Nekhama- Kagenda - (Ababakwa)
   Lwande.

Abandu bano baali omundu mulala, naye enyumba (enono chiabahasi) nichio echikabulanga omasaga.

Enyumba chino chiatula halo nende Bible chiosi chirimo, o.g. abaana ba Isirael mulimo enjia ehumi nachibiri.

..../2.

CHAPTER SIX:APPENDIX

-2-

(Soma obufwimbuli 7.5-8)

Bulamu endaala chino abaana sibasibucha ali abahulundu, olwohuba saliwo esidiooli, esiosyo siosi sibulawo, mana bulamu abahulundu abahira obungi abemiaka 1800 sibaliwo dawe, bulamu abalwo 1910 noba abahira obungi, naye hawabo simulimo omanyire.

Abaana bulamu engolobe basoma obitabo, sakira siesi ndahire abaana basomenge ebindu bino nga esitabo nisyo esibekaniayira nga luhwibulwa nohukabana enyama.

Enyama chiri chiti, Eyoluyimo, Eyomwimo, eyesibiho, eyemisambwa, nende eyomuhana, mbasa echio nichio enyama ehulundu.

Rubbira abami bano abahonyanga ndeberesa (Researches) embosi chino ocholwibulo lwa Ngweno Mulema;

01. Eriya Ochieno Ngweno, oyo naye yamanya echiabuli nyumba eyitula mu Ngweno Mulema.

02. Samuel Egondi; Omulo, yambolera ebidira hu Mboyo - Bulondani.

03. Yekoyada Ngundira Ochieno yambolera ebidira hu Mbakulo.

04. Yowasi Nyabola Lwande; Yambolera ebidira khu Lwande II Muliakha.

05. Ekaka Mabalwa yambolera ebidira khu Hakwe, Wamira nende Mboko.

06. Morris Ogwani Odooli nende Erisa Odianga Orodi banjekesa ebidira khu Wanga Ofu

07. Patrick Bbala Balongo yanjekesa ebidira khu Namiripo. Paul Ngweno.

08. Zablon Wambete Oguna yanjekesa ebidira khu Olweni Nyombi.

09. George Ouma Sombi yanjekesa ebidira khu Sombi.

10. Yolamu Masaba yanjekesa ebidira khu Awori.

11. Alfred Omala Olijjo yanjekesa ebidira khu omala.

12. Erasto Obwora Nakokha yambolera ebidira khu Ngweno Sisera.

.../3.

-3-

OLUKENDO LWA KINTU NENDE MUSAMIA.

Kintu nende Musamia batula mu misiri, Batula boola mu Sudan, North Uganda niboola hulugulu Masaba (Elgon), babukula ohwo esikoko nibeha a Bugenda nga Kintu ali nomuhasi wa Naambi.

Lubola mu Buganda ali omwalo nibabuluhira aawo, nibataaka esikoko esio. Omwalo okwo kulangwa MUSAMIA no hwola leero. Nanjala Omuhana musamia yakwibula Musamia luyatula aawo nadira engira eyomunyanja Sitta Makooli (Lake Victoria) Esusumu (Kisumu) niyengira obwato, nabodoohana nachia ebuleka Bujaluo nakooba musikobo sia Sakwa, Nakenda nachia namenya musyalo sya Banyore ba nganyi mu Kenya niyohala esiribo leero balangawo SIRIBA.

NBAKULIKHA (OHUTUBULA) YIBAKULIHA E BUTABONA.

(a) Olunyinyi (Omutuba) niyo engubo yi musamia yofwalanga.
(b) Obwato: nibwo bu musamia yambuhiramo nachia ohukonya yamenya.
(c) Engeso, niyo eyasibanga endiri chio bwato echingisa amachi.
(d) Esyuma.

OHWELAA KWA BATABONA.
Orubo Sioka Syalali, Makada momu kafuniranga olukendo.
Orubo nyumba mbi, Efumo lya mahaa.

ABAANA BAMUSAMIA:
Lwande, yebula Tebino.

Tebino yebula abaana bano:-

1. JINYENDA (Omanyi), esikera nibamulanga OMANYI, waliwo omwami olangwa Owinyi yali Esikoma, yachia yangwesa engombe amalwa manu niyimera, nalanga enjia ohiosi, manu onjia ohosi nichiebusa owa OWINYI manu Jinyenda luyali achia nomuhasi mukofu amula namutoba ati, Omanyire simwani alangire? Jinyenda yafunyamu ati haba naye omuhasi oyo yamuboola ati, syali ahendo eterangeho. Jinyenda yafukirira, nomuhasi omuhoolera ati Nabateba olcha abandu bendi bafunyamu naye owe ofunyamo olunyuma oti "INGWERE AMA..." manu Owinyi yatoba enjia nga ateba buli luyia, nayo Jinyenda yafunyamo ati "INGWERE AMALWA" manu abandu boosi bafunyiramo alala bati niwe Ommanyi omanyire engombe niyingwero amalwa nohutula awo, nibulamu yohola enono "BAMANYI" nibali ABABORO.

2. Aburi, niye omwana wa Tebino owohubiri, olwola nisibonoha nga Ngweno Mulema niyo owabukula obwami, manu Aburi yeali omunyolefu obwami okhubukulibwa nomwana muyero nga niyo omulonda mulwanyi olwo, manu Aburi yakiyanga Ngweno Mulema amwitte abukule obwami.

Aburi babechanga mudembi oba Esirimba, manu Aburi luyawulira ati, Ngweno Mulema mbala bamukingire Hakati, Aburi yokisa aandu, naye omundu owabona Aburi natokeha ohwitta Ngweno Mulema, nachia yokosa Ngweno mulema yaboola ati; ese sindi nende ambosi nomwana wefwe Aburi, Aburi natokeha esio Esanga yinamuloba, ese hanjio Saa. Ngweno Mulema yabukula obusale nobuyingo naboola ambamukinga ati, huchie lubali bah awene Aburi yekisire, ni Aburi yeyinga ohubbaya Ngweno Mulema nefumo, ati Afumite,

.../4.

-4-

nihano ahayingo khayiswo, naye Ngweno Mulema luyalehula esikera namalakho, ni
Ngweno Mulema yolaaya ati, "HULIHO Chati AMOLO" ni Aburi luyola mudaala naboolera
abana bayo ati, "Simusirirwaniranga nende olwibulo lwa Ngweno Mulema obusirandamu da..
nise otangire" Nohutula aawo olwibulo lwa Aburi nende Ngweno Mulema sibasirinanga
obusirandamu. AMOLO Olwibulo lwa Ngweno Mulema nibaba nibayima manu bafumita esolo
nibolayaa bati, hulikho choti AMOLO" nga bechulisa ohwolayna hwa Ngweno Mulema
hwayamitta Aburi.

3. NGWENO MULEMA. Ngina niye Nanyinya, Ngweno Mulema bebulwa amahwana, niye Pio,
nende Odongo. Ngweno Mulema nimwo omutula abatabona. Olwola
nabawo omwana namira enyuma yasinwana muyere, naye omwene enyuma nadaha enyuma yaye,
naye omwene mwana naboola ati, Leha omwana nachia erwanyi hunayibona hunyaka, naye
omwene nyuma siyafukirisania nende mwanangina dawo yemeda ohusaba enyuma yaye, manu
mwanangina oyo muhulundu, yetta omwana oyo yamubeka yatusamo enyuma ayo, Luyatusamo
yayiba mwanangina naboola ati, "Otabona enyuma yawo njiyowekera ndanyesa omwano wange
Ohutula olwo nibakabuhana, omuyere achia Boro mu Bujaluwo, naye omuhulundu adonga awo.
Nihwo ohutula Abatabona olwombosi "OTABONA".

4. ODONGO, nimwo omutula abadongo, ningina niye NANYINYA nibo abebulwa amahwana.
Bahindawo muno ohukekana nabatabona, Owachaaka ohukeka Natabona niye
Reuben Onyero Agule, naye ohutula hu baseffwe nende bakuka yefwe siayaliwo dawo.
Oluyia nilwingiya lukekananga.

5. OHYANGO (Omukuhu) niye owali elaska wa Tebino, Esiakara yalangibwa Omukuhu, yali
nende engombe yaye buli yachia achia nayo naboya (Ohuhungira), yaholanga
atio, nibularu abandu bamulanga bati, "OMUKUHU" okuhula nende engombe, nihwo ohuola
balanga enono ayo "ABAKUHU" naye boosi nibali "ABABORO"

NGWENO MULEMA. Ngweno Mulema nomwana wa Tebino, ngina niye Nanyinya. Ngweno Mulema
yali nende omwena mulala yengene niye Lwande Mulungo. Lwande Mulungo
Yebula Lwande Wesonga, Ngina Lwande wesonga NABONGO.

ABAHASI BA LWANDE WESONGA NIBO BANO:

1. Namudde Hatoke, 2. Nakholi, (3) Namiripo nende Namuddu, Boosi haba sibali nibebula
dawo. Lwande atule achie alekule, omulakusi yamuboolera ati, wicha ohwokana
omuhasi okenda niye owahaholera olwanyi olwo. Manu hu Lwande yecha yehale onbaka,
nabakaali baye bachia ohwaya hubonewo babukane omuhasi, omuhasi ababoolere ati
"Simundoolaho? manu hu bakaali bachie eyiri Lwande Wesonga bamubolere bati "Aliwo
omuhasi undi odaha khu mudoole" Lwande yechulisa koti omulakusi yamuboolera, luyemewo
atumo bayi abo bachie baboole omuhasi yecha mudaala. Omuhasi oyo luyecha mudaala
yeduhira Lwande Wesonga nangwa amalwa, omuhasi oyo yolera husyaki, nibamudayira
amalwa mu Sikwada bamuyirira, luyamala ohungwa amalwa ako nibamuba nobusuma yalya,
yehala aawo ohwola luwereni Lwande atuma abakaali baye muchie mweyee musidwoli
omukeni anakonamo, nibwahya muchuli Lwande Wesonga yalanga abahasi baye, Namudde Ha+
Nakholi, Namiripo nende Namuddu omuhasi muyere Lwande yamuboolera ati, ewo chia
odehere omukeni oludaabo, hu Namuddu afunyamo at,

.../5.

-5-

"Okunyu kululu kundichanga kuno nikwo kundadehere omuhasi womwami. Lwande Wesonga yamufunyamo ati, Analichanga hu mbaki chango" okwo nikwo chwatula olwibulo lwa Namuddu chulwangwa ABAHWALULU naye nabatabona abolwibulo lwa NAMUDDU naye Lwande Wesonga chubola ati, Analichanga embaki, chwo nihwo chwatula olwibulo lwa NEHAMA ohulangwa ababakwa.

Omuhasi yibadoola enono yali NEHAMA, yemawo yayera enda, manu abahasi ba Lwande Wesonga, baboolanga bati, siniyo owalukenda manu luyaali niyebula omwana omusiani oyo alangwa KAGENDA.

Abahasi ba Lwande Wesonga boosi abaali bakumba bachaaka chuyera enda nibamaliro chwibula Kagenda, Naholi niyebula Ngweno Lununi, Namuddu niyebula Ngweno Makhola nende Lwande Omuliamboka, Namudde Hateke haba si siyebula omwana nende Lwande Wesonga dawe.

Lwande Wesonga luyafwa babasa chubekawo Kagenda mulwanyi olwohuba niye omuhulundu owachaaka chwibulwa munyumba ya Nehama, Namudde Hateke haba siyasima dawo omwana womuhasi wanasikoko chubekwa oba chwingira olwanyi, nga ye adaha omwana owamaliriha olangwa Ngweno Lununi Namudde Hateke yemawo yabukula ebindu ebyobwami yakisa. Kagenda luyateba ati ebindu byobwami biri ena? Namudde Hateke yakania Kagenda ati, amake kabiliya ebindu byosi.

Ngweno Lununi yali ebuhochangene Mbanda, Namudde Hateke yamulaka yocha nende bahoohangene, oludaalo olulakane lulwola nende esaa Namudde Hateke yabukula esiayi yobwami natta musimwero natula erwanyi wedaala yachia chulinda ngweno luuni hungira. Ngweno Lununi luyoola Namudde yabukula esiayi yobyobwami, nasiyaa Ngweno Lununi, Ngweno Lununi yengira mu daala nolukaalakaasa, ohwo nihwo chwihasa Ngweno Lununi husisala si Kagenda yadaha yehalcho, Kagenda yafwirwas obwami obwo.

Ngweno Lununi niye owakerana Namudde Hateke, yayira olwanyi, manu abandu ba Nemu Hatteke lubecha mudaala nga sibaliho nomwiwa nga sibanyala chuba nende ekono, bomawo baberesa Ngweno Lununi omuhana nga nisio esibewo sya Namudde Hateke. Esibewo siya Namudde Hateke siebula abaana babiri abasiani nibo bano Namiripo babiri abasiani nibo Hamiripo, Olweni (Nyembi) nibo abalwangwa abatabona Basembe olwohuba lubatula mu Ruambwa nibamenya e Busembe, naye abaduma nende abadde babalanga bati, Abasembe ba Lununi abasembera hu nyanja, xxx mani nibo abatabona BADDE.

Kagenda siyabona ebilayi dawo chuta hu mwana muyero obwami naye nga omuhulundu mudaala Kagenda yachaaka chuyirimbana nende Ngweno Lununi siemawo Kagenda nibakabana engombe chia lata yabwe nibakabuhana. Eickera Kagenda natakeroma edaala lya simwana nohuduhir obwami, ngina yali nasikoko. Handi Lwande yalama Ngweno Lununi. Naye Omwana womuhasi wa nasikoko yakaba yaba okuhulundu mu hwibulwa, sanyala chuhola emisiro chiedaala eliy Yakaba omwana muyere ni ngina yocha nolukalakasa oyo niyo ohola emisiro.

...../6.

CHAPTER SIX: APPENDIX

EYEE LYAKERA HWAKIA EBUNYALA NEBUSONGA.

Amayee akakera nihukwa Bunyala nende Busonga, Amaye kono kali 3.
1. Omuganda nende omusoebo nomunia.

OMUGANDA: Hundaalo chie Ekaka abaganda baseta abasemia, manu abandu ba Ekaka buruha bakwa e Bunyolo ne e Busonga Omwami munyala yali NGIRA nerie simwana OYOLO nende KUPUU.

ODUNGA MUHAYO niye owabona Ekaka nabandu baye, manu Odunga yasaba Ekaka achie owaye e Buhayo amenyeyo, hulwo Ojune nga Ojune mululu muno, nga Odunga abasa ati Ekaka nanocha nende Odunga yocha ohumulasanira. Ekaka nabandu baye nibatula e Bunyala nende e Busonga, naye abola hanga E'ngombe e Bunyala haba sibachienda chiosi dawo ohumalaho Busonga nibo abandu be Ekaka badoha, lubola e Buhayo Odunga yasangalira muno Ekaka, manu abandu b'Odunga bochaka ohubukula abahasi babandu b'Ekaka abanoha bulayi naye nga bola abakuba sibanya ohuba nende sibabola dawe. Abandu b'Ekaka bahola namaani onwami wabw nga omundu wo Dunga abulamo. Abasemia bachia oyiri Odunga nibabola bati, osialo siefwe silangwa MADOOLA NGOMBE manu ewe niwosayo engombe chiawo chino oba onaba ebilayi muno. Nisio esiakera basikuliha MADOLA NGOMBE niwosayo musialo osio ne nibahama eyati chibiri nga badaha Odunga abakoboso musialo siabwo.

Bulanu Odunga yakobosa abasamia musialo siabwo, Odunga namenya mukina na Ekaka amenya ewayo yiyatula nga Odunga yamenya nende Ojune mukina olwohuba Ojune yali omululu nga amulinda oyiri abasuku baye. Odunga namenyere Mudina nabahayo baye, nabahasi babahayo babukulenge hubasamia nibababola hubamwakwe babatalengah Bulanu abasamia babola bati Bulanu abahasi bengwe bahoya ohutufunyaho nga luhukoboha huba muwabwo abasamia bahola muno amaani. Bulanu abandu abo bachaeka ohwenyirisira Odunga nga sibanyireho bati babangula nibali ewabwo; nga bamanyire bati Odunga niyo omwene obanyala. Odunga yaboola ati, lubahafunye hubanagulo.

Odunga yasingira ohulwana nabasamia abahasi bakobole hu bahayo Odunga yaboola Ojune kenda husete abandu bongirira abandu baye. Ojune yaboola ati eso onwami ndi omulwaye, chiaho nabandu bandi nga yekadia atio. Odunga yaseta bahuyane nende basamia. Odunga asota mahona chungula batabona abahasi, abene bahasi sisinyaliha ohutusa ano abahasi, olwo eyee nirikwao. Odinga Siawola niye aseta omundu wo'mundu Odunga yatuka mudaala nadabadaba abolera Ojune nende Ekaka hu Ekaka nabola Odunga ati basamia mbakomisie bahayire ewabwe bafunyeyo e Buhayo hu Odunga nafunyayo e Buhayo hu Odunga nata hu Ojune asulubbi ati sindahabolare Ojune yehaya ohuyire dMakoha yakora Odianga yetta omundu wange. Odunga luyafunyayo e Buhayo yabola ati Ojune oyo yesi ahaya ohufwa, manu yatuma Odido Omunyanga ati ewe niwo omanyire ohukenda osiro, ndaha ochie onjitire Ojune niwitta Ojune ndahube omuhasi manu Odido yocha esiro Ojune nakona naye hiboola husiriwa osiolukoba baduhira nabakalo manu batema okusala okulayi boola hulukoba bambuhiraho bengira mukati nabandu

../2.

7

-2-

b'Odido achire nabo buli mundu yaholanga lulwali lwayamba lwenyumba oha Ojune bamanye bati ali ano, Ojune huyali nga akonere naye omwana yenyala hubuliri bwa Ojune naye Ojune aboola ati, simunyaho omuhasi ono yanyinyaliroho omwaana ni bulamu abasuku bemonya nibalinda, nga bamanyire mwali ni muketa Ojune akoterwe, ni endaalo ohumuyira ni bahwesa olwiki kaala nibasingirira nibafuneka efumu nibamumalaho esoro obabumbula nibakerenia esibachua nibakona nende esikoko manu efumu nisidira obusacha, nibamha batulira homusola kula nibachia ohwekisa musino nibawulira bati, Afwire nibayira embosi Odunga, lubayira embosi Odunga yasangala muno naberesa Odido Habisinya omuhasi.

CHAPTER SIX:APPENDIX

BWIRE NANGAGA WA WANDERA

NAFUNYA: —

SIONGONGO WA BABAYA
NAKIROYA: Yebula omukhana:
Nekesa
NAKOOLI Siongongo
SIONGONGO - SIONGONGO
NASICHONGI Yakorama muha Abner Mayondo Sombi, niyobulamo omusiani yafwa! Omuhana niyo Oliwo.

NGWENO LUNUNI
THAYO Khakwo
Wamira
Mboko
Khakwo wa Ngono Lununi
Nakwanga Ngweno Odibya.
NASUBO Ouma Fubi
Ngweno Odibya Khakwo
OUMA FUKHI
NASONGA Ngweno Okiya
NAMUDDE Were Odaari
NGWENO OKIYA WA OUMA FUKHI
WERE ODAARI WA OUMA FUKHI
OMWIKHA WA WERE ODAALI

WAMIRA WA NGWENO LUNUNI
NAMULENDO Obinda Otambula
OBINDA TAMBULA
Yaboola ati SIMUMDULANGAGA DAWE KWAKHAMULIRE OBWANI NIBUBINDA. Okhwo nikhwo okhwatula erita erio).
OBINDA OTAMBULA
BWIBO Omanyo Aucha
NAMULUMBA Ekaka
OMANYO AUCHA WA OBINDA OTAMBULA
NALUKADA Ochieno Mugola
Ngweno Rabwori
OCHIENO MUGOOLA WA OMANYO A.
NASUBO Omanyo Mbogo
Ogaando
NAMAKANGALA Ogoola

..../3.

ABAKASI BA NGENO LUHUNI.

01. Munyanga: Yebula Lwande II.
02. Nahono: Yebula Ogoola.
03. Namuddo (esibewa): Yebula Namiripo nonde Olwoni (Nyombi).
04. Tongale: Yebula Waida, Mudubwa nonde Ngweno Kanga.
05. Namakangula: Yebula Lwande Osolo.
06. Nahore: Yebula Sombi.
07. Nasonga: Yebula Nando, Ngweno Mudamalo.
08. Namiripo: Yebula Awori Nahooli.
09. Naroba: Yebula Lwande Nagongolo.
10. Nahayo: Yebula Hakwe, Namira nonde Nboko.
11. Wesonga II: Yebula Banga.

OMANYO MBOGO WA OCHIENO MUGOOLA

NALIALI	Philipo Opio
NAMUYEE	Shem Ouma
NABIRONGA	Richard Ongamo
NAMIRIPO	Mugumba
NANYANGA	Musungu
	Sindano

PHILIP OPIO
Omanyo Mbogo

OMANYO OGANDO WA OCHIENO MUGOOLA

NALALA	Omanyo wa Ochieno.
NAMAINDI	Ochieno wa Ochieno
	Omanyo wa Omanyo Ogaando

NGWENO RAIWORI WA OBINDA OTAMBULA

NAMENYA	Otyola Odaaro

OTYOLA ODAARO WA NGWENO RAIWORI

NAMAINDI	Lwemba
	Obinda
NAMAINDI II	Yowana Walwala
	Abudasio Hatende
NALALA	Antonio Giloba
NAJADI I	Magero
	Ezekiel Opio
NAJADI II	Gasipabo Walala
	Morris Onganga
	Benard Barasa
NAKUHU	Edward Ekaka
NAWOONGA	Francis Ekaka (Oganga)
	Agnitano Ouma
	Joseph Juma
NADIANGA	Obinda Munyausi
NAMONI	Romano Ouma

LWEMBA WA OTYOLA ODAARO

OBINDA WA OTYOLA ODAARO

NAKUHU	Onyango
	Wanyama
NAMAGISA:	Okiya

·4∤

YOWANA WALWALA WA OTYOLA
NABAHOLO — Otyola
Ngweno
Namaindi
Were
Nalwengo
NAMUKUBA — Wangira
NAMUDDE — Okuku
Nahwanga

ABUDASIO KHATENDE WA OTYOLA
NAPOWA — Charles Otyola
Ben Namaindi
NAKHULO — Wanyena

CHARLES OTYOLA WA ABUDASIO
NANYILALO — ?
NAMUNAPA — -

ANTONIO GULOBA - OTYOLA
NAMULUNDU — Mengoni
Oguttu
John

NANGENI - ONTONIO GULOBA
NAKHABI — -

MAGERO OTYOLA
NAKHATIKO — Otyola Makokha
Okinyo Joseph Wandera

OTYOLA MAKOHA - MAGERO
NAMULUMBA — -
NABULINDO — Otyola

EZEKIEL OPIO - OTYOLA
NAMKANGALA — Ochieno

GASPARO WALALA - OTYOLA
NAHUMIE: — Ouma
Christopher Otyola
Taabu
Were
Okochi
Obinda
Jaja

MORRIS ONGANGO - OTYOLA
NASUBO — Okochi
NAMWALIRA — Ngeno

..../5.

	LUGUNDA WA MUMBO
NEGEMBE:	Odiombo
	Luseni Juma
Nasubo I	Maloba
NASUBO II	Sigangale
NAMULEMBO:	Wanyama
	ODIOMBO WA LUGUMBA
NAMAGWE:	Samuel Wandera
	Wanyama Muchudde
	LUSENI WA LUGUNDA
NAMWAYA:	Petero Lugunda
	Paul Lugunda
	Muchudde
	Ouma
	SIGANGALE WA LUGUNDA
NEBERE:	Majoni Charles
	Barasa Empress
	WANYAMA WA LUGUNDA
NAMENYA:	Sunday
	Muchudde
	MALOBA WA LUGUNDA
NAMUNYARA:	Sunday
	Mulima (Yafwa)
	WAMIRA WA NGWENO LUNUNI
Namulundu:	Muhemba
	MUHEMBA WA WAMIRA
Nakroya;	Ondayo
	Esbalwa
NAMANGALE	Omiya
NAMULEMBO	Ochieno
	ONDAYO WA MUHEMBA
N. liali:	Muhemba
	Dakayo
NAMIRIPO:	Okumu
	Bwaku

MUHEMBA WA MACHIO SIRINGO

- NEHOBA:
- NAMUDUMA: Wanyama
  John Machio
  Odimbe
  Ogoola
- NACHAKI: Tsaka

DAKAYO WA MACHIO SIRINGO

- Namahia: Ondayo

OKUMU WA MACHIO SIRINGO

- NABONGO:

BWAKU WA MACHIO SIRINGO

?

EMBALWA WA MUHEMBA

- NAWINI: UMA
  Namulundu
- NALWENGE: Adika
- NASUBO: Ogumba
  Ekaka

UMA WA EMBALWA

?

NAMULUNDU WA EMBALWA

- NAWINI: Muhemba Njoroge

MUHEMBA WA NAMULUNDU

- NALWENGE:
- NAMBANJA: Ouma
  Mbalwa
  Makoha

ADIKA WA MBALWA

- NABONGO: Matias Nagafwa
- NSIWE: Mbalwa
  Nalwenge
- NALIALI: Michael Makoha

MATIAS NAGAFWA WA ADIKA

- Nasibwiha: Oundo
  Adika

MBALWA WA ADIKA

- NAHATUBA: Onyango
- NAJABI: Ojiambo

..../4.

OUMA WA EKAKA

OKUMU WA EKAKA

NAMANGALE: Bwire
NASINYAMA: "

OMIYA WA MUHEMBA

NANGMANGA: Ojiambo
Kwereho

NANJOSI: Ongeri
NABOOLI: Abdulla.
NAMWINI: Olando

KWEREHO WA OMIYA

NAMUHOFWE: Keziron Mugeni
NARWANGA: Manda

KEZIRON MUGENI WA KWEREHO

NAMUYEE: Odwori
Onyango
Wanyema
Nasm

NALIALI: Bwire Wyoliffe
Yosia Ekaka
Moses Onyango
Naande

NAMULIMBA: James Egessa
Muhemba

MANDA WA KWEREHO

NAMINDI: Nasonga
Juma

ONGERI - OMIYA

ABDALLA - OMIYA

NALIALI: Oguttu
NAMUHOFWE Juma
NALIALI II Owaka
NAMUBACHI: Barasa.

OGUTU - ABDALLA
JUMA - ABDALLA

NAHONE Egesa
Kilo
Mbalwa

OLANDO - OMIYA

NAKIROYA: Cornal Onyango
Okochi
Wamira
Egesa
Ouma

CORNEL ONYANGO-OLANDO

NAMULUNDU: —

OKOCHI - OLANDO

NAJABI: Olando
Eli

EGESA - OLANDO

NANYINEKI: —

OUMA - OLANDA

NANYINEKI: —

MANGENI - OLANDO

NAMBANJA: —

LWANDE WESONGA: A GENEALOGY

	WANIRA – NGWENO LUNUNI
NAMAKANGALA:	Okino
	OKINO – WANIRA
NABONOLO:NAMULAHA	
	NAMULAHA–OKINO
NAHULO:	Ngweno Pamp
	Pamba
	NGWENO – NAMULAHA
NAKUHU:	Pamba
	Oundo
	PAMBA – NGWENO
NAKANGALE:	Tambiti
	Oundo – NGWENO

	NGWENO LUNUNI
	MBOKO
NAKIROYA:	Combe
	Dubosa
	Nasanya
	COMBE WA MBOKO
NASONGA:	Ojiembo Maramba
NAMUDIBA:	Nababa
NALUMULI:	Ngweno Ngwero
	OJIMBO MARAMBA WA COMBE
	?
	MARARA WA COMBE
NAKUHU:	SANDUKU
	SANDUKU – NABARA
NABURI:	Fwogo
	Wandera Ganja
	Okumu Ngweno
NABURI:	Bwire Obwogo
	FWOGO – SANDUKU
NAHABEKA:	Bwire
	Sunday
	WANDERA – SANDUKU
NASIHUNE:	Ochieno
	Bwire
NALALA	Mangeni
	Wafula
	Wandera Wesonga

	NGWENO LUNUNI
NAMIRIPO:	Awori Mahooli
	AWORI MAHOOLI – NGWENO LUNUNI
NASONGA:	Wamachode
	Wamira
	WAMACHODE – AWORI MAHOOLI
NANGAYO:	Ngweno
NAMAYAYI	Balongo
	Okuku
	Muyeanga
	NGWENO JA MACHODE
NANULEMBO:	Kosima Galando
	KOSIMA GALANDE WA NGWENO
	OGUTU

..../3.

OKUKU - WAMACHODDE

NASONGA	Okoohi
NAPUNYI	Wafula Abduheri
NASIBIKA:	Wafwa
	Ogoola
NAPUNYI II	Wanyama
	Ausi Balongo
NAMANGA	Magero

OKOCHI - OKUKU

NAMUHULA:	John Namayayi
	Ogondo
	Ouma

NUYANGA - WA MACHODDE

Yafwa Nasiri Ohukeka

BALONGO - WA MACHODDE

NAHONE:	Yolamu Masaba
	Alex Wanyama

YOLAMU MASABA - BALONGO

NAMAKANGALA:	Difasi Ouma
NASIBIKA:	Egosa Duncan
	Mangoni Humphress
	Wafula Julius
	Geofrey
NAMUTENDE:	Wa Machodde

DIFASI OUMA - YOLAMU MASABA

NASUBO:	Biita
	Sikuku

EGESA - YOLAMU MASABA

NAMULUNDU:	Lwire Bogere
	Bwiro Balongo

NAMIRA - AWORI

ODENDE

NGWENO LUNUNI

NEROBA: LWANDE MAGOFGOLO- Siboneha enyumba yino yayambania
         lu hamiripo nga yifanana nga aba
namuddu, naye sibonega bosi bali nende nguhwa yabwe, Naroba
muha Ngweno Lununi nibabere balangwa namuddo (Abasombe) niba
Naroba omuhasi yali omumataki

.../8

-8-

LWANDE MAGONGOLO - NGWENO LUNUNI

MULORA:	Mudenyo
	MUDENYO - LWANDE MAGONGOLO
NABONGO I	Adundo
Nahasobo	Adera
NAMBAHJA:	Ofwiho
NABONGO II	Mulindo
	ADUNDO - MUDENYO
NALIALI:	Magongolo II
	Wero Ojango
	ADERA MUDENYO
	MAGONGOLO - ADERA
NAJUUKU:	Ojiembo
	Muchere
	MUCHERE - MAGONGOLO
NABUKA:	
	OJIAMBO - MAGONGOLO
NAKUUNA:	Ehudu
	OFWIHO - MUDENYO
FALALA:	Osobolo
	Mandu
	OSOBOLO - OFWIHO
NAJABI:	Berasa
	Wandera
Nafwofwoyo:	Odunga
	MANDU - OFWIHO
NASUBO:	Ochieno
	Obuyu
	Sihaha
	MULINDO - OFWIHO
NALALA	Ochieno
	NGWENO LUNUNI - LWANDE WESONGA
NANYANGA	Lwande
	Lwande
	Awori - Lwo
	AWORI - LWANDE
	ODINGA - AWORI
	ODINGA
	Siminyu (Ochooko)
	NGWENO LUNUNI
	One: Ogoola.

.../9

18

MUMBO WA WAMIRA

NABIANGU: Muchudde
Lugunda

N/MALELE: Wamira
Biriko
Kasaaka

MUCHUDDE WA MUMBO

NABUKAKI I: Mulima
NABAKHO: Grado Ogookha
NAMATOTE: Nikola Ofwejja
NAKUHU: Oyolo
NAMUDAIRWA: Wanyama Odongo
NABUKAKI II: Opeke
Konna

FACHWERE: Baresa
FEBERE: Raphael Musumba

MULIMA MUCHUDDE

FADENGE: Wanyama Ogooyo
Joseph Omuya
Sindano

FAMUNYEKERA: Gunynya
Ogaara

GRADO OGOHA WA MUCHUDDE

Nabonwe: Alexander Luduba
Simion
Peter
Sephiel Lugunda
Adiriano
Slivano Apondi
Paul

NIKOLA OFWEJA WA MUCHUDDE

NAHULO: Mulima Mumbo
Stephano Mangeni

NABUKAKI: Peter Muchudde
Grado Ogoha
Ojiambo Lugundu

NAMASIKE: Emmanuel Muchudde
Grado Ogoha
Ojiambo Lugunda

NATINGORIAT: Odongo Gweno Mulema
Okello Ngeno Lununi

RAPHAEL MUSUMBA WA MUCHUDDE

NANYIFWA: Peter Ouma
Charles Mutesa

NALALA: John Were
ADETI: Moses Ouma, Manuel O
Manuel Ogutu

.../6.

-6-

OUMA WA EMBALWA
?

NAMULUNDU WA EMBALWA.
NAMWINI: Muhamba Njoroge

MUHEMBA WA NAMULUNDU
NALWENGE:
NAMBANJA: Ouma
Mbalwa
Makoha

ADIKA WA MBALWA
NABONGO: Matias Nagafwa
NASIWE: Mbalwa
Nalwenge

NALALA: Michael Makoha

MATIAS NAGAFWA WA ADIKA
NASIBWIHA: Oundo
Adika

MBALWA WA ADIKA
NAHATUBA: Onyango
NAJABI: Ojiambo

NALWENGE WA ADIKA
ADETI: Judge
NASIB: Majimbo
Ojiambo
Ouma

NAKIROYA: Taifa
NEIBIRA(KUMAM) Mbalwa Julias
NASIROL Ojiambo Adika
Wafula siminyu
NAMUMA: Ouma Kabware
Mbakulo Obondo
Odwori
NATIKOKO: Buyoka Hatete
NAKURUKU: Godfrey Nchabi
Barasa Mwengo

MICHAEL MUHEMBA WA ADIKA
NAKIROYA: M.oho
Nalwenge
N.hulo

OGUMBA EMBALWA
NAMAINDI: Grado Makoha

GRADO MAKOHA WA OGUMBA
Rojas Wafula
Doinald Lwoma
Fred Ouma
Sailas Namulumba

NAKIMA: Julias Embalwa
NAMUKUBA: Ben Ogumba

Michael Mayga

EKASA WA EMBALWA
NALALA: Ouma
Okumu
Taabu
Oundo

..../7.

	OKOCHI - ONGANGO
NAMUDUMBA	-
	BENARD BARASA - OTYOLA
NAMUHULA	Juma Otyola
	Ouli
	EDWARD EKAKA - OTYOLA
NAMUDDE	Peter Otyola
	Ouma
	PETER OTYOLA - EDWARD
NAMUDAIRWA.	-
	FRANCIS EKAKA - OGANGA WA OTYOLA
NAKHULO	-
	AGAITANO OUMA WA OTYOLA
NABOFWE	Tsabu
	JOSEPH JUMA WA OTYOLA
	OBINDA MUNYAUSI WA OTYOLA
	ROMAN OUMA WA OTYOLA
NAJADI	Odibia Otyola
	Nandunga
	Okello
	EKAKA WA OBINDA OTAMBULA
NASONGA	Ouma Muhaha
NASUBO	Ongango
NAMAKANGALA	Obbondo
NAMULUNDU	Ekaka Masorea.
	OUMA NUHAHA - EKAKA
	ONGANGO - EKAKA
NAMASOHO	Leuben Siriebo
NADONGO	Atanas Ekaka
NAHOWE	Charles Obbare
NAMBANJA	Obinda Briekimu
NAMULUNDU	Ekaka Masorea
NAMAKANGALA	Laston Sikala
	REUBEN SIRIEBO - ONGANGO
NACHAKI	Humpress Wanyama
	ATANAS EKAKA - ONGANGO
DWIBO	David Ongango
	Francis Barasa
	Michael Wangira
	Ekaka Odwori
	DAVID ONGANGO A. EKAKA
NATIKOKO	Biwirin Ekaka
	FRANCIS BARASA - ATANAS EKAKA
NALANGO	Lonald Ekaka
	MICHAEL WANGIRA WA A. EKAKA
NAMMACHI	James.

.../6

21

                EKAKA ODWORI WA EKAKA ATANASI
                CHARLES OBBARE WA ONGANGO
ADETI   Abahana Bongene
NAFUNYA   Ekaka (Makanika)
               Nahone
               Odwori
               John
               EKAKA MAKANIKA WA CHARLES OBBARE
NAMUKOBE   Obote
               Jogoo
               Kilo
               Siriebo
               NAHONE WA CHARLES OBBARE
NAMULUNDU   Mugeni
               Barasa
               ODWORI WA OBBARE
NALLALI   Mugeni
               JOHN SIRIEBO WA CHARLES OBBARE
NAMULUNDU   Wandera
               Siriebo
               OBINDA ERIAKINU WA ONGANGO
NAMUDUMA   Omuhana Yengene
               EKAKA MASORE WA ONGANGO
               Siyalcha mundu dawe.
               LASTON SIKALA WA ONGANGO

               OBBONDO EKAKA

               OCHIENGI NASIKAYE
NANYINALO   Choro Abwoyo
               Omanyo
               CHORE ABWOYO WA OCHIENGI NASIKALA

               OMANYO WA OCHIENG NASIKAYE.

OGOOLA WA NGWENO LUNUNI

NALALA: Mbulu
Wandefu
Muniala
Sibala

MBULU WA OGOOLA

NABONWE: Ngweno Sigiria
Siganga
Ogoola II

NGWENO SIGIRIA WA MBULU

NABUKAKI: Eria Ochieno
Ogoola Ongeke

ERIYA OCHIENO WA NGWENO

NAMIRIPO: Wanyama Zablon
NACHAKI I Mbulu Yonasani
Makhoka Amulamu
Daudi Odedo
Ojiambo Gideon Ngweno
Salomon Okello

NACHAKI II Mangeni
Samuel Wanyama
Wafula Wycliffe
Wandera

NACHAKI III Richard Egessa (Ngweno)
Samuel Mangeni
Onyango

NAJABI I Wafula
Bwire

NAJABI II Daudi Ngweno (Bwire)
Fredrick Wandera
Siminyu

NAJABI III Aggrey Okuku
Paul Sitanga

ZABLON WANYAMA - ERIA OCHIENO

NAMUDIBYA: Onyango
NAMUNYORO: Baguma

BAGUMA WA ZABLON WANYAMA

NANUMAYI:

YONASANI MBULU WA ERIYA OCHIENO

NANUKOBE: Peter (Nasiga) Ogoola
Onyango Geofrey

MAKOHA AMULAMU WA ERIYA OCHIENO

Nafuka: Wanyama
Wandera

DAUDI ODEDO WA ERIYA OCHIENO

Ngweno

OJIAMBO GIDION WA ERIYA OCHIENO

NAMUNYAKOLE: Bwire
Wandera

Salomon Okello wa Eriyo Ochieno
NAMUSIGE: Okumu
Egosa

SAMUEL WANYAMA WA ERIYA OCHIENO

NANYANGA Ngweno

23

-10-

	WAFULA WYCLIFFE WA ERIYA OCHIENO
NAMUNYEKERA:	Ogoola
	WANDERA WA ERIYA OCHIENO
NADONGO:	Ngweno
	RICHARD EGESA WA ERIYA OCHIENO
	Daudi
	Mugeni
	SAMUEL MANGENI WA ERIYO OCHIENO
NASIRWA:	—
NALIALI:	**DAUDI NGWENO WA ERIYA OCHIENO**
	Sitanga
	Ngweno
	Zakalia
	FREDRICK WANDERA WA ERIYA OCHIENO
NADONGO:	Ngweno
	AGGREY OKUMU WA ERIYA OCHIENO
	Ngweno
	OGOOLA WA NGWENO
Nabbiangu:	—
	MBULU WA OGOOLA
NABONWE:	Sitanga Obwaso
NADUKAKI:	Yosia Wafula
NASIEMA	Yosamu Egessa
	Okumu Yolam
NACHAKI	Wanyama
NAMUPODI:	Osinya
NAMUFUTA:	Onyango
	YOSIYA WAFULA WA SITANGA
NAMALA	Charles Mangeni
	G. William Ojiambo
NAMBOKO:	Peter Juma.
NAMUMAYI:	Michael Wandera
	Muhongo Stephin
	Wilber Bwire
	Daudi Oufa
	Benard Businge
	Simion Sanya
NACHONGA	Mugende Sitanga
NAMUSIHO	MBULU
	MICHAEL WANDERA WA WAFULA
NACHA NAKUHU	Geofrey Sunday
	YOSAMU EGESSA - SITANGA
NACHAKI:	Samuel Wanyama
	Aggrey Ojiambo
	James Oundo
	George Mangeni
NAMULAKA	Opio
NAMUTENDE	Odongo
	Wandera
NAMUNYEKERA	Opio

CHAPTER SIX:APPENDIX

<u>AGREY OJIAMBO - YOSAMU EGESSA</u>
DAUDI NANTONGO
<u>JAMES OUNDO - YOSAMU EGESSA</u>

Namutindie - Rojers yafwa
<u>GEORGE MANGENI - YOSAMU EGESSA.</u>
Nabukaki - Taabu, Richard Wandera.

<u>YOLAMU OKUMU - SITANGA</u>
NAKOOLI   - Bwire
            - Mangeni
            - Wafula.

<u>BWIRE - YOLAMU OKUMU</u>
<u>MANGENI = YOLAMU OKUMU</u>

<u>WAFULA = YOLAMU OKUMU</u>

<u>OSINYA = SITANGA</u>

<u>NALALA = NUKISA</u>

<u>MBULU HENERY</u>

<u>NGWENO LUNUNI</u>

Namangalo   = Waida.

<u>WAIDA = NGWENO LUNUNI</u>
- Mudubwa
- Ngweno Konga
- Osinya.

<u>MUDUBWA = WAIDA</u>
@ Osinya
- Peter Lwande
- Eriya Achiengi

<u>NGWENO KANGA = WAIDA</u>
- Nasubo = Mbuya
            Waida II

<u>MBUYA - NGWENO KANGA</u>
- Waida
- Odimo

<u>WAIDA MBUYA</u>
NAPUNYI: - Isirael Wafula
            - Daniel Achieno
            - Peter Mbuya

<u>ISIRAEL WAFULA = WAIDA</u>
NALALA: Julia Nachio
NAMULUNDU: Egessa
NANUSOGA

-2-

```
                JULIAS MACHIO = L. WAFULA.
                EGESSA = J. WAFULA.
                DANIEL ACHIENO = WAIDA
NAMAINDI:       Charles Hamala

                PETER MBUYA = WAIDA.

                JONATHAN OUCHO = MBUYA


NAKUHU:         Nasubo.
                DAUDI OKUKU = MBUYA
NAMANYI:        = Wanyama
                = Waida
NALIALI:        = ———

                ODIMO = MBUYA
                = Living Oucho.
                LIVINGSTON OUCHO = ODIMO
NAMUTENDE:      = (Onyango) Wycliffe Mbuya.
                = Ogutu

                WYCLIFFE MBUYA
NABONWE:        ———
NADIGO:         = Moses Odimo
                = Waida.
                = Daudi Wafula.
NABONGO:        ———

                OGUTU = OUCHO.
NAMANYI:        ———

                WAIDA II = NGWENO KANGA
NAHAYO:         = Ibulaimu Bwire.
                = Erisa Ndiira.
NAMASIRO:       = Yowori Wandera.
                = Dani Mujugga.

                IBULAIMU BWIRE = WAIDA.
NAMULEMESI:     ———
NAMAINDI:       = Magero
NAMUDDE:        = Wafula.
                = Ogutu.
                MAGERO = IBULAIMU BWIRE.
NAMULEMESI:     = Mangoni.
NAMUKOBE:       ———

                WAFULA = IBULAIMU BWIRE.
NABOOLI:        = Mbuya.
```

– 3 –

	OGUTU = IBULAIMU BWIRE.
NABUKAKI:	– Okumu

	ERISA NDIIRA = WAIDA
NAMAINDI:	– Ali Wandera. – Ojiambo Ndiira.
NAJABI:	– Wanyama Ndiira.

ALI WANDERA = ERISA NDIIRA.
OJIAMBO = NDIIRA.
WANYAMA = NDIIRA.

YOWERI WANDERA = WAIDA.

NALIALI:	♂ Jackson Ouma. – John Ogutu.
NALIALI:	– Albert Ojiambo – Barasa
NAMANYI:	Justin Wafula.

JACKSON OUMA = WANDERA.

ADETI:	– Bwire – Mareki. – Moses.
NAMIHANJA	– Ouma.

JOHN OGUTU = Y. WANDERA.

NAMASESE:	– Monday.

ALBERT OJIAMBO = Y. WANDERA

NAHULO:	– Wandera.

BARASA = Y. WANDERA.

NAMULUNDU:	– Bwire.

JUSTIN WAFULA = Y. WANDERA.

Namiripo:	– Barasa – Justo.

OSINYA = MUDUBWA.

NASICHONGI:	– Peter Lwande. – Eriya Achiengi.

PETER LWANDE = OSINYA

NAHOOLI:	– Williamu Ojiambo – Wasike. – Wandera – Barasa
NANMANGA:	– Ochieno.

WILLIAM OJIAMBO = P. LWANDE.

NAJABI:	– Mangoni – Bwire – Wafula – Okumu
NACHIMO:	– Bwire Simion – Egossa Amosi – Siminyu – Mahobbo.

.../4.

-4-

MANGENI – WILLIAM
NALIALI: Oundo

BWIRE – WILLIAM
NAMAKANGALA: —

WAFULA – WILLIAM
NANANYI: —

WASIKE – P. LWANDE
NALIALI: Friday
Charles.

WANDERA – P. LWANDE
NANUSOGA: Geofrey Wanyama
Jimy

OCHIENO – P. LWANDE
NEKHOHA: —

ERIYA ACHIENGI
NALIALI: Ofwiri
Mudubwa.
NAMULUNDU: Prop Opio

OFWIRI – ERIYA ACHIENGI
OPIO – ERIYA ACHIENGI
NASICHONGI:

MUKKA – NGWENO KANGA
WAIDA WA MBUYA
NAMUDUMA: Samuel Musigo
SAMUEL MUSIGO
NASICHONGI: Absolom Ojiambo
Ekello Firimon.
NAMUDAYI: Waida Tito
John Wanyama
Aggrey Oundo.

WAIDA TITO.
ADENI: Nimrod Mbuya.
Amulam Waida
Paul Wafula
Aggrey Oundo.
Daudi Were

	NGWENO LUNUNI
	NAHERE
	SOMBI
NANULEMBO	Obaala
	OBAALA - SOMBI
NALUKADA	Jinga
NASIMALWA	Obwora
	Ngweno
NAHAYO	Lwande
	JINGA - OBAALA
NAKOLI	Ojiambo
NAMANGALE	Kuchihi
	OJIAMBO KINDA
NAMULUNDU	Wanyama Livinstone
	Olwochi
	Ojwangi
	WANYAMA - OJIAMBO
NAHONE	Bwire Livingstone
	Lubega Jinga
	Ouma
	KUCHIHI JINGA
NAKWERI	Onyango Wero
NACHAKI	Wafula Jinga
	OLWOCHI OJIAMBO
NABULINDO	Bwire Godfrey
	Okumu Geofrey
	OJWANGI OJIAMBO
NALALA	
	OBWORA OBAALA
NAJABI	Halogo
	HALOGO OBWORA
NAFWOFWOYO	Firipo Obaala
NANULEMBO	Musa Hagaga
	Jackson Musumba
Nabonwe	Wero Chabugwe
NAKOOLI	Zablon Himbiri
	Yoword Halogo II
	FIRIPO OBAALA HALOGO
NAHONE	Yosia Ojiambo

NAHONE	Nuwa Masurubu
	Daniel Okello
	Bulasio Obaala
NAHONE II	Juma
	Ojiambo
	Wafula
	Barasa
	Ouma
	YOSIA OJIAMBO - OBAALA
NAMUBASIRA	Jimbi
	Lwande
NAKULO	Wafula
	Pemba
	Ouma
	NUWA MASURUBU - OBAALA
NAMUFUTA	Wanyama
	Bwire
	Mayende
	DANIEL OKELLO - OBAALA
	Paska
	Ojiambo
	Bogere
	BULASIO OBAALA P - OBAALA
NAKWATI	Wandera
	Amiggo
	Nahono
	MUSA MAGAGA HALOGO
Napunyi	Wanyama
	Ouma
NASERA	Nasimalwa
	Majoni
	WANYAMA MAGAGA
Nandekia	—
	OUMA - MUSA MAGAGA
NABWALA	Musa Magaga
NAMAKANGALA	Musa Magaga
	NASIMALWA - MUSA MAGAGA
NAMAKANGALA	—
	MAJONI - MUSA MAGAGA
NABWIBO	Musa Stephin
	Musa Magaga.

../3

- 3 -

NADURI	**JACKSON MUSUMBA -HALOGO**
NEBEERE	Livingstone Halogo
	Obwora
	Mangeni
	Obaala
	Makoha (Sibaki)
NAMBANJA	Egessa
	LIVINSTON HALOGO MUSUMBA
ADETI	—
	OBWORA MUSUMBA
NAMBANJA	Bwire Charles
	Stephin Oundo
	Francis Mangeni
	Sunday Kenneth
	MANGENI MUSUMBA
NAMULUNDU	Musumba Jackson
NATUTES	Ester Kulaba
NAKOMOLO	Ojiambo
	Ouma
	OBALA MUSUMBA
NANYIBOMI	Ojiambo
	Musa Ojiambo
	Egessa
NABOOLI	Bwire
	MAKOHA MUSUMBA
NAMIRIPO	—
	EGESSA MUSUMBA
NABOOLI	Manuel Musumba
	Moses Musa
	WERE CHABUOWE MUSUMBA
NAMUFUTA	Ojiambo
NAMANYANA	Ojiambo
	Obwora
	Wafula
	ZABULONI HIMBIRI HALOGO
NANYIBOMI	Samuel Juma Halogo
	Najabi
	Wangira
	Barasa
NAHONE	Musa Maganga
	Obaala

31

NAMULUNDU:	Egesea
	Sidialo
	Ojiambo
	Ayonjo
	SAMUEL JUMA HIMBIRI
NAMENYA	James Sumba
	Wilson Mangeni
	Humphress Sunday
	Wafula Juma
	NAJABI HIMBIRI
NAHONE	Bwire Najabi
	Wanyama
	Charles Najabi
	YOWERE HALOGO
NAWANDIRA	Ogutu
	Wafula
	Sunday Bosi bafwa!
	Nakooli
	Were
	OGUTU – YOWERE HALOGO
	LWANDE OBALA
NAMAINDI	Samuel Sombi II
NAJABI	Jacob Osondi
Namiripo	Daniel Donga
NACHAAKI	Salimu Wandera
	SAMUEL SOMBI II
NADONWE	Abner Mayonde
	George Ouma
NAMUDDE	Zedekia Wandera
	Wilson Mangeni
	Tito Sombi (Onyango)
Nakooli	Andurea Edego
	John Rabongo
	ABNER MAYENDE – SOMBI
NASICHONGI	---
	GEORGE OUMA SOMBI
NAMULINDA	Bwire (Obaala)
	Onyango (Sombi)
	Ojiambo
	Mangeni
	Wandera
	Okumu

-5-

NAMULANGIRA	Lwande Wilberforce
	Robert Sombi
	ZEDEKIA WANDERA - SOMBI
NAMBANJA	- Obaala (Sombi) Aggrey
NAMULUNDU	Lwande Patrick
	Fred Sombi
	Lwande Jackson
	Obaala Aggrey
NAMUKEMO	Lwande Wilson
NADIDI	Wafula Bornard
NAMURARAKA:	Sombi Samuel
	Ngweno Muloma Wilber
	David Makoha
NAMULUNDU II	Godfrey
	Don
	Bwire Moses
	AGGREY OBAALA - Z. WANDERA
NAMUKEMO	—
	RABONGO JAMES BWIRE Z.W.
NAKAROKO	Nambanja Honery
NAMUKOBE	—
	LWANDE PATRICK Z. WANDERA
NAMUDAIRWA	Samuel Sombi
	WILSON MANGENI WA SOMBI
NAMULUNDU I	Onyango Honrey
	Bwire Geofrey
	Samuel Sombi
NAMULUNDU II	Livingstone Ouma
	Robert Lwande
	Walter Master Bwire
	Benjamin Omenya
NAMUFUTA	Wycliffe Namudde
	Backley Obbala Ojiambo
	ONYANGO HENREY WA WILSON MANGENI
NALUBA	Leonard Wafula
	BWIRE GEOFREY WA WILSON MANGENI
NANDEKIYA	—

LWANDE WESONGA: A GENEALOGY

33

-6-

	TITO SOMBI (ONYANGO) WA SOMBI.
NAMUSONGE	Samuel Sombi
NALIALI	Kulindi Carmasky
	Hadudu Zackeriea
	Sombi Stanely
	Andereya Ndogo WA SOMBI
NAKWERI	Obaala Dekari
	Were
	Ojiambo
NAJABI	Samweri Sombi
	Andere Egeesa
	Abneri Stephen
	JOHN RABONGO WA SOMBI
	JACOB OMONDI WA LWANDE
NAMULEMBO	Yokana Lwande
	Samuel Wandera
	Ngweno Jackson
NABOHOLO	Edward Sombi
NASONGA I	Isaac Oduba
NASONGA II	Joram Musumba
	YOKANA LWANDE WA JOCOB OMONDI
NAMENYA	Onyango Alex
	ONYANGO ALEX WA YOKANA LWANDE
NAMIRIPO	Omondi
	SAMUEL WANDERA WA OMONDI
NABONGO (SINDAMANYA)	Patrick Dwire
NAJADI	Shadrack Barasa
	Omondi Godfrey
	Ouma Benard
	NGWENO JACKSON WA OMONDI
NAMUTORO	Ojiambo
	Dwire
	Fred
	Omondi
	EDWARD SOMBI WA OMONDI
HAMWAYA	Tom Okello, Tambiti
NAMULUNDU	Ouma

ADETI	TOM OKELLO WA EDWARD SOMBI
	—
NALALA	TAMBITI EDWARD SOMBI
	—
NAMUGANDA	Maadi
	ISAAC ODUBA WA OMONDI JACOB
NAMUDUPI	Lwande
	Najabi
	Sombi
	LWANDE WA ODUBA ISAAC
NABURI	—
	NAJABI WA ODUBA OMONDI
NASIRISI	Stephin Omondi
	SOMBI WA ODUBA ISAAC.
	NGWENO LUNUNI WA LWANDE WESONGA
NASONGA II	Banga
	BANGA
NAMAINDI	Ombole
	Embaaya
	Ngwono Dambakana
	Odooli
ODWAKO	—
	OMBOLE WA BANGA
	EMBAAYA WA BANGA
NAHWAKU	Mbasiro
	Mulehe
	Siongongo
	MBASIRO WA EMBAAYA
	"
	MULEHE – EMBAAYA
NALIALI	Abahana 4, Akumu, Nerima, Guloba r
	Muchanji Naggaga, Wandora Banana.
	WANDERA BANANA WA MULEHE
NALALA	Stephin Mangoni
	Bwire Naangaga.
	MANGENI STEPHIN WA WANDA
NAMUTINNIE.	Nangaga
	Bwire
	Masign.

35

	HAMIRIPO WA NGWENO LUNUNI
NAMANGALE	Lwande
	Namudde
	Musebule
	Ngweno Donga
	LWANDE WA HAMIRIPO
	Opio
	Agwanda
	OPIO WA LWANDE
NABONGO	Sembo Madara
	SEMBO MADARA - OPIO
NAMUDUMA	Yowaba Okuku
	Dismas Tanga (Yafwa)
	Baturumayo Nabongo
	YOWANGA OKUKU MADARA
NAMAKANGALA I	Jocob Okumu
NAMAKANGALA II	-
NADUKAKI	Odwori
	JACOB OKUMU - YOWANA OKUKU
NANYIBURA	Masuko - Samu
	Dely Robert
	Lta Tanga
	DISMAS TANGA, SEMEO MADARA, NAMULUMBA
	BATULUMAYO NABONGO - S. MADARA
NACHONGA	OGUTU
	Joseph (Namude)
NALWENGE	Onyango
	Monday

2.

	NAMUDDE WA HAMIRIPO
NABONGO	Sikala Agula.
	SIKALA AGULA WA NAMUDDE
NALIALI	Odongo Sihawa
	Were
NAMULUNDU	Sikala Oyoda
	ODONGO SIHAWA - ONGOLI
NANYANGA	Wycliffe Namudde

..../2.

	Opada
NAJABI	Ouma David
	INYASI WERE - SIKALA OYODA
NAMUSIKHO	Atanasi Sikala
	ATANASI SIKALA - INYASI WERE.
NASUDO	Wandera
	Ojiambo
	Makoha Nyasi
	Nyasaga
	Bwire
	Nyasi
	WANDERA-ATANASI
NAMWALIRA	Fredrick Wafula
	Ojiambo Atanasi
NASUHUNE	Makoha Tanasi
	NAHULO
	WERE WA SIKALA AGULA
NAMULUNDU	Otengo
	Yakerama Namulundu yali owa simwana khuney.
	OTENGO WA WERE
NANYINEKI	Wilbirond Okumu
	WILBIRONDO OKUMU - OTENGO
NAJABI	Onyango
	Wafula (Yafwa)
	Ojiambo
	Wandera
	Barasa
NAMUTIMBA	Wanyama
	Sanya
	Mugeni
	Barasa
	ONYANGO WA W. OKUMU.
NAMUDDE	Peter Masiga
	John Wanyama
	WAFULA - W. OKUMU
NAMUDEPI	wandera
	OJIAMBO WA W. OKUMU
NAMUDDE:	Mugeni Barnard
	Denesi Oguttu
	Godfrey Bwire
NAMUMALI	Barasa W. Okumu

LWANDE WESONGA: A GENEALOGY

37

-2-

ONGOLI WA ODONGO SIHAWA

NABERE
- Wanyama
- Odongo
- Odwori
- Okochi

WANYAMA WA ONGOLI

NAHABI
- Barasa
- Ouma
- Bwire

ODONGO WA ONGOLI

NAHONE
- Okumu
- Ojiambo
- Gusino Mangeni (Yafwa)

NAMAINDI
- Egesa
- Orida Bubolu

NEHOBA
- Bukalu
- Sibiya
- Lamboti

ODWORI ONGOLI - NANGWANGA.

O
OCHOCHI WA ONGOLI
WERE WA SIKALA A.
SIKALA OYODA
SIKALA A.
NAMUDIBA WA ATIKO SIKALA (ADISI)
ATIKO SIKALA (ADISI)

NACHAKI
- Ogutu
- Opio MANGENI
- Juma
- Wandera
- Ohesa Lazalo

NAHONE
- Opada (Okumu)
- Ouma David
- Wanyama
- Barasa Oundo

NAHAMENGE
- Bwire OGUTU ATIKO
- Ouma
- Opio
- Mangeni

NABAHOLO
- Richard Ojiambo
- Charles
- Wandera James

NABAHOLO II
- Lazalo
- Okhasa
- Barasa Isaac.

.../3.

	WANYAMA WA OKUMU
NAPUNYI	Ochieno Charles
3	MUSEMBULE WA HAMIRIPO
NAMUKOBE	Ngweno Nabulayi
	NGWENO NABULAYI - HAMIRIPO
NALALA	Walungoli
	Olunjala
	Onyuni
	WALUNGOLI WA NGWENO ARIADA
	OLUNJALU
NATIKOKO	Eriya Omwene
	ERIYA OMWENE - OLUNJALU
NAJABI	Stanley Asumanga
	STANLEY ASUMANGA WA ERIYA OMWENE
NAYIYE	Richard Ojiambo
	Yovani Mangeni
	RICHARD OJIAMBO - S. ASUMANGA
	ONYUNI - NGWENO NABULAYI
NALALA	Paulo Ngweno
	Seperia Nyegenye (Abbanga)
	PAUL NGWENO - ONYUNI
NAHONE	Ouma Eriazali
	Musumba James (Yaffa)
NASIENYA	Mangeni
	Wafula
	Wanyama
	ERIAZALI OUMA PL NGWENO
NAMUDUMA	-
NAMULANDA	-
	JAMES MUSUMBA P. NGWENO
NAMULOB'	Wandera
	Jason
	Matinda
NAHULO	Sanya
NASAKAMU	Sanya
	James Musumba
	MANGENI PAUL NGWENO
NABONWE	Patrick Egessa
	EWIRE FREDRICK - PAUL NGWENO
NANYIRIMI	-
NASUBO	Wandera Vincent.

39

	WAFULA DISHAN WA PAUL NGWENO
NALLA I	–
	WANYAMA DAVID – P. NGWENO
	WANYAMA ERINEYO – P. NGWENO
NAYIYE	Juma
	Wafula
	SEPERIA NYEGENYE ABBANGA
NAMUHOCKOSI	Ochieno Wilfred
NAMANGALE	Onyango Waltet
	OCHIENO WILFRED – NYEGENYE
NASIRWA	Stephin
	OCHIENO WILFRED – NYEGENYE
4	NGWENO DONGA WA HAMIRIPO
	OJWANGI WA NGWENO DONGA
ADETI	– BAlongo
NEHOBA	Onyigi
	Ojanji
	Ngweno B.
	BALONGO WA OJWANGI
NACHAKI	Wandera Balongo
	Patrick Bbala (Yafwa)
	Obbamba Balongo
NAHAFI.	Filikis Orembo (Yafwa)
	Asebe Balongo (Yafwa)
	Adeti (Yafwa)
	Ouma Balongo
	WANDERA WA BALONGO
NADONWE	Makoha Lungasa
NAMWINI	John Bwire
	Mangeni Wandera
	MAKOHA WANDERA
NANYANGA	–
NAMUDDE	Bwire Wandera
	Mangeni Wandera
	PATRICK BBALA BALONGO
NADONWE	John Okonya
NAKIROYA	Pamba Patrick
NATUKOBE	Ouma
	Godrey
	Ojwangi
	Albert Ojiambo
	Anthony Wandera

           OBETE WA ONYIGI
NAMIRIPO   John Wandera
           Alex Mangeni

           MARIKO MAKANDA WA YOWANA OJWANGI.
NAHAYO   Barasa (ABUHERE)

           BARASA WA MARIKO MAKANDA
NAKUHU   David Juma.
NAMULEMBO Idi Barasa,
           Nyongesa Barasa.

           WANJALA WA ONYIGI
NAMANYI   Bodi
           Abangi (yafwa)
           Maloba (yafwa)
           Onyango

NATIKOKO   Ojiambo

           BODI WA WANJALA
NACHWERE   Wandera Bodi
           Bwire Bodi
           ABANGI WA WANJALA
           ONYANGO WANJALA
NEBERE   Masiga.
           OKAARA WA ONYIGI
NAMUKOBE   Okochi
           Masiga

           OKOCHI WA OKAARA
NAMANGALE Juma Onyigi
NADEKE.

                   end

41

	JOHN OKONYA WA PATRICK BBALA.
NAMUTALA	Barasa (Balongo)
	Okumu Okonya
	Balongo Okonya
	OBBAMBA WA BALONGO
NANGAYO	Abahana 3
	FILIKISI OREMBO WA BALONGO
NAMUJALA	Wangalwa
	WANGALWA WA FILIKISI OREMBO
NASONGA	Okuku
NAKOMOLO	Bubolu
	Fitaleo Osinya
	FITALIO OSINYA
Malala	Masinde
	Baati
	ASEBE WA BALONGO
NASUBO	Bwire
	Okoowa
	OUMA WA BALONGO
NAMUTINDIE	Geofrey Okochi
	Ojiambo
NAHABI	Cornel Bwire
	Nangeni
	Gusino
	Bwire
	GEOFREY BWIRE WA OUMA.
NEKEKERE	Vincent Sanya
	Thomas Barasa
	OJIAMBO WA OUMA.
NAMUKONO	Ogutu
	ONYIGI WA OJWANGI
NAHABI	Yowana Ojwangi
	Obete
NACHIMO I	Wanjala (andeme)
NAMUDAIRWA	Okaara
NACHIMO II	Juma
	YOWANA OJWANGI WA ONYIGI
NASUBO	Mariko Makanda
	Francico Obete

570

MARIKO MAKANDA WA YOWANA OJWANGI
NABAYO   Barasa (Abuhere)
          BARASA WA MARIKO MAKANDA
                "

          WANJALA WA ONYIGI
NAMANYI   Boodi
          Abangi (yafwa)
          Maloba (yafwa)
          Onyango
NATIKOKO Ojiambo
          BOODI WA WANJALA
NAMWASI   Wandera Boodi
          Dwire Boodi
          ABANGI WA WANJALA

          OKAARA WA ONYIGI
NAMANGALE Juma Onyigi
NADEKE

43

-A-

OLWENI NYEMBI WA NGWENO LUNUNI
- NALYALI — Owori   Habocha
- NASONGA I — Siduwa   Owori
- NASONGA II — SIDUWA
- NALALA — Sidubo

HABOCHA WA OLWENI NYEMBI
Nimurodi Ndongi

OWORI WA OLWENI NYEMBI
Joel Ariada.

SIDUWA WA OLWENI NYEMBI
Ojiambo Aganya

SIDUBO WA OLWENI NYEMBI
Tailor Hakerwe
Abner Ekudu

OLWENI NYEMBI WA NGWENO LUNUNI
- NACHUKI — Sunu nende Okweyo.
- NALYALI — Habocha

SUNU WA OLWENI NYEMBI
Morris Onyango
Manel Wanyama

OKWEYO WA NGWENO LUNUNI
Ogana
Wambete.

HABOCHA WA NGWENO LUNUNI
2

HABOCHA WA OLWENI NYEMBI
- NALALA — Ndongi
  Otiende

NDONGI WA HABOCHA
- NAJABAI — Obocho

OBOCHO WA NDONGI
- NAMANGALE — Nimrod Ndongi

NIMROD NDONGI
- NANJOSI — Booker Ndongi
  Apolo Ndongi
  Joshua Sigondi Ndongi
  Jogoo Patrick
  Banda Emmanuel

BOOKER NDONGI WA NIMROD NDONGI
Sigondi
Toti
Ezekiel Odonya

APOLO NDONGI WA NIMROD NDONGI
- NAMENYA — Nimrod Ndongi
  Were

OTIENDE WA OLWENYI
- NABURI — Bakanya
  Chabbiri (Chabbiri luyafwa babekawo Bakanya)

BAKANYA WA OTIENDE
- NAWOONGA — Hadera
  Habuu (Hadera luyafwa babekawo Habuu)

HADERA WA BAKANYA
- NAFYIDCHI — Sigondi (Choroko)

...../4.

-4-

NASONGA OWORI WA OLWENI NYEMBI
NAMULUMBA — Opala
OPALA WA OWORI
NAMANGALE — Wamalwa
WAMALWA WA OPALA
NABUKAKI — Musumba George
Nahasoho — Wandera
OWORI II WA OPALA
NABONGO — Sibabale
NAKOOLI — Joel Ariada Mangoli
SIBABALE WA OWORI II
NAHULO — Odwori
ODWORI WA SIBABALE
NASONGA — "
JOEL ARIADA (MANGOLI) WA OWORI
NALALA — Jackson Ochieno nende Joshua Wandera (Duncan)
JACKSON OCHIENO WA JOEL ARIADA
NAMUDE — "
ADETI — Albert Owori
David Ojiambo (Kaka)
JOSHUA WANDERA (DUNCAN) WA JOEL ARIADA
NALALA — "
NASONGA II — Siduwa Wa Olweni Nyembi.
SIDUWA WA OLWENI NYEMBI
NAMUNAPA — Omuhehe
OMUHEHE WA SIDUWA
NAMAKANGALA — Zefania Agaaya
NAMANGALE — Zadoki Ouma (Ranyosi)
SEFANIYA AGAAYA
NAMUMA — Cornel Malinga
Ojiambo Patrick
MALINGU CORNEL WA ZEFANIYA AGAAYA
NAMENYA — John Omuhehe
Egessa Oburra
JOHN OMUHEHE WA CORNEL MALINGU
NAMUKOBE — Malinga (Abbara)
(Tajiri Mawaya)
OJIAMBO PATRICK WA ZEFANIYA AGAAYA
NAFWOFWOYO — Mafwamba
Agaaya
MAFWAMBA WA OJIAMBO
NAJABI — "
ZADOKI OUMA WA OMUHEHE
NALALA — Wanyama
Wandera
Wafula

..../5

-45-

	WANYAMA WA OUMA
NALYALI	Ndongi
	WANDERA WA OUMA
NANONE	Robert
	WAFULA WA OUMA
NAMUSONGE	Ndongi
	OLWENI NYEMBI WA NGWENO LUNUNI
NALALA	Sidubo
	SIDUBO WA LWENI NYEMBI
NABWALA	Ndoro
NACHAKI	"
	NDORO WA NESUBO
NABAHOLO	Buluma
	BULUMA WA NDORO
NAJULE	"
NANONE	TAIDOR HAKENWE
	Alfunsi Nabwala
	TAIDOR HAKENWE WA BULUMA
NAKOOLI II	Alex Oundo
	Okello Wilson
	Oundo Hakerwe
NAKOOLI I	:
NANJOSI	Nabwala
	Bubolu
	ALEX OUNDO WA TAIDOR HAKENWE
NALYALI	Wafula
	Mangeni
	ALFUNZI NABWLA WA BULUMA
NAMANGALE	Clement Wanyande
	Okumu Nabwala
	Sidubo Nabwala
	NACHAKI WA NYANDE WA SIDUBO
NAMAYAYI	Siyaleha mundu musacha.
	Oundo niye owafweira mu maye e Tanganyika
	nalehawao Omusyani - Halengo M'Omuhanam Akumu
	Ng'ina Gideon Wanyama.
	NAHERE MATA D.FIED
NAMUDAIRWA	Siboche
NINOBA	Namukooli
NABULINDO	Okuku (Ohaba)

..../6.

-46-

NABONGO	Buluma
	Dadi nende abahana babiri (2)
NAMAINDI	Abahana 2 Addea, Auma Samia.
	OUNDO WA WANYANDE
NAJADI	Yebula Opuli Halango, Manu Oundo yafwira mu mayoe ake Tanzania mu 1914.
	DANIEL MATA WA WANYANDE
NAMBOKO	Yawawo nachya e Bunyala elya nali nende enda ya Mata niyebulayo omwana Achoka, Namboko yacha elya olwambalina olwahuba Mata yali akerame Leah Ongoola (Odeywa) Siboche nafwire.
NAMENYA-LEAH ONGOLA ODEYWA	
	Yali mu ha Siboche, Siboche yafwa niyebule naye abaana babiri omuhana nende omuyani Omuhana niye Ofwamba - Omuayani niye Muliro abo nibo abaali abaana ba Siboche. Mata niyakerem yebulamo abaana 8 abo boosi bali abahana berere, olunyuma niyebula abasyani 2 ABUNERI EKUDU nende YEKOYADA MBUNDA nibo abekala enda.
	ABUNERI EKUDU WA DANIEL KATA
NAHABUKA I	Reubeni Namenya
NAHABUKA II	Jophiter Okumu, Julius Onyango, Samuel Beker Dwire.
NAGENI	Eridadi Ongoola, Wilberforce Ekudu Dwire, David Nafula, Benard Handra.
NALYALI	Ouma Yefusa (Jophiter)
	REUBENI NAMENYA WA ABNER EKUDU
NADONGO	Wilber Dwire.
	ERIDAD ONGOOLA WA ABNER EKUDU
NACHAKI	Moses Namenya
	JUSIAL ONYANGO WA ABNERI EKUDU
NAMUKULWA (NEREKE)	"
	WIDBERFORCE EKUDU WA A. EKUDU
NADOHOLO	"
	DAVID WAFULA WA ABNERI EKUDU
NACHAKI	2
	BERNAD WANDERA WA ABNERI EKUDU
NALYALI	Wilber Bwire.
	YEKOYADA MBUNDA WA MATA
NACHONGA	Benya Dwire, Michael Wanyande, Okello & Oji
NASIYEE	Charles Mata Wandera, Leuben Leah Ojiambo, Godfrey Ouma (Singuba)
NAHIBE	Ngweno Dickson (Mugaluka)
	Samuel Sidubo, Benard (Acid) Manyende, Joseph Ndyaba, Nuwa Mamenya.

LWANDE WESONGA: A GENEALOGY

	BENYA BWIRE WA YEKOYADA MBUNDA
NACHAAKI	Ronald Ojiambo Yona Mbunda.
	MICHAEL WANYANDE WA YEKOYADA MBUNDA
NANKIMA	Fred Wanyande.
	CHARLES MATA (WANDERA) WA Y. MBUNDA.
NAIDWI	Buleyan Masiga, Timoth Mukisa, Andrew.
	LABANI LEAH OJIAMBO WA Y. MBUNDA
NABIYANGU	"
	OUMA GODFREY WA YEKOYADA MBUNDA
NAGEMI	Mbunda Levi
	JORAM WAFULA WA DANIEL MATA
NASIYEE	Stephen Mulehe, Namukooli, George Ojiambo Were Godfrey Ojiambo, Joseph Ogutu, Julius Wanyama (Nalyali).
NAMUSOGA	William Egessa, David Oundo.
	STEPHEN MULEHE WA JORAM WAFULA
NAMUDIRA	Eli Mata (Chubbani), Emmanuel Oguttu, James Ojiambo.
	JOSEPH OGUTO WA JORAM WAFULA
OWEFUMBE NAMAGANDA	" Mata Daniel Raymond.
	GODFREY OJIAMBO WA JORAM WAFULA
NAMAGANDA	Livingstone Were
	SIBOCHE WA WANYANDE
NAPUNYI	Sitefano Okiya.
	SITEFANO OKIYA WA SIBOCHE
NAMANGALE	David Odunga, Clement Ojiambo (Obbimbo)
	CLEMENT OJIAMBO (OBBIMBO) WA OKIYA
NADONGO	"
	NAMUKOOLI WA WANYANDE
NAHERE	Burocho, Burocho Yatula ano hale mu 1918 nachira mu Syalo sya Tanzania nohwola] sihumanyire ngalwali.
	OKIKU (OHABA) WA WANYANDE
NAMUDDE	Egessa Peter, Anderea Sidubo
	EGESSA PETER WA OKUKU (OHABA)
NEBERE	Yobula abahana bahaya.
	ANDEREA SIDUBO WA OKUKU (OHABA)
NAMANGALE	Akello Wanyande, Moyi.
	SIPEMI WA SIDUBO
NALYALI	Oduba
	ODUBA WA SIPEMI
NASITWOKI	Wasiguli
	WASIGULI WA ODUBA
NAMAKANGALA	Wamalwa.

-48-

	WAMALWA WA WASIGULI	
NAMUTENDE	Pantaleo Wanyama	
	PANTALEO WA WAMALWA	
NAIDI	Luka Egessa	
NAMAKANJA	Mangeni, Wafula, Ngolobe.	
	OLWENI NYEMBI	
NACHAAKI	Sunu, Okwonyo, Ondero.	
	SUNU WA OLWENI NYEMBI	
NANYANGA	Nangenge, Onyango Sigoma, Obongooya.	
	NANGENGE WA SUNU	

49

	OLWENI NYEMBI
NACHAAKI:	Sunu
	Okwenyo
	Ondero
	SUNU WA LWENI NYEMBI
NANYANGA:	Nangenge
	Onyango Sigona
	Obongooya
	NANGENGE WA SUNU
NASUBO:	Hadoke
	Ngweno Dwaara
	Odwooli
	HADOKE WA NANGENGE
NANYANGA:	Nabbaya
	Obwaso Potero
	Enosi Onyango
	OBWASO WA HADOKE
NANUHOOKOSI:	Abahana 3 Bongongo.
	ENOSI ONYANGO WA HADOKE.
NASIBURE:	Samuel Wanyama
	David Nangeni
	SAMUEL WANYAMA WA ENOSI ONYANGO
NAMUGNERE	Allan Wanyama
	Enosi Wanyama
NAMUGANDA	Waiswa Wanyama
	Kato, Nabangi, Hadoke.
	DAVID NANGENI WA ONYANGO
NASICHONGI	Enosi Onyango
NASOUGA	George Wangira
	NGWENO DWAARA WA NANGENGE
NAKUROYA:	Olowo Obbando
	Morris Onyango
	Francis Adonya
	OLOWO OBBANDA WA NGWENO DWAARA
NAJABI	Ngweno J.
NABUKA	Wanyama
	NGWENO II W'OLOWO OBBANDO
NABUKA	Wanyama
	MORRIS ONYANGO WA N'GWENO
NAKUBU I	Hillary Boniface Ngweno
	Anthony Onyango
	Archilens Oundo

578

	HILARY BONIFACE NGWENO	
NAMUSUHGU	Abaana Bahana (2)	50
	ANTHONY ONYANGO WA MORRIS ONYANGO	
NAMUDDE	Patrick Ngweno	
	Henrey Muluka	
	Namwanga Justin	
	Archileus Sidda	
	Regina Adikinyi	
	ARCHILEUS OUNDO WA MORRIS ONYANGO	
NAMUGABO:	Stephin Oundo	
	Charles Oundo	
	Joseph	
NAMUGANDA	Morris Oundo	
	Junior Oundo	
	FRANCIS ADENYA WA N'GWENO DWAARA	
NAMULUMBA	Wandera Black	
	Syaalo	
	WANDERA BLACK	
NABULAGAYE:		
	ODWOOLI WA NANGENGE	
NAMANGALE	Ogono Stephin	
	Were Odwooli	
NAKOOLO	Mikairi Ngweno	
	Manuel Wanyama	
NASONGA	Sotoka	
	OGONO STEPHIN WA ODWOOLI	
ADETI:	Okumu Wilfred	
	Mudina	
	Ouma Jackson	
	Wanyama David	
	Clement Kilo	
	OKUMU WILFRED WA OGONO	
NAHONJ	Wanyama, Ngweno, Barasa Richard Buluma	
NASUBO	Wandera Benson, Sanya Fred, Moses Okumu	
	MUDINA WA OGONO	
NABOINHE	Sam Wandera	
	Eriya Bwire	
	OSINYA WA OGONO	
?	David Ogono	
	Silas Onyango	
	WERE ODWOOLI WA ODOOLI	
NAMUSIBO	Wandera	
NASYENYA	Muzee	
	WANDERA WA WERE	
NGEMI	.....	

../3.

51

NAMAYERO	Maloba Odwooli
	Bwire Fred
	MANUEL WANYAMA WA ODWOOLI
NASIHUNE	Rhosi Onyango Luyafwa, Manuel Wanyama nakeroma NASIHUNE niyobula,
	Oguttu Wilson
	Stephin Wafula
	Kwoba
	Oundo
	OGUTU WILSON WA MANUEL
NAMUTESO	
	STEPHIN WAFULA WA MANUEL
NALALA	Oliver
	WILLIAM KWOBA WA MANUEL
NAMUSOGA	....
	OUNDO WA MANUEL
NALALA:	....
	OKWENYO WA LWENI NYEMBI
NABONGO	Oguna
	Olowo
	OGUNA W'OKWENYO
NALYALI	Zablon Wambete
	Asumanga George
	ZABLON WAMBETE W'OGUNA
NANYILALO	Wilson Oguna (Okumu)
	Yokana Egessa
NAMENYA	Abahana (4)
	WILSON OGUNA (OKUMU) WA ZABLON WAMBETE
NABURI	Ongudi, Wandera, Maliro
NAMUHOOKOSI	Omuhana mulala Yongone.
	YOKANA EGESSA WA ZABLON WAMBETE
NANYANGA	Ojiambo Egessa
	Wandera Egessa
NAMUKOBE	....
	ASUMANGA W'OGUNA
NAJABI	Onyango
	ONYANGO WA ASUMANGA
NAMUTESO	Wandera Moses
NACHAAKI II	**NACHINI WA OLWENI NYEMBI**
NANYANGA	Ouma Olyeddo
	Nachini Luyafwa Omijjo nakoroma Nanyanga niyobulamo Matayo Matalo:
	OUMA OLYEDDO WA NACHINI
NAJADI	Bubolu

..../4.

CHAPTER SIX:APPENDIX

NANYANGA	**BUBOLU WA OUMA ONYEDDO**
	Nachiri II
	Hadoke II
	NACHINI WA BUBOLU
NAHUMACHI	Kenneth Bwire, Dev Wafula, Milton Barasa, Vincent Tibiita, Makilin Wandera.
	OMUJJO WA NACHINI
NANYANGA	Matayo Natalo
	MATAYO NATALO WA OMUJJO
NAJABI:	Owori John
	Zablon Kitari
	Jackson Onyango
	OWORI WA MATAYO NATALO
NAMULEMBO	Ouma Patrick
	Walter Magembo
	Bwire Nelson
NAMANGALE	Bwire
	JACKSON ONYANGO WA MATAYO NATALO
NASIMALWA	Geofrey Onyango
	Peter Onyango
	Fred Onyango
	Wandera

end.

53

CHAPTER SIX: APPENDIX

NGWENO HADU MAHOLA

NAMUTAMBA, Namutamba yaali chasi ya Awori Nahooli.

Abe BANDA badaha Lwande ababe abandu bachye babahonye eyeo, nga ABASIBIKA baali badaha chuseta enono ya BAHOOLI balasene habo, bu BAHOOLI nibecha eyiri Lwande Wesonga nibamusaba ababe abandu bachye babahonye. Naye abandu ba Lwande nibaboola bati Hwenya omuhana wundi, olwohuba omuhana mulala sanyala ohwidisa amabanga Kabandu, hu bulamu ABAHOOLI nibameda omuhana oyo NAMUTAMBA.

	LWANDE WESONGA WA LWANDE BIRUNGO NAMUDU (NAMUTAMBA): NGWENO MAHOLA.
	NGWENO MAHOLA WA LWANDE WESONGA.
NADONWE	Dwobo nende Mulyaha
NALALA	Lwande II
KAMULWANI	Ojwangi Obinda
NADONWE II	Masaba Ngundira (Osinjo)
NASIBWOCHI	Mutika, Ngwono Sibera.
	DWODO WA NGWENO MAHOLA.
KAMAKANGALA	Ochwinga
	OCHWINGA WA DWOBO
NEHOBA I	Oyula Wandera
NEHOBA II	Nembudye, Mangoni Henry; Okwomi, Mukaga.
	OYULA WA OCHWINGA.
NALALA	Olowo, Thomas Ouma
NANYANGA	Ojiambo, Odundo
NASERA	Orabi
	NAMBUDYE WA OCHWINGA.
NABONGO	Ochwinga
NALALA	Nyabbola, Siganda.
	OKWOMI WA OCHWINGA
NALALA	Oyula yamukerama hu niyebulamo Ojiambo.
	SIGANDA WA NAMBUDYE.
NANYANGA:	Amosi Egondi
	Yolamu Hasibante.
	YOLAMU HASIBANTE WA SIGANDA.
NAHULO	Charles Onyango
	PASCAL ONYANGO
NABUKAKI	Mukaga
	Owori
	Siganda
	MULYAHA WA NGWENO MAHOLA.
NABONGO	Andrew Nyanja
	Omolo
	Induha

55

ANDREW NYANJA WA MULYAHA.

NAMULUMBA	Okuku
NASUBO	James Ogoola
NALWENGE	William Odera
	Barnabba Masinde
	Yovani Wafula
	Nathanael Ouma
NAMAKANGALA:	Ochilo, Wanyama.
	Wangalwa Nende Omala
NASUBO	Mulyaha
	Lwande

OKUKU WA NADREW NYANJA.

NAMENYA:	Dwire

JAMES OGOOLA WA ANDREW NYANJA.

NAMULUNDU:	Vincent Lugendo
	Wilberbad Sifuna
	Sylvester Dwire
	Patrick Gozza
	Okumu
NASIBAYI	Wandera

WILLIAM ODERA WA ANDREW NYANJA.

NAMULOBA	Moses Ouma
	Daudi Wanyama
	Salomon Mangeni

BARNABBA MASINDE WA ANDREW NYANJA.

NAHABI	Wandera

YOVANI WAFULA WA ANDREW NYANJA

NANGOHO	Dwire Joseph
NASINYAMA	Henery Ojiambo

NATHANAEL OUMA WA ANDREW NYANJA.

NATANZANIA	George Opiyo
	Charles Odongo
	James Okello
	Stephin Hamala.

ONOLLO WA MULYAHA

ERIEZA LWANDE

ERIEZA LWANDE WA ONOLLO

NAMUTALA	Edward Wasike
	Albert Siminyu
	Paul Nyegenye.

OSODO WA..........

NANYIBBONI	Dwire

..../3.

CHAPTER SIX:APPENDIX

                <u>CHILLO WA ANDREW NYANJA.</u>
                Wanyama
                Wangalwa
                <u>WANGALWA WA ANDREW NYANJA</u>

NADONGO   Nyanja
                <u>ONLLA WA ANDREW NYANJA</u>
NANGOHO   Ogutu
                Namulu
                Masign
                VINCENT LWANDE WA:...............
NAMUGANDA: "
NALALA   "
                <u>LWANDE II WA NGWENO MAHOLA</u>
                <u>LWANDE MULYAJIA WA LWANDE II</u>
                Dangi
                <u>DANGI WA LWANDE MULYAJIA.</u>
NASUBO   Lwande
                <u>LWANDE WA DANGI</u>
NAKOOLI   Yowasi Buluma
                Erukana Wandera
                Yolamu Mabbachi
                Dani Were
                <u>YOWASI BULUMA WA LWANDE</u>
NALIALI   Living Wanyama
                Gidioni Dwire
                Dickson Magero
                <u>ERUKANA WANDERA WA LWANDE</u>
NAMULUNDU   Oundo
                <u>YOLAMU NABBACHI WA LWANDE</u>
NANYANGA   Richard Egossa
                Aggrey Lwande
                William Wandera
                Honery Namalwa
                <u>MULYAJIA WA LWANDE</u>
NALYALI   Francisco Ojiambo
                Lowrence Wanyama
                <u>AGGREY LWANDE WA YOLAM MABBACHI</u>
NABAHO.   Nafwa
                Egossa
                Nabuyiya
                Maritino Otyola
                Elezali Guloba

.../4.

57

−4−

	EGESSA WA...........
NAMUKOBE	"
	DANGI WA LWANDE
NAMAKANGALA	"
	JEREMIAH NGWENO WA......
NAMAINDI	Absolom Masinde
	Peter Egessa.
	ALONI ADIKA WA...
NAMUKUBA	Dwire
	NGWENO MAHOLA WA LWANDE WESONGA
NAMULWANI:	Ojwangi
	OJWANGI WA NGWENO MAHOLA
NABAHO	Wandera
	Omwichango
	WANDERA WA OJWANGI
NAMANGALE	Achoode
	Ogaando
	Penda
	Ongango
	WANDERA WA PENDA
	ONGANGO WA WANDERA
	Dangali
	OMWICHANGO WA OJWANGI
NEHOBA:	Boloki
	BOLOKI WA OMWICHANGO
NABWOFWOYO	Chambo
	Makaada
	Obbanda Sirwano
NAMUKUBA	Boloki Pantaleo
	MAKAADA WA BOLOKI
NAPUNYI	Manuel Ojwangi
	MANUEL OJWANGI WA MAKAADA
Nakuhu	Muluka
NAMAKANGALA I	Ojwangi Boloki, Obbanda.
NAMAKANGALA II	Makaada
NAMADI	Gablier ONYANGO
	SIRWANO OBBANDA WA BOLOKI
NAMUSIKO	Benjamin Machyo
Nabongo	Maloba Akisoferi
	Ojiambo
	Makoha

..../5.

CHAPTER SIX:APPENDIX

NAMUDDE: Onyango
            Egossa

            <u>BENJAMIN MACHYO WA OBBANDA</u>
NANGANDA: Obanda
            Wejuli,
            Boloki
            Omwichango
            Ngweno.

            <u>MALOBA AKISOFERI WA OBBANDA</u>
NANJOSI   "
NADECHO   Obbanda

            <u>OJIAMBO WA SIRWANO OBBANDA.</u>
NAMANGALE   Amuria
            Willy Ojiambo
            Magume
            Obbanda

            <u>MAKOHA WA SIRWANO OBBANDA.</u>
?   Mwichango
            Obbanda

	BATALEO BOLOKI WA BOLOKI
NASUBO I	Malingu,
	Dwiro
NAPUNYI	Opondo
	Mugoni
NASUBO II	Mangeni
	Obanda
	MALINGU WA PANTALEO BOLOKI
NAKURUKU	Boloki
	OPONDO WA PANTALEO BOLOKI
NAMULUNDU	"
	MANGENI WA PANTALEO BOLOKI

CHAPTER SIX: APPENDIX

60

                                         NGWENO MAHOLIA WA LWANDE WESONGA
NABONWE II   Masaba
                                  MASABA WA NGWENO MAHOLA
                                  Ngundira (Osinjo)
                                  NGUNDIRA WA MASABA
NAMAINDI   Dujubo
                                  Mwanga
                                  Indoro
NADWANGI   Zefania Okumu
                                  Eward Owori
                                  Ongomo
                                  ZEFANIYA OKUMU WA NGUNDIRA OSIJJO.
NASUBO I   Wandera
                                  Mika Dwiro
                                  Okello
NAHULO   Ojwangi
NASUBO II   Ouma
                                  EWARD OWORI WA NGUNDIRA OSIJJO
NANYANGA   Wycliffe Oundo
                                  WERE WA......
                                  Asango
                                  Onyango
                                  Odungo
                                  NGUNDIRA:
                                  Bati yaali nende ebyayo ebingi, nayo bamuletera ob
                                  bindi bati yayenge, naye yaboola ati, ese omwono n
                                  nga hu Ngundira chyango echi mbula onanjayire, nih
                                  ohwatula erita NGUNDIRA, erita niye OSINJO.

                                  NGWENO MAHOLA WA LWANDE WESONGA.
NABONWE   Masaba
                                  MASABA WA NGWENO MAHOLA.
                                  Awori
?   Ogaanga
                                  Onyango Hatera
                                  Onyango Odyonga

                                  AWORI WA MASABA
KADONGO   Lwande
HOBA   Gwato
                                  Mugenya
NYALA   Odunga

..../8

61

	DANIEL WANJALA
NAMUKUBA	Nakasio Egessa
	ODUNGA WA MUGENYA
NANDAKO II	Lwande
	Awori
NACIWERE	Lwande
NANDAKO II	Mugenya
NACHAAKI I	Ouma
NACHAAKI II	Lwande (Monday)
	Mayende
	AWORI II WA ODUNGA
NANKIMA	Nanyanga
	LWANDE WA ODUNGA
NACHAAKI	Mugenya
	MUGENYA WA ODUNGA
NADAARE	Ojiambo
	Bisse
	Samba
	Daniel Wanyama WANJALA
	Ojuku
	DANIEL WANJALA WA MUGENYA
NAMUKOBE I	Mukaga,
	Were
	Okello
NANYANGA	Wilson Nayaala
	Dwire
	Barasa
	Ojiambo
NAMULUNDU	Onyango
NATIKOKO	Egessa
NAMUTKOBE II	Okumu
	Wafula
	Wandera
	MUKAGA WA DANIEL WANJALA
NAMAINDI	Wanyama (Were)
	WILSON NEYAALA WA DANIEL WANJALA
NAJABI	Toyota
	Wabwire
	Daniel Wanjala
	Mangoni

AWORI WA MASABA

NAMANGALE	Slyvanus Wangalwa
	Cosma Gwato
	William Sikaala
NAMUDDE	Ogooya Anderea

Slyvanus Wangalwa Wa Awori

NAMULUCHA	John Wafula
	Fredrick Bwire
	Vincent Opio

NELSON ODONGO

NANYANGA	Andrew Bwire
	Gedi Sangalo
	John Wanyama

CORNEL OKELLO

NASINYAMA	
NAILABI	Wanyama

JOHN WAFULA WA SILYVANUS WANGALWA.

KADALEGA	Wanyama
	Onyango
	Oumа
	Wandera

FREDRICK BWIRE WA SLYVANUS WANGALWA

ADETI	Saiya M
	Wandera
	Barasa
NAYINGANI	Opio
	Okello
NAMUTINDYE	Joseph
	Ogutu

VINCENT OPIYO WA SILYVANUS WANGALWA

Awori, Osbon

OKELO CORNEL

NASUBO	Sunday Denes
	Sam Barasa

WILLIAM SIKALA WA AWORI

NAMANGALE	Ogooya Anderea
	Jared Wandera
Nalala:	George Bubolu
	Joshua Ogutu

NGWENO MAHOLA WA LWANDE WESCHOA

NASIBWOCHI	Mutika

MUTIKA WA NGWENO MAHOLA

?	MUTIKA WA NGWENO MAHOLA
	Wanga
	Emaali

63

ENAALI WA MUTIKA
FUDIEMBE
FUDIEMBE WA ENNALI

NALIALI — Musa Fidiembe

MUSA FUDIEMBE WA FUDIEMBE

NANYANGA — Yosia Gusinja
James Okinda

NAMULUNDU — Enosi Otika
Jonathan Ouma
Mangeni
Buchunju

NAMUKOMBE — Erieza Mugenda
Grisom Wandera

NAMULUNDU — Abisayi Wanyama
NAMUYEE — Ouma Daudi

YOSIA GUSINJA WA MUSA FUDIEMBE

NASIBIKA — Wafula
Wanyama
NASIMALWA — Wandera
Ouma Patrick
NAMURWA I — Ojiambo
Bwire
NAMURWA II — Mugeni
Bwire
Mangeni

JAMES OKINDA WA MUSA FUDIEMBE

NAMABI I — Machyo Alupakusadi
Wanyama
NAMABI II — Darasa
Martin Musa Fudiembe

ENOSI OTIKA WA MUSA FUDIEMBE

NANGAYO — Egessa

YANASANI OUMA WA MUSA FUDIEMBE

Musisi
Mutika

.../

	WANYAMA WA DANIEL BULUMA
NACHAKI	Muganda
	WAFULA WA DANIEL BULUMA
NABAHOLO	Muganda
	Dwiro
NACHAAKI	Daniel Buluma
	OKOMBA WA MUGANDA
NAMULWAANI	Eridadi Ouma
	Okumu
NAKIROYA	Wangira
NAMAKANGALA	Osinya wa Eridadi
	Odwori
	DANI NALEBE WA MUGANDA
NYARUWA	Kadeka
	Muganda
	Judh Wanga
	Ochoola
	DAUDI OUMA WA MUGANDA
NAYIGAGA	Wafula
	Muganda
	Wandera Musa
	NGWENO MAHOLA WA LWANDE WESONGA
NAMULWANI	Ngweno Sisera
	NGWENO SISERA WA NGWENO MAHOLA
NAHUMACHI	Hamala Halanga
	Makuda
	HAMALA WA NGWENO SISERA
NAMANGALE	Obwora
	OBWORA WA HAMALA
NAMAINDI	Agoola
	Odieso
NACHONGA	Zekalia Osolo
	ODIESO WA OBWORA
NABONGO	Wasike
	WASIKE WA ODIESO
NAHOSOHO I	Juma
NAHOSOHO II	Okochi
	Obwora
	Okochi
	Ogutu
	Odwori

.../13.

65

NASUBO I
George Hamala
Richard Ngweno
Wilson Ogana
Agoola Edward Namangalo
Samuel Makuda
Christopher Nachonga
Friudi Odwori

NASUBO II
Wycliffe Ouma
Fred Osolo

NAMULEMBO
Obwora Isaac
Nachonga Opyo
Okello
Namwonja

?
OGUTU WA ZAKALIA OSOLO
Odieso
Geofrey Ogutu
Hamala

GEORGE HAMALA WA ZAKALIA OSOLO

NAMACHOLE
Situma
Charles Dwana
Tom Mulongo

NEHOBA
Nathan Hamala
Aludda
Peter Henry Hamala

?
RICHARD NGWENO WA ZAKALIA OSOLO
"
JOShua Osolo

?
WILSON OGANA WA ZAKALIA OSOLO
Daniel Auma
James Ogaana
Peter Ogfana
Tom Osola
Fred Ogaana

ERASTO OBWORA WA MAKOHA LUNGASA

NASINYAMA
John Makoha

JOHN MAKOHA WA ERASTO OBWORA

NAMBIRI
Jackson Osolo
Francis Makoha
Benlicto Obwora
Ochiongi Mayu
Dodoro
Idamba

WALTER MAKUDA WA ZAKALIA OSOLO
?
Dvani Wandora
Dolifis Wandora

?
FRED NGWENO WA..........
Kenneth Ngweno
Anthony Ngweno

MAKUDA WA NGWENO SISWA

NAMANGALE

.../14/

MBALWA WA......
NAMANGALE   Paulino Omedda
                 Ogale
                 Okuku

                 PAULINO OMEDDA WA MBALWA
NASINYAMA   Alfred Sisera

                 OUMA WA MAKUDA
NADONGO   Esekiel Makuda
                 Onyango
                 Ochiengi
                 Wandera
NANYIFWA   Zablon Wanyama
                 Ahenda Benjamin

                 EZEKIEL MAKUDA WA OUMA
NAMUDDE   Samuel Makuda
NAMUHOMA   Ouma
NASONGA   Ochieno
NAMAKANGALA   Ouma

                 OCHIENGI WA OUMA
NAMULUMBA   Ouma
                 ZABLON WANYAMA WA OUMA
NAMAINDI I   ..
NAMAINDI II   ...
NACHAAKI   Ngweno
                 Makuda

                 BENJAMIN AHENDA WA OUMA
NABURI   Ouma
NAMAKWE   Ouma
                 NGWENO SISERA WA NGWENO MAHOLA
NAMULEMBO   Halanga.
                 HALANGA WA NGWENO SISERE
....   Olunjalu
                 OLUNJALU WA HALANGA
NAMAYERO   Nicodemu Ngweno
                 NICODEMUS NGWENO WA OLUNJALU
NAHOOLI   Ngweno
                 APIYO WA HALANGA
NALALA   Nangweri
                 Ngweno (Alego)
                 ERASTO OBWORA WA MAKOHA
NASINYAMA   John Makoha
                 Walter Makuda
                 Fred Ngweno Lumuni
NABORO   Patrick Ojiambo
                 Vilian Elbang Makoha

                 ...../15.

LWANDE WESONGA: A GENEALOGY

NAMUMULI	Enosi Ochiengi
NACHAAKI	Godfrey Osodo
	Luka Stephin Opyo

MAKUNDA WA NGWENO SISERA

NAMBANJA	Munyuwalo
	Makoha
NASONGA	Mbalwa
NAMANGALE	Ouma

MAKOHA WA MAKUDA

Ouma luyafwa, Makoha yakerema muha simwana, ni Makuda Obbara.

NADIBBONYO	Buluma
	Ohaba
NAMAINDI I	Jacob Bwire
NAMAINDI	Jeremiah Wandera
	Ombunga

Obwora niyafwa Makoha Lugasa yekerema Nachong Erasto Obwora niyebulamo Erasto Obwora.

BULUMA WA MAKOHA

NALALA	Jastas Namanyi
	Wawuya

JASTAS NAMANYI WA BULUMA

NAHULO	Ojiambo

OHABA WA MAKOHA LUNGASA

NACHONGA	Solomon Makoha

SOLOMON WA OHABA

?	DARASA
	Ochiengi
	Makuda
	Makuda
	Nafwa
	Sihaba

JACOB BWIRE WA MAKOHA

NABURI	Julias Obwora
	Isirael Onyango

OGESSA WA JULIAS OBWORA

NABBYANGU	?

JEREMIAH WANDERA WA MAKOHA

ADETI	Augustino Omondi
	Wycliffe Makoha
	Slyvester Ochiengi

AUGUSTINO OMONDI WA JEREMIAH WANDERA

NASUBO	William Omondi

WYCLIFFE MAKOHA WA J. WANDERA

?	Juma

OMBUNGA WA MAKOHA LUNGASA

?	Washington Juma
	Albert Okumu

                              Agywey Taabu
                              Ojwangi   68

                              WASHINGTON JUMA WA OMBUNGA
                              Ogoola
                              Odwori
                              LWANDE BINUNGO WA NGWENO
NABONGO   Lwande Wesonga
                              LWANDE WESONGA WA LWANDE BINUNGO
NAMUDU   Lwande Mulyamboka
                              LWANDE MULYAMBOKA WA LWANDE W.
?   Wangoho Rafwaki I
                              WANGOHO RAFWAKI WA LWANDE MDOKA
NASIBIKA   Mukongo
                              MUKONGO WA WANGOHO RAFWAKI I
NAMANGANDA   Wanjala
NACIWERE   Wangoho Pendo II
                              WANJALA WA MUKONGO
NAPUNYI   Oduyo
                              Hayingu
                              Wangoho III
                              ODUYO WA WANJALA
NAMAINDI   Roman Gusino & Macial Doloko
NALWENGE   Longino, Ouma, John Ogema & Macial Doloko
                              ROMANO GUSINO WA ODUYO
NAMUSIHO   Domiano Ouma
                              LONGINUS OGOHA WA ODUYO
NASUBO   Ogoola, John Ogema,
                              Mbok Clement and Patrick Okumu.

                              JOHN OGEMA
NADULINDO   Charles Wanjala
NANGWE   Joseph Oduyo
NADULINDO   Luberuto Malingu
                              Patrick Mugeni
                              Morris Gusino
                              Fred Makoha
NEHAME   Taabu Robert
                              GUSINO ROMANO
ADETI   Patrick Ouma
                              Ogoola
                              Oduyo
                              Tambiti
                              Mbolu
NAMUBACHI   Dubolu
MAJURI   John Wandera
NAMUTALA   Fred Ochiengi
                              Godfrey Obbanda.

                              DOMIANO OUMA WA ROMANO GUSINO
NAJULO   Oduyo
                              Kabuli

                                                              .../17.

69

LWANDE WESONGA WA LWANDE BIRUNGO

| NAMUBU | Lwande Mulyamboka |
| NABILYACHO | Odemi |

ODEMI WA LWANDE MBOKA

Muhula
Odemi

MUHULA WA ODEMI

NASUBO I	Wanyande
NASUBO II	Ngweno (Osiyo)
NABBONYO	Ongenge

WANYANDE WA MUHULA

| NACHONGA I | Haluba |
| NACHONGA II | Petero Nabahunya |

PETERO NABAHUNYA WA WANYANDE

NAKUHU	Joseph Wandera
NAKIROYA	Nabbangi
	Ouma

NGWENO (OSIYO) WA MUHULA

NASABI	Asumanga
	Wilson Wangalwa
	Sengeri

WILSON WANGALWA WA NGWENO OSIYO

NACHWEDE	Wandera
	Mangeni
	Ouma
	Onyango

ONGENGE WA MUHULA

NACHIMO	Yeremia Ochimi
	Okello
	Ajongo

YEREMIA OCHIMI WA ONGENGE

| NAJAAYA | Mikaya Namangale |
| | Mesusora Muhula |

OKELLO WA ONGENGE

Mayo, Muhula

MIKAYA NAMANGALE WA YEREMIA OCHIMI

NAWONGA	Ongenge James
NAMUDEMO	Ochimi
	Muhula Daglas E

MESUSERA MUHULA WA YEREMIAH OCHIMI

NAMUDAIRWA	Wandera
	Muhula
NAKOYI	Ongonge
	Ochimi
	Okumu
NAMANYI	Barasa

OJONGO WA ONGENGE

| NAKEWA | Odemi |
| | Nasanael Ouma |

.../17.

-18-

NASANAEL OUMA WA OJONGO
Abangi
Okello

ODEMI WA ODEMI
Mayondo
Ogulo

OKUMU WA ODEMI
NALUKADA   Ajongo yakerema muha simwana

NAKIROYA   Matayo Odemi

MATAYO ODEMI WA ODEMI
NACHWERE   Onyango
                   Ngwono Osiyo
NAHABI   Obbakiro

71

__ONGA WA LWANDE MULUNGO.
"KAGENDA AMALAKULE KA NEILAMA"
OMALA WA KAGENDA
ABAHASI BA KAGENDA

NABWALA	Omala,
	Siohimi
NANGOMA	Waecha Ofumbuha
NANJOWA	Muhachi
	Ngundira

OMALA WA KAGENDA

NAKUHU	Lwande.

LWANDE WA OMALA.

NABONGO	Ndumwa
NASINYAMA	Achiengi
NAMANGALE I.	Okuku
NAMANGALE II	Malibo

NDUMWA WA LWANDE

NAMENYA	Ochaso
NALALA	Olijjo
NAMENYA	Ohuya

OCHASO WA NDUMWA

NAHABI	Gwayya
NAHABI	Yafesi Namenya
NAHABI	Kosea Junge
NAMBURBI	Charles Oundo
NAHABI	Iginatiyo Mudambo

OLIJJO WA NDUMWA

NAHABI	Stephine Ndumwa
NAMUKUBA	Mutanda
	Nonga
NACHAKI I	Wafula
NACHAKI II	OMALA
	WILSON OPIYO
NACHAKI IV	Yovan Makoha
NACHAKI V	Yanasani Godan

STEPHIN NDUMWA WO OLIJJAO

NABYANGU	Mangoli
Nachaki I	Dudaha
NACHAKI II	Ndumwa

BUDAHA WA STEPHIN NDUMWA

NASUBO

(1)

	OMAALA
	MAKOHA OSOGOO
NASIBIINGI	Ayimbi
	Omaala
NAMUHUMWA	Oguba
TEREZA OKOOLA	Alfred Bwire
	Pascal Ouma
	John Ogutu
	Manuel Mangeni
	ALFRED BWIRE WA MAKOHA SOGGO
NABURI	Okochi Bwire
	Julias Juma
	Majoni
	Peter Mayende
NASERA	Jophiter Barasa
	Moses Onyango Ogemba
	PASCAL OUMA WA MAKOHA SOGGO
NALALA	Musumba Ouma
	Patrick Lumumba
	JOHN OGUTU WA MAKOHA SOGGO
NASIKAANI	Ouma
	Ogemba
	Teresa
	Sitabi
	MANUEL MANGENI WA MAKOHA SOGGO
NAHULO	Ogemba Francico
	OGEMBA WA KUBADI
NAMANGALE	Mangeni Ogemba
	MANGENI WA OGEMBA
NANYIREMI	Stanley Wanyama
	Bwire Wilber
	STANLEY WANYAMA WA MANGENI
NASITWOKI	Mukaga Wanyama
	Friday Wanyama
	Odembo Wanyama
	BWIRE WILBER WA MANGENI
NAMULUNDU	Wangira Robert

end

TEFIRO WAFULA WOLIJJO

NAMAINDI	Erisa Mangeni
NAMINDI	Ochaso

ERISA MANGENI WA TEFIRO WAFULA

Nahascho	Wafula Juma
	OPIO WILSON
NAMAKANGALA	Olijo,
	Omala
	Wafula
	Nahulo
	Okumu

JUMA WA ERISA NANGENI

NAMUTENDE	"
NAMAKANGALA	"

ALFRED OMALA WA OLIJJO

NAMUFUTA	"
NAKALYOKO	Bwire
NAKALYOKO	Ochieno
NAKALYOKO	Kagenda
Nakalyoko	Okumu

OCHIENO WA ALFRED OMALA

NAPUNYI	"

NONGA WA OLIJJO

NEHOBA	Achwada

WILSON OPIYO WA OLIJJO

NAMAKANGALA I	Okijjo
NAMAKANGALA II	Wafula
NAMAKANGALA III	Okuku
NAMAKANGALA IV	Nahulo
Nalwnge I	Ouma
Nalwenge II	Wandera
NAMAKANGALA V	Majoni
NAMAKANGALA VI	Osaamo
NAMAKANGALA VII	Musumba (Yafwa)
Namulundu	Bikyyei
	Junior
	Birungi

OLIJJO WA OPIYO WILSON

NAMULUNDU	Simon
	Birungi
	Junior
NAMUGANDA	"
NAMUNYANKOLE	"

	WAFULA Wa OPIYO WILSON
NAFWOFWOYO	"
	MAKOHA YOVAN WA OLIJJO
NAPUNYI	Mayindi
NAPUNYI	Ouma
NAPUNYI	Wandora
Nakooli	Majoni
NAKOOLI	Oboto
NAKOOLI	Sajja
NAKOOLI	Opondo
NAKOOLI	Nabuhya
NAKOOLI	"
NAMAYOGA	Okello
	Makaanda Ojiambo
	OUMA WA YOVANI MAKOHA
NAHULO	Amosi
	Jamy
	Mukisa
	YONASANI GADAN WA OLIJJO
NAMAKANGALA	
NAMUFUTA	Samuel Oundo
NASONGA	Omala
NAMAKANGALA	Aringo
	YAFESI NAMENYA WA OCHASO
NAMAINDI	Wandera
	CHARLES OUNDO WA OCHASO
NAJABI	Wanyama
NAJABI	Ochaso
NAMAKANGALA	Mugeni
NAMAKANGALA	Ochaso
	KOSEA JUNGE WA OCHASO
?	BBITA
	IGINATIYO MUDAMBO WA OCHASO
NAMAINDI	Tanga
	WANYAMA WA CHARLES OUNDO
NANYIHODO	"

.../4.

ACHIENGI WA LWANDE

NAMULEMBO	Gaunya Oguro
NAMULEMBO	Ohwango
NAMULEMBO	Okuku Nalibbo
NAMULEMBO	Okuku Ngendo

GAUNYA OGURO WA ACHIENGI

NABUNJE	Ombale
NABUNJE	Ochiengi Okaalo
NBUNJE	Darasa Oguru
NABUNJE	Peter Kadimba
NALWENGE	Pantaleo Wandera
NALWENGE	Juma Lucas
NAJABI	C. Kwahde Agunga Kongo.

OHWANGO WA ACHIENGI

NAMUSIHO	Mugenda
NAMUSIHO	Omala
NAMUSIHO	Wandoba

OKUKU MALIBBO WACHENGI

NAJABI	Cundo
NAJABI	Abbele Yosamu Wanyama
NAJABI	Aimbi
NAJABI	Clement Lwande Oguro
NAJABI	Ochiengi Semeyo
NAJABI	Pantaleo Oguro
NAJABI	John Omala

OHUYAA OHONJO WA NDUMWA

NALUBANGA	Oheto
NALUBANGA	Okumu Nakubo

OHETO WA OHUYAA

?	Omala Lwande

OKUMU NAKURO WA OHUYAA

NABULINDO	?

ERINEYO KATA WA OGEMBA

Nahasoho	Wandera
NAHASOHO	Ouma
NAHASOHO	Bwire
NAHASOHO	Mangoni

ACHIENGI WA LWANDE

NAMULEMBO	Gaunya Oguro
NAMULEMBO	Ohwango
NAMULEMBO	Okuku Nalibbo
NAMULEMBO	Okuku Ngendo

GAUNYA OGURO WA ACHIENGI

NABUNJE	Ombale
NABUNJE	Ochiengi Okaalo
NBUNJE	Barasa Oguru
NABUNJE	Peter Kadimba
NALWENGE	Pantaleo Wandera
NALWENGE	Juma Lucas
NAJABI	C. Kwahde Agunga Kongo.

OHWANGO WA ACHIENGI

NAMUSIHO	Mugonda
NAMUSIHO	Omala
NAMUSIHO	Wandera

OKUKU MALIBBO WACHENGI

NAJABI	Oundo
NAJABI	Abbele Yosamu Wanyama
NAJABI	Aimbi
NAJABI	Clement Lwande Oguro
NAJABI	Ochiengi Semoyo
NAJABI	Pantaleo Oguro
NAJABI	John Omala

OHUYAA OHONJO WA NDUMWA

NALUBANGA	Oheto
NALUBANGA	Okumu Nakubo

OHETO WA OHUYAA

?	Omala Lwande

OKUMU NAKURO WA OHUYAA

NABULINDO	?

ERINEYO KATA WA OGEMBA

Nahasoho	Wandera
NAHASOHO	Ouma
NAHASOHO	Bwire
NAHASOHO	Mangoni

77

-5-

WANDERA WA KATA

NAMULUNDU	GUMA wa Kata R.I.P.
NAGO, ATE	Abahana 3

OGEMBA WA ACHIENGI

NACHONGA	Kubadi
NACHONGA	Nduku

KUBADI WA OGEMBA

NANYIFWA	Okello Mayunga
NAMUDDE	Ogemba II
"	Oundo
"	Wafwa

OGEMBA II WA KUBADI

NAMANGALE	Kata
"	John Osaalo
"	OKELLO AUGUSTINO

OSAALO JOHN WA OGEMBA II

NAMANYI	Obukya Mako ha.

OKELLO AUGUSTINO WA OGEMBA II

NAMUFUTA	Ouma
	Opiyo

OUNDO WA KUBADI

NACHAAKI	Omala
NAMIRIPO	Okello
NAJADI	Wandera

OMALA WA OUNDO

NAHABI I	Bendicto Wangalwa
NAHABI II	Anyango (Wanyama)
	Wandera Stephen
	Albert Okumu
	Darasa Stephin
	Ojiambo Milton
NAHASOHO	Alex Juma
	Wilson Mangeni
NAKOOLO	Oundo
	Bendicto
NEWUNJE	Egessa Wilber
	Ouma Stephine
NAMAKWA	Wafula
	Sanya

ANYANGO (WANYAMA) WA OMALA

NAMUKUBA	Robert

WANDERA STEPHIN WA OMALA

NAMUMALI	Leonald Wandera
	Moses

ALEX JUMA WA OMALA

NEBERE: Dwire Patrick
Ouma
Oundo

WILSON MANGENI WA OMALA

NAMALELE: Wandera (Solo)
Godfrey Dwire

WANDERA WA OUNDO

NAMWAYA: Kubadi
Oundo
Wafula
Peter Ouma
Hagai
Godfrey

OSAALO WA MAYUNGA WA KUBADI

NANYIFWA: Okuku Rabwogi
Makoha Sogo

OKUKU RABWOGI WA OSAALO
OHETO WA OHUTAA

?: Ouma Edward
Wasike

MAKOHA WA OSAALO MAYUNGA

NAMULU: Ayimbi
Omala

AYIMBI WA MAKOHA

NAMBASI: Aggrey Musungu
Peter Ouma
Joseph Majimbo
Clement Lwande

AGGREY MUSUNGU WA AYIMBI

NAKOMOLO: Fred Wanyma
Simon Dwire

PETER OUMA WA AYIMBI

NAMUKEMO: Elijah Peter

OMALA WA MAKOHA

NAJADI: Milton Taabu Omala
Wilson Mangeni

MILTON TAABU OMALA WA OMALA

NAHASOHO: Benard Sanya
Wilber Ojiambo
Onyango Geofrey

OMALA WA KAGENDA

?: Onyoobo
Ogemba

ONYOBO WA OMALA
NAHALANDA WA ONYONO

NAPUNYI: Julias Wangalwa
Ouma (Pusi)

.../7.

-7-

	JULIUS WANGALWA WA NAHALANDA
NASIYEE	Ogutu
NAJABI	Wandera

	OUMD PUSI WA NAHALANA
NABBYANGU	Mangeni Jackson
NAMENYA	Wandera
	Wanyama
	Juma

	WANDERA WA OUMA (PUSI)
NEKUNYE	Wafula
	David

	WANYAMA WA OUMA (PUSI)
NATONGI	Mugeni
	Loenald Ouma
	George Wanyama

	JUMA WA OUMA (PUSI)
?	Onyango
	Dani Ouma
	James

2	SICHIMI WA KAGENDA
	LWANDE WESONGA
HEAHAMA	Kagenda

	KAGENDA WA LWANDE WESONGA
NABWALA	Omala Nende Sichimi
NANGOMA	Wanga Ofumbuha
Nanjowa	Muhachi Nende Ngundira

	WANGA OFUMBUHA WA KAGENDA
NACHAKI	Ogaara
	Obbiero
	Sichimi

NAHONE	Syawola
NAMULEMBO	Ogaara
	Sichimi
	Omuli
NANJOWA	Muhachi

	OGAARA WA WANGA OFUMBUHA
NAHASOHO	Michael Okuruma
	Edward Mugeni
	Dishan Okello
	James Mukaga

	OBIERO WA WANGA OFUMBUHA
NABWALA	Hamonye
	Ouma Osodyo

	HAMONYE WA OBIERO
?	Muhenye
	Nasibu Obero

	OMULI WA WANGA OFUMBUHA
NAMUDDE	Hamonye
NAMIRIPO	Muhadda

	NASUBO OBBIERO WA HAMONYE
NANGANDA	William Nachoye

.../8.

NAMWALIRA	**WILLIAM NACHOYEE WA NASIBU ODERO**
	Okuku
	Ouma
	Wafula
NALWENGE	Ouma
	SYAWOLA WA WNAGA OFUMBUHA
NAHULO	Odyanga
	Mukuhu
NADEKE	Ongwe
	ODYANGA WA WANGA OFUMBUHA
NAJUNIA	Orodi
NAMULUNDU	Dwonya
NAMAINDI	Ongodde
	ORODI WA ODYANGA
NASIBAYI	John Ngwabe
	Onyanga II Erisa
NAMUKUBA	Mageni
NAMULUNDU	Okuku
	JOHN NGWABE WA ORODI (MAWAA)
NADEKE	Orodi II
	ONYANGA II WA ORIDI (MAWAA)
NALALA	OMP (William Ouma)
	Orodi Wycliffe
	Samusoni Kwoba
	Osinya
	MANGENI WA ORODI (MAWAA)
NAMUDDE	?
NAMUHOMA	Sunday
	SUNDAY WA MANGENI
?	Wankya
	ONGWE WA SYAWOLA
NABAHOLO	Oherero
	Wanga
	OHEBERO WA ONGWE
NAMULUNDU	Dwonya
	Daudi Magunda
	DAUDI MAGUNDA
NAMUDDE I	Dwonya luyafwa Daudi Magunda aakerema NAMUDDE niyebulamo Wilson Mahulo nende Living Ohebero
	NAHULO WILSON WA DAUDI MAGUNDA
NALALA	Wandera Simon
	Patrick Odwori
	LIVINSTON OHEBERO WA DAUDI MAGUNDA
NANGENYA	Living Ohebero
NAMURWA	Odianga
	Onyango Stephin
	Owori Moses

..../9.

NAMULEMBO	Juma Ohebero
	Mugeni Ohebero
NAJADI	Okochi Ohebero

WANGA WA ONGWE
NAMWENGE	Barasa
	Mulyedi Agaitano

BARABARA WAWANGA
NANYANGA	Ouma (Humber) Julias
	Andrew (Magero) Wanga

OUMA (HUMBER) JULIAS
NANGWE	?
NAKIROYA	Dwire
	Mugeni
	Egessa
	Wandera Benard

AGAITANO MULYEDI WA WANGA
NAHABI	Yamukerama niyebulamu Wanjala
NANYANGA	Barabara yamukerama muha Barabara mwanangina,
	Ikuniyebula Barabara nende Wanjala.

SICHIMI WA WANGA OFUMBUHA
?	Dibondo
	Ogaara II
	Nungweno
	Paul Musungu
	Zakalia Sibero
	Daali

DIBONDO WA SICHIMI
NASIHUNE	Batolomayo Dwire
	Samuel Wandera
NAHASOHO	Mahondo Eriakimu

BATOLOMAYO BWIRE WA DIBONDO
NAHONE	George Mulucha
	Gilbert Bwire

GEORGE MULUCHA WA BATOLOMAYO BWIRE
NAMUHOKOSI	Majaliwa
	Batolomayo Dwire

GILBERT BWIRE WA BATOLOMAYO BWIRE
NAMIRIPO	Batolomay Dwire

OGAARA II WA SICHIMI
NAHASOHO	Edward Mugeni
	James Dwire
	Dishani Okello

ANDREW (MAGERO) WANGA WA BARABARA
NAMUDDE	Bosco
	Wanyama
NABAKOOLWE	John Mangeni
	Dwire David
	Egessa

..../10.

-11-

	TAIDOR NGUNDIRA WA OMOLO
NALWENGE	Yowana Mujabi
NALUKAADA	Alexander Wanga
NAMULEMBO	Slivester Ochieno
	Christin.
	YOWANA MUJABI WA TAIDOR NGUNDIRA
?	Benard Mujabi
	Boniface Owino Mujabi
	Peter Mujabi
	Michael Mujabi
	Okello Mujabi
	ALEXANDER WANGA WA TAIDOR NGUNDIRA
NAMULEMBO	Michael Omondi
	Walter Ojwangi
	MORRIS OGANI ODOOL
ADETI	Fedrick Barasa
	Paul Ogani
ADETI II	Odwori Ogaani
	Vicent Owino
	Wanga OFUMBUHA
NANJOWA	Muhachi
	MUHACHI WA WANGA OFUMBUHA
NAHULO	Oheto
ADETI	Mulayaa
	NAKOOLI HAUNWA
	OHETO WA MUHACHI
NABONGO	Obbiero
	OBBIERO WOHETO
NAMULEMBO	Oheto II
	Ouma
	HAUNWA WA MUHACHI
NABONGO	Obbiero
	Kagenda
	OBBIERO WA HAUNWA
NAMAINDI	Gawunya
BADUNI	Ngabi
NABUKAKI	Magero
	GAWUNYA WOBBIERO
NASINE	Okochi
NAMBENGERE	Kanoti
	Oligo
	MULAYAA MUHACHI
ADETI	Oligo
	Ongala
	OLIGO WA MULAYAA
NABONWE	Oduki
	Ombogo
	MUGENI WA OLIGO
	ONGALA WA MULAYA
NAKUHU	Ojwangi
	Osinya
NAMUNYEKERA	Ouma.

.../12.

83

BOSCO WA ANDREW (MAGERO) WANDA
NAMUSOGA — Eric Ivan
NAKIROYA — Deness

ORODI WYCLIFFE WA ERISA ODYANGA
NAMULUNDU — Jack Laban
NACHAAKI — Dauso Bwire (ongodde)
Fred Orodi

SAMUEL WANDERA WA DIBONDO
NANYANGA — Stephin Bwire
NAMAKANGALA — DIBONDO
NAHONE — Geofrey Oundo, George Mulucha
Aggrey Bwire.

ERIAKIMU NAHONDO WA DIBONDO
NAMWAYA — Wycliffe Mulucha, Bwire Henry, Sanya Mangweno.
NAMULEZI
NAHONE — Ojiambo, Omaajjo.

MUGWENO WA DIBONDO
NASIYE — Zakaliya Sibeoro
Paul Musungu

ZAKALYA SIBEERO WA MUGWENO
NAMULUNDU — Wilson Ouma

PAUL MUSUNGU WA ZAKALYA SIBEERO
NAMULUNDU — Absolom Magaga
Iginatyo Wafula

DALI WA SICHIMI
NAFWOFWOYO — Masinde
Yekosafati Musumba
Gidion Wandera

ANDEREA DALLI III
NAKIROYA — Jackson Ojiambo
Charles Ouma
Humpreyss Onyango
George Wafula

NABUKAKI — Living Mugeni, Richard Mukaga, Stephin Wandera
Nende Robert Mangeni

OMOLO WA WANGA OFUMBUHA
NANYANGA — Omolo
Siduhu
Odooli

OMOLO WA OMOLO
NAMENYA — Domas Were
Taidor Ngundira
Augustino Were

AUGUSTINO WERE WA DOMAS WERE
NAMAYERO — Clement Odooli
Cornel Odipo
Doniface Nachona
Paul Were
Alfred Were
NAMULEMBO — Henry Were

LWANDE WESONGA: A GENEALOGY

	BUKEKO WA NGUNDIRA
NACHONGA	Omijja
	ONIJA WA BUKEKO
NEHOBA	Ngweno
	Bukeko II
	Muniala
	NGWENO WOMIJJA
NAMULEMBO	Gaunya
	Joshua Musungu
	GAWUNYA WA NGWENO
NAMULEMBO	Omijja Kedereyo
	Bubolu
	Odwori Tinga
	ODWORI TINGA WA GAUNYA
NAMUDDE	Taabu
	BUKEKO II WA OKIJJA
NASUBO	Osinya Pamba
	OSINYA PAMBA WA BUKEKO II
?	Nanyibbomi
	Nambisa Bulasio Ouma
	MUNIALA WA BUKEKO II
?	LWANDER
	LWANDE WA MUNIALA KAGENDA II
	KAGENDA II WA LWANDE
	Nadebu Bwonya
	Buluma (Musamia)
	BULUMA WA KAGENDA II
NADEBU	Yowana Hafulu
	YOWANA HAFULU WA BULUMA
NADEBU	Mujuofa Elias
	BUKEKO II WA OKIJJA
NALALA	Wanjala
	Ololo
	OLOLO WA BUKEKO II
NAJABI	Mesusera Olowo
NAMATE	Nikola Ogessa, Benya Odwori
NAMWENGE	Anthony Ngonga
	Bendicto Ngweno
	MUNIALA WA OKIJJA
NAMULEMBO	Obwege
	Hagondi
NAMAINDI	?
NAMULEMBO	Hagondi
	Pedda
	OBWEGE WA MUNIALA
	ZABLON OBWOLO
NAMULEMBO	Hagondi
	Pedda
	ODONGO
NAHAYO	Zablon Obwolo
	ZABLON OBWOLO WA OBWEGE
NALYALI	Okoohi
	Wilson Wandera
	James Mumal
	Fredrick Wandera
	Naming Kaisofasi
	HAGONDI WA OBWEGE
NAHABI	Patrick Ominjja
	Okombo
	OPENDA WA MUNIALA
NAKWEDDE	Firimoni Bubolu
NALWENGE	Muniala
	Odongo
NACHAKI	Nyegenye Charles
NAHABOCHA	Nyangweso
	James Barasa.

	ODUKI WA OLIGO
NADEKE	Mengo Okigo
	Ogoola Oduki
	Wandera Oduki
	Juma Oduki
NAMAINDI	Onyango Oduki
	Juma Okudi II
	Ogutu Oduki
	Oundo Oduki
NAMAINDI	Okello Oduki
	Oundo Oduki
	Gaunya Oduki
	Ojiambo Oduki
	MBOGO WA OLIGO
NABONGO	Ochiengi
	Sikuku
	Akumu
	Nekesa
NADEKE	Nabboro
	Muhachi
NAMUNYEKERA	Oriero Gawunya
	MUGENI WA OLIGO
	LWANDE WESONGA
NEHAMA	Kagenda
NANJOWA	Ngudira wa Kagenda
NASONGA I	Bukeko
NASONGA II	Dikidi
NAMULUCHA	Kubengi
NALUKADA	Mboyo
	NGUNDIRA WA KAGENDA
NAMULUCHA	Kubengi
	KUBENGI WA NGUNDIRA
NAHULO	Gasundi
	Mbakulo
NAMUDDE I	Owori
NAMUDDE II	Nambakwa
	NGUNDIRA WA KAGENDA
NASONGA I	Bukeko

../13.

-14-   86

	YONASANI NGWABE WA BUKELLO III	
NAKOLI	Hitler	
	Onyango	
	OMIJJA ABBALA WA NGWENO	
NAHASOHO	Omuhana	
	NGUNDIRA WA KAGENDA	
NASONGA II	Dikidi	
	DIKIDI WA NGUNDIRA	
NALYALI	Namwiwa	
	Agaaro	
NANYIBBOMI	Lusimbo	
	NAMWIWA WA DIKIDI	
NABONGO	Ouma Nyaroya	
	OUMA NYAROYA WA NAMWIWA	
NAKAALA	Aloni Omondi	
NAMANGASA	Oulo	Stephin Omochi
	Dikidi	Petero Wandera
NAPUNYI	Toas Mabbachi	Juma
	Simoni Nasude.	
	ALONI OMONDI WA OUMA NYAROYA.	
NAMIRIPO	Ngundira	
	PETERO NAMWIWA WA ALONI OMONDI	
NAMUNYEKERA		
	CALASTO SUMBA WA WAMBUDO	
NANGAYO	"	
NAKOOLI	Ojiambo	
	STEPHIN OMOCHI WA OUMA	
NEHOBA	COMULUS (NGUNDIRA) WANDERA	
NAKOOLI	Were	
	Charles Omondi	
	Opio	
	Odongo	
	Mukaga	
	PETERO WANDERA WA OUMA.	
	CAMLUS (NGUNDIRA) WANDERA	
NASUBO	Ouma, Egessa, Stephin Omochi.	
	OCAARO NA NAMWIWA	
	LUSIMBO WA DIKIDI	
NAHULO	Ogengo	
NAMWALIRA	Oduyu	
	OGENGO WA LUSIMBO	
NASIWE	Kuucha	
NABOOLI	Juma	
NASUBO	Ignatio Ogutu	
	John Wandera	
	KUUCHA WA OGENGO	
NABONGO	Wanyama Francis	
	WANYAMA FRANCIS WA KUUCHA	
	IGINATIO OGUTU WA OGENGO	
NAMENYA	Maloba George	
NALIALI	Okumu Jackson	
	Odwori Richard	
	Ogengo Milton	
	Oduyu Patrick	
	Kuucha stephin (Fredrick)	

.../15.

—15—

	MALOBA GEORGE WA IGINATIO OGUTU
	OKUMU JACKSON WA IGINATIO OGUTU
	MUTULA WA DIKIDI
NAHASOHO	Wambudo
	Ngundira Ondyedye
	WAMBUDO WA MUTULA
	NGUNDIRA ONDYEDYE WA MUTULA
NEYINDA	Abuner Omunya
	ABUNERI OMUNYA WA ONDYEDYE
NALALA	Jolamu Egondi
	NGUNDIRA WA KAGENDA
NAMULUCHA	Kubengi
	KUBENGI WA NGUNDIRA
NAHULO	Gasundi
	Mbakulo
NAMUDDE I	Owori
NAMUDDE II	Nambakwa
	GASUNDI WA KUBENGI
NAMANGALE	Orubo
	ORUBO WA GASUNDI
NASIMALWA	Buya
	BUYA WORUBO
NABONGO	Gidion Odiedo
NAMBANJA	Wandera
NALWENGE	Ojiambo
NALWENGE	Mabbachi
	Juma
	Onyango
NAHEMBA	Lucas Onjaalo
	GIDEON ODIEDO WA BUYA
NASONGA	Josophat Odwori
	Charles Ochieno
	Edward Ogoola
NABUKAKI I	NABUKAKI I Joseph Nyongesa
	Joseph Nyongesa
	Joseph Ohito
NABUKAKI II	George Wandera
NASONGA II	Apola Obbala
	Andrew Obbala
	Charles Juma
	Fredrick Omondi
NAPUNYI	William Owino
KASONGA III	Ojiambo

.../

LWANDE WESONGA: A GENEALOGY

	OJIAMBO WA BUUYA
NAPUNYI	Ochiengi
	Okochi
	NABACHI WA BUYA
NASONGA	Buuya
	Odwori
	JUMA WA BUUYA
NANYINIKI	Orubo
	Nadede
	Okite
	ONYANGO WA BUUYA
NAPUNYI	Buuya
	Otika
	Obbala I
	Obbala II
	LUCAS ONJAALO WA BUUYA
"	Odenga
	Okumu
	Buuya
	Cotton
?	**ODENGA WA LUCAS OJAALO NGUNDIRA BUUYA**
	LWANDE OMUNYISA WA..........
NASONGA	Oyaaga
	Ottiro
NAMAINDI	Kwereho
NABONGO	Wanjala
	OYAAGA WA LWANDE
?	Opondo
	Ogutu
	OTTIRO WA LWANDE
NAMMUDDE	Yokana Kadima
	YOKANA KADIMA WA OTTIRO
	MESO WA OWORI
NAJABI	Comulus Wandera
	COMULUS WANDERA WA MESO
NADEKE	Cornel Ojiambo
NEHOBA	Onyango
	Keya Ochiengi
NADEKE II	Osuwo
	Odwori
	CORNEL OJIAMBO WA COMULUS WANDERA
NABUKAKI	Omondi
	Ochieno
	Meja
	Ojwangi
	ONYANGO WA CAMULUS WANDERA
NAMAINDI	Furango
	James
	Omooro
	Peter Ochiengi

NAPUNYI	**KEYA WA COMULUS WANDERA** Ombere Mejja
NAPUNYI	**OCHEINGI WA COMULUS WANDERA** Ochieno Odwori Fredrick Wandera
NAMAINDI	**OSUNO WA COMULUS WANDERA** Ouma
NABOOLI NAJABI	**CHWALA WA OWORI** Clement Were Oundo
NASIREKU	**CLEMENT WERE WA CHWALA** Ocheingi
NAMUNAPA	**OUNDO WA CHWALA** Kubengi Inginia
NABONGO	**ABWOKA WA OWORI** James Odwori Ouma Kubengi
NADEKE	Joseph Nikola
NABONGO II NAMUDEUMA	Daudi Buluma Owori
Naburi	**JAMES ODWORI WA ABWOKA** Ochiengi Pius
NASONGA	**KUBENGI WA ABWOKA** Barasa Ojiambo Pius Okongo
MERELE	**JOSEPH OWORI WA ABWOKA** Abwoka Wandera
NABURI	**DAUDI BULUMA WA OWORI** Anyesi Wandera Mugubi Jengo
NAFUNYU	Tinga Namwenge Idi
?	**ANYESI WA DAUDI BULUMA** DAUDI RONY
NABURI	**WANDERA WA DAUDI BULUMA** Nikola Daudi

-18-

NAJABI	**BULUMA WA OWORI**
	Kanoti Odwori
	Owori Ramunya
NAOWANGA	Pius Onyango
	Mahulo
NAJABI II	Okechi
	KANOTI ODWORI WA BULUMA
NASIMALWA	Oyaanga
	Makanga
	Ramisi
	OWORI RAMINYA WA BULUMA
NAHULO	Okumu
	Oundo
	Onyango
	Charles Odwori
	PIUS ONYANGO WA BULUMA
NALUKADA	Orado Odoowo
	Ndenga
	NDENGA WA PIUS ONYANGO
NALALA	Ochieno
	Bukeko L. Masonga
	Muniala
	Naminjoo Ngundira
	NGUNDIRA WA ALONI
NAMAKWE	Ouma
	George

end.

OKECHI WA PIUS ONYANGO

NANYANGA	Onyango
	Egessa
	Ochiengi

Onyango Wa Okechi

NAMAKANGALA	Buluma

LWANDE WESONGA WA LWANDE MULUNGO

NAHAMA	Kagenda

KAGENDA WA LWANDE WESONGA

NANJOWA	Ngundira

NGUNDIRA WA KAGENDA

NAMULUCHA	Kubengi

KUBENGI WA NGUNDIRA

NAHULO	Mbakulo

MBAKULO WA KUBENGI

NAHAALA	Ngundira II
	Ochieno
NAMAINDI	Ngema
	Dismas Hagyo
NAMUDDE	Magina
	Mwabi
	Mugoya
NACHAAKI	Heremia Masiga
	Echibbi

NGUNDIRA II WA MBAKULO

1. NASIMALWA	Yusufu Nakuhu
NAHEMBA I	Yosia Were (Butonya)
	Grisom Ohonga
NAHEMBA II	Obbonyo

YUSUFU NAKUHU WA (NGUNDIRA II)

NAMULEMBO	Jonathan Mbakulo
NAHONE	Yse Mugeni
	Emmanuel Wanyama
	Saul Ouma

JONATHAN MBAKULO WA YUSUFU NAKUHU

NAMUDDE I	Kubengi Exekiel
	Jacob Ochieno
	Saul Ngundira III
NAMUDDE II	Robert Oyaaka
	Akisoferi Oundo
	Yekonia Rojas Masiga
NANGABI	Damulira
NAHAHYA	Geofrey Ohonga (Bwire)

KUBENGI EXEKYERI WA JONATHAN MBAKULO

NAKOOLI	Wandera John
NAKOOLI	Joseph Ojiambo
	Bwire John
	Kazi Kenneth

.../2.

-2-

JACOB OCHIENO WA JONATHAN MBAKULO
NACHAKI Godfrey Ouma (Yafwa)
    Kazi Mbakulo
NAMAINDI Robert Ochieno

SAUL NGUNDIRA WA JONATHAN MBAKULO
NYALUWO Martin Ngundira

DAMULIRA WA JONATHAN MBAKULO
NACHAAKI Joseph Wanyama G. W.

EMMANUEL WANYAMA WA YUSUFU NAKUHU
NACHAAKI Ojiambo

OCHIENO WA MBAKULO
NAMUNYALA Yosia Obbienyo
    Yekoyada Ngundira

ISAAC FAHIRI
NAMANGALE
NAMUKUBA Jackson Ochieno
NASONGA Stanley Mbakulo
    Dishan Mbakulo Bwire
    Bhilimon Wanyama

NEKEDERA Gideon Oundo (Gasundi)

YOSIA OBBIENYO WA OCHIENO
NAMWINI

GEDION OUNDO (GASUNDI)
NALWENGE Bwire
    Okumu
    Kubengi, Ojiambo

YEKOYADA NGUNDIRA WA OCHIENO
NAMULEMBO James Mbakulo
    Edward Oguti

JAMES MBAKULO WA YEKOYAADA NGUNDIRA
NADONGO Richard Kubengi
    Wilber Ouma

EDWARD OGUTI WA YEKOYAADA NGUNDIRA
NAMAKANGALA Charles Kubengi

NGEMA WA MBAKULO
NAMUDDE
NASONGA Wanjala
    Ojiambo (Budaha)

OJIAMBO (BUDAHA) WA NGEMA
NAMAKANGALA Kubengi Aggrey
    Ramadhan
    Bwire

DISMAS HAGIO WA MBAKULO
NAKKOOLI Gabriel Ochieno
    Buluma

MAGINA WA MBAKULO
NALALA Colonio Luduba

..../3.

-3-

	MWABI WA MBAKULO
NAMUKOBE	Stephin Wandera
	Muchere
ADETI	Ouma
	Ngundira III
NASUBO	Wanyama
	YEREMIA MASIGA WA MBAKULO
NALALA	Daudi Mbakulo
NAKOOLI	Abahana Bahaya
	DAUDI MBAKULO WA YEREMIA MASIGA
NAMUTENDE	Martin Luther Mbakulo
	James Kubengi
	OWORI WA KUBENGI
NANYINYA	Abwoka
	Buluma
NAJABI	Omingo
	Okelo
NABONGO	Sicha
	Messo
	Achwala
	OMINGO WA OWORI.
NASIYE	Raphael Owori
NAKOOLI	Oroma.
	RAPHAEL OWORI WA OMINGO
NABURI	Barasa
	Odongo
	ODONGO WA RAPHAEL OWORI.
NAMUDE	Ojiambo Gilbert
	ROMA WA OMINGO
NAMULEMBO	Ogoola
	OKELLO WA OMINGO
NEBERE	Masudi
	Ouma
NAMENYA	Majanga
NEBERE II	Manuel Ojiambo
	MASUDI WA OKELLO
NAJABI	Okello
	MAJANGA WA OKELLO
NAHULO	Sunday
	Wandera

../4.

-4-

	MANUEL OJIAMBO WA OKELLO
NADONGO	Hilary Bwire
	Peter Wafula
	Barasa
	Aginga
	Ogutu
	Ongunyi

	SICHA WA OWORI
NAMULEMBO	Oseno
	Opiyo
NASUMBA	Juma
NAMULEMBO II	Abenda
NAMULEMBO III	Omondi
NASUMBA II	Wanyama
NAMUNAPA	OWORI

	OSENO WA ASICHA
NAMULUMBA	Omondi
NAMUNAPA	Owori

	OPIYO WA SICHA
NANYANGA	Obwora
	Kubengi
	Ochiengo

	JUMA WA SICHA
ADETI	Ogoola

	NGUNDIRA WA KAGENDA
NAMULUCHA	KUBENGI

	KUBENGI WA NGUNDIRA
NAMUDE I	Nambakwa

	NAMBAKWA WA KUBENGI
NAHULO	Ngundira
	Nambasi
	Ogessa

	NGUNDIRA III WA NAMBAKWA
NAMBYANGU	Ngwabe
NACHAKI	Odongo Osewa
NAMAKANGALA	Kadima

	NGWABE WA NGUNDIRA III
NASINYAMA	Kubengi III

	ODONGO WA NGUNDIRA III
NALYALI	Were Sande Osena

	PETERO OKUMU WA NAMBASI
NAHOFOYO	Guloba Egombe and Bwire

	NAMBASI WA NAMBAKWA
NAMBOOLI	Ayunga and Okumu.

..../5.

-5-

	AYUNGA WA NAMBASI
NALALA	Okochi, Oguttu, Mangeni, Ochieng
NEHOBA	Okaro, Omujo, Ouma, Nidi and Wafula
	OGESSA WA NAMBAKWA
NAMULUNDU	Basirio Masiga
NABYANGU II	Magunia, Wanyama, Okumu
NAHASOHO	Osyeko
NABYANGU I	Pataleo Ngundira III
	BASIRIO MASIGA WA OGESSA
NAMUKOBE	Barasa, Okochi
NAMULUMBA	Oguttu and Were
	WANYAMA WA OGESSA
NAHULO	Ogessa II
Nabulindo	Mangeni
NAMUKEMO	Ogessa II
	MAGUNIA WA OGESSA
NAMUGANDA	Odongo and Opio
	OKUMU WA OGESSA
NAMANGALE	Bebi, Wafula
Nereke	Bogare
	KUBENGI WA NGUNDIRA
NAMUDDE II	Kagenda
	KAGENDA II WA KUBENGI
NAMIRIPO	Ogaale
	Bendicto Ochimi
NAHASOHO	Albert Malejja
NASUSUNGWA	.....
NAMULUNDU	....
	OGAALE WA KAGENDA II
NASONGA	Masusera Muchanji
NAHABEKA	Gabriel Konna, Pataleo Ogutu
NAHASOHO	E. Okuku
NAHONE	Juma.
	MESUSERA MUCHANJA WA OGALE
NAHASOHO	......
NEHAMA	Kagenda III
	GABRIEL KONNA
NAHASOHO	Matias Wanyama, G. Sande, John Ojiambo
NAHONE	Bwire, Byasi and M. Oundo
NAMUGISU	Kagenda III and Ochimi
NEINDA	Kagenda III
NACHAKI	Ogale II

..../6.

-6-

NASINYAMA	E. OKUKU ERINEO II F. Wanyama, Changa, Kubengi II, Siminyu and O
NEHAMA	Kage II
NAMUKUBA	OGUTU F. MALEO Wandera, Mugeni, Egessa, Ouma.
NAHASOHO	Barasa, Bwire, Tabu and Ouma.
NAGEMI	JUMA Tito Ogale II
NAMUKUBA	ALBERT KAGENDA III Ojiambo and Okumu
NAMAMBA	BENEDICTOR OCHIMI Joseph Onyango
NEBERE	KUBENGI WA NGUNDIRA I Mafulu
NACHAKI	MAFULU WA KUBENGI Ohoddo Semeo Wandera
NAMAINDI NASOHO	Ondato ......
NAMUFUTA	OHODDO WA MAFULU Oundo Manuel Ouma Peter
NAMIRIPO	MANUEL OUNDO WA OHODDO Ojiambo John (Yafwa) Charles Kubengi Bwire Ejore Ogutu Oundo Bwire
NALYALI	OJIAMBO JOHN WA MANUEL OUNDO Charles Kubengi
	BWIRE EJORE WA MANUEL OUNDO
	OGUTIU WA MANUEL OUNDO
	BWIRE WA MANUEL OUNDO
	OUMA PETER WA OHODDO
NAPUNYI	....
NAMWINI	SEMEO WANDERA WA MAFULU Barnaba Abwoka Manase Wanyama Owori Joel

..../7.

97-

BARNABBA ABWOKA WA SEMEO WANDERA
NAKUHU — Kubengi
NASUBO — Fred, William Odira Abwoka.
Wilberforce Wafula, George Robert Bwire
John Stephin Ogaali
Moses Geofrey Ondato

FRED WILLIAM ODIRA WA BARNABBA A.
ADETI — ....

WILBERFORCE WAFULA WA BARNABBA A.
NANJALA — Humphres Ivani Wafula

GEORGE ROBERT BWIRE WA BARNABBA A.

STEPHIN ABWOGA
NABUKAKI — Fred Mafulu
Vincent Semeo

MOSES ONDATO.

MANASE WANYAMA WA SEMEO WANDERA
NAMIRIPO — Richard Wafula
Dickson Sanya
Wilfred Sunday
Godfrey Bwire

RICHARD WAFULA WA MANASE WANYAMA
NALYALI — Martin

DICKSON SANYA WA MANASE WANYAMA.
NANUHOKOSI — ....

JOEL OWORI WA SEMEO WANDERA
NAMUDANDU — James Bwire
Sam Semeo Wandera

JAMES BWIRE WA JOEL OWORI
NAMWANDIRA — Harbert Kubengi
George

STEPHIN
NAMUDANDU — ....

SAM SEMEO WANDERA WA JOEL

ANDAATO WA MAFULU
NAMUFUTA — Barasa (yafwa)
Vincent Siminyu

LWANDE WESONGA: A GENEALOGY

q8-

	BARASA WA ANDAATO
NAMUSOGA	Chyambi
	VINCENT SIMINYU WA ONDAATO
NEGOMA	Ojiambo
	KUBENGI WA NGUNDIRA
NaSIMALWA	Oduho, Nabongo, Guyoni
	KUBENGI WA NGUNDIRA
NASUBO	Hadondi, Onyango and Okwomi
	HADONDI WA KUBENGI
NASIMALWA	Oduho, Nabongo, Guyoni.
	ODUHO WA HADONDI
NAMAKANGALA	Daudi Abwoka, Musa Abwoka.
NAMUKUBA	Daniel Hadondi
NANDEKYA	BULASIO Hadondi
NABONGO	Paul William Ouma.
	DAUDI ABWOKA WA ODUHO
NAMUBACHI	Salomon Hadondi
NAMUJUNDU	Charles Olumbe
NAMULEMBO	Jackson Wanyama.
	SALOMON HADONDI WA DAUDI ABWOKA
ADETI	Sunday Robert Abwoka
NABULINDO	Monday Abwoka Julius, Masiga Evan Ngundira.
NABULINDO	Nimrod Saando Bwire
NASIGABA I	(Kiiga) Onyango Samuel
NASIGABA II	Ojiambo Godfrey, Sanya.
	CHARLES OLUMBE WA DAUDI ABWOKA.
NABWOLA (MUGISHU)	....
	JACKSON WANYAMA WA DAUDI ABWOKA
NABBYANGU	Bwire Frank,
	Wafula Fred
	Wandera Desmond
	Jimmy Wanyama
	MUSA ABWOKA WA ODUHO
	Yakorama muha Daudi Abwoka niyobulamu
	Daudi Bwire Abwoka.
	NAMUBACHI.
	Daudi Bwire Abwoka.

DAUDI BWIRE ABWOKA. MUSA ABWOKA.

NAMUDDE
- Tito Wafula Abwoka
- Victor Okumu
- Timothy Bwire
- Moses Eli Okido
- Thomas Were

DANIEL HADONDI WA ODUHO

NAMULIRO
- James Masiga Namukuba
- Willy Were
- Daudi Wiling Ojiambo Henry

NEREKE
- Samuel Nasubo Hadondi
- Namukuba Godfrey
- Abwoka Bwire

NAHULO
- Wandera Ronald, Wanyama Robert, Samuel Were.
- John Hadondi, Saanda.

NAMACHEKE
- Samuel Were
- Kubengi

JAMES MASIGA NAMUKUBA WA D. HADONDI.

NAMULUNDU

WILLY WERE WA DANIEL HADONDI

SAMUEL NASUBO WA DANIEL HADONDI

NAMUDDE
- Tobby Abwoka,

LESTER JUMA GUYONI.

NAKUHU
- Collins Bwire Hadondi

WILLINGSTONE BWIRE WA DANIEL HADONDI

NADONGO
- Bwire George Mark N.

BULASIO HADONDI WA ODUHO

NAMWINI
- Stephin Bubolu
- Were
- Ojiambo
- Ouma
- Malingu

NAMUBACHI
- Milton Egossa
- David Bwire
- Denes Odong.

STEPHEN BUBOLU WA BULASIO HADONDI

NAMAINDI
- Bwire Odu

NAMUGANDA
- Godfrey......

WERE WA BULASIO HADONDI

OJIAMBO WA BULASIO HADONDI

PAUL WILLIAM OUMA WA ODUHO

NAMULISA
- Naphtal Mugeni Ouma
- Wycliffe Wandera Ouma
- Rachffe Onyango
- Harrison Wafula
- Kalori Okumu

NASALWA
- David Okello
- Godfrey Wanya.a

NAPHTAL MUGENI WA PAUL WILLIAM OUMA.
NAHASOHO   Moses Opio
NAMAKANGALA   Kubengi

WYCLIFFE WANDERA WA PAULE WILLIAM OUMA.
NAMUKIGA   Junior Ngundira Nelson Sanya,
NAMUGANDA   Richard Hadondi.

NANYIHODO
Isaac Wandera

FRANCES

RACHFFE ONYANGO WA PAUL WILLIAM.
X   Musa Abwoka

WAFULA WA PAUL WILLIAM OUMA
David Okello
Keniddy.........

MBOYO WA NGUNDIRA
NANYIBBOMI   Nambedu —
NASUBO 1   Obbino
NASUBO II   Onyango
NAMULUMBA   Sikwekwe
NAMAINDI   Obbande
                 Nafwa

NALIALI   Omulo
                 Odooli
                 Ngundira

NASONGA   Masinde Akadda

NAMBEDU WA MBOYO
NAHONE   Daudi Ngundira
NAMUDDE   Okuku, Yakeram Huniyebula SAALA, Nambedu n'
                 Owakerama Namudde Muhokuku, niyebula SAALA
                 HALOGE
DAUDI NGUNDIRA WA NAMBEDU
NAMUYEMBA   Michael Bubolu
NAMAKANGALA   Enosi Ogaambo

MICHAEL BUBOLU WA DAUDI NGUNDIRA.
NAHASOHO   Ngundira James Wanyama
                 Ojiambo Patrick DAVID BWIRE OGAMBO
                 Were Moses.

.../11.

ENOSI OGAMBO WA DAUDI NGUNDIRA.

NAMUPODI   Taabu— MANGASI JOHN
                 Bwire
                 Joseph
                 DAUD NGUNDIRA MAKOHA

NAKAMONDO / NAKAMONDO   Masiga
                 Jared
NAWRUNDU OMUNYORO   Oundo   ABOKI MAKOHA
                 BENYA MASAHALYA

OBBINO WA MBOYO

NAMAKANGALA   Okoko
                 Sigube
                 Nonga

NASONGA 1   Onyango Yakerema muha Basulira
NASONGA II   Yebula abahana bahaya.

OKOKO WA OBBINO

Yakerama omuhasi wa NONGA NAMAINDI niyebula ODONGO WA OKOKO.

ONYANGO WA MBOYO

NASONGA   Magina, Basulira

MAGINA WA ONYANGO

NADIDI   Okello
                 Asiro

BUSULIRA WA ONYANGO.

NASIMALWA   Barasa Charles
                 Surusa Festo

SIKWEKWE WA MBOYA.

NAMAKANGALA   Daudi Mudonga
NAHULO   Jones Were (Kenya)
                 Kagenda
                 Ngundira

DAUDI MUDONGA WA SIKWEKWE.

NAMAYERO   Haba siyaleha musyani.

JOANES WERE WA SIKWEKWE

NANGAYO   Ywana Sikwekwe
                 Joseph Onyango
                 Domiano Obworo
                 Nahulo
                 Omondi

OBBANDE WA MBOYO

NAKUWE   **Ngundira Ogwayo**
NAKHEKHEBE   **Mboyo**
                 Suuli

NGUNDIRA OGWEYO WA OBBANDE.

NAMUKUBA   Nabasebe
                 Dani Okuku
                 Seuli
                 Otoyo, Egessa
                 Lukiri Ngundira.

-12-

	MOTOKA BULAE WA NGUNDIRA OGWEYO
NAMULUCHA	Ogutu
	Olango
	Wanyama
	Wandera
	MBOYO WA OBBANDE
NAPUNYI	Wandera Anderea
NADIDI	Abahana.
NASIBWAHI	Jackson Onyango
NANYIMARO	Guy Mboyo
	NAFWA NA MBOYO
NAMULOBA	Haba siyaleha Musyani dawe.
	OMULLO WA MBOYO
NAMANGALE	Yafwa wangu natebula
	AKADAA WA MBOYO NAJONGA
NANIMWOTI. 1	Okochi (Yafwa)
NANYIMWOTI II	Yona Buluma Ngundira
NAHONE	Yawawo anwe nafwire.
	OMULOO WA MBOYO (HANDI)
NAMULUNDU	Mboyo Yafwa ssa
NASIMALWA	Ouma
NAMAKANGALA	Ngundira, yakerama NAMAKANGALA huniyebulamo
	SAMUEL EGONDI.
	SAMULE EGONDI WA OMULLO (NGUNDIRA)
NANYIBBOMI	Peter Makoha
	Semu Omullo
NALIALI	Siyaleha musyani.
	SEMU OMULLO WA SAMUEL EGONDI
NAHASOHO	Bahana (4).
	NAMBWEDU
NAHABI	Yobu Namudde
	Irisa Ogombo
	Absolom Wandera
	YOBU NAMUDDE WA SALA
NASIMALWA	Adonia Onyango
	Henry Wandera
	Adisoferi Namunapa
NANJAYA	Anania Bwire.

..../13.

CHAPTER SIX: APPENDIX

-13-

	ADONIYA ONYANGO WA YOBU NAMUDDE.
NAMAKANGALA	Ouma, Nahabi
	Masahalya (Ngundira).
NAMANGALE	Yobu
	Ojiambo, Ngundira, Paul, Sanya.
	ERISA OGAMBO WA SAALA
NANYIMWOTI 3	Ouma
	BUSULIRA WA MBOYO
NASIMALWA	Onyango
	Barasa Charles (Bobbe)
	Festo Sumba.
	MASINDE WA KAGENDA 1.
NASONGA	Okuku
	OKUKU WA MASINDE
NAMUDDE	Ouma
	OUMA WA OKUKU
NAMULEMBO	Erieza Lwande
	ERIEZA LWANDE WA OUMA.
NAMUSIMO	Paruti Wandera
NAMACHEKE	....
NABONWE	Charles Onyango
	Ouma.
NAMUFUTA	Wanyama Lwande
	Kagenda III
	Odongo
	PARUT WANDERA WA ERIEZA LWANDE.
NACHONGA	Lazaro Mugoni
	Johnson Odwori
NABAHONO	Obbanda Honard
	Namiripo: Henrey
NAMACHEKE	....
NASUSUNGWA	....
	CHARLES ONYANGO WA PARUT WANDERA
NALWETA	Ouma
	Erieza Lwande II
NABWALASI	Wanyama
	WANYAMA WA ERIZA LWANDE.
NEREKE	Moses Oguttu
	Jonathan Mbakulo
NAMUNAPA	Kagenad III wa Erieza Lwande
NABONWE	Lwande.

END